Die Wirtschafts- und Währungsunion und der Internationale Währungsfonds

Res Publica

Öffentliches und internationales Recht

Herausgegeben von Udo Fink, Dieter Dörr und Rolf Schwartmann

Band 20

PL ACADEMIC RESEARCH

Hanna Lena Schweiss

Die Wirtschafts- und Währungsunion und der Internationale Währungsfonds

PL ACADEMIC RESEARCH

Bibliografische Information der Deutschen Nationalbibliothek
Die Deutsche Nationalbibliothek verzeichnet diese Publikation in der Deutschen Nationalbibliografie; detaillierte bibliografische Daten sind im Internet über http://dnb.d-nb.de abrufbar.

Zugl.: Mainz, Univ., Diss., 2014

D 77
ISSN 1614-838X
ISBN 978-3-631-67519-9 (Print)
E-ISBN 978-3-653-06869-6 (E-PDF)
E-ISBN 978-3-631-69401-5 (EPUB)
E-ISBN 978-3-631-69402-2 (MOBI)
DOI 10.3726/978-3-653-06869-6

PL Academic Research ist ein Imprint der Peter Lang GmbH.

Peter Lang – Frankfurt am Main · Bern · Bruxelles · New York · Oxford · Warszawa · Wien

Diese Publikation wurde peer reviewed.

www.peterlang.com

Vorwort

Die vorliegende Arbeit wurde im Wintersemester 2013/2014 von der Juristischen Fakultät der Johannes Gutenberg-Universität Mainz als Dissertation angenommen.

Das Manuskript der Arbeit wurde im September 2013 abgeschlossen; für die Drucklegung wurden die verwendete Literatur auf Dezember 2014 aktualisiert und Entwicklungen bis zu diesem Zeitpunkt berücksichtigt. Neuere Literatur wurde punktuell nachgetragen.

Meinem Doktorvater, Herrn Prof. Dr. Udo Fink, danke ich für die Anregung zum Thema, die Betreuung der Arbeit sowie die Aufnahme in die Schriftenreihe „Res Publica - Schriften zum internationalen und zum öffentlichen Recht". Herrn Prof. Dr. Josef Ruthig danke ich für die Erstellung des Zweitgutachtens.

Für die Mühen des Korrekturlesens gilt mein Dank meinem Vater Dr. Dieter Schweiss und meiner Mutter Christel Schweiss. Für Ihre Unterstützung danke ich ferner Frau Prof. Dr. Ursula Kramer sowie besonders Herrn Michael H. Spring/ Taylor Wessing Partnerschaftsgesellschaft.

Ebenso sei all jenen Dank ausgesprochen, die nicht namentlich Erwähnung fanden, aber zum Gelingen der Arbeit beigetragen haben.

Darmstadt, im Dezember 2014

Hanna L. Schweiss

Inhaltsverzeichnis

Literaturverzeichnis

Balance of Payments Manual, 4th Edition, International Monetary Fund, Washington D.C., 1977
(zitiert: Balance of Payments Manual (1997))

Bamberger, Heinz Georg/ Roth, Herbert, Beck'scher Online-Kommentar, BGB, Edition 33, Stand: 1. Februar 2014
(zitiert: Bearbeiter in Bamberger/ Roth, BGB-Kommentar)

Bark, Felix/ Gilles, André, Der ESM in der Praxis: Rechtsgrundlage und Funktionsweise, EuZW 2013, 367–371
(zitiert: Bark/ Gilles, EuZW 2013, 367)

Barr, Ciarán, Großbritannien: Der lange Weg zur EWU, EWU-Monitor Nr. 53, 30. Juli 1998, Deutsche Bank Research, Frankfurt am Main
(zitiert: Barr, EWU-Monitor Nr. 53)

Becker, Ulrich, Differenzierungen der Rechtseinheit durch „abgestufte Integration", Europarecht - Beiheft I/1998, 29–57
(zitiert: Becker, EuR Beih. I/ 1998, 29)

Beisse, Heinrich, Verfassungshürden vor der Europäischen Währungsunion - Der Verzicht auf die Währungshoheit erfordert Änderungen der Verfassung, Betriebsberater 1992, 645–651
(zitiert: Beisse, BB 1992, 645)

Bénassy-Quéré, Agnès/ Bowles, Carlos, La voix européenne au FMI, La Lettre du CEPII, N.216, Octobre 2002, 1–4
(zitiert: Bénassy-Quéré/ Bowles, CEPII 2002, 1)

Bender, Tobias, Die verstärkte Zusammenarbeit nach Nizza. Anwendungsfelder und Bewertung im Spiegel historischer Präzedenzfälle der differenzierten Integration, Zeitschrift für ausländisches öffentliches Recht und Völkerrecht 2001, 729–770
(zitiert: Bender, ZaöRV 2001, 729)

Bergmann, Jan (Hrsg,), Handlexikon der Europäischen Union, 4. Auflage, Nomos Verlag, Baden-Baden, 2012
(zitiert: Bergmann, Handlexikon der EU, Stichwort)

Bernhardt, Rudolf, Betrachtungen zu Stimmverteilung und Stimmwägung in internationalen Organisationen, in: Weber, Albrecht (Hrsg.) u.a., Währung und Wirtschaft - Das Geld im Recht, Festschrift für Hugo J. Hahn zum 70. Geburtstag, Nomos Verlag, Baden-Baden, 1997, 531–537
(zitiert: Bernhardt in FS Hahn, 531)

Bergthaler, Wolfgang/ Giddings, Andrew, Recent Quota and Governance Reforms at the International Monetary Fund, European Yearbook of International Law 2013, 371–389
(zitiert: Bergthaler/ Giddings, EYIEL 2013, 371)

Bernitz, Ulf, Sweden and the European Union: On Sweden's implementation and application of European Law, Common Market Law Review 2001, 903–934
(zitiert: Bernitz, CMLRev. 2001, 903)

Berrisch, Georg Matthias, Der völkerrechtliche Status der Europäischen Wirtschaftsgemeinschaft im GATT: Eine Untersuchung der Sukzession der EWG in die Stellung ihrer Mitgliedstaaten als Vertragspartei einer internationalen Organisation am Beispiel des GATT, VVF, München, 1992
(zitiert: Berrisch)

Beutel, Jochen, Differenzierte Integration in der Europäischen Wirtschafts- und Währungsunion, De Gruyter Verlag, Berlin (u.a.), 2006
(zitiert: Beutel)

Bleckmann, Albert, Der gemischte Vertrag im Europarecht, Europarecht 1976, 301–312
(zitiert: Bleckmann, EuR 1976, 301)

Blumenwitz, Dieter/ Schöbener, Burkhard, Stabilitätspakt für Europa: Die Sicherstellung mitgliedstaatlicher Haushaltsdisziplin im Europa- und Völkerrecht, Peter Lang Verlag, Frankfurt am Main (u.a.), 1997
(zitiert: Blumenwitz/ Schöbener)

Bodin, Jean, Sechs Bücher über den Staat, hrsg. von P.C. Mayer – Tasch, C.H.Beck Verlag, München, 1981
(zitiert: Bodin nach Mayer – Tasch)

Bogdandy, Arnim von, Der Euro zwingt zur politischen Union – und vielleicht einer neuen Gemeinschaft, Europäische Zeitschrift für Wirtschaftsrecht 2001, 449–450
(zitiert: V. Bogdandy, EuZW 2001, 449)

Bognar, Zoltan, Europäische Währungsintegration und Außenwirtschaftsbeziehungen: eine Analyse des gemeinschafts- und völkerrechtlichen Rahmens der europäischen Außenwirtschaftsbeziehungen, Nomos Verlag, Baden-Baden, 1997
(zitiert: Bognar, Europäische Währungsintegration und Außenwirtschaftsbeziehungen)

Boughton, James M., Silent Revolution, The International Monetary Fund 1979–1989, International Monetary Fund, Washington D.C., 2001
(zitiert: Boughton, Silent Revolution)

Boughton, James M., The IMF and the Force of History: Ten Events And Ten Ideas That Have Shaped The Institution, IMF Working Paper WP/04/75, International Monetary Fund, Washington D.C., 2004
(zitiert: Boughton, The IMF and the Force of History)

Bruha, Thomas/ Nowak, Carsten, Recht auf Austritt aus der Europäischen Union?, Anmerkungen zu Artikel I-59 des Entwurfs eines Vertrages über eine Verfassung für Europa, Archiv des Völkerrechts 2004, 1–25
(zitiert: Bruha/ Nowak, AVR 2004, 1)

Bühler, Konrad G., State Succession and Membership in International Organizations, Legal Theories versus Political Pragmatism, Kluwer Law International, The Hague (u.a), 2001
(zitiert: Bühler)

Buira, Ariel, Adjustment of European Quotas to Enhance the Voice and Participation of Developing and Transition Countries, Note prepared by the G24 Secretariat, Washington, 2003, abrufbar unter: www.g24.org/
(zitiert: Buira, 2003)

Buira, Ariel, A New Voting Structure For The IMF, Washington, 2002, abrufbar unter: www.g24.org/
(zitiert: Buira, 2002)

Burdeau, Geneviève, L'exercise des compétences monétaires par les Etats, Recueil des cours de l'Académie de droit international de La Haye 1988-I, 223–369
(zitiert: Burdeau, RdC 1988, 223)

Cafaro, Susanna, The missing voice of the Euro. Legal, technical and political obstacles to the external representation of the Euro area, Il Diritto dell' Unione Europea 2011, 895–913
(zitiert: Cafaro, Il Diritto dell' Unione Europea 2011, 895)

Calliess, Christian, Der Schlüsselbegriff der „ausschließlichen Zuständigkeit" im Subsidiaritätsprinzip des Art.3 b II EGV, Europäische Zeitschrift für Wirtschaftsrecht 1995, 693–700
(zitiert: Calliess, EuZW 1995, 693)

Calliess, Christian / Ruffert, Matthias (Hrsg.), EUV/ EGV, Das Verfassungsrecht der Europäischen Union mit Europäischer Grundrechtecharta, Kommentar, 3. Auflage, C.H.Beck Verlag, München, 2007
(zitiert: Bearbeiter in Calliess/ Ruffert, EUV/EGV)

Calliess, Christian / Ruffert, Matthias (Hrsg.), EUV/ AEUV, Das Verfassungsrecht der Europäischen Union mit Europäischer Grundrechtecharta, Kommentar, 4. Auflage, C.H.Beck Verlag, München, 2011
(zitiert: Bearbeiter in Calliess/ Ruffert, EUV/AEUV)

Carreau, Dominique/ Juillard, Patrick, Droit international économique, 5e édition, Dalloz-Sirey, Paris, 2013
(zitiert: Carreau/ Juillard, Droit international économique)

Carreau, Dominique, Souveraineté et coopération monétaire internationale, Cujas, Paris, 1970
(zitiert: Carreau, Souveraineté et coopération)

Ceyssens, Jan, Teufelskreis zwischen Banken und Staatsfinanzen – Der neue Europäische Bankaufsichtsmechanismus, NJW 2013, 3740–3708
(zitiert: Ceyssens, NJW 2013, 3740)

Chaltiel, Florence, Le traité d'Amsterdam et la coopération renforcée, Revue du Marché commun et de l'Union européenne 1998, 289–293
(zitiert: Chaltiel, RMC 1998, 289)

Claber, Simone/ Hasse, Rolf H., Veränderungen im Weltwährungsgefüge als Folge der WWU und der Einführung des Euro in: Caesar, Rolf/ Scharrer, Heinz-Eckart (Hrsg.), Die Europäische Wirtschafts- und Währungsunion: regionale und globale Herausforderungen, Europa Union Verlag, Bonn, 1998, 446–466
(zitiert: Claber/ Hasse, 446)

Corbach, Bernadette Valerie Isabelle, Die Europäische Gemeinschaft, ihre Mitgliedstaaten und ihre Stellung in ausgewählten Internationalen Organisationen, Logos Verlag, Berlin 2005
(zitiert: Corbach)

Corrales-Díez, Natalia, The EU representation at the International Monetary Fund, Working Paper 3/2003, Austrian Federal Ministry of Finance, Wien, 2003, abrufbar unter www.bmf.gv.at
(zitiert. Corrales-Diéz)

Creifelds, Carl/ Weber, Klaus (Hrsg.), Rechtswörterbuch, 21. Auflage, C.H.Beck Verlag, München, 2014
(zitiert: Creifelds, Rechtswörterbuch, Stichwort)

Dahm, Georg/ Delbrück, Jost/ Wolfrum, Rüdiger, Völkerrecht,
- Bd.I/1, Die Grundlagen – Die Völkerrechtssubjekte, 2. Auflage, De Gruyter Verlag, Berlin (u.a.), 1989
- Bd. I/2, Der Staat und andere Völkerrechtssubjekte; Räume unter internationaler Verwaltung, 2. Auflage, De Gruyter Verlag, Berlin (u.a.), 2002
- Bd.I/3, Die Formen des völkerrechtlichen Handelns; die inhaltliche Ordnung der internationalen Gemeinschaft, 2. Auflage, De Gruyter Verlag, Berlin (u.a.), 2002

(zitiert: Dahm/ Delbrück/ Wolfrum, Völkerrecht, Bd.)

Dahrendorf, Ralf, A Third Europe?, Third Jean Monnet Lecture, European University Institute, Florence, 26 November 1979
(zitiert: Dahrendorf)

Dam, Kenneth W., The Rules of the Game: Reform and Evolution in the Monetary System, University of Chicago Press, Chicago (u.a.), 1982
(zitiert: Dam, The Rules of the Game: Reform and Evolution in the Monetary System)

Dashwood, Alan A., Preparing for the next enlargement, Position Paper, in: Dashwood, Alan A. (Hrsg.), Reviewing Maastricht: Issues for the 1996 IGC, Sweet & Maxwell, London, 1996, 145–166
(zitiert: Dashwood, 145)

Dauses, Manfred. A. (Hrsg.), Handbuch des EU-Wirtschaftsrechtes, 36. Ergänzungslieferung, C.H.Beck Verlag, München, 2014
(zitiert: Bearbeiter in Dauses, Hdb. des EU-Wirtschaftsrechtes)

De Vries, Margaret Garritsen/ Horsefield, John Keith, The International Monetary Fund, 1945–1965: Twenty Years of International Monetary Cooperation, 3 Volume set:
1. Chronicle: by Horsefield, J. K., 4. Auflage, International Monetary Fund, Washington D.C., 1986
2. Analysis: by De Vries, M.G., 4. Auflage, International Monetary Fund, Washington D.C., 1986
3. Documents: Horsefield, J.K., 4. Auflage, International Monetary Fund, Washington D.C., 1986

(zitiert: De Vries/ Horsefield, The International Monetary Fund, 1945–1965: Twenty Years of International Monetary Cooperation)

De Vries, Margaret Garritsen, The International Monetary Fund 1966–1971: The System under Stress, 2 Volume set:
1. Narratives, International Monetary Fund, Washington D.C., 1987
2. Documents, International Monetary Fund, Washington D.C., 1976

(zitiert: De Vries, The International Monetary Fund 1966–1971: The System under Stress)

De Vries, Margaret Garritsen, The International Monetary Fund 1972–1978: Cooperation on trial, 3 Volume set:
1. Narrative and analysis, International Monetary Fund, Washington D.C., 1985
2. Narrative and analysis, International Monetary Fund, Washington D.C., 1985
3. Documents, International Monetary Fund, Washington D.C., 1985

(zitiert: De Vries, The International Monetary Fund 1972–1978: Cooperation on trial)

De Vries, Margaret Garritsen, The IMF in a changing world 1945–85, International Monetary Fund, Washington D.C., 1986
(zitiert: De Vries, The IMF in a changing world 1945–85)

Dehousse, Franklin/ Ghemar, Katelyne, Le traité de Maastricht et les relations extérieures de la Communauté européenne, European Journal of International Law 1994, 1–23
(zitiert: Dehousse/ Ghemar, EJIL 1994, 1)

Denters, Erik, New Challenges to IMF Jurisdiction, Netherlands Yearbook of International Law 1998, 3–44
(zitiert: Denters, NYIL 1998, 3)

Denters, Erik, Representation of the EC in the IMF, in: Giovanoli, Mario (Hrsg.), International monetary law: issues for the new millennium, Oxford University Press, Oxford, 2000, 211–224
(zitiert: Denters, IML)

Deppler, Michael C., The Implications of EMU for IMF Surveillance, Finance & Development, 1998, Vol. 35, No. 4
(zitiert: Deppler, Finance and Development 1998)

Derix, Hans- Heribert, Der Euro - eine Leitwährung? – Zu den internationalen Geldfunktionen des Euro in: Paraskewopoulos, Spiridon (Hrsg.): Erste Erfahrungen und Perspektiven der Europäischen Währungsunion, Duncker & Humblot, Berlin, 2001, 51–71
(zitiert: Derix)

Deubner, Christian, Deutsche Europapolitik: Von Maastricht nach Kerneuropa?, Nomos Verlag, Baden-Baden, 1995
(zitiert: Deubner)

Deutsch, Klaus Günter/ Siedenberg, Axel, Der Euro im internationalen Finanz- und Währungssystem, in: Caesar, Rolf/ Scharrer, Heinz-Eckart (Hrsg.), Die Europäische Wirtschafts- und Währungsunion: regionale und globale Herausforderungen, Europa Union Verlag, Bonn, 1998, 304–324
(zitiert: Deutsch/ Siedenberg, 304)

Deutsche Bundesbank, Der Start in die Bankenunion – Der einheitliche Aufsichtsmechanismus in Europa, Monatsbericht Oktober 2014, 45–67
(zitiert: Deutsche Bundesbank, Monatsbericht Oktober 2014, 45)

Deutsche Bundesbank, Finanzierung und Repräsentanz im Internationalen Währungsfonds, Monatsbericht März 2010, 53–67
(zitiert: Deutsche Bundesbank, Monatsbericht März 2010, 53)

Deutsche Bundesbank, Gemeinsame europäische Bankenaufsicht – Erster Schritt auf dem Weg zur Bankenunion, Monatsbericht Juli 2013, 15–34
(zitiert: Deutsche Bundesbank, Monatsbericht Juli 2013, 15)

Deutsche Bundesbank, Quoten und Stimmrechtsanteile im IWF, Monatsbericht September 2002, 65–80
(zitiert: Deutsche Bundesbank, Monatsbericht September 2002, 65)

Deutsche Bundesbank, Weltweite Organisationen und Gremien im Bereich von Währung und Wirtschaft, Frankfurt am Main, 2003
(zitiert: Deutsche Bundesbank, Weltweite Organisationen (2003))

Deutsche Bundesbank, Weltweite Organisationen und Gremien im Bereich von Währung und Wirtschaft, Frankfurt am Main, 2013
(zitiert: Deutsche Bundesbank, Weltweite Organisationen)

Dony, Marianne, Les relations extérieures de l'union économique et monétaire, in: Dony, Marianne (Hrsg.), L'Union européenne et le Monde après Amsterdam, Éditions de l'Université Bruxelles, Bruxelles, 1999, 241–256
(zitiert: Dony, 241)

Duisenberg, W.F./ Szász, A., The Monetary Character of the IMF, in: Frenkel, Jacob A./ Goldstein, Morris (Hrsg.), International Financial Policy: Essays in honor of Jacques J. Polak, International Monetary Fund, Washington D.C., De Nederlandsche Bank, Amsterdam, 1991, 254–266
(zitiert: Duisenberg/ Szàsz, 254)

Dutheil de la Rochère, Jacqueline, EMU: Constitutional Aspects and External Representation, Yearbook of European Law 1999/2000, 427–446
(zitiert: Dutheil de la Rochère, YbEL 1999/2000, 427)

Dutzler, Barbara, EMU and the Representation of the Community in International Organizations, in: Griller, Stefan/ Weidel, Birgit (Hrsg.), External Economic Relations and Foreign Policy in the European Union, Springer Verlag, Wien, 2002, 445–484
(zitiert: Dutzler, 445)

ECB, The ECB's relations with international organizations and fora, ECB, Monthly Bulletin, January 2001, 57–76, abrufbar unter http.//www.ecb.int
(zitiert: ECB, The ECB's relations with international organizations and fora, 57)

ECB, Fiscal Developments, ECB, Monthly Bulletin, December 2010, 78–84, abrufbar unter http.//www.ecb.int
(ztiert: ECB. Monthly Bulletin 2010, 78)

Edwards, Richard W., International Monetary Collaboration, Transnational Pub., Dobby Ferry, New York, 1985
(zitiert: Edwards, International Monetary Collaboration)

Eeckhout, Piet, External Relations of the European Union: legal and constitutional foundations, Oxford University Press, Oxford (u.a.), 2005
(zitiert: Eeckhout)

Ehlermann, Claus-Dieter, Engere Zusammenarbeit nach dem Amsterdamer Vertrag: Ein neues Verfassungsprinzip?, Europarecht 1997, 362–397
(zitiert: Ehlermann, EuR 1997, 362)

Ehlermann, Claus-Dieter, How flexible is community law? An unusual approach to the concept of "two speeds", Michigan Law Review 1984, 1274–1293 (zitiert: Ehlermann, Michigan Law Review 1984, 1274)

Ehlers, Dirk (Hrsg.), Europäische Grundrechte und Grundfreiheiten, 4. Auflage, De Gruyter Verlag, Berlin (u.a.), 2014 (zitiert: Bearbeiter in Ehlers, Grundrechte und Grundfreiheiten)

Eichengreen, Barry/ Ghironi, Fabio, Union monétaire euopéenne et coopération monétaire internationale, Politique Étrangère 1997, 137–149 (zitiert: Eichengreen/ Ghironi, Politique Ètrangère 1997, 137)

Elizalde, Hector, The Economic and Monetary Union and the International Monetary Fund, Chapter 11 C in: Current Developments in monetary and financial law, Volume I, International Monetary Fund, Washington D.C., 1999, 303–309 (zitiert: Elizalde in Current Developments, Vol. 1, 303)

Epiney, Astrid, Zur Tragweite des Art.10 EGV im Bereich der Außenbeziehungen, in: Bröhmer, Jürgen/ Bieber, Roland/ Calliess, Christian/ Langenfeld, Christine/ Weber, Stefan/ Wolf, Joachim (Hrsg.), Internationale Gemeinschaft und Menschenrechte, Festschrift für Georg Ress zum 70. Geburtstag, Carl Heymanns Verlag, Köln (u.a.), 2005, 441–459 (zitiert: Epiney, 441)

Escudero, Manuel López, El Euro en el sistema monetario internacional, Editorial Tecnos, Madrid, 2004 (zitiert: Escudero)

Eurodad (2006), European Coordination at the World Bank and International Monetary Fund: A Question of Harmony? European Network on Debt and Development, Brüssel, 2006 (zitiert: Eurodad (2006))

Fétouche, Damien, L'Union Economique et Monetaire, Chapitre 17, in: Dailler, P./ de La Pradelle, G./ Gherani, H., Droit de l'économie internationale, Pedone, Paris, 2004 (zitiert: Fétouche in Daillier/ de la Pradelle/ Gherani)

Financial Organization and Operations of the IMF, Pamphlet Series No.45, 6th Edition, International Monetary Fund, Washington D.C., 2001 (zitiert: Financial Organization and Operations of the IMF)

Frid, Rachel, The European Economic Community – A Member of a Specialized Agency of the United Nations, European Journal of International Law 1993, 239–255 (zitiert: Frid, EJIL 1993, 239)

Fritz-Krockow, Bernhard/ Ramlogan, Parmeshwar (ed.), International Monetary Fund Handbook: Its functions, policies, and operations, International Monetary Fund, Secretary's Dept., Washington D.C., 2007
(zitiert: Fritz-Krockow/ Ramlogan, International Monetary Fund Handbook)

Fröhlich, Hans Peter, Das Verhältnis von Währungsunion und Politischer Union, in: Caesar, Rolf/ Scharrer, Hans-Eckart (Hrsg.), Maastricht: Königsweg oder Irrweg zur Wirtschafts- und Währungsunion?, Europa Union Verlag, Bonn, 1994, 125–146
(zitiert: Fröhlich in Caesar/ Scharrer, 125)

Gaitanides, Charlotte, Die Verfassung für Europa und das Europäische System der Zentralbanken, in: Gaintanides, Charlotte/ Kadelbach, Stefan/ Rodgriguez Iglesias, Gil Carlos (Hrsg.), Europa und seine Verfassung, FS für Manfred Zuleeg, Nomos Verlag, Baden-Baden, 2005, 550–558
(zitiert: Gaitanides in FS Zuleeg, 550)

Gaitanides, Charlotte, Intervention des IWF in der Eurozone – mandatswidrig?, Neue Zeitschrift für Verwaltungsrecht 2011, 848–852
(zitiert: Gaitanides, NVwZ 2011, 848)

Gianviti, François, Comments on Polak and Thygesen, in: Masson, Paul R./ Krueger, Thomas H./ Turtelboom Bart G., EMU and the International Monetary System, International Monetary Fund, Washington D.C., 1997, 539–542
(zitiert: Gianviti in Masson/ Krueger/ Turtelboom, 539)

Gianviti, François, Current Legal Aspects of Monetary Sovereignty, in: Current Developments in Monetary and Financial Law, Volume 4, International Monetary Fund, Washington D.C., 2006, 3–16
(zitiert: Gianviti in Current Developments, Vol. 4, 3)

Gianviti, François, Evolving Role and Challenges for the International Monetary Fund, The International Lawyer 2001, 1371–1403
(zitiert: Gianviti, The Int. Lawyer 2001, 1371)

Gianviti, François, Decision Making in the International Monetary Fund, in: Current Developments in Monetary and Financial Law, Volume 1, International Monetary Fund, Washington D.C., 1999, 31–67
(zitiert: Ginaviti in Current Developments, Vol. 1, 31)

Gianviti, François, Use of a foreign currency under the Fund's articles of agreement, in: Current Developments in Monetary and International Law, Volume 3, International Monetary Fund, Washington D.C., 2005, 817–828
(zitiert: Gianviti in Current Developments, Vol. 3, 817)

Gilsdorf, Peter, Die Außenkompetenzen der EG im Wandel - Eine kritische Auseinandersetzung mit Praxis und Rechtsprechung, Europarecht 1996, 145–166
(zitiert: Gilsdorf, EuR 1996, 145)

Glöckler, Gabriel/ Truchlewski, Zbigniew, From polyphony to harmony? The external representation of EMU in Julia Lieb, Nicolai von Ondarza & Daniela Schwarzer (Hrsg.), The European Union in International Fora, Nomos-Verlag, Baden-Baden, 2011, 117–136
(zitiert: Glöckler/ Truchlewski, 117)

Gold, Joseph, Exchange Rates in International Law and Organization, American Bar Association, Section of International Law and Practice, Washington D.C., 1988
(zitiert: Gold, Exchange Rates in International Law and Organization)

Gold, Joseph, Interpretation: The IMF and International Law, Kluwer Law International, London (u.a.), 1996
(zitiert: Gold, Interpretation: The IMF and International Law)

Gold, Joseph, Legal and Institutional Aspects of the International Monetary System: Selected Essays
- Volume I: International Monetary Fund, Washington, D.C., 1979
- Volume II: International Monetary Fund, Washington, D.C., 1984

(zitiert: Gold, Legal and Institutional Aspects of the International Monetary system: Selected Essays, Vol.)

Gold, Joseph, Legal Effects of Fluctuating Exchange Rates, International Monetary Fund, Washington D.C., 1990
(zitiert: Gold, Legal Effects of Fluctuating Exchange Rates)

Gold, Joseph, Membership and Nonmembership in the International Monetary Fund: a study in international law and organization, International Monetary Fund, Washington D.C., 1974
(zitiert: Gold, Membership and Nonmembership in the IMF)

Gold, Joseph, The International Monetary Fund and International Law: An introduction, Pamphlet Series No.4, International Monetary Fund, Washington D.C., 1965
(zitiert: Gold, The International Monetary Fund and International Law)

Gold, Joseph, The Legal Character of the Fund's Stand-By Arrangements and Why It Matters, Pamphlet Series No.35, International Monetary Fund, Washington, D.C., 1980
(zitiert: Gold, The Legal Character of the Fund's Stand-By Arrangements)

Gold, Joseph, Use, conversion, and exchange of currency under the Second amendment of the Fund's articles, Pamphlet Series No. 23, International Monetary Fund, Washington D.C., 1978
(zitiert: Gold, Use, conversion and exchange of currency)

Gold, Joseph, Voting and Decisions in the International Monetary Fund: An Essay on the Law and Practice of the Fund, International Monetary Fund, Washington D.C., 1972
(zitiert: Gold, Voting and Decisions)

Grabitz, Eberhard/ Iliopoulos, Constantin, Typologie der Differenzierungen und Ausnahmen im Gemeinschaftsrecht, in: Grabitz, Eberhard (Hrsg.), Abgestufte Integration: eine Alternative zum herkömmlichen Integrationskonzept?, Engel-Verlag, Kehl a.R. (u.a.), 31–46
(zitiert: Grabitz/ Iliopoulos in Grabitz, 31)

Grabitz, Eberhard/ Hilf, Meinhard/ Nettesheim, Martin, Das Recht der Europäischen Union, Kommentar, C.H. Beck Verlag, München
- EUV/ AEUV, 52. Ergänzungslieferung 2014
(zitiert: Bearbeiter in Grabitz/ Hilf/ Nettesheim, EU)
- EUV/ EGV, 40. Ergänzunglieferung 2009
(zitiert: Bearbeiter in Grabitz/ Hilf, EU (Vorauflage))

Grabitz, Eberhard, Die Stellung der Gemeinschaft und ihrer Organe in internationalen Organisationen, in: Carstens, Karl/ Börner, Bodo, Die Außenbeziehungen der Europäischen Gemeinschaft, Kölner Schriften zum Europarecht, Bd.25, Carl Heymanns Verlag, Köln (u.a.), 1975, 47–81
(zitiert: Grabitz in KSE Bd.25, 47)

Graf Vitzthum, Wolfgang (Hrsg.), Völkerrecht, 6. Auflage, De Gruyter Verlag, Berlin (u.a.), 2013
(zitiert: Bearbeiter in Vitzthum, Völkerrecht)

Gramlich, Ludwig, Eine neue internationale „Finanzarchitektur“ oder: Der IMF in der Krise?, Archiv des Völkerrechts, 2000, 399–454
(zitiert: Gramlich, AvR 2000, 399)

Groux, Jean/ Manin, Philippe, Die Europäischen Gemeinschaften in der Völkerrechtsordnung, Amt für amtl. Veröffentlichung der Europäischen Gemeinschaften, Luxemburg (u.a.), 1984
(zitiert: Groux/ Manin)

Gruson, Michael, Dollarization and Euroziation, in: Current Developments in Monetary and Financial Law, Volume 2, International Monetary Fund, Washington D.C., 2003, 629–640
(zitiert: Gruson, in Current Developments, Vol. 2, 629)

Guitián, Manuel, The Unique Nature of the Responsibilities of the International Monetary Fund, Pamphlet Series No.46, International Monetary Fund, Washington D.C., 1992
(zitiert: Guitián, The Unique Nature of the Responsibilities of the IMF)

Guitián, Manuel, Fund Conditionality - Evolution of Principles and Practices, Pamphlet Series No.38, International Monetary Fund, Washington D.C., 1992
(zitiert: Guitiàn, Fund Conditionality)

Häde, Ulrich, Das Bundesverfassungsgericht und der Vertrag von Maastricht – Anmerkungen zum Urteil des Zweiten Senats vom 12.12.1993–2 BvR 2134/92, 2 BvR 2159/92, Betriebsberater 1993, 2457–2462
(zitiert: Häde, BB 1993, 2457)

Häde, Ulrich, Währungsintegration mit abgestufter Geschwindigkeit - Primärrechtliche Grundlagen für das Verhältnis der Mitgliedstaaten innerhalb und außerhalb der Europäischen Wirtschafts- und Währungsunion, in: Weber, Albrecht (Hrsg.) u.a., Währung und Wirtschaft - Das Geld im Recht, Festschrift für Hugo J. Hahn zum 70. Geburtstag, Nomos Verlag, Baden-Baden 1997, 141–159
(zitiert: Häde in FS Hahn, 141)

Häde, Ulrich, Die Wirtschafts- und Währungsunion im Vertrag von Lissabon, Europarecht 2009, 200–219
(zitiert: Häde, EuR 2009, 200)

Häde, Ulrich, Zur Stellung der Europäischen Zentralbank, Zeitschrift für Wirtschafts- und Bankrecht 2006, 1605–1613
(zitiert: Häde, WM 2006, 1605)

Hafke, Heinz Christian, Rechtliche Aspekte der Währungsbeziehungen zwischen Mitgliedstaaten der Europäischen Währungsunion und Territorien außerhalb des Geltungsbereiches des EGV, Zeitschrift für Europarechtliche Studien 2000, 25–40
(zitiert: Hafke, ZEuS 2000, 25)

Hadjimichael, Michael T./ Galy, Michel, The CFA Franc Zone and the EMU, IMF Working Paper WP/97/156, November 1997
(zitiert: Hadjimichael/ Galy, IMF Working Paper, 11/1997)

Haquani, Zalmai/ Saunier, Philippe/ Majza, Béatrice, Droit international économique, Ellipses, Paris, 2006
(zitiert: Haquani/ Saunier/ Majza, Droit international économique)

Hagan, Sean, 10 Years of the Euro: A Perspective from the IMF, at the European Central Bank, January 29, 2009, abrufbar unter www.imf.org
(zitiert: Hagan, 10 Years of the Euro: A Perspective from the IMF)

Hahn, Hugo Joseph, Währungsrecht, C.H.Beck Verlag, München, 1990
(zitiert: Hahn, Währungsrecht, 1. Auflage)

Hahn, Hugo Joseph/ Häde, Ulrich, Währungsrecht, 2. Auflage, C.H. Beck Verlag, München, 2010
(zitiert: Hahn/ Häde, Währungsrecht)

Hahn, Hugo Joseph, Der Vertrag von Maastricht als völkerrechtliche Übereinkunft und Verfassung: Anmerkungen anhand Grundgesetz und Gemeinschaftsrecht, Nomos Verlag, Baden Baden, 1992
(zitiert: Hahn, Der Vertrag von Maastricht als völkerrechtliche Übereinkunft und Verfassung)

Hartmann, Philipp/ Issing, Otmar, The international Role of the Euro, Working Paper Series, Januar 2002, abrufbar unter www.ssrn.com
(zitiert: Hartmann/ Issing)

Hatje, Armin, Grenzen der Flexibilität einer erweiterten Europäischen Union, Europarecht 2005, 148–161
(zitiert: Hatje, EuR 2005, 148)

Hatje, Armin/ Kindt, Anne, Der Vertrag von Lissabon – Europa endlich in guter Verfassung? Neue Juristische Wochenschrift 2008, 1761–1768
(zitiert Hatje/ Kindt, NJW 2008, 1761)

Helfferich, Karl, Das Geld, 6. Auflage, Hirschfeld, Leipzig, 1923
(zitiert: Helfferich, Das Geld)

Henning, C. Randall, Regional Arrangements and the International Monetary Fund, in: Truman, Edwin M. (Hrsg.), Reforming the IMF for the 21st century, Institute for International Economics, Washington D.C., 2006, 171–184
(zitiert: Henning in Truman, 171)

Herdegen, Matthias, Die Währungsunion als dauerhafte Rechtsgemeinschaft, Ausstiegsszenarien aus rechtlicher Perspektive, EWU-Monitor Nr. 52, 22. Juni 1998, Deutsche Bank Research, Frankfurt am Main
(zitiert: Herdegen, EWU-Monitor Nr.52)

Herdegen, Matthias, Internationales Wirtschaftsrecht: Ein Studienbuch, 10. Auflage, C.H. Beck Verlag, München, 2014
(zitiert: Herdegen, Internationales Wirtschaftsrecht)

Herrmann, Christoph, Griechische Tragödie – der währungsverfassungsrechtliche Rahmen für die Rettung, den Austritt oder den Ausschluss von überschuldeten Staaten aus der Eurozone, Europäische Zeitschrift für Wirtschaftsrecht 2010, 413–418
(zitiert: Herrmann, EuZW 2010, 413)

Herrmann, Christoph W., Monetary Sovereignty over the Euro and External Relations of the Euro Area: Competences, Procedures and Practice, European Foreign Affairs Review 2002, 1–24
(zitiert: Herrmann, EFAR 2002, 1)

Herrmann, Christoph W., Rechtsprobleme der parallelen Mitgliedschaft von Völkerrechtssubjekten in Internationalen Organisationen – Eine Untersuchung am

Beispiel der Mitgliedschaft der EG und ihrer Mitgliedstaaten in der WTO, in: Bauschke, Gabriele u.a. (Hrsg.), Pluralität der Rechts-Regulierung im Spannungsfeld der Rechtsebenen, Richard Borberg Verlag, Stuttgart (u.a.), 2003, 139–161
(zitiert: Herrmann in Bauschke, 139)

Herz, Bernhard/ Cieleback, Marcus, Die Rolle des Euro im internationalen Währungssystem - Bestimmungsgründe und Folgen, in: Duijm, Bernhard (Hrsg.), Aktuelle Probleme der Weltwirtschaftsordnung, Festgabe für Josef Molsberger zum 65. Geburtstag, Kovac Verlag, Hamburg, 1999, 195–211
(zitiert: Herz/ Cieleback in FG Molsberger)

Hobe, Stephan/ Müller- Sartori, Patrick, Rechtsfragen der Einbindung der EG/ EU in das Völkerrecht, Juristische Schulung 2002, 8–13
(zitiert: Hobe/ Müller-Sartori, JuS 2002, 8)

Honrath, Alexander, Umfang und Grenzen der Freiheit des Kapitalverkehrs: Die Möglichkeiten zur Einführung einer Devisenzwangsbewirtschaftung in der Europäischen Union, Nomos Verlag, Baden-Baden, 1998
(zitiert: Honrath)

Horng, Der-Chin, The European Central Bank's External Relations with Third Countries and the IMF, European Foreign Affaires Review 2004, 323–346
(zitiert: Horng, EFAR 2004, 323)

Horng, Der-Chin, The ECB's Membership in the IMF: Legal Approaches to Constitutional Challenges, European Law Journal 2005, 802–822
(zitiert: Horng, ELJ 2005, 802)

Huber, Peter M., Differenzierte Integration und Flexibilität als neues Ordnungsmuster der Europäischen Union, Europarecht 1996, 347–361
(zitiert: Huber, EuR 1996, 347)

IMF – Factsheets und weitere über www.imf.org abrufbare Listen:
- A Guide to Committees, Groups and Clubs (Stand: 3. Oktober 2014)
- Debt Relief under the Heavily Indebted Poor Countries (HIPC) Initiative (Stand: 30. September 2014)
- Gold in the IMF (Stand: 3. Oktober 2014)
- Financing the Fund's Concessional Lending to Low-Income Countries (Stand: 30. September 2014)
- Fund Surveillance Over Members of Currency Unions (Stand: 21. Dezember 2005)
- IMF Executive Directors and Voting Power (Stand: Dezember 2014)
- IMF Conditionality (Stand: 30. September 2014)
- IMF Lending (Stand: 5. September 2014)
- IMF List of Managing Directors (Stand: Dezember 2014)

- IMF Members' Quotas and Voting Power, and IMF Board of Governors (Stand: Dezember 2014)
  IMF Quotas (Stand: 3. Oktober 2014)
- IMF's Response to the Global Economic Crisis (Stand: 30. September 2014)
- IMF Sets Guidelines for Currency Unions (Stand: 21. Juni 2007)
- IMF Standing Borrowing Arrangements (Stand: 3. Oktober 2014)
- IMF Stand-By Arrangement (SBA) (Stand: 22. September 2014)
- IMF Support for Low-Income Countries (Stand: 30. September 2014)
- IMF Surveillance (Stand: 3. Oktober 2014)
- Integrated Surveillance Decision (Stand: 30. September 2013)
- Multilateral Debt Relief Initiative (MDRI) (Stand: 30. September 2014)
- Reform of IMF Quotas and Voice: Responding to Changes in the Global Economy (Stand: März 2008)
- Special Drawing Rights (SDRs) (Stand: 3. Oktober 2014)
- The IMF & the European Economic and Monetary Union (Stand: März 1999)
- The IMF and the Millennium Development Goals (Stand: September 2014)
- The Joint World Bank – IMF Debt Sustainability Framework for Low-Income Countries (Stand: 3. Oktober 2014)
- Where the IMF gets its Money (Stand: 3. Oktober 2014)

Ipsen, Hans Peter, Europäisches Gemeinschaftsrecht, Mohr Siebeck Verlag, Tübingen, 1972
(zitiert: Ipsen, Europäisches Gemeinschaftsrecht)

Ipsen, Knut, Völkerrecht, 6. Auflage, C.H. Beck Verlag, München, 2014
(zitiert: Bearbeiter in Ipsen, Vökerrecht)

Issing, Otmar, Einführung in die Geldtheorie, 15. Auflage, Vahlen, München, 2011
(zitiert: Issing, Einführung in die Geldtheorie)

Isensee, Josef/ Kirchof, Paul (Hrsg.), Handbuch des Staatsrechtes der Bundesrepublik Deutschland, Band II: Verfassungsstaat, 3. Auflage, C.F. Müller Verlag, Heidelberg, 2004 Band III: Demokratie - Bundesorgane, 3. Auflage, C.F. Müller Verlag, Heidelberg, 2005
(zitiert: Bearbeiter in HdbStR)

James, Harold, International Monetary Cooperation since Bretton Woods, International Monetary Fund, Oxford University Press, New York, 1996
(zitiert: James, International Monetary Cooperation since Bretton Woods)

Jarchow, Hans-Joachim, Theorie und Politik des Geldes, 11. Auflage, Vandenhoeck & Ruprecht, Göttingen, 2003
(zitiert: Jarchow, Theorie und Politik des Geldes)

Jellinek, Goerg/ Jellinek, Walter, Allgemeine Staatslehre, 3. Auflage, Springer Verlag, Berlin, 1921
(zitiert: Jellinek, Allgemeine Staatslehre)

Kämmerer, Jörn Axel, Bahn frei für die Bankenunion? Die neuen Aufsichtsbefugnisse der EZB im Lichte der EU-Kompetenzordnung, Neue Zeitschrift für Verwaltungsrecht 2013, 830–836
(zitiert: Kämmerer, NVwZ 2013, 830)

Kempen, Bernhard, Deutschland als Vertragspartei des GATT und als Mitglied der Europäischen Gemeinschaft in: Weber, Albrecht (Hrsg.) u.a., Währung und Wirtschaft - Das Geld im Recht, Festschrift für Hugo J. Hahn zum 70. Geburtstag, Nomos Verlag, Baden-Baden, 1997, 417–439
(zitiert: Kempen in FS Hahn, 417)

Kempen, Bernhard, Die Zukunft des Internationalen Währungsfonds, in: Zeitschrift für europarechtliche Studien 2000, 13–24
(zitiert: Kempen, ZeuS 2000, 13)

Kenen, Peter B., Reform of the International Monetary Fund, Council Special Report No.29, Council on Foreign Relations, New York, 2007
(zitiert: Kenen)

Kiekens, Willy, What kind of External Representation for the Euro, OeNB Seminar, 2. Juni 2003, Wien, abrufbar unter: www2.oenb.at
(zitiert: Kiekens)

Kimminich, Otto/ Hobe, Stephan, Einführung in das Völkerrecht, 10. Auflage, A. Francke Verlag, Tübingen (u.a), 2014
(zitiert: Kimminich/ Hobe, Völkerrecht)

King, Mervyn, Roundtable on Lessons of European Monetary Integration for the International Monetary System, in: Masson, Paul R./ Krueger, Thomas H./ Turtelboom, Bart G., EMU and the International Monetary System, International Monetary Fund, Washington D.C., 1997, 237–239
(zitiert: King in: Masson/ Krueger/ Turtelboom, 237)

Knapp, Georg Friedrich, Staatliche Theorie des Geldes, 4. Auflage, Duncker & Humblot, München (u.a.), 1923
(zitiert: Knapp, Staatliche Theorie des Geldes)

Kommission der Europäischen Gemeinschaften, EMU@10: success and challenges after 10 years of Economic and Monetary Union, Communication from the Commission to the European Parliament, the Council, the European Economic and Social Committee, the Committee of the Regions and the European Central Bank, Amt für amtliche Veröffentlichungen der Europäischen Gemeinschaften, Brüssel, 2008
(zitiert: Kommission, EMU@10: success and challenges after 10 years of Economic and Monetary Union)

Kommission der Europäischen Gemeinschaften (Hrsg.), Relations des Communautés Européennes avec les organisations internationales, OPOCE, Luxemburg, 1989
(zitiert: Relations des Communautés Européennes avec les organisations internationales)

Krämer, Hans-R., Abgestufte Integration und Differenzierte Assoziation, in: Randelzhofer, Albrecht/ Scholz, Rupert/ Wilke, Dieter (Hrsg.), Gedächtnisschrift für Eberhard Grabitz, C.H.Beck Verlag, München, 1995, 307–323
(zitiert: Krämer in GS Grabitz, 307)

Krämer, Hans-R., Wirtschaftliche und rechtliche Probleme der monetären Integration in der Europäischen Wirtschaftsgemeinschaft, in: Schneider, Erich (Hrsg.), Kieler Studien- Forschungsberichte des Instituts für Weltwirtschaft an der Universität Kiel, Mohr Siebeck Verlag, Tübingen 1966
(zitiert: Krämer)

Krauskopf, Bernd/ Steven, Christine, Einführung des Euro in außereuropäischen Territorien und währungsrechtliche Regelungen im Verhältnis zu Drittstaaten, Europäische Zeitschrift für Wirtschaftsrecht 1999, 650–654
(zitiert: Krauskopf/ Steven, EuZW 1999, 650)

Krück, Hans, Völkerrechtliche Verträge im Recht der Europäischen Gemeinschaften: Abschlusskompetenzen, Bindungswirkung, Kollisionen, Springer Verlag, Berlin (u.a.), 1977
(zitiert: Krück)

Langeheine, Bernd, Abgestufte Integration, Europarecht 1983, 227–260
(zitiert: Langeheine, EuR 1983, 227)

Langeheine, Bernd, Rechtliche und institutionelle Probleme einer abgestuften Integration in der Europäischen Gemeinschaft, in: Grabitz, Eberhard (Hrsg.), Abgestufte Integration: eine Alternative zum herkömmlichen Integrationskonzept?, Engel-Verlag, Kehl a.R (u.a.), 47–124
(zitiert: Langeheine in Grabitz, 47)

Lastra, Rosa Maria, The Bretton Woods Institutions in the XXIst Century, in: External Comments and Contributions on IMF-Conditionality, International Monetary Fund, Washington D.C., 2001, 88–111
(zitiert: Lastra, The Bretton Woods Institutions in the XXIst Century, 88)

Lastra, Rosa Maria, The role of the IMF as a global financial authority, in: Herrmann, Christoph/ Terhechte, Jörg Philipp (Hrsg.), European Yearbook of International Economic Law Vol. 2, Springer Verlag, Berlin (u.a.), 2011, 121–136
(zitiert: Lastra, EYIEL 2011, 121)

Lebullenger, Joël, La projection externe de la zone euro, Revue Trimestrielle de Droit Européen 1998, 459–478
(zitiert: Lebullenger, RTDE 1998, 459)

Lenz, Carl-Otto/ Borchardt, Dieter (Hrsg.), EU- und EG Vertrag, Kommentar, 6. Auflage, Helbing & Lichtenhahn/ Bundesanzeiger Verlag, Köln, 2012
(zitiert: Bearbeiter in Lenz/ Borchardt, EUV/EGV)

Lipsius, Justus, La conférence intergouvernementale de 1996, Revue Trimestrielle de Droit Européen 1995, 175–185
(zitiert: Lipsius, RTDE 1995, 175)

Louis, Jean-Victor/ Dony, Marianne (eds.), Relations extérieures, Commentaire J. Mégret, Vol. 12, 2nd edition, Editions de l'Université de Bruxelles, Brussels, 2005
(zitiert: Bearbeiter in Commentaire Mégret)

Louis, Jean-Victor, L'Euro et le monde, in: Drnas de Clément, Zlata (coord.), Estudios de derecho internacionale homenaje al profesor Ernesto J. Rey Caro, Drnas-Lerner (eds.), Editora Córdoba, Córdoba, 2002, 1545–1576
(zitiert: Louis in FS Rey Caro, 1545)

Louis, Jean-Victor, Les relations internationales de l'union économique et monétaire, EUI Working Paper Law No.99/10
(zitiert: Louis, EUI WPL No. 99/10)

Louis, Jean- Victor, Union monétaire européenne et Fonds monétaire international, in: Weber, Albrecht (Hrsg.) u.a., Währung und Wirtschaft- Das Geld im Recht, Festschrift für Hugo J. Hahn zum 70. Geburtstag, Nomos Verlag, Baden-Baden 1997, 201–213
(zitiert: Louis in FS Hahn, 201)

Lucke, Peter, Internationaler Währungsfonds - Strukturen, Finanztransaktionen und Konditionalität aus völkerrechtlicher Sicht, Deutsches und Internationales Wirtschaftsrecht, Münster, 1997
(zitiert: Lucke)

Mahieu, Géraldine/ Ooms, Dirk/ Rottier, Stéphane, EU Representation and the Governance of the International Monetary Fund, European Union Politics 2005, 493–510
(zitiert: Mahieu/ Ooms/ Rottier, EuP 2005, 493)

Mahieu, Géraldine/ Ooms, Dirk/ Rottier, Stéphane, The Governance of the International Monetary Fund with a Single EU Chair, Financial Stability Review 2008, 173–188
(zitiert: Mahieu/ Ooms/ Rottier, FSR 2008, 173)

Mancini, Giuseppe Federico, The Euro: A currency in search of a State, in: Rodríguez, Gil Carlos/ Due, Ole/ Schingten, Romain/ Elsen, Charles (Hrsg.), Mélanges en hommage à Fernand Schockweiler, Nomos Verlag, Baden-Baden, 1999, 399–412
(zitiert: Mancini in FS Schockweiler, 399)

Mann, F.A., Money in Public International Law, British Yearbook of international law 1949, 260–293
(zitiert: Mann, BYIL 1949, 260)

Mann, F.A., The Legal Aspect of Money: with special reference to comparative private and public international law, 5th edition, Clarendon Press, Oxford (u.a.), 1992
(zitiert: Mann, The legal aspect of money)

Martenczuk, Bernd, Die Außenvertretung der Europäischen Gemeinschaft auf dem Gebiet der Währungspolitik, Zeitschrift für ausländisches öffentliches Recht und Völkerrecht 1999, 93–107
(zitiert: Martenczuk, ZaöRV 1999, 93)

Martenczuk, Bernd, Die differenzierte Integration nach dem Vertrag von Amsterdam, Zeitschrift für europarechtliche Studien 1998, 447–474
(zitiert: Martenczuk, ZEuS 1998, 447)

Martenczuk, Bernd, Die differenzierte Integration und die föderale Struktur der Europäischen Union, Europarecht 2000, 351–364
(zitiert: Martenczuk, EuR 2000, 351)

Martha, Rutsel Silvestre Jacinto, The Fund Agreement and the surrender of monetary sovereignty to the European Community, Common Market Law Review 1993, 749–786
(zitiert: Martha, CMLRev. 1993, 749)

Maunz, Theodor/ Dürig, Günter, Grundgesetz Kommentar, Band VI, Art. 86 – Art. 106 b, C.H.Beck Verlag, München, 2011
(zitiert: Bearbeiter in Maunz/ Dürig, GG)

Mayer, Franz, Der Vertrag von Lissabon im Überblick, Juristische Schulung 2010, 189–195
(zitiert: Mayer, JuS 2010, 189)

Maystadt, Philippe, La représentation extérieure de la zone-euro: perspective historique et prospective, Euro 1999, 14–18
(zitiert. Maystadt, Euro 1999, 14)

Maystadt, Philippe, Implications of EMU for the IMF, in: Masson, Paul R./ Krueger, Thomas H./ Turtelboom Bart G., EMU and the International Monetary System, International Monetary Fund, Washington D.C., 1997, 146–153
(zitiert: Maystadt in Masson/ Krueger/ Turtelboom, 146)

McGoldrick, Dominic, International Relations Law of the European Union, Longman, London (u.a.), 1997
(zitiert: McGoldrick)

McNamara, Kathleen/ Meunier, Sophie, Between national sovereignty and international power: what external voice for the euro?, International Affairs 2002, 849–868
(zitiert: McNamara/ Meunier, International Affairs 2002, 849)

Meng, Werner, Das Verhältnis VN (WTO, IMF) - EU im Bereich der Wirtschaft: Das Verhältnis der Vereinten Nationen und ihrer Sonderorganisationen zur EU im Bereich der Wirtschaft, in: Hobe, Stephan (Hrsg.), Kooperation oder Konkurrenz internationaler Organisationen: eine Arbeitstagung zum Verhältnis von Vereinten Nationen und Europäischer Union am Beginn des 21. Jahrhunderts, Nomos Verlag, Baden-Baden, 2001, 39–71
(zitiert: Meng in Hobe, 39)

Molzahn, Ralf, Die normativen Verknüpfungen von Kapitalverkehrsfreiheit und Währungsunion im EG- Vertrag, Springer Verlag, Berlin (u.a.), 1999
(zitiert: Molzahn)

Möschel, Wernhard, Die Finanzkrise – Wie soll es weitergehen?, Zeitschrift für Rechtspolitik 2009, 129–133
(zitiert: Möschel, ZRP 2009, 129)

Müller, Lothar, Verfassungsrechtliche Fußnoten zum Maastrichter Vertrag über eine Wirtschafts- und Währungsunion, Deutsches Verwaltungsblatt 1992, 1249–1255
(zitiert: Müller, DVBl. 1992, 1249)

Mundell, Robert A., The Impact of the Euro on the International Monetary System, The International Spectator Vol. XXXIII, April–June 1998, 5–20
(zitiert: Mundell, The International Spectator 1998, 5)

Mussa, Michael/ Masson, Paul/ Swoboda, Alexander/ Jadresic, Esteban/ Mauro, Paolo/ Berg, Andrew, Exchange Rate Regimes in an Increasingly Integrated World Economy, Occasional Paper No. 193, International Monetary Fund, Washington D.C., 2000
(zitiert: Mussa/ Masson/ Swoboda/ Jadresic/ Mauro/ Berg, Exchange Rate Regimes in an Increasingly Integrated World Economy)

Nestler, Cornelia, Stellung der Bundesbank in der europäischen Integration – Vom Bretton- Woods-System zur Europäischen Währungsunion, Zeitschrift für Wirtschafts- und Bankrecht 2001, 2425–2434
(zitiert: Nestler, WM 2001, 2425)

Newburg, Andre, The Changing Roles of the Bretton Woods Institutions: Evolving Concepts of Conditionality, in: Mario Giovanoli (Hrsg.), International Monetary Law: Issues for the New Millenium, Oxford University Press, Oxford (u.a.), 2000, 81–95
(zitiert: Newburg, IML)

Oeter, Stefan, Souveränität - ein überholtes Konzept?, in: Cremer, Hans-Joachim/ Giegerich, Thomas/ Richter, Dagmar/ Zimmermann, Andreas (Hrsg.), Tradition und Weltoffenheit des Rechts, Festschrift für Helmut Steinberger, Springer Verlag, Berlin (u.a.), 2002, 259–290
(zitiert: Oeter in FS Steinberger)

O'Keeffe, David, Community and Member States Competence in External Relations Agreements of the EU, European Foreign Affairs Review 1999, 7–36
(zitiert: O'Keeffe, EFAR 1999, 7)

Oppermann, Thomas, Die internationale Vertretung von Euroland in: Kirchhof, Paul/ Lehner, Moris/ Raupach, Arndt/ Rodi, Michael (Hrsg.), Staaten und Steuern, Festschrift für Klaus Vogel zum 70. Geburtstag, C.F. Müller Verlag, Heidelberg, 2000, 529–543
(zitiert: Oppermann in FS Vogel, 529)

Oppermann, Thomas / Classen, Claus Dieter / Nettesheim, Martin, Europarecht, 6. Auflage, C.H. Beck Verlag, München, 2014
(zitiert: Oppermann, Europarecht)

Ost, Nina, Flexibilität des Gemeinschaftsrechts – Vom Notantrieb zum Vertragsprinzip?, Die Öffentliche Verwaltung 1997, 495–503
(zitiert: Ost, DÖV 1997, 495)

Pache, Eckhard/ Bielitz, Joachim, Das Verhältnis der EG zu den völkerrechtlichen Verträgen ihrer Mitgliedstaaten, Europarecht 2006, 316–339
(zitiert: Pache/ Bielitz, EuR 2006, 316)

Pache, Eckhard/ Rösch, Franziska, Der Vertrag von Lissabon, Neue Zeitschrift für Verwaltungsrecht 2008, 473–480
(zitiert: Pache/ Rösch, NVwZ 2008, 473)

Padoa-Schioppa, Tommaso, The external representation of the euro area, Rede vom 17. März 1999, abrufbar unter www.ezb.de
(zitiert: Padoa-Schioppa, The external representation of the euro area)

Palandt, Bürgerliches Gesetzbuch, 73. Auflage, C.H. Beck Verlag, München, 2014
(zitiert: Bearbeiter in Palandt, BGB- Kommentar)

Pernice, Ingolf, Das Ende der währungspolitischen Souveränität Deutschlands und das Maastricht-Urteil des BVerfG in: Due, Ole/ Lutter, Marcus/ Schwarzer, Jürgen (Hrsg.), Festschrift für Ulrich Everling, Bd.2, Nomos Verlag, Baden-Baden, 1995, 1057–1070
(zitiert: Pernice in FS Everling, 1057)

Petersmann, Ernst-Ulrich, Die EWG als GATT-Mitglied – Rechtskonflikte zwischen GATT-Recht und Europäischem Gemeinschaftsrecht, in: Hilf, Meinhard/

Petersmann, Ernst-Ulrich (Hrsg.), GATT und Europäische Gemeinschaft, Nomos Verlag, Baden-Baden, 1986, 119–167
(zitiert: Petersmann, 119)

Pineau, Georges/ Ruggerio, Gian Paolo, The International Role of the Euro, Euro 2000, 63–70
(zitiert: Pineau/ Ruggerio, Euro 2000, 63)

Polak, Jacques J., Comment in: Current Developments in Monetary and Financial Law, Volume 1, International Monetary Fund, Washington D.C., 1999, 310–313
(zitiert: Polak in Current Developments, Vol. 1, 310)

Polak, Jacques J., The IMF and Its EMU Members, in: Masson, Paul R./ Krueger, Thomas H/ Turtelboom Bart G., EMU and the International Monetary System, International Monetary Fund, Washington D.C., 1997, 491–511
(zitiert: Polak in Masson/ Krueger/ Turtelboom, 491)

Proctor, Charles, Mann on the legal aspect of money, 7th edition, Oxford University Press, Oxford, 2012
(zitiert: Proctor/ Mann, The legal aspect of money)

Raymond, Robert, The impact of the Euro on the International Monetary System, in: Lamfalussy, A./ Bernard, L.D./ Cabral, A.J. (Hrsg.), The Euro-Zone: A New Economic Entity?, Bruylant, Brüssel, 1999, 127–146
(zitiert: Raymond, 127)

Rubner, Daniel/ Simon, Stefan, Stimmrechtspools, NJW-Spezial 2005, 27–28
(zitiert: Rubner/ Simon, NJW-Spezial 2005, 27)

Rübel, Gerhard, Grundlagen der monetären Außenwirtschaft, 3. Auflage, R. Oldenburg Verlag, München (u.a.), 2009
(zitiert: Rübel, Grundlagen der monetären Außenwirtschaft)

Sack Jörn, Die Europäische Gemeinschaft als Mitglied internationaler Organisationen, in: Randelzhofer, Albrecht/ Scholz, Rupert/ Wilke, Dieter (Hrsg.), Gedächtnisschrift für Eberhard Grabitz, C.H.Beck Verlag, München, 1995, 631–660
(zitiert: Sack in GS Grabitz, 631)

Sack, Jörn, Die Europäische Union in den Internationalen Organisationen - Bedeutung der Beteiligung sowie Aktion und Einfluss von Gemeinschaft und Mitgliedstaaten in diesen Gremien, Zeitschrift für europäische Studien 2001, 267–284
(zitiert: Sack, ZEuS 2001, 267)

Sattler, Sven, Gemischte Abkommen und gemischte Mitgliedschaften der EG und ihrer Mitgliedstaaten: Unter besonderer Berücksichtigung der WTO, Duncker & Humblot, Berlin, 2007
(zitiert: Sattler)

Scharrer, Hans-Eckart, Abgestufte Integration – Eine Einführung, in: Grabitz, Eberhard (Hrsg.), Abgestufte Integration: eine Alternative zum herkömmlichen Integrationskonzept?, Engel Verlag, Kehl a.R. (u.a.), 1–30
(zitiert: Scharrer in Grabitz, 1)

Scharrer, Hans-Eckart, Das Europäische Währungssystem- Abgestufte Integration in der Praxis, in: Grabitz, Eberhard (Hrsg.), Abgestufte Integration: eine Alternative zum herkömmlichen Integrationskonzept?, Engel-Verlag, Kehl a.R. (u.a.), 225–259
(zitiert: Scharrer in Grabitz, 225)

Schäuble, Wolfgang/ Lamers, Karl, Überlegungen zur europäischen Politik, Positionspapier 01.09.1994, abrufbar unter: www.cducsu.de/upload/schaeublelamers94.pdf
(zitiert: Schäuble/ Lamers, Überlegungen zur europäischen Politik)

Schauer, Martin, Schengen – Maastricht – Amsterdam, Auf dem Weg zu einer flexiblen Union, Verlag Österreich, Wien, 2000
(zitiert: Schauer)

Schermers, Henry G., International Organizations as Members of other International Organizations, in: Bernhardt, Rudolf/ Geck, Wilhelm Karl/ Jaenicke, Günther/ Steinberger, Helmut (Hrsg.), Völkerrecht als Rechtsordnung, Internationale Gerichtsbarkeit, Menschenrechte: Festschrift für Hermann Mosler, Springer Verlag, Berlin (u.a.), 1983, 823–837
(zitiert: Schermers in FS Mosler, 823)

Schiemann, Jürgen, Der neue europäische Wechselkursmechanismus: Währungsbeziehungen zwischen Ins, Pre-ins und Outs, in: Caesar, Rolf/ Scharrer, Hans-Eckart (Hrsg.), Maastricht: Königsweg oder Irrweg zur Wirtschafts- und Währungsunion?, Europa Union Verlag, Bonn, 1994, 293–303
(zitiert: Schiemann in Caesar/ Scharrer, 293)

Schimansky, Herbert/ Bunte, Hermann-Josef /Lwowski, Hans-Jürgen (Hrsg.), Bankrechts-Handbuch, 4. Auflage, C.H. Beck Verlag, München, 2011
(zitiert: Bearbeiter in Schimansky/ Bunte/ Lwowski, Bankrecht)

Schlochauer, Hans-Jürgen/ Strupp, Karl (Hrsg.), Wörterbuch des Völkerrechts, Bd.3 (Rapallo-Vertrag bis Zypern), 2. Auflage, De Gruyter Verlag, Berlin, 1962
(zitiert. Bearbeiter in Schlochauer)

Schloh, Bernhard, Die Stellung der Europäischen Gemeinschaft und ihrer Organe in internationalen Organisationen in: Carstens, Karl/ Börner, Bodo (Hrsg.), Die Außenbeziehungen der Europäischen Gemeinschaft, Kölner Schriften zum Europarecht, Bd.25, Köln (u.a.), 1975, 83–102
(zitiert: Schloh in KSE Bd.25, 83)

Schmidt, Karsten, Die „Staatliche Theorie des Geldes“: Jahrhundertwerk oder Makulatur? – Ein Streifzug durch Knapps „Staatliche Theorie des Geldes“, in: Weber, Albrecht (Hrsg.) u.a., Währung und Wirtschaft – Das Geld im Recht, Festschrift für Hugo J. Hahn zum 70. Geburtstag, Nomos Verlag, Baden-Baden, 1997, 81–93
(zitiert: Schmidt in FS Hahn, 81)

Schmitter, Catherine, Coopérations renforcées et compétences extérieures de la Communauté européenne, in: Dony, Marianne (Hrsg.), L'Union européenne et le Monde après Amsterdam, Éditions de l'Université Bruxelles, Bruxelles, 1999, 77–103
(zitiert: Schmitter in Dony, 77)

Schuster, Gunnar, Der Sonderstatus Dänemarks im Vertrag über die Europäische Union, Europäische Zeitschrift für Wirtschaftsrecht 1993, 177–180
(zitiert: Schuster, EuZW 1993, 177)

Schwarzer, Daniela, A consolidated representation of interests in the context of Europe's relative economic decline – drivers and obstacles, in: Julia Lieb, Nicolai von Ondarza & Daniela Schwarzer (Hrsg.), The European Union in International Fora, Nomos-Verlag, Baden-Baden, 2011, 137–155
(zitiert: Schwarzer, 155)

Scott, Hal S., When the Euro falls apart, International Finance 1998, 207–228
(zitiert: Scott, Int. Finance 1998, 207)

Selected Decisions and Selected Documents of the IMF,
- 24th Issue, International Monetary Fund, Legal Department, Washington D.C., 1999

(zitiert: Selected Decision, 24th Issue)

- 30th Issue, International Monetary Fund, Legal Department, Washington D.C., 2006

(zitiert: Selected Decisions, 30th Issue)

- 36th Issue, International Monetary Fund, Legal Department, Washington D.C., 2011

(zitiert: Selected Decisions)

Selmayr, Martin, Das Recht der Wirtschafts- und Währungsunion - Erster Band. Die Vergemeinschaftung der Währung, Nomos Verlag, Baden-Baden, 2002
(zitiert: Selmayr, Das Recht der Wirtschafts- und Währungsunion)

Selmayr, Martin, Die Wirtschafts- und Währungsunion als Rechtsgemeinschaft, Archiv für öffentliches Recht 1999, 357–399
(zitiert: Selmayr, AöR 1999, 357)

Seidel, Martin, Ausscheiden aus der Währungsunion? – Rechtliche Fragen, Europäische Zeitschrift für Wirtschaftsrecht 2007, 617–618
(zitiert: Seidl, EuZW 2007, 617)

Seidel, Martin, Der Euro: Schutzschild oder Falle, ZEI Working Paper B 01/2010, 1–27
(zitiert: Seidel, ZEI Working Paper B 01/ 2010)

Seidel, Martin, Konstitutionelle Schwächen der Währungsunion, Europarecht 2000, 861–878
(zitiert: Seidel, EuR 2000, 861)

Seidel, Martin, Verfassungsrechtliche Probleme der Wirtschafts- und Währungsunion, in: Caesar, Rolf/ Scharrer, Hans-Eckart (Hrsg.), Maastricht: Königsweg oder Irrweg zur Wirtschafts- und Währungsunion?, Europa Union Verlag, Bonn, 1994, 89–106
(zitiert: Seidel in Caesar/ Scharrer, 89)

Seidl-Hohenveldern, Ignaz/ Loibl, Gerhard, Das Recht der internationalen Organisationen, einschließlich der supranationalen Gemeinschaften, 7. Auflage, Carl Heymanns Verlag, Köln (u.a.), 2000
(zitiert: Seidl-Hohenveldern/ Loibl, Das Recht der internationalen Organisationen)

Seidl-Hohenveldern, Ignaz (Hrsg.), Lexikon des Rechts: Völkerrecht, 3. Auflage, Luchterhand-Verlag, Neuwied (u.a.), 2001
(zitiert: Seidl-Hohenveldern, Lexikon des Rechts)

Shuster, Milan Robert, The public international law of money, Clarendon Press, Oxford, 1973
(zitiert: Shuster, The public international law of money)

Siebert, Horst/ Lorz, Oliver, Einführung in die Volkswirtschaftslehre, 15. Auflage, Kohlhammer Verlag, Stuttgart, 2007
(zitiert: Siebert/ Lorz, Einführung in die Volkswirtschaftslehre)

Siebold, Dagmar I., Die Welthandelsorganisation und die Europäische Gemeinschaft: Ein Beitrag zur globalen wirtschaftlichen Integration, Duncker & Humblodt, Berlin, 2003
(zitiert: Siebold)

Siekmann, Helmut (Hrsg.), Kommentar zur Europäischen Währungsunion, Mohr Siebeck Verlag, Tübingen 2013
(zitiert: Bearbeiter in Siekmann, EWU)

Silguy, Yves-Thibault de, A Single Currency for Europe, The International Spectator, Vol. XXXI, July–September 1996, 3–11
(zitiert: Silguy, The International Spectator 1996, 3)

Skala, Martin/ Thimann, Christian/ Wölfinger, Regine, The Search for Columbus' Egg: Finding a new formula to determine quotas at the IMF, Occasional Paper Series No. 70, European Central Bank, Frankfurt, 2007
(zitiert: Skala/ Thimann/ Wölfinger)

Slot, Piet Jan, The institutional provisions of the EMU, in: Curtin, D./ Henkels, T. (ed.), International dynamics of European Integration, Essays in honour of H.G. Schermers, Vol. II., Martinus Nijhoff Publishers, Dordrecht, 1994, 229–249
(zitiert: Slot, 229)

Smaghi, Lorenzo Bini, A Single EU Seat in the IMF?, Journal of Common Market Studies 2004, 229–248
(zitiert: Smaghi, JCMS 2004, 229)

Smaghi, Lorenzo Bini, A Single EU Seat in the International Monetary Fund?, in: Jorgensen, Knud Erik (Hrsg.), The European Union and International Organizations, Routledge, New York, 2009, 61–79
(zitiert: Smaghi in Jorgensen, 61)

Smaghi, Lorenzo Bini, Powerless Europe: Why is the Euro Area still a Political Dwarf?, International Finance 2006, 261–279
(zitiert: Smaghi, IF 2006, 261)

Smits, René, International representation of Europe in the area of Economic and Monetary Union: legal issues and practice in the first ten years of the Euro, Euredia 2009/2, 297–333
(zitiert: Smits, Euredia 2009, 297)

Smits, René, The European Central Bank, Institutional Aspects, Kluwer Law International, The Hague (u.a.), 1997
(zitiert: Smits, ECB)

Smits, René, The Position of the European Central Bank in the European Constitutional Order, inaugural address, Universiteit van Amsterdam, 4 June 2003, published under the title The European Central Bank in the European Constitutional Order, Eleven International Publishing, Utrecht, 2003
(zitiert: Smits, The position of the European Central Bank)

Snyder, Francis, EMU - Metaphor for European Union?, Institutions, Rules and Types of Regulation, in: Dehousse, Renaud (ed.), Europe after Maastricht: An Ever Closer Union?, Law Books in Europe, C.H. Beck Verlag, München, 1994, 63–99
(zitiert: Snyder)

Sorel, Jean-Marc, L'euro vu de l'extérieur: une monnaie entre puissance et incertitudes, Journal du droit international 2000, 7–33
(zitiert: Sorel, JDI 2000, 7)

Sorel, Jean - Marc, L'évolution des systèmes de change, Chapitre 15, in: Dailler, P./ de La Pradelle, G./ Gherani, H., Droit de l'économie internationale, Pedone, Paris, 2004
(zitiert: Sorel, FMI)

Sorel, Jean-Marc, Le Fonds Monétaire International, Chapitre 13, in: Dailler, P./ de La Pradelle, G./ Gherani, H., Droit de l'économie international, Pedone, Paris, 2004
(zitiert: Sorel, FMI)

Spethmann, Dieter/ Steiger, Otto, Deutschlands Wirtschaft, seine Schulden und die Unzulänglichkeit der einheitlichen Geldpolitik im Eurosystem, ZEI-Working Paper B 29/ 2004, 1–41
(zitiert: Spethmann/ Steiger, ZEI-Working Paper B 29/2004)

Stadler, Rainer, Der rechtliche Handlungsspielraum des Europäischen Systems der Zentralbanken, Nomos Verlag, Baden-Baden, 1996
(zitiert: Stadler)

Staudinger, J. von, Kommentar zum Bürgerlichen Gesetzbuch mit Einführungsgesetz und Nebengesetzen, Zweites Buch, Recht der Schuldverhältnisse, §§ 244–248 BGB, Geldrecht, 13. Bearbeitung, De Gruyter Verlag, Berlin (u.a.), 1997
(zitiert: Bearbeiter in Staudinger, BGB- Kommentar)

Steinki, Bernhard, Competencies of the European Community on International Monetary Fund Matters: An Overview of the Key Legal Issues, in: Current Developments in Monetary and Financial Law, Volume 2, International Monetary Fund, Washington D.C., 2003, 109–147
(zitiert: Steinki in Current Developments, Vol. 2, 109)

Streinz, Rudolf, Europarecht, 9. Auflage, C.F. Müller Verlag, Heidelberg, 2012
(zitiert: Streinz, Europarecht)

Streinz, Rudolf (Hrsg.), EUV/ EGV, Vertrag über die Europäische Union und Vertrag zur Gründung der Europäischen Gemeinschaft, C.H. Beck Verlag, München 2003
(zitiert: Bearbeiter in Streinz, EUV/ EGV)

Stubb, Alexander C-G., A Categorization of Differentiated Integration, Journal of Common Market Studies 1996, 283–295
(zitiert: Stubb, JCMS 1996, 283)

Stumpf, Christoph A., Die auswärtigen Beziehungen der Europäischen Währungsunion, Zeitschrift für ausländisches öffentliches Recht und Völkerrecht 2003, 1075–1087
(zitiert: Stumpf, ZaöRV 2003, 1075)

Suy, E., The status of observers in international organizations, Recueil des Cours de l'Academie de Droit International de la Haye 1978-II, 75–179
(zitiert: Suy, RdC 1978-II, 75)

Thiel, Elke, Die EWWU in den internationalen Währungsbeziehungen, in Caesar, Rolf/ Scharrer, Hans-Eckart (Hrsg.), Maastricht: Königsweg oder Irrweg zur Wirtschafts- und Währungsunion?, Europa Union Verlag, Bonn, 1994, 396–419
(zitiert: Thiel in Caesar/ Scharrer, 396)

Thym, Daniel, Ungleichzeitigkeit und Europäisches Verfassungsrecht, Die Einbettung der verstärkten Zusammenarbeit, des Schengener Rechts und anderer Formen von Ungleichzeitigkeit in den einheitlichen rechtlichen und institutionellen Rahmen der Europäischen Union, Nomos Verlag, Baden-Baden, 2004
(zitiert: Thym)

Tietmeyer, Hans, Zur politischen Fundierung des monetären Integrationsprozesses in Europa, in: Due, Ole/ Lutter, Marcus/ Schwarzer, Jürgen (Hrsg.), Festschrift für Ulrich Everling, Bd.2, Nomos Verlag, Baden-Baden, 1995, 1575–1584
(zitiert: Tietmeyer in FS Everling, 1575)

Tilch, Horst/ Arloth, Frank (Hrsg.), Deutsches Rechtslexikon, 3. Auflage, C.H.Beck Verlag, München, 2001
(zitiert: Tilch/ Arloth, Deutsches Rechtslexikon, Stichwort)

Torrent, Ramon, Whom is the European Central Bank the central bank of?: Reaction To Zilioli and Selmayr, Common Market Law Review 1999, 1229–1241
(zitiert: Torrent, CMLRev. 1999, 1229)

Toth, Akos G., The Principle of Subsidiarity in the Maastricht Treaty, Common Market Law Review 1992, 1079–1105
(zitiert: Toth, CMLRev. 1992, 1079)

Treves, Tullio, Monetary Sovereignty Today, in: Mario Giovanoli (Hrsg.), International Monetary Law: Issues for the New Millenium, Oxford University Press, Oxford (u.a.), 2000, 211–224
(zitiert: Treves, IML)

Treviranus, Hans, Die Konvention der Vereinten Nationen über Staatensukzession bei Verträgen, Ergebnisse der Konferenz in Wien 1977 und 1978, Zeitschrift für ausländisches öffentliches Recht und Völkerrecht 1979, 259–300
(zitiert: Treviranus, ZaöRV 1979, 259)

Truman, Edwin M., Rearranging IMF Chairs and Shares: The Sine Qua Non of IMF Reform, in: Edwin M. Truman (Hrsg.), Reforming the IMF for the 21st century, Institute for International Economics, Washington D.C., 2006, 201–232
(zitiert: Truman in Truman, 201)

Tuytschaever, Filip, Differentiation in European Union Law, Hart Publishing, Oxford (u.a.), 1999
(zitiert: Tuytschaever)

Usher, J.A., Variable Geometry Or Concentric Circles: Patterns for the European Union, International and Comparative Law Quarterly 1997, 243–273
(zitiert: Usher, ICLQ 1997, 243)

Van Houtven, Leo, Governance of the IMF, Decision Making, Institutional Oversight, Transparency and Accountability, Pamphlet Series 53, International Monetary Fund, Washington D.C., 2002
(zitiert: Van Houtven)

Van Houtven, Leo, Rethinking IMF Governance, Finance and Development, 2004, 18–20
(zitiert: Van Houtven, Finance & Development 2004, 18)

Vedder, Christoph, Die Außenbeziehungen der EU und die Mitgliedstaaten: Kompetenzen, gemischte Abkommen, völkerrechtliche Verantwortlichlkeit und Wirkungen des Völkerrechts, Europarecht 2007, Beiheft 3, 57–91
(zitiert: Vedder, EuR Beih.3/2007, 57)

Vedder, Christoph, Die EU und internationale Organisationen - Perspektiven nach dem Vertrag von Amsterdam, in Benedek, Wolfgang/ Isak, Hubert/ Kicher, Renate (Hrsg.), Development and Developing International and European Law: Essays in honour of Konrad Ginther on the occasion of his 65th birthday, Peter Lang Verlag, Frankfurt am Main (u.a.), 1999, 501–515
(zitiert: Vedder in FS Ginther, 501)

VerLoren van Themaat, P., Some Preliminary Observations on the Intergovernmental Conferences: The Relation between the Concepts of a Common Market, a Monetary Union, an Economic Union, a Political Union and Sovereignty, Common Market Law Review 1991, 291–318
(zitiert: VerLoren van Themaat, CMLRev. 1991, 291)

Vigneron, Philippe/ Steinfeld, Philippe, La Communauté européenne et la libre circulation des capitaux: les nouvelles dispositions et leurs implications, Cahiers de Droit Européen 1996, 401–441
(zitiert: Vigneron/ Steinfeld, CDE l996, 40l)

Von Borries, Reimer, Die Europäische Zentralbank als Gemeinschaftsinstitution, Zeitschrift für europäische Studien 1999, 281–312
(zitiert: v. Borries, ZEuS 1999, 281)

Von der Groeben, Hans/ Schwarze, Jürgen (Hrsg.) Kommentar zum Vertrag über die Europäische Union und zur Gründung der Europäischen Gemeinschaft, 6. Auflage, Nomos Verlag, Baden-Baden, 2003

- Band 1: Art. 1–53 EUV, Art.1–80 EGV
- Band 2: Art. 81–97 EGV
- Band 3: Art. 98–188 EGV
- Band 4: Art.198–314 EGV

(zitiert: Bearbeiter in v.d.Groeben/ Schwarze, EUV/EGV)

Voss, Rüdiger, Die Bindung der Europäischen Gemeinschaft an vorgemeinschaftliche Verträge ihrer Mitgliedstaaten, Schweizerische Zeitschrift für internationales und europäisches Recht 1996, 161–189
(zitiert: Voss, SZIER 1996, 161)

Vranes, Erich, Gemischte Abkommen und die Zuständigkeit des EuGH – Grundfragen und neuere Entwicklungen in den Außenbeziehungen, Europarecht 2009, 44–78
(zitiert: Vranes, EuR 2009, 44)

Vranes, Erich, The "internal" external relations of EMU – on the legal framework of the Relationship of "in" and "out" states, Columbia Journal of European Law 2000, 361–382
(zitiert: Vranes, CJEL 2000, 361)

Weber, Albrecht, Die Währungsunion - Modell für ein Europa mehrere Geschwindigkeiten?, in: Weber, Albrecht (Hrsg.) u.a., Währung und Wirtschaft - Das Geld im Recht, Festschrift für Hugo J. Hahn zum 70. Geburtstag, Nomos Verlag, Baden-Baden 1997, 273–283
(zitiert: Weber in FS Hahn, 273)

Weber, Albrecht, Vom Verfassungsvertrag zum Vertrag von Lissabon, Europäische Zeitschrift für Wirtschaftsrecht 2008, 7–14
(zitiert: Weber, EuZW 2008, 7)

Weinrichter, Norbert, The World Monetary System and External Relations of the EMU - Fasten your seat belts, European Integration online Papers (4) 2000, No. 10, abrufbar unter: http://eiop.or.at.eiop/texte/2000–010a.htm
(zitiert: Weinrichter, EIoP 2000)

Weiß, Wolfgang, Kompetenzverteilung in der Währungspolitik und Außenvertretung des Euros, Europarecht 2002, 165–191
(zitiert: Weiß, EuR 2002, 165)

Wolfers, Benedikt/ Volers, Thomas, Europäische Zentralbank und Bankenaufsicht – Rechtsgrundlage und demokratische Kontrolle des Single Supervisory Mechanism, BKR 2014, 177–185
(zitiert: Wolfers/ Volers, BKR 2014, 177)

Wolfrum, Rüdiger (Hrsg.), Handbuch Vereinte Nationen, 2. Auflage, C.H. Beck Verlag, München, 1991
(zitiert: Bearbeiter in Handbuch VN)

Zeh, Juli, Recht auf Austritt, Zeitschrift für Europäische Studien 2004, 173–209 (zitiert: Zeh, ZEuS 2004, 173)

Zieger, Gottfried, Die Stellung der Gemeinschaft und ihrer Organe in Internationalen Organisationen, in: Carstens, Karl/ Börner, Bodo (Hrsg.), Die Außenbeziehungen der Europäischen Gemeinschaft, Kölner Schriften zum Europarecht, Bd.25, Köln (u.a.), 1975, 103–150
(zitiert: Zieger in KSE Bd.25, 103)

Zilioli, Chiara/ Selmayr, Martin, The European Central Bank: An Independent Specialized Organization of Community Law, Common Market Law Review 2000, 591–644
(zitiert: Zilioli/ Selmayr, CMLRev.2000, 591)

Zilioli, Chiara/ Selmayr, Martin, The External Relations of the Euro Area: Legal Aspects, Common Market Law Review 1999, 273–349
(zitiert: Zilioli/ Selmayr, CMLRev.1999, 273)

Zilioli, Chiara/ Selmayr, Martin, The Law of the European Central Bank, Hart Publishing, Oxford (u.a.), 2001
(zitiert: Zilioli/ Selmayr, ECB)

Zilioli, Chiara/ Selmayr, Martin, Recent Developments in the Law of the European Central Bank, in: Eeckhout, Piet/ Tridimas, Takis (Hrsg.), Yearbook of European Law 2006, Oxford University Press, Oxford (u.a.), 2007, 1–90
(zitiert: Zilioli/ Selmayr, YbEL 2006, 1)

Zuleeg, Manfred, Die Europäische Gemeinschaft als Rechtsgemeinschaft, Neue Juristische Wochenschau 1994, 545–549
(zitiert: Zuleeg, NJW 1994, 545)

Abkürzungsverzeichnis

aaO.	am angeführten Ort
ABl.	Amtsblatt
Abs.	Absatz
AEUV	Vertrag über die Arbeitsweise der Europäischen Union
AöR	Archiv für öffentliches Recht
Art.	Artikel
AVR	Archiv für Völkerrecht
BB	Betriebsberater
Bd.	Band
Bearb.	Bearbeiter
Beih.	Beiheft
Beschl.	Beschluss
BGB	Bürgerliches Gesetzbuch
BGBl.	Bundesgesetzesblatt
BGHZ	Entscheidungen des Bundesgerichtshofes in Zivilsachen
BMF	Bundesministerium der Finanzen
Bsp.	Beispiel
BVerfG	Bundesverfassungsgericht
BVerfGE	Entscheidungen des Bundesverfassungsgerichts
BYIL	British Yearbook of International Law
bzw.	beziehungsweise
CDE	Cahiers de Droit Européen
CE	Communauté Européenne (= EG)
CFA	Communauté Financière Africaine
CJEL	Columbia Journal of European Law
CMLRev	Common Market Law Review
Dept.	Department
DOM	Département d'Outre-Mer
DÖV	Die öffentliche Verwaltung
DVBl.	Deutsches Verwaltungsblatt
EA	Europa-Archiv
EAG	Europäische Atomgemeinschaft (= Euratom)
EAGV	Vertrag über die EAG
EC	European Community

ECB	European Central Bank
ECU	European Currency Unit
Ed.	Editor
EEA	Einheitliche Europäische Akte
EFAR	European Foreign Affairs Review
EFC	Economic and Financial Committee
EFWZ	Europäischer Fonds für währungspolitische Zusammenarbeit
EG	Europäische Gemeinschaft
EGKS	Europäische Gemeinschaft für Kohle und Stahl
EGV	Vertrag über die Europäische Gemeinschaft
EIB	Europäische Investitionsbank
EIoP	European Integration Online Papers
EJIL	European Journal of International Law
ELJ	European Law Journal
EMRK	Europäische Menschenrechtskonvention
EMU	Economic and Monetary Union
Entschl.	Entschließung
Erkl.	Erklärung
ESF	Exogenous Shocks Facility
ESZB	Europäisches System der Zentralbanken
EuGH	Europäischer Gerichtshof (= Gerichtshof der Europäischen Gemeinschaften)
EuGHE	Entscheidungen des Europäischen Gerichtshofs (Slg.)
EuP	European Union Politics
EuR	Europarecht
EURATOM	= EAG
EU	Europäische Union
EUV	Vertrag über die Europäische Union
EuZW	Europäische Zeitschrift für Wirtschaftsrecht
EWG	Europäische Wirtschaftsgemeinschaft
EWGV	Vertrag über die EWG
EWI	Europäisches Wirtschaftsinstitut
EWS	Europäisches Währungssystem
EWU	Europäische Währungsunion
EYIEL	European Yearbook of International Economic Law
EZB	Europäische Zentralbank

FAO	Food and Agriculture Organization of the United Nations
f.	folgende
ff.	fortfolgende
FG	Festgabe
FS	Festschrift
FSR	Financial Stability Review
GAB	General Arrangements to Borrow
GASP	Gemeinsame Sicherheits- und Außenpolitik
GATS	General Agreement on Trade in Services
GATT	General Agreement on Tariffs and Trade
GB	Großbritannien
GG	Grundgesetz
GS	Gedächtnisschrift
HdbStR	Handbuch des Staatsrechts
HIPC	Heavily Indebted Poor Countries Initiative
hM	herrschende Meinung
Hrsg.	Herausgeber
ICJ	International Court of Justice (= IGH)
ICLQ	International and Comparative Law Quaterly
IF	International Finance
IGH	Internationaler Gerichtshof (=ICJ)
IMF	International Monetary Fund (= IWF)
IML	International Monetary Law
Int.	International
Integr.	Integration
i.S.v.	im Sinne von
i.V.m.	in Verbindung mit
IWF	Internationaler Währungsfonds
IWFA	IWF-Abkommen
JCMS	Journal of Common Market Studies
JDI	Journal de Droit International
JuS	Juristische Schulung
JZ	Juristenzeitung
KOM	Europäische Kommission
KSE	Kölner Schriften zum Europarecht
MDRI	Multilateral Debt Relief Initiative
MichLRev.	Michigan Law Review

MS(en)	Mitgliedstaat(en)
m.w.N	mit weiteren Nachweisen
NAB	New Arrangements to Borrow
NJW	Neue Juristische Wochenschrift
No.	Number
Nr.	Nummer
NVwZ	Neue Zeitschrift für Verwaltungsrecht
NYIL	Netherlands Yearbook of International Law
OECD	Organization for Economic Cooperation and Development
OeNB	Österreichische Nationalbank
PRGF	Poverty Reduction and Growth Facility
Prot.	Protokoll
RdC	Recueil des Cours de l'Académie de Droit International de la Haye
Rdn.	Randnummer
RL	Richtlinie
RMC	Revue du Marché Commun
Rs.	Rechtssache
Rspr.	Rechtsprechung
RTDE	Revue Trimestrielle de Droit Européen
Rz.	Randziffer
S.	Seite
SBA	Stand-by arrangement (Bereitschaftskreditvereinbarung)
Slg.	Sammlung des Gerichtshofes der Europäischen Gemeinschaften (=EuGHE)
sog.	sogenannt
Stn	Stellungnahme
SZIER	Schweizerische Zeitschrift für internationales und europäisches Recht
SZR	Sonderziehungsrechte
TRIPS	Agreement on Trade-Related Aspects of Intellectual Property Rights
UAbs.	Unterabsatz
u.a.	unter anderem
ÜLG	Überseeische Länder und Gebiete
UNO	United Nations Organization (=VN)

ÜWTO	Übereinkommen zur Errichtung der Welthandelsorganisation (WTO)
Vgl.	Vergleiche
Vol.	Volumen
VN	Vereinte Nationen (=UNO)
vZA	verstärkte Zusammenarbeit
WA	Währungsausschuss
WFA	Wirtschafts- und Finanzausschuss
WKM II	Europäischer Wechselkursmechanismus II
WM	Wertpapier-Mitteilungen
WTO	World Trade Organization
WU	Währungsunion
WÜ	wörtliche Übersetzung durch Verfasserin
WVK	Wiener Vertragsrechtskonvention
WWU	Wirtschafts- und Währungsunion
YbEL	Yearbook of European Law
ZaöRV	Zeitschrift für ausländisches öffentliches Recht und Völkerrecht
ZEuS	Zeitschrift für europäische Studien
ZRP	Zeitschrift für Rechtspolitik

Die Wirtschafts- und Währungsunion und der Internationale Währungsfonds

"The introduction of the euro will mark an important turning point in the international monetary system. It will certainly be the most important change in it since the advent of flexible rates in 1973 and since President Richard Nixon took the dollar off gold in August 1971. But its significance is even deeper. The collapse of the Bretton Woods arrangements altered the modus operandi of the exchange system, but it did not change the power configuration of the international system: both before and after 1971, the dollar was the dominant currency. The introduction of the euro, on the other hand, will change the status of the dollar in the international monetary system and alter the power configuration of the world monetary system. In this sense it will be the most important development since the dollar replaced the pound sterling as the dominant currency in the First World War." (Mundell[1])

Einleitung

Die Europäische Union zählt zu den bedeutendsten wirtschaftlichen Akteuren der Welt.[2] Zurückzuführen ist dies unter anderem auf die Wirtschafts- und Währungsunion und die mit ihr geschaffene europäische Währung, den Euro. Mit der Integration im Währungsbereich sollten im Wesentlichen wirtschaftliche Vorteile und eine Festigung der europäischen Integration erreicht werden.[3] Darüber hinaus wurde jedoch auch eine Stärkung Europas in den internationalen Beziehungen angestrebt.[4] Insbesondere sollte mit dem Euro eine Alternative zum Dollar entstehen und so das unipolare und von Amerika dominierte Währungssystem in ein solches verwandelt werden, in dem Europa ein ebenbürtiger Rang zukommt.[5]

---

1 Mundell, The International Spectator 1998, 5, 6.

2 Meng in Hobe, 39, 39.

3 McNamara/ Meunier, IA 2002, 849, 849; vgl. Silguy, The International Spectator 1996, 3, 7 ff. zu den Vorteilen der gemeinsamen Währung.

4 McNamara/ Meunier, IA 2002, 849, 849; ähnlich Derix, 51, 53; Thiel in Caesar/ Scharrer, 396, 396.

5 McNamara/ Meunier, IA 2002, 849, 849.

I. Stellung des Euro im Weltwährungssystem

Diese Erwartungen stützten sich zunächst auf die wirtschaftliche Bedeutung der an der Währungsunion teilnehmenden Mitgliedstaaten, die im Fall Deutschlands bereits zur Entwicklung einer der bedeutendsten Reservewährungen geführt hatte.[6] Zudem war absehbar, dass die Währungsunion den weltweit zweitgrößten Geld- und Kapitalmarkt herbeiführen[7] und es sich bei dem Euro um das gesetzliche Zahlungsmittel in einem der weltweit größten und mit den USA vergleichbaren Wirtschaftsräume handeln würde.[8] Schließlich sollte mit der Festschreibung der Währungsstabilität im Vertrag von Maastricht das Vertrauen in den Euro gestärkt und auf diese Weise dessen internationale Verwendung als Zahlungsmittel und Ankerwährung forciert werden.[9]

Vor diesem Hintergrund verwundert es nicht, dass sich der Euro seit seiner Einführung zu einem bedeutenden Faktor im internationalen Währungssystem entwickelte.[10] Es wird daher zu Recht davon gesprochen, dass ‚die Errichtung der Währungsunion zur Schaffung eines neuen Akteurs im internationalen Währungssystem geführt hat.‘[11]

Mit der Stellung der Union als zentralem Ansprechpartner in der internationalen Währungspolitik[12] geht eine wesentliche Steigerung der Verantwortung der Union für das internationale Währungssystem einher.[13] Dieser Stellung und Verantwortung kann die Union jedoch nur gerecht werden, wenn sie, was bisher nicht ausreichend geschehen ist, in das internationale Währungssystem einbezogen wird.[14] Hieraus resultieren Herausforderungen für dieses System. Die Abschwächung der bisherigen Dollardominanz wird zu einer neuen Ordnung führen, in deren Zentrum zwei oder mehrere Reservewährungen stehen.[15] Dementsprechend wird innerhalb des Systems das Verhältnis der Währungsblöcke neu definiert werden müssen. Diese Veränderungen wirken sich insbesondere auf die Struktur der multilateralen Institutionen aus, in die gegenwärtig nur die

---

6 Deutsch/ Siedenberg, 304, 304.
7 Deutsch/ Siedenberg, 304, 304.
8 Escudero, 21; ähnlich Raymond, 127, 128; Dony, 241, 242.
9 Derix, 51, 56 ff.; Raymond, 127, 128.
10 Vgl. ausführlich zu den bestimmenden wirtschaftlichen Faktoren für die Bedeutung des Euro im internationalen Währungssystem Escudero, 21 ff.
11 Denters, IML, Rdn.11.01 (wÜ).
12 Martenczuk, ZaöRV 1999, 93, 93.
13 Maystadt, Euro 1999, 14, 14; ähnlich Deutsch/Siedenberg, 304, 304.
14 Vgl. Weiß, EuR 2002, 165, 165.
15 Maystadt in Masson/ Krueger/ Turtelboom, 146, 151 f.

Mitgliedstaaten der Union eingebunden sind.[16] Dies gilt auch für den Internationalen Währungsfond (IWF) als der zentralen Organisation des Währungssystems[17], der ‚für die Überwachung eines geordneten Übergangs zu diesem neuen System verantwortlich sein wird.'[18] Dies macht deutlich, dass eine adäquate Einbindung des Euro in das internationale Währungssystem in großem Umfang von der Einbindung der Union in diese Organisation abhängt.[19]

II. Klassische Probleme der Einbindung der Union in eine internationale Organisation

Die Frage der Einbindung der Union in den IWF wirft zunächst die klassischen Probleme einer Vertretung der Union in internationalen Organisationen auf. Charakteristisch ist dabei, dass diese Problematik sowohl unter Berücksichtigung des Rechts der internationalen Organisation als auch unter Berücksichtigung des Unionsrechtes zu untersuchen ist.[20] Dies wiederum erhöht die Komplexität der Fragestellung.[21]

Ausgangspunkt einer Untersuchung ist stets die Feststellung, dass internationale Organisationen auf der Souveränität ihrer Mitglieder im jeweiligen Tätigkeitsfeld aufbauen. Bei diesen Mitgliedern handelt es sich typischerweise um Staaten und damit um die klassischen Souveränitätsträger im Völkerrecht. Übertragen auf den vorliegenden Themenkomplex bedeutet dies, dass zunächst das Konzept der Währungssouveränität zu untersuchen ist. Aus Sicht des IWF ist dabei maßgeblich, inwiefern das IWF-Abkommen auf der Währungssouveränität der Mitglieder des Fonds aufbaut und diese damit voraussetzt. Aus Sicht des Unionsrechtes steht der für die Währungsintegration charakteristische Kompetenzübergang von den an der Währungsunion teilnehmenden Mitgliedstaaten auf die Union und dessen Auswirkungen auf die externe Kompetenzverteilung im Vordergrund. Von zentraler Bedeutung für den IWF und die Union ist dabei, wie sich die Kompetenzübertragung an die Union auf das IWF-Abkommen

16 Martha, CMLRev. 1993, 749, 749.

17 Smits, ECB, 429.

18 Maystadt in Masson/ Krueger/ Turtelboom, 146, 152 (wÜ).

19 Escudero, 124.

20 Bognar, Europäische Währungsintegration und Außenwirtschaftsbeziehungen, 373; Martha, CMLRev.1993, 749, 750.

21 Martenczuk, ZaöRV 1999, 93, 100.

auswirkt.[22] Dessen Regelungen orientieren sich an der klassischen Konzeption völkerrechtlicher Beziehungen, in denen Kompetenzen Staaten und nicht supranationalen Organisationen zugeordnet sind und auch von diesen ausgeübt werden. Dementsprechend können diese Regelungen nicht ohne Weiteres auf die Wirtschafts- und Währungsunion angewendet werden.[23] Vor diesem Hintergrund stellt sich die Frage, inwiefern eine effektive Aufgabenwahrnehmung durch den Fonds eine Abänderung der bisherigen Strukturen und die Entwicklung neuer Vorgehensweisen erfordert.[24]

Eine weitere klassische Problemstellung ergibt sich aus dem Umstand, dass der Tätigkeitsbereich der internationalen Organisationen und der Union selten deckungsgleich sind. Auch im Fall des IWF stellt sich die Frage, ob die Union von Seiten ihrer Mitgliedstaaten mit sämtlichen Kompetenzen ausgestattet wurde, die für eine Vertretung im IWF notwendig sind. Angesprochen sind damit das Problem der Kompetenzabgrenzung der Union und ihrer Mitgliedstaaten sowie mögliche Folgeprobleme wie die Notwendigkeit einer gemischten Mitgliedschaft und deren Umsetzung im IWF. Die Untersuchung der Kompetenzabgrenzung hat dabei nicht nur unter sachlichen, sondern auch unter territorialen Gesichtspunkten zu erfolgen. Grund hierfür ist, dass sich das IWF-Abkommen auch auf Hoheitsgebiete einzelner Mitgliedstaaten der Union erstreckt.[25]

Abschließend ist zu berücksichtigen, dass die Frage einer Vertretung der Union in internationalen Organisationen zwangsläufig Auswirkungen auf die bisherige Vertretung ihrer Mitgliedstaaten und damit deren internationale Einflussmöglichkeiten hat. Es verwundert daher nicht, dass neben die rechtliche auch eine politische Problematik tritt, die sich im Rahmen der Umsetzung notwendiger Maßnahmen auswirken kann.[26]

III. Sonderprobleme im Währungssektor

Eine Untersuchung der Auswirkungen der Wirtschafts- und Währungsunion auf den IWF kann sich nicht auf die Behandlung der klassischen Probleme

---

22 Martha, CMLRev. 1993, 749, 749 f. zu den vorgenannten, aus Sicht des IWF- und Unionsrechts zu prüfenden Aspekten.

23 Louis in FS Rey Caro, 1545, 1547; Vgl. Raymond 127, 127 f. der darauf verweist, dass die internationale Währungskooperation auf dem Grundsatz „ein Land, eine Währung“ aufbaut.

24 Polak in Masson/ Krueger/ Turtelboom, 491, 491.

25 Vgl. Martha, CMLRev. 1993, 749, 756 ff. zur Kompetenzproblematik.

26 Vgl: McNamara/ Meunier, IA 2002, 849, 850 ff.

beschränken, die eine Vertretung der Union in internationalen Organisationen aufwirft. Vielmehr weist der Währungssektor Besonderheiten auf, die die klassischen Fragestellungen vertiefen bzw. um weitere Aspekte ergänzen und so neue Fragestellungen im Bereich der externen Beziehungen aufwerfen.[27]

Dies wird zunächst im Zusammenhang mit der sachlichen Kompetenzabgrenzung zwischen der Union und ihren Mitgliedstaaten deutlich. Obwohl der Ausdruck Wirtschafts- und Währungsunion Gegenteiliges vermuten lässt, wurde der Prozess der wirtschaftlichen Einigung nicht einheitlich ausgestaltet.[28] Während für die Integration im Währungsbereich die Übertragung der Kompetenzen auf die Union charakteristisch ist, verbleiben im Bereich der Wirtschaftspolitik die Kompetenzen grundsätzlich bei den Mitgliedstaaten und sind von diesen lediglich zu koordinieren.[29] Die besondere Problematik ergibt sich dabei aus dem engen thematischen Zusammenhang der Wirtschafts- und Währungspolitik, die eine Kompetenzabgrenzung zwischen Union und Mitgliedstaaten erschwert.

Eine weitere Besonderheit ist auf die differenzierte Integration im Währungsbereich und damit auf den Umstand zurückzuführen, dass bisher nicht alle Mitgliedstaaten der Union an der Währungsunion teilnehmen. Daraus folgt, dass die Eurozone nicht mit der juristischen Person der Union übereinstimmt.[30] Eine solche Situation war in den Bereichen gemeinsamer Politik bisher nicht aufgetreten. Vielmehr hatte sich die klassische Problematik der Kompetenzabgrenzung zwischen der Union und den Mitgliedstaaten aus dem Umstand ergeben, dass sich das Tätigkeitsfeld der internationalen Organisation auf verschiedene Sachbereiche mit unterschiedlicher Integrationstiefe bezieht. Im Fall der Währungsunion sind die unterschiedlichen Integrationsgrade dagegen innerhalb ein und desselben Sachbereiches zu finden. Es gilt daher zu untersuchen, wie sich die interne Zersplitterung auf die Außenkompetenzen der Union und eine Vertretung derselben im IWF auswirkt.[31] Diese Problematik wird durch ein weiteres zeitliches Element verstärkt. So werden durch die Teilnahme weiterer Mitgliedstaaten an der Währungsunion in periodischen Abständen weitere Währungskompetenzen auf die Union übertragen werden.[32] Die Probleme, die infolge der

---

27 Louis in FS Rey Caro, 1545, 1545 ff.; ähnlich Dutheil de la Rochère, 427, 439.

28 Vgl. Snyder, 63, 64; Häde in Calliess/ Ruffert, EUV/ AEUV, Art.120 Rdn.1 f.

29 Langeheine in Grabitz, 47, 58; Langeheine, EuR 1983, 227, 234.

30 Dutheil de La Rochère 427, 439.

31 Louis, FS Rey Caro, 1545, 1545f.

32 Meng in Hobe, 39, 42, der diese Problematik allgemein für die Beziehungen der Union zu internationalen Organisationen aufwirft.

ursprünglichen Kompetenzverschiebung aufgetreten sind, werden sich daher in zeitlichen Abständen wiederholen.

Eine weitere Problematik ergibt sich unter Berücksichtigung der Akteure auf Seiten der Union. Während klassischerweise hier nur Rat und Kommission auftreten, existiert im Bereich der Währungspolitik mit der Europäischen Zentralbank ein zusätzlicher Akteur. Aufgrund des Aufeinandertreffens dieser unabhängigen Zentralbank und des exekutiv ausgerichteten Rates erweist sich die interne Kompetenzabgrenzung im Währungssektor nicht nur als rechtlich, sondern auch als politisch schwierig. Hierdurch wird wiederum die Vertretung der Union im IWF erschwert.[33] Betroffen ist davon zunächst die Frage, welches Organ international für die Union auftreten soll. Diese Problematik, die nicht Gegenstand der vorliegenden Arbeit sein wird, wird durch Fragen der horizontalen Kompetenzabgrenzung zur Union ergänzt. Diese werden durch den Umstand aufgeworfen, dass die EZB über eine eigene Rechtspersönlichkeit verfügt und daher international als eigenständiger Akteur auftreten kann.[34]

Schließlich bestehen auch auf Seiten des IWF Besonderheiten, die eine Eingliederung der Union in die Organisation erschweren. Diese sind auf den monetären Charakter des Fonds und dessen strukturellen Aufbau zurückzuführen, der dem einer Kapitalgesellschaft ähnelt. Hier sind die Modalitäten einer Teilnahme der Union zu untersuchen und inwieweit diese Änderungen in der Struktur des Fonds erforderlich machen.

IV. Allgemeine Problembehandlung

Die Untersuchung der Auswirkungen der Wirtschafts- und Währungsunion auf den IWF wird anhand des dargestellten Problemaufrisses erfolgen.

Dabei kann für die Behandlung der Fragestellungen, die sich klassischerweise im Zusammenhang mit der Vertretung der Union in internationalen Organisationen ergeben, auf entsprechende Abhandlungen in der Literatur und auf die Rechtsprechung des EuGH zurückgegriffen werden. Hier wird diese Problematik etwa im Zusammenhang mit der Mitgliedschaft der Union bzw. ihrer Rechtsvorgängerin, der Europäischen Gemeinschaft in der WTO oder aber der FAO, erörtert.[35]

Auch die speziellen Fragestellungen, die sich im Zusammenhang mit der Wirtschafts- und Währungsunion für den IWF ergeben, wurden in der Literatur

33 Louis, FS Rey Caro, 1545, 1545f., Weiß, EuR 2002, 165, 165.

34 Louis in FS Rey Caro, 1545, 1545f.

35 Hierauf verweist Louis, FS Rey Caro, 1545, 1547.

behandelt. Entsprechende Ausführungen finden sich dabei in aller Regel in Abhandlungen, die sich allgemein mit den internationalen Beziehungen der Wirtschafts- und Währungsunion bzw. deren Auswirkungen auf das Internationale Währungssystem befassen.[36] Fundstellen, wie der Aufsatz von Martha, CMLRev.1993, 749 ff., die sich ausschließlich mit dem Verhältnis der Wirtschafts- und Währungsunion und dem IWF befassen, stellen dabei jedoch die Ausnahme dar.[37]

Grundsätzlich wird festgehalten, dass ‚die Auswirkungen der Wirtschafts- und Währungsunion auf das internationale Währungssystem vergleichsweise spät diskutiert wurden.' Dies wird darauf zurückgeführt, dass einerseits von europäischer Seite zunächst die internen Konsequenzen der Währungsintegration beurteilt werden mussten und andererseits von amerikanischer Seite der Ausgang des Währungsprojekts skeptisch beurteilt wurde.[38] Die Untersuchungen beziehen sich dabei schwerpunktmäßig auf die klassischen Probleme der Einbindung der Union in eine internationale Organisation. Die Fragestellungen, die sich speziell für den Währungsbereich ergeben, werden dagegen in sehr unterschiedlicher Form behandelt. Teilweise finden sich Abhandlungen, die einzelne Fragestellungen herausgelöst und vertieft behandeln. Dies gilt etwa für die Rechtsstellung der EZB[39] oder aber die Frage eines einheitlichen Sitzes der Union im IWF.[40] Andere Fragestellungen wie die Auswirkungen der differenzierten Integration im Währungsbereich auf den IWF wurden dagegen nicht in vergleichbarer Weise erörtert. Dies ist auch darauf zurückzuführen, dass die Frage der externen Auswirkungen der differenzierten Integration von den Verfassern des Maastrichtvertrages scheinbar übersehen wurde.[41] Vor diesem Hintergrund wird auch davon gesprochen, dass die Stellung der Union im IWF nicht bzw. nur schlecht gelöst worden sei.[42]

---

36 Beispielhaft können hier die Abhandlungen von Bognar, Europäische Währungsintegration und Außenwirtschaftsbeziehungen, Dony, Escudero oder Louis, EUI WPL No.99/10 genannt werden.

37 Im Nachgang zu Martha, CMLRev.1993, 749 finden sich etwa Abhandlungen von Louis in FS Hahn, 201; Denters, IML oder Horng, ELJ 2005, 802.

38 Dony, 241, 241 (wÜ); Eichengreen/ Ghironi, Politique Étrangère 1997, 137, 137 weisen darauf hin, dass von amerikanischer Seite der Prozess teils ignoriert wurde.

39 Vgl. Zilioli/ Selmayr, CMLRev.2000, 591, wobei die Vertretung im IWF nur einen Teilaspekt der Erörterung betrifft.

40 Vgl. Smaghi, JCMS 2004, 229.

41 Dony, 241, 249.

42 So Louis in Rey Caro, 1545, 1548.

Zur Aufarbeitung dieser Problematik will die vorliegende Arbeit beitragen. Zurückgegriffen wird dabei nicht nur auf die Rechtslage nach dem Vertrag von Lissabon, sondern teilweise auch auf die Rechtslage nach dem Vertrag von Maastricht. Dies ist darauf zurückzuführen, dass die wesentlichen Abhandlungen zum Verhältnis von Währungsunion und IWF auf der Grundlage letztgenannten Vertrages erstellt wurden. Zum besseren Verständnis der behandelten Problemfelder ist es daher zum Teil notwendig, eine Würdigung auch vor diesem rechtlichen Hintergrund vorzunehmen. Explizit wird auf die Rechtslage nach dem Vertrag von Maastricht jedoch nur hingewiesen, wenn sich tatsächlich Unterschiede zur Rechtslage nach dem Vertrag von Lissabon ergeben. In allen übrigen Fällen wurden die rechtlichen Ausführungen auf die Rechtslage des Vertrages von Lissabon unter Nennung der aktuellen Nummerierung übertragen.

Stand der Bearbeitung: Dezember 2014

1. Kapitel: Währungsrechtliche Souveränität

Gegenstand der vorliegenden Untersuchung sind Fragen des internationalen Währungsrechts. Letzteres wurde stets als ein Bestand an internationalen Rechtsregeln verstanden, die ‚in gewissem Ausmaß regulierend oder kontrollierend auf bestimmte Bereiche der staatlichen Währungsangelegenheiten einwirken.‘[43] Dieses Verständnis wird heute durch die Verwirklichung der europäischen Währungsunion in Frage gestellt. Die Untersuchung dieses Prozesses und seiner Auswirkungen auf das internationale Währungssystem gebietet zunächst eine nähere Betrachtung des Regelungsobjekts sowie dessen Verortung im Rahmen der Rechtsordnung. Aus diesem Blickwinkel erweist sich der Begriff der Währungsangelegenheiten als ungenau. Vielmehr ist Bezug zu nehmen auf die Grundlage der Ausgestaltung der Währungsangelegenheiten, wie sie sich in der Währungssouveränität findet. Im Begriff der Souveränität kommt dabei der Gedanke der grundsätzlich uneingeschränkten Herrschaftsgewalt zum Ausdruck.[44] Die Begrenzung dieses Herrschaftsanspruches im Währungsbereich ist Gegenstand der Regeln des internationalen Währungsrechts[45] und Ausgangspunkt der vorliegenden Untersuchung.

I. Die staatliche Souveränität im Währungsbereich unter Berücksichtigung der staatlichen Theorie des Geldes

Der moderne Staat hat stets an der Regelung des Geldwesens mitgewirkt. Dementsprechend wird auch heute im Verfassungsrecht die staatliche Währungssouveränität anerkannt.[46] Dieses Konzept der monetären Souveränität steht in Verbindung mit der sog. staatlichen Theorie des Geldes,[47] die davon ausgeht, dass ‚jeder Staat berechtigt ist, ein Währungssystem zu schaffen, zu definieren und in Folge dessen Geld auszugeben.‘[48] Geld ist nach dieser Theorie „ein Geschöpf der

43 So die Definition von Shuster, The public international law of money, 1 (wÜ).

44 Zum Begriff der Souveränität vgl. Seidl-Hohenveldern, Lexikon des Rechts, 377 m.w.N.

45 Treves, IML, Rdn. 5.05.

46 Bognar, Europäische Währungsintegration und Außenwirtschaftsbeziehungen, 387.

47 Vgl. grundlegend Knapp, Staatliche Theorie des Geldes; Hahn, Währungsrecht, 1. Auflage, § 22 Rdn.51 betont, dass diese Theorie wegen ihres monokausalen Ansatzes kritisiert wird. Eine ausführliche Auseinandersetzung findet sich z.B. bei Schmidt in FS Hahn, 81ff.

48 Proctor/ Mann, The legal aspect of money, Rdn.19.01 (wÜ).

Rechtsordnung".[49] Es wird ‚durch oder unter der Autorität eines Rechtssystems geschaffen und unterfällt der Jurisdiktion des ausgebenden Staates.'[50]

1. Die Staatliche Theorie des Geldes in Abgrenzung zur Gesellschaftlichen Theorie des Geldes

Der Ansatz der staatlichen Theorie des Geldes versteht sich nicht von selbst. Ausgehend von den primären Geldfunktionen stehen zunächst keine rechtlichen, sondern vielmehr wirtschaftliche Aspekte des Geldes im Mittelpunkt.[51] Es handelt sich bei diesem primär um ein Austauschmittel,[52] das in seiner konkreten Funktion der Wertübertragung und der Wertaufbewahrung,[53] in abstrakter

49 Knapp, Staatliche Theorie des Geldes, 1.

50 Proctor/ Mann, The legal aspect of money, Rdn.19.01 (wÜ).

51 Nach Schmidt in Staudinger, BGB- Kommentar, Vorbem. zu §§ 244 ff., Rdn. A1, handelt es sich beim Geldbegriff um einen deskriptiven Begriff, der der Welt der Tatsachen zu entlehnen sei. Aus dem notwendigen Bezug zur Rechtswirklichkeit folge, „dass auch der juristische Geldbegriff nicht ohne Berücksichtigung wirtschaftswissenschaftlicher Erkenntnisse formuliert werden kann." Rückgriff wird daher nach Schmidt, aaO. Rdn. A 10, allgemein auf die Geldfunktionen genommen. Schlagwortartig wird dies durch den Ausspruch „Money is what money does" wiedergegeben. Ausführungen zu diesen Geldfunktionen finden sich beispielsweise bei Issing, Einführung in die Geldtheorie, 1 ff. und Jarchow, Theorie und Politik des Geldes, 1 ff.
Nach Proctor/ Mann, The legal aspect of money, Rdn.1.08., darf aber nicht verkannt werden, dass Wirtschafts- und Rechtswissenschaften aufgrund verschiedener Untersuchungsziele in ihren Ansätzen differieren. So zielten die Wirtschaftswissenschaften auf politische Konzepte eines Wirtschaftsgebietes sowie die Versorgung desselben mit Geldmitteln ab, der rechtliche Ansatz beziehe sich dagegen auf einzelne Rechtspositionen.

52 Als allgemeines Tausch- bzw. Zahlungsmittel vereinfacht die Verwendung von Geldmitteln nach Selmayr, Das Recht der Wirtschafts- und Währungsunion, 19, den arbeitsteiligen Wirtschaftsverkehr, indem es die in einer Naturalwirtschaft notwendigen mehraktigen Tauschvorgänge erheblich abkürzt. Nach allgemeiner Auffassung handelt es sich hierbei um die Hauptfunktion, von der alle weiteren Funktionen abgeleitet werden können. Hierauf verweist Hahn, Währungsrecht, 1. Auflage, § 2 Rdn. 55 m.w.N.

53 Nach Issing, Einführung in die Geldtheorie, 1 f., kann sich der am Wirtschaftsleben Teilnehmende die unmittelbare Tauschbereitschaft durch das Anlegen von Geldreserven erhalten und absichern. Geld stellt hierbei aufgrund seiner unmittelbaren Einsetzbarkeit zum Tausch gegen andere Wirtschaftsgüter und im Vergleich zu anderen Anlageformen das Wertaufbewahrungsmittel mit dem höchsten Liquiditätsgrad dar. Proctor/ Mann, The legal aspect of money, Rdn.1.56 und 1.60, führt aus, dass Geld in diesem Zusammenhang den Wertbestand im Sinne des Reichtums einer Person ausdrückt als auch deren abstrakte Kaufkraft.

Hinsicht als Recheneinheit und damit auch als Wertmesser[54] dient.[55] Diese in den Geldfunktionen zum Ausdruck kommenden Interessen der Wirtschaftsteilnehmer betont die sog. Gesellschaftliche Theorie des Geldes, die in diesen auch den alleinigen Ursprung des Geldes verortet.[56] Ein solcher Ansatz verkennt jedoch, dass die Gesellschaft allein nicht sicherstellen kann, dass Geld den ihm wirtschaftlich zugedachten Funktionen gerecht wird.[57] Um die hierfür erforderliche gesellschaftliche Akzeptanz und das Vertrauen der Wirtschaftsakteure zu erreichen, besteht vielmehr die Notwendigkeit, die genannten Faktoren durch ein regelndes Rahmenwerk abzusichern. Ein solches wurde unter Einsatz der Ordnungsfunktion des Rechts in der Währungsordnung geschaffen.[58] Geld beruht damit nicht nur auf seinen Funktionen, sondern setzt zudem eine Anerkennung durch die Rechtsordnung voraus.[59] Die staatliche Theorie des Geldes verortet diese Währungsordnung im hoheitlichen Bereich und erkennt sie damit zugleich als Merkmal der Staatsgewalt an.[60] In der Festlegung der „ausschließlichen Befugnis des Staates zur Schaffung von Geld“ und damit der „Legitimationsvoraussetzungen des Geldwesens“ werden Verdienst und Beschränkung dieser Theorie gesehen.[61]

---

54 Geld dient als Wertmessungsinstrument, indem es den Marktwert verschiedenster Gegenstände in einer Standardgröße widerspiegelt und ermöglicht so die moderne Wirtschaftsrechnung. Dies betonen Selmayr, Das Recht der Wirtschafts- und Währungsunion, 19 f. und Issing, Einführung in die Geldtheorie, 2.

55 Schmidt in Staudinger, BGB-Kommentar, Vorbem. zu §§ 244 ff. Rdn. A 11.

56 Selmayr, Das Recht der Wirschafts- und Währungsunion, 20; vgl. etwa zur Entwicklungsgeschichte des Geldes Helfferich, Das Geld, 4 ff. Versteht man Geld als eine volkswirtschaftliche Institution, so sind es nach Proctor/ Mann, The legal aspect of money, Rdn.1.29, die Gepflogenheiten des Handels und das Vertrauen der Bevölkerung, die die Entstehung und die Anerkennung als Geld bedingen. Nach Carreau/ Juillard, Droit international économique, Rdn.1545, erlangt dieser Gesichtspunkt heute neue Bedeutung unter Berücksichtigung der Eurodevisen, die die Frage der Schaffung von Geldmitteln durch die Verwender neu aufwirft.

57 Hahn, Währungsrecht, 1. Auflage, § 2 Rdn.53.

58 Selmayr, Das Recht der Wirtschafts- und Währungsunion, 22 f.; nach Schmidt in HdbStR, Bd.III, § 82 Rdn.3, betrifft „der rechtliche Geldbegriff nur das wirtschaftliche Einzelphänomen des Geldes, also eine bestimmte Werteinheit“, während „der Begriff Währung auf die gesamte staatliche Geldordnung ab[stellt].“

59 Schmidt in Staudinger, BGB-Kommentar, Vorbem. zu §§ 244 ff. Rdn. A 2 m.w.N.

60 Selmayr, Das Recht der Wirtschafts- und Währungsunion, 24.

61 Schmidt in Staudinger, BGB-Kommentar, Vorbem. zu §§ 244 ff, Rdn. A 4.

2. Die Stellung der Währungssouveränität im staatlichen Gefüge

Die Währungssouveränität wird nicht nur als inhärenter Bestandteil, sondern auch als eines der essentiellen Elemente des modernen Staates beschrieben.[62] Dies galt bereits nach Jean Bodin, dem Begründer der modernen Souveränitätslehre. Nach diesem umfasst die „*Befugnis zu Erlass und Aufhebung von Gesetzen [...] sämtliche anderen Hoheitsrechte und Souveränitätsmerkmale. Genau genommen könnte man daher sagen, dass sie das einzige Souveränitätsmerkmal ist, weil sie eben alle anderen in sich einschließt, als da sind das Recht über Krieg und Frieden zu entscheiden, die Entscheidung in letzter Instanz über die Urteile aller Magistrate, das Recht zur Ernennung und Absetzung der höchsten Beamten, das Recht, den Untertanen Steuern und Abgaben aufzuerlegen oder sie davon zu befreien, das Recht von der Härte des Gesetzes durch Gnadenakte oder Dispense abzuweichen, die Befugnis, über die Bezeichnung der Währung, Anhebung und Senkung des Geldwertes und des Münzfußes zu bestimmen [...]. Das Münzrecht ist von der gleichen Rechtsnatur wie das Gesetz und nur derjenige, der die Gesetzgebungsgewalt hat, kann auch das Geldwesen gesetzlich regeln.*“[63] Diese Hervorhebung des Währungswesens ist auf dessen Bedeutung „nicht nur für die Wirtschaftsordnung, sondern für das gesamte Gemeinwesen“ zurückzuführen.[64] Aus verfassungsrechtlicher Perspektive wird insbesondere betont, dass Geld zunächst individuelle Handlungsmöglichkeiten eröffne und damit „aus Sicht des Bürgers für Freiheit, Gleichheit, Eigentum und Sozialstaatlichkeit“ von Bedeutung sei. Darüber hinaus ermögliche Geld aber auch eine Beeinflussung des Willens anderer, woraus sich seine Bedeutung „für die Organisation und Aktivität des Staates und seiner Organe, sowohl in ihrem Verhältnis untereinander wie auch zum Bürger“ ergebe.[65]

II. Manifestationen der Währungssouveränität

1. Die internen und externen Aspekte der Währungssouveränität

Im Zusammenhang mit dem Konzept staatlicher Souveränität lassen sich interne und externe Aspekte unterscheiden.[66] Erstgenannte betreffen in Form der

62 Carreau/ Juillard, Droit international économique, Rdn.1545; Shuster, The public international law of money, 1.

63 Bodin zitiert nach Mayer-Tasch, 294, 310.

64 Schmidt in HdbStR § 82 Rdn.6.

65 Zu den verfassungsrechtlichen Funktionen des Geldes: Vogel in HdbStR, Bd. II, § 30 Rdn.10 ff.

66 Zu diesen Aspekten Epping in Ipsen, Völkerrecht, § 5 Rdn.137 f.

Verfassungsautonomie „die Fähigkeit [eines Staates], eine Ordnung auf dem Staatsgebiet zu organisieren." Darüber hinaus können Staaten aber auch „nach außen selbstständig und von anderen Staaten unabhängig im Rahmen und nach Maßgabe des Völkerrechts handeln." Aus dieser sog. „äußeren Souveränität" folgt, dass Staaten völkerrechtsunmittelbare Rechtssubjekte sind, die nicht der Gewalt eines anderen Staates, insbesondere nicht dessen Rechtsordnung, sondern nur dem Völkerrecht unterworfen sind.[67]

Im Fall der Währungssouveränität verdeutlicht sich der interne Aspekt in der Einordnung der Währung als Institut der nationalen Rechtsordnung[68] und damit primär nationales Phänomen.[69] Die Definition eines Währungssystems beschränkt sich jedoch nicht auf den internen Bereich. Vielmehr beinhaltet eine Währungsordnung auch „Regelungen, die das Verhältnis der nationalen Währung zu Fremdwährungen festlegen" und damit die Währungsbeziehungen berühren.[70]

2. Einzelne Aspekte der internen Währungssouveränität

a) Die Annahme einer Währung

Souveränität im Währungsbereich manifestiert sich im Wesentlichen durch die Schaffung bzw. Annahme einer Währung, der charakteristischerweise zugleich der Status eines gesetzlichen Zahlungsmittels[71] zuerkannt wird.[72] Es können in diesem Sinne auch mehr als eine Währung angenommen, aber auch eine gemeinsame Währung mit anderen Staaten geschaffen werden.[73] Aus diesem Grund entkräftet die Einführung des Euro die Feststellungen der staatlichen Theorie des Geldes nicht, sondern veranschaulicht diese.[74] Dies gilt jedenfalls im Hinblick auf deren Entstehung. So wurde die einheitliche europäische Währung auf Grundlage eines

67 Epping in Ipsen, Völkerrecht, § 5 Rdn.137 f.

68 Selmayr, Das Recht der Wirtschafts- und Währungsunion, 39.

69 Schefold in Schimansky/ Bunte/ Lwowski, Bankrecht, § 115 Rdn. 70.

70 Selmayr, Das Recht der Wirtschafts- und Währungsunion, 39; Proctor/ Mann, The legal aspect of money, Rdn.19.03, nennt entsprechende Beispiele.

71 In diesem Zusammenhang regelt die Währungsordnung, auf welche Weise mit der Währung Zahlungen bewirkt werden können. Dabei zeichnet sich Geld regelmäßig durch einen staatlich angeordneten Annahmezwang aus, nach dem Schulden nur mit Geldzeichen beglichen werden können, denen diese Eigenschaft staatlich zuerkannt wurde. Hierauf verweist Selmayr, Das Recht der Wirtschafts- und Währungsunion, 31.

72 So Martha, CMLRev. 1993, 749, 752; ähnlich Treves, IML, Rdn. 5.13.

73 Martha, CMLRev.1993, 749, 752 f.

74 Proctor/ Mann, The legal aspect of money, Rdn.1.18.

zwischenstaatlichen Prozesses geschaffen[75] und kann damit von der Ausübung der Währungssouveränität durch die teilnehmenden Staaten abgeleitet werden.[76] Dieses Vorgehen verdeutlicht, dass das Recht, eine Währung auszugeben, auch auf andere Einheiten delegiert bzw. übertragen werden kann.[77] Denkbar sind schließlich auch einseitige Währungsübernahmen, wie sie etwa bei der Dollarisierung eines Landes stattfinden. Aus der monetären Souveränität folgt jedoch nicht nur das Recht zur Währungsannahme, sondern als Kehrseite auch das Recht, den gesetzlichen Geldcharakter der sich im Umlauf befindlichen Währung aufzuheben und diese durch eine neue Währung zu ersetzen.[78] Damit beinhaltet die interne Währungssouveränität auch das Recht des Staates, ‚die Verwendung des Geldes oder aber einer anderen Währung innerhalb seines Territoriums zu regulieren.'[79] Schließlich betrifft die Währungshoheit auch die Art und Weise, wie die Währungspolitik definiert und umgesetzt wird.[80]

b) Bestimmung des Wertes der Währung

Ausgehend von den Geldfunktionen ist als weiteres wesentliches Element der Souveränitätsausübung die freie Bestimmung des Währungswertes zu identifizieren.[81] Dabei ist zu bedenken, dass sich nach dem sog. Nominalwertprinzip der Wert eines Geldzeichens nach dem zuerkannten Nennwert und nicht nach dem wirtschaftlichen Wert im Sinne der Kaufkraft des Geldes richtet.[82] Da dies auch für

---

75 Carreau/ Juillard, Droit international économique, Rdn.1545.

76 Proctor/ Mann, The legal aspect of money, Rdn.1.18. Anders wohl Knapp, Staatliche Theorie des Geldes, 33, nach dem der Umstand, dass Geld ein Geschöpf der Rechtsordnung ist, es ausschließt, dass es zwischen unabhängigen Staaten ein gemeinsames Geld gibt: „*Sollten zwei Staaten aber Verträge schließen, welche das beiderseitige Geld gemeinsam machen, dann sind sie für unsere Betrachtung nicht mehr zwei unabhängige Staaten, sondern stellen eine Staatengemeinschaft dar, die als Ganzes aufzufassen ist.*" Eine Übertragung auf die vorliegende Situation erscheint jedoch bereits deshalb fraglich, weil das Konzept der Übertragung von einzelnen Hoheitsrechten an eine supranationale Organisation zur Zeit der Entstehung der staatlichen Theorie des Geldes noch nicht existent war und daher nicht berücksichtigt werden konnte.

77 Gianviti in Current Developments, Vol. 4, 3, 5.

78 So Martha, CMLRev.1993, 749, 753. Damit geht nach Gianviti in Current Developments, Vol. 4, 3, 5, auch das Recht einher, die notwendige Konversionsrate festzusetzen.

79 Gianviti in Current Developments, Vol. 4, 3, 4 (wÜ).

80 Proctor/ Mann, The legal aspect of money, Rdn.19.03.

81 Gianviti in Current Developments, Vol. 4, 3, 4.

82 Grothe in Bamberger/ Roth, BGB-Kommentar, § 244 Rdn.12, betont dies in Abgrenzung zum sog. Valorismus. Der Nominalismus gehört nach Heinrichs in Palandt, BGB,

den Wert einer Schuld gilt, hat eine Veränderung des wirtschaftlichen Geldwertes keinen Einfluss auf die Höhe einer Zahlungsverpflichtung und bürdet dem Gläubiger das Risiko der Geldentwertung auf.[83] Um Teilnehmern am Wirtschaftsleben rechtlich sichere und verlässliche Planungen zu ermöglichen, steht das Recht zur Bestimmung des Geldnennwertes daher im Zusammenhang mit einer staatlichen Rechtspflicht zur Stabilisierung des Geldes.[84] Neben der allgemeinen Ausrichtung seiner Politik auf das Ziel eines gesamtwirtschaftlichen Gleichgewichts kann ein Staat dieser Verpflichtung auch durch die Regulierung des Geldmengenwachstums nachkommen.[85] Das Recht zur Wertbestimmung ist daher nicht nur im Zusammenhang mit der Festsetzung des nominalen Geldwertes, sondern auch mit der staatlichen Regulierung der Geldversorgung zu sehen.[86]

§ 245 Rdn.15, „als ungeschriebener Rechtssatz zu den tragenden Grundlagen der Geldwertstabilität und unserer Rechts- und Wirtschaftsordnung." So stellt der ‚Grundsatz Mark = Mark' nach BVerfGE 50, 57, 92, „*im komplizierten System einer modernen Volkswirtschaft, die notwendig eine Geldwirtschaft ist, [...] ein tragendes Ordnungsprinzip der geltenden Währungsordnung und Wirtschaftspolitik dar.*" Ebenso BGHZ 61, 31, 38.

83 Heinrichs in Palandt, BGB-Kommentar, § 245 Rdn.15.

84 Selmayr, Das Recht der Wirtschafts- und Währungsunion, 33, der auch darauf verweist, dass mangels metallischer Deckung die staatliche Festsetzung die Vertrauensgrundlage für Wirtschaftsteilnehmer in den Geldwert bildet. Das ist die Voraussetzung dafür, dass das weitgehend substanzlose Geld seinen grundlegenden Funktionen gerecht werden kann. Vgl. hierzu Bognar, Europäische Währungsintegration und Außenwirtschaftsbeziehungen, 387 f., der unter Hinweis auf Hahn, Währungsrecht in diesem Sinn ausführt: „*[...] Geld, wenn es wie heute weitgehend substanzlos ist, seine Funktion als allgemeines Tauschmittel nur erfüllen kann, wenn das Vertrauen des Wirtschaftsverkehrs seinen Tauschwert trägt. Verliert es in einem inflatorischen Prozess dieses Vertrauen, mag es im rechtlichen Sinne (vorläufig) weiter Geld bleiben. Im ökonomischen Sinne jedoch wird es funktionsarm oder sogar funktionslos.*"

85 Selmayr, Das Recht der Wirtschafts- und Währungsunion, 22, führt aus, dass durch die Verfügbarkeit an Geldmitteln indirekt beeinflusst werden kann, wieviele dieser Mittel ein Wirtschaftsteilnehmer zum Kauf der jeweiligen Güter einsetzen muss.

86 Vgl. Herrmann, EFAR 2002, 1, 3.

3. Einzelne Aspekte der externen Währungssouveränität

a) Verdrängung der Annahme einer Währung durch die Herausbildung von Leitwährungen

Den Geldfunktionen kommt nicht nur in den nationalen, sondern auch in den internationalen Wirtschaftsbeziehungen Bedeutung zu.[87] So setzt der internationale Handel das Bestehen des internationalen Zahlungs- und Kapitalverkehrs voraus, aber auch international tätige Unternehmen haben etwa ein Interesse daran, Gewinne innerhalb des Unternehmens grenzüberschreitend transferieren zu können.[88] Trotz dieses Bedarfs folgt aus der staatlichen Währungssouveränität, dass Währungen grundsätzlich nationale Phänomene sind und keine internationale Währung existiert.[89] Folgerichtig obliegt es den nationalen Währungen, die Erfüllung der Geldfunktionen auch international zu gewährleisten.[90]

In diesem Zusammenhang kommt einzelnen Währungen, die als sog. Leitwährungen bezeichnet werden, eine hervorgehobene Rolle zu. Charakteristisch für letztere ist, dass sie ‚nicht nur von den Einwohnern des währungsausgebenden Landes verwendet werden, sondern auch von „Nicht-Ansässigen." Es ist daher der Umfang der auswärtigen Verwendung, die im Vergleich zu anderen Währungen deren internationale Rolle bestimmt.'[91] Im Vordergrund stehen dabei die Kosten der Geldnutzung.[92] Zu den bestimmenden Faktoren zählen Breite und Tiefe, aber auch der Offenheitsgrad der jeweiligen Finanzmärkte, die Währungsstabilität sowie das Vertrauen in diese Stabilität, die bisherige Verwendung der Währung, aber auch die Bedeutung und internationale Vernetzung der jeweiligen Realwirt-

---

87 Nach Derix, 51, 55, wird im internationalen Rahmen nicht nur nach den einzelnen Geldfunktionen differenziert, sondern auch danach, inwieweit diese den privaten oder öffentlichen Sektor betreffen. Man unterscheidet in diesem Sinn die sog. Transaktions- bzw. Vehikelwährung von der Interventionswährung (Zahlungsmittelfunktion), die Anlage- von der Reservewährung (Wertaufbewahrungsfunktion) sowie die Fakturierungs- von der Ankerwährung (Recheneinheitsfunktion).

88 Herdegen, Internationales Wirtschaftsrecht, § 24 Rdn.1.

89 Schefold in Schimansky/ Bunte/ Lwowski, Bankrecht, § 115 Rdn.70.

90 Shuster, The public international law of money, 25 unter Hinweis auf die Zahlungsmittelfunktion.

91 So die Definition von Hartmann/ Issing, 3 (wÜ).

92 Herz/ Cieleback in FG Molsberger, 195, 198.

schaft.[93] Letztere steht in engem Zusammenhang mit dem Anteil des Landes am Welthandel, der auch durch die Größe des betroffenen Währungsraumes bestimmt wird, und spiegelt sich im Anteil des weltweiten GDP.[94]

Hieraus folgt, dass eine Leitwährung aus einem Entwicklungsprozess entsteht. Dabei ziehen Wirtschaftssubjekte und Institutionen diese Währung gegenüber anderen in der Überzeugung vor, mit ihr die Geldfunktionen international optimal erfüllen zu können.[95]

Eine Bestimmung erfolgt damit nicht durch den staatlichen Gesetzgeber, sondern „vornehmlich durch die Nachfragebedingungen auf den internationalen Märkten."[96] Dass sich die Herausbildung einer Leitwährung nicht als direkte Manifestation der externen Währungssouveränität eines Staates darstellt, geht mit dem Konzept der staatlichen Souveränität konform. Einseitige staatliche Anordnungen hätten hier eine Fremdbestimmung anderer Staaten zur Folge.

b) Bestimmung des externen Währungswertes in Form des Wechselkurses

aa) Allgemeine Bedeutung des Wechselkurses

Die Währungssouveränität beinhaltet weiterhin das Recht eines Staates, einseitig den Wert seiner Währung im Außenverhältnis zu bestimmen. Die Notwendigkeit eines solchen Vorgehens ergibt sich aus der Verwendung nationaler Währungseinheiten im internationalen Zahlungsverkehr, der es erfordert, dass die verwendeten Währungen zuvor in Verbindung zueinander gesetzt wurden.[97] Letzteres erfolgt über den Währungswert bzw. dessen Verrechnung durch ein Umtauschverhältnis. Als Maßeinheit dient dabei der sog. Wechselkurs, der auch als „der Preis einer Währung" verstanden wird.[98] Dabei wird diese Variable auch als Zeichen der wirtschaftlichen Stärke des emittierenden Landes verstanden.[99]

Im Rahmen seiner Wechselkurspolitik und der Ausgestaltung der Währungsbeziehungen ist ein Staat in der Lage, diesen Wechselkurs auf verschiedene Weise

---

93 Diese Kriterien werden von Hartmann/ Issing, 3 f. aufgeführt, die auch betonen, dass die internationale Rolle einer Währung sich auch danach bemisst, inwiefern etwa die Entwicklung des Wechselkurses entsprechende Entwicklungen bei anderen Währungen bedingt. Zur Bedeutung dieser Faktoren für die einzelnen Geldfunktionen vgl. Derix, 51, 56 ff.

94 Derix, 51, 56.

95 Derix, 51, 53 ff.

96 Derix, 51, 53 f.

97 Shuster, The public international law of money, 2, 25.

98 Tilch/ Arloth, Deutsches Rechtslexikon, Stichwort „Wechselkurs".

99 Escudero, 162.

zu beeinflussen. Dies ist insofern von Bedeutung, als die Wechselkurspolitik von Staaten als Instrument der Außenwirtschaftspolitik eingesetzt wird.[100] So kann durch die Veränderung des Währungswerts der Ex- oder Import eines Landes beeinflusst werden. Eine Abwertung der Währung führt beispielsweise aufgrund der Verbilligung der Exporte zu einer verstärkten Nachfrage exportierter Güter und Dienstleistungen, während gleichzeitig eine entsprechende Verteuerung der Importe zu einer Verringerung derselben führt.[101] Kompetitive Ab- und Aufwertungen dienen damit als Mittel der Export- bzw. Importförderung.[102] Dies steht wiederum im Zusammenhang mit dem wirtschaftspolitischen Ziel einer ausgeglichenen Zahlungsbilanz[103] und damit eines Gleichgewichts der wirtschaftlichen Transaktionen, die von in- mit ausländischen Wirtschaftseinheiten durchgeführt werden.[104]

bb) Aspekte der Wertbestimmung und Ausgestaltung der Währungsbeziehungen

Das Recht zur Festlegung des externen Währungswertes manifestiert sich hauptsächlich in der Wahl der zur Bestimmung herangezogenen Mechanismen. Hier können zwei Grundmodelle der Ausgestaltung zwischenstaatlicher Währungsbeziehungen unterschieden werden. Es handelt sich dabei um das System freier Währungskonvertibilität sowie das System der Devisenbewirtschaftung[105].

α) Wertbestimmung im System freier Währungskonvertibilität

Ein System freier Währungskonvertibilität zeichnet sich durch die Möglichkeit aus, heimische oder fremde Währungen ohne Beschränkungen bzw. rechtliche Hindernisse zum geltenden Wechselkurs in andere Währungen umzutauschen.[106]

---

100 Selmayr, Das Recht der Wirtschafts- und Währungsunion, 40.

101 Shuster, The international public law of money, 23; Carreau/ Juillard, Droit international économique, Rdn.1545.

102 Selmayr, Das Recht der Wirtschafts- und Währungsunion, 41.

103 Weiterführend zur Struktur der Zahlungsbilanz vgl. Siebert/ Lorz, Einführung in die Volkswirtschaftslehre, 422 f.

104 Zum Leistungsbilanzausgleich als wirtschaftspolitischem Ziel vgl. Rübel, Grundlagen der monetären Außenwirtschaft, 12 f.

105 Herdegen, Internationales Wirtschaftsrecht, § 24 Rdn.2.

106 Schmidt in Staudinger, BGB- Kommentar, Vorbem. Zu §§ 244 ff., Rdn. F 7; Unterschieden wird in diesem Rahmen zwischen Inländer- und Ausländerkonvertibilität, vgl. hierzu Schefold in Schimansky/ Bunte/ Lwowski, Bankrecht, § 115 Rdn. 115 ff.

Denkbar ist dabei zunächst, dass in einem System fester Wechselkurse bestimmte Währungspreise festgelegt werden, wobei als Bezugspunkt andere Währungen, ein Währungskorb, eine internationale Recheneinheit oder aber das Gold dienen können. Der Wechselkurs wird dabei auch als sog. Währungsparität im Sinne einer abstrakten Sollgröße bezeichnet.[107] Charakteristisch für ein solches System ist die Verpflichtung zum Halten der festgelegten Kurse, der insbesondere durch Interventionen am Devisenmarkt nachgekommen wird. Dabei kann der Abwertungstendenz einer Währung mit dem Ankauf der eigenen Währung gegen Fremdwährungen und damit der künstlichen Herabsetzung der Währungsmenge entgegengewirkt werden. Einer Aufwertungstendenz wird folgerichtig durch die Abgabe der eigenen Währung gegen Aufkauf fremder Währungen begegnet.[108] Vorteil einer solchen Wechselkursfixierung ist die mit ihr bewirkte Kurssicherheit,[109] auch wenn auf diese Weise die wirtschaftliche Stärke des währungsausgebenden Landes nicht exakt wiedergegeben werden kann.

Anstelle eines Systems fester kann auch ein System flexibler Wechselkurse errichtet werden. Hier bestimmt sich der Außenwert der Währung durch Angebot und Nachfrage der Währung auf dem Devisenmarkt. Dies macht im Fall flexibler Wechselkurse Interventionen grundsätzlich entbehrlich. Sie bieten dabei den Vorteil, die Marktverhältnisse angemessen abzubilden, ermöglichen eine autonome Geldpolitik und vermeiden Währungsspekulationen.[110] Andererseits können sie das Risiko sich verändernder Kurse als Problem für die Entwicklung des internationalen Handels nicht ausschließen.

Um dennoch die Vorteile der genannten Wechselkurssysteme verbinden zu können, wurden verschiedene Mischformen der Systeme entwickelt. So können feste Wechselkurse von Fall zu Fall einer Änderung zugänglich gemacht und damit stufenflexibel ausgestaltet werden.[111] Möglich ist auch die Vereinbarung

107 Schmidt in Staudinger, BGB- Kommentar, Vorbem. Zu §§ 244 ff., Rdn. F 2, 5 f. Nominelle Paritätsänderungen führen, wie aaO. ausgeführt, die angestrebte Änderung des Wechselkurses nicht unmittelbar herbei. Hierfür sind Auf- und Abwertungen notwendig.

108 Diese Art der Wechselkurslenkung kann entweder der jeweiligen Notenbank obliegen oder aber einem sog. Currency Board übertragen werden. Zum System fester Wechselkurse und deren Handhabung vgl. auch Rübel, Grundlagen der monetären Außenwirtschaft, 128 ff.

109 Schmidt in Staudinger, BGB- Kommentar, Vorbem. zu §§ 244 ff., Rdn. F 5.

110 Schmidt in Staudinger, BGB- Kommentar, Vorbem. zu §§ 244 ff., Rdn. F 3, 5.

111 Derartige Abweichungen werden etwa im Fall eines sog. Pegging gewährt, das die Wechselkursanbindung an die Entwicklung einer anderen Währung umschreibt.

von Bandbreiten, in deren Rahmen die Wechselkurse frei schwanken können. Schließlich kann die Flexibilität der Wechselkurse auch insoweit überwiegen, als der Zentralbank trotz flexibler Kurse die Möglichkeit zu Interventionen zur Erreichung ihrer Wechselkursziele eröffnet wird.[112]

β) Wertbestimmung im Fall beschränkter Währungskonvertibilität

Das System der Devisenbewirtschaftung sieht als weiteres Grundmodell der Währungsbeziehungen die Beeinflussung des Wechselkurses im Wege der Devisenkontrolle vor.[113] Charakteristisch ist dabei die starke Reglementierung des Währungsumtauschs und des Devisenbesitzes.[114] Im Wege der Aufhebung der Währungskonvertibilität und damit der Möglichkeit des unbeschränkten grenzüberschreitenden Währungstausches wird hier der Devisenankauf sowie -verkauf durch die Errichtung eines staatlichen Devisenmonopols gelenkt. Dieses beinhaltet zunächst eine Ablieferungsverpflichtung hinsichtlich aller Devisen zugunsten des Staates. Dieses Nachfragemonopol wird durch ein Anfragemonopol ergänzt, aufgrund dessen die Zuteilung von Devisen ebenfalls ausschließlich durch den Staat erfolgt. Der Staat kann hier die Höhe des Wechselkurses steuern, indem er die Höhe des Tauschkurses bestimmt und die Menge der in Umlauf gebrachten Devisen.[115]

Neben einem derartigen System umfassender Devisenkontrolle sind auch Gestaltungen denkbar, in denen nur in begrenztem Umfang Kontrollen hinsichtlich des Devisenverkehrs, etwa durch Anzeigeverpflichtungen, vorgesehen sind. Dabei darf nicht übersehen werden, dass Devisenkontrollen auch Regelungen umfassen können, die internationale Zahlungen verbieten oder aber begrenzen.[116] Derartige Devisenbeschränkungen erlauben ebenfalls eine Einflussnahme auf die Steuerung

---

Dabei finden sich kontinuierliche Auf- und Abwertungen bei einem sog. Crawling peg, unregelmäßige Anpassungen bei einem sog. Adjustable peg.

112 Ein solches Vorgehen ist etwa für das sog. Managed Floating oder Sliding Board charakteristisch. Zu den vorgenannten Modellen, vgl.Selmayr, Das Recht der Wirtschafts- und Währungsunion, 55 f. m.w.N.

113 Dieses System war nach Herdegen, Internationales Wirtschaftsrecht, § 24 Rdn.3, für die kommunistischen Staaten des sog. Ostblocks kennzeichnend und ist heute in Staatshandelsländern anzutreffen.

114 Herdegen, Internationales Wirtschaftsrecht, § 24 Rdn.3.

115 Selmayr, Das Recht der Wirtschafts- und Währungsunion, 40 zur Funktionsweise des Systems; vgl. auch Shuster, The public international law of money, 30.

116 Shuster, The public international law of money, 30 f., nach dem deutlich zwischen dem weiten Konzept der Devisenkontrolle und dem engen Konzept der Devisenbeschränkung zu unterscheiden ist.

der Geldmenge und damit auf die Höhe des Wechselkurses. Ähnliche Effekte lassen sich jedoch nicht nur durch Beschränkungen des Zahlungsverkehrs erzielen, sondern auch durch Kapitalverkehrsbeschränkungen, durch die „die Ein- und Ausfuhr von Geld gesetzlich begrenzt oder gar verboten wird."[117]

c) Bewertung

Es lässt sich festhalten, dass sich das sog. forum externum der Währungssouveränität grundsätzlich nicht in der Annahme einer internationalen Währung manifestiert, sondern in der Wahl des Mechanismus zur Bestimmung des Wechselkurses[118] und damit des externen Wertes der Währung.

III. Die Währungssouveränität im Völkerrecht

Obwohl es sich bei einer Währung grundsätzlich um ein nationales Rechtsinstitut handelt, zeigen die bisherigen Ausführungen, dass diesem Konzept auch völkerrechtliche Bedeutung zukommt. Daher kann sich eine Untersuchung der Währungssouveränität nicht auf den staatlichen Bereich konzentrieren, sondern hat sich auch mit der Stellung derselben im Völkerrecht zu beschäftigen.[119]

1. Die Anerkennung der Währungssouveränität und das Prinzip der Staatengleichheit

Im Völkerrecht wird seit jeher die Souveränität eines Staates über seine Währung allgemein anerkannt.[120] In diesem Sinn führte der Internationale Gerichtshof im *Serbian and Brazilian Loan Case* aus: "*It is indeed a generally accepted principle that a State is entitled to regulate its currency.*"[121] Damit steht fest, dass ein Staat

---

117 Selmayr, Das Recht der Wirtschafts- und Währungsunion, 40.

118 Hermann, EFAR 2002, 1, 4.

119 Vgl. Selmayr, Das Recht der Wirtschafts- und Währungsunion, 39.

120 So Proctor/ Mann, The legal aspect of money, Rdn. 19.02; vgl. u.a. auch Carreau, Souveraineté et cooperation, 51; Krämer, 3; Herrmann, EFAR 2002, 1, 3.

121 Serbian and Brazilian Loans Case, (1929) PCIJ Series A, No 20, 44 und No. 21, 122; Verweise auf die internationale Anerkennung der nationalen Währungssouveränität finden sich auch in nationalen Quellen. So zitiert Krämer, 3, ein Rechtsgutachten der britischen Krone bzw. deren Rechtsberaters Harding, aus dem Jahr 1856: "*Abstractedly and as a general principle of international law, the right of a Government to regulate the affairs of its Mint and coinage, to fixe whatever legal metallic standard or tender it pleases, and more especially to charge whatever it may think fit for coining silver or other metals without being subject to the interference of foreign States, cannot in my opinion be*

auch aus völkerrechtlicher Sicht bei der Ausübung seiner Hoheitsrechte im Währungsbereich grundsätzlich von der Befehlsgewalt anderer Staaten unabhängig ist.[122] Diese Feststellung geht konform mit dem Prinzip der Staatengleichheit und damit dem grundlegenden völkerrechtlichen Verfassungsgrundsatz wie er in Art.2 Ziff.1 UN-Charta durch den Verweis auf die souveräne Gleichheit aller Mitgliedstaaten zum Ausdruck kommt.[123] So resultiert aus dem Nebeneinander staatlicher Träger von Hoheitsgewalt und den sich daraus ergebenden Rechten die korrespondierende Verpflichtung zur Beachtung der Hoheitsgewalt anderer Staaten.[124] Der nationalen Währungssouveränität entspricht damit ‚ein internationales Recht, gegen dessen Ausübung andere Staaten nicht protestieren können.' Dies bedeutet, dass grundsätzlich keine internationale Rechtsverletzung oder entsprechende Klage aus dem staatlichen Handeln im Bereich der Währungshoheit hergeleitet werden kann.[125] Vielmehr folgt aus der staatlichen Souveränität die Immunität der Jurisdiktion.[126]

2. Reichweite der völkerrechtlichen Anerkennung

Im Zusammenhang mit der Anerkennung der staatlichen Währungssouveränität im Völkerrecht stellt sich die Frage nach der Reichweite dieser Anerkennung. Dies gilt umso mehr, als dem Grundsatz der Staatengleichheit insofern ein Element der Relativierung innewohnt, als die Hoheitsgewalt eines Staates durch die entsprechende Staatsgewalt der übrigen Staaten begrenzt wird.[127] Im Rahmen der Beurteilung können dabei erneut die inneren und äußeren Aspekte der Währungshoheit herangezogen werden. Diese Unterscheidung rechtfertigt

---

questioned." Zusätzlich nennt Selmayr, Das Recht der Wirtschafts- und Währungsunion, 41 f., die Entscheidung eines englischen Gerichts und zitiert Emporer of Austria v. Day and Kossuth (1861) wie folgt: *"[…] the regulation of the coin and currency of every State is a great prerogative of the sovereign power […]. Money is the medium of commerce between all civilized nations; therefore the prerogative of each sovereign state as to money is but a great public right recognized and protected by the law of nations […].*"

122 Vgl. zu diesem Begriff der Souveränität im Völkerrecht Oeter in FS Steinberger, 259, 276.

123 Das Gleichheitsprinzip ist nach Dahm/ Delbrück/ Wolfrum, Völkerrecht Bd.I/1, 236, Ziffer 6 grundsätzlich „nur ein anderer Ausdruck für den Grundsatz der Souveränität."

124 Dahm/ Delbrück/ Wolfrum, Völkerrecht Bd.I/1, 216, Ziffer II.1.

125 Proctor/ Mann, The legal aspect of money, Rdn.19.02 f. (wÜ) unter Verweis auf die Rechtsprechung des IGH im Case Rights of Nationals of the United States in Morocco, (1952), ICJ Rep. 176.

126 Burdeau, RdC 1988, 223, 256.

127 Dahm/ Delbrück/ Wolfrum, Völkerrecht Bd.I/1, 216, Ziffer II.1.

sich insofern, als sich die interne Regelung einer Währung im Gegensatz zur Wertbestimmung im Außenverhältnis in unterschiedlicher Weise auf die Staatengemeinschaft auswirkt.

a) *Aspekte der inneren Souveränität und der Grundsatz der Nichteinmischung durch andere Staaten*

Das Konzept der inneren Souveränität betrifft die Regelung des staatlichen Binnenbereiches. Neben dem politischen System werden diesem Bereich die wirtschafliche Ordnung eines Staates sowie dessen soziale und kulturelle Belange zugerechnet.[128] Auch die Annahme einer eigenen Währung und die interne Wertbestimmung sind als Manifestationen der inneren Währungssouveränität damit den inneren Angelegenheiten eines Staates zuzuordnen.[129] Für diese gilt als Ausfluss des Prinzips der souveränen Gleichheit der Grundsatz der Nichteinmischung durch andere Staaten, wie er etwa in Art.2 Nr.7 UN-Charta verankert ist.[130] Demnach kann die Ausübung der internen Währungskomponenten ‚nicht durch andere Staaten in Frage gestellt, sondern muss von diesen respektiert werden.'[131] Das Völkerrecht nimmt damit prinzipiell eine neutrale Haltung zur Währungspolitik der einzelnen Staaten ein.[132]

b) *Externe Aspekte und die Pflicht zur Anerkennung der lex monetae eines anderen Staates*

Im Gegensatz zu den inneren bieten die externen Aspekte der Währungssouveränität die Möglichkeit, Einfluss auf andere Staaten und deren Staatsangehörige zu nehmen.[133] Dies wird am Beispiel der Wechselkurse deutlich, die im Rahmen der Außenwirtschaftspolitik instrumentalisiert werden können. So kann eine manipulierte Unterbewertung einer Währung die Wettbewerbsfähigkeit anderer Teilnehmer auf den internationalen Märkten in negativer Weise beeinflussen. Ein ungehemmter Währungsverfall benachteiligt dagegen Gläubigerländer

---

128 Heintschel von Heinegg in Ipsen, Völkerrecht, § 51 Rdn.46 f. unter Verweis auf die Rechtsprechung des IGH im Nicaragua-Fall.

129 Proctor/ Mann, The legal aspect of money, Rdn.19.02.

130 Selmayr, Das Recht der Wirtschafts- und Währungsunion, 42, vgl. auch Heintschel von Heinegg in Ipsen, Völkerrecht, § 51 Rdn.42, 44.

131 Proctor/ Mann, The legal aspect of money, Rdn.19.04 (wÜ).

132 Selmayr, Das Recht der Wirtschafts- und Währungsunion, 42.

133 Proctor/ Mann, The legal aspect of money, Rdn.19.04.

und kann zudem einen Währungsverfall in weiteren Ländern nach sich ziehen.[134] Angesichts dieser Einwirkungsmöglichkeiten auf das wirtschaftliche Wohl anderer Staaten erscheint eine Zuordnung der externen Währungssouveränität zu den inneren Angelegenheiten eines Staates problematisch.[135] Es stellt sich daher die Frage, inwiefern die Pflicht zur Anerkennung der staatlichen Währungssouveränität hinsichtlich ihrer externen Aspekte eine Relativierung erfährt.

Ein solches Vorgehen ermöglicht die sog. Theorie von der strikten Territorialität des Währungsrechts, die noch im 20. Jahrhundert vertreten wurde.[136] Letztere folgert aus der Beschränkung der staatlichen Souveränität auf das jeweilige Staatsgebiet und der Begrenzung derselben durch die Souveränität anderer Staaten, dass das Währungsrecht nur im jeweiligen Staatsgebiet Verbindlichkeit beanspruchen kann. Über eine weitergehende Anerkennung und damit die Geltung fremden Währungsrechts innerhalb der eigenen Grenzen entscheidet jeder Staat anhand der eigenen Rechtsordnung. Die Anerkennung der externen Währungssouveränität richtet sich damit nicht nach völkerrechtlichen Regeln, sondern nach den Vorschriften des nationalen und internationalen Privatrechts.[137]

Gegen eine solche Vorgehensweise spricht jedoch, dass auch die Entscheidungen im externen Währungsbereich unmittelbar hoheitliches Handeln eines souveränen Staates darstellen.[138] Schließlich werden mit der Unterscheidung von „äußerer und innerer Souveränität […] nur zwei Aspekte einer Sache angesprochen […], die unlöslich miteinander verknüpft sind.“[139] Dies spricht dafür, die sich aus dem Grundsatz der souveränen Gleichheit ergebende Anerkennung staatlicher Hoheitsmacht auch auf die externe Währungssouveränität zu erstrecken. Andernfalls wäre nicht gewährleistet, dass ein Staat nicht der Autorität bzw. der Rechtsordnung eines anderen Staates untersteht. Die Möglichkeit einer inhaltlichen Überprüfung verstieße gegen den Rechtsgrundsatz *„par in parem non habet iudicium“*, nach dem sich ein Staat nicht zum Richter über andere

---

134 Schmidt in Staudinger, BGB-Kommentar, Vorbem. zu §§ 244 ff., Rdn. F 10.

135 Vgl. auch Selmayr, Das Recht der Wirtschafts- und Währungsunion, 41.

136 Selmayr, Das Recht der Wirtschafts- und Währungsunion, 43; entsprechende Beispiele finden sich bei Proctor/ Mann, The legal aspect of money, Rdn.19.06: So wurde etwa im englischen Fall „Du Costa v. Cole ausgeführt: *“The King of Portugal may not alter the Property of England.”*

137 Selmayr, Das Recht der Wirtschafts- und Währungsunion, 43 f., zum dargestellten Inhalt der Theorie.

138 Selmayr, Das Recht der Wirtschafts- und Währungsunion, 45.

139 Randelzhofer in HdbStR, Bd.II, § 17 Rdn.24.

Staaten aufschwingen kann.[140] Trotz der faktischen Auswirkungen wird daher auch bei der Ausübung der externen Währungssouveränität eine Einmischung anderer Staaten ausgeschlossen und das Prinzip des Nominalismus auf internationale Beziehungen erstreckt.[141] Im Völkerrecht herrscht somit die Theorie von der völkerrechtlichen Anerkennung der lex monetae,[142] die einen Rückgriff auf das internationale Privatrecht entbehrlich macht. Letztere erweist sich, wie etwa das Staatsangehörigkeitsrecht, als „unmittelbarer Ausfluss der staatlichen Souveränität, so dass ihre materiellrechtliche Regelung im zwischenstaatlichen Verkehr grundsätzlich nicht hinterfragt werden darf."[143]

c) Qualifizierung der Anerkennungspflicht als Regel des Völkergewohnheitsrechts

Aufgrund der gewachsenen Rechtsüberzeugung der Völkerrechtsgemeinschaft, der sog. *opinio iuris,* und der andauernden Übung, der sog. *consuetudo,* ist die Pflicht zur Anerkennung der *lex monetae* eines Staates als Satz des Völkergewohnheitsrechts anzusehen.[144] Diese Anerkennung spiegelt sich in verschiedenen Aspekten, wie etwa den zahlreichen Regeln zur Bekämpfung der Falschmünzerei mit Blick auf die Geldzeichen, die von einem anderen Staat ausgegeben werden.[145]

3. Völkerrechtliche Begrenzung der staatlichen Währungssouveränität

Mit der völkerrechtlichen Verpflichtung zur Anerkennung der staatlichen Währungshoheit geht eine Anerkennung der rechtlichen und faktischen Auswirkungen derselben auf andere Staaten und Staatsangehörige bzw. deren Rechtsverhältnisse einher.[146] Dies bedeutet jedoch nicht, dass etwa die nationale Gesetzgebung im

---

140 Selmayr, Das Recht der Wirtschafts- und Währungsunion, 45.

141 Selmayr, Das Recht der Wirtschafts- und Währungsunion, 45. Aus diesem Prinzip folgt damit, dass nicht nur interne, sondern auch externe Währungsabwertungen grundsätzlich nicht beanstandet werden können. Vgl. hierzu ausführlich Proctor/Mann, The legal aspect of money, Rdn.19.09 ff.

142 Diese Theorie geht auf Mann, BYIL 1949, 260 ff. zurück.

143 Selmayr, Das Recht der Wirtschafts- und Währungsunion, 46.

144 Selmayr, Das Recht der Wirtschafts- und Währungsunion, 48, der auf S. 49 zudem darauf verweist, dass der Währungsrechtler Mann die Anerkennung der *lex monetae* nicht nur als Völkergewohnheitsrecht, sondern auch als allgemeinen Rechtsgrundsatz des Völkerrechts zu bewerten scheint.

145 Burdeau, RdC 1988, 223, 256.

146 Selmayr, Das Recht der Wirtschafts- und Währungsunion, 50.

Währungsbereich in ihrer Intention und ihren Auswirkungen per se nicht gegen internationale Verpflichtungen der Staaten verstoßen könnte.[147] Es stellt sich daher die Frage nach einer rechtlichen Begrenzung dieser Anerkennung. Als mögliche Ansatzpunkte für derartige Beschränkungen kommen Bestimmungen des Völkergewohnheitsrechts sowie des Völkervertragsrechts in Betracht.

a) Begrenzung durch Regeln des Völkergewohnheitsrechts

Völkergewohnheitsrechtliche Beschränkungen der Ausübung staatlicher Währungssouveränität werden in verschiedenen Fallkonstellationen diskutiert und dabei zu den bedeutendsten und schwierigsten Fragestellungen des internationalen Währungsrechtes gerechnet.[148] Dies gilt umso mehr, als Beschränkungen der staatlichen Souveränität nicht vermutet werden können[149] und daher der Nachweis der konstitutiven Elemente des Gewohnheitsrechts in Form der Rechtsüberzeugung sowie der entsprechenden Übung erbracht werden muss.

aa) Begrenzung durch Stabilisierungspflicht für Wechselkurse

Als möglicher Ansatzpunkt für eine entsprechende völkergewohnheitsrechtliche Regelung wird der Grundsatz des Nominalismus herangezogen. Da aus diesem im innerstaatlichen Recht eine Pflicht zur Stabilisierung des Währungswertes

---

147 Vgl. Sir Hersch Lauterpacht in seiner „separate opinion" zum Case of Certain Norwegian Loans, (1957) ICJ Rep.9, 37: *"It may be admitted, in order to simplify a problem which is not at all simple that an ‚international' contract must be subject to some national law; this was the view of the Permanent Court of International Justice in the case of Serbian and Brazilian Loans. However, this does not mean that national law is a matter which is wholly outside the orbit of international law. National legislation – including currency legislation – may be contrary, in its intention or effects, to the international obligations of the State. The question of conformity of national legislation with international law is a matter of international law. The notion that if a matter is governed by national law it is for that reason at the same time outside the sphere of international law is both novel and, if accepted, subversive of international law."*

148 Mann in Schlochauer, 799; folgend Selmayr, Das Recht der Wirtschafts- und Währungsunion, 50.

149 Vgl. Case of the S.S. Lotus, PCIJ (1927), Serie A, No.10, 18: *"International law governs relations between independent States. The rules of law binding upon States therefore emanate from their own free will as expressed in conventions or by usages generally accepted as expressing principles of law established in order to regulate the relations between these co-existing independent communities or with a view to the achievement of common aims. Restrictions upon the independence of States cannot therefore be presumed."*

abgeleitet werden kann, wird angedacht, eine entsprechende Verpflichtung auch für den externen Währungswert in Form des Wechselkurses anzunehmen.[150] Gegen eine Erstreckung des Nominalprinzips auf die zwischenstaatlichen Beziehungen spricht jedoch, dass die innerstaatliche Stabilisierungspflicht einer völkerrechtlichen Anerkennung der internen Währungsabwertung nicht entgegensteht.[151] Der mit dem Nominalprinzip einhergehenden Freiheit der Bestimmung des Währungswertes wird hier offensichtlich der Vorrang eingeräumt. Darüber hinaus spricht auch die Entwertung des aus der Währungssouveränität folgenden Rechts auf freie Führung der Wechselkurspolitik gegen eine solche Stabilisierungspflicht. Angesichts des Einsatzes der Wechselkurspolitik zu wirtschaftspolitischen Zwecken und zur Verbesserung der internationalen Wettbewerbsfähigkeit kann hier nicht von einer allgemeinen Rechtsüberzeugung oder gar entsprechenden Übung ausgegangen werden.[152] Letzteres wird durch die bislang erfolglosen Versuche bestätigt, eine Rechtspflicht zur Wahrung stabiler Wechselkurse dauerhaft im Rahmen völkerrechtlicher Verträge zu kodifizieren.[153] Auch auf internationaler Ebene wird daher als Ausfluss des Grundsatzes des Nominalismus das Recht eines Staates zur externen Währungsabwertung anerkannt.[154]

bb) Begrenzung durch internationale Enteignungsgrundsätze

Eine Begrenzung der staatlichen Währungssouveränität wird auch unter Anwendung der völkergewohnheitsrechtlichen Enteignungsregeln diskutiert.[155] Nach diesen ist eine Enteignung als Ausfluss staatlicher Souveränität nur dann zulässig, wenn diese einen öffentlichen Zweck verfolgt, nicht diskriminierend wirkt und mit einer Entschädigung einhergeht.[156] Letztere muss im Sinne der sog. „Hull-Formel" sofort geleistet werden, sowie in adäquater und effektiver Weise erfolgen.[157] Eine entschädigungslose und damit unzulässige Entziehung von Vermögensrechten

150 Vgl. zu diesem Ansatz Selmayr, Das Recht der Wirtschafts- und Währungsunion, 50.
151 Vgl. hierzu Proctor/ Mann, The legal aspect of money, Rdn.19.09.
152 Selmayr, Das Recht der Wirtschafts- und Währungsunion, 51.
153 Selmayr, Das Recht der Wirtschafts- und Währungsunion, 50 f. unter Verweis auf die Verhandlungen im Rahmen des IWF-Abkommens.
154 Proctor/ Mann, The legal aspect of money, Rdn.19.11; Krämer, 4 f.
155 Vgl. zu diesem Ansatz Proctor/ Mann, The legal aspect of money, Rdn.19.30ff.; Mann in Schlochauer, 799; folgend Selmayr, Das Recht der Wirtschafts- und Währungsunion, 51 ff.; Carreau, Souveraineté et cooperation, 55 ff; vgl. ferner Shuster, The public international law of money, 55 ff.; Burdeau, RdC 1988, 223, 261 f.
156 Kimminich /Hobe, Völkerrecht, 413.
157 Haltern in Ipsen, Völkerrecht, § 34 Rdn.53.

wird als sog. Konfiskation bezeichnet.[158] Als Folge einer Übertragung dieser Grundsätze könnten etwa vermögensmindernde Hoheitsakte im Rahmen der Wechselkurspolitik als konfiskatorisch und damit unzulässig beurteilt werden.[159]

Als problematisch erweist sich dabei jedoch nicht nur der Rückgriff auf die überkommene Idee der Gleichsetzung von Geld mit dem klassischen Eigentumsbegriff,[160] sondern auch die weitere Anwendung des internationalen Enteignungsrechts. So ergibt sich aus dem Territorialitätsprinzip, dass sich Enteignungsmaßnahmen grundsätzlich auf im eigenen Staatsgebiet belegene Vermögenswerte beziehen.[161] Vermögensminderungen, die aus der Wechselkurspolitik eines Staates resultieren, können jedoch überall dort eintreten, wo die jeweilige Währung in Transaktionen eingesetzt wird. Diese faktische Ubiquität würde im Fall der Anwendung der Enteignungsregeln unkalkulierbare Haftungsrisiken insbesondere für Staaten hervorrufen, deren Währungen als sog. Leitwährungen in internationalen Beziehungen verwendet werden.[162] Darüber hinaus ist zu bedenken, dass sich Enteignungen durch die gezielte und direkte Entziehung einer Vermögensposition auszeichnen. Charakteristischerweise wirken sich währungspolitische Maßnahmen auf Angehörige von Drittstaaten jedoch nur faktisch und mittelbar aus, so dass ihnen kein enteignender Charakter zugemessen werden kann.[163] Heute wird daher allgemein

---

158 Haltern in Ipsen, Völkerrecht, § 34 Rdn.56.

159 Nach Proctor/ Mann, The legal aspect of money, Rdn.19.30 kommen als vermögensmindernde Hoheitsakte neben der internen und externen Abwertung der Währung etwa auch Verbote der Zahlung in Fremdwährung oder aber die Aufhebung von Goldklauseln in Betracht.

160 Vgl. Carreau, Souveraineté et coopération, 55 f., nach dem dieser Ansatz im Rechtsstreit *Du Costa v Cole* im Ausspruch *"The King of Portugal may not alter the property of a subject of England"* zum Ausdruck kommt.

161 Haltern in Ipsen, Völkerrecht, § 34 Rdn. 61 ff., 65.

162 Selmayr, Das Recht der Wirtschafts- und Währungsunion, 51.

163 Selmayr, Das Recht der Wirtschafts- und Währungsunion, 52. In diesem Sinn führte der Supreme Court der Vereinigten Staaten im Zusammenhang mit der Abwertung ausgegebener billets (greenbacks) im Fall *Knox C.Lee et Parker C.Davis* aus: *„Cette disposition (le cinquième amendement interdisant toute prise de propriété sans compensation et „due process of law") a toujours été interprétée comme se référant seulement à une appropriation directe et non aux dommages résultant de l'exercice de pouvoirs conformes a la loi. Cette disposition n'a jamais été supposée avoir aucune influence ni empêcher qu'elle puisse affecter les lois qui de façon indirecte causent un préjudice ou une perte aux individus [..].“* (zitiert nach Carreau, Souveraineté et coopération, 57).

anerkannt, dass es sich etwa bei der Änderung des Währungswertes lediglich um einen dem ständigen Wandel unterliegenden Umstand handelt, dem wie reinen Erwartungen im Wirtschaftsverkehr keine enteignende Wirkung zuerkannt werden kann.[164] Lediglich extreme Konstellationen wie die vollständige Entwertung einer Währung außerhalb des emittierenden Landes könnten demnach Anlass zur Annahme einer Enteignung geben, wobei diese wohl mit der Streichung der entsprechenden Verpflichtungen einhergehen muss.[165]

cc) Begrenzung durch ein völkerrechtliches Rücksichtnahmegebot

Eine Beschränkung der Ausübung der Währungssouveränität wird schließlich dahingehend diskutiert, „dass bei der Gestaltung der Währungsparität auf die Rechte fremder Staaten und fremder Staatsangehöriger Rücksicht zu nehmen sei."[166]

Angedacht wird ein solches Vorgehen etwa bei einseitigen Wechselkursbindungen, durch die im Wege der Übernahme fremder währungspolitischer Entscheidungen oder fremder Währungssysteme die Stabilität der fremden Währung importiert werden soll.[167] Hier könnten aus einem Rücksichtnahmegebot etwa Konsultations- oder Genehmigungspflichten abgeleitet werden, um so den Auswirkungen der Anbindung auf den Währungsstaat gerecht zu werden. Letztere ergeben sich hauptsächlich aus der stärkeren Internationalisierung der Währung, mit der einerseits Schwierigkeiten bei der Bestimmung der sich im Umlauf befindenden Geldmenge als Bezugspunkt für die Bewertung der Geldpolitik einhergehen, aber auch eine höhere Seigniorage aufgrund des Geldausgabemonopols des emittierenden Staates.[168] Der Annahme einer entsprechenden Regel des Völkergewohnheitsrechts steht jedoch abermals entgegen, dass weder die erforderliche Übung noch die entsprechende Rechtsüberzeugung der internationalen Staatengemeinschaft als gegeben angesehen werden kann. Dies gilt insbesondere angesichts der überwiegend wohlwollenden Haltung der Vereinigten Staaten

---

164 Proctor/ Mann, The legal aspect of money, Rdn. 19.30.

165 Proctor/ Mann, The legal aspect of money, Rdn. 19.30 f. unter Verweis etwa auf die kubanische Gesetzgebung; Burdeau, RdC 1988, 223, 261.

166 Krämer, 3; Selmayr, Das Recht der Wirtschafts- und Währungsunion, 54 nennt dabei als möglichen Anknüpfungspunkt die Grundsätze des internationalen Umweltrechtes, nach denen die Ausübung von Hoheitsrechten eingeschränkt wird, wenn diese Ausübung über den nationalen Hoheitsbereich hinaus zu erheblichen Schädigungen in Drittstaaten führt.

167 Selmayr, Das Recht der Wirtschafts- und Währungsunion, 56 f.

168 Selmayr, Das Recht der Wirtschafts- und Währungsunion, 58 ff.

gegenüber derartigen einseitigen Dollarisierungen.[169] Die staatliche Souveränität wird daher auch dann nicht völkerrechtlich begrenzt, wenn ihre Ausübung die Übernahme fremder Währungsordnungen einbezieht.[170]

dd) Begrenzung durch das völkerrechtliche Verbot des Rechtsmissbrauchs

Angesichts der obigen Ausführungen gilt auch im Währungsbereich, dass die Ausübung hoheitlicher Rechte nur in Ausnahmefällen durch das völkerrechtliche Verbot des Rechtsmissbrauchs beschränkt werden kann.[171] Angedacht werden damit Konstellationen, in denen ein Staat durch willkürliche Rechtshandlungen „einem anderen Staat Schaden zufügt, der nicht durch die berechtigte Wahrnehmung eigener Interessen gerechtfertigt werden kann." Darüber hinaus wird diskutiert, ob neben Maßnahmen, „die wissentlich zum Zweck der Schädigung von Ausländern ergriffen werden", auch solche völkerrechtlich zu beanstanden sind, die rein objektiv „die internationale Währungsordnung in einem Umfang beeinträchtigen, der in keinem Verhältnis zum [angestrebten] Nutzen für den betreffenden Staat steht."[172] Unabhängig von dieser Frage ist festzuhalten, dass die Feststellung einer derartigen Schädigung nur äußerst schwer möglich sein dürfte. So beinhaltet gerade der rechtlich zulässige Einsatz der Wechselkurspolitik zur Steigerung der nationalen Wettbewerbsfähigkeit auch negative Auswirkungen auf die wirtschaftliche Situation anderer Staaten, rechtfertigt allerdings gleichzeitig ein solches Vorgehen.[173] Das Recht, Devisenkontrollen einzuführen, wird darüber hinaus implizit durch Verträge bestätigt, die dieses Recht beschränken oder anderweitig regeln.[174] Anders könnte hier tatsächlich nur dann entschieden werden, wenn der Währungsverfall nur zur Reduzierung der gegenüber Drittstaaten bestehenden Schuldenlast

169 Selmayr, Das Recht der Wirtschafts- und Währungsunion, 59.

170 Selmayr, Das Recht der Wirtschafts- und Währungsunion, 57.

171 Selmayr, Das Recht der Wirtschafts- und Währungsunion, 53. Dieser Ansatz wird auf verschiedene Rechtsinstitute gestützt. Zu nennen sind etwa das Verbot der Diskriminierung bzw. des willkürlichen Vorgehens, der Rechtsverweigerung sowie des Rechtsmissbrauchs, wobei stets der Mangel an billigem Verhalten oder Handelns im Sinne von Treu und Glauben als haftungsauslösender Umstand anzusehen sind. Vgl. Proctor/Mann, The legal aspect of money, Rdn. 19.35.
So sprechen etwa Treves, IML, Rdn.5.07; Burdeau, RdC 1988, 223, 255 von diskriminierenden Währungspraktiken.

172 Krämer, 5 ff. mit entsprechenden Nachweisen.

173 Selmayr, Das Recht der Wirtschafts- und Währungsunion, 53.

174 Proctor/ Mann, The legal aspect of money, Rdn.19.19.

herbeigeführt wird und diese damit bewusst schädigt.[175] Einer weitergehenden, allgemeinen Rechtsüberzeugung hinsichtlich eines Verbotes wettbewerbsbedingter Abwertungen[176] oder gar einer entsprechenden Übung steht letztendlich der Einsatz der Wechselkurspolitik zu wirtschaftspolitischen Zwecken entgegen.

ee) Bewertung

Die obigen Ausführungen zeigen, dass den Regeln des Völkergewohnheitsrechts nur in geringem Umfang Einschränkungen der staatlichen Währungssouveränität entnommen werden können. Dies bestätigt erneut die grundsätzliche Anerkennung der staatlichen Währungssouveränität und die sich hieraus ergebende Freiheit der staatlichen Hoheitsausübung. Es verwundert daher auch nicht, dass die festgestellte Beschränkung aus dem allgemein geltenden Rechtsmissbrauchsverbot hergeleitet wird und nicht aus einem speziell den Währungsbereich betreffenden Aspekt. Auch unter Berücksichtigung der Problematik der Feststellung eines solches Missbrauchs wird deutlich, dass unter gewohnheitsrechtlichen Gesichtspunkten praktisch nicht von Einschränkungen der staatlichen Währungssouveränität gesprochen werden kann.

b) Begrenzungen durch Regeln des Völkervertragsrechts

aa) Allgemeines

Die staatliche Währungssouveränität kann nicht nur durch Völkergewohnheitsrecht, sondern auch durch internationale Abkommen beschränkt werden. Als Hauptquelle derartiger Begrenzungen ist auf globaler Ebene das IWF-Abkommen auszumachen.[177] Aber auch auf regionaler Ebene können entsprechende Abkommen gefunden werden. Eine besondere Stellung kommt dabei dem AEU-Vertrag aufgrund der durch ihn errichteten supranationalen Wirtschafts- und Währungsunion zu. Dieser Vertrag zeichnet sich im Gegensatz zu anderen Abkommen durch die deutlichsten jemals vorgenommenen Einschränkungen währungsrechtlicher Hoheitsbefugnisse aus.[178] So gehen hier erstmals Währungen einzelner souveräner Staaten in einer einheitlichen Währung, dem Euro, auf und werden dabei einer einheitlichen supranationalen Währungspolitik unterworfen. Dies wiederum stellt

---

175 Selmayr, Das Recht der Wirtschafts- und Währungsunion, 53f.; vgl. auch Proctor/Mann, The legal aspect of money, Rdn.19.36.

176 Treves, IML, Rdn 5.07 nennt dies neben diskriminierenden Währungspraktiken als eine denkbare Möglichkeit.

177 Treves, IML, Rdn. 5.07.

178 Treves, IML, Rdn. 5.12.

die klassische Vorstellung in Frage, nach der jedes Land über eine eigene Währung verfügt bzw. jede Währung letztendlich einem individuellen Staat zugeordnet werden kann.[179] Vor diesem Hintergrund gilt es, das Verhältnis dieser Vertragswerke zueinander zu untersuchen.

bb) Ansatzpunkte internationaler Regelungen im Währungsbereich

Ausgangspunkt einer solchen Untersuchung sind die Regelungsgegenstände derartiger Verträge, die an der Bedeutung einer ausgeglichenen staatlichen Zahlungsbilanz für das Funktionieren des internationalen Handels ansetzen.[180] Grundüberlegung ist, dass das Funktionieren des internationalen Handels ein internationales Zahlungssystem voraussetzt, in dessen Rahmen die Zahlungen für den Güteraustausch frei zwischen den einzelnen Ländern erfolgen können. Ein solches System besteht jedoch nur im Fall ausgeglichener Zahlungsbilanzen,[181] da diese kaum Anlass für staatliche Interventionen geben.[182]

Ein anderes Bild zeigt sich jedoch im Fall eines Zahlungsbilanzdefizits und damit einer Situation, in der „der ins Ausland fließende Geldwert den ins Inland fließenden Geldwert übersteigt."[183] Zur Behebung desselben greifen Staaten auf verschiedene Korrektivmechanismen zurück, die es erlauben, die Ex- und Importsituation zu beeinflussen bzw. zu kontrollieren. Genannt werden können etwa Änderungen des Wechselkurses, die Einführung von Devisen- oder Handelskontrollen, aber auch interne wirtschaftliche Maßnahmen, die sich im Wege der Steuerung der Preis- und Einkommensstruktur auf die inländische Nachfrage auswirken. Diese Maßnahmen können durch eine Finanzierung des Defizits unter Rückgriff auf die offiziellen Währungsreserven ergänzt werden.[184] So ermöglicht ein Angebot der Bestände auf dem Devisenmarkt, die Nachfrage der staatlichen Währung zu steuern. Angesichts dieses Mechanismus verwundert es nicht, dass auch die Liquiditätsposition eines Staates, die sich nach den Währungsreserven und der Anleihefähigkeit des Staates richtet,

---

179 Raymond, 127, 128.

180 Eine ausführliche Darstellung der Regelungsgegenstände, an der sich die vorliegenden Ausführungen orientieren, findet sich bei Shuster, The public international law of money, 20 ff.

181 Nach Siebert/ Lorz, Einführung in die Volkswirtschaftslehre, 424 kann von einer ausgeglichenen Zahlungsbilanz gesprochen werden, „wenn sich die Devisenposition der Zentralbank nicht verändert, d.h. […] ein Land keine Devisen verliert."

182 Shuster, The public international law of money, 21.

183 Herdegen, Internationales Wirtschaftsrecht, § 26 Rdn.5.

184 Shuster, The public international law of money, 23.

Gegenstand internationalen Interesses ist. Dies gilt insbesondere angesichts der grundsätzlich vorrangigen Inanspruchnahme des Finanzierungsmechanismus, der die Wirkungsweise der Korrektivmaßnahmen mit der Höhe der zur Verfügung stehenden Währungsreserven verknüpft.[185]

cc) Rückschlüsse für den Aufbau eines Währungssystems

Nach den obigen Ausführungen knüpfen währungsrechtliche Regelungen zum Zweck der Erleichterung des internationalen Handels an das Gleichgewicht der Zahlungsbilanz und die damit in Zusammenhang stehenden Steuerungs- und Korrektivmechanismen an. Es verwundert daher nicht, dass ein vertraglich errichtetes Währungssystem zum Zweck der Aufrechterhaltung eines Zahlungsbilanzgleichgewichts klare und zwingende Verpflichtungen gegenüber den Mitgliedstaaten beinhaltet. Derartige Regeln werden als sog. *code of good conduct* bezeichnet und wirken sich grundsätzlich einschränkend auf die Währungssouveränität der Mitgliedstaaten aus.[186]

Neben der Krisenprävention werden aber auch für den Fall des Eintritts eines Zahlungsbilanzungleichgewichts Hilfsmechanismen zur Verfügung gestellt. In diesen Kooperationsmechanismen kommt ein Recht auf finanzielle Hilfe zum Ausdruck, das ein Gegenstück zum Verhaltenskodex bildet und den Verlust an Souveränität auszugleichen sucht.[187]

---

185 Shuster, The public international law of money, 40 f.

186 Carreau/ Juillard, Droit international économique, Rdn. 1550.

187 Carreau/ Juillard, Droit international économique, Rdn. 1550.

2. Kapitel: Der Internationale Währungsfonds (IWF)

I. Historischer Hintergrund und Zielsetzung der Organisation

Das Bestehen unbeschränkter staatlicher Autonomie bei der Handhabung der Währungssouveränität führte, wie die Weltwirtschaftskrise der zwanziger und dreißiger Jahre deutlich machte, zur Ausbildung von Strukturen in den internationalen Währungsbeziehungen, die der Weltwirtschaft insgesamt schadeten.[188] Als Ursache konnte der Versuch vieler Länder identifiziert werden, ‚angesichts schrumpfender Märkte ihre Ertragslage durch kompetitive Währungsabwertungen, sowie Devisen- und Handelsbeschränkungen aufrechtzuerhalten.'[189] Ein solches, auch als „*Beggar thy neighbor*" - Politik bezeichnetes Vorgehen verschärfte die Situation der Handelspartner, die in der Folge ebenfalls auf entsprechende Maßnahmen zurückgriffen.[190]

Diese Erfahrungen veranlassten die Staatengemeinschaft, ein internationales Währungssystem zu schaffen, um so Regeln für die Ausübung monetärer Hoheitsrechte durchzusetzen.[191] Als zentrale Organisation dieses Systems wurde am

188 Bognar, Europäische Währungsintegration und Außenwirtschaftsbeziehungen, 387.

189 Fritz-Krockow/ Ramlogan, International Monetary Fund Handbook, 4 (wÜ).

190 Martha, CMLRev.1993, 749, 754.

191 Martha, CMLRev.1993, 749, 754. Zur Bedeutung des Zweiten Weltkrieges, aber auch der Pariser Friedenskonferenz im Jahr 1918, vgl. Boughton, The IMF and the Force of History, 4 ff.; Allgemeine Ausführungen zur Entstehungsgeschichte und Entwicklung des Fonds finden sich zudem bei De Vries/ Horsefield, The International Monetary Fund, 1945–1965: Twenty Yeary of International Monetary Cooperation; De Vries, The IMF in a changing world, 1945–85; James, International Monetary Collaboration since Bretton Woods.
Nach De Vries/ Horsefield, Volumen I: Chronicle, Chapter I, 3 ff. geht die Konzeption des Fonds im Wesentlichen auf die Vorschläge des Amerikaners Harry Dexter White und des Briten Maynard Keynes (später Baron Keynes of Tilton) zurück. Der sog. White-Plan (*"Preliminary Draft Proposal for a United Nations Stabilization Fund and a Bank for Reconstruction and Development for the United and Associated Nations"*) sah nach De Vries/ Horsefield, aaO., unter dem Einfluss der Großen Depression in den Vereinigten Staaten die Errichtung eines Mechanismus in Form eines Stabilisierungsfonds vor, der die Stabilität der Währungen sichern und die Wiederholung wettbewerbsbedingter Abwertungen ebenso verhindern sollte wie Beschränkungen des Zahlungsverkehrs. Der sog. Keynes- Plan (*"Proposals for an*

22. Juli 1944 in Bretton Woods der Internationale Währungsfonds (IWF) gegründet, der am 1. März 1947 seine Arbeit aufnahm.[192] Durch die Schaffung einer solchen ständigen Einrichtung und der damit einhergehenden Institutionalisierung der Währungsbeziehungen sollte die internationale Zusammenarbeit gefördert werden.[193] Die Zielsetzung des IWF steht dabei in engem Zusammenhang mit der Begründung nationalen als auch internationalen Wohlstandes, wie Art. I (ii)-(vi) IWFA verdeutlicht. So wurde der Fonds zunächst darauf ausgerichtet, *„die Ausweitung und ein ausgewogenes Wachstum des Welthandels zu erleichtern und dadurch zur Förderung und Aufrechterhaltung eines hohen Beschäftigungsgrads und Realeinkommens sowie zur Entwicklung des Produktionspotentials aller Mitglieder als oberste Ziele der Wirtschaftspolitik beizutragen.“*[194] Zur Umsetzung dieser Konzeption sollte der Fonds dazu dienen,

- *„iii) die Stabilität der Währungen zu fördern, geordnete Währungsbeziehungen unter den Mitgliedern aufrechtzuerhalten und Währungsabwertungen aus Wettbewerbsgründen zu vermeiden;*[195]

International Clearing Union") wurde demgegenüber wesentlich durch die britischen Nachkriegsaussichten bedingt. Zur Verhinderung einer erneuten Rezession wurde hier, nach De Vries/ Horsefield, aaO., die Errichtung einer sog. „International Clearing Union“ vorgeschlagen. Diese sollte auf die Vermeidung von Zahlungsbilanzungleichgewichten abzielen, indem sowohl die Verbindlichkeiten der Kreditnehmer gegenüber der Union als auch die seitens der Kreditgeber erworbenen Guthaben verwaltet werden. Die genannten Pläne sind in De Vries/ Horsefield, Volumen III: Documents, 3–96 abgedruckt. In den Verhandlungen zwischen den Vereinigten Staaten und dem Vereinigten Königreich, die schließlich in der von 45 Nationen besuchten „Internationalen Währungs- und Finanzkonferenz der Vereinten und Assoziierten Nationen“ in Bretton Woods, New Hampshire, im Juli 1944 mündeten, überwogen letztendlich die Vorschläge Whites.

192 Die ursprüngliche Fassung des am 27. Dezember 1945 in Kraft getretenen IWF-Abkommens wurde im BGBl. II, 1952, 638 ff. mitsamt deutscher Übersetzung abgedruckt. Die aktuelle englische Version des Abkommens kann unter http://www.imf.org abgerufen werden.

193 Nach Art.I (i) IWFA zielt der IWF darauf ab, *„die internationale Zusammenarbeit auf dem Gebiet der Währungspolitik durch eine ständige Einrichtung zu fördern, die als Apparat zur Konsultation und Zusammenarbeit bei internationalen Währungsproblemen zur Verfügung steht.“*

194 Carreau/ Juillard, Droit international économique, Rdn. 1580.

195 Nach der maßgeblichen englischen Fassung beinhaltet die Zielbestimmung die Vorgabe, *"to promote exchange stability, to maintain orderly exchange arrangements among members, and to avoid competitive exchange depreciation."* Die Regelung betrifft demnach die Aufrechterhaltung der externen Währungsstabilität und bezieht

- *iv) bei der Errichtung eines multilateralen Zahlungssystems für die laufenden Geschäfte zwischen den Mitgliedern und bei der Beseitigung von Devisenverkehrsbeschränkungen, die das Wachsen des Welthandels hemmen, mitzuwirken;*
- *v) das Vertrauen der Mitglieder dadurch zu stärken, dass ihnen zeitweilig unter angemessenen Sicherungen die allgemeinen Fondsmittel zur Verfügung gestellt werden und ihnen so Gelegenheit gegeben wird, Unausgeglichenheiten in ihrer Zahlungsbilanz zu bereinigen, ohne zu Maßnahmen Zuflucht nehmen zu müssen, die dem nationalen oder internationalen Wohlstand schaden;*
- *vi) in Übereinstimmung mit Vorstehendem die Dauer der Ungleichgewichte der internationalen Zahlungsbilanzen der Mitglieder abkürzen und den Grad der Ungleichgewichte vermindern.“*

Diese Zielvorgaben unterstreichen die mit dem IWF-Abkommen einhergehende Aufgabe der bisherigen Handhabung monetärer Hoheitsrechte. Schließlich betreffen die hier vorgesehenen Beschränkungen einen Bereich, der bis dato als wesentlicher Bestandteil der nationalen Souveränität angesehen wurde und praktisch keinen völkerrechtlichen Begrenzungen unterlag. Durch die Begrenzung der währungspolitischen Selbstständigkeit im Wege der „rule of law“ wurde so erstmals ein Normenkatalog im Sinne eines internationalen rechtlichen Währungssystems geschaffen.[196] Dieses beinhaltet die als klassisch identifizierten

---

sich auf die Wechselkurse. Die Verwendung des Begriffes der Währung in der deutschen Übersetzung im BGBl. verwässert dies und macht eine Erstreckung auf interne Aspekte der Währungssouveränität wie die Preisstabilität möglich. Beide Aspekte sind jedoch streng voneinander zu trennen. Vgl. Selmayr, Das Recht der Wirtschafts- und Währungsunion, 63 f. Fn.207. Diese Ungenauigkeit wird nachfolgend berücksichtigt.

196 Vgl. Gold, Legal and Institutional Aspects of the International Monetary System: Selected Essays, Vol. II, 723 f.: *“International monetary law as a whole is immature compared with national monetary law and even with that portion of it within the domain of private international law. International monetary law in a sufficiently comprehensive and systematic form to justify recognition of it as a separate province of public international law came into existence on December 27, 1945. Before that date, there were certain customary and conventional norms, but they were few in number and they were not part of a system in the sense of an interdependent and coherent body of rules.”* Ders., The International Monetary Fund and International Law, 10: *“The adoption of these rules is a remarkable development in international relations because it represents massive agreement on the introduction of the rule of law into an area in which previously the discretion of states to act as they wished was almost wholly unlimited.”* Folgend Martha, CMLRev. 1993, 749, 754; Bognar, Europäische Währungsintegration und Außenwirtschaftsbeziehungen, 388.

Elemente eines solchen Systems in Form eines Verhaltenskodexes, der durch einen Hilfsmechanismus ergänzt wird.

Die Bedeutung des IWF-Abkommens erschöpft sich jedoch nicht in der Einordnung der Währungsfragen als Angelegenheit internationalen Interesses. Hervorzuheben ist auch die Entwicklung des Fonds zu einer Sonderorganisation der Vereinten Nationen,[197] wie auch zu einer Organisation mit quasi universeller Mitgliedschaft.[198] Die damit einhergehende, fast umfassende Zuständigkeit für Währungsfragen ist geeignet, sich auf die rechtliche Qualität der Regelungen des IWF-Abkommens auszuwirken. Es verwundert daher nicht, dass die im Verhaltenskodex vorgesehenen Vertragsregelungen auch als im Entstehen begriffenes Völkergewohnheitsrecht verstanden werden.[199]

II. Verhaltenskodex in Wechselkurs- und Finanzangelegenheiten

Gemäß Art. XXXI Abs.2 a) IWFA bestätigt jedes Mitglied anlässlich der Unterzeichnung des Übereinkommens, dass es dieses in Übereinstimmung mit seinem innerstaatlichen Recht angenommen und alle erforderlichen Schritte unternommen hat, um alle aus dem Übereinkommen erwachsenden Verpflichtungen erfüllen zu können. Die sich hierin spiegelnde Unterwerfung unter den sog. *code of conduct*[200] und die damit einhergehende Beschränkung der staatlichen Währungssouveränität knüpft im Wesentlichen an die Ausgestaltung der Wechselkursangelegenheiten sowie des Zahlungsverkehrs an. In engem Zusammenhang mit diesem Kodex zum Zweck der Krisenprävention steht die Einsetzung eines bi- und multilateralen Überwachungsmechanismus, durch den die Kontrolle und Lenkung des Regelungssystems ermöglicht wird.[201]

---

197 Zum Begriff der Sonderorganisation vgl. Epping in Ipsen, Völkerrecht, § 6 Rdn.180; Zu den Beziehungen zwischen VN und IWF vgl. das Agreement Between the United Nations and the International Monetary Fund, sowie die United Nations Convention of the Privileges and Immunities of the Specialized Agencies and Annex V, abgedruckt in Selected Decisions, 897 ff., 904 ff.

198 Treves, IML, Rdn.5.07. Die ursprüngliche Anzahl der IWF- Mitgliedstaaten belief sich im Jahr 1946 auf 36. Seit diesem Zeitpunkt hat sich die Mitgliederzahl auf 188 Staaten erhöht. Die einzelnen Mitgliedstaaten können unter www.imf.org abgerufen werden.

199 Burdeau, RdC 1988, 223, 256; ähnlich Proctor/ Mann, The legal aspect of money, Rdn.19.07; Treves, IML, Rdn.5.07.

200 Martha, CMLRev. 1993, 749, 754.

201 Carreau/ Juillard, Droit international économique, Rdn. 1580 f., 1629.

Teilweise wird dieser Mechanismus daher auch als dritte Hauptachse der Tätigkeit des Fonds ausgemacht.[202]

1. Verpflichtungen im Bereich der Wechselkursangelegenheiten

Gemäß den Zielvorgaben in Art. I (iii) IWFA beziehen sich die mitgliedstaatlichen Verhaltenspflichten im Bereich der Wechselkursangelegenheiten auf die Stabilität der Wechselkurse, das Aufrechterhalten geordneter Wechselkursbeziehungen, sowie die Vermeidung von Wechselkursabwertungen aus Wettbewerbsgründen.

a) Verpflichtung zur Aufrechterhaltung stabiler Wechselkurse

aa) Die ursprüngliche Konzeption des Bretton-Woods-Systems

Ursprünglich beruhte das internationale Währungssystem auf dem Grundsatz stabiler Wechselkurse, aus dem für die Fondsmitglieder weitgehende Verpflichtungen und Beschränkungen ihrer Währungssouveränität folgten.[203] So hatte jedes Mitglied für seine Währung eine Parität, den sog. *par value*, in Gold oder Dollar festzulegen und seine Wechselkurse insbesondere durch Interventionen innerhalb einer Schwankungsbreite von 1% um diese Parität zu halten. Die Wahlmöglichkeit der Bezugsgröße ging dabei auf eine Zusage der USA als stärkster Wirtschaftsmacht zurück, Dollar jederzeit und unbeschränkt unter Zugrundelegung des offiziellen Goldpreises in Gold einzutauschen. Es war damit nicht nur möglich über das Gold, sondern auch indirekt über den Dollar alle Währungen in Verbindung zueinander zu setzen.[204] Der Umstand, dass ein Großteil der Länder letztgenannte Möglichkeit nutzte, bewirkte, dass sich der Dollar zum Anker des Systems entwickelte.[205] „Die Ausrichtung auf den US-Dollar als internationale Interventions- und Reservewährung“ wird daher auch als Charakteristikum des Bretton-Woods-Systems beschrieben.[206]

---

202 Louis in FS Hahn, 201, 203.

203 Zur ursprünglichen Konzeption der Wechselkursregelungen siehe neben den geschichtlichen Abhandlungen auch Gold, Legal and Institutional Aspects of the International Monetary System: Selected Essays, Vol.I, 520 ff.

204 Hahn/ Häde, Währungsrecht, § 28 Rdn.12 f. zur Ausgestaltung des Systems. Nach Selmayr, Das Recht der Wirtschafts- und Währungsunion, 65 wurde durch das Festkurssystem im IWF-Abkommen der „von vielen Staaten freiwillig praktizierte Goldstandard verrechtlicht“.

205 Gianviti, The Int. Lawyer 2001, 1371, 1378.

206 Schmidt in Staudinger, BGB- Kommentar, Vorbem. zu §§ 244 ff. Rdn. F 5.

Aufgrund der Verpflichtung zur Aufrechterhaltung stabiler Paritäten war eine Modifikation derselben nur unter engen Voraussetzungen möglich.[207] Neben dem Einsatz zur Überwindung fundamentaler Zahlungsbilanzprobleme erforderte die Änderung insbesondere eine Mehrheit von 85% der Stimmen im Gouverneursrat. Dies zeigt, dass man die Auswirkungen früherer Wechselkursschwankungen zum Anlass genommen hatte, anderen IWF-Mitgliedern ein Mitspracherecht und damit Einflussmöglichkeiten im Rahmen der Änderungen einzuräumen.[208] Die damit bewirkte Erschwerung der Paritätsänderung erwies sich jedoch als problematisch, da die Überwindung von Zahlungsbilanzproblemen eine schnelle und vertrauliche Währungshandhabung erforderlich macht. Es verwundert daher nicht, dass die strikte Aufrechterhaltung der zum Teil nicht der wirtschaftlichen Realität entsprechenden Paritäten nicht zu den angestrebten Resultaten führte.[209]

bb) Der Zusammenbruch des Systems der festen Wechselkurse

Die Erosion des Bretton-Woods-Systems[210] kündigte sich durch Entwicklungen in der Praxis des Fonds an, die der Grundkonzeption des Abkommens widersprachen. So wurden Paritätsänderungen ohne Autorisation seitens des Fonds vorgenommen oder aber ein Floaten einzelner Währungen außerhalb der festgesetzten Margen geduldet.[211] Entscheidend war jedoch, dass die USA am 15. August 1971, um der Inflation und ihrem Zahlungsbilanzdefizit entgegenzuwirken, ihre Zusage zum Tausch von Dollar in Gold widerriefen. Aufgrund der Zentrierung des Systems auf den Dollar hatte dies zur Folge, dass die meisten Fondsmitglieder die vorgesehenen Paritäten nicht länger aufrechterhalten konnten und daher den Wechselkurs freigeben mussten.[212] Der Ende des Jahres 1971 unternommene

207 Nach Carreau/ Juillard, Droit international économique, Rdn. 1590 bestand neben der individuellen Paritätsänderung die Möglichkeit einer umfassenden Neubewertung aller Paritäten, die in der Praxis jedoch nie genutzt wurde.

208 Selmayr, Das Recht der Wirtschafts- und Währungsunion, 68, der von einer „Verrechtlichung eines zuvor [nicht] praktizierten Gebots der Rücksichtnahme in den internationalen Währungsbeziehungen“ spricht.

209 Carreau/ Juillard, Droit international économique, Rdn. 1590.

210 Hahn/ Häde, Währungsrecht, § 28 Rdn.19.

211 Selmayr, Das Recht der Wirtschafts- und Währungsunion, 71; Gianviti, The Int. Lawyer 2001, 1371, 1378; vgl. ebenfalls De Vries, The International Monetary Fund 1966–1971: The System under Stress.

212 Hahn/ Häde, Währungsrecht, § 28 Rdn.17, ähnlich Selmayr, Das Recht der Wirtschafts- und Währungsunion, 72.

Versuch, mit Hilfe des Smithsonian Agreements und den hier festgesetzten Paritäten für die Währungen der wichtigsten Industrienationen das Bretton-Woods-System auf eine neue Grundlage zu stellen, scheiterte. Weder die Erweiterung der Bandbreiten auf 2,25 %, noch die Abänderbarkeit der Leitkurse verhinderte eine weitere Freigabe der Wechselkurse.[213] Spätestens seit 1973, als die meisten europäischen Staaten ihre untereinander festen Wechselkurse gegegnüber dem Dollar frei schwanken ließen (sog. Blockfloating), kann man daher vom Zusammenbruch des ursprünglichen Weltwährungssystems sprechen.[214] Dieser Verstoß der Staaten gegen die Bestimmungen des IWF-Abkommens ist als erneute Geltendmachung der staatlichen Währungssouveränität in den internationalen Beziehungen zu werten[215], die letztendlich in einem erheblichen Rückgewinn derselben im Bereich der Wechselkurspolitik resultieren sollte.[216]

cc) Die Neufassung des Wechselkurssystems durch das „Zweite Abkommen zur Änderung des Übereinkommens über den Internationalen Währungsfonds“

Die durch den Zusammenbruch des ursprünglichen Weltwährungssystems veranlassten Bemühungen zur Neuregelung der internationalen Währungsbeziehungen gipfelten am 1. April 1978 im Inkrafttreten der Zweiten Änderung des Übereinkommens über den IWF.[217] Hier wurde durch die Aufgabe der Goldparität und des Systems fester Wechselkurse nicht nur der faktischen Tendenz zu einem Mischsystem Rechnung getragen[218], sondern durch die Legalisierung des Floatens das neue und bis heute geltende System vollkommen gegensätzlich ausgestaltet.[219] Eine grundsätzliche Neuorientierung des Weltwährungssystems erfolgte dennoch nicht. Dies ergibt sich nicht nur aus den fortbestehenden Zielbestimmungen in Art. I IWFA, sondern auch aus dem neugestalteten Art. IV

---

213 Hahn/ Häde, Währungsrecht, § 28 Rdn.18.

214 Schmidt in Staudinger, BGB-Kommentar, Vorbem. zu §§ 244 ff. Rdn. F 5; ähnlich Wittelsberger in v.d.Groeben/ Schwarze, EUV/EGV, Vorbem. zu Art.98 Rdn.5.

215 Treves, IML, Rdn. 5.08.

216 Selmayr, Das Recht der Wirtschafts- und Währungsunion, 72.

217 Resolution Nr. 31–4 des Gouverneursrates vom 30. April 1976. Der Text der Neufassung des IWF findet sich in BGBl.II 1978, 13 ff.; zur Änderung des Abkommens über den IWF vgl. u.a. Dam, The Rules of the Game: Reform and Evolution in the Monetary System; Edwards, International Monetary Collaboration; De Vries, The International Monetary Fund 1972–1978: Cooperation on Trial.

218 Schmidt in Staudinger, BGB- Kommentar, Vorbem. zu §§ 244 ff. Rdn. F 5.

219 Carreau/ Juillard, Droit international économique, Rdn. 1591.

Abs.1 IWFA. Nach diesem liegt der eigentliche Zweck des internationalen Währungssystems in der Schaffung von Rahmenbedingungen zur Erleichterung des Waren-, Dienstleistungs- und Kapitalverkehrs zwischen den Ländern und der Aufrechterhaltung eines gesunden Wirtschaftswachstums. Ein Hauptziel besteht dabei darin, die geordneten Grundbedingungen ständig weiterzuentwickeln, welche für die Währungs- und Wirtschaftsstabilität notwendig sind.

dd) Ausgestaltung der neuen Wechselkursregelungen

α) Wahl eines Wechselkursregimes

Charakteristisch für die Ausgestaltung des neuen Weltwährungssystems ist das Recht der Mitgliedstaaten, das durch sie angewendete Wechselkursregime frei zu bestimmen.[220] Letzteres folgt aus Art. IV Abs.2 b) IWFA, nach dem nicht nur die Aufrechterhaltung des Wertes einer Währung in Sonderziehungsrechten oder aber im Verhältnis zum Wert anderer Währungen als zulässig erachtet wird, sondern auch andere Wechselkursregelungen nach Wahl des Mitglieds.[221] Es besteht lediglich eine Notifizierungspflicht der Mitglieder. Diese Wahlfreiheit kann auch durch die mögliche Schaffung allgemeiner Wechselkursregelungen durch den Fonds nicht beschränkt werden, wie Art. IV Abs.2 c) IWFA verdeutlicht. Selbst im Fall der Errichtung eines erneuten Systems von Wechselkursregelungen auf der Grundlage stabiler, aber anpassungsfähiger Paritäten gemäß Art. IV Abs.4 IWFA[222] gilt weiterhin das Recht der Staaten, eine entsprechende Parität vorzuschlagen, oder eine Änderung derselben zu initiieren.[223]

---

220 Zur Neugestaltung von Art.IV IWFA vgl. Gold, Exchange Rates in International Law and Organization, Chapter 3: Present obligations regarding exchange arrangements, 89 ff.; ders., Legal Effects of Fluctuating Exchange Rates.

221 Eine Einschränkung der Wahlfreiheit ergibt sich aus Art. IV Abs.2 b) IWFA, nach dem Gold nicht länger als Maßstab zur Wechselkursstabilisierung herangezogen werden kann. Ausführungen zu den gewählten Wechselkursregimen finden sich bei Mussa/ Masson/ Swoboda/ Jadresic/ Mauro/ Berg, Exchange Rate Regimes in an Increasingly Integrated World Economy. Die aktuellen Wechselkursregime veröffentlicht der IWF jährlich im Annual Report on Exchange Arrangements and Exchange Restrictions.

222 Lebullenger, RTDE 1998, 459, 462 f., führt aus, dass die Errichtung eines solchen Systems zurzeit wenig wahrscheinlich ist und argumentiert insbesondere mit dem Einfluss der Finanzmärkte auf den Wechselkurs. Die Flexibilität der Wechselkurse biete hier bessere Möglichkeiten, sich gegen Finanzmarktkrisen abzusichern.

223 Carreau/Juillard, Droit international économique, Rdn. 1592 ff., insbesondere Rdn.1600 zur Ausgestaltung der in Annex C vorgesehenen Regelungen für ein solches System.

β) Verpflichtung zur Zusammenarbeit in Wechselkursangelegenheiten

Trotz der genannten Rechte wurde den Mitgliedstaaten unter dem zweiten Abkommen kein Maximum an Wechselkursfreiheit eingeräumt. Vielmehr werden diese durch Art. IV Abs.1 IWFA zur Zusammenarbeit mit dem Fonds und anderen Mitgliedern verpflichtet, um geordnete Wechselkursregelungen zu gewährleisten und ein stabiles Wechselkurssystem zu fördern. Die frühere Verpflichtung auf feste Wechselkurse wurde damit durch eine Verpflichtung zur Kooperation abgelöst.[224] Dies unterstreicht erneut, dass die Reform des internationalen Währungssystems nicht die Zielsetzung des Fonds betraf, sondern vielmehr die zur Erreichung derselben eingesetzten Mittel. Dabei dienen die Vorgaben des neugestalteten Art. IV Abs.1 IWFA als Anleitung zur Umsetzung der Kooperationsverpflichtung. Dementsprechend ist jedes Land zunächst gehalten, eine Wirtschafts- und Währungspolitik zu betreiben, die auf das Ziel eines geordneten Wirtschaftswachstums bei angemessener Preisstabilität ausgerichtet ist. Diese Ausrichtung zeigt, dass im Unterschied zum ursprünglichen Bretton-Woods-System die interne Wirtschaftspolitik nunmehr als Gegenstand internationalen Interesses behandelt wird und ebenfalls einer internationalen Kontrolle unterstellt werden soll.[225] Darüber hinaus haben sich die Mitglieder um Stabilität zu bemühen, indem sie geordnete Wirtschafts- und Währungsverhältnisse und ein Währungssystem anstreben, das nicht dazu neigt, erratische Störungen auszulösen. Manipulationen der Wechselkurse und des internationalen Währungssystems sind insofern zu vermeiden, als diese eine wirksame Anpassung einer Zahlungsbilanz verhindern oder der Erlangung eines unfairen Wettbewerbsvorteils auf dem Weltmarkt dienen.

γ) Abschließende Bewertung der Regelungen zur Wechselkursstabilität

Abschließend kann festgehalten werden, dass im Gegensatz zum Bretton-Woods-System die neuen Kooperationsverpflichtungen im Bereich der Wechselkursregelungen die Währungssouveränität der Mitgliedstaaten nur geringfügig betreffen.[226] Dies kommt insbesondere in der generell gehaltenen Formulierung der bestehenden Verpflichtungen zum Ausdruck. So wird in Art. IV Abs.1 IWFA lediglich das Bestreben verlangt, die Politik auf die genannten Ziele auszurichten, sowie ein Bemühen um Stabilität, indem geordnete Wirtschafts- und Währungsbeziehungen angestrebt werden. Schließlich steht auch die Aufstellung der Richtlinien für

224 Gianviti, The Int. Lawyer 2001, 1371, 1378.

225 Carreau/ Juillard, Droit international économique, Rdn.1594.

226 Bognar, Europäische Wirtschaftsintegration und Außenwirtschaftsbeziehungen, 388.

die Wechselkurspolitik in Art. IV Abs.3 b) IWFA unter dem Vorbehalt, dass diese die innerstaatliche sozial- und allgemeinpolitische Ausrichtung der Mitglieder beachten und bei der Anwendung der Grundsätze die Situation der Mitglieder gebührend berücksichtigen.

In der unpräzisen Formulierung der Verpflichtungen, die auch eine strikte Überwachung derselben problematisch erscheinen lässt, wird die Flexibilität der neuen Regelungen deutlich.[227] Das Verhältnis der Wechselkurse soll gerade nicht mehr durch rechtliche Regelungen, sondern durch die Marktkräfte bestimmt werden.[228] Im Vordergrund steht damit die geringe Bindungswirkung der Vorgaben, die eine Einordnung derselben als *„soft law"* nach sich zieht.[229] Diese Ausgestaltung der Regelungen im IWF-Recht ist darauf zurückzuführen, dass die Mitglieder des Fonds ihre Handlungsfähigkeit im Fall währungsrechtlicher Probleme nicht durch rechtlich bindende Vorgaben beschränken, sondern zur staatlichen Währungssouveränität zurückkehren wollten.[230]

b) Das Verbot von Währungsabwertung aus Wettbewerbsgründen

Gemäß Art. IV Abs.1 (iii) IWFA trifft die Mitgliedstaaten des IWF ferner eine Verpflichtung zur Vermeidung von Währungsabwertungen aus Wettbewerbsgründen. Es ist diesen damit untersagt, Abwertungen im Sinne eines „Währungsdumpings"[231] vorzunehmen, die allein dem Zweck der Absatzverbesserung ihrer so verbilligten Exporte auf anderen Märkten dienen. Darüber hinaus folgt aus einer solchen Regelung, dass der Umfang einer notwendigen Währungsabwertung sich in einem Rahmen zu bewegen hat, der keine Verschiebung der internationalen Wettbewerbsbedingungen nach sich zieht.[232]

---

227 Carreau/ Juillard, Droit international économique, Rdn.1592, 1595.

228 Selmayr, Das Recht der Wirtschafts- und Währungsunion, 73.

229 Mit dem Begriff „soft law" werden nach Heintschel von Heinegg in Ipsen, Völkerrecht § 20 Rdn.20 „im Entstehen begriffene Verhaltensmuster bezeichnet, die keiner Rechtsquelle zuzuordnen sind und denen daher trotz ihrer missverständlichen Bezeichnung als ‚law' keine völkerrechtliche Bindungswirkung zukommt". Eine Diskussion des Konzeptes „Soft Law" unter Berücksichtigung des IWF findet sich bei Gold, Interpretation: The IMF and International Law, 301 ff., im Zusammenhang mit dem Second Amendement, vgl. 398 ff.; ders., Legal and Institutional Aspects of the International Monetary System: Selected Essays, Vol. II, 515 ff.

230 Selmayr, Das Recht der Wirtschafts- und Währungsunion, 76.

231 Escudero, 167.

232 Carreau/ Juillard, Droit international économique, Rdn. 1584.

c) *Die Verpflichtung zur Aufrechterhaltung einheitlicher Wechselkurse*

Im Zusammenhang mit dem Verbot diskriminierender Währungspraktiken werden die Mitglieder des Fonds schließlich gemäß Art. VIII Abs.3 IWFA verpflichtet, sich nicht auf sog. multiple Kurspraktiken einzulassen. Im Rahmen letzterer können etwa je nach Natur der betroffenen Wirtschaftsoperation verschiedene Kurse vorgesehen werden oder aber staatliche Interventionen den Kurs vom Marktwert entfernen.[233] Da auf diese Weise Verlagerungen des internationalen Geschäftsverkehrs bewirkt werden können, sieht das Abkommen die allmähliche Abschaffung derartiger Regelungen vor. Resultat dieser Anstrengungen ist das fast vollständige Verschwinden multipler Kurse.[234]

2. Verpflichtung zur Währungskonvertibilität

Zu den Zielen des IWF ist nach Art. I iv) IWFA auch die Errichtung eines multilateralen Zahlungssystems für die laufenden Geschäfte zwischen den Mitgliedstaaten zu zählen sowie die Beseitigung von Devisenverkehrsbeschränkungen, die das Wachsen des Welthandels hemmen. Zur Umsetzung dieser Zielvorgabe sieht das Abkommen ein System freier Währungskonvertibilität vor, das zuweilen als unverzichtbares Mindestmaß beschrieben wird.[235] Die Bewertung einer Währung als frei konvertibel richtet sich dabei nach Art. VIII IWFA. Neben der bereits erwähnten Verpflichtung, sich nicht auf diskriminierende Währungsregelungen und multiple Kurspraktiken einzulassen, wird hier auch die Vermeidung von Beschränkungen laufender Zahlungen geregelt.

a) *Vermeidung von Beschränkungen laufender Zahlungen*

Die sich aus den Zielvorgaben ergebende Verpflichtung zum progressiven Abbau von Devisenverkehrsbeschränkungen wird durch Art. VIII Abs.2 a) IWFA dahingehend präzisiert, dass ein Mitglied Zahlungen und Übertragungen für laufende internationale Geschäfte nicht ohne Zustimmung des Fonds Beschränkungen unterwerfen darf.[236] Zu beachten ist dabei, dass nach Art. XXX Abs. d)

233 Haquani/ Saunier/ Majza, Droit international économique, 198.

234 Carreau/ Juillard, Droit international économique, Rdn. 1604.

235 Carreau/ Juillard, Droit international économique, Rdn. 1611 unter Bezugnahme auf Gold, Use, conversion and exchange of currency under the second amendment to the Fund's articles.

236 Carreau/ Juillard, Droit international économique, Rdn.1612 verweisen zu Recht darauf, dass diese Vorgaben einer Kontrolle dieser Zahlungen nicht entgegenstehen.

IWFA hierunter Zahlungen verstanden werden, die nicht der Übertragung von Kapital dienen.[237]

Gemäß Art. VIII Abs.2 b) IWFA[238] sind die Mitgliedstaaten darüber hinaus zur gegenseitigen Anerkennung der nationalen Devisenverkehrsregelungen verpflichtet, die sich als konform mit dem IWF-Abkommen erwiesen haben.[239]

Hinzuweisen ist schließlich noch auf Art. VIII Abs.4 IWFA, nach dem jedes Mitglied unter bestimmten Voraussetzungen verpflichtet ist, auf Ersuchen das auf seine Währung lautende Guthaben eines anderen Mitglieds zu kaufen. Diese Konvertibilitätsvorgabe steht im direkten Zusammenhang mit dem in Art. I iv) IWFA enthaltenen Ziel ein multilaterales Zahlungssystem zu errichten.[240]

b) Ausnahmeregelungen

aa) Ausnahmeregelung für den Fall der Knappheit der Fondsbestände

Wie die Einleitung von Art. VIII Abs.2 a) IWFA deutlich macht, kann dessen Anwendungsbereich im Fall knapper Fondsbestände beschränkt werden. Solche

---

237 Dies geht konform mit Art. IV Abs.3 IWFA, nach dem die Mitglieder die zur Kontrolle internationaler Kapitalbewegungen notwendigen Maßnahmen treffen dürfen. Es handelt sich hierbei um eine deklaratorische Bestätigung des Beschränkungsrechtes. In diesem Sinne bestätigte auch der General Counsel des IWF, dass die Vertragsparteien ihre Währungssouveränität hinsichtlich der Kapitalbewegungen nicht durch das Abkommen einschränken wollten. Hierauf verweist Treves, IML, Rdn.5.10, der jedoch mit Blick auf die mexikanische und die asiatische Krise in den Jahren 1995 und 1997 betont, dass hier eine Regelung des Kapitalverkehrs im Rahmen des IWF-Abkommens angedacht wurde. In Deutsche Bundesbank, Weltweite Organisationen, 46 wird zudem ausgeführt, dass der IWF bei der wirtschaftspolitischen Beratung seiner Mitglieder auch auf eine Liberalisierung des Kapitalverkehrs hinwirkt.

238 *„Aus Devisenkontrakten, welche die Währung eines Mitglieds berühren und den von diesem Mitglied in Übereinstimmung mit diesem Übereinkommen aufrechterhaltenen oder eingeführten Devisenkontrollbestimmungen zuwiderlaufen, kann in den Hoheitsgebieten der Mitgliedstaaten nicht geklagt werden. Außerdem können Mitglieder in gegenseitigem Einverständnis bei der Durchführung von Maßnahmen zusammenarbeiten, um die Devisenkontrollbestimmungen der beteiligten Mitglieder wirksamer zu gestalten, vorausgesetzt, daß diese Maßnahmen und Bestimmungen mit diesem Übereinkommen vereinbar sind.“*

239 Die so intendierte Sicherheit wird durch die Ausgestaltung von Art. VIII Abs.2 b) IWFA als self-executing verstärkt. Hierunter werden Normen verstanden, die sich unmittelbar im internen Recht auswirken, ohne dass hierfür eine Umsetzung notwendig wäre. Vgl. Carreau/ Juillard, Droit international économique, Rdn.1619.

240 Bognar, Europäische Währungsintegration und Außenwirtschaftsbeziehungen, 389.

liegen nach Art. VII Abs.3 a) IWFA vor, wenn die Nachfrage nach einer Mitgliedswährung die Fähigkeit des Fonds, diese Währung zur Verfügung zu stellen, ernstlich gefährdet. Eine entsprechende Erklärung des Fonds ermächtigt gemäß Art. VII Abs.3 b) IWFA jedes Mitglied, nach Konsultation mit dem Fonds, den freien Devisenverkehr in der knappen Währung zeitweilig zu beschränken. Dabei kommt dem Mitglied volle Handlungsfreiheit in der Bestimmung der Art dieser Beschränkungen zu.[241]

bb) Beschränkungen aufgrund der Zustimmung des Fonds

Beschränkungen laufender Zahlungen sind auch dann zulässig, wenn der Fonds vorab seine Zustimmung zu einem derartigen Vorgehen erteilte. Dies geht aus Art. VIII Abs.2 a), 3 IWFA hervor. Denkbar ist eine solche Zustimmung etwa bei zeitweiligen Schwierigkeiten der Mitgliedstaaten oder aber unter Berücksichtigung der Aspekte der nationalen und internationalen Sicherheit. Obwohl letztere im Gegensatz zum GATT bzw. WTO-Abkommen keinen Niederschlag im IWF-Abkommen gefunden haben, erkennt der Fonds diese auf der Grundlage einer Entscheidung aus dem Jahr 1952 ebenfalls als rechtmäßig an. Allerdings sind diese Beschränkungen der Kontrolle des IWF unterworfen.[242]

cc) Das Übergangsregime nach Art. XIV IWFA

Art. VIII Abs.2–4 IWFA findet schließlich auf solche Mitgliedstaaten keine Anwendung, die nach Art.XIV Abs.2 IWFA einem Übergangsregime für Devisenbeschränkungen unterliegen.[243] Die Notwendigkeit derartiger Regelungen ergibt sich aus dem Umstand, dass es sich bei der Währungskonvertibilität um eine Zielvorgabe handelt, die fortschreitend umgesetzt werden sollte.[244] Dementsprechend interpretiert der Fonds diese Regeln auch als zeitlich begrenzte Privilegien und unterstellt seine Mitglieder sukzessive den Verpflichtungen des Art. VIII IWFA, indem jede neue Beschränkung von der vorhergehenden Zustimmung des Fonds abhängig gemacht wird. Auf diese Weise konnten viele Währungen, die zwar rechtlich dem Ausnahmeregime unterfallen, zwischenzeitlich faktisch

241 Carreau/ Juillard, Droit international économique, Rdn. 1626, die zudem ausführen, dass knappe Währungsbestände seitens des Fonds bisher nie festgestellt wurden.

242 Carreau/ Juillard, Droit international économique, Rdn. 1627 f.; vgl. Decision No.144-(52/51) v. 14.08.1952, abgedruckt in Selected Decisions, 585 f.

243 Ausführungen zu den in den einzelnen Mitgliedstaaten angewendeten Regelungen finden sich im jährlichen „Annual Report on Exchange Arrangements and Exchange Restrictions“.

244 Carreau/ Juillard, Droit international économique, Rdn. 1622.

als konvertibel angesehen werden.[245] Dies wiederum verringerte die Hemmung der Staaten, trotz der Unwiderruflichkeit der Entscheidung auch formell die Verpflichtungen aus Art. VIII IWFA zu übernehmen.[246]

3. Die Erteilung von Informationen nach Art. VIII Abs.5 IWFA

Gemäß Art. VIII Abs.5 a) IWFA kann der Fonds von den Mitgliedern all jene Informationen verlangen, die er für seine Tätigkeit als erforderlich erachtet. Dies zeigt die enge Verknüpfung dieser Verpflichtung mit weiteren Aufgabenbereichen des Fonds. Betroffen sind insbesondere die Überwachungsfunktion des Fonds hinsichtlich des internationalen Währungssystems sowie die Aufgabe, im Krisenfall adäquat Hilfe leisten zu können.[247] Weiterhin beinhaltet diese Vorschrift eine Auflistung der Minimalangaben, die für die Erfüllung der Aufgaben als notwendig angesehen werden.[248] Die dabei genannten Informationen beziehen sich praktisch auf die gesamten staatlichen Wirtschafts-, Finanz- sowie Währungsangelegenheiten. Hervorzuheben ist in diesem Zusammenhang, dass der Fonds bei der Anforderung der Daten auf die unterschiedliche Fähigkeit der Mitglieder zur Lieferung der verlangten Angaben Rücksicht nimmt.[249]

4. Allgemeine Verpflichtung zur Zusammenarbeit mit dem Fonds

Abschließend ist auf das Bestehen einer generellen Verpflichtung der Mitglieder des IWF hinzuweisen, mit dem Fonds zusammenzuarbeiten. Es handelt sich hierbei um die Umsetzung der Zielvorgabe in Art. I (i) IWFA, nach der der Fonds die internationale Zusammenarbeit auf dem Gebiet der Währungspolitik durch eine ständige Einrichtung fördert, die als Apparat zur Konsultation und Zusammenarbeit bei internationalen Währungsproblemen zur Verfügung steht. Als Grundlage für eine entsprechende Verpflichtung ist auf eine zusätzliche Bestimmung in Art. IV Abs.1 a) IWFA hinzuweisen, nach der sich jedes Mitglied

245 Carreau/ Juillard, Droit international économique, Rdn. 1624.

246 Carreau/ Juillard, Droit international économique, Rdn. 1623, 1625.

247 Carreau/ Juillard, Droit international économique, Rdn. 1620.

248 Betroffen sind nach Art. VIII Abs. 5 a) i)-xii) IWFA unter anderem die offiziellen Gold- und Devisenbestände des Mitglieds, die Produktion, Ein- und Ausfuhr von Gold, die gesamte Warenausfuhr und -einfuhr in Landeswährung, die internationale Zahlungsbilanz, internationale Kapitalanlagen, Volkseinkommen, Preisindizes, Ankaufs- und Verkaufskurse fremder Währungen, sowie etwaige Devisenkontrollen.

249 Carreau/ Juillard, Droit international économique, Rdn. 1620. Zur Aufgabe des IWF als Informationszentrum vgl. Deutsche Bundesbank, Weltweite Organisationen, 87 f.

zur Zusammenarbeit mit dem Fonds und anderen Mitgliedern verpflichtet, um geordnete Wechselkursregelungen zu gewährleisten und ein stabiles Wechselkurssystem zu fördern. Auf diese Kooperationsbestimmung stutzt sich der Fonds, wenn sich die Regelungen des Abkommens selbst als unklar oder lückenhaft erweisen. Insbesondere im Bereich der Wechselkursregelungen erweist sich diese Verpflichtung als ein sog. Kompetenzreservoir, das als Grundlage neuer Verpflichtungen herangezogen werden kann.[250]

III. Die Überwachungsfunktion des Fonds

Um eine angemessene Verwaltung des internationalen Währungssystems zu gewährleisten sowie die internationale Zusammenarbeit zu verbessern, kommen dem Fonds weitreichende Kompetenzen im Bereich der Kontrolle der Währungsbeziehungen zu.[251] Die vielfältigen Formen der Überwachung betreffen dabei neben der nationalen Währungspolitik, auch die Bereiche der Wirtschafts- und Finanzpolitik.[252] Auf diesem Weg wird eine Untersuchung der Wirtschafts- und Finanzsituation der Mitglieder ermöglicht, die etwa für eine Hilfestellung im Fall eines Zahlungsbilanzproblems oder bei Abänderung des Wechselkurses relevant werden kann. Darüber hinaus können einzelne Mitglieder mit dem IWF auch die Konsequenzen politischer Maßnahmen anderer Mitglieder erörtern.[253] Im Wege der Überwachung kann der IWF somit nicht nur mögliche Stabilitätsrisiken ermitteln, sondern auch Empfehlungen für notwendige Politikanpassungen aussprechen.[254]

1. Bilaterale und Multilaterale Regelkonsultationen

Nach Art. IV Abs.3 a) IWFA überwacht der Fonds einerseits das internationale Währungssystem, um dessen wirksames Funktionieren sicherzustellen, andererseits die Einhaltung der Verpflichtungen nach Abschnitt 1 durch jedes Mitglied. So soll etwa überprüfen werden, ob diese ihre Wirtschafts- und Währungspolitik auf ein geordnetes Wirtschaftswachstum sowie die interne und externe Stabilität

250 Carreau/ Juillard, Droit international économique, Rdn.1621.

251 Carreau/ Juillard, Droit international économique, Rdn. 1629. Ausführungen zur Überwachungsfunktion des IWF finden sich etwa bei Deutsche Bundesbank, Weltweite Organisationen, 42 ff., Guitián, The Unique Nature of the Responsibilities of the IMF, 9 ff.

252 Louis in FS Hahn, 201, 205; Vgl. Factsheet: IMF Surveillance.

253 Carreau/ Juillard, Droit international économique, Rdn. 1629.

254 Factsheet: IMF Surveillance.

ausrichten. Art. IV Abs.3 IWFA ermöglicht dabei eine Beurteilung der Landespolitik sowohl aus einem nationalen wie auch internationalen Blickwinkel.[255]

a) Bilaterale Überwachung

Gemäß Art. IV Abs.3 b) IWFA kommt der IWF seiner Überwachungsfunktion nach, indem er die Wechselpolitik seiner Mitglieder einer strikten Überwachung unterstellt. Die für diese Beurteilung erforderlichen Informationen werden auf nahezu jährlich durchgeführten Missionen durch IWF-Experten in Zusammenarbeit mit mitgliedstaatlichen Stellen wie den Regierungen und Zentralbanken beschafft.[256] Gegenstand der Untersuchung ist unter Berücksichtigung von Art. IV Abs.3 a) IWFA die makroökonomische Politik des jeweiligen Mitglieds. Dabei werden neben der Wechsel- und Währungspolitik etwa die Fiskal- und Finanzpolitik erfasst[257], aber auch makroökonomisch relevante strukturelle Aspekte, die beispielsweise den Arbeitsmarkt oder die Ausgestaltung der sozialen Sicherungssysteme betreffen können.[258] Eingeschlossen werden zudem die regelmäßigen Konsultationen mit Ländern, die den laufenden Zahlungsverkehr beschränkt haben.[259]

Nach Abs.3 b) hat jedes Mitglied dem Fonds die für eine solche Überwachung notwendigen Informationen zu liefern und diesen auf dessen Ersuchen hinsichtlich der Wechselkurspolitik zu konsultieren. Die bilateralen Konsultationen münden nach Diskussionen in der Verabschiedung sog. „Artikel IV-Berichte" durch den Exekutivrat, die den Mitgliedstaaten übersandt werden. Es handelt sich hierbei um unverbindliche Empfehlungen, die bei Zustimmung des entsprechenden Mitglieds veröffentlicht werden können. Möglich ist insofern eine umfassende Veröffentlichung des Berichtes oder aber Zusammenfassungen in Form sog. „Public Information Notices".[260] Dieses Vorgehen zeigt, dass die Effektivität der Überwachung auch durch den Einsatz der öffentlichen Meinung gesteigert werden soll.[261] Dies kann insbesondere für die Entwicklungsländer und

---

255 Deutsche Bundesbank, Weltweite Organisationen, 43.

256 Factsheet: IMF Surveillance; Carreau/ Juillard, Droit international économique, Rdn. 1631.

257 Factsheet: IMF Surveillance.

258 Carreau/ Juillard, Droit international économique, Rdn. 1631.

259 Deutsche Bundesbank, Weltweite Organisationen, 43 Fn.37.

260 Carreau/ Juillard, Droit international économique, Rdn. 1631. Vgl. zu den „Public Information Notices" Decision No. 11493-(97/45) des Exekutivrates v. 24. April 1997, abgedruckt in Selected Decisions, 785 ff.

261 Carreau/ Juillard, Droit international économique, Rdn. 1631.

deren Ansehen auf den internationalen Finanzmärkten relevant sein.[262] Weiterhin stellt der Fonds nach Art. IV Abs.3 b) IWFA besondere Grundsätze auf, von denen sich alle Mitglieder bei ihrer Wechselkurspolitik leiten lassen. Letztere finden sich in der Decision on Bilateral and Multilateral Surveillance vom 18. Juli 2012.[263] Neben den Grundsätzen für die Wechselkurspolitik[264] finden sich hier auch Leitlinien für die Überwachung der mitgliedstaatlichen Politiken durch den Fonds.

b) Multilaterale Überwachung

Neben der bilateralen Kontrolle findet auf Grundlage der gesammelten Informationen eine regelmäßige Begutachtung der globalen und regionalen Wirtschaftsentwicklung seitens des Fonds statt.[265] Dieses Vorgehen ermöglicht insbesondere die Bewertung der staatlichen Wechselkurs- und Wirtschaftspolitik in einem globalen Kontext.

Als Instrument dient dabei zunächst der halbjährlich erscheinende sog. World Economic Outlook, der detaillierte Analysen des Zustandes der Weltwirtschaft unter Berücksichtigung aktueller Problemlagen beinhaltet. Eine weitere solche Publikation stellt der sog. Global Financial Stability Report dar, in dem sich aktuelle Untersuchungen der globalen Finanzmärkte finden. Ziel ist es, mögliche Ungleichgewichte und Schwachstellen zu identifizieren, die die Finanzmarktstabilität beeinträchtigen könnten. Im Rahmen des sog. Fiscal Monitor wird zudem die Entwicklung der öffentlichen Finanzlage der Fondsmitglieder untersucht.

---

262 Selmayr, Das Recht der Wirtschafts- und Währungsunion, 73 f.

263 Zur sog. Integrated Surveillance Decision (ISD) vgl. IMF-Public Information Notice No. 12/89 vom 30. Juli 2012 sowie Factsheet: Integrated Surveillance Decision.

264 Gemäß der Integrated Surveillance Decision
"A. A member shall avoid manipulating exchange rates or the international monetary system in order to prevent effective balance of payments adjustment or to gain an unfair competitive advantage over other members.
B. A member should intervene in the exchange market if necessary to counter disorderly conditions, which may be characterized inter alia by disruptive short-term movements in the exchange rate of its currency.
C. Members should take into account in their intervention policies the interests of other members, including those of the countries in whose currencies they intervene.
D. A member should avoid exchange rate policies that result in external instability.
E. A member should seek to avoid domestic economic and financial policies that give rise to domestic instability."

265 Factsheet: IMF Surveillance.

Diese Berichte werden schließlich durch sog. Regional Economic Outlook Reports für fünf bedeutende Wirtschaftsregionen ergänzt.[266]

2. Sonstige Überwachungsmechanismen

Neben den dargestellten Regelkonsultationen finden sich weitere ergänzende Überwachungsmechanismen.[267] Verwiesen werden kann beispielsweise auf die sog. „Ad hoc Konsultationen", die seitens des Geschäftsführenden Direktors des Fonds in Gang gesetzt werden können, wenn gewichtige Wirtschafts- bzw. Finanzentwicklungen die Wechselkurspolitik eines Mitglieds oder den jeweiligen Wechselkurs beeinflussen können.[268] Zudem beschränkt sich die Überwachungsfunktion des IWF nicht nur auf eine nachträgliche Kontrolle. Dies machen etwa die Zustimmungserfordernisse im Zusammenhang mit Art. VIII IWFA deutlich, aber auch die Möglichkeit, den Fonds vorab zu konsultieren.[269]

IV. Hilfsmechanismus bei Zahlungsbilanzschwierigkeiten

Neben dem Verhaltenskodex ist der Hilfsmechanismus bei Zahlungsbilanzschwierigkeiten ein weiteres Charakteristikum des IWF-Systems. Wie Art. I (v) IWFA entnommen werden kann, handelt es sich bei der vorgesehenen Gewährung von Zahlungsbilanzhilfen um eine der Kernaufgaben des Fonds, die im Übrigen eng mit der Sicherung internationaler Liquidität zusammenhängt.[270] So soll durch den Mechanismus eine geordnete Bereinigung der Zahlungsbilanzen ermöglicht werden, ohne dass das betroffene Mitglied zu Maßnahmen Zuflucht nimmt, die mit einem geordneten internationalen Währungssystems nicht vereinbar sind.[271] Es verwundert daher nicht, dass der IWF zur Erfüllung dieser

---

266 Zu den Berichten siehe Factsheet: IMF Surveillance; Berichte zu den Regionen Europa, Naher Osten und Zentralasien, Subsahara-Afrika, Westliche Hemisphäre, sowie Asien und Pazifikraum sind unter www.imf.org abrufbar.

267 Vgl. zu weiteren Überwachungsmodalitäten Deutsche Bundesbank, Weltweite Organisationen, 44 ff.

268 Punkt 29 der Bilateral and Multilateral Surveillance Decision, abgedruckt in IMF-Public Information Notice No. 12/89 vom 30. Juli 2012.

269 Carreau/ Juillard, Droit international économique, Rdn. 1632.

270 Herdegen, Internationales Wirtschaftsrecht, § 24 Rdn.11.

271 Deutsche Bundesbank, Weltweite Organisationen, 50; Nach dem Factsheet: IMF Lending ermöglicht es die Kreditvergabe, den Mitgliedern ‚ihre internationalen Währungsreserven wieder aufzubauen, ihre Währungen zu stabilisieren, Importe zu bezahlen sowie die Bedingungen für starkes wirtschaftliches Wachstum wiederherzustellen.' (wÜ).

Aufgabe als umfangreicher Ressourcenpool ausgestaltet wurde.[272] Charakteristisch für die, aus diesen Mitteln gewährten Finanzhilfen ist deren Begrenzung in Umfang und Laufzeit, die ein Revolvieren der Mittel sicherstellen soll. Dies ist notwendig, da den gewährten Krediten in der Regel Währungsreserveguthaben der Geberländer entsprechen, deren Verwendungsmöglichkeit auch für diese sichergestellt werden muss. In diesem Zusammenhang wird auch von einer „Katalysator-Rolle“ des Fonds bei der „Erschließung anderweitiger Finanzierungsquellen“ gesprochen.[273]

1. Finanzmittel des IWF

a) Subskriptionszahlungen der Mitglieder in Form der Quoten

Als Folge der kooperativen Ausgestaltung des IWF und nach dem Grundsatz der Eigenfinanzierung bilden die Zahlungen der Mitglieder im Rahmen ihrer sog. Quote die finanzielle Basis des IWF. Die zu zahlende Quote richtet sich weitgehend nach der relativen Größe des jeweiligen Mitglieds in der Weltwirtschaft und legt im Zusammenhang mit der Kreditvergabe den finanziellen Höchstbetrag fest, den ein Mitglied dem IWF zur Verfügung stellen muss.[274] Außerdem ist sie entscheidend für die Höhe der finanziellen Hilfe, die ein Mitglied vom Fonds erhalten kann,[275] sowie für den jeweiligen Anteil bei der Zuteilung der sog. Sonderziehungsrechte (SZR).[276] Die Zahlung der zugeteilten Quote erfolgt in Höhe von 25% in Form sog. internationaler Reserveaktiva, sowie darüber hinaus in der Währung des jeweiligen Mitglieds.[277]

b) Kreditaufnahme bei Mitgliedsländern und an den Finanzmärkten

Zur Bedarfsdeckung an weiteren Mitteln kann der IWF gemäß Art. VII Abs.1 IWFA durch verschiedene Anleihearrangements Kredite von seinen Mitgliedern

272 Carreau/ Juillard, Droit international économique, Rdn.1644; Allgemeine Ausführungen zur finanziellen Struktur des IWF finden sich in Financial Organization and Operations of the IMF.

273 Deutsche Bundesbank, Weltweite Organisationen, 51.

274 Factsheet: Where the IMF gets its Money. Factsheet: IMF Quotas.

275 Factsheet: IMF Quotas.

276 Factsheet: Special Drawing Rights (SDRs).

277 Factsheet: Where the IMF gets its Money, aus dem hervorgeht, dass unter internationalen Reserveaktiva allgemein akzeptierte Devisen wie US-Dollar, Euro, japanische Yen, Pfund Sterling bzw. Sonderziehungsrechte zu verstehen sind.

erhalten und so seine Währungsbestände auffüllen.[278] Zu nennen sind in diesem Zusammenhang zunächst die "General Arrangements to Borrow (GAB)", mit denen dem IWF seit 1962 eine multilaterale Kreditlinie bereitgestellt wird.[279] Mit Zustimmung der kreditgewährenden Länder kann hier auf einen Kreditrahmen von insgesamt 17 Mrd. SZR zurückgegriffen werden. Zusätzliche 1,5 Mrd. SZR stehen dem Fonds im Rahmen einer den GAB assoziierten Kreditvereinbarung mit Saudi- Arabien zur Verfügung.[280] Im Zuge der Finanzkrise in Mexiko im Jahr 1994 kamen dennoch Befürchtungen auf, dass mit den bisherigen Mitteln nicht angemessen auf zukünftige Finanzkrisen reagiert werden könne. Infolgedessen wurden 1997 die sog. "New Arrangements to Borrow (NAB)" mit 25 Ländern und Institutionen erarbeitet, die ergänzend zu den GAB einen Kreditrahmen in Höhe von 34 Mrd. SZR einräumten.[281] Im Zuge der internationalen Finanzkrise wurde beschlossen, die dem Fonds zur Verfügung stehenden Ressourcen zu erhöhen. Unter den erweiterten NAB kann der Fonds daher nunmehr auf Mittel in Höhe von 370 Mrd. SZR zurückgreifen.[282] Weiterhin besteht die Möglichkeit, dass Mitgliedsländer dem IWF einmalige Kreditlinien gewähren.[283]

---

278 Lucke, 24.

279 Deutsche Bundesbank, Weltweite Organisationen, 35; Die sog. Allgemeinen Kreditvereinbarungen gehen auf ein Abkommen des IWF mit der sog. Zehnergruppe zurück, die sich aus den Industrienationen Belgien, Deutschland, Frankreich, Großbritannien, Italien, Japan, den Niederlanden, Kanada, Schweden sowie den USA zusammensetzt. Später wurde auch die Schweiz Mitglied dieser Kreditvereinbarung. Im Zuge der Schuldenkrise in Lateinamerika im Jahr 1982 und des hiermit einhergehenden Drucks auf die Fondsmittel wurde im Jahr 1983 nicht nur eine Erhöhung des Kreditrahmens, sondern auch eine Ausweitung des möglichen Empfängerkreises vorgenommen, der sich bis zu diesem Zeitpunkt auf die Zehnergruppe beschränkt hatte. Vgl. Decision No. 1289-(62/1) v. 5.1.1962 as amended, abgedruckt in Selected Decisions, 540 ff. sowie Factsheet: IMF Standing Borrowing Arrangements.

280 Factsheet: IMF Standing Borrowing Arrangements.

281 Factsheet: IMF Standing Borrowing Arrangements; vgl. ferner Deutsche Bundesbank, Weltweite Organisationen, 36 f. sowie Decision No.11428-(97/6) v. 21.1.1997 as amended, abgedruckt in Selected Decisions, 556 ff.

282 Näheres vgl. Factsheet: IMF Standing Borrowing Arrangements.

283 Genannt werden in Deutsche Bundesbank, Weltweite Organisationen, 37 ff. die Sonderkredite in der Ölfazilität während der massiven Ölpreiserhöhung von 1974–1976, die zusätzliche Finanzierungsvorkehrung („Witteveen-Fazilität") in der zweiten Ölpreiserhöhung 1979–1984 oder die anlässlich der externen Überschuldung aufgenommenen Kredite zur Finanzierung des Erweiterten Zugangs zu den Mitteln in den Jahren 1981–1992.

Trotz des Grundsatzes der Eigenfinanzierung kann der IWF jedoch nicht nur bei seinen Mitgliedern, sondern grundsätzlich auch an den Finanzmärkten Kredite aufnehmen.[284] Es wird jedoch befürchtet, dass sich ein solches Vorgehen nicht nur negativ auf den „monetären Finanzierungsmechnismus", wie er dem IWF-Abkommen zugrunde liegt, auswirken könnte, sondern auch die Fähigkeit von Staaten mit geringer Kreditwürdigkeit beeinträchtigen könnte, sich selber auf diesem Weg zu finanzieren.[285]

c) *Finanzmittel aus Goldverkäufen und Treuhandmittel*

Trotz der Demonetarisierung des Goldes im Zuge der Zweiten Änderung des IWF-Abkommens ist der IWF nach wie vor ‚einer der größten offiziellen Halter von Gold in der Welt'.[286] Durch Verkäufe aus diesen Beständen verfügt der IWF über Finanzmittel, die durch Kreditaufnahmen und Zuschüssen von Mitgliedern an den Fonds als Treuhänder ergänzt werden. Diese Mittel, die im Rahmen des sog. *Special Disbursement Account* und als gebildete Sondervermögen verwaltet werden, dienen dem Fonds etwa als Grundlage für die Gewährung konzessionärer Kredite an Mitgliedsländer mit niedrigem Pro-Kopf-Einkommen. Dabei unterscheiden sich diese Kredite von traditionellen Zahlungsbilanzhilfen durch ihre günstigen Bedingungen in Form niedriger Zinssätze und verlängerter Laufzeiten.[287] Von Bedeutung sind insofern die sog. *Extended Credit Facility (ECF)*, die sog. *Standby Credit Facility (SCF)* sowie die sog. *Rapid Credit Facility (RCF)*. Zudem gewährt der IWF Notstandhilfe an Länder, die von Naturkatastrophen betroffen sind.[288] Eine weitere Form finanzieller Hilfe aus diesen Mitteln stellt die Schuldenentlastung für hochverschuldete Entwicklungsländer dar, die im Rahmen der Heavily Indebted Poor Countries (HIPC) Initiative sowie der Multilateral Debt Relief Initiative (MDRI) durchgeführt wird.[289]

---

284 Fritz-Krockow/ Ramlogan, IMF Handbook, 19.

285 Deutsche Bundesbank Weltweite Organisationen, 35 Fn.23; zu beachten sind insbesondere die sog. Guidelines for Borrowing, Decision No.9862-(91/156) v. 15.11.1991 abgedruckt in Selected Decisions, 580 ff.

286 Factsheet: Gold in the IMF zur heutigen Rolle des Goldes (wÜ).

287 Deutsche Bundesbank, Weltweite Organisationen, 60, 84; Zur Reform der konzessionären Kreditvergabe vgl. Factsheet: Financing the Fund's Concessional Lending to Low-Income Countries.

288 Vgl. Factsheet: IMF Support for Low-Income Countries.

289 Vgl. Factsheet: Debt Relief under the Heavily Indebted Poor Countries (HIPC) Initiative; Factsheet: Mutilateral Debt Relief Initiative.

2. Finanzhilfen in der Allgemeinen Abteilung des IWF

Aus den bisherigen Ausführungen folgt, dass dem IWF zur Aufrechterhaltung der internationalen Liquidität Mittel in erheblicher Höhe zur Verfügung stehen. Der größte Aktivposten dieser Ressourcen wird dabei in der sog. Allgemeinen Abteilung des IWF, dem sog. General Ressources Account (GRA) gehalten. Da diese Finanzmittel den Mitgliedsländern jedoch nicht unbeschränkt und bedingungslos zur Verfügung gestellt werden können, unterliegt ihre Inanspruchnahme Beschränkungen. Die Voraussetzungen für die Vornahme von finanziellen Transaktionen ergeben sich dabei aus Art. V IWFA.

a) Modalitäten der Inanspruchnahme

Hilfe für Zahlungsbilanzprobleme wird grundsätzlich durch sog. Ziehungen auf den IWF erteilt. Es handelt sich dabei um Transaktionen, bei denen gemäß Art. V Abs.2 a) IWFA einem Mitglied auf seinen Antrag gegen Zahlung in seiner Währung SZR oder die Währungen anderer Mitglieder aus den allgemeinen Fondsmitteln zur Verfügung gestellt werden. Eine Rückzahlung dieser „gekauften" Finanzmittel bewirkt das jeweilige Mitglied, indem es seine Währung durch Zahlung internationaler Reserveaktiva an den IWF zurückkauft.[290] Aus juristischer Sicht handelt es sich demnach nicht um eine klassische Kreditgewährung, sondern vielmehr um einen Kauf-, Rückkauf-Mechanismus.[291] Letzterer erklärt, weshalb sich lediglich die Zusammensetzung der Fondsaktiva, nicht jedoch der Wert der Gesamtmittel des IWF ändert.[292] Die Auswahl der zu verkaufenden Währungen erfolgt gemäß Art. V Abs.3 d) IWFA durch den Fonds, der hierbei nicht nur die Entwicklung der Devisenmärkte, sondern auch die Zahlungsbilanz- und Reservesituation der Mitglieder sowie das Ziel des Ausgleichs der Fondspositionen im Zeitverlauf zu berücksichtigen hat.

Da die insofern notwendige Abklärung der Hilfsanfrage dem Bedürfnis nach schneller Finanzhilfe nicht immer gerecht wurde, entwickelte der Fonds Kreditlinien, deren Bewilligung und Inanspruchnahme sich nach vorab festgelegten Bedingungen richten. Diese als sog. Stand-By Arrangements (SBA) bezeichneten Bereitschaftskreditvereinbarungen werden in Art. XXX b) IWFA als Beschlüsse des Fonds definiert, durch die einem Mitglied zugesichert wird, dass es Käufe vom

290 Fritz-Krockow/ Ramlogan, IMF Handbook, 21; ähnlich Carreau/ Juillard, Droit international économique, Rdn.1656.

291 Fritz-Krockow/ Ramlogan, IMF Handbook, 21; ähnlich Carreau/ Juillard, Droit international économique, Rdn.1656 unter Ablehnung einer Kreditgewährung.

292 Fritz-Krockow/ Ramlogan, IMF Handbook, 21.

Allgemeinen Konto nach Maßgabe des Beschlusses innerhalb eines bestimmten Zeitraumes und bis zu einem bestimmten Betrag vornehmen kann.[293] In engem Zusammenhang hiermit steht der sog. *letter of intent*, in dem das jeweilige Mitglied um die Zustimmung zu einem Bereitschaftskredit bittet und das Wirtschafts- und Finanzprogramm darlegt, zu dessen Umsetzung der Kredit dienen soll.[294] Seit 1974 kann der Fonds seine Mitglieder darüber hinaus im Rahmen der sog. Extended Fund Facility (EFF) bei der Bewältigung längerfristiger Zahlungsbilanzprobleme unterstützen. Im Zuge der Überholung des Kreditvergabewerkes entwickelte der IWF zudem die sog. Flexible Credit Line (FCL), die nicht nur bei aktuellen Zahlungsbilanzschwierigkeiten, sondern auch zum Zweck der Krisenprävention eingesetzt werden kann. Gleiches gilt für die sog. Precautionary and Liquidity Line (PLL), die die FCL ergänzt.[295]

b) Bedingungen für die Inanspruchnahme der allgemeinen Fondsmittel

aa) Allgemeine Grundsätze

Gemäß Art. V Abs.3 b) IWFA setzt die Inanspruchnahme finanzieller Hilfe voraus, dass diese wegen der Zahlungsbilanz- oder Reserveposition oder wegen der Entwicklung der Reserven des Mitglieds erforderlich und das Mitglied zur Inanspruchnahme der allgemeinen Fondsmittel berechtigt ist.[296] Weiterhin darf die Ziehung nicht bewirken, dass die Bestände des Fonds an der Währung des kaufenden Mitglieds seine Quote um 200% übersteigen.[297] Schließlich muss

---

293 Carreau/ Juillard, Droit international économique, Rdn.1656f., vgl. Factsheet IMF Stand-By Arrangements, insbesondere zur Überarbeitung der Konzeption der SBA im Zuge der weltweiten Finanzkrise.

294 Gold, The legal Character of the Fund's Stand-By Arrangements, 1; In diesem Zusammenhang ist umstritten, ob sich ein Bereitschaftskredit aus beiden Dokumenten zusammensetzt oder ob dieser nur die Entscheidung des Fonds beinhaltet. Für die erste Annahme vgl. Carreau/ Juillard, Droit international économique Rdn. 1657, für das letztere Verständnis vgl. Gold, aaO., 1. Nach diesem sind der Beschluss des Fonds und der abgegebene letter of intent als getrennte Dokumente anzusehen, die daher auch nur als Stand-By-Dokumente bezeichnet werden sollten.

295 Zu den Voraussetzungen der Inanspruchnahme sowie den Konditionen der einzelnen Kreditlinien vgl. Factsheet: IMF Lending.

296 Ein Entzug der Bezugsberechtigung kann etwa auf Art. V Abs.5 IWFA, Art. VI Abs.1 oder Art. XXVI Abs.2 a) IWFA gestützt werden.

297 Gemäß Art. V Abs.4 IWFA kann der Fonds jedoch nach seinem Ermessen und unter Wahrung seiner Interessen auf die Voraussetzung der bestehenden Bezugsberechtigung sowie die Einhaltung der 200%-Grenze verzichten. Nach Carreau/ Juillard,

die Inanspruchnahme der allgemeinen Fondsmittel den Bestimmungen dieses Übereinkommens, sowie den nach Art. V Abs.3 a) IWFA beschlossenen Geschäftsgrundsätzen entsprechen.[298] Bei letzteren handelt es sich um die sog. Richtlinien zur Konditionalität, nach denen für besondere Zahlungsbilanzprobleme besondere Grundsätze vorgesehen werden können. So soll nicht nur sichergestellt werden, dass das betroffene Land seine Zahlungsbilanzprobleme löst, sondern auch, dass es in der Lage ist, die beanspruchten Fondsmittel an den Fonds zurückzuzahlen.[299]

bb) Reservetranche, weitere Kredittranchen und Sonderfazilitäten

Eine Inanspruchnahme von Fondsmitteln kann zunächst in der <u>sog. Reservetranche</u> erfolgen. Diese beinhaltet den Quotenteil eines Mitglieds, der in frei verwendbaren Währungen bzw. SZR an den IWF gezahlt wurde, sowie die Währungsbestände des Mitglieds, die der IWF für Hilfszahlungen herangezogen hat. Beschrieben werden kann diese Reserveposition daher auch als Forderung gegenüber dem IWF in Höhe der zur Verfügung gestellten Reserveaktiva.[300] Obwohl ein Mitglied für die Inanspruchnahme einen Zahlungsbilanzbedarf geltend

---

Droit international économique, Rdn.1661, erfolgte letzteres beispielsweise im Zuge der Finanzkrisen.

298 In diesem Sinn ergibt sich aus Art. V Abs.3 d) IWFA, dass der Kauf einer für knapp erklärten Währung ausgeschlossen ist. Eine weitere materielle Abweichung ergibt sich nach Carreau/ Juillard, Droit international économique, Rdn.1663 aus dem Anwendungsbereich des IWF-Abkommens. Da sich dieses nicht auf den internationalen Kapitalverkehr bezieht, sollten die allgemeinen Mittel des IWF nicht dazu genutzt werden, massive und anhaltende Kapitalabflüsse zu finanzieren. Angesichts der gewährten Hilfen im Rahmen von Finanzkrisen sei diese Beschränkung jedoch de facto als obsolet anzusehen. Carreau/ Juillard, aaO. fordern daher, den Kompetenzbereich des IWF auf den Kapitalverkehr auszuweiten, um so den faktischen Anwendungsbereich auch rechtlich zu erfassen.

299 Factsheet IMF Conditionality; Allgemein zur Konditionalität vgl. Guitián, Fund Conditionality; zu den sog. Guidelines on Conditionality vgl. Decision No.12864-(02/102) v.25.9.2002 as amended by Decision No.13814 (06/98) v.15.11.2006, abgedruckt in Selected Decisions, 335 ff.; Das Konzept der Konditionalität wurde mehrfach überarbeitet, wobei die letzte Modernisierung im Jahr 2009 im Zusammenhang mit der Stärkung des Fonds bei der Krisenprävention und -bewältigung zu sehen ist. Vgl. hierzu Factsheet IMF Conditionality.

300 Fritz-Krockow/ Ramlogan, IMF Handbook, 24. Gemäß der Begriffserläuterung in Art. XXX c) IWFA ist unter „Kauf in der Reservetranche" der Kauf von Sonderziehungsrechten oder der Währung eines anderen Mitglieds durch ein Mitglied gegen seine eigene Währung zu verstehen, der nicht dazu führt, dass die im Allgemeinen

zu machen hat, handelt es sich de facto um eine automatische Ziehung. Dies folgt nicht nur aus dem Umstand, dass die Reservetranche den Währungsreserven des Mitglieds zuzurechnen ist,[301] sondern auch aus Art. V Abs.3 c) IWFA, nach dem entsprechenden Anträgen nicht widersprochen werden kann. Es handelt sich daher um unbedingte Liquidität.[302] Anderes gilt im Fall der sog. Kredittranchen.[303] So sind bei der Inanspruchnahme von Mitteln in Höhe von 25% der Quote angemessene Anstrengungen zur Überwindung der Zahlungsbilanzschwierigkeiten darzulegen, während darüber hinausgehende Ziehungen mit weitergehenden wirtschaftspolitischen Auflagen verknüpft sind.[304] Nach den Richtlinien zur Konditionalität müssen die entsprechenden Maßnahmen für die Überwindung der Zahlungsbilanzschwierigkeiten innerhalb eines gewissen Zeitraums ausreichen. Zu diesem Zweck setzt ein Kreditantrag gegebenenfalls auch die Vorlage eines wirtschaftlichen Sanierungsprogramms voraus, in dem Ziele und die Wirtschaftspolitik für die gesamte Laufzeit des Kredites beschrieben sind.[305] Ihre rechtliche Grundlage findet die Konditionalität dabei in der Zielsetzung des Fonds, nach dem die Mittel zeitweilig und unter angemessener Sicherung zur Verfügung zu stellen sind.

Schließlich besteht die Möglichkeit, dass der Fonds angesichts außergewöhnlicher Zahlungsbilanzprobleme zusätzliche Sonderfazilitäten gewährt.[306] Darüber hinaus ist auf mögliche Sonderregelungen zur Notfallfinanzierung für Länder zu verweisen, die als sog. Rapid Financing Instruments (RFI) vorgesehen sind.[307]

3. Die Finanzhilfen in der Sonderziehungsrechtsabteilung

Die Operationen und Transaktionen des Fonds werden nicht nur über die sog. Allgemeine Abteilung abgewickelt. Wie Art. XVI Abs.1 f. IWFA zeigt, besteht in Form der sog. Sonderziehungsrechtsabteilung eine weitere, von der Allgemeinen

---

Konto gehaltenen Bestände des Fonds an der Währung des Mitglieds dessen Quote übersteigen.

301 Deutsche Bundesbank, Weltweite Organisationen, 51f. und Fn. 49; ähnlich Fritz-Krockow/ Ramlogan, IMF Handbook, 24.

302 Carreau/ Juillard, Droit internationale économique, Rdn.1659.

303 Vgl. Deutsche Bundesbank, Weltweite Organisationen, 53 f.

304 Deutsche Bundesbank, Weltweite Organisationen, 53 f.

305 Lucke, 33 f.

306 Beispiele liefern die zwischenzeitlich abgeschaffte sog. Supplemental Reserve Facility oder aber die sog. Compensatory Financing Facility. Vgl. zu den verschiedenen Kreditfazilitäten Deutsche Bundesbank, Weltweite Organisationen, 61.

307 Vgl. Factsheet IMF Lending.

Abteilung getrennte Verwaltungseinheit, der Operationen und Transaktionen in Sonderziehungsrechten zugerechnet werden.

Letztere können seitens der Mitgliedsländer als Zahlungsmittel bei der Quotenzahlung sowie der Kredittilgung eingesetzt werden. Zudem kann der Fonds bei der Kreditgewährung statt Währungen SZR ausgeben und knappen Währungsbeständen durch den Kauf von Währungen gegen SZR entgegenwirken. Darüber hinaus verwendet der IWF diese Rechte auch zur Zahlung von Vergütungen im Zusammenhang mit der Reservetranche und zur Rückzahlung aufgenommener Kredite.[308]

a) Entstehung und Natur der Sonderziehungsrechte

SZR wurden im Zuge der ersten Änderung des IWF-Abkommens im Jahr 1969 geschaffen.[309] Die Einfügung der Art. XV bis XXV in das Abkommen ist dabei vor dem Hintergrund des Systems fester Wechselkurse und der Diskussion um das Vorhandensein ausreichender Währungsreserven zu sehen.[310] Letzteres war insofern relevant, als das Aufrechterhalten der Parität gegebenenfalls den Ankauf der heimischen Währung gegen Reserven in Form von Gold oder Devisen erforderlich machte. Um in diesem Zusammenhang einem internationalen Liquiditätsengpass entgegenzuwirken, wurden die SZR als neues internationales Reservemedium mit dem Ziel geschaffen, die bestehenden Währungsreserven der Mitgliedstaaten zu ergänzen.[311] Der IWF klassifiziert diese Rechte dabei als ‚Forderung auf frei verwendbare Währungen der IWF-Mitglieder.'[312] Im Unterschied zu den übrigen Reservemedien werden SZR „ex nihilo", d.h. ohne entsprechende wirtschaftliche Basis erschaffen.[313] Neben der Funktion als

308 Deutsche Bundesbank, Weltweite Organisationen, 80. Allgemeine Ausführungen zu den SZR finden sich in Boughton, Silent Revolution, "Evolution of the SDR: Paper Gold or Paper Tiger?"; Gold, Legal and Institutional Aspects of the International Monetary Systems, Vol. I, 659 ff.

309 Zur Entstehungsgeschichte vgl. Financial Organization and Operations of the IMF, 90 ff.

310 Deutsche Bundesbank, Weltweite Organisationen, 77.

311 Factsheet: Special Drawing Rights.

312 Financial Organization and Operations of the IMF, 88 (wÜ); zur streitigen Rechtsnatur der SZR vgl. Schmidt in Staudinger, BGB-Kommentar, Vorbem. zu §§ 244 ff., Rdn. F 35 ff.; Für eine Einordnung der Rechte als Währung fehlt es nach Escudero, 138, an der schuldbefreienden Wirkung in einem Staat.

313 Escudero, 138.

Reservemedium werden SZR heute hauptsächlich als Recheneinheit im IWF, aber auch in einigen anderen internationalen Organisationen verwendet.[314]

b) Zuteilung und Verwendung von Sonderziehungsrechten

Nach Art. XVII Abs.1, 2 IWFA sind neben dem Fonds auch die Mitglieder des Fonds mögliche Inhaber von SZR, die Teilnehmer der SZR-Abteilung sind. Darüber hinaus kann der Fonds nach Art. XVII Abs.3 IWFA sog. sonstige Inhaber bestimmen. Es handelt sich hierbei um Nichtmitglieder, Mitglieder, die nicht Teilnehmer sind, Institutionen, die Zentralbankaufgaben für mehr als ein Mitglied erfüllen und andere amtliche Stellen. Die Zuteilung der SZR, die sich grundsätzlich nach der Quote des betroffenen Mitgliedslandes richtet, kann gemäß Art. XVIII IWFA auf unterschiedliche Weise erfolgen. Möglich sind allgemeine Zuteilungen, die sich an dem langfristigen weltweiten Bedarf nach Ergänzung der vorhandenen Währungsreserven richten und für aufeinanderfolgende Basisperioden von fünf Jahren geprüft werden. Zudem können SZR außerordentlich zugeteilt werden.[315]

Um zugeteilte SZR gemäß ihrer Zielsetzung auf dem Devisenmarkt einsetzen zu können, müssen diese zunächst in eine marktgängige Interventionswährung umgetauscht werden.[316] Dieser Umtausch kann gemäß Art. XIX Abs.2 IWFA im Wege freiwilliger Austauschvereinbarungen zwischen den Inhabern bewirkt werden, aber auch indem der IWF nach Art. XIX Abs.5 IWFA Mitgliedsländer mit ausreichend starker Situation der Zahlungsbilanz und Bruttoreserven zum Kauf von SZR bestimmt.[317] Im letzten Fall setzt die Inanspruchnahme gemäß Art. XIX Abs.3 IWF voraus, dass für die Verwendung der SZR, aufgrund der Zahlungsbilanz-, der Reservesituation oder aber der Entwicklung der Reserven,

---

314 Wie im Factsheet: Special Drawing Rights ausgeführt wird, erklärt sich diese Entwicklung unter Berücksichtigung des Zusammenbruchs des Bretton-Woods-Systems. Hier verringerte die Wechselkursflexibilität den Bedarf an entsprechenden Reserven und das Wachstum auf den internationalen Kapitalmärkten förderte und erleichterte die Kreditaufnahme.

315 Vgl. Factsheet: Special Drawing Rights zur Vornahme allgemeiner und außerordentlicher Zuteilungen.

316 Deutsche Bundesbank, Weltweite Organisationen, 80.

317 Deutsche Bundesbank, Weltweite Organisationen, 80 f.; Factsheet: Special Drawing Rights.

eine entsprechende Bedarfssituation besteht.[318] Weitere Bedingungen, etwa in Form wirtschaftspolitischer Auflagen, bestehen jedoch nicht. Dies unterstreicht den Reservecharakter der SZR.[319] Die damit bestehende Berechtigung korrespondiert nach Art. XIX Abs.4 IWFA mit einer, wenn auch begrenzten SZR-Ankaufsverpflichtung designierter Teilnehmer. Betroffen sind hier Länder mit einer starken Zahlungsbilanz- und Reserveposition, allerdings hat der Fonds darauf hinzuwirken, dass eine ausgewogene Verteilung der Bestände an SZR gefördert wird. Diese Ausgestaltung macht deutlich, dass sich Struktur und Nutzungsmöglichkeiten der Sonderziehungsrechtsabteilung, ebenso wie die der Allgemeinen Abteilung an den Grundsätzen der Gegenseitigkeit und der internationalen Zusammenarbeit orientieren.[320]

c) Bewertung der Sonderziehungsrechte

Da kein Handel mit SZR am Devisenmarkt stattfindet, kann ihr Marktwert und Zinssatz nicht aus dem Verhältnis von Angebot und Nachfrage abgeleitet werden.[321] Nach Art. XV Abs.2 IWFA legt daher der Fonds die Bewertungsmethode der SZR fest. Seit dem Zusammenbruch des Bretton-Woods-Systems erfolgt die Wertbestimmung unter Zugrundelegung eines sog. Währungskorbes, der sich mittlerweile aus den Währungen der fünf führenden Wirtschaftsnationen zusammensetzt.[322] Es handelte sich hierbei bis zur Einführung des Euro um den US-Dollar, den japanischen Yen, die Deutsche Mark, das Britische Pfund sowie den französischen Franc. Durch die Gewichtung im Korb soll dabei ‚die relative Bedeutung der Währung für das Welthandels- und Weltfinanzsystem widergespiegelt werden.'[323] Der auf Basis der Währungen errechnete Wert wird unter Zugrundelegung des US-Dollars täglich von Seiten des IWF bestimmt. Der SZR-Zinssatz, der als Berechnungsgrundlage für Zinsen dient, die etwa im Zusammenhang mit regulären IWF-Krediten, SZR-Anteilen und Quotensubskriptionen

---

318 Eine solche Situation kann nach den Vorgaben von Art. XIX Abs.3 a) IWFA dann nicht angenommen werden, wenn die SZR zu dem alleinigen Zweck verwendet werden sollen, die Zusammensetzung der Reserven zu verändern.

319 Deutsche Bundesbank, Weltweite Organisationen (2003), 56.

320 Financial Organization and Operations of the IMF, 88.

321 Deutsche Bundesbank, Weltweite Organisationen, 81.

322 Financial Organization and Operations of the IMF, 95; ähnlich Escudero, 139.

323 Escudero, 139 (wÜ).

anfallen, wird unter Zugrundelegung der Zinssätze für kurzfristige Schuldverschreiben auf den Märkten der Korbwährungen berechnet.[324]

Die zur Wertbestimmung der SZR und der Zinsrate herangezogenen Währungen und Instrumente werden alle fünf Jahre einer Überprüfung unterzogen.[325] Auf diese Weise soll sichergestellt werden, dass die Korbzusammensetzung die relative Bedeutung der verwendeten Währungen in der Weltwirtschaft abbildet.[326]

V. Institutionelle Struktur des IWF

Wie Art. I i) IWFA verdeutlicht, ist das IWF-Abkommen nicht nur aufgrund seiner materiellen Ausgestaltung für das internationale Währungssystem von Bedeutung. Vielmehr ging mit der Errichtung des IWF als internationaler Organisation eine Institutionalisierung der Währungsbeziehungen einher.[327] Auch diese institutionelle Ausgestaltung wirkt sich auf die Währungssouveränität der Mitgliedstaaten aus.

1. Der IWF als technische Organisation

Der IWF wurde als technische Organisation konzipiert und unterscheidet sich in seiner Struktur deutlich von politischen Organisationen wie beispielsweise den Vereinten Nationen.[328] Einen ersten Anhaltspunkt hierfür liefert Art. III Abs.1 IWFA, nach dem jedem Mitglied unter Berücksichtigung wirtschaftlicher Kriterien eine in SZR ausgedrückte Quote zugeteilt wird. Diese steht im Zentrum der Beziehungen eines Mitgliedes zum Fonds und bestimmt nicht nur dessen finanziellen Beitrag zum Kapital der Organisation und den Zugang zu deren finanziellen Ressourcen, sondern wirkt sich auch im Rahmen der Stimmrechtszuteilung und bei der Besetzung der Organe aus.[329] Letztere sind als weitere Strukturelemente des Fonds in Art. XII IWFA geregelt. Nach dieser Vorschrift besitzt der IWF zwei Entscheidungsorgane. In Form des sog. Gouverneursrates besteht zunächst ein Vollversammlungsorgan, in dem alle Mitgliedsländer in gleicher

324 Factsheet: Special Drawing Rights; ähnlich Financial Organization and Operations of the IMF, 89.
325 Financial Organization and Operations of the IMF, 95.
326 Factsheet Special Drawing Rights.
327 Vgl. hierzu Gold, The International Monetary Fund and International Law, 1 f.
328 Gianviti in Current Developments, Vol. 1, 31, 39.
329 Factsheet: IMF Quotas.

Weise vertreten sind und das durch Konsultativorgane[330] beratend unterstützt wird. Im Gegensatz hierzu ist für das weitere Entscheidungsgremium, das Exekutivdirektorium, lediglich eine begrenzte Mitgliederanzahl vorgesehen. Als Vorsitzender dieses Direktoriums wird schließlich ein Geschäftsführender Direktor gewählt, der zugleich das höchste Verwaltungsorgan des Fonds darstellt.[331]

Die Kapitalbeteiligung und das Bestehen einer Vollversammlung der Anteilseigner sowie eines Verwaltungsgremiums mit entsprechend gewähltem Vorsitzenden verdeutlichen, dass der Aufbau des Fonds dem einer Kapitalgesellschaft ähnelt.[332] Eine weitere Untersuchung zeigt jedoch auch, dass die Konzeption des IWF als *,sui generis'* zu beschreiben ist, da sie ,die Eigenschaften einer privaten Gesellschaft mit denen einer internationalen Organisation verbindet.'[333]

2. Aufgaben und Zusammensetzung des Gouverneursrates

Wie die Aufgabenzuweisung in Art. XII Abs.2 a) IWFA verdeutlicht, handelt es sich beim Gouverneursrat um das bedeutendste und mächtigste Organ des IWF. So liegen alle Befugnisse, die weder dem Gouverneursrat noch dem Exekutivdirektorium oder dem Geschäftsführenden Direktor unmittelbar übertragen wurden, beim Gouverneursrat. Zwar hat der Rat zur Handhabung dieser Kompetenzfülle von seinem Recht zur Delegierung von Befugnissen auf das Exekutivdirektorium umfassend Gebrauch gemacht.[334] Ausgeschlossen ist ein solches Vorgehen jedoch hinsichtlich der Befugnisse, die dem Gouverneursrat aufgrund ihrer politischen Bedeutung unmittelbar übertragen wurden. Dies gilt etwa für die Zulassung und den Ausschluss von Mitgliedern nach Art. II Abs.2, XXVI Abs.2 IWFA, die Festsetzung der Quoten nach Art. III Abs.1, 2 IWFA, die Festlegung der Anzahl der Exekutivdirektoren nach Art. XII Abs.3 IWFA sowie die Interpretation und Abänderung des IWF-Abkommens nach Art. XXIX IWFA bzw. Art. XXVIII IWFA. Politische Entscheidungen von herausgehobener Bedeutung sind damit dem zwischenstaatlichen Vollversammlungsorgan vorbehalten, dem der Fonds letztendlich auch verantwortlich ist. Dies rechtfertigt sich durch den Umstand, dass die

---

330 Es handelt sich hierbei um das sog. Joint IMF-World Bank Development Committee und das sog. International Monetary and Financial Committee. Zu letzterem siehe unter 2. Kapitel, V.5 m.w.N.

331 Gianviti in Current Developments, Vol. 1, 31, 38, folgend Escudero, 128 f.

332 Escudero, 128 (sociedad mercantil par acciones), Lebullenger RTDE 1998, 459, 469 (société par actions).

333 Gianviti in Current Developments, Vol. 1, 31, 39 (wÜ).

334 Art. XII Abs.2 b) IWFA. Eine ausführliche Untersuchung der Delegierungsbefugnis findet sich bei Gianviti in Current Developments, Vol. 1, 31, 40 ff.

Entscheidungsfindung in Organen mit begrenzter Mitgliederzahl zu einer stärkeren Beschränkung der mitgliedstaatlichen Befugnisse führen.

Damit ergibt sich die Bedeutung des Gouverneursrates nicht nur aus den ihm zugeordneten Aufgaben, sondern auch aus dessen Zusammensetzung aus je einem Gouverneur und einem Stellvertreter pro Mitgliedstaat.[335] Regelmäßig handelt es sich dabei um die jeweiligen Finanzminister oder hohe Beamte des Finanzministeriums sowie die Gouverneure der staatlichen Zentralbanken, aus deren Mitte einer der Gouverneure zum Vorsitzenden des Rates gewählt wird.[336] Bei Sitzungen, die in der Regel einmal jährlich stattfinden,[337] ist der Gouverneursrat nach Art. XII Abs.2 d) IWFA beschlussfähig, wenn eine Mehrheit der Gouverneure, die mindestens zwei Drittel aller Stimmen umfasst, anwesend ist. Dabei ist jeder Gouverneur berechtigt, die Anzahl der Stimmen abzugeben, die dem entsendenden Land zustehen.

3. Aufgaben und Zusammensetzung des Exekutivrates

a) Aufgaben

Das Exekutivdirektorium ist gemäß Art. XII Abs.3 a) IWFA für die Geschäftsführung des Fonds verantwortlich und übt zu diesem Zweck alle, ihm vom Gouverneursrat übertragenen Befugnisse aus. Die Reichweite der delegierten Aufgaben und die hieraus resultierenden Kompetenzen zeigen, dass der Einfluss des Direktoriums erheblich ist.[338] So befasst sich dieses mit Aspekten ‚der Politik, des Funktionierens und der Verwaltung des Fonds, die etwa die Überwachung der makroökonomischen Politik der Mitgliedstaaten, die Gewährung von Finanzhilfen und die Analyse der Weltwirtschaft betreffen'.[339] Aufgrund der hieraus resultierenden Zuständigkeit für die laufenden Geschäfte tritt das Exekutivdirektorium, im Gegensatz zum Gouverneursrat daher auch in regelmäßigen Abständen zusammen.[340]

---

335 Vgl. Art. XII Abs.2 a) IWFA.

336 Sorel in Daillier/ de la Pradelle/ Gherani, 156, Ziffer 26.

337 Nach Art. XII Abs.2 c) IWFA können zudem außerordentliche Sitzungen anberaumt werden, wenn dies von fünfzehn Mitgliedern oder von Mitgliedern mit einem Viertel aller Stimmen beantragt wird.

338 Sorel in Daillier/ de la Pradelle/ Gherani, 157, Ziffer 31.

339 Escudero, 131 (wÜ).

340 Nach Art. XII Abs.3 g) IWFA tritt das Exekutivdirektorium so oft zusammen, wie es die Geschäfte des Fonds erfordern.

b) *Zusammensetzung und Verhältnis zwischen ernannten und gewählten Exekutivdirektoren*

Im Gegensatz zum Gouverneursrat handelt es sich beim Exekutivdirektorium um ein Gremium mit begrenzter Mitgliederzahl. Geradezu eigentümlich wurde dabei die Verteilung der vorhandenen 24 Sitze ausgestaltet. So besteht das Direktorium nach Art. XII Abs.3) IWFA neben dem bereits erwähnten Geschäftsführenden Direktor aus sog. Exekutivdirektoren, wobei fünf dieser Positionen von den fünf Mitgliedern des IWF ernannt werden, die über die größten Quote verfügen.[341] Dieses Recht steht zum jetzigen Zeitpunkt den USA, Japan, Deutschland, Frankreich und Großbritannien zu.[342]

Für den Fall, dass unter den ernannten Exekutivdirektoren nicht die beiden Mitglieder vertreten sind, deren Währungen in den Fondsbeständen um die größten absoluten Beträge unter ihren Quoten lagen, so können diese Mitglieder nach Art. XII Abs.3 c) IWFA ebenfalls einen Exekutivdirektor ernennen.[343] Betroffen von dieser Regelung waren Kanada (1958), Italien (1968) und seit 1978 Saudi Arabien. Letztgenanntes Mitglied „wählt" daher seit diesem Zeitpunkt einseitig einen permanenten Exekutivdirektor.[344]

Nach Art. XII Abs.3 b), d) IWFA werden weitere fünfzehn Exekutivdirektoren alle zwei Jahre von den übrigen Mitgliedern des IWF gewählt, die sich hierbei in sog. Stimmgemeinschaften organisieren. Dabei kann die Anzahl der Exekutivdirektoren durch den Gouverneursrat herauf- oder herabgesetzt werden.[345] Eine entsprechende Anhebung wurde für China im Jahr 1980 sowie für Russland im Jahr 1992 vorgenommen, so dass diese Länder ebenfalls alleine einen Exekutivdirektor stellen. Aufgrund der damit entstehenden Kräfteverschiebung zwischen regulär ernannten Direktoren und solchen, die nur von einem Land „gewählt" werden, entschied man sich, auch die Anzahl der übrigen gewählten Direktoren zu erhöhen.[346] Zurzeit gibt es daher keine 15, sondern 19 gewählte Exekutivdirektoren. Dies erklärt, weshalb zur Zeit sechzehn gemischte Wahlgruppen bestehen, die anhand der Nationalität der Exekutivdirektoren wie folgt benannt werden

341 Vgl. Decision No.2-1 v. 8.5.1946, abgedruckt in Selected Decisions, 745.

342 Zu den Quotenanteilen vgl. IWF-Übersicht: IMF Members' Quotas and Voting Power, and IMF Board of Governors sowie die Übersicht IMF Executive Directors and Voting Powers.

343 Vgl. Decision No. 574-2 v. 18.5.1950 as amended by Decision No. 2620-(68/141) v. 1.11.1968 and 14131 (08/65)v. 15.7.2008, abgedruckt in Selected Decisions, 745 f.

344 Sorel in Daillier/ de la Pradelle/ Gherani, 157, Ziffer 29.

345 Vgl. Art. XII Abs.3 b) IWFA.

346 Sorel in Daillier/ de la Pradelle/ Gherani, 157, Ziffer 29.

können: Türkei[347], Niederlande[348], Spanien[349], Italien[350], Australien[351], Kanada[352], Norwegen[353], Ägypten[354], Indonesien[355], Sambia[356], Schweiz[357], Iran[358], Brasilien[359], Indien[360], Argentinien[361] und Tschad.[362] Gemäß Art. XII Abs.3 e) IWFA ernennt jeder Exekutivdirektor zudem einen Stellvertreter, der in seiner Abwesenheit für ihn uneingeschränkt handeln kann.

---

347 Beinhaltet: Österreich, Weißrussland, Tschechische Republik, Ungarn, Kosovo, Slowakei, Slowenien, Türkei.

348 Beinhaltet: Armenien, Belgien, Bosnien-Herzegowina, Bulgarien, Kroatien, Zypern, Georgien, Israel, Luxemburg, frühere jugoslawische Republik Mazedonien, Moldawien, Montenegro, Niederlande, Rumänien, Ukraine.

349 Beinhaltet: Kolumbien, Costa Rica, El Salvador, Guatemala, Honduras, Mexiko, Spanien, Bolivarische Republik Venezuela.

350 Beinhaltet: Albanien, Griechenland, Italien, Malta, Portugal, San Marino.

351 Beinhaltet: Australien, Kiribati, Korea, Marshall Inseln, Vereinigte Staaten von Mikronesien, Mongolei, Neuseeland, Palau, Papua-Neuguinea, Samoa, Seychellen, Solomon Inseln, Tuvalu, Usbekistan, Vanuatu.

352 Beinhaltet: Antigua Barbados, Bahamas, Barbados, Belize, Kanada, Dominica, Grenada, Irland, Jamaika, St. Kitts und Nevis, St. Lucia, St. Vincent und die Grenadinen.

353 Beinhaltet: Dänemark, Estland, Finnland, Island, Lettland, Litauen, Norwegen, Schweden.

354 Beinhaltet: Bahrain, Ägypten, Irak, Jordanien, Kuwait, Libanon, Libyen, Malediven, Oman, Katar, Syrien, Vereinigte Arabische Emirate, Jemen.

355 Beinhaltet: Brunei Darussalam, Kambodscha, Republik Fidschi, Indonesien, Laos, Malaysia, Myanmar, Nepal, Philippinen, Singapur, Thailand, Tonga, Vietnam.

356 Beinhaltet: Angola, Botswana, Burundi, Eritrea, Äthiopien, Gambia, Kenia, Lesotho, Liberia, Malawi, Mosambik, Namibia, Nigeria, Sierra Leone, Somalia, Südafrika, Republik Südsudan, Sudan, Swasiland, Tansania, Uganda, Sambia, Simbabwe.

357 Beinhaltet: Aserbaidschan, Kasachstan, Kirgisien, Polen, Serbien, Schweiz, Tadschikistan, Turkmenistan.

358 Beinhaltet: Afghanistan, Algerien, Ghana, Iran, Marokko, Pakistan, Tunesien.

359 Beinhaltet: Brasilien, Kap Verde, Dominikanische Republik, Ecuador, Guyana, Haiti, Nicaragua, Panama, Surinam, Timor-Leste, Trinidad und Tobago.

360 Beinhaltet: Bangladesch, Bhutan, Indien, Sri Lanka.

361 Beinhaltet: Argentinien, Bolivien, Chile, Paraguay, Peru, Uruguay.

362 Beinhaltet: Benin, Burkina Faso, Kamerun, Zentralafrikanische Republik, Tschad, Komoren, Demokratische Republik Kongo, Republik Kongo, Elfenbeinküste, Dschibuti, Äquatorialguinea, Gabun, Guinea, Guinea- Bissau, Madagaskar, Mali, Mauretanien, Mauritius, Niger, Ruanda, Sao Tome und Príncipe, Senegal, Togo
Vgl. IWF-Aufstellung: Executive Directors and Voting Power. Stand Dezember 2014.

c) *Status der Exekutivdirektoren*

Die Besonderheiten im Zusammenhang mit der Besetzung des Exekutivdirektoriums spiegeln sich auch im Status der einzelnen Exekutivdirektoren wider.[363] Im Gegensatz zu den Gouverneuren können letztere grundsätzlich nicht als unmittelbare Repräsentanten einzelner Mitgliedstaaten angesehen werden. Dies ergibt sich sowohl aus der im Vergleich zur Mitgliederzahl reduzierten Anzahl der Exekutivdirektoren, als auch aus dem Bestehen gemischter Stimmgemeinschaften. Es handelt sich bei den Direktoren vielmehr um internationale Beamte des IWF, der diese auch bezahlt.[364] Aus dieser Einordnung folgt, dass die Exekutivdirektoren bei der Erfüllung ihrer Aufgaben im Namen und Interesse des IWF auftreten und diesem verantwortlich sind.[365] Dies gilt sowohl für Aufgaben, die den Exekutivdirektoren einzeln als auch kollektiv im Rahmen des Direktoriums übertragen wurden. Demnach haben sich die Exekutivdirektorien bei der Erfüllung ihrer Aufgaben an den Zielen des Fonds auszurichten und in Übereinstimmung mit dem Fondsrecht zu handeln.[366]

Diese Charakterisierung wirkt sich insbesondere im Rahmen der Stimmabgabe und der Möglichkeit der Fondsmitglieder aus, Einfluss auf die vertretenen Positionen zu nehmen. So verfügt jeder Exekutivdirektor nach Art. XII Abs.3 i) IWFA über die Anzahl der Stimmen, die dem ihn ernennenden Mitglied bzw. den ihn wählenden Mitgliedern zugeteilt sind. Da diese Stimmen gemäß Art. XII Abs.3 i) (iv) IWFA als Einheit abgegeben werden müssen, scheint zumindest bei gemischten Stimmgemeinschaften ein durch einzelne Mitgliedstaaten vorgegebenes Abstimmungsverhalten ausgeschlossen.[367] Aber auch im Hinblick auf Exekutivdirektoren, die von einzelnen Mitgliedern ernannt oder gewählt werden, ergeben sich aus der Stellung der Direktoren Beschränkungen. Da die Direktoren dem Fonds zuzurechnen sind, sind sie weder verpflichtet die Thesen des jeweiligen

---

363 Vgl. zum Status der Exekutivdirektoren Gianviti in Current Developments, Vol. 1, 31, 44 ff.

364 Selmayr, Das Recht der Wirtschafts- und Währungsunion 68; ähnlich Smits in v.d.Groeben/ Schwarze, EUV/EGV, Art.111 Rdn.207; Gianviti in Current Developments, Vol. 1, 31, 46, verweist dabei auf die United Nations Convention on the Privileges and Immunities of Spezialized Agencies, in deren Zusammenhang die Exekutivdirektoren nicht als Vertreter der Mitglieder, sondern als Beamte des Fonds gewertet werden.

365 Escudero, 130.

366 Gianviti in Current Developments, Vol. 1, 31, 47; ähnlich Van Houtven, 23.

367 Selmayr, Das Recht der Wirtschafts- und Währungsunion, 69; ähnlich Gold, Voting and Decisions, 89.

Mitglieds zu vertreten, noch entsprechend getroffener Instruktionen die Stimmabgabe durchzuführen. Vielmehr ist die Stimmabgabe auch dann gültig, wenn sie von derartigen Vorgaben abweicht.[368]

Diese Begrenzung schließt jedoch nicht aus, dass Exekutivdirektoren auch die Interessen der Mitgliedsländer berücksichtigen und vertreten.[369] Aus diesem Grund werden die Exekutivdirektoren teilweise auf halbem Weg zwischen den Bediensteten des IWF und den Mitgliedern des Gouverneursrates eingeordnet.[370] In jedem Fall ermöglicht es die Ausgestaltung des Exekutivdirektoriums, in diesem Rahmen einen Ausgleich zwischen den Interessen der mächtigsten Wirtschaftsnationen, staatlichen Gruppen und dem Fonds zu schaffen.[371]

4. Aufgaben des Geschäftsführenden Direktors

Auf Grundlage von Art. XII Abs.4 IWFA wählt das Exekutivdirektorium für eine Amtszeit von fünf Jahren einen Geschäftsführenden Direktor als Vorsitzenden.[372] Es handelt sich bei diesem um den höchsten Beamten des IWF, der nach Art. XII Abs.4 IWFA nicht nur dem diensttuenden Personal des Fonds vorsteht, sondern auch nach Weisung des Exekutivdirektoriums die gewöhnlichen Geschäfte des Fonds führt. Trotz des Vorsitzes kommt dem Direktor jedoch nur bei Stimmgleichheit ein Stimmrecht zu.

Gemäß einer politischen Absprache handelt es sich beim Geschäftsführenden Direktor um einen Europäer und nicht um einen Amerikaner.[373] Letztere stellen

---

368 Gianviti in Current Developments, Vol. 1, 31, 48; diesem folgend Escudero, 130.

369 Gold, Legal and Institutional Aspects of the International Monetary Systems: Selected Essays, Vol. I, 241 f.: "*In the discharge of their functions, they do not owe their duty exclusively to the Fund, as do the Managing Director and the staff. Their status is a subtle one. They are expected, and expect of themselves, to arrive at decisions in the best interest of the international monetary system and the Fund. But these expectations do not require them, in the process by which decisions are reached, to overlook the interests of the member or members that appoint or elect them.*"

370 Escudero, 130.

371 Sorel in Daillier/ de la Pradelle/ Gherani, 157, Ziffer 30.

372 Bisherige Geschäftsführende Direktoren waren: Camille Gutt (1946–1951), Ivar Rooth (1951–1956), Per Jacobsson (1956–1963), Pierre-Paul Schweitzer (1963–1973), H. Johannes Witteveen (1973–1978), Jacques de Larosière (1978–1987), Michel Camdessus (1987–2000), Horst Köhler (2000–2004), Rodrigo de Rato (2004–2007), Dominique Strauss-Kahn (2007–2011); Christine Lagarde (2011-); abrufbar auf der IWF-Homepage: Managing Directors.

373 Oppermann in FS Vogel, 529, 536 weist darauf hin, dass so „dem besonderen finanziellen Engagement der europäischen Mitglieder im IWF Rechnung getragen [wird]."

unter Berücksichtigung des Fondssitzes in Washington lediglich den stellvertretenden Geschäftsführenden Direktor.[374]

5. Rat auf Ministerebene und Internationaler Währungs- und Finanzausschuss

Im Zuge der Zweiten Änderung des IWF-Abkommens wurde die ursprünglich im Zusammenhang mit dem Exekutivdirektorium diskutierte Frage der politischen Aufsicht erneut aufgeworfen.[375] Aus diesem Grund wurde in Art. XII Abs.1 IWFA die mögliche Errichtung eines Rats auf Ministerebene als weiteres Entscheidungsgremium des Fonds vorgesehen, der das Funktionieren und mögliche Anpassungen des internationalen Währungssystems überwachen bzw. bei Änderungen beratend tätig werden soll.[376] Dabei zeigen die in Anhang D zum IWF-Übereinkommen vorgesehenen Regeln, dass der Rat hinsichtlich seiner Zusammensetzung und der ihm zugeteilten Aufgaben parallel zum Exekutivrat ausgestaltet wurde. Es kann daher vom Vorliegen einer Konkurrenzsituation der Organe ausgegangen werden.[377] Allerdings erstreckt sich diese Parallelität nicht auf den Status der jeweiligen Mitglieder. So können in den neu geschaffenen Rat Gouverneure, Minister oder sonstige Mitglieder vergleichbaren Ranges entsandt werden, die als nationale Repräsentanten anzusehen sind und die ihnen zugeteilten Stimmen entsprechend den Vorgaben der sie entsendenden IWF-Mitglieder aufteilen können.[378] Aus dieser Ausgestaltung kann auf die Intention geschlossen werden, den politischen Einfluss der Fondsmitglieder in den Gremien des Fonds auszuweiten.[379]

Mangels eines Beschlusses zur Einsetzung des Rates wurde im Zuge der Zweiten Änderung des IWF-Abkommens das sog. Interim Committee of the Board of Governors on the International Monetary System als informelle Variante des Rates eingesetzt, das 1999 in das sog. International Monetary and Financial Committee umbenannt wurde. Letzteres ist mit dem Rat hinsichtlich Zusammensetzung und

---

374 Escudero, 131; Sorel in Daillier/ de la Pradelle/ Gherani, 257, Ziffer 32, der ausführt, dass im Gegenzug ein Amerikaner als Direktor der Weltbank bestellt wird.

375 Van Houtven, 14. Allgemein zu politischen Gremien im Fonds vgl. Gold, Legal and Institutional Aspects of the International Monetary Systems: Selected Essays, Vol. I, 238 ff.

376 Selmayr, Das Recht der Wirtschafts- und Währungsunion, 74; vgl. ebenfalls Gold, Legal and Institutional Aspects of the International Monetary Systems: Selected Essays, Vol. I, 239.

377 Selmayr, Das Recht der Wirtschafts- und Währungsunion, 74.

378 Vgl. Anlage D, Ziffern 1 a), 3 b) IWFA.

379 Selmayr, Das Recht der Wirtschafts- und Währungsunion, 74.

Funktionen vergleichbar, allerdings fehlen die dem Rat eingeräumten Entscheidungsbefugnisse, so dass es lediglich als Beratungsgremium fungiert.[380] Dennoch hat sich seine Einrichtung auf das institutionelle Gefüge des IWF in maßgeblicher Weise ausgewirkt. So wird es auch als „verlängerter Arm des Gouverneursrates" verstanden, der zur politischen Aufsicht des Exekutivrates dient. In diesem Vorgehen zeigt sich die Tendenz zur Betonung der Konsultationspflichten in einer von ihren Mitgliedern kontrollierten internationalen Organisation.[381]

6. Verfahren der Entscheidungsfindung

a) Stimmrechte

Gemäß Art. XII Abs.5 a) IWFA verfügt jedes Fondsmitglied über eine feststehende Anzahl an Basisstimmen und eine zusätzlich Stimme für jeden Teil seiner Quote, der einhunderttausend Sonderziehungsrechten entspricht.[382] Durch die so vorgenommene Gewichtung nach Kapitalanteilen wird die ökonomische Bedeutung des jeweiligen Landes auch bei der Verteilung der Stimmrechte berücksichtigt. Dies unterscheidet den IWF von typischen politischen Organisationen, in denen der Grundsatz „Ein Land – eine Stimme" vorherrscht, nach dem die einzelnen Mitglieder über identische Stimmrechte verfügen.[383]

Eine Abweichung vom Prinzip der Stimmgewichtung bilden die sog. Basisstimmen. Auf diese Weise soll nicht nur dem Grundsatz der Staatengleichheit Rechnung getragen, sondern auch die vollständige Analogie zu einer privaten Kapitalgesellschaft und die zu hohe Konzentration von Stimmrechten bei einzelnen Mitgliedern vermieden werden.[384] Die Zuteilung von Basisstimmen, die als politisch bestimmbares Anpassungsmittel dienen, wirkt sich besonders bei den Mitgliedstaaten mit den niedrigsten Quoten aus, die andernfalls aufgrund ihrer geringen wirtschaftlichen Bedeutung keinen Einfluss auf die

---

380 Selmayr, Das Recht der Wirtschafts- und Währungsunion, 74 f.; ausführlich zum Interim Committee bzw. IMFC, vgl. Van Houtven, 32 ff.

381 Selmayr, Das Recht der Wirtschafts- und Währungsunion, 76.

382 Zur Höhe der Stimmrechte vgl. IWF-Homepage: IMF Members' Quotas and Voting Power, and IMF Board of Governors.

383 Gianviti in Current Developments, Vol. 1, 31, 38f.; in diesem Prinzip kommt der Grundsatz der Gleichberechtigung der Staaten zum Ausdruck, vgl. Epping in Ipsen, Völkerrecht, § 5 Rdn.254. Im Fall des IWF wird nach Bernhardt in FS Hahn, 531, 531 f. das Postulat des Gleichheitsgrundsatzes zugunsten der „Gewichtung der eingebrachten Interessen und Leistungen" abgeschwächt.

384 So Gold, Legal and Institutional Aspects of the International Monetary Systems: Selected Essays, Vol. I, 292 f.; ders., Voting and Decisions, 18 ff.

Entscheidungsfindung nehmen könnten.[385] Als problematisch erweist sich dabei jedoch, dass die Bedeutung der Basisstimmen seit der Fondsgründung abgenommen hat. Dies ist auf die gleichbleibende Höhe der Basisstimmen trotz mehrfacher Quotenerhöhungen zurückzuführen.[386] Es wurde daher im Zuge der im Jahr 2008 vorgenommenen Quotenreform eine Verdreifachung der Basisstimmen zur Steigerung des Stimmgewichts der wirtschaftlich schwächeren Länder vorgesehen.

b) Abstimmungserfordernisse

Gemäß Art. XII Abs.5 c) IWFA werden alle Beschlüsse des Fonds und damit die Entscheidungen im Gouverneursrat und im Exekutivdirektorium grundsätzlich mit der einfachen Mehrheit der abgegebenen Stimmen getroffen. Dies gilt jedoch nur insoweit, als im Abkommen nicht ausdrücklich etwas anderes bestimmt ist. So ist beispielsweise für die Bestimmung des Zinssatzes nach Art. XX Abs.3 IWFA eine qualifizierte Mehrheit von 70% der Stimmen vorgesehen. In anderen Fällen, wie der Änderung der Artikel des IWF-Abkommens nach Art. XXVIII a) IWFA, der Quotenanpassung nach Art. III Abs.2 d) IWFA oder der Abänderung der Zahl der Exekutivdirektoren nach Art. XII Abs. 3 c) IWFA erhöht sich diese qualifizierte Mehrheit auf 85% der Stimmen. Dabei erschweren diese Qualifikationen das Treffen der genannten Entscheidungen. Dies gilt umso mehr, als so ein Vetorecht für eine Minderheit der Mitglieder begründet wird.[387] Von besonderer Bedeutung ist dabei die Stellung der USA, der aufgrund ihres Stimmanteils von 16,74% eine herausgehobene Position zukommt. Dieser Anteil ermöglicht es ihr im Alleingang Entscheidungen mit 85%-Mehrheit zu verhindern. Natürlich kann ein solches Veto auch durch den Zusammenschluss einzelner Mitglieder zustande kommen.[388]

Obwohl das IWF-Abkommen die genannten formellen Abstimmungsverfahren vorsieht, werden diese in der Praxis des Fonds weitgehend vermieden. Vielmehr werden Entscheidungen durch Konsens angestrebt, die als Ausdruck des kooperativen Charakters des IWF verstanden werden können und dem Ausgleich der verschiedenen Interessen dienen.[389] Trotz der geringen Bedeutung

385 Skala/ Thimann/ Wölfinger, 17.

386 So lag die Bedeutung der Basisstimmen bis Mitte der 70er Jahre bei über 10% der Gesamtstimmen, um schließlich bis zum Jahr 2002 auf 2% abzusinken, vgl. Van Houtven, 6 f.

387 Gianviti in Current Developments, Vol. 1, 31, 52.

388 Van Houtven, 11 f.

389 Van Houtven, 23; ders., 23 ff. auch ausführlich zum Verfahren der Entscheidungsfindung durch Konsens.

der formellen Abstimmungen im Rahmen des Exekutivrates darf jedoch nicht verkannt werden, dass sich das Kräfteverhältnis der Staaten in den Fondsorganen nach den zugeteilten Stimmrechten richtet.[390] Die Stimmengewichtung garantiert letztendlich die Kontrolle der Industrienationen über die Entscheidungen des Fonds.[391]

7. Governance Reform

Im November 2010 beschloss der IWF die bedeutendste Governance- Reform seiner Geschichte.[392] Wesentliche Aspekte dieser Reform betreffen die Quoten und Stimmrechtsanteile der Mitglieder des Fonds. So werden die Quoten als Hauptfinanzierungsquelle des Fonds verdoppelt und gleichzeitig die Stimmrechtanteile in einem Umfang von über 6% von über- zu den unterrepräsentierten Ländern bzw. hin zu Schwellen- und Entwicklungsländern verlagert.

Weiterhin wird die Größe und Zusammensetzung des Exekutivrates neu geregelt. Es ist hier zunächst vorgesehen, die Ernennung von Exekutivdirektoren abzuschaffen, so dass sich in Zukunft der Exekutivrat nur aus gewählten Direktoren zusammensetzt. Dabei wird die Größe des Rates mit 24 Direktoren beibehalten. Allerdings ist vorgesehen, dass die europäischen Mitglieder ihre Vertretung im Exekutivrat um zwei Sitze verringern. Gleichzeitig soll die Ernennung eines zweiten stellvertretenden Exekutivdirektors ermöglicht werden, um so die Vertretung multinationaler Stimmrechtsgemeinschaften zu stärken.[393]

VI. Auswirkungen des IWF-Abkommens auf die Währungssouveränität

Die Auswirkungen des IWF-Abkommens auf die Währungssouveränität folgen hauptsächlich aus den Verpflichtungen des sog. *code of conduct*, dem sich die Fondsmitglieder unterwerfen. Dies gilt trotz der erheblichen Abschwächung der

390 Bénassy-Quéré/ Bowles, CEPII 2002, 1, 1.

391 Escudero, 132.

392 Allgemein zur Reform, vgl. Bergthaler/ Giddings, EYIEL 2013, 371, 381 ff.; zu den Gründen für die Reform vgl.Glöckler/ Truchlewski, 117, 128 f.; eine Bewertung der Reform unter Berücksichtigung der abnehmenden wirtschaftlichen Bedeutung Europas findet sich bei Schwarzer, 137, 144 ff.

393 Vgl. zu diesen wesentlichen Elementen der Reform IWF Press Release No. 10/418 vom 5. November 2010. Mangels Unterzeichnung der Refomen durch die USA, die aufgrund der Höhe ihres Quotenanteils zur Umsetzung der Reform zwingend erforderlich ist, konnte diese bisher nicht in Kraft treten.

Wechselkursregelungen im Zuge der Neugestaltung des Abkommens von 1978. Es ist hier zu berücksichtigen, dass die Umgestaltung zu einer deutlichen Aufwertung der Konsultationsverfahren im Rahmen des IWF führte und so dessen Einflussmöglichkeiten auch thematisch ausgeweitet wurden. Insbesondere kann der Fonds durch diese Konsultationen auf geordnete Wirtschaftsverhältnisse in seinen Mitgliedsländern Einfluss nehmen und so die Stabilität der Wechselkurse fördern.[394] Auch der Hilfsmechanismus wirkt sich auf die Souveränität der Mitgliedstaaten aus. Dies folgt sowohl aus der Verpflichtung zur Zusammenarbeit als auch der Verpflichtung zur Übertragung bestimmter Währungsreserven oder aber möglichen Umtauschverpflichtungen. Schließlich kommt die Beschränkung der Währungssouveränität auch in der institutionellen Struktur des Fonds zum Ausdruck. Dies gilt zunächst mit Blick auf die überregionalen Strukturelemente wie dem Administrativbereich, dem der Geschäftsführende Direktor vorsteht, oder aber dem Exekutivdirektorium. Darüber hinaus ist auf die Anwendung des Mehrheitsgrundsatzes bei möglichen Abstimmungsverfahren hinzuweisen, die auch im national geprägten Gouverneursrat Anwendung finden[395]. Das IWF-Abkommen setzt damit in allen Bereichen das Bestehen von Währungssouveränität bei seinen Mitgliedern voraus.[396]

Vor diesem Hintergrund gilt es zu untersuchen, welche Auswirkungen sich für die Mitgliedstaaten des Fonds aus deren Mitgliedschaft in der EU ergeben. So wirkt sich nicht nur die Vollendung des Binnenmarktes, sondern insbesondere die Errichtung der Wirtschafts- und Währungsunion auf die Währungssouveränität der Mitgliedstaaten aus. Im Vordergrund muss dabei die Fähigkeit der Staaten stehen, die Verpflichtungen aus dem IWF-Abkommen zu erfüllen. Dies gilt besonders „unter der Prämisse, dass die Mitgliedschaft in einer internationalen Organisation ipso iure enden würde, wenn ein Mitgliedstaat seinen Charakter in der Weise verändert, dass es nicht mehr die elementaren Voraussetzungen [für eine solche Mitgliedschaft] besäße“.[397]

394 Deutsche Bundesbank, Weltweite Organisationen (2003), 29; (2013) 42 f.

395 Selmayr, Das Recht der Wirtschafts- und Währungsunion, 69 f.

396 Martha, CMLRev.1993, 749, 755; folgend Bognar, Europäische Währungsintegration und Außenwirtschaftsbeziehungen, 389.

397 Bognar, Europäische Währungsintegration und Außenwirtschaftsbeziehungen, 389 m.w.N.

3. Kapitel: Die Europäische Wirtschafts- und Währungsunion (WWU)

I. Einleitung

Nicht nur das IWF-Abkommen, sondern auch die Regelungen des AEU-Vertrages zur Wirtschafts- und Währungsunion (WWU) wirken sich einschränkend auf die staatliche Währungssouveränität aus. Die Besonderheiten der europäischen Währungsunion ergeben sich dabei aus deren supranationaler Ausgestaltung. Während das internationale Währungssystem auf der Vorstellung aufbaut, dass es ‚Staaten obliegt, ein eigenes unabhängiges Währungssystem zu schaffen und zu organisieren', stellt die Vollendung der WWU diese Konzeption in Frage.[398] Der europäischen Währungsunion liegt gerade die Abkehr von der klassischen Auffassung zugrunde, nach der ‚ein Staat ebenso selbstverständlich über eine eigene Währung wie über ein eigenes Hoheitsgebiet und eine eigene Verfassung verfügt.'[399]

Dennoch stellt sich die WWU als das Ergebnis einer fast dreißigjährigen Entwicklung dar, die eng mit den Vorgängen im internationalen Währungssystem verknüpft ist. Insbesondere ging der währungsrechtlichen Integration auch im Rahmen der Europäischen Union eine Epoche der währungsrechtlichen Kooperation voraus.[400]

II. Entwicklung der Wirtschafts- und Währungsunion

1. Die Europäische Wirtschaftsgemeinschaft zur Zeit des Bretton-Woods-Systems

Am 25. März 1957 wurde als einer der Römischen Verträge der Vertrag zur Gründung der Europäischen Wirtschaftsgemeinschaft unterzeichnet.[401] Ziel der EWG war es nach Art.2 EWGV, durch die Errichtung eines Gemeinsamen Marktes

398 Proctor/ Mann, The legal aspect of money, Intro.VI.01 (wÜ).

399 Proctor/ Mann, The legal aspect of money, Intro,VI.01 (wÜ).

400 Fétouche in Daillier/ de la Pradelle/ Gherani, 193 Ziffer 1 f.

401 Als weiterer Römischer Vertrag ist der Vertrag über die Europäische Atomgemeinschaft (EURATOM) zu nennen. Gründungsmitglieder dieser Gemeinschaften waren Belgien, die Bundesrepublik Deutschland, Frankreich, Italien, Luxemburg sowie die Niederlande.

und die schrittweise Annäherung der Wirtschaftspolitik der Mitgliedstaaten eine harmonische Entwicklung des Wirtschaftslebens innerhalb der Gemeinschaft, eine beständige und ausgewogene Wirtschaftsausweitung, eine größere Stabilität, eine beschleunigte Hebung der Lebenshaltung und engere Beziehungen zwischen den Staaten zu fördern, die in dieser Gemeinschaft zusammengeschlossen waren. Die Umsetzung dieser Zielsetzung konnte in der Nachkriegszeit vor dem Hintergrund „kräftigen weltwirtschaftlichen Wachstums, hoher und gesicherter Beschäftigung, stabiler Preise und fester Wechselkurse" erfolgen.[402] Letzteres war darauf zurückzuführen, dass alle Währungen der EWG-Staaten in das Fixkurssystem von Bretton-Woods eingebunden waren.[403] Die hiermit einhergehende Ausrichtung der Wirtschaftspolitik auf die Wahrung des Wechselkurses zum Dollar ließ kaum Möglichkeiten für eine selbständige Währungs- und Geldpolitik und bot damit nur wenig Anlass für währungspolitische Schwierigkeiten.[404] Diese Ausrichtung auf das internationale Währungssystem erklärt auch, weshalb ein europäisches Währungssystem allenfalls in rudimentären Ansätzen vorhanden war.[405] Tatsächlich hatte die Währungspolitik nicht als eigenständiges Tätigkeitsfeld, sondern nur als Komponente der Wirtschaftspolitik Eingang in den EWG-Vertrag gefunden.[406] Dabei waren die Mitgliedstaaten zur Vermeidung von Zahlungsbilanzschwierigkeiten und damit einhergehender Gefährdungen für den Aufbau des Gemeinsamen Marktes gehalten, die Währungspolitik nach Art. 105 EWGV zu koordinieren und die Wechselkurspolitik nach Art. 107 EWGV als Angelegenheit von gemeinsamem Interesse zu behandeln.[407] Für den Fall des Eintritts eines Zahlungsbilanzungleichgewichts waren in den Art. 108f. EWGV Regelungen für einen gegenseitigen Beistand vorgesehen. Im Bereich des

402 Scharrer in Grabitz, 1, 2.

403 Selmayr, Das Recht der Wirtschafts- und Währungsunion, 123; Louis in FS Hahn, 201, 201 verweist darauf, dass die europäische Integration unter dem Schutzschirm des Bretton-Woods-Systems geschaffen wurde und sich entwickeln konnte.

404 Wittelsberger in v.d. Groeben/ Schwarze, EUV/ EGV, Vorbem. zu Art.98 Rdn.3.

405 Vgl. Hahn/ Häde, Währungsrecht, § 13 Rdn.5, 8; Louis in FS Hahn, 201, 201; ähnlich Smits in v.d. Groeben/ Schwarze, EUV/ EGV, Art.111 Rdn.205.

406 Selmayr, Das Recht der Wirtschafts- und Währungsunion, 123 f.

407 In institutioneller Hinsicht erforderte die Koordinierung der Währungspolitik die Zusammenarbeit der zuständigen Ministerien und Zentralbanken. Diese wurde nicht nur durch den Rat gefördert, sondern auch durch entsprechende Hilfsorgane in Form von Ausschüssen. Hervorzuheben ist nach Nestler, WM 2001, 2425, 2426, insbesondere der in Art.105 Abs.2 EWGV verankerte sog. Beratende Währungsausschuss, mit dem „erstmals ein institutioneller Rahmen für die gemeinschaftliche Währungspolitik in Form eines zentralen Konsultationsorgans geschaffen wurde."

Zahlungs- und Kapitalverkehrs bestanden lediglich Liberalisierungsmaßnahmen in beschränkter Form.[408]

2. Der Werner-Plan als Reaktion auf die Instabilität des Bretton-Woods-Systems

Infolge der dargestellten Zusammenhänge wirkte sich die instabile Phase des Bretton-Woods-Systems zwangsläufig auf die EWG aus. Es stellte sich daher die Frage, „wie die EWG die realwirtschaftliche Integration durch einen stabilen monetären Rahmen dauerhaft schützen und fördern könne."[409] So kam 1969 erstmals die Idee eines europäischen Währungsraumes auf, die schließlich in einen Ratsbeschluss zur Erarbeitung eines Stufenplanes über die Errichtung einer Wirtschafts- und Währungsunion mündete.[410] Eine hierzu eingesetzte Expertengruppe legt am 8. Oktober 1970 als Ergebnis ihrer Überlegungen den sog. Werner-Plan vor.[411] Letzerer sah zur Schaffung eines europäischen Währungsraumes „die vollständige und irreversible Konvertibilität der Währungen, die Beseitigung der Bandbreiten der Wechselkurse, die unwiderrufliche Festsetzung der Paritätsverhältnisse und die völlige Liberalisierung des Kapitalverkehrs" vor.[412] Dabei wurde betont, dass ein solches Vorgehen insbesondere die Änderung des

408 Ausweislich des Wortlautes von Art.106 Abs.1 EWGV kam der Zahlungsverkehrsfreiheit nur dienende Funktion zu. Sie konnte nur dann in Anspruch genommen werden, wenn dies zur Umsetzung der genannten Grundfreiheiten notwendig war. Auch eine Liberalisierung des Kapitalverkehrs war nach Art.67 EWGV nicht umfassend, sondern nur insoweit vorgesehen, als dies für das Funktionieren des Gemeinsamen Marktes notwendig war. Diese restriktive Ausgestaltung lässt sich durch die Verbindung dieser Freiheiten zur Währungs- und Wirtschaftspolitik und damit nationalen Kompetenzen erklären, Vgl. Selmayr, Das Recht der Wirtschafts- und Währungsnion, 125 ff. sowie Vigneron/ Steinfeld, CDE 1996, 401, 403.

409 Wittelsberger in v. d. Groeben/ Schwarze, EUV/ EGV, Vorbem. zu Art.98 Rdn.6.

410 Kommuniqué der Konferenz der Staats- bzw. Regierungschefs der Mitgliedstaaten der EG vom 1. und 2. Dezember 1969 in Den Haag, Bulletin EG, Februar 1970, Nr.2, 12–17.

411 Bericht an Rat und Kommission über die stufenweise Verwirklichung der Wirtschafts- und Währungsunion in der Gemeinschaft („Werner-Plan"), Bulletin EG, Sonderbeilage Nr. 11/1970, 2–33.

412 Bericht an Rat und Kommission über die stufenweise Verwirklichung der Wirtschafts- und Währungsunion in der Gemeinschaft („Werner-Plan"), Bulletin EG, Sonderbeilage Nr. 11/1970, 2, 10; vgl. ferner Bergmann, Handlexikon der EU, Stichwort: Werner Plan.

bestehenden Rechtsrahmens erfordere und damit einhergehend u.a. die Übertragung weiterer staatlicher Hoheitsrechte auf die Gemeinschaft.[413]

Trotz der folgenden politischen Entschließung des Rates über die stufenweise Verwirklichung der Wirtschafts- und Währungsunion vom 22. März 1971[414] wurden jedoch nur wenige Elemente des Planes verwirklicht. Dies ist zunächst auf die wirtschaftlichen Bedingungen der 1970er Jahre, aber auch das divergierende wirtschaftspolitische Vorgehen der Mitgliedstaaten zurückzuführen. So war einerseits mit dem Zusammenbruch des Bretton-Woods-Systems „der Zwang zur […] monetären und fiskalpolitischen Stabilität scheinbar gelockert worden", andererseits reagierten die Staaten auf die schwierigen wirtschaftlichen Bedingungen wie die Ölkrise im Jahr 1973 uneinheitlich und verstärkten so ihre ohnehin stark divergierenden Inflationsraten.[415] Darüber hinaus sind aber auch die unterschiedlichen mitgliedstaatlichen Auffassungen mit Blick auf die Art der Umsetzung der Währungsunion zu nennen.[416] Angesprochen sind damit die sog. monetaristische und die sog. ökonomische Konzeption der Währungsunion. Während die sog. Monetaristen die Währungsintegration als Instrument zur Förderung der Wirtschaftsintegration auffassen, verstehen die sog. Ökonomisten die Währungsintegration als „Krönung" umgesetzter Wirtschaftsintegration.[417]

3. Die Europäische Währungskooperation nach dem Zusammenbruch des Bretton-Woods-Systems

a) Der Europäische Währungsverbund

Der Zusammenbruch des Bretton-Woods-Systems verstärkte auf europäischer Ebene den Bedarf an geordneten Rahmenbedingungen im Währungsbereich. Als Anknüpfungspunkt boten sich dabei bereits umgesetzte Elemente des Werner-Plans wie der sog. Europäische Wechselkursverbund an.[418] Hier war durch

---

413 Dauses in Dauses, Hdb. des EU- Wirtschaftsrechtes, F.I. Rdn.16.

414 Entschließung des Rates und der Vertreter der Regierungen der Mitgliedstaaten vom 22. März 1971 über die stufenweise Verwirklichung der Wirtschafts- und Währungsunion in der Gemeinschaft, ABl. EG 27.3.1971, Nr. C 28, 1–4.

415 Wittelsberger in v.d. Groeben/ Schwarze, EUV/ EGV, Vorbem. zu Art.98 Rdn. 7.

416 Dauses in Dauses, Hdb. des EU- Wirtschaftsrechtes, F.I. Rdn.18.

417 Tietmeyer in FS Everling, 1575, 1578.

418 Die Grundlage des Verbundes bildete die Entscheidung 71/143/EWG des Rates vom 22.3.1971 über die Einführung eines Mechanismus für den mittelfristigen finanziellen Beistand, ABl. EG 1971, Nr. L 73/15, sowie das Baseler Abkommen vom 10.4.1972 zwischen den Zentralbanken der Mitgliedstaaten der Gemeinschaft über die Verringerung der Schwankungsbreiten ihrer Währungen.

die Schaffung bilateraler Kurse zwischen den teilnehmenden Währungen versucht worden, die festen Wechselkurse in der Europäischen Gemeinschaft aufrechtzuerhalten.[419] Dafür sah der Verbund, der auch als „Schlange im Tunnel“ umschrieben wird, Bandbreiten von +/- 2,25% vor. Innerhalb dieser wurde ein Schwanken der Wechselkurse gegenüber dem US-Dollar und damit ein entsprechendes Blockfloating mit dem Zeitpunkt der faktischen Aufgabe des Bretton-Woods-Systems zugelassen.[420] Flankiert wurden diese Regelungen durch einen Interventions- und Beistandsmechanismus zur kurzfristigen Währungsunterstützung, eine europäische Rechnungseinheit sowie institutionell durch den Europäischen Fonds für währungspolitische Zusammenarbeit. Dennoch war auch dieser Verbund den Währungsturbulenzen des Jahres 1973 nicht gewachsen. So schieden einhergehend mit der divergierenden wirtschaftlichen Entwicklung immer weitere Mitgliedstaaten aus dem Währungsverbund aus.[421]

b) Das Europäische Währungssystem

Als Folge der Suche nach einer stabilen Wechselkursumgebung für den Gemeinsamen Markt und in Fortführung der bisherigen monetären Zusammenarbeit in der Gemeinschaft wurde schließlich um die Jahreswende 1978/1979 das sog. Europäische Währungssystem (EWS) geschaffen.[422] Das EWS, bei dem es sich um

---

419 Schmidt in Staudinger, BGB-Kommentar, Vorbem. zu §§ 244 ff., Rdn. F 45; Nach Dauses in Dauses, Hdb. des EU- Wirtschaftsrechtes, F.I. Rdn.19, nahmen neben den Mitgliedstaaten auch die Beitrittsländer Vereinigtes Königreich, Irland, Dänemark, sowie zeitweise die Schweiz, Schweden und Norwegen am Verbund teil.

420 Fétouche in Daillier/ de la Pradelle/ Gherani, Droit de l'économie internationale, 194, Ziffer 6.

421 Bergmann, Handlexikon der Europäischen Union, Stichwort: Werner-Plan; Dauses in Dauses, Hdb. des EU- Wirtschaftsrechtes, F.I. Rdn.20.

422 Dabei umbeschreibt Dauses in Dauses, Hdb. des EU- Wirtschaftsrechtes, F.I. Rdn.23, das EWS seiner Rechtsgrundlage und seiner Rechtsform nach als ein „mixtum compositum“, da es sowohl nationale als auch gemeinschaftrechtliche Elemente umfasse. Es handelt sich hierbei im Wesentlichen um die Entschließung des Europäisches Rates über die Errichtung des Europäischen Währungssystems und damit zusammenhängende Fragen vom 5.12.1978, Bulletin EG, Dezember 1978, Nr.12, 10–14, die Verordnungen des Rates vom 18.12.1978 über das Europäische Währungssystem (VO Nr. 3181/78, ABl. EG 1978, L 379/2) und zur Änderung des Wertes der vom Europäischen Fonds für währungspolitische Zusammenarbeit verwendeten Rechnungseinheit (VO Nr. 3180/78, ABl. EG 1978, L 379/1) sowie das Abkommen zwischen den Zentralbanken der Mitgliedstaaten der Europäischen Wirtschaftsgemeinschaft über die Funktionsweise des Europäischen Währungssystems vom 13.3.1979.

ein nach Art. IV Abs.2 b (ii) IWFA zulässiges regionales Fixkurssystem handelte,[423] war das wichtigste Instrument der währungspolitischen Zusammenarbeit in der Gemeinschaft und leistete eine „entscheidende Rolle als Wegbereiter“ für die Wirtschafts- und Währungsunion.[424]

Den Angelpunkt des EWS bildete die Europäische Währungseinheit, der sog. ECU.[425] Diese wurde anhand eines Korbes bestimmt, der alle Währungen der Mitgliedstaaten anteilig nach deren wirtschaftlicher Bedeutung enthielt.[426] Bedeutung kam dem ECU im Rahmen des Wechselkurs- sowie des Interventions- und Kreditmechnismus zu, aber auch beim Saldenausgleich zwischen den Währungsbehörden der Mitgliedstaaten zu.[427]

Im Rahmen des Wechselkursmechanismus erhielt jede teilnehmende Währung einen in ECU ausgedrückten Leitkurs. Die Leitkurse bildeten ein Gitter bilateraler Wechselkurse, die in Bandbreiten von +/- 2,25% schwanken konnten.[428] Bei Erreichen der Schwankungsgrenzen[429] waren die nationalen Zentralbanken verpflichtet, dem Überschreiten dieser Grenzen durch Interventionen am Devisenmarkt entgegenzuwirken, indem sie schwache Währungen kauften und starke Währungen verkauften.[430] Darüber hinaus sah das EWS die Möglichkeit vor, die Leitkurse im gegenseitigen Einvernehmen anzupassen. Ergänzt wurden diese Mechanismen durch einen Kreditmechanismus, in dessen Rahmen sich die Zentralbanken Kredite in unbegrenzter Höhe zum Zweck der Intervention einräumten. Abgewickelt wurden diese Kredite über den Europäischen Fonds für währungspolitische Zusammenarbeit (EFWZ).[431]

---

423 Hahn, Währungsrecht, § 28 Rdn.29.

424 Bergmann, Handlexikon der Europäischen Union: Stichwort: Europäisches Währungssystem.

425 Ziffer 2.1 der Entschließung des Europäischen Rates über die Errichtung des Europäisches Währungssystems und damit zusammenhängende Fragen vom 5.12.1978.

426 Bergmann, Handlexikon der Europäischen Union: Stichwort: Europäisches Währungseinheit (ECU).

427 Dauses in Dauses, Hdb. des EU- Wirtschaftsrechtes, F.I. Rdn.26.

428 Wittelsberger in v. d. Groeben/Schwarze, EUV/ EGV, Vorbem. zu Art.98 Rdn.8.

429 Dauses in in Dauses, Hdb. des EU- Wirtschaftsrechtes, F.I. Rdn.29, verweist darauf, dass es sich hierbei um den sog. Interventionspunkt bei 75% der Bandbreite handelt.

430 Bergmann, Handlexikon der Europäischen Union, Stichwort: Europäisches Währungssystem.

431 Bergmann, Handlexikon der Europäischen Union, Stichwort: Europäisches Währungssystem. Nach Palm in Grabitz/ Hilf/ Nettesheim, EU, Art.141 Rdn.4, war der EFWZ zentrales institutionelles Element des EWS und sollte dieses verwalten.

c) Das EWS und das erneute Aufkommen der Idee einer Währungsunion

Trotz der Notwendigkeit anfänglicher Anpassungen der Leitkurse erwies sich das EWS entsprechend seiner Zielsetzung als effizient bei der Förderung von Währungsstabilität und Konvergenz. So gingen Wechselkursschwankungen, aber auch die Inflation sowie das Inflationsgefälle zwischen den verschiedenen Teilnehmerstaaten zurück. Darüber hinaus spiegelte sich der währungspolitische Konsens zunehmend in ähnlichen wirtschaftlichen Resultaten.[432] Dies macht deutlich, dass das EWS nicht nur in direkter Weise die Währungssouveränität der Mitgliedstaaten betraf, sondern sich auch auf die verfolgte Wirtschaftspolitik auswirkte.[433] Von besonderer Bedeutung war in diesem Zusammenhang, dass sich die DM als Leit- und Ankerwährung des EWS herausgebildet hatte. Hieraus folgte eine Abhängigkeit der europäischen Entscheidungen in der Währungspolitik von denen der Deutschen Bundesbank.[434] Dies erwies sich insofern als problematisch, als die Last zur Vornahme geld- und wirtschaftspolitischer Anpassungen asymmetrisch auf den angebundenen Währungen lastete.[435] Hier stellte sich aufgrund der Angleichung der Inflationsraten das Problem „der politischen Akzeptanz der EWS-Mechanismen als Dauerlösung für die Währungsordnung in der Gemeinschaft."[436] Insbesondere sahen die übrigen Teilnehmerstaaten die Stellung der Deutschen Bundesbank als schwer hinzunehmende Einengung ihrer Währungssouveränität an.[437]

Es verwundert daher nicht, dass neben der diskutierten Reform des EWS auch ein Wiederaufgreifen der WWU-Idee zu beobachten war. So wurde etwa mit der Einheitlichen Europäischen Akte in Art. 102 a EWGV nicht nur das EWS primärrechtlich verankert, sondern in der Präambel auch auf das politische Ziel einer Währungsunion Bezug genommen.[438] Verstärkt wurde diese Tendenz durch den Binnenmarktprozess, einschließlich der fortschreitenden Liberalisierung des Kapitalmarktes. Letztere wurde als Zeichen der Bereitschaft der Mitgliedstaaten

432 Bergmann, Handlexikon der Europäischen Union, Stichwort: Europäisches Währungssystem.
433 Vgl. Proctor/Mann, The legal aspect of money, Rdn. 31.04.
434 Bergmann, Handlexikon der Europäischen Union, Stichwort: Europäisches Währungssystem.
435 Wittelsberger in v. d. Groeben/ Schwarze, EUV/ EGV, Vorbem. zu Art.98 Rdn.10.
436 Wittelsberger in v. d. Groeben/ Schwarze, EUV/ EGV, Vorbem. zu Art.98 Rdn.10.
437 Oppermann, Europarecht, § 19 Rdn.11.
438 Hahn, Währungsrecht, § 13 Rdn. 18f.

gewertet, „einen einheitlichen Geld- und Kapitalmarkt [als] eine Voraussetzung für die Währungsunion entstehen zu lassen.“[439]

4. Die Europäische Währungsintegration

a) Der Delors-Plan

Im Fortgang des in der EEA verankerten Ziels setzte der Europäische Rat auf der Tagung am 27./28. Juni 1988 in Hannover ein Expertengremium zum Zweck der Ausarbeitung von Vorschlägen zur Umsetzung einer Währungsunion ein. Dieses Gremium unter Vorsitz des französischen Präsidenten der Kommission, Jacques Delors, legte am 17. April 1989 seinen Bericht zur Wirtschafts- und Währungsunion in der Europäischen Gemeinschaft vor, in der die Umsetzung des Projektes in drei Stufen angedacht wurde.[440] Unter Anknüpfung an die Überlegungen im Werner-Plan wurden dabei die volle und unwiderrufliche Währungskonvertibilität, die Errichtung eines freien Kapitalverkehrs, die unwiderrufliche Fixierung der Wechselkurse der Währungen und schließlich die Annahme einer gemeinsamen Währung vorgesehen. Das so bedingte Entfallen von Transaktionskosten sowie des Wechselkursrisikos in Form von Schwankungen sollte insbesondere Investitionen und das wirtschaftliche Wachstum begünstigen. Mit Blick auf die Weltwirtschaft sollte die Errichtung einer Währungsunion zu stärkerer Mitsprache der Gemeinschaft in internationalen Verhandlungen führen und ihre Möglichkeiten, auf wirtschaftliche Beziehungen zwischen Industrie- und Entwicklungsländer Einfluss zu nehmen, erhöhen.[441]

b) Der Vertrag von Maastricht

Auf Grundlage des sog. Delors-Plans vereinbarte der Europäische Rat in Maastricht am 9./10. Dezember 1991 im Rahmen des Vertrages über die Europäische Union einen Stufenplan zur Umsetzung der Wirtschafts- und Währungsunion. Die Maastrichter Beschlüsse, die am 1. November 1993 in Kraft traten, führten dabei zu einer neuen Qualität der Integration.[442] Gestützt werden kann dies auf den ersten Erwägungsgrund des EU-Vertrages, nach dem die Mitgliedstaaten entschlossen sind, die europäische Integration auf eine neue Stufe zu heben. Zudem ist zu berücksichtigen, dass sich der aus dem Binnenmarkt-Programm

---

439 Wittelsberger in v. d. Groeben/ Schwarze, EUV/ EGV, Vorbem. zu Art.98 Rdn.11.

440 Bericht zur Wirtschafts- und Währungsunion, abgedruckt in EA 1989, D 283 ff.

441 Bericht zur Wirtschafts- und Währungsunion, Ziffern 22, 26, 35.

442 Wittelsberger in v.d.Groeben/ Schwarze, EUV/EGV, Vorbem. zu Art.98, Rdn.1.

folgende Reformbedarf nicht auf wirtschaftspolitische Aspekte beschränkte. Im Zuge der Bindung weiterer Regelungskompetenzen wurde es inbesondere notwendig, die inneren Entscheidungsstrukturen der Gemeinschaft zu reformieren, damit diese ihre Handlungsfähigkeit sicherstellen und weiterhin als „Zentrum des europäischen Einigungsprozesses“ dienen konnte. Aus diesem Grund war neben der die Währungsunion vorbereitenden Regierungskonferenz 1990 eine weitere Konferenz zur Vorbereitung einer politischen Union einberufen worden. Infolgedessen beschränkte sich der Vertrag von Maastricht nicht wie die bisherigen Vertragswerke hauptsächlich auf wirtschaftliche Aspekte, sondern enthielt auch politische Zielbestimmungen.[443]

c) Die stufenweise Errichtung der Wirtschafts- und Währungsunion

Auf der Grundlage des Delors-Planes hatte der Europäische Rat bereits auf seiner Tagung am 26./27. Juni 1989 seine Entschlossenheit zur Errichtung einer WWU bekräftigt und den Beginn der ersten Stufe auf den 1. Juli 1990 festgesetzt. Diese sog. Konvergenzstufe sah eine verstärkte Koordinierung der nationalen Wirtschaftpolitiken vor und unterstellte die Hauhaltspolitiken der Mitgliedstaaten einer multilateralen Überwachung.[444] Darüber hinaus diente diese Stufe auch der Liberalisierung des Geld- und Kapitalverkehrs.[445] Mit der am 1. Januar 1994 beginnenden zweiten Stufe führte die Vollendung des Binnenmarktes zunächst im Bereich des Kapital- und Zahlungsverkehrs zu einer Kompetenzverschiebung zu Gunsten der Gemeinschaft.[446] Zudem diente diese Stufe der Schaffung der institutionellen Bedingungen für die WWU, indem das mit eigener Rechtspersönlichkeit ausgestattete Europäische Währungsinstitut (EWI) als Vorläufer der Europäischen Zentralbank (EZB) gegründet wurde.[447] Letztere wurde wiederum am 1. Juni 1998 als zentrales Organ des Europäischen Systems der Zentralbanken errichtet, das sich aus der EZB und den nationalen Zentralbanken zusammensetzt. Schließlich diente die zweite Stufe auch der Herstellung eines solches Grades an dauerhafter wirtschaftlicher Konvergenz zwischen den Mitgliedstaaten,

---

443 Bergmann, Handlexikon der Europäischen Union, Stichwort: Maastrichter Vertrag, auch zum dargestellten Reformbedarf.

444 Oppermann, Europarecht (4. Auflage), § 20 Rdn.16.

445 Streinz, Europarecht, Rdn. 1103.

446 Bognar, Europäische Wirtschaftsintegration und Außenwirtschaftsbeziehungen, 373.

447 Schmidt in Staudinger, BGG-Kommentar, Vorbem zu §§ 244 ff., Rdn.F 70 f.; vgl. auch Streinz, Europarecht, Rdn. 1103, 1112. Das EWI fungierte als Nachfolger des Europäischen Fonds für währungspolitische Zusammenarbeit und beendete seine Aufgaben am 1. Juni 1998.

damit die Währungsunion ohne die Gefahr einer Währungsentwertung vollendet werden konnte.[448] Gemessen wurde diese Konvergenz an den sog. vier Konvergenzkriterien.[449] Es handelt sich hierbei um einen hohen Grad an Preisstabilität[450], eine auf Dauer tragbare Finanzlage der öffentlichen Hand,[451] die Einhaltung der normalen Bandbreiten des EWS- Wechselkursmechanismus seit mindestens zwei Jahren,[452] sowie die Dauerhaftigkeit der erreichten Konvergenz und der Teilnahme am Wechselkursmechanismus.[453]

Auf der Grundlage dieser Kriterien bestätigte der Rat in der Zusammensetzung der Staats- und Regierungschefs am 3. Mai 1998, dass die dritte Stufe der WWU am 1. Januar 1999 mit Belgien, Deutschland, Spanien, Frankreich, Irland, Italien, Luxemburg, den Niederlanden, Österreich, Portugal und Finnland beginnen sollte.[454] Zu diesem Zeitpunkt nahm der Rat gemäß Art.123 Abs.4 EGV aufgrund eines einstimmigen Beschlusses der Mitgliedstaaten die Umrechnungskurse an, auf die die Währungen unwiderruflich festgelegt wurden, sowie die unwiderruflich festen Kurse, zu denen diese Währungen durch den Euro ersetzt wurden.[455] Die so bewirkte Vollendung der angestrebten Wirtschafts- und Währungsunion zeichnete sich durch den Übergang der währungspolitischen

---

448 Streinz, Europarecht, Rdn. 1108.

449 Diese Kriterien werden im Protokoll (Nr.21) über die Konvergenzkriterien nach Art.121 (ex-Artikel 109j) des Vertrages zur Gründung der Europäischen Gemeinschaft näher präzisiert, das dem AEU-Vertrag als Protokoll Nr.13 beigefügt ist.

450 Gemessen wird diese anhand der durchschnittlichen Inflationsrate, die um nicht mehr als 1,5 Prozentpunkte über der durchschnittlichen Inflationsrate jener drei Mitgliedstaaten mit den niedrigsten Werten liegen darf.

451 Es darf kein übermäßiges Defizit des zu prüfenden Mitgliedstaates im Sinne von Art.126 Abs.6 AEUV vorliegen. Nach dem Protokoll über das Verfahren bei einem übermäßigen Defizit darf damit die jährliche Neuverschuldung 3% und die gesamte Staatsverschuldung 60% des Bruttoinlandsproduktes nicht übersteigen.

452 Die normalen Bandbreiten müssen ohne starke Spannungen eingehalten worden sein und der bilaterale Wechselkurs darf in diesem Zeitraum gegenüber dem Euro nicht von sich aus abgewertet worden sein.

453 Der durchschnittliche langfristige Nominalzinssatz in einem Mitgliedstaat darf in dem Jahr vor der Prüfung nicht mehr als 2% über dem Durchschnitt der drei Mitgliedstaaten mit den stabilsten Preisen liegen.

454 Entscheidung 98/317/EG des Rates vom 3. Mai 1998 gemäß Artikel 109 j Absatz 4 des Vertrages, ABl. EG 1998, L 139/30.

455 Die Festsetzung der Kurse erfolgte durch die VO (EG) Nr. 2866/98 des Rates vom 31. Dezember 1998 über die Umrechnungskurse zwischen dem Euro und den Währungen der Mitgliedstaaten, die den Euro einführen, ABl. EG 1998 Nr. L 359/1 mit Ergänzungen.

Befugnisse der teilnehmenden Mitgliedstaaten und damit eines der „Kernattribute klassischer Nationalstaatlichkeit“[456] auf die EG aus. Hierdurch wurde der Euro zu einer eigenständigen supranationalen Währung mit eigenem Wechselkurs, die die nationalen Währungen der teilnehmenden Mitgliedstaaten ersetzte. Die einheitliche Geld- und Wechselkurspolitik wurde vorrangig auf das Ziel der Preisstabilität ausgerichtet. Unbeschadet dieses Zieles sollte die allgemeine Wirtschaftspolitik in der Gemeinschaft unter Beachtung des Grundsatzes einer offenen Marktwirtschaft mit freiem Wettbewerb unterstützt werden. In institutioneller Hinsicht erhielten die EZB und das Europäische System der Zentralbanken ihre vollen Zuständigkeiten. Zudem trat die Weisungsgebundenheit der nationalen Zentralbanken gegenüber der EZB ein.[457]

Die durch die Vollendung der Währungsunion entstandene Eurozone erweiterte sich 2001 durch Griechenland, 2007 durch Slowenien, 2008 durch Malta und Zypern, 2009 durch die Slowakei, 2011 durch Estland sowie 2014 durch Lettland.[458] Es nehmen daher mittlerweile achtzehn der insgesamt 28 Mitgliedstaaten der Europäischen Gemeinschaft an der Währungsunion teil.

5. Der Vertrag von Lissabon

Mit dem sog. Vertrag von Lissabon zur Änderung des Vertrages über die Europäische Union und des Vertrags zur Gründung der Europäischen Gemeinschaft, der am 1. Dezember 2009 in Kraft trat, wurden sowohl der EU-, als auch der EG-Vertrag einer Reform unterzogen, in deren Rahmen dem EG-Vertrag der neue Name „Vertrag über die Arbeitsweise der Europäischen Union“ (AEU-Vertrag) zugeteilt wurde. Im Zuge dieser Reform wurde die Europäische Gemeinschaft gemäß Art. 1 Abs.3 S.2 EUV durch die Europäische Union als deren Rechtsnachfolgerin ersetzt. Weitere Änderungen betrafen unter anderem die Aufgabe der bisherigen Säulenstruktur, die systematische Darstellung der Zuständigkeiten der Union, die Ausweitung des Mitentscheidungsverfahrens sowie die Regelung des EU-Austritts.[459]

Auch im Währungsbereich sind vereinzelt Modifikationen der Rechtslage nach dem EG-Vertrag durch den Vertrag von Lissabon zu verzeichnen. Beispielhaft können neben der konsequenten Verankerung des Euro im Primärrecht auch

---

456 Dauses in in Dauses, Hdb. des EU- Wirtschaftsrechtes, F.I. Rdn.207.

457 Streinz, Europarecht, Rdn. 1112.

458 Litauen wird ab dem 1. Januar 2015 der Währungsunion angehören.

459 Zu den wesentlichen Neuerungen durch den Vertrag von Lissabon vgl. u.a. Mayer, JuS 2010, 189 ff.; Hatje/ Kindt, NJW 2008, 1761 ff.

die Schaffung einer eigenständigen Vorschrift im Bereich der Außenbeziehungen genannt werden, die die Stärkung der Stellung des Währungsgebietes auf internationaler Ebene zum Ziel hat. Darüber hinaus finden sich Änderungen, die sich auf die rechtliche Einordnung der EZB im institutionellen System der Union auswirken.[460]

III. Ausgestaltung der Europäischen Währungsunion

1. Allgemeines zur Kompetenzordnung unter Berücksichtigung des Prinzips der begrenzten Einzelermächtigung

Bei der EU handelt es sich um eine sog. supranationale Organisation, die etwa als *„eine im Prozess fortschreitender Integration stehende Gemeinschaft eigener Art, [...] auf die die Bundesrepublik Deutschland -wie die übrigen Mitgliedstaaten - bestimmte Hoheitsrechte ‚übertragen' hat"* charakterisiert wird.[461] Nach der Rechtsprechung des EuGH stellt die Union dabei *„eine neue Rechtsordnung des Völkerrechts dar, zu deren Gunsten die Staaten, wenn auch in begrenztem Rahmen, ihre Souveränitätsrechte eingeschränkt haben."*[462]

Kennzeichen einer solchen Integrationsgemeinschaft ist folgerichtig, dass diese mit eigenen Rechtssetzungsbefugnissen ausgestattet wurde, die es ihr ermöglichen, sowohl gegenüber als auch in ihren Mitgliedstaaten unmittelbar verpflichtendes Unionsrecht zu erlassen.[463] Anders als staatlichen Gesetzgebungsorganen kommt den Rechtssetzungsorganen der Union jedoch keine sog. Kompetenz-Kompetenz zu. Vielmehr bedarf sie, um rechtsetzend tätig werden zu können, der Erteilung der notwendigen Kompetenzen im Gründungsvertrag.[464] Dementsprechend kann

460 Zu den Änderungen im Bereich der Wirtschafts- und Währungsunion: Häde, EuR 2009, 200 ff.; Glöckler/ Truchlewski, 117, 128 führen aus, dass die Änderungen die Entwicklungen berücksichtigten, die zwischenzeitlich in der WWU aufgetreten waren.

461 BVerfGE 22, 293, 296.

462 EuGH, Rs. 26/62, van Gend & Loos, Slg.1963, 1, 25 sowie Leitsatz Nr.3.

463 Oppermann, Europarecht, § 4 Rdn.12; Mit Streinz, Europarecht, Rdn.129, ist in diesem Zusammenhang hervorzuheben, dass es „keine allgemein anerkannte juristische Definition des Begriffs der Supranationalität" gibt. Neben der Rechtsetzungsgewalt, die es nach Streinz, Europarecht, Rdn. 130 ermöglicht, Recht auch ohne Einverständnis der Staaten zu setzen und diese damit zu binden, werden von Seidl-Hohenveldern/ Loibl, Das Recht der internationalen Organisationen, Rdn. 0113, als weitere Kriterien die Weisungsunabhängigkeit der Unionsorgane von den Mitgliedstaaten benannt, das Bestehen einer eigenen Gerichtsbarkeit sowie die bestehende Finanzautonomie der EU.

464 Streinz, Europarecht, Rdn. 135, 539.

auch die Union, wie sich aus den Art.2 ff. AEUV ergibt, nur nach Maßgabe des Vertrages tätig werden. Dieses Grundprinzip der Kompetenzzuordnung in der Union, das in Art.5 Abs.1 S.1 EUV verankert ist, wird auch als Grundsatz der begrenzten Einzelermächtigung bezeichnet.[465] Aus letzterem folgt, dass Zuständigkeiten die nicht der Union übertragen sind, weiterhin den Mitgliedstaaten zustehen, für die im Zweifel auch eine Kompetenzvermutung spricht.[466] Dass diese Prinzipien auch im Rahmen der Wirtschafts- und Währungsunion Anwendung finden, zeigt nicht zuletzt Art.119 Abs.2 AEUV, nach dem die Union auch hier nach Maßgabe der Verträge und der darin vorgesehenen Verfahren tätig wird. Diese Ausführungen verdeutlichen, dass Auswirkungen der supranationalen Wirtschafts- und Währungsunion auf das internationale Währungssystem nur vor dem Hintergrund der kompetenzrechtlichen Ausgestaltung der Währungsunion beurteilt werden können. Da das internationale Währungssystem auf der Souveränität seiner Mitglieder fußt und diese voraussetzt, ist von besonderer Relevanz, welche Kompetenzen der Union im Zuge der Vollendung der Währungsunion in diesem Bereich übertragen wurden.

2. Zuweisung interner Kompetenzen im Bereich der Währungssouveränität

Im Bereich der inneren Währungssouveränität ergeben sich die wesentlichen Kompetenzen der Union aus Art.127 AEUV. Hier wird in Abs.2 ausgeführt, dass die grundlegenden Aufgaben des ESZB insbesondere darin bestehen, die Geldpolitik der Union festzulegen und auszuführen, das reibungslose Funktionieren der Zahlungssysteme zu fördern sowie die offiziellen Währungsreserven der Mitgliedstaaten zu halten und zu verwalten. Zu diesen zählen nach Art.30.1 EZB-Statut auch die IWF-Reservepositionen. Hier wurde auch festgelegt, dass die EZB seitens der Zentralbanken mit Währungsreserven bis zu einem

465 Nach Art.5 Abs.2 EUV wird die Union nur innerhalb der Grenzen der Zuständigkeiten tätig, die die Mitgliedstaaten ihr in den Verträgen zur Verwirklichung der darin niedergelegten Ziele übertragen haben. Streinz, Europarecht, Rdn.540, weist darauf hin, dass dieser Grundsatz durch die Möglichkeit zur Vertragslückenschließung gemäß Art.352 AEUV erheblich gelockert werde. Allerdings ist diese Norm nach der Rechtsprechung des EuGH im Gutachten 2/94, EMRK, Slg.1996, I-1759, Rdn.30, nicht geeignet, „den Bereich der Gemeinschaftsbefugnisse über den allgemeinen Rahmen hinaus auszudehnen, der sich aus der Gesamtheit der Vertragsbestimmungen und insbesondere derjenigen [Bestimmungen] ergibt, die die Aufgaben und Tätigkeiten der Gemeinschaft festlegen."

466 O'Keeffe, EFAR 1999, 7, 8; McGoldrick, 42.

Gegenwert zu 50 Mrd. Euro auszustatten war. Dabei bestimmten sich die Beiträge der einzelnen nationalen Zentralbanken gemäß Art.30.2 EZB-Statut nach ihrem jeweiligen Anteil am gezeichneten Kapital der EZB.

Neben diesen grundlegenden Aufgaben trägt das ESZB nach Art.127 Abs.5 AEUV zur reibungslosen Durchführung der von den zuständigen Behörden auf dem Gebiet der Aufsicht über die Kreditinstitute und der Stabilität des Finanzsystems ergriffenen Maßnahmen bei. Hinzu kommen beratende Funktionen sowie die Erhebung statistischer Daten nach Art.5 ESZB-Statut. Der EZB obliegt zudem nach Art. 128 AEUV das ausschließliche Recht, über die Ausgabe von Banknoten zu entscheiden und den Umfang der Münzausgabe zu genehmigen.

Schließlich ist erneut hervorzuheben, dass im Zuge der Vollendung des Binnenmarktes und des Übergangs in die zweite Stufe der WWU die Kompetenzen im Bereich des Kapital- und Zahlungsverkehrs weitgehend auf die Union übertragen wurden.[467]

3. Zuweisung externer Kompetenzen

Nach der Rechtsprechung des EuGH findet das Prinzip der begrenzten Einzelermächtigung nicht nur auf internes, sondern auch auf völkerrechtliches Unionshandeln Anwendung.[468] Letzteres wird vor dem Hintergrund verständlich, dass Bestimmungen internationaler Abkommen mit ihrem Inkrafttreten ein integrierender Bestandteil der Unionsrechtsordnung werden.[469] Da somit eine strikte Trennung zwischen internem und externem Handeln der Union nicht möglich ist, setzt ein Vorgehen der Union im externen Bereich ebenfalls die Zuweisung von Kompetenzen, in ausdrücklicher oder impliziter Form, voraus.

a) Die ausdrückliche Zuteilung von Außenkompetenzen

Der AEU-Vertrag befasst sich in allgemeiner Form in den Art.216 ff. AEUV mit den völkerrechtlichen Aktivitäten der Union und den damit einhergehenden Verfahrensfragen. Diesen Vorschriften kann jedoch keine allgemeine Ermächtigung zum völkerrechtlichen Handeln der Union entnommen werden.[470] Vielmehr ergibt sich aus Art.216 Abs.1 AEUV, dass die Union mit einem oder mehreren Drittländern oder einer oder mehreren internationalen

467 Bognar, Europäische Währungsintegration und Außenwirtschaftsbeziehungen, 373.
468 EuGH, Gutachten 2/94, EMRK, Slg.1996, I-1759 Rdn.24.
469 EuGH, Rs.181/73, Haegeman/ Belgischer Staat, Slg.1974, 449, Rdn.2/6, hierzu vgl. auch Sattler, 37.
470 Sattler, 38.

Organisationen eine Übereinkunft schließen kann, wenn dies in den Verträgen vorgesehen ist. Die Regelung lässt damit allenfalls erkennen, dass die Union in bestimmten Sachgebieten mit entsprechenden Befugnissen ausgestattet wurde. Dies gilt auch für Art. 220 AEUV, der insbesondere die Beziehungen zu den Vereinten Nationen und ihren Sonderorganisationen betrifft.[471] Erforderlich ist damit eine anderweitig verliehene Außenkompetenz, die unmittelbar aus den materiellen Unionskompetenzen herzuleiten ist.[472] Entsprechende Außenkompetenzen finden sich im Währungsbereich in den Art.138, 219 AEUV, die den Abschluss internationaler Abkommen im Währungsbereich und die Außenvertretung auf internationaler Ebene regeln.

b) Die implizite Zuteilung von Außenkompetenzen

Neben ausdrücklich verliehenen Außenkomptenzen können sich entsprechende Zuständigkeiten der Union auch implizit aus den Bestimmungen des AEU-Vertrages ergeben. Dies folgt aus Art.216 Abs.1 Alt.2-4 AEUV, mit dem die komplexe AETR-Rechtsprechung des EuGH[473] zur bisherigen Herleitung dieser Kompetenzen kodifiziert wird.[474]

Dass derartige „implied powers“ trotz der ausdrücklichen Regelungen in den Art.138, 219 AEUV auch für Fragen der externen Währungssouveränität von Bedeutung sein können, machte bereits die Erklärung Nr.10 zur Schlussakte von Maastricht zu den Art.111, 174, 181 des Vertrages zur Gründung der Europäischen Gemeinschaft deutlich. Nach dieser Erklärung berührten diese Regelungen

---

471 Vedder in FS Ginther, 501, 506 verweist darauf, dass diese Vorschriften lediglich die „vertragliche Begründung von Arbeitsbeziehungen zwischen den Organisationen [ermöglichen], nicht jedoch eine materielle Teilnahme.“ Auf derartige Verwaltungsbeziehungen verweist auch Louis in Commentaire Mégret, Rdn.24.

472 Sattler, 38.

473 In der Rs. 22/70, Kommission/ Rat (AETR) Slg. 1971, 263, Rdn.16 f. führte der EuGH erstmals aus, dass sich eine Außenkompetenz *„nicht nur aus einer ausdrücklichen Erteilung“* ergibt, *„sondern* [...] *auch aus anderen Vertragsbestimmungen und aus in ihrem Rahmen ergangenen Rechtsakten der Gemeinschaftsorgane fließen* [kann].“ Mit dieser Entscheidung wurde eine Auslegung des Vertrages dahingehend abgelehnt, dass dieser die bestehenden Außenkompetenzen abschließend aufzählt. Nachweise dieser früher vertretenen Auffassung finden sich bei Tomuschat in v.d. Groeben/ Schwarze, EUV/EGV, Art. 300 Fn.17 oder aber bei Louis in Commmentaire Mégret, Rdn.27. Entsprechend argumentierte ebenfalls der Rat in der Rs.22/70, Kommission/ Rat (AETR), Slg.1971, 263, Rdn.9/11.

474 Schmalenbach in Calliess/ Ruffert, EUV/ AEUV, Art.216 Rdn.2.

nicht die Grundsätze, die sich aus der AETR- Rechtsprechung des Gerichtshofes ergeben.

Im Sinne dieser Rechtsprechung folgt aus Art.216 Abs.1 Alt.2-4 AEUV, dass die Union auch dann eine völkerrechtliche Übereinkunft schließen kann, wenn der Abschluss einer Übereinkunft im Rahmen der Politik der Union entweder zur Verwirklichung eines der in den Verträgen festgesetzen Ziele erforderlich[475] oder in einem verbindlichen Rechtsakt der Union vorgesehen ist[476] oder aber

---

475 Dieser Kompetenzbegründungstitel geht nach Schmalenbach in Calliess/ Ruffert, EUV/AEUV, Art. 216 Rdn. 12 auf die Rs.3, 4 und 6/76, Kramer, Slg. 1976, 1279 Rdn.30/33 sowie das Gutachten 1/76, Stilllegungsfonds, Slg.1977, 741 Rdn.3f. zurück. Hier wurde die AETR-Rechtsprechung nicht nur bestätigt, sondern der zugrundeliegende Ansatz auch auf Fälle erweitert, in denen von einer internen Unionszuständigkeit zwar noch kein Gebrauch gemacht wurde, aber dennoch die Notwendigkeit eines Vertragsabschlusses bestand: *„Wenn die internen Massnahmen der Gemeinschaft erst anlässlich des Abschlusses und der Inkraftsetzung der völkerrechtlichen Vereinbarung ergriffen werden,* [...], *dann ergibt sich die Befugnis, die Gemeinschaft gegenüber Drittstaaten zu verpflichten, dennoch stillschweigend aus den die interne Zuständigkeit begründenden Bestimmungen des Vertrages, sofern die Beteiligung der Gemeinschaft an der völkerrechtlichen Vereinbarung* [...] *notwendig ist, um eines der Ziele der Gemeinschaft zu erreichen."*
In dem Gutachten 1/94, GATS und TRIPs, Slg.1994, I-5267 Rdn.85 f., 89 schränkte der Gerichtshof dieses Vorgehen jedoch insofern ein, als er zusätzlich das Vorliegen einer untrennbaren Verbindung zwischen den Regeln im Innen- und Außenbereich forderte. Abgesehen von diesem Fall, in dem die interne *„nur zugleich mit der externen Zuständigkeit ausgeübt werden kann"*, forderte der Gerichtshof für die Begründung einer ausschließlichen externen Zuständigkeit, dass diese ausgeübt wird. Auf diese Passagen verweist der Gerichtshof schließlich auch in seinem Gutachten 2/92, OECD, Slg.1995, I-521, Rdn.31 f. sowie in den Open Skies- Urteilen, statt aller Rs. C-469/98, Open-Skies, Slg.2002, I-9627 Rdn.58: *„In seiner späteren Rechtsprechung hat der Gerichtshof klargestellt, dass das Gutachten 1/76 den Fall betrifft, dass die interne Zuständigkeit wirksam nur zugleich mit der Außenkompetenz ausgeübt werden kann (Gutachten 1/94 Rdn.89), der Abschluss der völkerrechtlichen Vereinbarung somit erforderlich ist, um Ziele des Vertrages zu verwirklichen, die sich die durch die Aufstellung autonomer Regeln nicht erreichen lassen."*
Inwiefern diese Einschränkung auch Eingang in Art.216 Abs.1 2.Alt. AEUV gefunden hat, ist anhand der weiten Formulierung des Wortlautes nicht abzusehen. Hierauf verweist Schmalenbach in Calliess/ Ruffert, EUV/ AEUV, Art.216 Rdn.12.

476 Diese Alternative der Kompetenzbegründung geht nach Schmalenbach in Calliess/ Ruffert, EUV/AEUV, Art. 216 Rdn. 14 auf das Gutachten 1/94, GATS und TRIPs, Slg.1994, I-5267 Rdn.95 zurück. Hier heißt es: *„Hat die Gemeinschaft in ihre internen Rechtssetzungsakte Klauseln über die Behandlung der Angehörigen von Drittstaaten*

gemeinsame Vorschriften beeinträchtigen oder deren Anwendungsbereich ändern könnte.[477]

4. Zuweisung externer Kompetenzen im Bereich der Währungssouveränität

a) *Art.138, 219 AEUV als zentrale Bestimmungen für die externen Währungsbeziehungen*

Als zentrale Bestimmungen, die sich mit dem auswärtigen Handeln der Union im Bereich der WWU befassen, sind Art.138, 219 AEUV zu nennen.[478] Dabei bestimmt sich nach Art. 219 AEUV der Abschluss von Abkommen im Zusammenhang mit Wechselkurssystemen und anderen Währungs- und Devisenangelegenheiten, aber auch die Formulierung allgemeiner Orientierungen für die Wechselkurspolitik mit Drittlandswährungen. Art.138 AEUV regelt die Position der Union auf internationaler Ebene im Hinblick auf Themen mit besonderer Relevanz für die WWU sowie die Vertretung der EU.

---

aufgenommen oder hat sie ihren Organen ausdrücklich eine Zuständigkeit zu Verhandlungen mit Drittstaaten übertragen, so erwirbt sie eine ausschließliche externe Zuständigkeit nach Maßgabe des von diesen Rechtsakten erfassten Bereichs."

477 In Art.216 Abs.1 4. Alt. AEUV wird nach Schmalenbach in Calliess/ Ruffert, EUV/ AEUV, Art. 216 Rdn. 16 die ursprüngliche AETR-Rechtsprechung kodifiziert. So führte der Gerichtshof in der Rs.22/70, Kommission/ Rat (AETR), Slg.1971, 263, Rdn.16f. aus: *„Insbesondere sind in den Bereichen, in denen die Gemeinschaft zur Verwirklichung einer vom Vertrag vorgesehenen gemeinsamen Politik Vorschriften erlassen hat, die in irgendeiner Form gemeinsame Rechtsnormen vorsehen, die Mitgliedstaaten weder einzeln noch selbst gemeinsam handelnd berechtigt, mit dritten Staaten Verpflichtungen einzugehen, die diese Normen beeinträchtigen."* Vgl. ebenso spätere Bezugnahmen auf die AETR-Rechtsprechung in EuGH, Rs. 3, 4 und 6/76, Kramer, Slg.1976, 1279, Rdn.19f.; Gutachten 1/76, Stilllegungsfonds, Slg.1977, 741, Rdn.3; Gutachten 2/91, ILO, Slg.1993, I-1061 Rdn.7; Gutachten 2/94, EMRK, Slg.1996, I-1759, Rdn.26.
Dem Tatbestandsmerkmal der Änderung des Anwendungsbereiches in Art.216 Abs.1 Alt.5 kommt gegenüber der Gefahr der Beeinträchtigung des Unionsrechtes keine eigenständige Bedeutung zu, sondern wird von dieser bereits erfasst. Hierauf verweist Schmalenbach in Calliess/ Ruffert, EUV/ AEUV, Art.216 Rdn.20.

478 Der Anwendungsbereich von Art.138, 219 AEUV betrifft nur die Beziehungen zu Währungen bzw. Ländern außerhalb der Union und nicht solche zu den EU- Mitgliedstaaten, die bisher nicht an der WWU teilnehmen. Auf letztere findet Art.139 AEUV Anwendung.

Insgesamt zeichnen sich die Normen durch ihre Komplexität aus. Dies ist darauf zurückzuführen, dass die Ausgestaltung des auswärtigen Handelns der Union bereits bei den Verhandlungen über den Vertrag von Maastricht sehr umstritten war.[479] Im Vordergrund stand die politisch sensible Frage, ob die Wechselkurspolitik einheitlich der unabhängigen EZB übertragen werden sollte, oder dem Rat und damit den Regierungen der Mitgliedstaaten aus gesamtwirtschaftlichen Gründen eine Einflussnahme auf die Wechselkurse zu gestatten ist. Letzteres hätte unweigerlich eine Beschränkung der geldpolitischen Handlungsmöglichkeiten der EZB bzw. des ESZB zur Folge, die wiederum gemäß Art.119, 127 Abs.1 AEUV vorrangig dem Ziel der Preisstabilität verpflichtet sind.[480] Mögliche Interventionsverpflichtungen der EZB könnten daher das Ziel der Preisstabilität gefährden.[481] Aufgrund dieses Spannungsverhältnisses erstaunt es nicht, dass zuweilen der Kompromisscharakter der Normen betont wird.[482]

b) *Vereinbarungen über Wechselkurssysteme, Art.219 Abs.1 AEUV*

In Art.219 Abs.1 AEUV wird, in Abweichung zur allgemeinen Regelung in Art.218 AEUV, der Abschluss völkerrechtlicher Vereinbarungen im Währungsbereich geregelt.[483] Nach dem Wortlaut der Norm handelt es sich um „förmliche Vereinbarungen über ein Wechselkurssystem für den Euro gegenüber den Währungen von Drittstaaten." Dabei zielt die verwendete Terminologie nicht auf die Schaffung einer neuen Kategorie internationaler Übereinkünfte im Sinne des Unionsrechts

479 Martenczuk, ZaöRV 1999, 93, 93f.

480 Martenczuk, ZaöRV 1999, 93, 97.

481 Martenczuk, ZaöRV 1999, 93, 97.; In diesem Sinn führt Schill in Lenz/ Borchardt, EUV/ AEUV, Art.219 Rdn.1 aus: „*Wechselkurs- und Interventionsverpflichtungen der Notenbanken sind eine potentiell ‚offene Flanke‘ der Geldpolitik; sie können dazu führen, dass die Notenbank die Kontrolle über den Geldschöpfungsprozess im Inland verliert oder zumindest ernsthafte Probleme bei der Steuerung der Bankenliquidität entstehen. Die Unabhängigkeit in der binnenwirtschaftlichen Geldpolitik kann folglich durch die Abhängigkeit von außenwirtschaftlichen Interventionsverpflichtungen ausgehöhlt werden.*" Zum Dissens zwischen den politischen Gewaltenträgern und den wirtschaftswissenschaftlichen Kommentatoren bezüglich der Aufgabenverteilung zwischen der Währungsinstanz in Form der EZB und der politischen Instanz in Form des Rates, vgl. Stadler, 170 ff.

482 Martcenzuk, ZaöRV 1999, 93, 94, vgl. Weinrichter, EIoP 2000, 12; Dony, 241, 244; Louis, EUI WPL No. 99/10, 7.

483 Palm in Grabitz/ Hilf/ Nettsheim, EU, Art.219 Rdn.1, 16, der an letztgenanntem Ort auch mögliche Folgen der systematischen Neuordnung der Verfahrensregeln diskutiert.

ab,[484] sondern dient der Abgrenzung zu informellen Absprachen im Währungsbereich, die etwa zur Beeinflussung der Wechselkurse geschlossen werden.[485] Erfasst werden somit völkerrechtlich verbindliche Verträge,[486] die nach Art.219 Abs.1 S.3 AEUV Leitkurse für den Euro vorsehen. Hierunter fallen etwa Wechselkurssysteme im Sinne von Art. IV Abs.4 IWFA.[487] Für den Fall eines solchen Fixkurssystems sieht S.3 auch die Kompetenz der Union vor, die notwendigen Leitkurse festzulegen, zu ändern oder aber aufzugeben. Der Wortlaut der Norm ist jedoch weit auszulegen, so dass die Union nicht auf ein historisches Vorbild verpflichtet wurde.[488]

c) Vereinbarungen im Zusammenhang mit Währungsfragen oder Devisenregelungen, Art.219 Abs.3 AEUV

Art.219 Abs.3 AEUV betrifft Vereinbarungen im Zusammenhang mit Währungsfragen und Devisenregelungen. Dabei werden zunächst, in Abweichung von der allgemeinen Bestimmung in Art.218 AEUV, Verfahrensregeln für die

---

484 Dies ergibt sich auch aus der 8. Erklärung zu Art.109 des Vertrages zur Gründung der Europäischen Gemeinschaft, die der Schlussakte des EU-Vertrages a.F. hinzugefügt war. Hier heißt es: *„Die Konferenz bekräftigt, daß mit dem […] Begriff ‚förmliche Vereinbarung' nicht eine neue Kategorie internationaler Übereinkünfte im Sinne des Gemeinschaftsrechts geschaffen werden soll.“*

485 Häde in Calliess/ Ruffert, EUV/ AEUV, Art.219 Rdn.6; Palm in Grabitz/ Hilf/ Nettesheim, EU, Art.219 Rdn.24 nennt unter Verweis auf Beispiele in der Literatur das informelle Plaza- oder Louvre-Abkommen.

486 Neben dem Wortlaut zeigt nach Marteczuk, ZaöRV 1999, 93, 98 auch das formalisierte Abschlussverfahren, dass verbindliche Abkommen gemeint sind. Nach Häde in Calliess/ Ruffert, EUV/AEUV, Art.219 Rdn.7 macht das Erfordernis der Einstimmigkeit deutlich, dass hier „kein Mitgliedstaat eine Entscheidung gegen seinen Willen akzeptieren“ wollte. Unter Hinweis auf die Einschränkung des Handlungsspielraums der EZB argumentiert Palm in Grabitz/ Hilf/ Nettesheim, EU, Art.219 Rdn.24.

487 Vgl. Herrmann, EFAR 2002, 1, 11; Smits in v.d. Groeben/ Schwarze, EUV/EGV, Art.111 Rdn. 41; Lebullenger, RTDE 1998, 459, 462.

488 Palm in Grabitz/ Hilf/ Nettesheim, EU, Art.219, Rdn.22 f.; Lebullenger RTDE 1998, 459, 462 nennt als weiteres Beispiel plurilaterale Abkommen zum Zweck der Einführung von Währungszielzonen. Umstritten ist, ob von Art.219 Abs.1 AEUV auch bilaterale Abkommen erfasst werden. Hierfür spricht nach Martenczuk, ZaöRV 1999, 93, 98 Fn. 25, der Umstand, dass diese die Handlungsmöglichkeiten der EU in gleicher Weise wie multilaterale Abkommen betreffen können. Zudem sei eine Kumulation derartiger Abkommen möglich. Dem kann entgegengehalten werden, dass Art.219 Abs.1 AEUV auf Wechselkurssysteme Bezug nimmt und rein bilaterale Abkommen kein solches System darstellen.

Aushandlung dieser Vereinbarungen vorgesehen.[489] In dieser Verfahrensregelung erschöpft sich der Gehalt der Bestimmung jedoch nicht.[490] Vielmehr handelt es sich bei Art.219 Abs.3 AEUV auch um die allgemeine Kompetenznorm für den Abschluss von Vereinbarungen im Zusammenhang mit Währungsfragen- und Devisenregelungen.[491]

Dabei stellt sich Abs.3 im Verhältnis zu Abs.1 als Grundnorm dar. Dies folgt aus dem weiten Anwendungsbereich der Norm, deren unbestimmter Wortlaut sich, vorbehaltlich der in Abs.1 erfassten Wechselkurssysteme, auf alle Abkommen bezieht, die die Union im Währungsbereich eingehen kann.[492] Ein einfacher Bezug zu Währungs- und Devisenfragen wird insofern als ausreichend erachtet.[493]

---

489 Die Abweichungen zu Art.218 AEUV betreffen im Wesentlichen die interne Kompetenzverteilung. Martenczuk, ZaöRV 1999, 93, 94 f. verweist darauf, dass im Rahmen von Art.219 AEUV bzw. dessen Vorgängernorm beispielsweise nicht der Kommission, sondern dem Rat die Verhandlungsführung obliegt. Ein weiterer Unterschied betrifft die Möglichkeit, zum Zweck der Prüfung der Vereinbarkeit einer geplanten Übereinkunft mit den Verträgen, ein Gutachten des EuGH einholen zu können. Im Gegensatz zu Art.218 Abs.11 AEUV sieht Art.219 AEUV eine solche Möglichkeit nicht vor. Umstritten ist daher, ob Art.218 Abs.11 AEUV direkt oder aber analog angewendet werden kann. Für eine solche Möglichkeit sprechen sich -teilweise mit Blick auf die Vorgängernormen - etwa Louis, EUI WPL No. 99/10, 10; ders. in FS Rey Caro, 1545, 1556; Zilioli/ Selmayr, CMLRev. 1999, 273, 345 ff.; Lebullenger RTDE 1998, 459, 461, Kadelbach in Siekmann, EWU, Art.219 Rdn.38, aus. Dagegen halten Stadler, 181 ff.; Martenczuk, ZaöRV 1999, 93, 95 f.; Smits in v.d. Groeben/ Schwarze, EUV/EGV, Art.111 Rdn.39, die jetzt in Art.219 AEUV enthaltene Regelung für eine abschließende Regelung. Eine Überprüfung der Abkommen ist nach dieser Ansicht, wie Marteczuk, aaO., ausführt, nur ex post im Rahmen einer Nichtigkeitsklage möglich, ohne dass dies die eingetretene völkerrechtliche Verbindlichkeit eines Abkommens beseitigen könnte.

490 Für eine reine Verfahrensvorschrift sprach nach Ansicht von Smits, ECB, 402 der jetzt auch in Art.219 Abs.1 AEUV enthaltene Verweis auf Abs.3. Mittlerweile hat sich Smits der hM angeschlossen, die Art.219 Abs.3 AEUV als Kompetenznorm versteht. Nach Smits in v.d. Groeben/ Schwarze, EUV/EGV, Art.111 Rdn.117 berücksichtigt diese Auslegung, dass andernfalls, neben dem jetzigen Art.219 Abs.1 AEUV, keine Sachkompetenz der Union bestehen würde und erklärt besser die Systematik der Absätze 1 und 3.

491 Weiß, EuR 2002, 165, 172; Weinrichter, EIoP 2000, 14; Stumpf, ZaöRV 2003, 1075, 1079; Zilioli/ Selmayr, CMLRev. 1999, 273, 295 f.; Louis in FS Rey Caro, 1545, 1555; Häde in Calliess/ Ruffert, EUV/ AEUV, Art.219 Rdn.16; Palm in Grabitz/ Hilf/ Nettesheim, EU, Art.219 Rdn.49.

492 Weiß, EuR 2002, 165, 177, folgend Kadelbach in Siekmann, EWU, Art. 219 Rdn.54 f.

493 Weiß, EuR 2002, 165, 177.

Jedoch muss es sich, wie im Fall von Abs.1 um Vereinbarungen handeln, die für die Union verbindlich sind. Hierunter fallen etwa Abkommen mit anderen Staaten oder einer internationalen Organisation, aber auch Abkommen in internationalen Organisationen, an deren Aushandlung die Union beteilgt ist.[494] Die damit angesprochenen vertraglichen Vereinbarungen betreffen auch solche über die Vertretung der Union in internationalen Organisationen.[495] Keine Anwendung findet Art.219 Abs.3 AEUV dagegen auf andere Formen internationaler Kontakte wie Absprachen, die keine rechtlichen Verpflichtungen begründen. Gegebenenfalls kann hier Art.138 AEUV Anwendung finden.[496]

d) Allgemeine Orientierungen für die Wechselkurspolitik nach Art.219 Abs.2 AEUV

Gemäß Art.127 Abs.2 AEUV gehört es zu den Aufgaben des ESZB, die Devisengeschäfte im Einklang mit Art.219 durchzuführen. Vorgaben können sich dabei aus Art.219 Abs.2 AEUV für den Fall ergeben, dass gegenüber einer oder mehreren Währungen von Drittstaaten kein Wechselkurssystem nach Abs.1 besteht. Diese Regelung betrifft damit die internationalen Währungsbeziehungen, wie sie sich seit dem Ende des Festkurssystems von Bretton-Woods darstellen.[497] Dies gilt auch im Hinblick auf den Euro, der in kein Wechselkurssystem mit Leitkursen eingebunden ist.

In diesem Rahmen wird der Rat durch Art.219 Abs.2 AEUV ermächtigt, allgemeine Orientierungen für die Wechselkurspolitik gegenüber Währungen von Drittstaaten aufzustellen. Aus dem Wortlaut ergibt sich dabei, dass derartige Orientierungen nur Richtung und Ziel der Politik betreffen oder aber Richtwerte für die Entwicklung der Wechselkurse vorgeben können.[498] Einzelweisungen, die die Handlungsfähigkeit der EZB im Rahmen der Führung des Tagesgeschäftes beschränken, sind ausgeschlossen.[499] Inhaltlich dürfen Orientierungen nicht das

494 Palm in Grabitz/ Hilf/ Nettesheim, EU, Art.219 Rdn. 53.

495 Smits in v.d. Groeben/ Schwarze, EUV/EGV, Art.111 Rdn.120; Dutzler, 445, 458.

496 Palm in Grabitz Hilf/ Nettesheim, EU, Art.219 Rdn.1; ähnlich Dutzler, 445, 458.

497 Smits in v.d. Groeben/ Schwarze, EUV/EGV, Art.111 Rdn.11.

498 Palm in Grabitz/Hilf/Nettesheim, EU, Art.219 Rdn.44; ähnlich Häde in Calliess/ Ruffert, EUV/ AEUV, Art.219 Rdn.10.

499 Smits in v.d. Groeben/ Schwarze, EUV/EGV, Art.111 Rdn.95; Stadler, 177 hält aus diesem Grund auch die Aufstellung von konkreten Richtwerten oder Zielkorridoren für unzulässig. Nach Martenczuk, ZaöRV 1999, 93, 99 wird durch eine solche Annahme die Kompetenz des Rates entwertet.

im Bereich der WWU vorrangige Ziel der Preisstabilität, wie es sich aus Art.119, 127 AEUV ergibt, beeinträchtigen.[500]

Der Erlass von Orientierungen steht im Ermessen des Rates. Dies macht deutlich, dass diese keine Voraussetzung für die Geschäfte des ESZB auf den Devisenmärkten sind.[501] Für eine restriktive Handhabung spricht dabei auch eine Entschließung des Europäischen Rates von Luxemburg vom 13. Dezember 1997, nach der der Rat allgemeine Orientierungen nach Art.219 Abs.2 AEUV nur unter außergewöhnlichen Umständen, wie im Fall eindeutiger Wechselkursverzerrungen, aufstellen kann. Die Wechselkurse sollten sich als das Ergebnis der Wirtschaftspolitik in allen anderen Bereich darstellen.[502]

e) Standpunkt und Vertretung der Union auf internationaler Ebene nach Art.138 AEUV

Der im Zuge des Vertrages von Lissabon neu geschaffene Art.138 AEUV regelt den Standpunkt sowie die Vertretung der Union auf internationaler Ebene.

Dabei wurde für die Vorgängervorschrift in Art.111 Abs.4 EGV angenommen, dass diese die internationalen Kontakte der Union erfasst, im Rahmen derer sich die Union allenfalls politisch festlegen, jedoch nicht rechtlich binden

---

500 Vor diesem Hintergrund wird über die rechtliche Verbindlichkeit der Orientierungen gestritten. Für eine solche sprechen sich etwa Palm in Grabitz/ Hilf/ Nettesheim, EU, Art.219 Rdn.43 f.; Weiß, EuR 2002, 165, 184 f.; Martenczuk ZaöRV 1999, 93, 99 aus. Es wird dabei mit dem Wortlaut von Art.127 Abs.2 AEUV argumentiert, sowie mit dem Umstand, dass Art.219 Abs.2 AEUV andernfalls bedeutungslos wäre. Nach Smits, ECB, 398f. sprechen gegen eine solche Auffassung die verwendeten Oberbegriffe „allgemeine Orientierungen", das Erfordernis der Unabhängigkeit sowie das Fehlen einer Verpflichtung, einen Konsens zwischen dem Rat und der EZB zu suchen. Gegen eine Verbindlichkeit sprechen sich u.a. auch Louis, EUI WPL No. 99/10, 9; ders. in FS Rey Caro, 1545, 1554; Slot, 229, 238 aus. Einigkeit besteht jedoch dahingehend, dass die EZB Orientierungen, die das vorrangige Ziel der Preisstabilität gefährden, nicht beachten muss. In diesem Sinn Häde in Calliess/Ruffert, EUV/ AEUV, Art.219 Rdn.11; Dony, 241, 246.

501 Palm in Grabitz/ Hilf/ Nettesheim, EU, Art.219 Rdn. 40.

502 Entschließung des Europäischen Rates von Luxemburg vom 13. Dezember 1997, ABl. EG 1998 Nr. C 35/1, Ziffer 8; Smits in v.d. Groeben/ Schwarze, EUV/EGV, Art.111 Rdn.94 verweist darauf, dass die Befugnis des Europäischen Rates als dem höchsten politischen Organ der EU „derartige Äußerungen in Angelegenheiten abzugeben, die nicht in seine Zuständigkeit fallen, fraglich ist." Allerdings stehe diese „Politik der Zurückhaltung im Einklang mit der Verpflichtung zu einer unabhängigen Ausübung der gemeinschaftlichen Befugnisse" durch das ESZB.

will.[503] Angesichts der Herauslösung von Art.138 AEUV aus dem ursprünglichen Regelungszusammenhang und der Streichung der Einleitung, nach der Art.111 Abs.4 EGV nur vorbehaltlich der Regelung in Art.111 Abs.1 EGV [jetzt: Art.219 Abs.1 AEUV] gelten sollte, ist jedoch fraglich, ob Art.138 AEUV nicht parallel zu Art.219 AEUV Anwendung finden kann.[504] Gegen ein solches Verständnis spricht jedoch, dass der Wortlaut der Vorgängernorm in wesentlichen Teilen übernommen wurde und sich dementsprechend die in Art.219 Abs.1 und 3 AEUV detailliert beschriebenen Verfahren zum Abschluss von Vereinbarungen mit Währungsbezug nach wie vor als speziellere Regelungen darstellen.[505] Es ist daher davon auszugehen, dass auch Art.138 AEUV auf nicht bindende internationale Kontakte der Union wie etwa Absprachen und Abstimmungen innerhalb von Konferenzen und internationalen Organisationen Anwendung findet, zu denen auch der IWF zählt.[506]

Art.138 Abs.1 AEUV enthält die Befugnis der Union zur Festlegung der innerhalb der zuständigen internationalen Einrichtungen und Konferenzen im Finanzbereich[507] einzunehmenden gemeinsamen Standpunkte zu den Fragen, die von besonderer Bedeutung für die Wirtschafts- und Währungsunion sind. Auf diese Weise soll sichergestellt werden, dass die Unionsmitglieder ihre Positionen abstimmen und die Union mit einer Stimme sprechen kann.[508] Der Hinweis darauf, dass der Standpunkt der Gewährleistung der Stellung des Euro im internationalen Währungssystem dienen soll, verdeutlicht dabei, dass durch den Vertrag von Lissabon eine Verstärkung der Stellung der Eurozone intendiert wurde.[509]

503 Bandilla in Grabitz/ Hilf, EU (aF), Art. 111 Rdn.57 f.

504 Palm in Grabitz/ Hilf/ Nettesheim, Art. 138 Rdn.6.

505 Häde in Calliess/ Ruffert, EUV/ AEUV, Art.138 Rdn.1.; Zur Abgrenzung zu den jetzt in Art.219 Abs.1 und 3 AEUV enthaltenen Regelungen vgl. ebenfalls Bognar, Europäische Wirtschaftsintegration und Außenwirtschaftsbeziehungen, 366; Dutzler, 445, 458.

506 Kadelbach in Siekmann, Art. 138 Rdn. 8, 53; Häde in Calliess/ Ruffert, EUV/ AEUV, Art.138 Rdn.1, 4; Vgl. Entschließung des Europäischen Rates vom 13. Dezember 1997, ABl. EG 1998 Nr.C 35/ 1, Ziffer 9: *„[…]. Dies bezieht sich sowohl auf die bilateralen Beziehungen zwischen der Europäischen Union und einzelnen Drittstaaten als auch auf Verhandlungen in internationalen Organisationen oder informellen internationalen Gremien.“*

507 Häde in Calliess/ Ruffert, EUV/ AEUV, Art.138 Rdn.3 betont, dass trotz der Nennung des Finanzbereiches aus der Zielsetzung im Währungsbereich folgt, dass behandelte Themen einen Bezug zu Währungsfragen aufweisen müssen.

508 Kadelbach in Siekmann, Art.138 Rdn.4, 8.

509 Häde, EuR 2009, 200, 208.

Weiterhin kann die Union nach Art.138 Abs.2 AEUV geeignete Maßnahmen mit dem Ziel erlassen, eine einheitliche Vertretung bei den internationalen Einrichtungen und Konferenzen im Finanzbereich sicherzustellen. Dabei ist der Begriff der Vertretung in zweierlei Hinsicht zu verstehen.[510] Einerseits umfasst er die Frage der Teilnahme bzw. des Status der Union in internationalen Organisationen. Andererseits betrifft er die Modalitäten der Vertretung im strengen Sinn und damit die Bestimmung der Organe, die für die Union handeln.[511] Nähere Vorgabe, wie der Rat die einheitliche Vertretung umzusetzen hat, sind in Art.138 Abs.2 AEUV nicht enthalten.[512] Allerdings kann sich der Rat bei Festlegung der Außenvertretung nicht nur auf die Berücksichtigung der internen Unionsstruktur beschränken. Vielmehr sind auch die Satzung und Bestimmungen der internationalen Organisation zu beachten. Dies wiederum beschränkt den Gestaltungsspielraum des Rates.[513]

f) Kompetenzen der Union im Bereich des Kapital- und Zahlungsverkehrs

Der AEU-Vertrag statuiert den Grundsatz der vollständigen Freiheit des Kapital- und Zahlungsverkehrs. Dies folgt aus Art.63 AEUV, nach dem grundsätzlich alle Beschränkungen des Kapital- und Zahlungsverkehrs zwischen den Mitgliedstaaten, aber auch zwischen den Mitgliedstaaten und dritten Ländern verboten sind.[514]

Ausnahmen bestehen nach Art.64 Abs.1 AEUV hinsichtlich solcher Beschränkungen, die bereits zum Stichtag 31. Dezember 1993 gegenüber Drittländern bestanden haben.[515] Darüber hinaus kann die Union nach Art.64 Abs.2, 3 AEUV Maßnahmen für den Kapitalverkehr mit dritten Ländern treffen, die im

---

510 Dony, 241, 250; Louis in FS Rey Caro, 1545, 1560.

511 Louis, EUI WPL No. 99/10, 12; ähnlich ders., FS Hahn, 201, 201; Lebullenger, RTDE 1998, 459, 468.

512 Häde in Calliess/ Ruffert, EUV/ AEUV, Art.138 Rdn.13.

513 Martenzuk, ZaöRV 1999, 93, 101.

514 Vigneron/ Steinfeld, CDE 1996, 401, 406. Da dieser Grundsatz auch gegenüber Drittländern gilt, wird von einer Bestimmung mit erga omnes Wirkung gesprochen. Dieser Unterschied zu den übrigen Grundfreiheiten, die keine explizite Erstreckung auf die Außenbeziehungen vorsehen, erklärt sich aus der Schaffung der einheitlichen Währung. Damit dieser eine bedeutende internationale Rolle zukommen kann, war sicherzustellen, dass hinsichtlich einer solchen Verwendung keine Beschränkungen bestehen. Vgl. Vigneron/ Steinfeld, CDE 1996, 401, 407f.

515 Nach v. Wilmowsky in Ehlers, Grundrechte und Grundfreiheiten, § 12 Rdn.45, sind die wesentlichen Bereiche des Kapitalverkehrs betroffen. Es handelt sich um „die sog. Direktinvestitionen, zu denen langfristige Unternehmensbeteiligungen und Gesellschafterdarlehen zählen, die Investitionen in Grundstücke, der Kapitalerwerb für

Fall eines Rückschrittes gegenüber der bestehenden Liberalisierung jedoch einer einstimmigen Entscheidung bedürfen.[516] Weiterhin kann die Union nach Art.66 AEUV kurzfristige Schutzmaßnahmen für den Fall ergreifen, dass Kapitalbewegungen nach oder aus dritten Ländern unter außergewöhnlichen Umständen das Funktionieren der WWU schwerwiegend stören oder zu stören drohen.[517] Schließlich wird durch Art.75 AEUV die Handlungsfähigkeit der EU mit Blick auf die Terrorbekämpfung gesichert, indem Beschränkungen des Kapital- und Zahlungsverkehrs mit bestimmten Drittstaaten ermöglicht werden.

IV. Auswirkungen des AEU-Vertrages auf die Währungssouveränität

Wie die obigen Ausführungen deutlich machen, wirkt sich nicht nur die Vollendung des Binnenmarktes, sondern auch die Errichtung der Wirtschafts- und Währungsunion in erheblicher Weise auf die Währungssouveränität der Mitgliedstaaten aus. Charakteristisch ist dabei, dass die Regeln des AEU-Vertrages zu einer neuen Zuordnung der Währungssouveränität führen. Durch den Kompetenzübergang ist diese nicht länger auf Seiten der Mitgliedstaaten, sondern auf Seiten der Union zu verorten. Die Beschränkung der Währungssouveränität durch den AEU-Vertrag ist damit deutlich weitreichender als die Beschränkungen, die sich aus dem IWF-Abkommen ergeben. Während letzteres die Art der Ausübung der Währungssouveränität betrifft, ist der AEU-Vertrag darauf angelegt, eine Ausübung durch die Mitgliedstaaten nicht nur zu begrenzen, sondern zu unterbinden. Es stellt sich daher die Frage, wie sich der Kompetenzübergang auf die Union für den IWF auswirkt.

eine Niederlassung oder für die Erbringung von Finanzdienstleistungen und die Ausgabe von Wertpapieren (wie Aktien und Schuldverschreibungen)."

516 Die Union verfügt demnach gegenüber Drittstaaten auch weiterhin über ein Mittel der Rechtsetzung, um den acquis communautaire zu schützen und zu entwickeln, vgl. Vigneron/ Steinfeld, 401, 410.

517 Dabei können die Maßnahmen sowohl den Zahlungs- als auch den Kapitalverkehrs betreffen, vgl. Schürmann in Lenz/ Borchardt, AEUV/ EUV, Art.66 Rdn.3.

4. Kapitel: Folgen der Endstufe der Wirtschafts- und Währungsunion für den IWF

Der mit der Teilnahme eines Staates an der WWU einhergehende Souveränitätsübergang auf die Union wirkt sich unweigerlich auch im Rahmen der Tätigkeiten des IWF aus. Schließlich folgt aus diesem Übergang ‚ein radikaler Wechsel in der Fähigkeit des Staates eine Reihe wirtschaftlicher und finanzpolitischer Variablen zu kontrollieren, die als wesentliche Elemente der staatlichen Wirtschaftsführung anzusehen und als solche auch Gegenstand des Aufgabenbereiches des IWF sind.'[518] Dies gilt umso mehr, als die Bestimmungen des IWF-Abkommens das Bestehen monetärer Souveränität bei den Mitgliedern des IWF voraussetzen. Hieraus folgt, dass die Auswirkungen des Souveränitätsübergangs eng mit der Frage zusammenhängen, ob die an der WWU teilnehmenden Staaten noch sinnvoll im IWF partizipieren können.[519]

I. Verhaltenskodex in Wechselkurs - und Finanzangelegenheiten

1. Verpflichtungen bezüglich der Wechselkursangelegenheiten

Mit der Ersetzung der nationalen Währungen durch den Euro ging zwangsläufig ein Wegfall der staatlichen Wechselkurse und daran anknüpfender Kompetenzen einher. Den Mitgliedstaaten der WWU stehen Wechselkursanpassungen daher nicht länger als Instrument der Wirtschaftslenkung bzw. als Mittel zur Beeinflussung ihrer Zahlungsbilanz zur Verfügung.[520] Hieraus folgt, dass die Zahlungsbilanzen der Mitgliedstaaten im Rahmen von Art. IV IWFA ihre Bedeutung einbüßen. Diese können zwar noch im Rahmen der Statistik von Bedeutung sein, nicht jedoch als Richtwert für die Wechselkurspolitik.[521] Der Mangel des Regulierungsbedarfs auf nationaler Ebene verdeutlicht, dass als Anknüpfungspunkt für die

518 Polak in Masson/ Krueger/ Turtelboom, 491, 491 (wÜ), der sich nachfolgend auf die Währung, die Währungs- und Wechselkurspolitik sowie die Fiskalpolitik des Mitglieds und die Verwaltung der Währungsreserven bezieht.

519 Vgl. Martha, CMLRev.1993, 749, 755.

520 Martha, CMLRev. 1993, 749, 758.

521 Martha, CMLRev.1993, 749, 758; Bognar, Europäische Wirtschaftsintegration und Außenwirtschaftsbeziehungen, 390.

Regelungen des Art. IV IWFA nur der Wechselkurs des Euro dienen kann. Auch die relevanten Kompetenzen sind auf Unionsebene zu verorten.[522] Für die Wahl des Wechselkurssystems nach Art. IV Abs.2 b) IWFA folgt dies aus Art.219 Abs.1 AEUV, der auch die Bestimmung von Paritäten für den Fall eines nach Art. IV Abs.4 IWFA zu errichtenden neuen Systems à la Bretton-Woods ermöglicht.[523] Infolge ihrer Zuständigkeit obliegt es der Union ferner, den Fonds mit den notwendigen Informationen zu versorgen bzw. diesem gemäß der in Art. IV Abs. 2 a) IWFA enthaltenen Notifizierungsverpflichtung die Wechselkursvereinbarungen der Union nach Art.219 Abs.1 und 2 AEUV mitzuteilen.[524] Auch der Verpflichtung zur Zusammenarbeit in Wechselkursangelegenheiten nach Art. IV Abs.1 IWFA kann aufgrund der übertragenen Kompetenzen nur auf Unionsebene nachgekommen werden. Letzteres gilt auch für die hiermit im engen Zusammenhang stehende Verpflichtung zur Aufrechterhaltung einheitlicher Wechselkurse und das Verbot der Währungsabwertung aus Wettbewerbsgründen nach Art. VIII Abs.3 IWFA.[525]

2. Verpflichtungen im Bereich der Währungskonvertibilität

Die im Bereich der Währungskonvertibilität zentrale Verpflichtung, Beschränkungen laufender Zahlungen zu vermeiden, betrifft ebenfalls Kompetenzen auf Unionsebene. So unterfallen die durch Art. XXX d) IWFA näher präzisierten Zahlungen und Übertragungen für laufende internationale Geschäfte[526] dem

---

522 Smits, ECB, 431; Louis in FS Hahn, 201, 204; Dony, 241, 255.

523 Escudero, 167, der unter Hinweis auf die hierzu erforderliche Stimmenmehrheit auch betont, ‚dass eine Rückkehr zu einem System fester Paritäten nicht ohne die Zustimmung der Vereinigten Staaten, der Union und Japans vorstellbar ist.‘ (wÜ)

524 Smits, ECB, 431.

525 Escudero, 168, verweist darauf, dass ein Rückgriff auf wettbewerbsbedingte Währungsabwertungen seitens der Union nicht zu erwarten ist, da der Wechselkurs als Ergebnis ‚der Transaktionen auf den Finanzmärkten sowie der gesamtwirtschaftlichen Führung der Eurozone‘ verstanden und nicht ‚auf Entscheidungen im Rahmen einer aktiven Wechselkurspolitik gestützt wird.‘ (wÜ) Vgl. hierzu auch die Ausführungen zu Art.219 Abs.2 AEUV im 3. Kapitel. III. 4 d) m.w.N.

526 Es handelt sich dabei um alle Zahlungen, die im Zusammenhang mit dem Außenhandel, anderen laufenden Geschäften einschließlich Dienstleistungen sowie normalen, kurzfristigen Bank- und Kreditgeschäften geschuldet werden. Darüber hinaus werden Zahlungen von Beträgen erfasst, die als Kreditzinsen sowie als Nettoerträge aus anderen Anlagen geschuldet werden. Dies gilt auch für Zahlungen in mäßiger Höhe für die Tilgung von Krediten oder die Abschreibung von Direktinvestitionen und Überweisungen in mäßiger Höhe zur Bestreitung des Familienunterhalts.

Begriff des Zahlungsverkehrs nach Art.63 AEUV.[527] Die Union ist demnach der richtige Ansprechpartner für die Verpflichtung zum progressiven Abbau von Devisenverkehrsbeschränkungen nach Art. VIII Abs.2 a) IWFA. Ihr obliegt es, das Einverständnis des IWF einzuholen, wenn Beschränkungen laufender Zahlungen mit Drittstaaten beabsichtigt werden, sowie sicherzustellen, dass Bestimmungen, die den Vorgaben des IWF-Abkommens entgegenstehen, nicht durch die Mitgliedstaaten ausgeführt bzw. durchgesetzt werden.[528] Teilweise wird darüber hinaus angenommen, dass die Verpflichtungen aus Art. VIII Abs.2 IWFA, wenn auch nur in begrenztem Umfang, den Kapitalverkehr im Sinne des Art.63 AEUV betreffen.[529] Als Anknüpfungspunkt dienen Zahlungen, die in normalen kurzfristigen Bank- und Kreditgeschäften im Sinne von Art. XXX d) IWFA geschuldet werden, wie etwa Zahlungen für die Tilgung von Krediten.[530] Dies ist jedoch insofern von geringer Bedeutung, als auch für den Kapitalverkehr gemäß Art.63 AEUV eine Unionszuständigkeit besteht und die entsprechenden Liberalisierungsregelungen weit über die sich aus dem IWF-Abkommen ergebenden währungsrechtlichen Verpflichtungen hinausgehen.[531] Dies gilt auch hinsichtlich der in Art. VI Abs.3 IWFA getroffenen Vorgaben für die Kontrolle von Kapitalübertragungen, in deren Rahmen die Kompetenzen der Union im Kapitalverkehr ebenfalls von Bedeutung sein können.[532] Schließlich muss auch

---

527 Vgl. Smits in v.d. Groeben/ Schwarze, EUV/EGV, Art.111 Rdn.212. Nach Kielmel in v.d. Groeben/ Schwarze, EUV/EGV, Art.56 Rdn.1, fällt unter den Begriff des Zahlungsverkehrs im Sinne der Art.63 ff. AEUV „die Übertragung von Geldmitteln über die Grenzen zur rechtsgeschäftlichen Erfüllung einer Schuld, wobei der Begriff ‚Geldmittel' umfassend zu verstehen ist."

528 Martha, CMLRev.1993, 749, 772; Smits, ECB, 433f.

529 Ress/ Ukrow in Grabitz/ Hilf/ Nettesheim, EU, Art.63 Rdn.52. Nach Kielmel in v.d. Groeben/ Schwarze, EUV/EGV, Art.56 Rdn.1, „umfasst der Kapitalverkehr alle finanziellen Transaktionen, die nicht direkt durch den Waren- und Dienstleistungsverkehr bedingt sind."

530 Honrath, 37 f.; nach anderer Auffassung wird aus dem Bezug auf den Außenhandel geschlossen, dass der Kapitalverkehr im Sinn des AEU-Vertrages nicht durch die Bestimmungen des IWF-Abkommens betroffen wird. So erfasst nach Molzahn, 25, der Kapitalverkehr im Sinn des AEU-Vertrages den grenzüberschreitenden Transfer von Geld- oder Sachkapital, der primär zu Anlagezwecken erfolgt. Eine solche Übertragung von Kapital zum Zweck der Investition sei jedoch nicht Gegenstand des IWF-Abkommens.

531 Molzahn, 25.

532 Smits in v.d. Groeben/ Schwarze, EUV/EGV, Art.111 Rdn. 121; Martha CMLRev.1993, 749, 770.

der Verpflichtung zum Ankauf eigener Währung nach Art. VIII Abs.4 IWFA aufgrund der Zuständigkeit für die Währungspolitik auf Unionsebene nachgekommen werden.[533]

3. Die Erteilung statistischer Informationen

Der Kompetenzübergang wirkt sich weiterhin auf die Verpflichtung zur Erteilung von Informationen nach Art. VIII Abs.5 IWFA aus. So obliegt es der Union, den IWF hinsichtlich ihrer Währungsaktivitäten mit den notwendigen Informationen zu versorgen.[534]

4. Auswertung

Die obigen Ausführungen machen deutlich, dass es den an der WWU teilnehmenden Staaten nicht länger möglich ist, ihre Verpflichtungen im Rahmen des Verhaltenskodexes in Wechselkurs- und Finanzangelegenheiten einzeln zu erfüllen.[535] Aufgrund des Kompetenzübergangs im Rahmen der WWU ist vielmehr die Union mit den notwendigen Kompetenzen ausgestattet, um der Verpflichtung zur Zusammenarbeit mit dem IWF und dessen übrigen Mitgliedern in diesen Fragen nachzukommen.

II. Überwachungsmechanismus

Der Kompetenzübergang im Rahmen der WWU wirkt sich weiterhin auf die Überwachungstätigkeit des Fonds nach Art. IV Abs.3 IWFA aus.[536] Dies hängt ebenfalls mit der Verortung des Wechselkurses und der Wechselkurspolitik auf supranationaler Ebene zusammen. Hieraus folgt nicht nur, dass lediglich die Union den Verpflichtungen aus Art. IV Abs.1 IWF nachkommen kann, sondern auch, dass sich die Überwachungstätigkeit zwangsläufig auf die Union erstrecken muss.[537] Die Mitgliedstaaten können mangels eigener Währung bzw. eigenen Wechselkurses nicht mehr alle notwendigen Informationen liefern und demnach nicht länger

---

533 Smits, ECB, 435; Dony, 241, 255.

534 Smits, ECB, 434, nach dem die entsprechenden Statistiken von Seiten der EZB nach Art.5 ESZB bzw. seitens der Kommission nach Art.249 Abs.2 AEUV erstellt werden können.

535 Martha, CMLRev.1993, 749, 758; folgend Louis in FS Hahn, 201, 204 sowie in FS Rey Caro, 1545, 1567; Bognar, Europäische Wirtschaftsintegration und Außenwirtschaftsbeziehungen, 390; Dony, 241, 254 f.

536 Vgl. Smits, ECB, 432; ders. in v.d. Groeben/ Schwarze, EUV/EGV, Art.111 Rdn.211.

537 Eichengreen/ Ghironi, Politique Étrangère 1997, 137, 146.

als alleiniges Gegenüber für IWF-Missionen fungieren.[538] Ein solches Vorgehen könnte sich auch für den IWF als problematisch erweisen, da die Verpflichtungen, die sich für einen Staat aus dem IWF- bzw. Unionsrecht ergeben, nicht zwangsläufig übereinstimmen müssen.[539]

Eine Beschränkung der Untersuchung auf den einzelnen Staat erscheint auch deshalb ungenügend, weil so keine Berücksichtigung der interregionalen Beziehungen ermöglicht wird. Eine solche ist jedoch notwendig, ‚da jeder Staat einen substantiellen Teil der Union bildet und jede Untersuchung damit auch letztere betrifft.'[540] Für die multilaterale Überwachung folgt die Notwendigkeit der Einbeziehung der Union nicht zuletzt aus dem Umstand, dass es sich bei der Eurozone bzw. der EU um einen der größten Wirtschaftsblöcke der Welt handelt.[541]

III. Hilfsmechanismus bei Zahlungsbilanzschwierigkeiten

Die WWU wirkt sich ferner auf den Hilfsmechanismus des IWF bei Zahlungsbilanzschwierigkeiten aus. Dies folgt nicht nur aus der abnehmenden Relevanz der Zahlungsbilanzen der Mitgliedstaaten in der dritten Stufe der WWU, sondern auch aus der engen Verbindung zwischen den Finanzhilfen des IWF und den Währungsreserven seiner Mitglieder. Letztere werden in der WWU, wie Art.127 Abs.2 AEUV verdeutlicht, vom ESZB gehalten und verwaltet. Dementsprechend betreffen Transaktionen und Operationen in Euro im Bereich der Zahlungsbilanzhilfe Kompetenzen, die auf Unionsebene zu verorten sind.[542]

1. Allgemeine Fondsmittel

Die WWU wirkt sich nicht auf die Höhe oder aber den Wert der Fondsmittel aus. Gleiches gilt jedoch nicht für die Zusammensetzung des Ressourcenpools. Angesichts des Wegfalls der nationalen Währungen ist klar, dass diese nicht länger Bestandteil der Subskriptionszahlungen bzw. Quoten sein können und durch den Euro zu ersetzen sind. Dies macht zumindest buchhalterische Umstellungen im Fonds erforderlich.[543]

538 In diesem Sinn auch Smits, ECB, 432.
539 Vgl. Louis in FS Hahn, 201, 205; Eichengreen/ Ghironi, Politique Étrangère 1997, 137, 146.
540 Louis in FS Hahn, 201, 205 (wÜ).
541 Escudero, 171.
542 Smits in v.d. Groeben/ Schwarze, EUV/EGV, Art.111 Rdn.210.
543 Polak in Masson/ Krueger/ Turtelboom, 491, 504.

Darüber hinaus sind die Währungsreserven und die entsprechenden Kompetenzen der Union auch insofern betroffen, als jede Quotenzahlung einen Anteil in Reserveaktiva enthält bzw. selbst als Bestandteil der Währungsreserven anzusehen ist. Dem steht auch die Regelung in Art.30.1 ESZB-Satzung nicht entgegen, nach der die Währungsreserven der EZB nicht aus IWF- Reservepositionen und SZR gebildet werden dürfen. Dass diese Positionen den Währungsreserven der Mitgliedstaaten zuzuordnen sind und damit zumindest vorübergehend bei diesen verbleiben, bedeutet nicht, dass keine Zuständigkeiten der Union nach Art.127 Abs.2 AEUV gegeben sind.[544] Dies gilt umso mehr, als nach Art.30.5 ESZB-Satzung auch die EZB IWF-Reservepositionen und SZR halten und verwalten sowie die Zusammenlegung solcher Aktiva vorsehen kann.

2. SZR

Weiterhin wirkt sich die WWU auf die Zusammensetzung des SZR- Währungskorbes und damit die Berechnung der SZR aus. Dies folgt aus dem Umstand, dass mit dem Wegfall der nationalen Währungen in der WWU auch die Leitwährungen DM und Franc auf Seiten des IWF entfallen sind. Diese Währungen waren Bestandteil des Währungskorbes, der zur Bestimmung des Wertes der SZR dient.[545]

Das Entfallen dieser Währungen wirkt sich ferner auf die Bestimmung frei verwendbarer Währungen im Sinne von Art. XXX f) IWFA aus, die gemäß Art. XIX Abs.4 IWFA gegebenenfalls einem anderen Teilnehmer in der SZR-Abteilung zur Verfügung gestellt werden müssen.[546]

Dabei betreffen sowohl die Verwendung des Euro als internationales Reserveaktivum als auch die Ankaufsverpflichtung die Währungsreserven und damit Kompetenzen auf Seiten der Union.[547]

3. Inanspruchnahme der Fondsmittel

Folgen ergeben sich weiterhin bei der Inanspruchnahme der Fondsmittel im Rahmen des Hilfsmechanismus. Dieser dient, ausweislich der Zielsetzung des Fonds, der geordneten Bereinigung von Zahlungsbilanzschwierigkeiten, ohne dass das

---

544 Vgl. zu dieser Thematik Kapitel 6.III.1.bb) ααα) m.w.N.

545 Martha, CMLRev. 1993, 749, 761; Bognar, Europäische Wirtschaftsintegration und Außenwirtschaftsbeziehungen, 394; Claber /Hasse, 446, 457; Dony, 241, 254.

546 Martha, CMLRev. 1993, 749, 761; Bognar, Europäische Wirtschaftsintegration und Außenwirtschaftsbeziehungen, 394; Louis in FS Hahn, 201, 204.

547 Smits, ECB, 437.

jeweilige Mitglied zu Maßnahmen Zuflucht nehmen muss, die dem nationalen oder internationalen Wohlstand schaden. Dementsprechend verlangt die Inanspruchnahme der Fondsmittel eine Bedarfssituation, die sowohl nach Art. V Abs.3 b) IWFA als auch nach Art. XIX Abs.3 a) IWFA an die Zahlungsbilanz- bzw. Reservesituation des Mitglieds bzw. an die Entwicklung der Reserven anknüpft.

Inwiefern eine solche Bedarfssituation bei einem Mitglied des Fonds, das an der dritten Stufe der WWU teilnimmt, bestehen kann, ist fraglich.[548] Wie dargelegt, haben die Zahlungsbilanzen der Mitgliedstaaten im Zuge der WWU ihre Bedeutung für die Wechselkurspolitik eingebüßt. An ihre Stelle ist als Maßstab die Zahlungsbilanz der Union getreten.[549] Nur die Union kann auf Wechselkursänderungen oder Devisenbeschränkungen als Mittel der Wirtschaftslenkung zurückgreifen. Auch die Währungsreserven werden auf Unionsebene gehalten und verwaltet. Dies macht deutlich, dass eine Bedarfssituation nunmehr auch auf Unionsebene entstehen kann.[550]

Unter Berücksichtigung der Zielsetzung des IWF kann eine Inanspruchnahme von Fondsmitteln zum Zweck der Zahlungsbilanzunterstützung zudem als ‚Maßnahme der Wechselkurspolitik im weiteren Sinne' angesehen werden.[551] Unter dieser Prämisse ist die Union seit Beginn der dritten Stufe der WWU auch für eine Inanspruchnahme der Fondsmittel im Interesse der Union zuständig.[552] Die damit einhergehende ‚Geltendmachung von Forderungen gegenüber dem IWF oder aber die Nutzung von SZR würde folgerichtig die Zahlungsbilanz der Union bzw. der Währungsunion betreffen.'[553]

4. Auswertung

Die obigen Ausführungen zu den Kompetenzen der Union im Bereich der Zahlungsbilanz machen deutlich, dass im Rahmen des Hilfsmechanismus letztendlich

---

548 Martha, CMLRev. 1993, 749, 760f.; Bognar, Europäische Wirtschaftsintegration und Außenwirtschaftsbeziehungen, 394 f.; Louis in FS Hahn, 201, 204.

549 Martha, CMLRev. 1993, 749, 761; Louis in FS Hahn, 201, 204 betont, dass die Zahlungsbilanzprobleme der Mitgliedstaaten eher als interregionale Probleme anzusehen sind und zieht als Vergleich die innerstaatliche Situation heran.

550 Vgl. Bognar, Europäische Wirtschaftsintegration und Außenwirtschaftsbeziehungen, 395.

551 Steinki in Current Developments, Vol. 2, 109, 129 (wÜ).

552 Smits, ECB, 436; ders. betont in v.d. Groeben/ Schwarze, EUV/EGV, Art.111 Rdn.210, dass für die Aufnahme einer Anleihe durch einen Mitgliedstaat die Zustimmung seitens des ESZB erforderlich sei.

553 Smits, ECB, 447 (wÜ).

die Fähigkeit der WWU-Mitgliedstaaten in Frage steht, diesen gemäß seiner Zielsetzung zu nutzen. Dies ergibt sich auch aus der Überlegung, dass ‚der Fonds ein Sicherheitsnetz gegen die Risiken exzessiver Wechselkursfluktuationen bereitstellen sollte.' Eine Berücksichtigung der Union ist hier von Nöten, da das bestehende Netz zwar die Weltwährungen Dollar und Yen, nicht jedoch den Euro abdeckt.[554]

IV. Auswirkungen auf die institutionelle Struktur

Die Schaffung der WWU wirkt sich nicht nur im Rahmen des materiellen IWF-Rechtes, sondern auch auf die institutionelle Struktur des Fonds aus. Gemäß Art.138 AEUV befindet der Rat sowohl über den Standpunkt der Union in internationalen Einrichtungen im Finanzbereich, als auch über ihre Vertretung. Der Rat bestimmt damit die von der EU im Rahmen des IWF zu verfolgende Politik als auch die hierzu eingesetzten Vertreter.[555] Dies muss bei der Besetzung des Gouverneursrates und des Exekutivdirektoriums berücksichtigt werden, aber auch bei der Stimmabgabe durch die entsprechenden Vertreter.

V. Problemaufriss

Nach den obigen Ausführungen wirkt sich die Währungsunion in jedem Tätigkeitsbereich des IWF aus. Betroffen sind sowohl ‚die Verpflichtungen, die sich aus einer Mitgliedschaft im IWF ergeben, als auch die Geschäfte und Aktivitäten des Fonds', aber auch dessen institutionelle Struktur.[556] Charakteristisch ist dabei, dass aufgrund des Kompetenzübergangs in der dritten Stufe der WWU eine Unionszuständigkeit in den wesentlichen Tätigkeitsfeldern des IWF festgestellt werden kann.[557] Im Gegenzug haben die Mitgliedstaaten entsprechende Handlungskompetenzen verloren.

Dies erscheint insofern problematisch, als der Kompetenzübergang die Fähigkeit der Mitgliedstaaten in Frage stellt, ihren Verpflichtungen aus dem IWF-Abkommen nachzukommen. Letztere hatten nach Art. XXXI Abs.2 a) IWFA gerade bestätigt, alle erforderlichen Schritte unternommen zu haben, um alle aus dem Übereinkommen erwachsenden Verpflichtungen erfüllen zu können.[558] Es verwundert daher auch nicht, dass vor diesem Hintergrund eine fortdauernde

554 Maystadt in Masson/ Krueger/ Turtelboom, 146, 152 (wÜ).
555 Weiß, EuR 2002, 165, 173.
556 Smits, ECB, 429 (wÜ).
557 Smits in v. d. Groeben/ Schwarze, EUV/EGV, Art.111 Rdn.209.
558 Sorel, JDI 2000, 7, 20.

Mitgliedschaft der WWU-Staaten im IWF in Frage gestellt wird.[559] Die Union, die aufgrund der Kompetenzzuordnung zu einer Erfüllung der Verpflichtungen in der Lage wäre, ist kein Mitglied des Fonds.[560] Hieraus folgt auch, dass die Union keine Rechte, beispielsweise aus dem Hilfsmechanismus, in Anspruch nehmen kann. Im Gegenzug ist es für den Fonds problematisch, den Mitgliedsstaaten der WWU die gleichen Rechte wie anderen Mitgliedsländern zu gewähren.[561] Dies zeigt, dass sich die Problematik auch auf Seiten des IWF auswirkt. Berücksichtigt man, dass das Erfüllen der grundsätzlichen Voraussetzungen der Mitgliedschaft für die Zielsetzung einer Organisation und die Erfüllung ihrer Aufgaben entscheidend ist[562], so gefährdet der Kompetenzübergang und die zurzeit bestehende Mitgliedsregelung letztendlich die Erfüllung der Zielsetzung des IWF.

VI. Konsequenzen des Normkonfliktes

Die dargelegte Problematik folgt aus dem Aufeinandertreffen der Regelungen des IWF-Abkommens und des AEU-Vertrages. Es ist daher zu untersuchen, wie das Völkerrecht und das Unionsrecht derartige Norm- und daraus resultierende Zuständigkeitskonflikte behandelt. Zurückzugreifen ist dabei auf die bestehenden Kollisionsregelungen.

1. Völkerrechtliche Kollisionsregelung

Aus völkerrechtlicher Sicht folgt aus dem in Art.26 WVK kodifizierten Satz des Völkergewohnheitsrechtes „pacta sunt servanda“, dass jeder Staat an die von ihm eingegangenen völkerrechtlichen Verträge gebunden ist. Dies gilt auch für den Fall, dass die vertraglichen Verpflichtungen im Widerspruch zu einem später abgeschlossenen Vertrag stehen, an dem nicht alle Vertragsparteien des früheren Vertrages beteiligt sind.[563] Letzteres stimmt mit der Regelung in Art.30 Abs.4 b) WVK überein. Zudem wird in Abs.4 a) klargestellt, dass die Regelungen des früheren Vertrages zwischen Parteien beider Verträge nur insofern Anwendung

559 Martha, CMLRev. 1993, 749, 755, 762 (wÜ) verweist darauf, dass ‚eine Mitgliedschaft in einer internationalen Organisation ipso iure enden müsse, wenn ein Mitgliedstaat […] nicht mehr die elementaren Voraussetzungen einer Mitgliedschaft erfülle.‘ Zumindest stelle sich eine solche Mitgliedschaft als sinnlos dar.

560 Vgl. Meng in Hobe, 39, 64.

561 Maystadt in Masson/ Krueger/ Turtelboom, 146, 147; ebenso Claber/ Hasse, 446, 457.

562 Martha, CMLRev. 1993, 749, 762.

563 Schmalenbach in Calliess/ Ruffert, EUV/ AEUV, Art.351 Rdn.1.

finden, als diese mit den Regelungen des späteren Vertrages zu vereinbaren sind.[564] Hieraus folgt, dass die Mitglieder der WWU gegenüber Staaten, die nicht am AEU-Vertrag beteiligt sind, sich nicht auf die Regelungen desselben berufen können. Vielmehr sind die Mitgliedstaaten der EU im Verhältnis zu Drittstaaten, die ebenfalls IWF-Mitglieder sind, weiterhin an ihre Verpflichtungen aus dem IWF-Abkommen gebunden.[565] Zudem sind sie grundsätzlich berechtigt ihre Rechte wahrzunehmen.[566]

In diesem Sinn führte der Exekutivrat im Jahr 1998 aus: "*The Fund is a country-based institution, and the transfer of monetary powers by members of the euro area to the institutions of EMU will not affect their legal relationship with the Fund under the Funds' Articles of Agreement. Euro-area members will continue to be members of the Fund in their own individual capacity as countries. All rights of membership will continue to be available to each individual member, and all the obligations that membership in the Fund entails will continue to bind them individually.*"[567]

2. Unionsrechtliche Kollisionsregelung

Das Unionsrecht behandelt das Verhältnis früherer Verträge der Mitgliedstaaten zum AEU-Vertrag in Art.351 AEUV. Nach Abs.1 dieser Vorschrift werden Rechte und Pflichten aus Übereinkünften, die vor dem 1. Januar 1958 oder, im Fall später beigetretener Staaten, vor dem Zeitpunkt ihres Beitritts zwischen einem oder mehreren Mitgliedstaaten einerseits und einem oder mehreren dritten Ländern andererseits geschlossen wurden, durch den AEU-Vertrag nicht berührt. Aus der inhaltlichen Übereinstimmung mit den völkerrechtlichen Kollisionsgrundsätzen folgt dabei, dass mögliche Konflikte im Sinne einer „völkerrechtskonformen Integration" gelöst werden.[568]

Auch das IWF-Abkommen fällt als Gründungsvertrag einer internationalen Organisation in den Anwendungsbereich von Art.351 Abs.1 AEUV. Fraglich ist jedoch, ob eine direkte Anwendung der Norm in Betracht kommt. Zwar kann aufgrund des Inkrafttretens des IWF-Abkommens im Jahr 1945 grundsätzlich

564 Heintschel von Heinegg in Ipsen Völkerrecht, § 13 Rdn.19, verweist darauf, dass dies der Maxime „*lex posterior derogat legi priori*" entspricht.

565 Bognar, Europäische Wirtschaftsintegration und Außenwirtschaftsbeziehungen, 374.

566 Elizade in Current Developments, Vol. 1, 303, 303; folgend Steinki in Current Developments, Vol. 2, 109, 111.

567 Zitat nach Smits, Euredia 2009, 297, 311.

568 Petersmann/ Spennemann in v.d.Groeben/ Schwarze, EUV/ EGV, Art.307 Rdn.1; Schmalenbach in Calliess/ Ruffert, EUV/ EGV, Art.351 Rdn.1.

von einem Altvertrag im Sinne der Vorgaben des AEU-Vertrages ausgegangen werden. Zu berücksichtigen ist jedoch auch, dass das Abkommen im Zuge seiner zweiten Änderung im Jahr 1978 neu verhandelt wurde. Derartige Neuverhandlungen können dazu führen, dass der fortgesetzte Altvertrag nicht mehr unter den Anwendungsbereich von Art.351 Abs.1 AEUV fällt. Dies gilt auch für punktuelle Verhandlungen, „wenn die erfolgten Änderungen auch die Tragweite derjenigen Verpflichtungen ändern, die unverhandelt aus dem Altvertrag übernommen worden sind."[569] Auf das IWF-Abkommen könnte diese Argumentation insofern übertragen werden, als hier durch die Neuverhandlung der Wechselkursregelungen eine qualitative Abänderung zentraler Bestimmungen stattgefunden hat.

Die Änderung des Bretton-Woods-Abkommens hätte jedoch dann keine Auswirkungen auf die rechtliche Bewertung, wenn Art.351 Abs.1 AEUV analog angewendet werden könnte. Eine solche Analogie wird für Abkommen befürwortet, die zwar nach dem 1. Januar 1958 oder nach dem Zeitpunkt des Beitritts eines Mitgliedstaates zum AEU-Vertrag geschlossen wurden, sich jedoch auf Sachbereiche beziehen, in denen Kompetenzen erst zu einem späteren Zeitpunkt auf die Union übertragen wurden.[570]

Für die Zulässigkeit einer solchen Analogie spricht die dynamische Entwicklung der Unionszuständigkeiten. Ließe man diese außer Acht, wäre es für die Mitgliedstaaten der Union nicht mehr möglich, völkerrechtliche Abkommen einzugehen, da stets das Risiko späterer Unvereinbarkeiten mit dem Unionsrecht bestünde.[571] Voraussetzung für eine analoge Anwendung ist jedoch, dass die Kompetenzübertragung für die Mitgliedstaaten bei Abschluss eines Abkommens nicht vorhersehbar war.[572] Wie dargelegt, enthielt jedoch bereits der EWG-Vertrag Vorschriften, die eine Wirtschaftskoordinierung vorsahen und dabei insbesondere die externe Währungspolitik als Gegenstand gemeinsamen Interesses erfassten.[573] Teilweise wird an diese Bestimmungen eine objektive

---

569 Schmalenbach in Calliess/ Ruffert, EUV/ AEUV, Art. 351 Rdn. 6.

570 Schmalenbach in Calliess/ Ruffert, EUV/ AEUV, Art. 351 Rdn. 8.

571 Pache/ Bielitz, EuR 2006, 316, 327.

572 Nach Petersmann/ Spennemann in v.d.Groeben/ Schwarze, EUV/ EGV, Art.307 Rdn.6, ist dies immer dann der Fall, wenn die EU keine Einwände gegen den Vertragsschluss vorgebracht hat, die EU-Kompetenz auf Art.352 AEUV gestützt wurde bzw. ein Ermessen der Unionsorgane vorliegt und keine Beschränkung der nationalen Zuständigkeit vor Ausübung der Unionskompetenz gegeben ist.

573 Vgl. hierzu 3. Kapitel.II.1 m.w.N.

Vorhersehbarkeit geknüpft.[574] Dies erscheint jedoch fraglich, da gerade das Bestehen des IWF-Abkommens weitergehende Verpflichtungen der Mitgliedstaaten im Währungsbereich entbehrlich machte.

Eine andere rechtliche Wertung könnte angesichts der rechtlichen Akte der 60er und 70er Jahre angebracht sein. Schließlich wurde zu diesem Zeitpunkt erstmals das Ziel einer Wirtschafts- und Währungsunion in der Union angedacht.[575] Als Geburtsstunde des Konzeptes der WWU kann dabei der sog. Werner-Plan ausgemacht werden.[576] Dieser war angesichts der Schwierigkeiten des Bretton-Woods-Systems und der sich hieraus ergebenden Notwendigkeit des Aufbaus eines eigenen Währungssystems erarbeitet worden. Eine solche Wertung berücksichtigt allerdings nicht, dass nur wenige Elemente des Werner-Planes, wie der Europäische Wechselkursverbund, verwirklicht wurden. Das Vorgehen basierte dabei wie auch im nachfolgenden Europäischen Währungssystem auf der Kooperation der Mitgliedstaaten in Währungsfragen und nicht auf einer Verschiebung von Kompetenzen von den Mitgliedstaaten auf die Union, wie sie für die Währungsunion angedacht worden war. Von der Umsetzung der letztgenannten Konzeption war Abstand genommen worden. Man bediente sich zur Erzielung eines stabilen monetären Umfelds vielmehr der Koordinierung der Kompetenzen der Mitgliedstaaten. Die Idee der WWU wurde erst im Zuge der Einheitlichen Europäischen Akte im Jahr 1986 wieder aufgenommen.[577] Vor dem Hintergrund dieser Entwicklung der Währungsbeziehungen kann zum Zeitpunkt der zweiten Änderung des IWF-Abkommens im Jahr 1978 nicht von einer Vorhersehbarkeit der Kompetenzverschiebung auf die Union gesprochen werden. Art.351 Abs.1 AEUV kann daher analog auf das IWF-Abkommen angewendet werden.[578]

Infolge dieser Anwendbarkeit steht auch nach dem Unionsrecht fest, dass die Rechte von Drittländern und die internationalen Pflichten der Mitgliedstaaten der EU aus dem IWF-Abkommen durch den AEU-Vertrag nicht beeinträchtigt

---

574 Zilioli/ Selmayr, CMLRev.1999, 273, 320 Fn.169.

575 Zilioli/ Selmayr, CMLRev.1999, 273, 320 Fn.169.

576 Dutheil de la Rochère, YbEL 1999/2000, 427, 427; vgl. zum Werner-Plan 3. Kapitel II.2 m.w.N.

577 Vgl.zu diesen Etappen der Entwicklung Kapitel 3.II und III m.w.N.

578 Krauskopf/ Steven, EuZW 1999, 650, 652, nach denen „sämtliche vor dem Eintritt in die dritte Stufe von einem Teilnehmerland mit einem Drittstaat oder internationalen Institutionen eingegangenen Währungsregelungen“ in den Anwendungsbereich der jetzt in Art. 351 Abs.1 AEUV enthaltenen Regelung fallen. Eine grundsätzliche Anwendbarkeit bejaht auch Bognar, Europäische Wirtschaftsintegration und Außenwirtschaftsbeziehungen, 376.

werden können. Die Mitgliedstaaten können daher nach Art.351 AEUV ihren Vertragspflichten aus dem IWF-Abkommen nachkommen. Vom Vorwurf der Vertragsverletzung sind sie befreit.[579]

Zu berücksichtigen ist jedoch, dass Art.351 Abs.1 AEUV dem Schutz der Rechte von Drittländern dient und daher ein Mitgliedstaat gegenüber der Union keine eigenen Rechte aus einem Altvertrag herleiten kann.[580] Auch dies stimmt mit der völkerrechtlichen Handhabung überein. Nach dieser „verzichte ein Staat, der eine im Widerspruch zu seinen Rechten aus einem früheren Vertrag stehende neue Verpflichtung eingehe, [...] auf die Ausübung seiner Rechte, soweit dieser Verzicht zur Erfüllung der neuen Verpflichtung notwendig sei."[581]

Da sich Art.351 Abs.1 AEUV nur auf die Rechte von Drittstaaten bezieht, kann sich ein Mitgliedstaat nach Unionsrecht auch Drittstaaten gegenüber nicht auf seine Rechte aus dem IWF-Abkommen berufen. Dies obliegt der Union.[582] Anders beurteilt sich die Situation jedoch, wie dargestellt, nach den völkerrechtlichen Grundsätzen.

3. Bewertung

Abschließend kann festgehalten werden, dass sich aus den Normenkonflikten keine direkten Konsequenzen hinsichtlich der Rechte und Pflichten der Mitgliedstaaten aus dem IWF-Abkommen oder für deren Mitgliedschaft im IWF ergeben. Das Unionsrecht wird allenfalls für die Art und Weise relevant, wie die Staaten diese Mitgliedschaft ausüben.[583] Eine Lösung der dargestellten Problematik ist hiermit jedoch nicht verbunden. Vielmehr macht der Kompetenzübergang im Währungsbereich eine Beziehung der Union zum IWF erforderlich.[584]

Überdies macht Art.351 Abs.2 AEUV deutlich, dass das Recht der Mitgliedstaaten im Fall eines Normenkonfliktes Unionsrecht nicht anzuwenden, nicht dauerhaft gewährt werden soll. Die Staaten werden durch Art.351 Abs.2 S.1 AEUV vielmehr verpflichtet, Unvereinbarkeiten ihrer Übereinkünfte mit dem EU- bzw. AEU-Vertrag unter Anwendung geeigneter und damit völkerrechtskonformer Mittel zu beheben. In Betracht kommen dabei eine unionsfreundliche Auslegung,

---

579 Schmalenbach in Calliess/ Ruffert, EUV/ AEUV, Art.351 Rdn.1.

580 Schmalenbach in Calliess/ Ruffert, EUV/ AEUV, Art.351 Rdn.11.

581 EuGH, Rs.10/61, Slg.1962, Kommission/ Italien, S.22 f.

582 Martha, CMLRev. 1993, 749, 776.

583 Elizalde in Current Developments, Vol. 1, 303, 303.

584 Smits in v.d. Groeben/ Schwarze, EUV/ EGV, Art.111 Rdn. 209; ders. Euredia, 2009, 297, 302 f.

aber auch Verhandlungen mit dem Ziel einer Vertragsanpassung.[585] Die Mitgliedstaaten sind verpflichtet, „alle zu ihrer Verfügung stehenden rechtlichen und politischen Mittel einzusetzen, um die Teilnahme der [Union] an dem Übereinkommen [...] sicherzustellen."[586]

VII. Anpassungsmaßnahmen des IWF und der EU und Eignung dieser Regeln

Angesichts der Notwendigkeit einer Beziehung der Union zum IWF stellt sich die Frage der bisherigen Teilnahme der Union an dessen Aktivitäten. Hier ist festzuhalten, dass der Rechtsvorgängerin der Union, der Gemeinschaft, gemäß Art. X IWFA ein Beobachterstatus eingeräumt worden war, dessen Reichweite jedoch als begrenzt umschrieben werden muss.[587] So konnte die Gemeinschaft zwar an den jährlichen Versammlungen des Gouverneursrates[588] teilnehmen und hatte hier auch ein Rederecht, jedoch kein Stimmrecht.[589] Darüber hinaus war 1972 zwischen der Gemeinschaft und dem IWF ein Abkommen zum Informationsaustausch geschlossen worden.[590] Aufgrund mangelhafter Anwendung förderte dieses jedoch nicht die Zusammenarbeit zwischen den Organisationen.[591]

Die begrenzte Teilnahme der Rechtsvorgängerin der Union ist mit der damaligen Kompetenzverteilung im Währungsbereich zugunsten der Mitgliedstaaten zu erklären und erscheint aufgrund der WWU und der durch sie hervorgerufenen Auswirkungen nicht mehr angemessen. Dementsprechend wurden sowohl von Seiten der EU als auch des IWF weitere Anpassungsmaßnahmen getroffen.

---

585 Schmalenbach in Calliess/ Ruffert, EUV/ AEUV, Art.351 Rdn.13, 16.

586 EuGH, Rs. 3, 4 und 6 /76, Kramer, Slg. 1976, 1279, Rdn.44/45 unter Hinweis auf den Übergangscharakter der Zuständigkeit der Mitgliedstaaten.

587 Escudero, 142.

588 Schloh in KSE Bd.25, 83, 101, verweist insofern auf die Teilnahme der Kommission als Beobachterin an den Jahresversammlungen.

589 Escudero, 142.

590 Das Abkommen zum Informationsaustausch und der Kooperation zwischen dem Sekretariat des IWF und der Kommission ist abgedruckt in Bulletin der EG 1972 Nr.2, 120 und Relations des Communautés Européennes avec les organisations internationales, 117 ff. Gegenstand des Abkommens war die praktische Verstärkung der Zusammenarbeit zwischen dem Fonds und der Gemeinschaft. Zurückgegriffen wurde auf einen Briefaustausch mit dem Ziel, halbamtliche Beziehungen zwischen den Organisationen herzustellen und den Grundsatz eines regelmäßigen Dokumentationsaustausches über die Mitgliedstaaten der Gemeinschaft festzulegen.

591 Escudero, 142.

Diese gilt es auf ihre Eignung zur Anpassung an die veränderten Rahmenbedingungen zu untersuchen.

1. Anpassungsmaßnahmen von Seiten der EU

Erste Äußerungen zur Vertretung der Rechtsvorgängerin der Union im IWF finden sich in der Anlage 1 zu den Schlussfolgerungen des Vorsitzes des Europäischen Rates von Luxemburg vom 12./13. Dezember 1997. Nach diesen ist *„Bei der Vertretung in internationalen Organisationen [...] den Regeln der jeweiligen Organisation Rechnung zu tragen. Was insbesondere die Beziehungen der Gemeinschaft zum Internationalen Währungsfonds betrifft, so sind die Satzungsvorschriften des Fonds maßgeblich, nach denen nur Staaten Mitglieder dieser Einrichtung sein können. Die Mitgliedstaaten sollten sich in ihrer Eigenschaft als Mitglieder des IWF darum bemühen, zu pragmatischen Vereinbarungen zu gelangen, die die Durchführung der IWF-Überwachung und die Darlegung des Gemeinschaftsstandpunktes, einschließlich des ESZB-Standpunktes, in den IWF-Gremien erleichtern.“*[592] In der Folge unterbreitete die Kommission im April 1998 auf der Grundlage von Art.109 Abs.4 EGV[593] dem Rat einen Vorschlag über die Vertretung und die Festlegung von Standpunkten der Gemeinschaft auf internationaler Ebene im Zusammenhang mit der Wirtschafts- und Währungsunion. Nach diesem haben im besonderen Fall des IWF *„die Mitgliedstaaten untereinander und erforderlichenfalls mit dem Fonds Übergangsregelungen zu treffen, aufgrund deren Vertreter der EZB und der Kommission an Sitzungen des IWF-Exekutivdirektoriums teilnehmen können, auf denen Fragen von Bedeutung für die WWU erörtert werden. Diese Regelungen können so aussehen, daß im Fonds eine ‚Beobachtungsstelle‘ der Gemeinschaft eingerichtet wird, die von der Kommission und EZB besetzt ist.“*[594]

Auf Grundlage dieses Vorschlages erarbeitete der Rat einen Bericht betreffend die Vertretung der Gemeinschaft nach außen. Letzterer wurde unter Betonung der Bedeutung der Einführung des Euro für das internationale Währungssystem sowie des Erfordernisses für die Gemeinschaft *„ihre Rolle in der internationalen währungs- und wirtschaftspolitischen Zusammenarbeit in Foren wie [...] dem*

592 Anlage I zu den Schlussfolgerungen des Vorsitzes, abgedruckt in: Bulletin EU 12-1997.

593 Art.138 AEUV.

594 Entschließung zu einem Vorschlag für einen Beschluss des Rates über die Vertretung und die Festlegung von Standpunkten der Gemeinschaft auf internationaler Ebene im Zusammenhang mit der Wirtschafts- und Währungsunion (KOM(98)0637 - C4-0638/98).

Internationalen Währungsfonds uneingeschränkt [wahrzunehmen]", durch den Europäischen Rat am 11. und 12. Dezember 1998 in Wien gebilligt.[595] In den Schlussfolgerungen des Vorsitzes wurde zunächst festgehalten, dass es dem Präsidenten des ECOFIN-Rates oder, falls der Präsident aus einem nicht dem Euro-Währungsgebiet angehörenden Mitgliedstaat komme, dem Präsidenten der Euro-11-Gruppe (später Eurogruppe genannt) obliege, an den Tagungen der G 7 teilzunehmen. Wie die Ausführungen in Anlage II verdeutlichen, sollte bei der Vertretung in internationalen Gremien zudem ein pragmatischer Ansatz gewählt werden, *„der mit minimalen Anpassungen der derzeitigen Regeln und Praktiken auskommen könnte, vorausgesetzt natürlich, daß ein derartiger Ansatz zu einem Ergebnis führt, bei dem die Rolle des Euro gebührend anerkannt wird."* Mit Blick auf den IWF sollte *„nach pragmatischen Lösungen für die Darlegung von WWU relevanten Themen gesucht werden, die keine Änderung der IWF-Satzung erforderlich machen."* Verwiesen wurde dabei auf die Einräumung eines Beobachterstatus der EZB im IWF-Exekutivdirektorium. Darüber hinaus stellte der Europäische Rat für die Situation des IWF heraus, dass *„die Auffassungen der Europäischen Gemeinschaft/ WWU im IWF-Direktorium durch das von einem Vertreter der Kommission unterstützte entsprechende Mitglied des Amtes des Exekutivdirektors des Mitgliedstaates dargelegt* [werden sollten], *der den Euro-11-Vorsitz führt."*[596] In diesem Kontext wird im Bericht hervorgehoben, dass es für die Kohärenz und Effizienz der Gemeinschaft erforderlich sei, *„daß sie in der Lage ist, in Fragen von besonderer Bedeutung für die Wirtschafts- und Währungsunion mit einer Stimme zu sprechen."* Daher forderte der Europäische Rat „die Kommission, den Rat und die Mitgliedstaaten auf, die notwendigen Maßnahmen zu ergreifen, um eine rechtzeitige und wirksame Vorbereitung gemeinsamer Standpunkte und gemeinsamer Ausrichtungen sicherzustellen, die gegenüber Dritten in internationalen Foren vertreten werden können."

Weiterreichende Arrangements hinsichtlich der Vertretung der Union bzw. ihrer Rechtsvorgängerin wurden in den folgenden Jahren nicht getroffen. Allerdings wird mehrfach auf die Notwendigkeit hingewiesen, die bestehende Zusammenarbeit zu stärken oder eine einheitliche Vertretung der Union

---

595 Europäischer Rat - Schlussfolgerungen des Vorsitzes, abgedruckt in: Bulletin EU 12-1998.

596 Entsprechend war zuvor in den Schlussfolgerungen ausgeführt worden, dass die Standpunkte der EG bzw. der WWU im *„Direktorium des IWF durch das zuständige Mitglied des Exekutivdirektoriums jenes Mitgliedstaates vorgetragen* [würden]*, der gerade die Präsidentschaft in der Euro-11 Gruppe innehat; dieses Mitglied würde von einem Vertreter der Kommission unterstützt."*

im IWF zu schaffen.[597] Entsprechende Äußerungen wurden auch im Zuge der Finanzkrise getätigt.[598]

Abschließend kann festgehalten werden, dass sich der pragmatische Ansatz als zwischenstaatlicher Kooperations- und Koordinierungsmechanismus darstellt.[599] Die Koordinierung der nationalen Positionen wird dabei in einem Unterausschuss zu IWF-Angelegenheiten des Wirtschafts- und Finanzausschusses (WFA)[600], dem sog. SCIMF vorgenommen.[601] Hier werden zu aktuellen Themen des Exekutivrates gemeinsame Positionen erarbeitet, die vom WFA bzw. dem ECOFIN-Rat übernommen werden.[602] Die erzielten Ergebnisse dienen den

597 Beispielhaft kann auf die Entschließung des Europäischen Parlaments zur strategischen Überprüfung des Internationalen Währungsfonds (2005/2121 (INI)) verwiesen werden, nach der *„die europäischen Standpunkte in der Vertretung der Europäischen Union im IWF besser koordiniert werden müssen"* und die Mitgliedstaaten aufgefordert werden, *„auf eine einzige Stimmrechtsgruppe hinzuarbeiten."* Ein weiteres Beispiel bildet der Bericht der Kommission EMU@10: success and challenges after 10 years of Economic and Monetary Union, European Economy 2/ 2008. Hier heißt es auf S.282: *"The existence of a single monetary and exchange rate policy in the euro area provides a particularly strong rationale for the full consolidation of euro-area representation at the IMF through the adoption of a 'single chair'."*

598 So lautet die Empfehlung Nr.30 des De-Larosière-Berichts vom 25. Februar 2009: *"The Group recommends that a coherent EU representation in the new global economic and financial architecture be organised. In the context of a more ambitious institutional reform, this could imply a consolidation of the EU's representation in the IMF and other multilateral fora."*

599 Zu den wesentlichen Elementen des gemeinsamen Vorgehens, Kiekens, 6 f.; Eurodad (2006), 8 ff.

600 Dem in Art.134 Abs.2 AEUV vorgesehenen Wirtschafts- und Finanzausschuss (Economic and Financial Committee, EFC) obliegt es, die Wirtschafts- und Finanzlage sowohl der Mitgliedstaaten als auch der Union zu beobachten sowie dem Rat und der Kommission entsprechend Bericht zu erstatten.

601 Smaghi, JCMS 2004, 229, 235f., führt zudem aus, dass sich das 2001 als Arbeitsgruppe gegründete und seit 2003 dauerhaft eingerichtete „Sub-Committee on IMF" aus Vertretern der Mitgliedstaaten, inlusive der Zentralbanken sowie der Kommission und der EZB zusammensetzt.

602 Escudero, 144. Gemeinsame Absprachen wurden etwa in den folgenden Bereichen getroffen:
- Private Sector Involvement in the prevention and resolution of financial crises (Economic and Financial Committee: common understanding, 9. April 2001, EFC/ ECFIN/118/01- Final)
- The IMF access policy (Economic and Financial Committee: common understanding, 14. Januar 2003, ECFIN/EFC/592/02- Final)

Vertretern der Staaten der Union im IWF jedoch nicht nur zur Koordinierung ihrer Positionen, sondern auch der Bekanntgabe einer „europäischen Position" gegenüber der Organisation.[603]

Weitere Elemente des Koordinierungsansatzes sind die Reden des Finanzministers des Landes, dem die Ratspräsidentschaft zukommt, in der jährlichen Versammlung des Gouverneursrates sowie in den halbjährlichen Versammlungen des IMFC.[604] Darüber hinaus dienen die Koordinationsergebnisse im Rahmen eines Gremiums auf IWF-Seite, dem sog. EURIMF[605], als Orientierung. Im Rahmen desselben finden wöchentlich informelle Treffen zum Zweck des Informations- und Meinungsaustausches und eventuell der Koordinierung von Positionen statt, an denen die Vertreter der Unionsstaaten im IWF-Exekutivdirektorium, der EZB und der Kommission teilnehmen.[606] Zu berücksichtigen ist jedoch, dass für die Mitgliedstaaten ‚keine ex-ante Verpflichtung besteht, tatsächlich zu einer gemeinsamen Position zu gelangen.'[607] Es verwundert daher nicht, dass das koordinierte Vorgehen allgemein als ad hoc und informell charakterisiert wird.[608]

- Strengthening the voice of developing countries in the IMF (Economic and Financial Committee: common understanding, 10. Februar 2003, EFC/ECFIN/027/03- Final)
- Strengthening the Effectiveness of IMF Surveillance (Economic and Financial Committee: common understanding, 16. September 2003, ECFIN/EFC/300/03-Final)
- Review of the Medium-Term Strategy of the IMF (Economic and Financial Committee: common understanding, 20 Januar 2006, ECFIN/EFC (2005) REP/55145-rev 5)

Abgerufen werden können die genannten Dokumente unter: http:://www.dt.tesoro.it/Aree-Docum/Relazioni-/Organizzaz/Fondo-Mone/Posizioni /index.htm; Zu den gemeinsamen Absprachen und Verständigungen vgl. auch Smaghi in Jorgensen, 61, 67.

603 Escudero, 145.

604 Escudero, 145.

605 Allgemeine Ausführungen zum EURIMF finden sich bei Eurodad (2006), 8 ff.

606 Eurodad (2006), 8f.; Kiekens, 6, führt aus, dass neben den Tageordnungspunkten des Exekutivdirektoriums insbesondere die Überwachungsberichte des Fonds über die Mitgliedstaaten der Union, die Beitrittskandidaten, aber auch der Hauptakteure der Weltwirtschaft wie Japan und den USA behandelt werden.

607 Eurodad (2006), 10; Smaghi, JCMS 2004, 229, 236 (wÜ).

608 Mitteilung der Kommission: Das Eurogebiet innerhalb der Weltwirtschaft – Entwicklungen in den ersten drei Jahren - KOM/2002/0332, 42.

2. Anpassungsmaßnamen von Seiten des IWF

Trotz der Suche nach pragmatischen Ansätzen auf Seiten der Union, die keine Änderung der IWF-Satzung erforderlich machen sollten, beschränkten sich die Anpassungsmaßnahmen nicht auf die Unionsseite. Auch von Seiten des IWF wurde auf die Einführung des Euro reagiert und angesichts der rechtlichen Auswirkungen der WWU aus Sicht des IWF im September 1998 folgende Entscheidungen[609] getroffen:

Zunächst wurde der EZB durch Entscheidung des Exekutivdirektoriums mit Wirkung zum 1. Januar 1999 ein Beobachterstatus gewährt.[610] Seitdem kann die EZB bei Abhandlung bestimmter Themenkomplexe einen Vertreter zu Treffen des Direktoriums entsenden.[611] Betroffen sind die nach Art. IV IWFA durchgeführten Überwachungsverfahren, wenn diese die Politik im Eurogebiet[612] oder die Politik einzelner Mitgliedstaaten erfasst. Gleiches gilt für Themengebiete im Zusammenhang mit der multilateralen Überwachung. Zu nennen sind, entsprechend der Entscheidung, die Rolle des Euro im internationalen Währungssystem, der World Economic Outlook, die Berichte zur globalen Finanzstabilität sowie die Weltwirtschafts- und Marktentwicklung. Schließlich kann die EZB einen Vertreter zu Treffen des Exekutivdirektoriums entsenden, wenn von der EZB und dem IWF die Tagesordnungspunkte als Gegenstände gemeinsamen Interesses im Hinblick auf die Durchführung ihrer Mandate eingeordnet werden.[613] In diesem Rahmen fand eine Ausweitung der Beteiligung auf die Behandlung der Überwachungsverfahren hinsichtlich der Vereinigten Staaten und Japans, der nicht dem Eurogebiet angehörenden Mitgliedstaaten der EU sowie

609 Ein ausführlicher Überblick über die getroffenen Entscheidungen bzgl. des Beobachterstatus der EZB sowie der SZR findet sich auch bei Escudero, 146 ff.

610 Decision No.11875-(99/1) of the Executive Board of the IMF of 21 December 1998 on the observer status of the European Central Bank, abgedruckt in Selected Decisions (24th Issue), 551 f. sowie IWF - Press Release No. 98/64 v. 22. Dezember 1998.

611 Escudero, 146, führt aus, dass das Teilnahmerecht der EZB sich nicht auf das Exekutivdirektorium beschränkt, sondern auf die Sitzungen des IMFC ausgeweitet wurde.

612 In der ursprünglichen Entscheidung des Exekutivdirektoriums waren hier explizit die Währungs- und Wechselkurspolitik des Eurogebietes benannt.

613 So der Inhalt der vorgenannten Decision No.11875-(99/1).

der Beitrittskandidaten der Union statt.[614] Ferner nimmt der Präsident der EZB an den Treffen des IMFC und den jährlichen Treffen des Gouverneursrates teil.[615]

Weiterhin wurde der Euro bei der Zusammensetzung des SZR-Währungskorbes berücksichtigt. Dabei ersetzte der Euro zum 1. Januar 1999 die Währungsbeträge der Deutschen Mark und des Französischen Francs.[616] Dies erfolgte unter Verwendung entsprechender Eurobeträge, die anhand der festgesetzten Konversionsraten zwischen dem Euro und den genannten Währungen bestimmt wurden.[617] Zu beachten ist dabei, dass sich die Auswahl der Korbwährungen sowie die Gewichtung derselben zunächst nach den gültigen Landesindikatoren richteten.[618] Demzufolge wurden tatsächlich nur die Währungen Deutschlands und Frankreichs durch den Euro ersetzt. Eine Änderung der Bezugsgröße erfolgte nicht. Dies änderte sich mit einer Entscheidung des Exekutivdirektoriums vom 11. Oktober 2000.[619] Nach dieser ist der Wert der SZR auf der Basis der vier Währungen der Fondsmitglieder oder Währungsunionen mit Fondsmitgliedern zu bestimmen, deren Waren und Dienstleistungsexporte während der letzten fünf Jahre den größten Wert aufwiesen und deren Währungen seitens des Fonds als

---

614 Decision No.12925-(03/01) des Exekutivdirektoriums v. 27. Dezember 2002, zuletzt abgeändert durch Decision No. 14517-(10/1) v. 5. Januar 2010, abgedruckt in Selected Decisions, 731 f.

615 Smits, Euredia 2009, 297, 311 f.

616 Decision No.11803-(98/101) G/S des Exekutivdirektoriums v. 21. September 1998, abgedruckt in Selected Decisions (24th Issue), 575 sowie IWF - Press Release No. 98/45 v. 30. September 1998.

617 IWF Press Release No.98/67 v. 31. Dezember 1998. Nach dieser setzte sich der SZR-Wert zum 1. Januar 1999 aus der Summe der folgenden Beträge für jede Währung zusammen: Euro (France) 0.1239, Euro (Germany) 0.2280, Japanese yen 27.200, Pound sterling 0.1050, U.S. dollar 0.5821.
Dabei wurde darauf hingewiesen, dass die deutschen und französischen Finanzinstrumente im SZR-Zinssatz-Korb trotz der Umrechnung unverändert bleiben.

618 Escudero, 147 f.

619 Decision No.12281-(00/98) des Exekutivdirektoriums, as amended by Decision No. 13595-(05/99) vom 23. November 2005, abgedruckt in Selected Decisions, 790ff.; Press Release No.00/55, IMF Completes Review of SDR Valuation, 12. Oktober 2000. In diesem Zusammenhang wurden auch die Auswirkungen des Euro für die Bestimmung des SZR- Zinssatzes behandelt: *"In keeping with the shift to a currency-based system of SDR Valuation, the representative rate for the euro will be the three-month Euribor (Euro Internbank Offered Rate), which will replace the current national financial instruments of France and Germany."* Die entsprechende Anpassung erfolgte in der Decision No.12282-(00/98), GS des Exekutivdirektoriums vom 11. Oktober 2000, vgl. IWF, Annual Report 2001, 127.

frei verwendbare Währungen im Sinne von Art. XXX f) IWFA bestimmt wurden. Zu beachten ist dabei, dass im Fall von Währungsunionen die Bestimmung des Exportwertes unter Ausschluss des Waren- und Dienstleistungsverkehrs zwischen den an der Union teilnehmenden Mitgliedern erfolgt.[620]

Schließlich wurde die EZB gemäß Art. XVII, Abs.3 i) IWFA als „sonstiger Halter" von SZR anerkannt.[621]

Weiterhin wirkte sich der Übergang auch im Rahmen des Überwachungsmechanismus aus. Da die EU aufgrund der Währungsunion für IWF- relevante Politikbereiche zuständig ist, muss sich eine effektive Überwachung auch auf die regionale Ebene erstrecken. Dieser Umstand, der bereits vor dem Übergang zur dritten Stufe der Währungsunion zu einer Einbeziehung von regionalen Aspekten in den Überwachungsprozess geführt hatte,[622] erfuhr im Zusammenhang mit der dritten Stufe der WWU eine Formalisierung.[623] Die notwendige Anpassung betrifft die Art. IV-Konsultationen, die der IWF mit seinen Mitgliedsländern durchführt. Diese werden grundsätzlich beibehalten, jedoch durch halbjährliche Diskussionen mit der EZB und dem Rat hinsichtlich der Währungs- und Wechselkurspolitik in der Eurozone ergänzt.[624] So soll der Kompetenzverteilung

620 Entsprechend der neuen Grundsätze setzte sich der SZR- Wert zum 1. Januar 2001 aus der Summe der folgenden Beträge zusammen: U.S. Dollar 0,577, Euro 0,426, Japanese yen 21.0, Pound Sterling 0,0984; Vgl. Press Release No. 00/87, IMF Determines New Currency Amounts for SDR Valuation Basket, 29. Dezember 2000.

621 Decision No.12329-(00/113) des Exekutivrates vom 15. November 2000, IWF, Annual Report 2001, 127; Press Release No. 00/59, IMF Approves European Central Bank Application to Become a Holder of Special Drawing Rights vom 15. November 2000. Anwendung finden dabei die sog. "Terms and conditions for acceptance, holding, and use of SDR's by Other Holdes", Decision No.6467-(80/71) S vom 14. April 1980, abgedruckt in Selected Decisions, 795 ff.

622 Vgl. hierzu Deppler, Finance and Development, 1998; IMF, Fund Surveillance Over Members of Currency Unions, 2.

623 Decision No. 11846-(98/125) des Exekutivrates vom 9. Dezember 1998, SM/98/257: "Surveillance Over Monetary and Exchange Rate Policies: Members of Euro Area" sowie Decision No. 12899- (02/119) des Exekutivrates v. 4. Dezember 2002, as amended by Decision No. 14062-(08/15) des Exekutivrates vom 21. Februar 2008: "Modalities for Surveillance over Euro-Area Policies in Context of Article IV Consultations with Member Countries", abgedruckt in Selected Decisions, 90ff.
Eine solche Formalisierung fand zunächst bei der EU statt und wurde erst später auf weitere Währungsunionen erstreckt; vgl. IMF, Fund Surveillance Over Members of Currency Unions, 2.

624 Seit dem Jahr 1999 überwacht der Fonds die Währungs- und Wechselkurspolitik der Eurozone, seit dem Jahr 2001 unter Einbeziehung der Handelspolitik der EU.

zwischen der nationalen und der supranationalen Ebene Rechnung getragen werden. Von besonderer Bedeutung sind dabei ‚der kombinierte Effekt der national bestimmten Politiken für die supranationale Währungs- und Wechselkurspolitik, sowie im Gegenzug die Auswirkungen der Währungspolitik auf nationale Politikanforderungen.'[625] Zentrale Frage der Überwachung ist dabei, inwiefern die auf Unions- und Mitgliedstaatsebene umgesetzten Politiken die externe Stabilität der Union fördern.[626] Im Zusammenhang mit der Überwachung der Wirtschaftspolitiken wird auch die seitens der EU-Institutionen in diesem Bereich ausgeübte Überwachung berücksichtigt.[627]

Zu betonen ist dabei, dass die Konsultationen auf nationaler und supranationaler Ebene zwar aus praktischen Gesichtspunkten getrennt durchgeführt werden, aber dennoch einen integralen Bestandteil der Konsultationen mit dem jeweiligen IWF- Mitglied darstellen.[628] Dementsprechend wird in den Grundsätzen für die bilaterale Überwachung klargestellt, dass Mitglieder von Währungsunionen allen Verpflichtungen aus Art. IV Abs.1 IWFA unterliegen und damit jedes Mitglied für die Politiken verantwortlich ist, die für dieses durch Institutionen auf der Unionsebene geführt werden.[629] So soll klargestellt werden, dass die Teilnehmer von Währungsunionen die gleichen Verpflichtungen wie andere IWF-Mitglieder treffen.[630]

Wie auf Seiten der EU zeichnen sich die dargestellten Maßnahmen des IWF durch ihren Pragmatismus aus. So wurde versucht die Funktionsfähigkeit der Organisation zu sichern, ohne dabei auf Anpassungsmaßnahmen zurückzugreifen, die eine Abänderung des Abkommens erforderlich gemacht hätten.

Vgl. hierzu die entsprechenden Pressemitteilungen, Staff Country Reports, sowie Concluding Statements of the IMF Missions, abrufbar unter: www.imf.org;
- Press Release No.14/341, v. 14. Juli 2014, IMF Executive Board Concludes 2014 Art. IV Consultation on Euro Area Policies
- Euro Area Policies: 2014 Article IV Consultation–Staff Report; Press Release and Statement by the Executive Director; IMF Country Report No.14/198; v. 25. Juni 2014
- 2104 Article IV Consultation with the Euro Area Concluding Statement of the IMF Mission v. 19. Juni 2014

625 Deppler, Finance and Development, 1998 (wÜ).
626 Decision on Bilateral Surveillance over Member Policies No.13919 - (07/51) des Exekutivrates v. 15. Juni 2007, abgedruckt in Selected Decisions, 33ff., 36.
627 Deppler, Finance and Development, 1998.
628 Factsheet: The IMF & the European Economic and Monetary Union, März 1999.
629 Decision on Bilateral Surveillance over Member Policies No. 13919 - (07/51) des Exekutivrates v. 15. Juni 2007, abgedruckt in Selected Decisions, 33ff., 36.
630 IMF Survey – IMF Sets Guidelines for Currency Unions.

3. Bewertung der getroffenen Anpassungsmaßnahmen

a) Problematik der Anpassungsmaßnahmen der EU

Das seitens der Union praktizierte Koordinierungsmodell löst die durch die WWU hervorgerufenen Probleme nicht vollständig. Zwar konnte in einigen Bereichen eine einheitliche Position erreicht werden. Betroffen sind insofern nicht nur „Eurofragen", sondern auch die multilaterale Überwachung, sowie die Krisenprävention und -lösung.[631] Keinesfalls erfasst diese Einigung jedoch alle Tätigkeitsbereiche des IWF. Vielmehr überwiegen trotz der bisherigen Koordinierungsbestrebungen die Divergenzen.[632]

Zurückzuführen ist dies zunächst auf das Fehlen einer Ex-ante- Verpflichtung, zu einer Verständigung zu gelangen.[633] Das koordinierte Vorgehen beschränkt sich in der Praxis daher auf die Fälle, in denen sich die Mitgliedstaaten, die Kommission und die EZB tatsächlich auf eine solche Position einigen konnten.[634] Diese umfassen meist keine Einzelaspekte, sondern beschränken sich auf generelle Richtlinien, da hier eine Einigung leichter zu erzielen ist.[635] Das Zustandekommen eines Konsenses wird dabei im Wesentlichen durch die unterschiedliche politische Prioritätssetzung der Mitgliedstaaten behindert.[636] Als weitere Schwierigkeit erweist sich die fehlende zeitliche Kontinuität des Koordinierungsprozesses auf Seiten der EU. Angesichts des laufenden Tagesgeschäftes beim IWF erschwert nicht nur der alle sechs Monate wechselnde Vorsitz im Rat der Europäischen Union einen konstanten Dialog[637], sondern auch die damit einhergehende begrenzte Anzahl der Treffen des SCIMF. Diese Problematik

631 Eine Untersuchung einzelner Bereiche findet sich bei Smaghi, JCMS 2004, 229, 237 ff.

632 Escudero, 146.

633 Smaghi, JCMS 2004, 229, 236; Eurodad (2006), 10.

634 Kiekens, 5, 7.

635 Kiekens, 7; Smaghi in Jorgensen, 61, 68, betont, dass ‚die Kooperation sich zumeist auf weite Themengebiete konzentriert, die als strategisch für den IWF angesehen werden.' (wÜ)

636 Nach Escudero, 146, zeigte sich dies bisher besonders deutlich bei der Vergabepraxis von Darlehen, der die großen europäischen Staaten mehr Bedeutung zumaßen als die kleineren europäischen Staaten. Letzteres wird etwa darauf zurückgeführt, dass diese weniger Einfluss auf den Entscheidungsprozess des IWF haben und darüber hinaus häufig mit Kreditnehmern gemeinsame Stimmgemeinschaften bilden.

637 Smaghi JCMS 2004, 229, 243; Eurodad (2006), 10; Kadelbach in Siekmann, EWU, Art.219 Rdn.9 verweist im Zusammenhang mit der Frage der Kontinuität in der Zusammenarbeit mit internationalen Gremien darauf, dass eine solche zumindest durch den für zweieinhalb Jahre gewählten Vorsitz der Eurogruppe verbessert werde.

konnte zwar durch die Wahl eines EURIMF-Präsidenten für zwei Jahre verbessert[638], wenn auch nicht beseitigt werden.

Neben der Erarbeitung erweist sich auch die Umsetzung gemeinsamer Positionen als problematisch. So ist festzuhalten, dass letztere von den Mitgliedstaaten nicht immer konsequent ausgeführt werden.[639] Zurückzuführen ist dies auch auf die fehlende Bindungswirkung der Verständigungen, aber auch auf die institutionelle Struktur des IWF. Dabei wirft die Vertretung der Union im Gouverneursrat nur geringe Probleme auf, da hier jedes Mitglied des IWF mit einem eigenen Sitz vertreten ist. Es ist daher grundsätzlich möglich, dass die Ernennung des jeweiligen Vertreters in Beratung oder mit Zustimmung der Unionsinstitutionen erfolgt. Allerdings ist dabei zu berücksichtigen, dass das Nichtbeachten derartiger interner Verpflichtungen nicht zur Unwirksamkeit der Ernennung des Vertreters durch das Mitglied führen kann.[640] Ein gleichförmiges Abstimmungsverhalten kann ferner durch die Festlegung gemeinsamer Standpunkte nach Art.138 Abs.1 AEUV erreicht werden.[641]

Problematischer stellt sich die Lage im Hinblick auf das Exekutivdirektorium dar. Zwar können die Vorgaben des Europäischen Rates von Wien dann umgesetzt werden, wenn eines der Länder mit ernanntem Exekutivdirektor die Präsidentschaft der Union ausübt. Dies gilt jedoch nicht für die Mitgliedstaaten der EU, die nur zur Wahl eines Exekutivdirektors berechtigt sind. Es ist in diesem Fall bereits nicht gesichert, dass ein solches Land tatsächlich den Direktor für seine Stimmgemeinschaft stellt. Schließlich sind die entsprechenden Wahlgruppen gemischt ausgestaltet und daher nicht nur mit Mitgliedstaaten der Europäischen Union besetzt. Wohl für diesen Fall sah der Europäische Rat in Wien vor, dass die Union durch das „entsprechende Mitglied des Amtes des Exekutivdirektors des Mitgliedstaates“ vertreten werden soll, der den Euro-11-Vorsitz innehat. Dies bedeutet jedoch auch, dass die Vertretung keinem Exekutivdirektor, sondern einem nicht stimmberechtigten Beamten obliegt.[642]

---

638 Smaghi in Jorgensen, 61, 73.

639 Kiekens, 7.

640 Elizalde in Current Developments, Vol. 1, 303, 306 f.

641 Martenczuk, ZaöRV 1999, 93, 102; Dutzler, 445, 472.

642 Zu dieser Problematik im Exekutivdirektorium Martenczuk, ZaöRV 1999, 93, 102, der in Fn.53 als weitere Alternative die Ernennung des Vertreters der Union „zum Stellvertreter ad hoc des Exekutivdirektors gemäß Art. XII Abs.3 e) IWFA“ vorträgt. Er führt ferner aus: „Ein Stimmrecht hätte dieser Vertreter allerdings nur, wenn der Exekutivdirektor nicht an der Sitzung teilnimmt.“

Weiterhin erschwert auch die Konzeption des Postens eine Vertretung der Interessen der Union nach den Vorstellungen des Europäischen Rates. Gewählte Exekutivdirektoren sind nicht weisungsgebunden.[643] Sie haben nicht nur die Interessen des sie stellenden Mitglieds wiederzugeben, sondern vielmehr die Interessen ihrer Stimmgemeinschaft, die wiederum im Gegensatz zu denen der Union stehen können.[644] Dies gilt insbesondere für die Fälle, in denen europäische Länder innerhalb der Stimmgemeinschaft in der Minderheit sind und daher nur schwer auf die Entscheidungsfindung Einfluss nehmen können.[645] Darüber hinaus kann ein Direktor ‚sicherlich kein Nichtmitglied vertreten oder im Namen eines solchen Nichtmitglieds abstimmen.'[646] Ähnliches gilt für die Heranziehung eines, den Mitgliedstaat repräsentierenden Beamten. Dieser ist an Weisungen des entsprechenden Exekutivdirektors und damit nicht an Vorstellungen des Europäischen Rates gebunden.[647] Vor diesem Hintergrund kann daher mittels des Koordinierungsmodells nicht gesichert werden, dass tatsächlich die gemeinsame Position der Union durch den jeweiligen Exekutivdirektor vertreten wird.[648] Es mangelt der Union daher an einem eigenen Sprecher.[649]

Eine Abhilfe kann auch nicht durch die Benennung eines einzelnen EU-Vertreters durch alle Mitgliedstaaten für den Gouverneursrat und das Exekutivdirektorium erfolgen. Dem steht die im IWF-Abkommen festgelegte Struktur der Organe entgegen. Diese verlangt, dass jedes Mitglied einen eigenen Vertreter in den Gouverneursrat als Vollversammlungsorgan entsendet und Mitglieder, die Exekutivdirektoren ernennen, dieser Verpflichtung nachkommen.[650] Das Abkommen

643 Meng in Hobe, 39, 68.

644 Martenczuk, ZaöRV 1999, 93, 103 unter Verweis auf Bognar, Europäische Wirtschaftsintegration und Außenwirtschaftsbeziehungen, 393. Dieser verweist darauf, dass die Mitgliedstaaten auf diese Weise gezwungen sein könnten, von einem im Rat beschlossenen gemeinsamen Standpunkt abzuweichen.

645 Smaghi, JCMS 2004, 229, 241. Smaghi weist am aaO. daher auch darauf hin, dass eine Erhöhung des Einflusses durch die Einbeziehung von nichteuropäischen Mitgliedern in europäische Stimmgemeinschaften begrenzt ist.

646 Denters, IML, Rdn.11.07 (wÜ).

647 Meng in Hobe, 39, 69. Dieser führt als weitere Alternative eine Vertretung der Unionsposition durch die weisungsgebundenen Exekutivdirektoren Frankreichs und Deutschlands an, weist jedoch auch darauf hin, dass ein solches Vorgehen aufgrund der Ungleichbehandlung bei der Vertretung durch die WWU-Mitglieder abglehnt werden könnte.

648 Vgl. Dutzler, 445, 473.

649 Dutheil de la Rochère YbEL 1999/2000, 427, 445; folgend Dutzler, 445, 474.

650 Elizalde in Current Developments, Vol. 1, 303, 306 f.

ermöglicht es ferner nicht, dass ‚sich Mitglieder bei der Wahl eines Exekutivdirektors enthalten und im Gegenzug ihre Stimmen an einen anderen gewählten oder ernannten Exekutivdirektor übertragen.' Dies würde die im Abkommen vorgesehene Wahlstruktur in unzulässiger Weise verändern.[651]

b) Problematik der Anpassungsmaßnahmen des IWF

Die dargestellte Problematik des Koordinierungsmodells wird nicht durch die Zuerkennung eines Beobachterstatus an die EZB seitens des IWF aufgefangen. Betrachtet man die wesentlichen Aspekte einer Beteiligung an einer internationalen Organisation[652], so zeigt sich, dass ein Beobachterstatus hier nur beschränkte Handlungsmöglichkeiten eröffnet.[653] So ist die EZB zwar zur Teilnahme im Exekutivdirektorium und mittlerweile auch im IMFC berechtigt und erhält insofern die Tagesordnung und Dokumente. Dieses Recht beschränkt sich jedoch, wie bereits dargelegt, auf bestimmte Themenkomplexe.[654] Ein Rede- oder Stimmrecht wurde der EZB nicht gewährt. Zwar kann die EZB mit der Erlaubnis des Vorsitzenden das Wort ergreifen. Es handelt sich dabei jedoch nur um eine Gestattung und

---

651 Elizalde in Current Developments, Vol. 1, 303, 308 (wÜ). Ein solches Vorgehen war von Polak in Current Developments, Vol. 1, 310, 311 m. w. N. zwecks der Konsolidierung der EU-Vertretung unter dem geltenden IWF-Abkommen angedacht, aufgrund der rechtlichen Problematik jedoch verworfen worden.

652 Grabitz in KSE Bd.25, 47, 54 identifiziert als solche „das Teilnahme-, Rede- und Stimmrecht in den Beschlussorganen, das aktive und passive Wahlrecht zu anderen Organen, das Teilnahme- und Rederecht in Ausschüssen, das Vorschlagsrecht für die Tagesordnung der Beschlussorgane, das Vorschlagsrecht gegenüber dem Vertretungsorgan, sowie das Recht, Drucksachen, Dokumente und Berichte zu erhalten."

653 Über den Status eines Beobachters werden nur wenige allgemeine Aussagen getroffen. Systematisierungsversuche knüpfen etwa an die Gewährung eines Rederechtes an und unterscheiden den sog. passiven vom aktiven Beobachter, bei dem lediglich das Stimmrecht ausgeschlossen ist. Eine weitere Differenzierung kann anhand der rechtlichen Grundlage des Beobachterstatus vorgenommen. Unterschieden werden hier etwa der offizielle und der offiziöse Beobachter. Vgl. zu den vorherigen Ausführungen Grabitz in KSE Bd.25, 47, 55f. sowie allgemein zum Beobachterstatus Suy, RdC 1978 II, 75 ff. Der Umfang des jeweils in Frage stehenden Beobachterstatus ist demnach von Fall zu Fall zu bestimmen.

654 Ausgenommen hiervon ist nur das Recht die Tagesordnung für alle Treffen des Exekutivdirektoriums zu erhalten. Vgl. Decision No. 12925-(03/01) des Exekutivdirektoriums v. 27. Dezember 2002, zuletzt abgeändert durch Decision No. 14517-(10/1) v. 5. Januar 2010, abgedruckt in Selected Decisions, 731 f.

nicht um die Einräumung einer Rechtsposition.[655] Der Einfluss der EZB auf die Entscheidungsfindung bleibt damit unzureichend.[656] In diesem Zusammenhang ist auch auf die Möglichkeit hinzuweisen, die EZB auf ad-hoc Basis zu Sitzungen einzuladen, auf denen Themen von gegenseitigem Interesse behandelt werden. Mit dieser Regelung sollte eine zukünftige Entwicklung des Statuts der EZB ermöglicht werden.[657] Dieser Ansatz betrifft jedoch nur die thematische Teilnahmebeschränkung und hebt diese auch nur dann auf, wenn das betroffene Mitglied einer Teilnahme der EZB nicht widerspricht.[658] Eine Weiterentwicklung des Beobachterstatus selbst ist hiermit nicht verbunden. Im Ergebnis ist daher der Vertreter des zweitgrößten Währungsraumes der Welt nur teilweise in die Aktivitäten des Fonds eingebunden.[659]

Auch die weiteren Maßnahmen führen nicht zu einer ausreichenden Beteiligung der Union im IWF. So wurde im Rahmen der Überwachung keine Gleichstellung der Währungsunion mit den übrigen Mitgliedern vorgenommen, sondern explizit die Verantwortung der Mitgliedstaaten herausgestellt. Zu einer Aufwertung der Vertretung der Union führt auch nicht die Gleichstellung der Währungen der Mitgliedsländern und Währungsunionen bei der Wertbestimmung der SZR. So wurde die EZB zwar im Rahmen der SZR-Abteilung als sonstiger Halter von SZR anerkannt. Dies geht jedoch nicht mit einer verstärkten Einflussnahme auf die Entscheidungsfindung im Fonds einher.

c) Endbewertung

Die obigen Anpassungsmaßnahmen zeichnen sich durch eine pragmatische Herangehensweise aus. Sie machen jedoch auch deutlich, dass die Frage der Vertretung der Union bisher nicht ausreichend geklärt wurde.[660] Damit fehlt es an den Vorteilen, die mittels einer einheitlichen Vertretung der Union gegenüber der

655 Grabitz in KSE Bd.25, 47, 56.
656 Sack in GS Grabitz, 631, 635 f.
657 Escudero, 147.
658 Eine thematische Ausweitung der Teilnahme der EZB hat, wie dargelegt, im Zusammenhang mit der Überwachungstätigkeit des Fonds stattgefunden. Weitere Themenbereiche betreffen unter anderem die fünfjährige Überprüfung der Bewertung der SZR, aber auch Initiativen zur Stärkung der internationalen Finanzarchitektur, in deren Rahmen etwa der "Code of Good Practices on Transparency in Monetary and Financial Policies" erarbeitet wurde. Vgl. hierzu ECB, The ECB's relations with international organisations and fora, 57, 62f.
659 Vgl. Smaghi IF 2006, 261, 266.
660 Dutzler, 445, 477.

Vertretung durch einzelne Mitgliedstaaten erreicht werden könnten. Es handelt sich hierbei um eine effektivere Verhandlung und Durchsetzung der eigenen Position und damit um einen stärkeren Einfluss auf die Entscheidungsfindung auf internationaler Ebene.[661] Dies erklärt letztendlich, weshalb der Einfluss Europas im IWF geringer ist, als dies aufgrund des wirtschaftlichen Gewichts und des damit einhergehenden größten Finanzanteils am Fonds, insbesondere im Vergleich zu den Vereinigten Staaten zu erwarten wäre.[662]

Aufgrund dieser Schwachpunkte wurde in der wiederkehrenden Diskussion über die Außenvertretung vermehrt die Notwendigkeit einer verbesserten Koordinierung und einheitlichen Vertretung, insbesondere unter Berücksichtigung der Struktur des IWF, angemahnt.[663] Hervorzuheben ist in diesem Zusammenhang die

---

661 Vgl. Smaghi IF 2006, 261, 270 ff., der auf S. 273 darauf verweist, dass die Union beispielsweise im Bereich der Handelspolitik durch eine einheitliche Vertretung in der WTO ‚ihre Effektivität in internationalen Verhandlungen steigern und die Agenda festlegen kann.' (wÜ).

662 Smaghi IF 2006, 261, 262; ähnlich Van Houtven, Finance & Development 2004, 18, 19; Corrales-Diéz, 7.

663 Vgl. etwa: - Entschließung des Europäischen Parlamentes vom 23. Oktober 2001 zu dem internationalen Währungssystem- Verbesserung der Funktionsweise und Vermeidung künftiger Krisen (2000/2017 (INI)) (ABl. EG 9.5.2002, Nr. C 112 E, 140) Ziffern 6 und 7: *„Das Europäische Parlament […]*
6. ist zwar der Auffassung, dass sich der IWF vorrangig seiner Hauptaufgabe, nämlich der Überwachung der makroökonomischen Entwicklung in allen Ländern widmen sollte, unterstützt jedoch auch eine Vertiefung der laufenden Reform der Organisation und Funktionsweise des IWF, was insbesondere folgendes umfasst: […] - eine intelligente Neugewichtung der ‚konstituierenden Gremien', damit das wirtschaftliche Gewicht der Europäischen Union innerhalb des IWF stärker zum Tragen kommt;
7. fordert in diesem Zusammenhang ferner eine bessere Koordinierung und eine einheitliche Vertretung der europäischen Positionen in allen internationalen Wirtschafts- und Finanzgremien."
– Entschließung des Europäischen Parlamentes vom 3. Juli 2003 zu der internationalen Rolle des Euroraumes und die erste Bewertung der Einführung der Euro-Banknoten und –Münzen (KOM (2002) 332–2002/ 2259 (INI) (ABl. EG vom 24.3.2004, Nr. C 74 E, 871): *„Das Europäische Parlament,[…]*
2. fordert die Auswahl eines einzigen Vertreters des Euroraums, der sicherstellt, dass die Euro-Gruppe effizient zusammenarbeiten kann, um die Wirtschafts- und Beschäftigungspolitiken besser zu koordinieren; fordert einen Vorschlag darüber, wie diese institutionelle Rolle am besten festgelegt werden sollte, wobei eine Möglichkeit darin besteht, sie in der Person des Vizepräsidenten der Kommission zu vereinen, der gleichzeitig das für Wirtschaft und Währung zuständige Mitglied der Kommission sein müsste und dem die Befugnis übertragen wird, als Vertreter des Euroraums zu handeln; vertritt die

Entschließung des Europäischen Parlamentes zu der strategischen Überprüfung des Internationalen Währungsfonds vom 14. März 2006.[664] Dieses besteht unter Aufgriff der genannten Aspekte[665] insbesondere darauf, *„dass die europäischen Standpunkte in der Vertretung der Europäischen Union im IWF besser koordiniert werden müssen; [es] fordert die Mitgliedstaaten auf, auf eine einzige Stimmrechtsgruppe hinzuarbeiten und dabei möglicherweise als Euro-Stimmrechtsgruppe zu beginnen, um längerfristig eine einheitliche europäische Vertretung sicherzustellen, an der der Vorsitz des ECOFIN-Rates und die Kommission beteiligt werden und die der Kontrolle des Europäischen Parlaments unterliegt"*. In seiner Entschließung vom 18. November 2008 zu der WWU@10: Zehn Jahre Wirtschafts- und Währungsunion -Errungenschaften und Herausforderungen-[666] regt das Europäische Parlament zudem an, dass *„die Satzung des Internationalen Währungsfonds (IWF)*

Auffassung, dass eine entsprechende Bestimmung in den künftigen Verfassungsvertrag aufgenommen werden sollte."

– Bericht der de-Larosière-Gruppe zur europäischen Finanzmarktüberwachung vom 25. Februar 2009: Ziffer 256: *„Als einer der internationalen Hauptakteure ist die Europäische Union in internationalen Organisationen und anderen internationalen Einrichtungen nur unzureichend vertreten und ihrer Vertretung fehlt es an Kohärenz und Kontinuität. […] Dies schwächt die Möglichkeit der EU, mit einer einzigen Stimme zu sprechen, und wird auch von den internationalen Partnern der EU in verstärktem Maße kritisiert. Von daher kommt dem Aufbau einer kohärenten europäischen Vertretung in der neuen globalen Wirtschafts- und Finanzmarktarchitektur eine wesentliche Bedeutung bei. Vor dem Hintergrund einer ehrgeizigeren institutionellen (und quotenmäßigen) Reform des IWF könnte dies mit einer Neuordnung der Ländergruppen und einer Beschränkung der Zahl der Mitglieder des Exekutivdirektoriums für die EU auf höchstens zwei einhergehen."*

664 Entschließung des Europäischen Parlamentes zu der strategischen Überprüfung des Internationalen Währungsfonds vom 14. März 2006, (2005/2121 (INI)), ABl. EG vom 30.11.2006, Nr. C 291 E, 118.

665 *„B. in der Erwägung, dass das durch ihre Stimmrechte oder ihre Quoten ausgedrückte Gewicht der verschiedenen Mitgliedstaaten in den Institutionen von Bretton Woods deren relatives Gewicht derzeit nur unvollkommen wiedergibt und dass die Rolle der Gemeinschaft - ungeachtet des Umfangs ihres Beitrags zum Kapital der Institutionen von Bretton Woods - ihrem Gewicht in der Weltwirtschaft und im Welthandel nicht entspricht, […]*
D. in der Erwägung insbesondere, *dass die mangelnde Koordinierung der Gemeinschaft und des Euro-Raums sowie die auf mehrere Stimmrechtsgruppen („constituencies") aufgeteilte Vertretung es den Mitgliedstaaten nicht ermöglicht, die vom IWF gefassten Beschlüsse entsprechend ihrem wirtschaftlichen Gewicht zu beeinflussen."*

666 Entschließung des Europäischen Parlaments zu der WWU@10: Zehn Jahre Wirtschafts- und Währungsunion - Errungenschaften und Herausforderungen - vom 18. November 2008, (2008/2156 (INI)), Abl. EG vom 22.1.2010, Nr. C 16 E, 8.

geändert wird, um die Vertretung von Wirtschaftsblöcken und Wirtschaftsorganisationen zu ermöglichen."

Die Problematik der bisherigen Vertretung der Union wirkt sich jedoch nicht nur negativ auf Seiten der EU, sondern auch auf Seiten des IWF aus. So führt die uneinheitliche und national ausgestaltete Vertretung der Union zu Spannungen mit den übrigen Mitgliedern der Organisation. Aufgrund der großen Anzahl der durch ihre Mitglieder besetzten Sitze wird die Union, trotz ihres so verringerten politischen Gewichts, als überrepräsentiert angesehen.[667] Dies wird nicht nur seitens der übrigen Großmächte kritisiert, sondern auch seitens der Entwicklungs- und Schwellenländer, an die diese Sitze nicht abgegeben werden können. Dieses Missverhältnis in der Vertretung birgt die Gefahr, dass die Legitimität und damit auch die Autorität des IWF in Frage gestellt werden könnte.[668] Gleiches gilt für die Tatsache, dass die EU als einer der „Key player im internationalen Währungssystem" per se nicht Mitglied der Organisation ist.[669] Dies macht deutlich, dass eine Vertretung der Union nach ihrem Gewicht im engen Zusammenhang mit dem Funktionieren der internationalen Politikkoordination gesehen werden muss.[670]

667 Smits, Euredia 2009, 297, 308, 314. Nach Cafaro, Il Diritto dell' Unione Europea 2011, 895, 904 ergibt sich die Überrepräsentierung nicht aus der Mitgliedschaft im IWF, sondern unter geopolitischen Gesichtspunkten.

668 Smaghi IF 2006, 261, 262.

669 Denters, IML Rdn. 11.06.

670 Vgl. Smaghi IF 2006, 261, 262.

5. Kapitel: Die internationale Vertretung des Euro

Die infolge der Kompetenzübertragung auftretenden Probleme werfen die Frage nach einer angemessenen internationalen Vertretung des Euro bzw. der WWU auf. Dabei entstehen insoweit Schwierigkeiten, als die WWU selbst keine Rechtspersönlichkeit besitzt. Sie ist als ein „institutionelles und prozedurales Geflecht" zwischen der EU, der EZB, den teilnehmenden Mitgliedstaaten und deren Zentralbanken zu verstehen.[671] Angesichts dieser verschiedenen Rechtssubjekte stellt sich daher die Frage, wer als möglicher Akteur im Rahmen der Außenvertretung in Betracht kommt.

Zu denken ist zunächst an die Mitgliedstaaten der EU als klassische Handlungsträger auf internationaler Ebene. Ferner stellt sich die Frage, ob der Kompetenzübergang im Währungsbereich eine Vertretung durch die Union bedingt. Hieraus folgt, dass zunächst die klassische „vertikale" Abgrenzungsproblematik zwischen der Union und ihren Mitgliedstaaten zu lösen ist. Die Vertretungsproblematik im Währungssektor beschränkt sich jedoch nicht auf diese Abgrenzung. Vielmehr ist zu bedenken, dass mit der EZB ein weiterer Handlungsträger geschaffen und mit der Fähigkeit ausgestattet wurde, im internationalen Bereich selbstständig aufzutreten. Die bestehenden Abgrenzungsschwierigkeiten erstrecken sich damit auch auf die Beziehungen von EU und EZB und beinhalten somit eine horizontale Dimension. Schließlich kommen „auch die nationalen Zentralbanken als Akteure im Rahmen der währungspolitischen Außenbeziehungen in Betracht" und ergänzen die Untersuchung somit um ein weiteres vertikales Element.[672]

Eine erste Betrachtung der genannten Akteure zeigt, dass nur die Mitgliedsstaaten der EU sogenannte originäre Völkerrechtssubjekte und als solche ohne weiteres Träger völkerrechtlicher Rechte und Pflichten sind.[673] Im Fall der übrigen Akteure kann diese Eigenschaft allenfalls von den Gründungsstaaten im Sinne einer partiellen Völkerrechtssubjektivität abgeleitet werden.[674] Dies bedeutet, dass

671 Stumpf, ZaöRV 2003, 1075, 1075.

672 Stumpf, ZaöRV 2003, 1075, 1075 ff. zu den in Betracht kommenden Akteuren sowie S.1078 f. zur vertikalen bzw. horizontalen Kompetenzabgrenzung.

673 Zum Staat als originäres bzw. geborenes Völkerrechtssubjekt vgl. etwa Epping in Ipsen, Völkerrecht, § 5, der vom Staat als der „Normalperson des Völkerrechtes" spricht.

674 Stumpf, ZaöRV 2003, 1075, 1078.

in diesen Fällen zunächst das Bestehen der Völkerrechtssubjektivität zu untersuchen ist und damit auch die in diesem Zusammenhang relevante Zuordnung von Kompetenzen.

I. Notwendigkeit einer Vertretung durch die Union: Die vertikale Kompetenzabgrenzung

Um der Problematik der unzureichenden Beteiligung der EU im IWF abzuhelfen wird teilweise auf ein gemeinsames Vorgehen der Mitgliedstaaten der Union verwiesen.[675] Bei diesem Ansatz handelt es sich letztendlich um die Aufrechterhaltung des Status quo hinsichtlich der Vertretungsregelung im IWF.[676] Die Mitgliedstaaten der WWU würden auch weiterhin individuelle Mitglieder des IWF bleiben, eine Mitgliedschaft der EU wäre nicht vorgesehen.

Ausgangspunkt dieser Überlegung ist die Beobachtung, dass eine gemeinsame Interessenvertretung im IWF in der Regel durch das Treffen von Arrangements zur Zusammenarbeit erfolgt.[677] Diesem Vorgehen verdankt der Fonds seine Charakterisierung als kooperative Organisation, in der Entscheidungen durch Konsens angestrebt werden.[678] Darüber hinaus unterstreicht es die strukturelle Nähe des Fonds zu den Kapitalgesellschaften. Auch hier versuchen Anteilseigner, denen einzeln betrachtet nur geringer Einfluss zukommt, diesen Einfluss durch die Zusammenarbeit mit Gleichgesinnten zu steigern.[679] Dies geschieht etwa durch die Schaffung sog. Stimmrechtpools.[680] Auch der Fonds selbst verweist darauf,

---

675 Kiekens, 3; Smaghi JCMS 2004, 229 ff.; der Koordinierungsansatz wird jedoch auch als Übergangsszenario hin zu einer Mitgliedschaft der Union verstanden. In diesem Sinn etwa Hagan, 10 Years of the Euro: A Perspective from the IMF, der die Bildung einer einheitlichen Stimmrechtgruppe befürwortete, an der jedoch Frankreich und Deutschland nicht teilnehmen könnten. Eine Auflistung von Argumenten für den Koordinierungsansatz findet sich bei Schwarzer, 137, 154 f.

676 Correales-Díez, 17 f.

677 Vgl. hierzu Smaghi, JCMS 2004, 229, 233 ff.

678 Van Houtven, 23; vgl. 2. Kapitel V. 6 b) m.w.N.

679 Smaghi, JCMS 2004, 229, 233.

680 Vgl. zu Poolverträgen und Stimmrechtspools Martinek/ Oechsler in Schimansky/ Bunte/ Lwowski, Bankrecht, § 97; Rubner/ Simon, NJW-Spezial 2005, 27 ff.: Letztere führen in der Einleitung aus: „*In Handelsgesellschaften mit einem größeren Gesellschafterkreis setzt eine sachgerechte Willensbildung regelmäßig voraus, dass die Interessen der einzelnen Gesellschafter gebündelt werden. Insbesondere wenn einzelne Kreise von Gesellschaftern über weitere (z.B. familiäre) Beziehungen miteinander verbunden sind, besteht ein erhöhtes Interesse daran, die Stimmabgabe innerhalb einer Gesellschaftergruppe im*

dass seine Arbeit ‚durch verschiedene Foren und Gremien ausgestaltet wird.'[681] Genannt wird das Forum der G 7, in dem sich die größten Industrienationen zum Zweck der Erörterung wirtschaftlicher und finanzieller Fragen zusammengeschlossen haben. Eine weitere derartige Interessengemeinschaft stellt das Forum der G 10 dar, dem die Länder angehören, die einer Teilnahme an den General Agreements to Borrow (GAB) zugestimmt haben. Im Vordergrund steht damit die Position als Kreditgeber im IWF. Demgegenüber versammeln sich Entwicklungsländer in der Gruppe der G 15 zwecks der Kooperation in den Bereichen Investment, Handel und Technologie. Schließlich ist auf die Gruppe der G 20 zu verweisen, die im Zuge der Finanzkrise als Hauptforum für die internationale Wirtschaftskooperation bezeichnet wurde.[682] Vor diesem Hintergrund wird auch die EU als eine solche, wenn auch politisch motivierte Interessengemeinschaft verstanden.[683] Zudem werden die bisherigen Koordinierungsverfahren als Entwicklung hin zu Formen der Koordination mit bindendem Charakter bewertet.[684]

Es ist grundsätzlich denkbar, im Wege eines solchen Koordinationsmodells den sich aus dem IWF-Abkommen ergebenden Verpflichtungen nachzukommen sowie bestehende Rechte wahrzunehmen. In diesem Sinn wird beispielsweise auf die Möglichkeit einer gemeinsamen Anfrage der WWU-Mitglieder im Rahmen des Hilfsmechanismus hingewiesen.[685] In institutioneller Hinsicht wird die Bildung neuer Stimmgemeinschaften seitens der Mitglieder der Eurozone, etwa neben den ernannten Direktoren, angedacht.[686] Idee ist hier, über eine einheitliche Stimmgemeinschaft auf eine Stärkung des Koordinierungsprozesses hinzuwirken.

Bereits vor dem Hintergrund der Unzulänglichkeiten des bisherigen Kooperationsmechanismus erscheint ein solches Vorgehen jedoch nicht erfolgversprechend.

Vorfeld einer Gesellschafterversammlung aufeinander abzustimmen und zu bündeln. Diesem Ziel dienen Pool-Vereinbarungen, durch die die einheitliche Stimmabgabe innerhalb einer Gesellschaftergruppe sichergestellt werden soll.“

681 IMF Factsheet - A Guide to Committees, Groups, and Clubs (wÜ).

682 Zur dargelegten Ausgestaltung der einzelnen Foren: IMF Factsheet - A Guide to Committees, Groups, and Clubs.

683 Smaghi, JCMS 2004, 229, 235.

684 Smaghi, IF 2006, 261, 267; ähnlich Kiekens, 7.

685 Martha, CMLRev. 1993, 749, 761; Maystadt in Masson/ Krueger/ Turtelboom, 146, 151.

686 Elizalde in Current Developments, Vol. 1, 303, 308; Polak in Current Developments, Vol. 1, 310, 311; Smaghi, JCMS 2004, 229, 243; Correales-Díez, 19 ff.; mögliche Szenarien werden auch von Carafo, Il Diritto dell' Unione Europea 2011, 895, 904 f. dargelegt.

Kritisiert wird insbesondere, dass so lediglich Einigungen im Sinne des kleinsten gemeinsamen Nenners zustande kommen werden.[687] Unabhängig von der Frage der Effizienz muss jedoch entscheidend sein, ob ein solches Vorgehen mit den rechtlichen Vorgaben des IWF-Abkommens und des AEU-Vertrages vereinbar wäre.

1. Vereinbarkeit des Koordinierungsmodells mit dem IWF- Abkommen

Für die Vereinbarkeit eines koordinierten Vorgehens der Mitgliedstaaten mit dem IWF-Abkommen spricht zunächst die bisherige Behandlung von Währungsunionen.[688] Sowohl die Teilnehmerstaaten der Zentral-[689] als auch der Westafrikanischen Wirtschafts- und Währungsunion[690] sind selbständige Mitglieder des IWF und koordinieren ihre Positionen. In beiden Fällen existiert eine einheitliche Währung, die durch eine gemeinsame Zentralbank ausgegeben wird und der der Charakter eines gesetzlichen Zahlungsmittels innerhalb der Union zuerkannt wurde.[691] Die Schaffung dieser gemeinsamen Währung ging zudem mit einer Delegierung der Währungssouveränität einher.[692] Eine entsprechende Feststellung lässt sich ebenfalls in Bezug auf die Währungsunion in der östlichen Karibik treffen.[693]

---

687 Claber/ Hasse, 446, 456.

688 Vgl. Martha, CMLRev.1993, 749, 757; zu einzelnen Währungsunionen siehe Proctor/ Mann, The legal aspect of money, Kapitel 24: The nature and history of monetary unions.

689 Sog. Communauté Économique et Monétaire de l'Afrique Central (CEMAC) mit der Währung CFA-Franc BEAC. Teilnehmende Staaten sind Äquatorialguinea, Gabun, Kamerun, Republik Kongo, Tschad sowie die Zentralafrikanische Republik.

690 Sog. Union Économique et Monétaire Ouest-Africaine (UEMOA) mit der Währung CFA-Franc BCEAO. Teilnehmende Staaten sind Benin, Burkina Faso, die Elfenbeinküste, Guinea-Bissau, Mali, Niger, Senegal sowie Togo. Wie die Zentralafrikanische wurde auch die Westafrikanische Währungsunion mit Referenz zum sog. CFA- Franc errichtet. Sie bilden daher gemeinsam die sog. CFA-Zone.

691 So Bognar, Europäische Wirtschaftsintegration und Außenwirtschaftsbeziehungen, 390.

692 Zur Ausgestaltung der Währungsunionen vgl. Proctor/ Mann, The legal aspect of money, Rdn.24.14 ff.; Louis in FS Hahn, 201, 208 verweist darauf, dass in diese Organisationen der Grundsatz der Einstimmigkeit gilt.

693 Die Ostkaribische Währungsunion gibt den ostkaribischen Dollar aus. Teilnehmende Staaten sind Anguilla, Antigua und Barbuda, Dominica, Grenada, Montserrat, St. Kitts

Dies zeigt, dass der Fonds bisher rechtliche Beziehungen nicht zu Währungsblöcken unterhält, sondern mit den jeweiligen Mitgliedstaaten einzeln verhandelt.[694] Aufgrund dieses Vorgehens könnte die Schlussfolgerung gezogen werden, dass die Übertragung der Währungssouveränität auf die Union auf Seiten der Mitgliedstaaten nicht zwangsläufig die Erfüllung der Voraussetzungen für eine Mitgliedschaft im Fonds ausschließt.[695] Diese Annahme erscheint jedoch problematisch, da die Bestimmungen des IWF-Abkommens auf der Währungssouveränität der Mitglieder des Fonds aufbauen. Tatsächlich kann die bisherige Praxis in Zusammenhang mit Währungsunionen darauf zurückgeführt werden, dass diese im Gegensatz zu Staaten schlicht nicht als Mitglieder des Fonds zugelassen werden. Die Problematik, die mit dem Verlust der Währungssouveränität bei Mitgliedern des IWF einhergeht, wird auf diese Weise jedoch nicht gelöst. Dass dieser Umstand bei anderen Währungsunionen nicht in gleicher Weise zu Reaktionen geführt hat, ist letztendlich auf die geringere wirtschaftliche Bedeutung dieser Währungsunionen zurückzuführen.[696] Dies zeigt sich auch in ihrer Vertretung im IWF. So sind die zugeteilten individuellen Quoten der teilnehmenden Länder nur von geringer Höhe und die Länder werden infolge ihrer Mitgliedschaft in derselben Stimmrechtsgemeinschaft nur durch einen Exekutivdirektor vertreten.[697]

2. Vereinbarkeit des Koordinierungsmodells mit dem AEU-Vertrag

Aus Sicht des Unionsrechtes wird für eine Vereinbarkeit des AEU-Vertrages mit einem gemeinsamen Vorgehen der Mitgliedstaaten angeführt, dass der Vertrag nicht ausdrücklich vorsehe, dass die Union dem IWF als Mitglied beitritt. Die komplexe Struktur von Art.138, 219 AEUV mache die Zurückhaltung bezüglich

und Nevis, St. Lucia sowie St. Vincent und die Grenadinen. Zur Ausgestaltung, vgl. Proctor/ Mann, The legal aspect of money, Rdn. 24.18f.

694 Gold, Membership and Nonmembership in the IMF, 90 ff., 117 ff.; folgend Bognar, Europäische Wirtschaftsintegration und Außenwirtschaftsbeziehungen, 389 f.

695 Martha, CMLRev.1993, 749, 757; ebenso Bognar, Europäische Wirtschaftsintegration und Außenwirtschaftsbeziehungen, 390.

696 Bognar, Europäische Wirtschaftsintegration und Außenwirtschaftsbeziehungen, 390 Fn.247 weist dabei darauf hin, dass die afrikanischen Staaten bereits durch die Anbindung ihrer Währungen an den FRFranc de facto währungspolitische Kompetenzen verloren hatten; Louis in FS Hahn, 201, 206 macht entsprechende Ausführungen für den Fall der belgisch-luxemburgischen Wirtschaftsunion; Denters, NYIL 1998, 3, 27 f. betont die geringere Bedeutung für die internationale Währungsstabilität.

697 Louis in FS Hahn, 201, 208.

der Konsequenzen aus der Unionskompetenz in Währungsfragen deutlich.[698] Eine Beibehaltung oder Verstärkung des Koordinierungsansatzes berücksichtigt jedoch in keiner Weise die mit der Errichtung der WWU einhergegangene Kompetenzübertragung seitens der Mitgliedstaaten auf die Union. Folge dieser Übertragung ist gerade, dass die Mitgliedstaaten nicht mehr über Rechtsetzungsbefugnisse in diesem Politikbereich verfügen und damit nicht länger handlungsbefugt sind.[699] Auch nach der Rechtsprechung des EuGH kann daher nicht angenommen werden, dass *„auf Gemeinschafts- wie auf internationaler Ebene neben der Zuständigkeit der Gemeinschaft noch eine parallele Zuständigkeit der Mitgliedstaaten besteht. [...] Die Anerkennung einer solchen Zuständigkeit würde bedeuten, dass die Mitgliedstaaten in den Beziehungen mit Drittländern eine den Absichten der Gemeinschaft zuwiderlaufende Haltung einnehmen könnten; damit würde das institutionelle Zusammenspiel verfälscht, das Vertrauensverhältnis innerhalb der Gemeinschaft erschüttert und die Gemeinschaft gehindert, ihre Aufgabe zum Schutz des Gemeinsamen Interesses zu erfüllen.“*[700]

Ein alleiniges Auftreten der Mitgliedstaaten würde dementsprechend die Kompetenzen der Union beeinträchtigen. Dem kann auch nicht entgegengehalten werden, dass die Mitgliedstaaten innerhalb eines Koordinierungsmechanismus effektiv gemeinsame Ziele innerhalb des IWF verfolgen können.[701] Es ist vielmehr

---

698 Kiekens, 3f.unter tw. Verweis auf Smits, ECB, 375.

699 Sattler, 54; vgl. Dutzler, 445, 478; Dies gilt jedenfalls für den Bereich ausschließlicher Kompetenzübertragung. Im Fall der Übertragung konkurrierender Zuständigkeiten sind die Mitgliedstaaten nach Sattler, 51 nur „insoweit und solange zuständig [...], als die EU keine Rechtsakte erlassen hat, die die Materie abschließend regeln.“ Zu dieser Unterscheidung siehe 6. Kapitel III.1 a). m.w.N. Vorliegend reicht ein allgemeiner Hinweis, dass die Kompetenzen mit der Einführung des Euro offensichtlich ausgeübt wurden.

700 EuGH, Gutachten 1/75 [Local Costs Standard] Slg.1975, 1355 ff.

701 Hierzu Smaghi JCMS 2004, 229, 240 ff. unter Hinweis auf die Anwendung des Subsidiaritätsgrundsatzes. Nach dieser, in Art.5 Abs.3 EUV verankerten Kompetenzausübungsschranke wird die Union in den Bereichen, die nicht in ihre ausschließliche Zuständigkeit fallen, nur tätig, sofern und soweit die Ziele der in Betracht gezogenen Maßnahmen von den Mitgliedstaaten nicht ausreichend verwirklicht werden können und daher wegen ihres Umfanges oder ihrer Wirkungen besser auf Unionsebene zu verwirklichen sind. Die Frage der Anwendbarkeit dieses Grundsatzes muss an dieser Stelle nicht geklärt werden. Wie Stumpf, ZaöRV 2003, 1075, 1080 zu Recht ausführt, wäre „diese kompetenzielle Hürde [...] im Hinblick auf Wechselkurssysteme bzw. Währungssangelegenheiten und Devisenregelungen relativ niedrig gelegt. In Anbetracht der grundsätzlichen Verlagerung der währungsrelevanten Zuständigkeiten auf die europäische Ebene und der Bedeutung der gemeinsamen Währung

zu fordern, dass das externe Auftreten der Mitgliedstaaten und der Union mit der Kompetenzlage in der Union übereinstimmt. Nur das eigenständige Auftreten der Union in eigenem Namen gegenüber dritten Staaten im völkerrechtlichen Verkehr sichert die optimale Wirksamkeit der Unionskompetenzen.[702] Dementsprechend folgt die rechtliche Notwendigkeit einer einheitlichen Vertretung bereits aus den Regelungen des AEU-Vertrages.[703]

Dies entspricht der Rechtsprechung des EuGH, der der Idee eines gemeinsamen Vorgehens der Mitgliedstaaten anstelle eines Auftretens der Union im internationalen Rechtsverkehr bereits in seiner AETR- Entscheidung eine Absage erteilt hatte: „*Insbesondere sind in den Bereichen, in denen die Gemeinschaft zur Verwirklichung einer vom Vertrag vorgesehenen gemeinsamen Politik Vorschriften erlassen hat, die in irgendeiner Form gemeinsame Rechtsnormen vorsehen, die Mitgliedstaaten weder einzeln noch selbst gemeinsam handelnd berechtigt, mit dritten Staaten Verpflichtungen einzugehen, die diese Normen beeinträchtigen.*“[704]

3. Auswertung

Aus den obigen Ausführungen folgt, dass nach dem Unionsrecht die Währungskompetenzen durch eine wirksame Vertretung auf internationaler Ebene umzusetzen sind.[705] Die Union muss demnach in internationalen Gremien, die für Währungfragen zuständig sind, vertreten sein und im Rahmen der ihr zugewiesenen Kompetenzen die Mitgliedstaaten ersetzen.[706] Dies gilt auch

---

für die Funktionsfähigkeit des gemeinsamen Marktes wird die Notwendigkeit einer Vereinbarung auf der europäischen Ebene den Regelfall, mitgliedstaatliche Vereinbarungen mit Drittstaaten hingegen eher die Ausnahme darstellen.“ Auch Zilioli/ Selmayr, CMLRev. 1999, 273, 297f., gehen angesichts der Unionswährung von den Voraussetzungen einer solchen Notwendigkeit aus.

702 Sattler, 55, der unter Verweis auf die Kommission betont, dass die Mitwirkung an internationalen Abkommen für die EU nicht nur relevant ist, um von ihren Rechten umfassend Gebrauch machen zu können, sondern auch mit Blick auf die Anerkennung der EU auf internationaler Ebene.

703 Smits, Euredia 2009, 297, 304.

704 EuGH, Rs.22/70 [AETR], Slg.1971, 263 ff. Rdn. 15/19.

705 Bognar, Europäische Wirtschaftsintegration und Außenwirtschaftsbeziehungen, 374, 386.

706 Smits in v.d. Groeben/ Schwarze, EUV/ EGV, Art.111 Rdn. 20, 209.

im Hinblick auf den IWF[707], für den eine Mitgliedschaft der Union angedacht wird.[708]

Nur durch dieses selbständige Auftreten kann sichergestellt werden, dass der Kompetenztransfer auf die Unionsebene auch extern umgesetzt wird. Es gilt so der Gefahr der Aushöhlung der im AEU-Vertrag festgelegten Kompetenzzuordnung zwischen der Union und ihren Mitgliedstaaten zu begegnen.[709] Der Koordinierungsansatz ist vor diesem Hintergrund abzulehnen. Dies erscheint folgerichtig. Schließlich handelt es sich beim Euro um eine Währung, die von der Union und nicht gemeinsam durch die an der WWU teilnehmenden Staaten ausgegeben und verwaltet wird.

II. Unionsrechtliche Voraussetzungen einer Vertretung seitens der EU

Eine Vertretung des Euro im IWF durch die Union ist sowohl aus der Perspektive der Union als auch aus der Perspektive der Organisation selbst zu untersuchen.[710] Aus Sicht der internationalen Organisation stellt sich zunächst die Frage, ob die Union die Voraussetzungen für eine Mitgliedschaft erfüllt und in der Folge der Organisation beitreten kann. Aus Sicht der Union sind weitere Aspekte wie die Frage der Rechtsfähigkeit und die Beitrittskompetenz von Relevanz, die einen etwaigen Beitritt erst ermöglichen. Bei der Untersuchung einer Mitgliedschaft der Union im IWF ist diese Wechselwirkung zwischen dem Recht der Union und dem der internationalen Organisation zu berücksichtigen.

1. Die internationale Rechtsfähigkeit der EU

Ein Beitritt der Union zum IWF setzt zunächst die Fähigkeit der Union zu völkerrechtlichem Handeln und damit zum Abschluss völkerrechtlicher Verträge voraus.[711] In Frage steht somit die Völkerrechtssubjektivität der Union, die im

---

707 Smits in v.d. Groeben/ Schwarze, EUV/ EGV, Art.111 Rdn.20; Martenczuk, ZaöRV 1999, 93, 102; Dutzler, 445, 468, 478; Vigneron/ Steinfeld, CDE 1996, 401, 436.

708 Martha CMLRev. 1993, 749, 786; Martenczuk, ZaöRV 1999, 93, 103; Smits, ECB, 440 f.; Oppermann in FS Vogel, 529, 538.

709 Sack in GS Grabitz, 631, 633 f.

710 Vgl. Frid, EJIL 1993, 239, 240.

711 Zur generellen Zulässigkeit der Mitgliedschaft einer internationalen Organisation in einer anderen vgl. Sattler, 96 ff.; dieser führt auf S. 99 aus, dass die Mitgliedschaftsfähigkeit und damit Bindungsfähigkeit die Erfüllung zweier Voraussetzungen erfordert: *„Zum einen muss die eintretende Organisation zunächst Völkerrechtssubjektivität und die*

Folgenden näher zu qualifizieren ist. Dabei würde die Einordnung als internationale Organisation die Annahme einer abgeleiteten Völkerrechtssubjektivität ermöglichen, während die Einordnung als staatliches Gebilde eine originäre Völkerrechtssubjektivität nach sich ziehen könnte.

a) Einordnung der EU als internationale Organisation und Abgrenzung zur Staatlichkeit

Aus völkerrechtlicher Sicht ist die EU als internationale Organisation anzusehen. Schließlich handelt es sich bei der Union um eine „auf Dauer angelegte Vereinigung von zumindest zwei Völkerrechtssubjekten auf dem Gebiet des Völkerrechts, die mit der selbständigen Wahrnehmung eigener Aufgaben betraut und mit zumindest einem eigenen handlungsbefugten Organ ausgestattet" ist.[712] Dieser Einordnung steht nicht entgegen, dass mit der Europäischen Union ein eigenständiger Typus der internationalen Organisationen geschaffen wurde, der auch als „supranational" bezeichnet wird.[713] Letzterer ist gekennzeichnet durch die ihm eigene Kompetenz zur Rechtssetzung, die nicht nur, wie bisher für die Mitgliedstaaten, sondern nunmehr auch für deren Individuen direkt verbindlich sein kann. Darüber hinaus ist die teilweise Unabhängigkeit der Organe hervorzuheben, die Anwendbarkeit des Majoritätsprinzips, das Bestehen einer eigenen Gerichtsbarkeit, sowie das Vorliegen von Finanzautonomie.[714] Aufgrund dieser Kriterien ordnet etwa der EuGH die Unionsrechtsordnung als *„eigenständige Entwicklung zwischen Völkerrecht und innerstaatlichem Recht"* ein.[715]

---

damit verbundene Vertragsschlussfähigkeit besitzen, stellen doch internationale Organisationen auf einen völkerrechtlichen Gründungsvertrag zurückführbare Vereinigungen von mindestens zwei Völkerrechtssubjekten dar. Zum anderen müssen die Mitglieder einer Organisation, also auch die eintretende Organisation, in Ausübung eigener Zuständigkeiten handeln, ist dies doch Voraussetzung dafür, dass sie die Organisation mit der Wahrnehmung eigener Zuständigkeiten betrauen können." Letzteres wurde für die Union bereits durch die Darstellung der übertragenen Kompetenzen dargestellt.

712 Zur dieser Definition des Begriffes der internationalen Organisation: Epping in Ipsen, Völkerrecht, § 6 Rdn.2 oder Seidl-Hohenveldern/ Loibl, Das Recht der internationalen Organisationen, § 1.

713 Sattler, 61f.; Anders etwa Oppermann, Europarecht, § 4 Rdn.25, nach dem dieses Verständnis der Überstaatlichkeit der Union nicht ausreichend Rechnung trägt.

714 Seidl- Hohenveldern/ Loibl, Das Recht der internationalen Organisationen, Rdn.0113.

715 Sack, ZEuS 2001, 267, 271; folgend Sattler, 63; vgl. zudem EuGH, Rs. 6/64, Costa/ Enel, Slg.1964, 1251, 1269: *„Zum Unterschied von gewöhnlichen internationalen Verträgen hat der EWG-Vertrag eine eigene Rechtsordnung geschaffen, die bei seinem*

Diese innergemeinschaftliche Bewertung kann aus völkerrechtlicher Sicht jedoch nicht ausschlaggebend sein. Vielmehr ist entscheidend, dass die Union bisher nicht die konstituierenden Merkmale von Staatlichkeit aufweist.[716] Zunächst besitzt die Union kein eigenes Hoheitsgebiet. Der räumliche Geltungsbereich des AEU-Vertrages leitet sich vielmehr gemäß Art.52 EUV, 355 AEUV aus dem Hoheitsgebiet ihrer Mitgliedstaaten ab.[717] Darüber hinaus fehlt es der Union trotz der Einführung der Unionsbürgerschaft nach Art.20 AEUV an Staatsangehörigen im echten Sinne. So wird die Unionsbürgerschaft mangels der entsprechenden „Intensität der Rechtsbeziehungen" zwischen den Unionsangehörigen und der Union von der Staatsangehörigkeit der Mitgliedstaaten abgeleitet.[718] Dementsprechend statuiert Art.20 Abs.1 S.2 AEUV, dass die Unionsbürgerschaft die nationale Staatsbürgerschaft ergänzt, diese aber nicht ersetzt.[719] Von einem Staat unterscheidet sich die Europäische Union schließlich dadurch, dass ihr, wie das Prinzip der begrenzten Einzelermächtigung deutlich macht, nur für die Erreichung bestimmter Ziele beschränkte Sachbefugnisse übertragen wurden. Eine Allgemeinzuständigkeit im Sinne einer Kompetenz-Kompetenz fehlt der Union.[720] Sie verfügt nicht über die Fähigkeit, neue Kompetenzen zu schaffen[721] und „Hoheitsgewalt nach eigener Entscheidung in umfassender Weise an sich zu ziehen".[722] Sowohl Ursprung als auch Legitimation der Unionsgewalt sind auf die

---

Inkrafttreten in die Rechtsordnungen der Mitgliedstaaten aufgenommen worden und von ihren Gerichten anzuwenden ist."

716 Die Staatlichkeitsmerkmale Staatgebiet, Staatsvolk und Staatsgewalt gehen auf die von Jellinek entwickelte sog. Drei-Elementen-Lehre zurück; vgl. Jellinek, Allgemeine Staatslehre, 396ff. sowie Epping in Ipsen, Völkerrecht § 5 Rdn. 2 ff.

717 Müller-Graff in Dauses, Hdb. des EU- Wirtschaftsrechtes, Kapitel A.I. Rdn.50 hebt in diesem Zusammenhang auch hervor, dass eine Änderung des räumlichen Geltungsbereiches des AEUV nach Art.52 EUV, 355 AEUV keiner entsprechenden Rechtsetzung der Union bedarf. Dies unterscheidet die Situation von der des Bundes nach dem GG.

718 Haag in v. d. Groeben/ Schwarze, EUV/EGV, Art.17 EGV Rdn.5.

719 In diesem Sinn führt auch das BVerfG in seiner Maastricht Entscheidung, BVerfGE 89, 155, 184 aus: *„Mit der durch den Vertrag von Maastricht begründeten Unionsbürgerschaft wird zwischen den Staatsangehörigen der Mitgliedstaaten ein auf Dauer angelegtes rechtliches Band geknüpft, das zwar nicht eine der gemeinsamen Zugehörigkeit zu einem Staat vergleichbare Dichte besitzt, dem bestehenden Maß existentieller Gemeinsamkeit jedoch einen rechtlich verbindlichen Ausdruck verleiht.*"

720 Calliess in Calliess/ Ruffert, EUV/ AEUV, Art.1 EUV Rdn.29.

721 Streinz, Europarecht, Rdn.135.

722 Zuleeg in v.d. Groeben/ Schwarze, EUV/EGV, Art.1 Rdn.8.

Verträge der Mitgliedstaaten zurückzuführen. Dieser fehlt damit die Ursprünglichkeit, die für Staatsgewalt charakteristisch ist.[723] Die Mitgliedstaaten sind aufgrund ihres Rechts zur Änderung der Verträge als „Herren der Verträge" anzusehen.[724] Hieraus folgt, dass die zwischenstaatlichen Beziehungen „nicht wie in einem Bundesstaat staatsrechtlicher, sondern nach wie vor völkerrechtlicher Natur" sind.[725] Dementsprechend wird die Union auch nicht als Staat, sondern als Staatenverbund charakterisiert.[726]

b) Rechtsfähigkeit internationaler Organisationen

Dass internationalen Organisationen und damit der Union Rechtssubjektivität zuerkannt wird, ergibt sich aus der Rechtsprechung des IGH. Dieser führt in seiner Entscheidung "Reparation for injuries suffered in the service of the United Nations" aus: *"It must be acknowledged that its Members, by entrusting certain functions to it, with the attendant duties and responsibilities, have clothed it with the competence required to enable those functions to be effectively discharged. Accordingly, the Court has come to the conclusion that the Organization is an international person."*[727] Hieraus ergibt sich zunächst, dass der Union Völkerrechtsfähigkeit nur insoweit zukommt, als die Gründerstaaten ihr diese Fähigkeit zugestanden haben. Eine solche abgeleitete Völkerrechtsubjektivität ergibt sich aus Art.47 EUV. Darüber hinaus wird diese Rechtspersönlichkeit auch als partikulär beschrieben, da diese nur gegenüber solchen Drittstaaten besteht, die sie anerkannt haben.[728] Im Fall der Union kann die erforderliche Anerkennung aus der Unterhaltung diplomatischer Beziehungen hergeleitet werden, die zu über hundert Staaten bestehen.[729]

---

723 Müller-Graff in Dauses, Hdb. des EU- Wirtschaftsrechtes, Kapitel A.I. Rdn.53.

724 Streinz, Europarecht, Rdn.147, der betont, dass dieses Recht nach Art. 48 EUV nur verfahrensmäßig begrenzt ist.

725 Epping in Ipsen, Völkerrecht,§ 6 Rdn.13.

726 Vgl. BVerfGE 89, 155, 188: *„Der Unionsvertrag begründet – […] - einen Staatenverbund zur Verwirklichung einer immer engeren Union der – staatlich organisierten - Völker Europas (Art. A EUV), keinen sich auf ein europäisches Staatsvolk stützenden Staat."*

727 IGH, Gutachten vom 11.4.1948, ICJ-Reports 1949, 174, 179.

728 Sattler, 63 f. zur Herleitung und Ausgestaltung der Rechtsfähigkeit.

729 Hobe/ Müller-Sartori, JuS 2002, 8, 9; ähnlich Schermers in FS Mosler, 823, 824.

2. Rechtsgrundlage für den Beitritt der EU zum IWF-Abkommen

Die Völkerrechtssubjektivität der Union ist nicht nur als abgeleitet, sondern auch als funktional beschränkt zu charakterisieren. Hierin kommt zum Ausdruck, dass sich die Völkerrechtssubjektivität an den eingeräumten Vertragsschlusskompetenzen orientiert.[730]

Festzuhalten ist dabei, dass der AEU-Vertrag keine ausdrückliche Regelung für eine Mitgliedschaft der Union in internationalen Organisationen enthält.[731] Auch Art.220 AEUV stellt keine ausreichende rechtliche Grundlage für eine Mitgliedschaft bzw. einen Beitritt zum IWF dar. Nach dieser Norm unterhält die Union zweckdienliche Beziehungen zu den Organen der Vereinten Nationen und ihren Sonderorganisationen. Allerdings umfasst die Aufnahme zweckdienlicher Beziehungen nicht den Beitritt, sondern nur die Beziehungspflege zu diesen Organisationen, wie etwa die Aufnahme von Informationskontakten.[732] Auch Art.352 AEUV kann nicht herangezogen werden. Über diese Norm kann das Fehlen geeigneter Vorschriften nur ausgeglichen werden, wenn ein Tätigwerden der Union erforderlich ist, um im Rahmen der in den Verträgen festgelegten Politikbereichen eines ihrer Ziele zu verwirklichen. Eine Kompetenzbegründung ist nur dann möglich, wenn sich die Zuständigkeiten nicht in anderer Form aus dem Vertrag ableiten lassen. Im vorliegenden Fall sind als Rechtsgrundlage für einen Beitritt jedoch die Sachkompetenzen der Union heranzuziehen. Eine solche weite Interpretation der zugeteilten Kompetenzen ergibt sich aus der Rechtsprechung des EuGH. So leitete dieser im Gutachten 1/76 aus den Sachkompetenzen die Befugnis zur Errichtung des Europäischen Stilllegungsfonds für die Binnenschifffahrt her.[733] Es liegt daher nahe, durch diese Interpretation auch den Beitritt zum IWF zu ermöglichen.

730 Sattler, 65.

731 Sack in GS Grabitz, 631, 633.

732 Schmalenbach in Calliess/ Ruffert, EUV/ AEUV, Art.220 Rdn.6.

733 Vgl. EuGH, Gutachten 1/76, Stilllegungsfonds, Slg.1977, 741 Rdn.5: „*Die Gemeinschaft besitzt daher nicht nur die Fähigkeit insoweit zu einem Drittstaat in vertragliche Beziehungen zu treten, sondern auch die Befugnis unter Beachtung des Vertrages gemeinsam mit diesem Staat eine geeignete Einrichtung zu schaffen.[...] Die Gemeinschaft kann unter diesem Gesichtspunkt auch mit einem Drittstaat zusammenwirken, um die Organe einer solchen Anstalt mit angemessenen Entscheidungsbefugnissen auszustatten und in einer den verfolgten Zielen gemäßen Weise Art, Ausarbeitung, Inkraftsetzung und Wirkung der Vorschriften zu regeln, die in diesem Rahmen zu erlassen sind.*“ Vgl. hierzu auch Sattler, 113.

3. Ergebnis

Abschließend kann festgehalten werden, dass eine Mitgliedschaft der Union im IWF ihre rechtliche Grundlage in den Währungskompetenzen der Union findet. Aus diesen Kompetenzen ist nicht nur die Beitrittskompetenz der Union abzuleiten, sondern sie bestimmt letztendlich auch deren Völkerrechtssubjektivität und damit einhergehende Vertragsschlussfähigkeit.

III. Vertretung durch die Europäische Zentralbank: Die horizontale Kompetenzabgrenzung

Eine Untersuchung der Vertretung der „WWU" auf internationaler Ebene kann sich nicht auf eine Untersuchung der klassischen Handlungsträger in Form der Mitgliedstaaten in Abgrenzung zur Union beschränken. Es ist vielmehr zu berücksichtigen, dass mit der EZB auf Unionsebene ein weiterer Akteur geschaffen wurde, der als eigene Rechtsperson gemäß Art.282 Abs.3 AEUV, Art.9.1 ESZB-Satzung juristische Eigenständigkeit genießt und daher berechtigt sein könnte, für die WWU in den internationalen Beziehungen aufzutreten. Der klassische vertikale Kompetenzkonflikt ist somit um eine horizontale Abgrenzung zu ergänzen. Grund hierfür ist, dass sich aufgrund der Rechtspersönlichkeit der EZB die Zuständigkeitsfrage nicht nur als reine Problematik der Organ-, sondern bereits der Verbandskompetenz darstellen kann.[734] Hieraus wird gefolgert, dass auch eine Mitgliedschaft der EZB im IWF möglich sei.[735] Im Folgenden ist daher die Völkerrechtsfähigkeit der EZB ebenso zu untersuchen, wie mögliche Auswirkungen auf eine Vertretung der „WWU" im IWF.

1. Die internationale Rechtsfähigkeit der EZB

Aus der Zuerkennung der Rechtspersönlichkeit in Art.282 Abs.3 AEUV folgt gleichzeitig die „völkerrechtliche Rechts- und Handlungsfähigkeit" der EZB.[736]

---

734 Weiß, EuR 2002, 165, 167, zur EZB als weiterem Akteur sowie zur Verbandsproblematik; vgl. hierzu ferner Zilioli/ Selmayr CMLRev.1999, 273, 285 ff., die auf S. 291 f die horizontale Kompetenzabgrenzung erläutern.

735 Zilioli/ Selmayr CMLRev.1999, 273, 339 unter Hinweis auf die Notwendigkeit der Abänderung der Mitgliedschaftsregelung des IWF-Abkommens; dies. YbEL 2006, 1, 85 führen unter Verweis auf die Mitgliedschaft der EIB und der EG in der European Bank for Reconstruction and Development aus: "*This precedent appears to make a similarly parallel membership of the EC and the ECB in an international organization such as the IMF legally possible.*"

736 V. Borries, ZEuS 1999, 281, 292f.

Relevant sind insofern auch die Bestimmungen über die internationale Zusammenarbeit des ESZB. Nach Art.6.2 ESZB-Satzung kann sich die EZB etwa an internationalen Währungseinrichtungen beteiligen sowie nach Art.23 ESZB-Satzung mit den Zentralbanken in dritten Staaten und internationalen Organisationen Beziehungen aufnehmen. Wie im Fall der Union wird der EZB durch Art.282 Abs.3 AEUV jedoch nur eine abgeleitete und partikuläre Rechtspersönlichkeit gewährt.[737] Hieraus folgt nicht nur eine Beschränkung der Rechtsfähigkeit auf die Bereiche, in denen der EZB Aufgaben übertragen wurden, sondern auch, dass das Handeln der EZB in internationalen Beziehungen mit Drittstaaten und internationalen Organisationen eine Anerkennung ihrer Völkerrechtssubjektivität durch diese voraussetzt.[738] Es gilt daher zu untersuchen, inwiefern diese Bedingungen im Fall des IWF erfüllt sind.

2. Abgeleitete Völkerrechtssubjektivität der EZB

Aus den obigen Ausführungen folgt, dass eine Vertretung der WWU durch die EZB im IWF nur möglich ist, wenn diese mit den hierfür notwendigen Kompetenzen ausgestattet wurde. Dies wäre der Fall, wenn die EZB als Trägerin der Währungssouveränität angesehen werden könnte.

Unter der Geltung des EG-Vertrages wurde teilweise vertreten, dass im Zuge der Denationalisierung der Währungspolitik die entsprechenden Zuständigkeiten nicht auf die EG, sondern auf die EZB als eigenständige Gemeinschaft übertragen wurden.[739] Dies sei möglich gewesen, da die EZB nicht nur für einen besonderen Politikbereich, nämlich die Währungspolitik, konzipiert, sondern auch auf gleicher Stufe wie die ursprünglichen Gemeinschaften EGKS, EAG bzw. EG angesiedelt worden sei.[740]

---

737 Häde in Calliess/ Ruffert, EUV/ AEUV, Art.282 Rdn.34; Palm in Grabitz/ Hilf/ Nettesheim, EU, Art.282 Rdn.46; Stumpf, ZaöRV 2003, 1075, 1078.

738 Stumpf, ZaöRV 2003, 1075, 1078.

739 Nach Häde, WM 2006, 1605, 1605 hat dieser Ansatz seinen Ursprung in den Überlegungen, die EZB als „Handlungsträger oder System der Europäischen Union" anzusehen und diese damit nicht der EG selbst zuzuordnen. Verwiesen wird hierzu auf Hahn, Der Vertrag von Maastricht als völkerrechtliche Übereinkunft und Verfassung, 42, 73, sowie Pernice in FS Everling, 1057, 1059; Weiterentwickelt wurde dieser Ansatz von Zilioli/ Selmayr, CMLRev.1999, 273 ff. dies., CMLRev.2000, 591ff; dies., ECB; Selmayr, AöR 1999, 357, 372; Dieser Meinung haben sich u.a. Horng, ELJ 2005, 802, 803; ders. EFAR 2004, 323, 326; Weinrichter, EIoP 2000, 13 ff. angeschlossen.

740 Zilioli/ Selmayr, CMLR 2000, 591, 622. Zur Säulenstruktur nach dem Unionsvertrag von Maastricht: Streinz, Europarecht, Rdn.40.

Ausgangspunkt der Theorie von der EZB als eigenständiger Gemeinschaft war die Überlegung, dass diese aufgrund der ihr zuerkannten Unabhängigkeit nicht den bisher bestehenden Einrichtungen der EG und damit nicht deren institutionellem Rahmen zugeordnet werden kann. Im Wesentlichen lag dieser Argumentation damit „ein Schluss von der Trennung von den Gemeinschaftsorganen auf die Trennung von den Gemeinschaften" und damit der EG zugrunde.[741]

Das Verständnis der EZB als neuer Gemeinschaft im ersten Pfeiler der EU begegnete bereits unter dem EG-Vertrag Kritik.[742] Diese stützte sich etwa auf die Annahme eines Numerus-Klausus der EG-Einrichtungen und das Fehlen eines eigenen EZB-Vertrages.[743] Zudem hatte der EuGH in dem sog. OLAF-Urteil vom 10. Juli 2003[744] die EZB als Einrichtung der Gemeinschaft im Sinne der VO (EG) Nr. 1073/1999 eingeordnet, indem er ausführte: *„Insoweit genügt der Hinweis, dass die EZB unabhängig von den Besonderheiten ihrer Stellung in der Gemeinschaftsrechtsordnung durch den EG-Vertrag geschaffen wurde, wie sich aus dem Wortlaut von Art.8 EG ergibt."*[745] Letzten Zweifeln an der Rechtsnatur der EZB wurde schließlich durch den Vertrag von Lissabon die Grundlage entzogen.[746] Hier wird die EZB in Art.13 Abs.1 UAbs.2 EUV explizit als Organ der Union benannt.

---

741 Häde, WM 2006, 1605, 1606.

742 Vgl. mit unterschiedlichen Begründungen: Smits in v.d. Groeben/ Schwarze, EUV/ EGV, Art.111 Rdn.27; Louis, EUI WPL Nr.99/10, 11; Gaitanides in FS Zuleeg, 550, 555; Torrent, CMLRev.1999, 1229ff.; Häde, WM 2006, 1605 ff.; ders. in Calliess/ Ruffert, EUV/ EGV, Art.107 Rdn.11 ff.; Herrmann, EFAR 2002, 1ff.; Proctor/ Mann, The legal aspect of money, Rdn.31.12ff.; v. Borries, ZEuS 1999, 281, 293.

743 Häde, WM 2006, 1605, 1607 f., 1611 f.

744 EuGH, Rs. C-11/00 [Kommission/ EZB], Slg. 2003, I- 7147 ff.; weitere Entscheidungen des Gerichts erster Instanz werden von Smits, ECB, 12 f untersucht.

745 EuGH, Rs. C-11/00 [Kommission/ EZB], Slg. 2003, I- 7147 ff., Rdn. 64. Unter Rdn.92 führt der Gerichtshof weiterhin aus: *„Insbesondere zur EZB ist insoweit festzustellen, dass sie, wie sich aus den Artikeln 8 und 107 Absatz 2 EG ergibt, im EG-Vertrag vorgesehen und durch ihn mit Rechtspersönlichkeit ausgestattet wurde. Wie sich außerdem aus dem Wortlaut der Artikel 4 Absatz 2 und 105 Absatz 1 EG ergibt, hat das ESZB, dessen Herzstück die EZB ist, als vorrangiges Ziel die Preisstabilität zu gewährleisten und, soweit dies ohne Beeinträchtigung dieses Zieles möglich ist, die allgemeine Wirtschaftspolitik in der Europäischen Gemeinschaft zu unterstützen, um zur Verwirklichung von deren in Artikel 2 EG festgelegten Zielen beizutragen, zu denen insbesondere die Errichtung einer Wirtschafts- und Währungsunion sowie die Förderung eines beständigen, nichtinflationären Wachstums gehören. Daraus folgt, dass sich die EZB aufgrund des EG-Vertrages in den Gemeinschaftsrahmen einfügt."* Hierzu vgl. auch Häde, WM 2006, 1605, 1610.

746 Häde, EuR 2009, 200, 218.

Es verwundert daher auch nicht, dass die wesentlichen Aspekte der Währungssouveränität der Union zuzuordnen sind. In interner Hinsicht wurde die Annahme des Euro als gesetzliches Zahlungsmittel durch die Euro-Verordnung und damit durch ein Rechtsinstrument der Union umgesetzt.[747] Darüber hinaus ergibt sich aus dem Wortlaut von Art.127 Abs.2 1. Spiegelstrich AEUV, dass eine grundlegende Aufgabe des ESZB darin besteht *„die Geldpolitik der Union festzulegen und auszuführen."*[748] In externer Hinsicht folgt aus den Art.66, 75, 219 AEUV, dass die Beschränkung des Kapital- bzw. Zahlungsverkehrs, die Schaffung formeller Wechselkurssysteme, der Abschluss sonstiger Währungs- und Devisenabkommen sowie der Erlass von allgemeinen Orientierungen für die Wechselkurspolitik dem Rat als dem Legislativorgan der Union obliegen. Der EZB wurden gemäß Art.127 Abs.2 AEUV, wie auch im internen Bereich, operative Aufgaben übertragen. Betont wird dabei die Verpflichtung, die Devisengeschäfte im Einklang mit Art.219 AEUV durchzuführen, so dass diese „Betriebsaufgaben" den Kompetenzen des Rates untergeordnet wurden.[749] Angesichts dieser Zuordnung verwundert es auch nicht, dass in Art.3 Abs.4 EUV die Errichtung einer Wirtschafts- und Währungsunion als eine Aufgabe der Union genannt wird, wobei die Tätigkeit der Union gemäß Art.119 Abs.2 AEUV den Euro als einheitliche Währung sowie die Festlegung und Durchführung einer einheitlichen Geld- sowie Wechselkurspolitik umfasst.[750]

Zusammenfassend kann damit festgehalten werden, dass alle aus Sicht des Völkerrechts relevanten Entscheidungen durch die Union getroffen werden.[751] Die EZB ist damit nicht Träger der Währungssouveränität, sondern übt als Einrichtung der Union lediglich einzelne Aspekte derselben aus.[752] Etwaige Zuständigkeitsabgrenzungen betreffen somit nicht die Verbands-, sondern die Organebene innerhalb der Union.

3. Partikuläre Völkerrechtssubjektivität der EZB

Auch unter Berücksichtigung der partikulären Völkerrechtssubjektivität sind die Voraussetzungen für eine Vertretung im IWF nicht erfüllt. Zwar können als

---

747 Herrmann, EFAR 2002, 1, 6 f. unter Verweis auf Verordnung (EG) Nr. 974/98.

748 Gaitanides in FS Zuleeg, 550, 555; Proctor/ Mann, The legal aspect of money, Rdn. 31.17.

749 Herrmann, EFAR 2002, 1, 6 f. zu den externen Aspekten; ähnlich Proctor/ Mann, The legal aspect of money, Rdn.31.17.

750 Torrent, CMLRev.1999, 1229, 1231 f.

751 Herrmann, EFAR 2002, 1, 6.

752 Torrent, CMLRev.1999, 1229, 1235 f.; Proctor/ Mann, The legal aspect of money, Rdn. 31.18.

Beispiele für eine Anerkennungspraxis im Hinblick auf internationale Organisationen und Foren etwa die Mitgliedschaft der EZB in der Bank of International Settlement (BIS), die Teilnahme an den G7 Treffen, aber auch die Zuerkennung des Beobachterstatus im IWF nach Art. X IWFA genannt werden.[753] Allerdings wird zu Recht darauf verwiesen, dass diese Anerkennung der EZB bisher auf Bankoperationen begrenzt ist und damit nicht über den klassischen Tätigkeitsbereich von Zentralbanken und anderen internationalen Banken hinausgeht.[754] Dies zeigt auch eine Betrachtung der Regelungen des IWF. Hier wird in Art. II IWFA nur Ländern und damit keinen Banken die Mitgliedschaft im Fonds eröffnet. Zentralbanken werden im IWF, wie Art.V Abs.1 IWFA deutlich macht, als ‚Agencies' verstanden, die für den jeweiligen Mitgliedstaat nach dessen Billigung auftreten.[755] Auch der EZB wurde im IWF bisher nur ein Beobachterstatus zuerkannt und keine weitergehenden Rechte oder Verpflichtungen.[756] Als Träger der Währungssouveränität wird diese von Seiten des Fonds damit nicht anerkannt.[757] Hier spiegelt sich einerseits wieder, dass Wechselkursregelungen traditionell in die Kompetenz der Regierungen fallen, andererseits, dass das Konzept unabhängiger Zentralbanken sehr jung ist.[758] Auch ein Vergleich mit der Bank of International Settlement, der die EZB als Mitglied angehört, erscheint nicht angebracht. Der Fonds selbst ist, mangels der Fähigkeit Geld zu schaffen, nicht als Bank anzusehen.[759]

4. Ergebnis

Abschließend ist festzuhalten, dass die Notwendigkeit einer Vertretung der EU im IWF nicht unter Hinweis auf die Rechtspersönlichkeit der EZB in Frage gestellt werden kann. Mangels Übertragung der Währungssouveränität an die EZB ist diese nicht als Verband, sondern allenfalls als Organ für die Ausübung einzelner Aspekte derselben zuständig. Eine weiterreichende Anerkennung der Rechtsfähigkeit der EZB ist ebenfalls nicht zu erkennen.

---

753 Zilioli/ Selmayr, CMLRev.2000, 591, 638 f.; dies. YbEL 2006, 1, 81 f.

754 Herrmann, EFAR 2002, 1, 9.

755 Herrmann, EFAR 2002, 1, 9; folgend Dutzler, 445, 477.

756 Herrmann, EFAR 2002, 1, 9; vgl. auch 4. Kapitel Abs.VII.2 m.w.N.

757 Herrmann, EFAR 2002, 1, 9 f.

758 Raymond, 127, 129.

759 Kenen, 9.

IV. Die Substitution der Mitgliedstaaten durch die Union

Im Zusammenhang mit der Notwendigkeit einer Außenvertretung der Union im IWF stellt sich angesichts der zugrundeliegenden Kompetenznachfolge die Frage, ob und wie die Union in die Verpflichtungen und Rechte ihrer Mitgliedstaaten aus dem IWF-Abkommen eintreten kann. Insofern sind nicht nur die Völkerrechtssubjektivität und die Kompetenzen der Union relevant, sondern auch die Möglichkeiten einer rechtlichen Bindung der Union an das IWF-Abkommen.

1. Die völkerrechtliche Bindung der Union an das IWF- Abkommen

a) Die Bindungswirkung völkerrechtlicher Verträge

Nach der Staatenpraxis, der internationalen Rechtsprechung und der völkerrechtlichen Literatur kann „ein Staat [...] vertraglich nur mit seinem Einverständnis gebunden werden."[760] Entsprechend kommt in Art.34 WVK und dem hier niedergelegten allgemeinen Völkerrechtsgrundsatz zum Ausdruck, dass ein Vertrag für einen Drittstaat ohne dessen Zustimmung weder Pflichten noch Rechte begründet.[761] Es handelt sich aus Sicht des Drittstaates bei einem solchen Vertrag vielmehr um eine „*res inter alios acta*, eine unter anderen ausgehandelte Angelegenheit, die ihn nicht bindet."[762] Dieser Grundsatz gilt, wie Art.5 WVK verdeutlicht, auch für die Gründungsverträge internationaler Organisationen. Das Pacta-Tertiis- Prinzip ist jedoch nicht nur auf derartige vertragliche Beziehungen zwischen Staaten beschränkt, sondern darüber hinaus auch im Verhältnis der internationalen Organisationen untereinander anwendbar. Dies folgt aus der entsprechenden Regelung in der WVIKO sowie dem Umstand, dass das Prinzip als Bestandteil des Völkergewohnheitsrechts anzusehen ist.[763] Mit Blick auf die Union kann daher festgehalten werden, dass diese als Nichtmitglied des Fonds grundsätzlich nicht an das IWF-Abkommen gebunden ist.

---

760 Heintschel von Heinegg in Ipsen, Völkerrecht, § 13 Rdn.23.

761 Dieser Rechtssatz gründet sich neben dem dargestellten Konsensprinzip auf das Souveränitätsprinzip sowie auf den Grundsatz der Staatengleichheit, Dahm/ Delbrück/ Wolfrum, Völkerrecht Band I/3, § 152, 613; Heintschel von Heinegg in Ipsen, Völkerrecht, § 13 Rdn.23 weist zudem darauf hin, dass dieser in Art.34 WVK enthaltene Grundsatz „seinen Ursprung in der römisch-rechtlichen Maxime ‚*pacta tertiis nec nocent nec prosunt*'" hat.

762 Vitzthum in Vitzthum, Völkerrecht, 1.Abs. III Rdn.120.

763 Bognar, Europäische Wirtschaftsintegration und Außenwirtschaftsbeziehungen, 375; ähnlich Elizalde in Current Developments, Vol. I, 303, 304 für das Verhältnis EU- IWF.

aa) Mögliche Drittwirkung des IWF-Abkommens

Abweichungen von diesem grundsätzlichen Ausschluss der Drittwirkung völkerrechtlicher Verträge ergeben sich aus dem Unionsrecht nicht. Wenn auch der AEU-Vertrag in Form von Art.351 AEUV eine Kollisionsnorm für den Fall bereits abgeschlossener Abkommen der Mitgliedstaaten enthält, findet sich keine Regelung, die eine Bindung der Union an die völkerrechtlichen Abkommen ihrer Mitgliedstaaten statuiert.[764] Gleiches gilt auch für das IWF-Abkommen. Zwar legt der Fonds seinen Mitgliedern nach Art.XI Abs.1 IWFA auch gegenüber Nichtmitgliedern bestimmte Verhaltensregeln auf und dehnt so den materiellen Wirkungskreis mittelbar auf Nichtmitglieder aus.[765] Aus einer solchen indirekten Beeinflussung der Rechtsstellung folgt jedoch keine Bindungsswirkung des IWF-Abkommens für Nichtmitglieder.[766] Es handelt sich gerade nicht um eine Abweichung vom Pacta-Tertiis-Grundsatz, sondern allenfalls um das Vorliegen „tatsächliche[r] Vorteile im Sinne einer Reflexwirkung."[767]

bb) Bindung an das IWF-Abkommen im Wege des Völkergewohnheitsrechts

Trotz der grundsätzlichen Ablehnung einer Drittwirkung von völkerrechtlichen Verträgen besteht die Möglichkeit, dass „diese über den Kreis der Vertragsparteien hinaus Geltung [...] erlangen, indem sie Bestandteil des Völkergewohnheitsrechtes werden".[768] Voraussetzung ist eine entsprechende Staatenpraxis und Rechtsüberzeugung der Staatengemeinschaft, die bisher für das IWF-Abkommen jedoch nicht festgestellt werden konnte.[769]

---

764 Bognar, Europäische Wirtschaftsintegration und Außenwirtschaftsbeziehungen, 376; Die Ablehnung einer völkerrechtlichen Bindung der Union betonen etwa Petersmann/ Spennemann in v.d. Groeben/ Schwarze, EUV/EGV, Art.307 Rdn.13; Lorenzmeier in Grabitz/Hilf/ Nettesheim, EU, Art.351, Rdn.48; Schmalenbach in Calliess/ Ruffert, EUV/ AEUV, Art.351 Rdn.23; EuGH, Rs.812/79 [Burgoa], Slg.1980, 2787, 2803.

765 Seidl-Hohenveldern/ Loibl, Das Recht der internationalen Organisationen, Rdn. 0719, folgend Bognar, Europäische Wirtschaftsintegration und Außenwirtschaftsbeziehungen, 376.

766 Bognar, Europäische Wirtschaftsintegration und Außenwirtschaftsbeziehungen, 376, betont dies auch im Hinblick auf die nach Art.X IWFA bestehende Pflicht des Fonds, „im Rahmen der Bestimmungen des Abkommens mit den auf verwandten Gebieten tätigen internationalen Organisationen formell zusammenzuarbeiten."

767 Für den Fall der von den Vertragsparteien nicht beabsichtigten Einräumung eigener Rechte für Drittstaaten: Heintschel von Heinegg in Ipsen, Völkerrecht, § 13 Rdn. 24.

768 Dahm/ Delbrück/ Wolfrum, Völkerrecht Band I/3, § 152, 625; ähnlich Seidl- Hohenveldern/ Loibl, Das Recht der internationalen Organisationen, Rdn. 0719.

769 Vgl. 1.Kapitel Abs.III.3; 2. Kapitel Abs.I m.w.N.

cc) *Bindung an das IWF- Abkommen durch eine mögliche Erga-Omnes-Wirkung*

Eine Bindung der Union an das IWF-Abkommen könnte ferner angenommen werden, wenn dessen Normen „Erga-Omnes“ Geltung beanspruchen.[770] Es handelt sich hierbei um Regelungen, die „nicht nur gewohnheitsrechtlich, sondern angesichts ihrer fundamentalen Bedeutung schlechthin gelten“ und damit den Pacta-Tertiis-Grundsatz relativieren.[771] Voraussetzung für eine solche Annahme ist, dass die Regeln ein internationales öffentliches Interesse betreffen, welches durch eine repräsentative Mehrheit in der Staatengemeinschaft als solches identifiziert wurde. Dies ergibt sich aus der Rechtsprechung des IGH, der anhand dieser Vorgaben die Völkerrechtspersönlichkeit der Vereinten Nationen bejahte.[772] Dies

770 Vgl. Bognar, Europäische Wirtschaftsintegration und Außenwirtschaftsbeziehungen, 376f.

771 Vitzthum in Vitzthum, Völkerrecht, 1.Abs.III Rdn.120, unter Verweis auf die Rechtsprechung des IGH im Barcelona Traction Fall, ICJ Rep. 1970, 3, Rdn. 33. Der IGH führt hier aus: “*[...] an essential distinction should be drawn between the obligations of a State towards the international community as a whole, and those arising vis-à-vis another State in the field of diplomatic protection. By their very nature the former are the concern of all States. In view of the importance of the rights involved, all States can be held to have a legal interest in their protection; they are obligations erga omnes.*” Zu diesen Normen mit Erga-Omnes-Wirkung zählt der IGH in Rdn.34 etwa das Aggressionsverbot, das Verbot des Völkermordes, das Verbot der Sklaverei und der Rassendiskriminierung.

772 Dahm/ Delbrück/ Wolfrum, Völkerrecht, Band I/3, § 152, 628f. Der Gerichthof führt in seinen Fall Reparations for Injuries Suffered in the Service of the United Nations, Advisory Opinion of 11 April 1949, ICJ Reports 1949, 178, 185 aus, dass die Organisation von der “*vast majority of the members of the international community*” errichtet worden sei. Zuvor hatte er auf die Ziele und Prinzipien der Organisation hingewiesen und damit das entsprechende Gemeininteresse angesprochen: “*The subjects of law in any legal system are not necessarily identical in their nature or in the extent of their rights, and their nature depends on the needs of the community. Throughout its history, the development of international law has been influenced by the requirements of international life, and the progressive increase in the collective activities of States has already given rise to instances of action upon the international plane by certain entities which ar not States. This development culminated in the establishment in June 1945 of an international organization whose purposes and principles are specified in the Charter of the United Nations. But to achieve these ends the attribution of international personality is indispensable.*”

ist insofern von Relevanz, als teilweise auch die objektive Völkerrechtspersönlichkeit des IWF betont wird.[773]

Von der verpflichtenden Beachtung der Völkerrechtssubjektivität des IWF kann jedoch nicht zwingend auf die Erga-Omnes-Wirkung der Bestimmungen des IWF-Abkommens geschlossen werden. Es gilt vielmehr zu untersuchen, ob auch diese die genannten Voraussetzungen erfüllen. Dies erscheint, unabhängig von der grundsätzlich umstrittenen Frage des Bestehens einer vertraglichen Erga-Omnes-Wirkung[774], fraglich. Zwar ist aufgrund der fast globalen Mitgliedschaft auch im Fall des IWF von einer ausreichenden Repräsentation der Staatengemeinschaft auszugehen. Es handelt sich beim IWF-Abkommen jedoch nicht um einen Vertrag, der eine objektive internationale Ordnung begründet.[775] Ausgehend von den Zielbestimmungen des IWF soll zwar zum Zweck der Schaffung geordneter Wirtschafts- und Währungsbeziehungen die internationale Zusammenarbeit auf dem Gebiet der Währungspolitik gefördert werden. Die insofern auferlegten Pflichten betreffen jedoch bereits die Mitgliedstaaten in differenzierter Weise. Darüber hinaus wird im Rahmen des Abkommens deutlich zwischen Mitgliedern und Nichtmitgliedern unterschieden.[776] Schließlich zeigt auch das Fehlen eines Konsenses hinsichtlich der Entstehung von Völkergewohnheitsrecht, dass die Ausgestaltung der Währungsbeziehungen im Sinne einer objektiven Ordnung bisher nicht erreicht wurde.

dd) Verpflichtung zur passiven Respektierung der Rechte Dritter

Da eine Bindung der Union an das IWF-Abkommen weder durch Völkergewohnheitsrecht noch durch das Vorliegen von Regelungen mit Erga-Omnes-Wirkung festgestellt werden kann, ist die Union nur zur passiven Respektierung der Rechte von Drittstaaten verpflichtet. Dies geht mit der ‚allgemeinen Verpflichtung aller internationalen Personen konform, rechtmäßig eingegangene Verträge anderer internationaler Personen weder zu behindern noch zu stören.‘[777] Damit geht die

773 Gold, The International Monetary Fund and International Law, 2.

774 Heintschel von Heinegg in Ipsen, Völkerrecht, § 13 Rdn.28, verweist etwa darauf, dass sich „eine vertragliche *erga omnes*-Wirkung […] im Völkervertragsrecht nicht nachweisen [lässt]“.

775 Bognar, Europäische Wirtschaftsintegration und Außenwirtschaftsbeziehungen, 377.

776 Bognar, Europäische Wirtschaftsintegration und Außenwirtschaftsbeziehungen, 377 unter Hinweis auf die Regelungen im Bereich des Kapital- und Zahlungsverkehrs, vgl. hierzu auch 2. Kapitel Abs.II.2 m.w.N.

777 Martha, CMLRev.1993, 749, 776 f. (wÜ). Eine entsprechende stillschweigende Verpflichtung leitet der EuGH in der Rs. 812/79 [Burgoa], Slg.1980, 2787, 2803 aus

Verpflichtung einher, auch die rechtlichen und tatsächlichen Auswirkungen derartiger Verträge anzuerkennen und zwar auch für den Fall, dass sich diese vereinzelt unvorteilhaft auswirken.[778]

b) Möglichkeiten zur Erweiterung der völkerrechtlichen Bindung auf die Union

Eine Bindung der Union an den völkerrechtlichen Mitgliedsstatus ihrer Staaten im IWF-Abkommen kann auf verschiedene Weise erreicht werden. Zunächst besteht die Möglichkeit, die Union im Wege des formellen Beitritts zum IWF-Abkommen völkerrechtlich an dieses zu binden. Darüber hinaus ist jedoch auch denkbar, dass die Pflichten der Mitgliedstaaten aus dem IWF-Abkommen - informell - im Wege der Funktionsnachfolge und der „gleichzeitigen ausdrücklichen oder zumindest konkludenten Anerkennung dieser Substitution [...] durch die Staatenpraxis" auf die Union übergehen.[779] Letzteres hätte einen „De facto-Eintritt" der Union in die, sich aus dem IWF-Abkommen ergebenden Rechte und Pflichten der Mitgliedstaaten zur Folge, wobei letztere völkerrechtlich nicht als Mitglieder des IWF ersetzt werden müssten. Da damit die Stellung der Fondsmitglieder nicht verändert würde, wäre aus rechtlicher Sicht eine Beibehaltung des Status quo möglich.[780] Gleiches gilt nicht für die de iure Rechtsnachfolge im Wege des Beitritts. Die hier erforderliche Ablösung der Mitgliedstaaten auf formellem Weg erfordert völkerrechtlich relevante Maßnahmen, die die Frage einer Anpassung des IWF-Abkommens aufwerfen.[781]

Diese Rechtsfolgen lassen die informelle Substitution aufgrund ihrer Praktikabilität als vorteilhaft erscheinen. Es gilt daher unter völkerrechtlichen und

---

Art.307 EGV her. Hierauf verweisen auch Lorenzmeier in Grabitz/ Hilf/ Nettesheim, EU, Art.351, Rdn.48; Schmalenbach in Calliess/ Ruffert, EUV/ AEUV, Art.351 Rdn.20; Petersmann/ Spennemann in v.d. Groeben/ Schwarze, EUV/EGV, Art.307 Rdn.11.

778 Martha, CMLRev.1993, 749, 777; folgend Bognar, Europäische Wirtschaftsintegration und Außenwirtschaftsbeziehungen, 378.

779 Zu diesen Möglichkeiten Voss, SZIER 1996, 161, 168.

780 Bognar, Europäische Wirtschaftsintegration und Außenwirtschaftsbeziehungen, 378, nach dem dieses Vorgehen auf die allgemeine Verpflichtung zur Zusammenarbeit nach Art.IV Abs.1 IWFA gestützt werden könnte; Martha, CMLRev.1993, 749, 777.

781 Bognar, Europäische Wirtschaftsintegration und Außenwirtschaftsbeziehungen, 378 f.; Martha, CMLRev.1993, 749, 777, 779, spricht dabei von einem stärker ausgearbeiteten rechtlichen Zusammenhang.

gemeinschaftsrechtlichen Gesichtspunkten zu prüfen, inwiefern ein solches Vorgehen im Fall des IWF-Abkommens umgesetzt werden könnte.

2. De Facto-Substitution der Mitgliedstaaten durch die Union

a) Rechtsnachfolge unter Anwendung der Grundsätze der Staatensukzession

aa) Allgemeines

Allgemeine Grundsätze für eine informelle Nachfolge internationaler Organisationen in die völkerrechtlichen Vertragsrechte und -pflichten ihrer Mitgliedstaaten haben sich im Völkerrecht trotz zunehmender Bedeutung dieser Organisationen bisher nicht herausgebildet.[782] Anderes gilt für die sog. Staatensukzession, die eine Regelung im Rahmen der sog. Wiener Konvention über Staatennachfolge in Verträge[783] gefunden hat. Nach Art.31 Abs.1 dieser Konvention, die nach ihrem Art.4 a) ausdrücklich auf Gründungsverträge internationaler Organisationen Anwendung findet, tritt im Fall des Zusammenschlusses von Staaten ipso iure eine Bindung der Nachfolgestaaten an die bestehenden Verträge der sich zusammenschließenden Staaten ein. Dies gilt nur dann nicht, wenn die Staaten Abweichendes vereinbaren oder die Fortführung mit Sinn und Zweck des Vertrages nicht vereinbar wäre, bzw. dessen Anwendungsvoraussetzungen grundlegend verändern würde.[784] Ein Beispiel für eine derartige automatische Ersetzung findet sich auch in der Praxis des IWF. So wurde im Fall des Zusammenschlusses Ägyptens und Syriens zum neuen Staat der Vereinigten Arabischen Republik im Jahr 1958 letztere als neues Mitglied anerkannt, ohne dass ein entsprechender Antrag eingereicht wurde oder aber eine Befassung des zuständigen Organs stattgefunden hat.[785] Bemerkenswert ist insofern, dass diese Ersetzung zeitlich noch vor Verabschiedung und Inkrafttreten der Wiener Konvention[786] stattgefunden

---

782 Petersmann/ Spennemann in v.d.Groeben/Schwarze, EUV/EGV, Art.307 Rdn.18; Voss, SZIER 1996, 161, 175; folgend Pache/ Bielitz, EuR 2006, 316, 322.

783 Nähere Ausführungen zu diesem Abkommen und ein Abdruck des Vertragstextes finden sich bei Treviranus, ZaöRV 1979, 259 ff., 278 ff.

784 Vgl. auch Pache/ Bielitz, EuR 2006, 316, 323.

785 Gold, Membership and Nonmembership in the IMF, 103, 295 ff.; folgend Martha, CMLRev.1993, 749, 762 f.

786 Das Wiener Übereinkommen über Staatennachfolge in Verträge wurde nach Heintschel von Heinegg in Ipsen, Völkerrecht, § 13 Rdn.6, auf einer Konferenz der Vereinten Nationen am 22. August 1978 verabschiedet und trat am 6. November 1996 in Kraft.

hat. Dies verdeutlicht die Tendenz des IWF ‚mit neuen Entwicklungen in praktischer Weise umzugehen.'[787]

bb) Anwendbarkeit der Grundsätze der Staatensukzession auf die Union

Eine Anwendung dieser Grundsätze im Fall der Union ist möglich, wenn diese Voraussetzungen einer Staatensukzession erfüllt. Letztere ist, nach der Definition in Art.2 Abs.1 (b) der Wiener Konvention, als "... *the replacement of one state by another in the responsibility for the international relations of territory*" zu verstehen. Angesichts der bisherigen Einordnung der Union als internationale Organisation und nicht als Staat erscheint eine Anwendung der Konvention nicht möglich. Fraglich ist jedoch, ob der Übergang der Währungshoheit auf die Union geeignet war, den Staatscharakter der Mitgliedstaaten in Frage zu stellen und im Gegenzug einen solchen der EU zu begründen.

α) Die Übertragung für das Staatswesen wesentlicher Kompetenzen im Rahmen der WWU

Im Sinne eines solchen Verständnisses kann angeführt werden, dass eine Währungsunion eine Verfassungsorganisation erfordert, die sich der eines Staates annähert.[788] Argumentiert wird mit der Bedeutung der Währungshoheit für das Staatswesen. Letztere sei nicht nur für die Wirtschaftsordnung, sondern auch für die Sozialordnung eines Staates wesentlich.[789] Auch unter Rückgriff auf die staatliche Theorie des Geldes wird ausgeführt, dass Staaten mit gemeinsamer Währung nicht länger als unabhängig, sondern als Staatengemeinschaft aufzufassen sind.[790] Dem steht jedoch entgegen, dass die Währungshoheit nicht zu

---

787 Gold, Membership and Nonmembership in the IMF, 103 (wÜ), 295 ff.

788 Mann, The legal aspect of money, 509: "*What matters is that numerous functions traditionally vested in the nation State are transferred to the union and that such transfer has far-reaching direct and indirect financial, economic, budgetary and fiscal consequences for the member States [...] There cannot, however, be any doubt that a monetary union presupposes a constitutional organisation which is or approximates that of a single (federal) State.*"

789 Müller, DVBl.1992, 1249, 1250 f.; Vgl. zu dieser Bedeutung bereits 1.Kapitel Abs.I.2 m.w.N.

790 Beisse, BB 1992, 645, 650 unter Verweis auf Knapp, Staatliche Theorie des Geldes, 34: „*Sollten zwei Staaten aber Verträge schließen, welche das beiderseitige Geld gemeinsam machen, dann sind die für unsere Betrachtung nicht mehr zwei unabhängige Staaten, sondern stellen eine Staatsgemeinschaft dar, die als Ganzes aufzufassen ist.*"

den „unverzichtbaren Elementen der Staatsgewalt“ gehört.[791] Die Fähigkeit zur Schaffung eines Währungssystems ist keine Voraussetzung für die Entstehung von Staatlichkeit, sondern geht mit dieser einher.[792]

Weiterhin wird betont, dass die Währungsunion „eine Schicksalsgemeinschaft darstelle, die der Absicherung durch eine politische Union bedürfe.“[793] Dabei wird der Begriff der politischen Union insbesondere als Verweis auf den „Bereich der Wirtschafts-, Finanz- und Steuerpolitik“ verstanden.[794] Argumentiert wird mit dem engen sachlichen Zusammenhang zwischen der Währungs- und der Wirtschaftspolitik.[795] Dieser zeige, dass eine Währungsunion „politisch-faktisch nur bei alsbaldiger Ergänzung durch eine Wirtschaftsunion sinnvoll durchgeführt werden [könne].“[796] Ausgangspunkt dieser Überlegung ist, dass eine supranationale Währungspolitik zur Entwicklung eines „neuen Zuordnungsverhältnisses der Wirtschaft“ führt.[797] Diese Argumentation hat im Zuge der Schuldenkrise in Europa neue Aktualität gewonnen.

Die Eingehung einer Wirtschaftsunion als zwingende Folge der Währungsunion würde einen Übergang von der bisherigen Koordinierung der Wirtschaftspolitik der Mitgliedstaaten hin zu deren Integration bedingen. Die damit einhergehende umfassende Übertragung von Kompetenzen in der allgemeinen Wirtschaftspolitik auf die Union würde auf Seiten der Mitgliedstaaten zum Verlust essentieller Staatsfunktionen führen.[798] Damit wäre nicht nur

---

791 Häde in Calliess/ Ruffert, EUV/ AEUV, Art.119 Rdn.19; ähnlich Proctor/ Mann, The legal aspect of money, Rdn.24.06.

792 Proctor/ Mann, The legal aspect of money, Rdn.31.50.

793 Häde in Calliess/ Ruffert, EUV/ AEUV, Art.119 Rdn.17 unter Verweis auf die Haltung der Deutschen Bundesbank.

794 Kaufmann-Bühler in Grabitz/ Hilf/ Nettesheim, EU, Art.23 EUV, Rdn.49.

795 BVerfGE 89, 155, 206; vgl. Bogdandy, EuZW 2001, 449, 449; Proctor/ Mann, The legal aspect of money, Rdn. 24.05, betont, dass der AEU-Vertrag nicht zufällig auf eine Wirtschafts- und Währungsunion verweise, da diese Konzepte unentwirrbar verbunden sind.

796 Dieses Argument wird in BVerfGE 89, 155, 206 abgehandelt.

797 Seidel in Caesar/ Scharrer, 89, 100; ders., EuR 2000, 861, 863, bewertet die dezentrale Organisation der Wirtschaftspolitik daher auch als eine der Schwachstellen der Währungsunion.

798 Häde in Calliess/ Ruffert, EUV/ AEUV, Art.119 Rdn.19; Seidel in Caesar/ Scharrer, 89, 94 betont, dass „ohne eine Übertragung umfassender staatlicher Aufgaben auf die Union ein dominanter Haushalt [als Voraussetzung einer zentralen Gestaltung der Wirtschaftspolitik] nicht vorstellbar“ sei. Eine Wirtschaftsunion erfordert damit einen vollständigen Souveränitätsübergang auf die Union.

das Fortbestehen der Eigenstaatlichkeit dieser Mitgliedstaaten in Zweifel zu ziehen, sondern diese auch als Mitglieder eines europäischen Bundesstaates anzusehen.[799] Die Notwendigkeit, aufgrund der Währungsunion eine solche Union einzugehen, könnte daher bereits jetzt für die Anwendung der Regelungen über die Staatsnachfolge auf die Union sprechen.

Dem kann nicht gefolgt werden. Es ist bereits umstritten, ob aus dem Eingehen einer Währungsunion rein faktisch die Notwendigkeit zur Eingehung einer politischen Union folgt.[800] Es wird jedoch zu Recht darauf verwiesen, dass „die Wechselwirkungen zwischen den unmittelbar geltenden Binnenmarktfreiheiten einerseits und der kommunitär eingebundenen bzw. bereits vergemeinschafteten Wirtschafts- und Währungspolitik andererseits, bereits zu einer Wirtschaftsordnung geführt haben, welche die allgemein-politischen Handlungsspielräume der Mitgliedstaaten nachhaltig einengt."[801] Entscheidend ist jedoch, dass eine Umstrukturierung der Union in ein Staatsgebilde auf der Konferenz von Maastricht weder angestrebt noch verhandelt wurde.[802] Insbesondere enthält der AEU-Vertrag keine rechtliche Verpflichtung zur Eingehung einer Wirtschaftsunion. Diese folgt daher auch nicht aus der Währungsunion.[803] Die Schaffung einer Wirtschaftsunion setzt vielmehr die erneute Durchführung eines Vertragsänderungsverfahrens voraus. Es wird daher auch betont, dass gegenwärtig offen [ist], ob die Währungsunion eine Wirtschaftsunion zur Folge haben […] wird."[804]

Der Verweis auf die notwendige Eingehung einer politischen Union zur Absicherung der Währungsunion wird jedoch nicht nur als Verweis auf eine Wirtschaftsunion verstanden. Teilweise werden in den Begriff der politischen Union auch alle „übrigen Bereiche der europäischen Einigung, speziell in der Außenpolitik", einbezogen.[805] Die Notwendigkeit einer politischen Union wird dabei unter Hinweis auf die mit der Währungsunion eingegangene Solidargemeinschaft

799 Häde in Calliess/ Ruffert, EUV/ AEUV, Art.119 Rdn.19.

800 Ablehnend VerLoren van Themaat, CMLRev.1991, 291, 300, unter Hinweis auf die Währungsunionen zwischen dem Vereinigten Königreich und Irland sowie Belgien und Luxemburg.

801 Dauses in Dauses, Hdb. des EU-Wirtschaftsrechtes, F.I. Rdn.210.

802 Seidel in Caesar/ Scharrer, 89, 100. Es fehlte nach Dauses in Dauses, Hdb. des EU-Wirtschaftsrechtes, F.I. Rdn.210, insbesondere der Wille „die bestehenden Nationalstaaten durch ein europäisches Staatsgebilde abzulösen."

803 Häde in Calliess/ Ruffert, EUV/ AEUV, Art.119 Rdn.17; BVerfGE 89, 155, 206 f.

804 BVerfGE 89, 155, 206 f.

805 Kaufmann-Bühler in Grabitz/ Hilf/ Nettesheim, EU, Art.23 EUV, Rdn.49.

betont sowie unter Hinweise auf die „fehlende historische Parallele eines Auseinanderfallens von Währungsunion und politischer Union."[806] Festzuhalten ist, dass Anhaltspunkte für eine Politisierung der Union, die über den Rahmen einer reinen Wirtschaftsgemeinschaft hinausgeht, in den Unionsverträgen enthalten sind. Genannt werden können etwa die Sozial-, die Kulturpolitik, das Gesundheitswesen sowie die intergouvernementalen Politiken.[807] Eine rechtliche Verpflichtung zur Herbeiführung einer politischen Union findet sich im AEU-Vertrag jedoch nicht. Daher wird die Frage, inwiefern eine Währungsunion ohne eine politische Union umzusetzen ist, zu Recht als eine rein politische Frage verstanden. Zur Schaffung einer solchen Union wäre, wie im Fall der Wirtschaftsunion, somit noch eine Vertragsänderung notwendig.[808] Eine automatische Entwicklung hin zu einer politischen Union, die eine Anwendung der Regelungen über die Staatsnachfolge rechtfertigen könnte, ist damit ausgeschlossen. Tatsächlich wurde die Grenze zur Bundesstaatlichkeit nur insoweit überschritten, als der Union die Währungssouveränität zuerkannt wurde.[809]

β) Die Unumkehrbarkeit der Wirtschafts- und Währungsunion

Für die Beurteilung der Staatlichkeit der Mitgliedstaaten und der Union ist nicht nur der Umfang der Souveränitätsübertragung relevant, sondern auch inwieweit diese Übertragung widerrufen werden kann.[810] Dabei ist zu berücksichtigen, dass bisher für die Charakterisierung der Union deren völkerrechtliche Grundlage von entscheidender Bedeutung ist.[811] Letztere bestimmt das „Grundverhältnis der Union zu den Mitgliedstaaten" als den sog. ‚Herren der Verträge'.[812] Eine solche Bewertung könnte jedoch dann nicht mehr zutreffen, wenn sich die Union von dieser Grundlage gelöst hätte und bestimmte Hoheitsrechte dauerhaft ausüben könnte.

Diese Problematik stellt sich im Zusammenhang mit der Wirtschafts- und Währungsunion in pointierter Weise. Bisher war die Frage des Austrittsrechtes aus der Union ausgehend von Art.356 AEUV bzw. der Vorgängervorschrift

---

806 Fröhlich in Caesar/ Scharrer, 125, 126 f., der sich dieser Argumentation unter Hinweis auf das historische Novum des gesamten Integrationsprozesses und das Fehlen zwingender ökonomischer Gründe für eine politische Union nicht anschließt.

807 Dauses in Dauses, Hdb. des EU- Wirtschaftsrechtes, F.I. Rdn.209.

808 BVerfGE 89, 155, 206 f.

809 Seidel in Caesar/ Scharrer, 89, 102.

810 Proctor/ Mann, The legal aspect of money, Rdn.31.49.

811 Vgl. 5.Kapitel Abs.II.1 a) m.w.N.

812 Streinz, Europarecht, Rdn.128.

in Art. 312 EGV diskutiert worden, nach denen der Vertrag auf „unbegrenzte Zeit" gelten soll.[813] Dabei wurde festgehalten, dass „das Wort ‚unbegrenzt' gerade nicht gleichbedeutend mit ‚unauflöslich' oder ‚dauerhaft'" sei.[814] Entsprechendes kann nunmehr Art.50 EUV entnommen werden, der explizit die Möglichkeit eines einseitigen Austritts aus dem Vertragswerk vorsieht.

Auf die Wirtschafts- und Währungsunion kann diese Feststellung nicht ohne Weiteres übertragen werden. So folgte zunächst aus Art.4 Abs.2, Art.123 Abs.4 EGV, dass die Festlegung der Wechsel- bzw. Umrechnungskurse in unwiderruflicher Weise erfolgte. Darüber hinaus erklärten die Hohen Vertragsparteien gemäß dem Protokoll (Nr.24) über den Übergang zur dritten Stufe der Wirtschafts- und Währungsunion mit der Unterzeichnung der neuen Vertragsbestimmungen die Unumkehrbarkeit dieses Übergangs. Zusätzlich wurde der Übergang als „unwiderruflich" qualifiziert.[815] Eine entsprechende Regelung findet sich jetzt im Zusammenhang mit der Aufhebung von Ausnahmeregelungen in Art.140 Abs.3 AEUV, nach dem der Kurs, zu dem die Währung des Unionsmitglieds durch den Euro ersetzt wird, unwiderruflich festzusetzen ist. Aus diesen Formulierungen kann durchaus der politische Wille abgeleitet werden, die Europäische Währungsunion als eine dauerhafte Rechtsgemeinschaft anzulegen.[816]

In dieser Betonung der Unumkehrbarkeit kann ferner eine Bestätigung der Rechtsprechung des EuGH von der Endgültigkeit der Kompetenzübertragung gesehen werden. Letzterer hatte in der Rs. Costa/ E.N.E.L. ausgeführt: „*Die Staaten haben somit dadurch, daß sie nach Maßgabe der Bestimmungen des Vertrages Rechte und Pflichten, die bis dahin ihren inneren Rechtsordnungen unterworfen waren, der Regelung durch die Gemeinschaftsrechtsordnung vorbehalten haben, eine endgültige Beschränkung ihrer Hoheitsrechte bewirkt, die durch spätere einseitige, mit dem Gemeinschaftsbegriff unvereinbare Maßnahmen nicht rückgängig*

813 Vgl. hierzu Zeh, ZEuS 2004, 173 ff.; Schwartz in v.d. Groeben/Schwarze, EUV/EGV, Art. 312 Rdn.1 ff.; Schweitzer in Calliess/ Ruffert, EUV/ EGV, Art.312 Rdn.4; Bruha/ Nowak, AVR 2004, 1 ff.

814 Zeh, ZEuS 2004, 173, 177.

815 Die genannten Bestimmungen wurden nicht bzw. nicht mit dem zitierten Wortlaut in den Vertrag von Lissabon übernommen. Dies ist darauf zurückzuführen, dass eine Regelung des Übergangs in die dritte Stufe der Währungsunion nicht länger notwendig ist. In Frage steht vielmehr deren Vollendung.

816 Herdegen, EWU-Monitor Nr.52, 3; vgl. auch Beisse, BB 1992, 645, 646. Auf die Unwiderruflichkeit/ Unumkehrbarkeit des Rechtsübergangs verweisen auch Martha, CMLRev.1993, 749, 757; Smits in v.d. Groeben/ Schwarze, EUV/ EGV, Art.111 Rdn.161; Kiekens, 2.

gemacht werden kann."[817] Dabei argumentierte der Gerichtshof unter anderem mit dem Gedanken der Unionsbegründung auf unbegrenzte Zeit. Unter weiterem Hinweis auf „die auf Dauerhaftigkeit gerichtete Zielsetzung der Mitgliedstaaten", die sich insbesondere in den Präambeln der Verträge zeige, wurde aus dieser geschlossen, dass die Union nicht als frei kündbar konzipiert werden sollte.[818]

Für eine Übertragung dieser Argumentation auf die Wirtschafts- und Währungsunion spricht, dass diese als qualitativer Integrationssprung qualifiziert wird, mit dem auch eine faktische Unumkehrbarkeit einhergehe.[819] Ausschlaggebend muss jedoch die rechtliche Bewertung sein. Hier spricht für die Unwiderruflichkeit, dass sich keine Vorschriften über einen Austritt, eine Kündigung oder einen Ausschluss eines Mitgliedstaates aus der Währungsunion im Vertrag finden.[820] Demzufolge wird vertreten, dass ein späteres Verlassen der Währungsunion nicht möglich ist.[821] Da der Übergang in die Währungsunion bei Erfüllung der vereinbarten Konvergenzkriterien grundsätzlich nicht als disponibel angesehen werden kann, ist auch ein Austritt keine rechtliche Option.[822] Ein entsprechendes Vorgehen wäre unionsrechtswidrig.[823] Die supranationale Union habe sich daher durch die Währungsunion zu einem „unlösbaren Verbund" entwickelt, der es nicht mehr erlaube, die Mitgliedstaaten als die ‚Herren der

817 EuGH, Rs. 6/64, Costa/ E.N.E.L., Slg.1964, 1251, 1270; so führt der Gerichtshof etwa in der Rs.804/79, Kommission/ Vereinigtes Königreich, Slg.1981, 1045 ff. Rz.17 aus, dass die Zuständigkeit für den Erlass von Maßnahmen im Rahmen der gemeinsamen Fischereipolitik vollständig und endgültig bei der Union liegt. Auf die Bestätigung der Unumkehrbarkeit durch diese Urteile verweist Schweitzer in Grabitz/ Hilf, EU (aF), Art.312 Rdn.6.

818 Zeh, ZEuS 2004, 173, 178f.

819 Schweitzer in Grabitz/ Hilf, EU (aF), Art.312 Rdn.6; ähnlich Beisse, BB 1992, 645, 650. Die faktischen Probleme bei einem Austritt aus der Währungsunion werden etwa von Scott, Int. Finance 1998, 207, 217 ff., Herdegen, EWU-Monitor Nr.52, 6f.; ders. in Maunz/ Dürig, GG, Art.88 Rdn.26, betont; auf geringe technische oder praktische Hürden verweisen dagegen Spethmann/ Steiger, ZEI Working Paper B 29/ 2004, 31 f.

820 Herdegen, EWU-Monitor Nr. 52, 3; ähnlich Häde in Calliess/ Ruffert, EUV/ AEUV, Art.140 Rdn.59.

821 Häde in Calliess/ Ruffert, EUV/ AEUV, Art.140 Rdn.59; Wölker in v.d. Groeben/ Schwarze, EUV/EGV, Protokoll Nr.24 Rdn.43, hält allenfalls, wenn auch nur theoretisch, die einvernehmliche Entlassung aus oder die Abschaffung der gemeinsamen Währung für juristisch vorstellbar.

822 Seidel, EuZW 2007, 617, 617.

823 Bandilla in Grabitz/ Hilf, EU aF, Protokoll Nr.24 Rdn.2, 4; Proctor/ Mann, The legal aspect of money, Rdn.32.30.

Verträge' anzusehen.[824] Der unumkehrbare Verzicht auf die Währungshoheit[825] habe eine dingliche Übertragung der Währungssouveränität auf die Union zur Folge.[826] Dementsprechend habe die EU durch die Übertragung „ein Stück [...] bundesstaatliche Qualität" erworben.[827]

Einer solchen Wertung kann zunächst die Möglichkeit einer Vertragsänderung nach Art.48 EUV entgegengehalten werden. Im Zuge einer solchen Neuaushandlung unter Teilnahme aller EU-Staaten wäre es grundsätzlich möglich, dem Wunsch eines Mitgliedstaates nach einem Ausstieg aus der gemeinsamen Währung und der Wiederherstellung der nationalen Währungssouveränität nachzukommen.[828] Zudem zeigt die partielle Mitgliedschaft Großbritanniens und Dänemarks mit Blick auf die WWU, dass eine Ausnahme von der obligatorischen Teilnahme rechtlich möglich ist.[829] Art.48 EUV ermöglicht jedoch keine abschließende Bewertung der Frage nach der Ablösung der Union von ihrer völkerrechtlichen Grundlage, da einem entsprechenden Verfahren aus der Unwiderruflichkeit der Währungsunion hergeleitete systemimmanente Grenzen entgegenstehen könnten.[830] Im Vordergrund muss daher die Frage stehen, ob ein Mitgliedstaat einseitig die bestehenden Strukturen verlassen kann. Letzteres wäre nur dann möglich, wenn dieser seine Währungssouveränität nicht vollständig verloren hätte.

Ein solches Vorgehen hat das BVerfG im Maastricht-Urteil für den Fall eines Scheiterns der im Vertrag verankerten „Stabilitätsgemeinschaft" im Sinne einer Ultima Ratio bejaht.[831] Es betont dabei, dass die „Konzeption der Währungsunion als Stabilitätsgemeinschaft [...] Grundlage und Gegenstand des deutschen Zustimmungsgesetzes" ist und eine fehlende Fortentwicklung der Stabilität als Verlassen der vertraglichen Konzeption anzusehen wäre. Diese Aussage muss vor der ebenfalls betonten vertraglichen Unterscheidung zwischen der Wahrnehmung begrenzt eingeräumter Hoheitsbefugnisse sowie der Vertragsänderung bewertet

824 Beisse, BB 1992, 645, 650.
825 Müller, DVBl. 1992, 1249, 1255.
826 Beisse, BB 1992, 645, 649.
827 Beisse, BB 1992, 645, 650 der auch darauf verweist, dass das Fehlen eines Sezessionsrechtes gerade Kennzeichen eines Bundesstaates sei.
828 Bandilla in Grabitz/ Hilf, EU (aF), Protokoll Nr.24 Rdn.3; Proctor/ Mann, The legal aspect of money, Rdn.32.08; 32.10.
829 Seidel, EuZW 2007, 617, 617.
830 Vgl. zu dieser Frage Vedder/ Folz in Grabitz/ Hilf, EU, Art.48 EUV Rdn.15 f.; folgend Bandilla in Grabitz/ Hilf, EU (aF), Protokoll Nr. 24 Rdn. 3.
831 Streinz, Europarecht, Rdn. 105; BVerfGE 89, 155, 204.

werden.[832] Letztere macht, mangels bestehender Kompetenz-Kompetenz der EU, deutlich, dass sich die Gewalt der Union nach wie vor von den Mitgliedstaaten herleitet. Auch im Fall der Währungsunion sind die Mitgliedstaaten daher als „Herren der Verträge“ anzusehen.[833] Die Übertragung der Währungskompetenzen kann allenfalls solange als unwiderruflich bewertet werden, als sich die Union in dem ihr vorgegebenen Rechtsrahmen bewegt. Im Fall der Überschreitung der staatlichen Ermächtigung besteht die Möglichkeit unter Rückgriff auf völkerrechtliche Regelungen, wie etwa die *„clausula sic stantibus“*[834], einseitig aus der Wirtschafts- und Währungsunion auszutreten.[835]

Die Auffassung des BVerfG wäre jedoch nur dann zu befürworten, wenn die Grundsätze des allgemeinen Völkerrechtes auch Anwendung finden könnten. Nach wohl herrschender Ansicht steht die Autonomie des Unionsrechtes einer solchen Anwendung dann nicht entgegen, wenn keine unionsinterne Regelung getroffen wurde.[836] Mit fortschreitender Integrationsdichte der Union soll sich diese jedoch mehr und mehr von ihrer völkerrechtlichen Grundlage lösen. Aus dem mit der Währungsunion verbundenen Integrationssprung wird daher auch hergeleitet, dass für einen Austritt aus der Währungsunion die völkerrechtllichen Grundsätze nur eingeschränkt Geltung beanspruchen können.[837] Ein völliger Ausschluss der völkerrechtlichen Regelungen geht hiermit jedoch nicht einher. Vielmehr muss auch hier gelten, dass im Fall der Unzulänglichkeit unionsrechtlicher Sanktionsmechanismen und einer Beeinträchtigung des erreichten Integrationstandes ausnahmsweise ein Rückgriff auf völkerrechtliche Grundsätze unter Hinweis auf den völkerrechtlichen Geltungsgrund der Union

---

832 BVerfGE 89, 155, 205, 210.

833 BVerfGE 89, 155, 190.

834 Ausführlich zu diesem einseitigen Beendigungsgrund infolge eines grundlegenden Wandels der Umstände, Heintschel von Heinegg in Ipsen, Völkerrecht, § 16 Rdn. 92 ff.

835 Vgl. BVerfGE 155, 204 ff.; Häde in Calliess/ Ruffert, EUV/ AEUV, Art.140 Rdn.63; Herdegen in Maunz/ Dürig, GG, Art.88 Rdn.27. Letzterer nennt als Beispiele für die erforderliche Änderung der Umstände den Verfall des Geldwertes und damit das Verfehlen des Stabilitätszieles (sog. Frustrationshypothese), sowie einen gravierenden Wirtschaftsabschwung (sog. Überforderungshypothese). Hinzu kommen Verstöße anderer Mitgliedstaaten gegen grundlegende Vertragspflichten wie das Überschreiten der Defizitgrenzen, wenn alle vertraglichen Gegenmaßnahmen ausgeschöpft wurden; a.A. Proctor/ Mann, The legal aspect of money, Kapitel 32.

836 Zeh, ZEuS 2004, 173, 182. Zum umstrittenen Verhältnis von Völker- und Europarecht, vgl. Streinz, Europarecht, Rdn.121 ff.

837 Schweitzer in Grabitz/ Hilf (aF), EU, Art.312 EGV Rdn. 4, 6; folgend Bandilla in Grabitz/ Hilf, EU (aF), Protokoll Nr. 24 Rdn. 6.

gerechtfertigt sein kann.[838] In diesem Rahmen kann daher ein Austrittrecht aus der Währungsunion befürwortet werden.

γ) Endbewertung

Im Ergebnis mündete der Zusammenschluss der europäischen Staaten in der Währungsunion damit nicht in der Bildung eines Neustaates.[839] Bei der Union handelt es sich nach wie vor um einen Zusammenschluss von Staaten, den das Bundesverfassungsgericht mit dem Begriff „Staatenverbund" umschreibt.[840] Eine Anwendbarkeit der Grundsätze der Staatensukzession auf die Union muss daher ausscheiden.[841] Hierfür fehlt es im Sinne von Art.2 Abs.1 b) der Wiener Konvention an der vollständigen Übertragung der Verantwortung für die internationalen Beziehungen eines Gebiets auf die Union. Für diese stellt sich die Frage der Rechtsnachfolge nur im Hinblick auf die „Übertragung einzelner mit Außenbeziehungen verknüpfter Hoheitsrechte".[842] Letzteres hängt mit dem Umstand zusammen, dass im Gegensatz zur Staatenfusion der Zusammenschluss der Mitgliedstaaten in der EU nicht zu einem Untergang derselben führt. Vielmehr bestehen die Mitgliedstaaten nach ihrem Beitritt zur EU als Völkerrechtssubjekte weiter fort und können als solche Träger von Rechten und Pflichten sein.[843] Im Ergebnis hat die Realisierung der Währungsunion daher keine automatische Zusammenlegung der Mitgliedschaften der einzelnen teilnehmenden Staaten im IWF zur Folge.[844]

cc) Gewohnheitsrechtliche und analoge Geltung der Grundsätze der Staatensukzession

Mangels direkter Anwendbarkeit der völkerrechtlichen Regeln über die Staatennachfolge stellt sich die Frage, ob die der Wiener Konvention zugrundeliegenden Grundsätze in anderer Weise eine Rechtsnachfolge seitens der Union bewirken

838 Schwartz in v.d. Groeben/ Schwarze, EUV/EGV, Art.312 Rdn. 4.

839 Dies entspricht der allgemeinen Auffassung, vgl. Proctor/ Mann, The legal aspect of money, Rdn.31.48ff.

840 BVerfGE 89, 155, 181.

841 Voss, SZIER 1996, 161, 175; Martha, CMLRev.1993, 749, 763; ähnlich auch Louis in FS Hahn, 201, 207.

842 Pache/ Bielitz, EuR 2006, 316, 322 f.

843 Pache/ Bielitz, EuR 2006, 316, 323.

844 Dony, 241, 253; Louis in FS Hahn, 201, 207.

können.[845] Dies wäre der Fall, wenn eine gewohnheitsrechtliche Geltung dieser Prinzipien festgestellt werden könnte.

Der Wiener Konvention über die Nachfolge in völkerrechtliche Verträge liegt der Grundsatz der Kontinuität vertraglicher Pflichten zugrunde.[846] Eine Akzeptanz desselben im Sinne einer von einer entsprechenden Rechtsüberzeugung getragenen ständigen Übung lässt sich jedoch unter Berücksichtigung der Staatenpraxis nicht feststellen. Es wird vielmehr davon ausgegangen, dass die „komplexen und verschiedenartigen Aspekte der Staatennachfolge“ nicht unter starrer Anwendung des Kontinuitätsprinzips gelöst werden können. Hierfür spricht auch, dass die Konvention bisher nur von einem Teil der Staaten unterzeichnet wurde.[847]

Dementsprechend kann eine Anwendung des Prinzips nur erfolgen, wenn zuvor im Wege der Auslegung festgestellt wurde, dass der jeweilige Vertrag durch den Nachfolgestaat weitergeführt werden kann. Besonders abzustellen ist dabei auf den Vertragszweck und den hierin zum Ausdruck gebrachten Interessen der Parteien des Vertrages.[848] Auch unter Berücksichtigung der vorliegenden Sachlage erscheint eine Heranziehung des Kontinuitätsprinzips nicht erforderlich. Schließlich bestehen die Mitgliedstaaten trotz des eingetretenen Kompetenzübergangs auf die Union als selbständige Völkerrechtssubjekte fort. Es besteht daher nicht in gleicher Weise wie bei einer Staatenfusion das Bedürfnis, einen neuen Hoheitsträger zu ermitteln und diesen vertraglich zu binden.[849] Dies gilt umso mehr, als sich mögliche Verstöße gegen die Kompetenzzuordnung in der Union auf das Bestehen der mitgliedstaatlichen Verpflichtungen im Außenverhältnis nicht auswirken.[850] Dies folgt bereits aus dem Grundsatz „pacta sunt servanda“ und wird in der Union durch Art.351 AEUV bestätigt. Unter Zugrundelegung dieser Interessenlage wird deutlich, dass nicht nur eine gewohnheitsrechtliche Geltung der Grundsätze der Staatensukzession ausscheiden muss, sondern ebenfalls deren analoge Anwendung auf eine Rechtsnachfolge seitens der Union. Insofern fehlt es aufgrund der Wesensverschiedenheit von Staaten und Internationalen Organisationen bereits

845 Pache/ Bielitz, EuR 2006, 316, 323.

846 Hailbronner in Vitzthum, Völkerrecht, 3. Abs.II Rdn.188.

847 Heintschel von Heinegg in Ipsen, Völkerrecht, § 13 Rdn.14, der in Rdn.6 auf die geringe Unterzeichnerzahl verweist; folgend Pache/ Bielitz, EuR 2006, 316, 323 (Fn. 28).

848 Heintschel von Heinegg in Ipsen, Völkerrecht, § 13 Rdn.14; folgend Pache/ Bielitz, EuR 2006, 316, 323.

849 Pache/ Bielitz, EuR 2006, 316, 323f.

850 Pache/ Bielitz, EuR 2006, 316, 323f.

an der notwendigen Vergleichbarkeit als Voraussetzung einer Analogie.[851] Im Ergebnis führt die WWU damit nicht zu einer Sach- und Rechtlage, die für die Anwendung des IWF-Abkommens in direkter Weise relevant wäre.[852]

b) Die Funktionsnachfolge nach der Rechtsprechung des EuGH

Als weiterer Mechanismus zur Begründung einer völkerrechtlichen Bindung der Union an das IWF-Abkommen kommt eine Funktionsnachfolge nach der Rechtsprechung des EuGH in Betracht.

aa) Die Rechtsprechung des EuGH

Die Möglichkeit einer Funktionsnachfolge der Union in Verträge ihrer Mitgliedstaaten fand bereits im Zuge der Einbeziehung der Rechtsvorgängerin der Union, der Gemeinschaft, in das GATT 1947[853] Beachtung. Mangels einer ausdrücklichen europarechtlichen Regelung entwickelte der EuGH in der Entscheidung „*International Fruit Company*“ Voraussetzungen für eine solche Substitution.[854] Unter Berufung auf alle Mitgliedstaaten bindendes Völkerrecht und deren Bindung an den vorgemeinschaftlichen Vertrag müssen demnach die Mitgliedstaaten bei der Übertragung der entsprechenden Kompetenzen auf die Union ihren Willen haben erkennen lassen, die Union an die eingegangenen Verpflichtungen zu binden. Diese Bindung muss seitens der Union durch entsprechendes Verhalten akzeptiert

---

851 Voss, SZIER 1996, 161, 175f. ebenso Petersmann/ Spennemann in v. d. Groeben/ Schwarze, EUV/EGV, Art. 307 Rdn.18, unter Verweis auf die fehlende Souveränität, die begrenzte Völkerrechtsfähigkeit und die unterschiedlichen Vertragsschlussbefugnisse.

852 Elizalde in Current Developments, Vol.I, 303, 304. Die Annahme einer durch Art.351 AEUV geschaffenen „neuen Form des völkerrechtlichen Instituts der Staatennachfolge“ wurde seitens des EuGH, in der Rs. 812/79, Burgoa, Slg. 1980, 2787, 2798, 2803 abgelehnt.

853 Petersmann/ Spennemann in v.d. Groeben/ Schwarze, EUV/EGV, Art.307 Rdn.15 verweisen darauf, dass die Rechtsvorgängerin der Union, die EG, dem GATT 1947, dem alle Mitgliedstaaten der EG als Vertragsparteien angehörten, nie in formeller Weise beigetreten ist. Zusätzlich führen sie aus: „Seit 1960 hatte die EWG jedoch fast alle GATT- Rechte und GATT-Pflichten der EG-Mitgliedstaaten im Rahmen des GATT im Namen der EWG ausgeübt und wurde von allen GATT- Vertragsparteien wie eine GATT-Vertragspartei sui generis anerkannt.“ Vgl. zum rechtlichen Status der EG im GATT 1947 auch Kempen in FS Hahn, 417, 419 ff.

854 Pache/ Bielitz, EuR 2006, 316, 321 f.; vgl. EuGH, Verb. RS.21–24/72, International Fruit Company, Slg.1972, 1219 ff.

sowie seitens der übrigen Vertragsparteien anerkannt worden sein.[855] Teilweise wird in diesem Zusammenhang betont, dass die Vorgaben lediglich das Innenverhältnis zur Europäischen Union betreffen. Eine völkerrechtliche Bindung könne hieraus jedoch nicht abgeleitet werden, sondern letztendlich nur aus den völkerrechtlichen Vertragsbeziehungen.[856] Dieser Ansatz blendet jedoch aus, dass der EuGH eine Anerkennung seitens der übrigen Vertragsparteien verlangt und damit den rein internen Unionsrahmen verlässt.[857] Es ist gerade das Abstellen auf die einvernehmliche völkerrechtliche Vertragspraxis, die die Annahme einer konkludenten Vertragsänderung im Rahmen des GATT 1947 und damit das Vorliegen einer völkerrechtlichen Bindung rechtfertigte.[858] In der Heranziehung der konkludenten Anerkennung durch die anderen Vertragsparteien in Ansehung eines Nachfolgetatbestandes knüpft der Gerichtshof an völkerrechtlich relevante Variablen an.[859] Mangels gewohnheitsrechtlicher bzw. analoger Geltung der Grundsätze für die Staatennachfolge ist schließlich auch hier für eine Funktionsnachfolge eine entsprechende Zustimmung der weiteren Vertragsparteien unter Berücksichtigung eines Nachfolgetatbestandes zu fordern.[860]

bb) Übertragung der Grundsätze auf den IWF

Anhand der obigen Ausführungen ist zu untersuchen, inwiefern die Voraussetzungen für eine informelle Rechtsnachfolge der Union in die Pflichten und Rechte der Mitgliedstaaten aus dem IWF-Abkommen vorliegen.

Für eine solche Nachfolge spricht zunächst die vergleichbare Ausgangssituation, die für das GATT 1947 und das IWF-Abkommen festgestellt werden kann. Beide Vertragswerke stellen nicht nur vorgemeinschaftliche Verträge im

855 EuGH, Verb. RS.21–24/72, International Fruit Company, Slg.1972, 1219 ff., Rdn 10ff.; folgend Pache/ Bielitz, EuR 2006, 316, 321 f. sowie Schmalenbach in Calliess/ Ruffert in EUV/ AEUV, Art.351 Rdn.24.

856 Kempen in FS Hahn, 417, 422f.

857 Nach Vedder in Grabitz/ Hilf, EU, Art.234 EGV aF., Rdn.17f., bedarf die „[unions] interne Funktionsnachfolge zu ihrer völkerrechtlichen Wirksamkeit nach außen hin der Anerkennung der Vertragspartner."

858 So wohl Petersmann/ Spennemann in v.d. Groeben/ Schwarze, EUV/EGV, Art.307 Rdn.13 ff.

859 Pache/ Bielitz, EuR 2006, 316, 324; Schmalenbach in Calliess/ Ruffert, EUV/ AEUV, Art.351 Rdn.24, verweist auf das Konsensprinzip.

860 Im Ergebnis so Pache/ Bielitz, EuR 2006, 316, 322 ff. Hier werden zwar die Vorgaben des EuGH ebenfalls als rein unionsrechtlich eingeordnet, jedoch auf S.324 betont, dass „ein Widerspruch zwischen den [unions]rechtlichen und den völkerrechtlichen Voraussetzungen einer Funktionsnachfolge nicht besteht."

Sinne der Rechtsprechung dar, sondern bildeten den völkerrechtlichen Hintergrund für die europäische Integration im Handels- und Währungsbereich.[861] Dabei gingen die Mitgliedstaaten, wie Art.351 AEUV deutlich macht, von ihrer andauernden Mitgliedschaft in diesen Weltwirtschaftsorganisationen aus.[862] Dementsprechend blieben die Mitgliedstaaten, auch im Fall des IWF, trotz ihrer Mitgliedschaft in der EU und dem Kompetenzübergang in der dritten Stufe der Wirtschafts- und Währungsunion weiterhin an den vorgemeinschaftlichen Vertrag gebunden.[863] Neben diesen Gemeinsamkeiten spricht auch der Umstand für eine Rechtsnachfolge, dass die Integration im Währungsbereich deutlich stärker ausgestaltet wurde, als dies seinerzeit in der Handelspolitik der Fall war. Zurückzuführen ist dies auf die Reichweite der übertragenen Kompetenzen. So erstreckten sich im Fall der Handelspolitik die übertragenen Kompetenzen etwa nicht auf alle denkbaren Tätigkeitsbereiche.[864]

Trotz dieser Feststellungen ist ein Eintritt der Union in die bisherigen Rechte und Pflichten der Mitgliedstaaten aus dem IWF-Abkommen abzulehnen. Grund hierfür ist, dass die Kompetenzübertragung auf die Union im Rahmen des IWF nicht ausreichend konkretisiert und deutlich gemacht wurde.[865] Während die Rechtsvorgängerin der Union, die Gemeinschaft, im GATT als Teilnehmerin an den Zollverhandlungen und als Partei der im Rahmen des GATT abgeschlossenen Übereinkommen jeglicher Art auftrat[866], kann ein entsprechendes Vorgehen für den IWF nicht festgestellt werden. So nehmen die Mitgliedstaaten als Mitglieder des Fonds ihre Rechte und Pflichten nicht im Rahmen einer Unionsdelegation wahr.[867] Auch lassen die Mitgliedstaaten nicht den Willen erkennen, die Stelle des Finanzagenten zu zentralisieren.[868] Die Union selbst ist im Fonds

861 Petersmann, 119, 134, weist darauf hin, dass „die lapidar knappen Außenhandelsregeln des EWG-Vertrages" darauf zurückzuführen sind, dass alle EWG-Staaten Mitglieder des IWF und des GATT waren. Entsprechendes kann, wie die Ausführungen im 3. Kapitel Abs.II.1. m.w.N. zeigen, auch für die Regelungen im Währungsbereich festgestellt werden.

862 Petersmann, 119, 134.

863 Vgl. 4. Kapitel Abs.V m.w.N.

864 Zur umstrittenen Kompetenzzuordnung vgl. Siebold, S. 241 ff.

865 Bognar, Europäische Wirtschaftsintegration und Außenwirtschaftsbeziehungen, 379.

866 Petersmann, 119, 127 ff. Zur Teilnahme an den Zollverhandlungen, zum Abschluss von Abkommen und zur aktiven Teilnahme in den GATT-Organen, vgl. Berrisch, 157 ff., 166 ff., 187 ff.

867 Bognar, Europäische Wirtschaftsintegration und Außenwirtschaftsbeziehungen, 379 nennt dies als eine Voraussetzung für die Konkretisierung des Kompetenzübergangs.

868 Dutzler, 445, 472.

zudem nur über die EZB vertreten, der jedoch lediglich ein Beobachterstatus zuerkannt wurde.[869]

Dieses Vorgehen lässt sich zunächst mit dem fehlenden Willen der Mitgliedstaaten erklären, ihre Position im IWF tatsächlich aufzugeben. Schließlich würde dies mit einer erheblichen Einbuße an Einfluss in einem Bereich einhergehen, der für das gesamte Staatswesen sowie die Wirtschaftspolitik im Besonderen von herausgehobener Bedeutung ist.[870] Die starke Ausgestaltung der Integration im Währungsbereich hat die Mitgliedstaaten daher nicht zu einer vegleichbaren Vorgehensweise wie im GATT veranlasst.

Ein weiterer Grund hierfür findet sich auch in der strukturell unterschiedliche Ausgestaltung von GATT und IWF. Das GATT war, im Gegensatz zum IWF, nicht als typische internationale Organisation, sondern vielmehr als ein Abkommen mit ‚lockerer organisatorischer Struktur' ausgestaltet, die eine formelle Mitgliedschaft nicht vorsah.[871] Da alle Vertragsparteien damit Mitglieder des GATT waren, konnte die Rechtsvorgängerin der Union ohne größere Rechtsänderungen[872] de facto anstelle ihrer Mitgliedstaaten im GATT auftreten. In anderen Organisationen wäre dies jedoch nicht möglich gewesen.[873]

In diesem Zusammenhang ist auch relevant, dass das GATT explizite Bestimmungen für Zollunionen in Art. XXIV vorsah. Im IWF-Abkommen finden sich dagegen keine solchen Vorgaben für regionale Währungsunionen.[874] Zudem

---

869 Vgl. 4. Kapitel Abs.VII.2 m.w.N.

870 Vgl. zu dieser Bedeutung 1.Kapitel Abs.I.2 sowie Abs.I.3.b).aa) m.w.N.

871 Sack in GS Grabitz, 631, 634; Kadelbach in Siekmann, EWU, Art.219 Rdn.71, verweist dementsprechend drauf, dass etwaige Fragen im Zusammenhang mit formalen Mitwirkungsrechten im GATT nicht geklärt werden mussten.

872 Petersmann, 119, 128 ff. verweist darauf, dass die Vertragsparteien das GATT als „wandlungs- und entwicklungsfähigen Rahmenvertrag" verstanden und angewandt haben. Die Mitwirkung im GATT wird dabei als Beispiel für den sog. ‚GATT-Pragmatismus' verstanden, nach dem Institutionen und Verfahren auch bei fehlender Rechtsgrundlage durch Konses begründet wurden. Auf die pragmatische Herangehensweise verweist auch Schloh in KSE Bd.25, 83, 90.

873 Sack in GS Grabitz, 631, 635.

874 Petersmann/ Spennemann in v. d. Groeben /Schwarze, EUV/EGV, Art.307 Rdn.21; ebenso Martha CMLRev.1993, 749, 775; Petersmann, 119, 130 weist zudem auf Art.XXXIII hin, nach dem nicht nur Staaten Mitglieder im GATT sein konnten, sondern auch „jede Regierung, die im Namen eines gesonderten Zollgebietes handelt, das in der Wahrnehmung seiner Außenhandelsbeziehungen und hinsichtlich der übrigen in diesem Abkommen behandelten Fragen völlige Handlungsfreiheit besitzt." Zu den GATT-Vertragsparteien haben daher schon frühzeitig außer

erkennt der Fonds kein Organ bzw. keine Einrichtung der Union als Vertretung für die Mitgliedstaaten an.[875] Aufgrund der obigen Ausführungen ist klar, dass eine Mitgliedschaft der EU im IWF nur durch Anpassungen des IWF-Abkommens erfolgen kann, die auch regionalen Währungsunionen eine Mitgliedschaft ermöglichen.[876]

3. Ergebnis

Nach den obigen Ausführungen scheidet eine Bindung der Union an das IWF-Abkommen sowohl im Wege der Staatensukzession als auch im Wege der Funktionsnachfolge aus. Eine kompetenzgerechte Außenvertretung der Union im IWF kann daher nicht im Wege der De-facto-Substitution erreicht werden. Vielmehr muss die Union dem IWF formell als Mitglied beitreten.

---

souveränen Staaten auch andere, handelspolitisch autonome Zollgebiete gehört; Kempen in FS Hahn, 417, 420, betont jedoch auch, dass eine Anwendung dieser Vorschrift auf die Rechtsvorgängerin der Union nicht erwogen wurde.

875 Herrmann, EFAR 2002, 1, 23.

876 Petermann/ Spennemann in v. d. Groeben/ Schwarze, EUV/EGV, Art.307 Rdn.21.

6. Kapitel: Erfüllung der Voraussetzungen einer IWF-Mitgliedschaft durch die Union

I. Kriterien für eine Mitgliedschaft im IWF

Ein formeller Beitritt der EU zum IWF setzt voraus, dass die Union die Kriterien einer Mitgliedschaft erfüllt. Anzuknüpfen ist insofern an die Vorgaben von Art. II IWFA, der zwischen sog. ursprünglichen und anderen Mitgliedern unterscheidet.[877] Nach Abs.1 sind sog. ursprüngliche Mitglieder des Fonds, *„die auf der Währungs- und Finanzkonferenz der Vereinten Nationen vertretenen Länder, deren Regierungen die Mitgliedschaft vor dem 31. Dezember 1945 erwerben."*[878] Darüber hinaus steht die Mitgliedschaft nach Abs.2 aber auch *„anderen Ländern zu den Zeitpunkten und unter den Bedingungen offen, die der Gouverneursrat festsetzen kann. Diese Bedingungen einschließlich der Bedingungen für Subskriptionen beruhen auf Grundsätzen, die mit denen vereinbar sind, welche für andere Länder galten, die bereits Mitglied sind."* Auf diese Weise soll gewährleistet werden, dass ausgehend vom Grundsatz der Staatengleichheit alle Mitgliedschaftsanträge anhand gleicher Kriterien beurteilt werden. Es handelt sich bei letzteren um das Landeskriterium, die Kontrolle der auswärtigen Beziehungen sowie den Willen und die Fähigkeit die sich aus der Mitgliedschaft ergebenden Verpflichtungen zu erfüllen.[879] Diese Bedingungen sind jedoch nicht nur für einen Beitrittsantrag der EU als „anderes Mitglied" i.S.v. Abs.2 maßgeblich. Sie sind auch für die Bewertung der bestehenden Mitgliedschaft der EU-Mitgliedstaaten von Relevanz.[880] So

---

877 Nach Seidl-Hohenveldern/ Loibl, Das Recht der internationalen Organisationen, Rdn.0509 ist die Unterscheidung zwischen ursprünglichen und später beigetretenen Mitgliedern in den meisten Fällen ohne rechtliche Relevanz. Auch im Rahmen des IWF ergibt sich aus dieser Trennung lediglich, dass ursprüngliche Mitglieder nicht die nach Art. II Abs.2 IWFA festgesetzten Kriterien erfüllen mussten. Allerdings eröffnet der Wortlaut dem Gouverneursrat bei der Zulassung neuer Mitglieder auch eine gewisse Flexibilität. Hierauf verweist Bühler, 23.

878 Die ursprünglichen Mitglieder sind in „Schedule A" des IWF-Abkommens aufgelistet, das unter www.imf.org/external/pubs/ft/aa/ abgerufen werden kann.

879 Eine ausführliche Abhandlung dieser mittlerweile allgemein anerkannten Mitgliedschaftsbedingungen unter besonderer Berücksichtigung der Praxis des IWF findet sich bei Gold, Membership and Nonmembership in the IMF, 41 ff. Die nachfolgenden Ausführungen orientieren sich weitgehend an dieser Abhandlung.

880 Martha, CMLRev. 1993, 749, 766.

ist für letztere zu untersuchen, ob sie die Voraussetzungen einer Mitgliedschaft im IWF trotz ihrer Teilnahme an der WWU weiterhin erfüllen.

1. Das Landeskriterium

Das erste der genannten Kriterien leitet sich aus dem Wortlaut von Art. II Abs.2 IWFA ab, nach dem eine Mitgliedschaft im IWF nur Ländern offensteht. Dies geht konform mit Abs.1, der die ursprünglichen Mitglieder des IWF als die *Länder* charakterisiert, die auf der Währungs- und Finanzkonferenz der Vereinten Nationen vertreten waren. Ein Antragsteller muss daher stets als „Land" im Sinne der Vorschrift angesehen werden können.

2. Das Kriterium der formalen Kontrolle über die auswärtigen Beziehungen

Weiterhin muss ein Mitglied formal in der Lage sein, die Kontrolle über seine auswärtigen Beziehungen auszuüben. Dies wird aus Art. XXXI Abs. 2 (g) IWFA hergeleitet, nach dem alle Regierungen durch die Unterzeichnung des Übereinkommens dieses *„sowohl für sich selbst als auch für alle ihre Kolonien, überseeischen Hoheitsgebiete, alle ihrem Schutz, ihrer Oberherrschaft oder ihrer obrigkeitlichen Gewalt unterstehenden Gebiete sowie alle Gebiete an[nehmen], über die sie ein Mandat ausüben."*[881] Durch die Verwendung einer solchen *„Kolonial-Klausel"*

881 Gold, Membership and Nonmembership in the IMF, 41 f., der hierzu in Kapitel 11, 245 ff. ausführt, dass der IWF selbst keine präzisen Definitionen für die aufgelisteten Gebiete entwickelt habe. Dennoch kann unter Berücksichtigung der Fondspraxis und der allgemeinen völkerrechtlichen Terminologie der Inhalt von Art. XXXI Abs.2 (g) IWFA wie folgt bestimmt werden: Der Begriff der Kolonie bezieht sich nach Gold, aaO., 245 ff. auf abhängige Gebiete in Übersee, die unter Vermeidung dieses Begriffs im IWF-Abkommen auch als Überseegebiete bezeichnet werden. Bei Gebieten, die dem Schutz eines anderen Staates unterstehen, handelt es sich zunächst um sog. protegierte Staaten, die einem Drittstaat vertraglich oder einseitig Befugnisse in der Außenpolitik einräumen. Denkbar ist dabei, dass der Staat nicht ohne Zustimmung des Drittstaates handeln bzw. der Drittstaat direkt bestimmte Befugnisse ausüben kann. Erfasst werden darüber hinaus auch sog. Protektorate, bei denen die Unterordnung zum fast vollständigen Verlust der Handlungsfähigkeit des abhängigen Staates führen kann. (Zur Begriffsbestimmung der Schutzgebiete und der nicht einheitlichen Terminologie: Epping in Ipsen, Völkerrecht, § 5 Rdn. 152 f.). Mögliche Abgrenzungsschwierigkeiten umging das IWF-Abkommen nach Gold, aaO., 248 durch die Verwendung des weiten Begriffs der Schutzgebiete. Mit Ende der Kolonialherrschaft verloren Protektorate jedoch ebenso wie die genannten Vasallenstaaten ihre Bedeutung (Dahm/ Delbrück/ Wolfrum,

soll sichergestellt werden, dass das Abkommen auf alle Gebiete Anwendung findet, für die seine Mitglieder völkerrechtliche Verantwortung tragen.[882] Dabei ergibt sich aus der Aufzählung, dass das Vorliegen auswärtiger Kontrolle nicht mit dem Bestehen internationaler Rechtspersönlichkeit gleichgesetzt werden kann.[883] Es erscheint vielmehr geboten, an die Unabhängigkeit bzw. Souveränität eines Landes anzuknüpfen. In der Fondspraxis wurde der explizite Bezug auf entsprechende Konzepte weitgehend vermieden. Insbesondere sprach die Abhängigkeit von der wirtschaftlichen oder militärischen Hilfe eines anderen Landes nicht per se gegen eine Mitgliedschaft.[884] Beurteilt wurde das Kontrollkriterium vielmehr in Anlehnung an die Fähigkeit, die sich aus dem Abkommen ergebenden Verpflichtungen zu erfüllen. Durch dieses pragmatische Vorgehen sollte dem Umstand Rechnung getragen werden, dass ein Abhängigkeitsverhältnis im Sinne der Vorschrift nicht bereits aus der Ausübung einzelner Souveränitätsaspekte durch verschiedene Rechtsträger resultiert.[885] Hieraus folgt auch, dass das Kriterium der Kontrolle über die auswärtigen Beziehungen unter besonderer Berücksichtigung des Betätigungsfeldes des IWF zu beurteilen ist.[886]

Völkerrecht, Bd.I/1, 226). Auch der Verweis auf sog. Mandatsgebiete geht aus heutiger Sicht ins Leere. So wurde durch Kapitel XII der UN-Charta das Mandatssystem des Völkerbundes durch das Treuhandsystem der Vereinten Nationen ersetzt (vgl. zum Treuhandsystem Ermacora in Hdb. VN, 862ff). Da in diesem Zusammenhang jedoch keine Rechtsnachfolge statuiert wurde, sind Treuhandterritorien nach Gold, aaO., 254 f., als Gebiete anzusehen, die der obrigkeitlichen Gewalt eines anderen Staates unterstehen. Diese Kategorie dient in Art. XXXI Abs.2 (g) IWFA nach Gold, aaO., 261, als Auffangtatbestand. Ihr unterfallen etwa auch Gebietsgemeinschaften, wie das sog. Kondominium, bei dem zwei oder mehrere Staaten über ein Gebiet gemeinsam Souveränitätsrechte ausüben (Dahm/ Delbrück/ Wolfrum, Völkerrecht, Bd. I/1, § 51). Gemein ist all diesen Gebieten nach Gold, aaO., 42, dass sie nicht in der Lage sind, ihre auswärtigen Beziehungen umfassend zu kontrollieren.

882 Heintschel von Heinegg in Ipsen, Völkerrecht, § 13 Rdn.3.

883 So verliert etwa ein protegierter Staat im Schutzverhältnis nicht seine Völkerrechtssubjektivität, sondern wird nach Epping in Ipsen, Völkerrecht, § 5 Rdn.152, vielmehr in seiner völkerrechtlichen Handlungsfähigkeit eingeschränkt.

884 Gold, Membership and Nonmembership in the IMF, 42, 87.

885 Gold, Membership and Nonmembership in the IMF, 42f., 87ff.

886 Dieses Vorgehen wird durch den Umstand ermöglicht, dass, wie Dahm/ Delbrück/ Wolfrum, Völkerrecht Bd.I/1, 224 ausführen, der Beurteilung der rechtlichen Abhängigkeit bzw. der Abstufung der Souveränität ein Werturteil innewohnt. Nach Dahm/ Delbrück/ Wolfrum, aaO., ist für dieses *„von Bedeutung, unter welchem Gesichtspunkt die Frage der Souveränität interessiert. Sie kann z.B. unter dem Gesichtspunkt der Immunität […] anders zu beantworten sein als vom Standpunkt einer internationalen*

3. Kriterium der Bereitschaft und Fähigkeit, die Verbindlichkeiten aus dem IWF-Abkommen zu erfüllen

Schließlich folgt aus Art. XXXI Abs. 2 (a) IWFA, dass jede Regierung, in deren Namen dieses Übereinkommen unterzeichnet wird, eine Urkunde hinterlegt, aus der hervorgeht, dass sie das Übereinkommen in Übereinstimmung mit ihrem innerstaatlichen Recht angenommen und alle erforderlichen Schritte unternommen hat, um alle ihr aus dem Übereinkommen erwachsenden Verpflichtungen erfüllen zu können. Aus diesen Vorgaben wird als weiteres Kriterium einer Mitgliedschaft im IWF die Bereitschaft und Fähigkeit eines Landes zur Erfüllung der Verbindlichkeiten aus dem IWF-Abkommen abgeleitet. Die Eigenständigkeit dieser Bedingung gegenüber dem Kriterium der Kontrolle der auswärtigen Beziehungen ergibt sich aus dem Umstand, dass ihre Erfüllung auch von der Zusammenarbeit mit anderen Mitgliedern abhängen kann.[887]

4. Die Ausgabe einer eigenen Währung als Kriterium für eine Mitgliedschaft

a) Historische Grundkonzeption: „Ein Land - Eine Währung“

Im Zusammenhang mit dem aus Art. XXXI Abs.2 (a) IWFA abgeleiteten Kriterium stellt sich die Frage, inwiefern eine IWF-Mitgliedschaft zusätzlich das Bestehen einer landeseigenen Währung, die durch kein anderes Land rechtlich kontrolliert wird, voraussetzt.[888] Ausgangspunkt einer solchen Überlegung ist die historische Einordnung der Währung als staatliches Phänomen, die mit dem Schlagwort: „Ein Land - Eine Währung“[889] umschrieben werden kann.

Für ein solches Währungskriterium sprechen zunächst die zentralen Vorschriften des IWF-Abkommens.[890] Beispielsweise implizieren die Verhaltensvorgaben in

Organisation, zu deren Zwecken nur im Wesentlichen unabhängige Staaten beitragen können. Und dort können die Anforderungen in Organisationen mit wirtschaftlich-technischen Zielsetzungen wieder andere sein, als in dem Fall, in dem die Mitgliedschaft in einer politischen Organisation zur Erörterung steht.“

887 Gold, Membership and Nonmembership in the IMF, 43.

888 Diese Frage wird etwa von Gold, Membership and Nonmembership in the IMF, 90 ff. und Denters in IML, Rdn. 11.13 ff., sowie in NYIL 1998, 3, 24 f. aufgeworfen.

889 King in Masson/ Kruger/ Turtelboom, 237, 237 (wÜ).

890 Maystadt in Masson/ Krueger/ Turtelboom, 146, 147: “*Indeed, the Fund's Articles of Agreement are based on the norm that a member of the Fund is a country with a currency of its own.*” Pineau/ Ruggerio, Euro 2000, 63, 70; Gianviti in Current Developments, Vol. 3, 817, 818 (wÜ) weist darauf hin, dass dem IWF-Abkommen generell

Art. IV f. IWFA, dass eine sinnvolle Teilnahme im IWF nur im Fall des Vorhandenseins einer eigenen Währung sowie der Verwaltung eines Wechselkurses für diese möglich ist.[891] Aber auch der Ausschluss der Hoheitsgebiete in Art. XXXI Abs.2 (g) IWFA könnte auf die Annahme zurückgehen, dass diese in der Regel ‚nicht über eine eigene Währung verfügen bzw. nur über eine solche, die nicht ihrer ausschließlichen Kontrolle unterliegt.' In diesem Sinn wird nach Art. IV Abs.9 IWFA etwa vermutet, dass jede Währungsmaßnahme eines Mitgliedes auch für die Währungen seiner Hoheitsgebiete gilt.[892]

b) *Praxis des IWF*

Trotz dieser grundsätzlichen Überlegungen zeigt die Praxis des IWF, dass auch solche Länder als Mitglieder des Fonds akzeptiert wurden, die nicht über eine heimische Währung verfügten oder aber eine solche nicht ausschließlich kontrollierten.[893] So sah der Fonds etwa die Nutzung der Währung eines anderen IWF-Mitglieds nicht als Hindernis für die Erfüllung der Verpflichtungen aus dem IWF-Abkommen an.[894] Entscheidend war dabei, dass trotz der fehlenden Währungskontrolle durch das Nutzerland die Erfüllung der Verpflichtungen aus dem IWF-Abkommen durch die Mitgliedschaft des emittierenden Landes abgesichert war.[895] Weiterhin wurden Länder als selbständige Mitglieder des

---

‚die Unterscheidung zwischen der Währung eines Mitglieds und den Währungen anderer Mitglieder zugrunde liegt.'

891 Denters, IML Rdn.11.15 führt aus: *"[...] that an IMF member must have distinctive characteristics in order to participate in the Fund in a meaningful manner, which implies having an own currency and managing an exchange rate for that currency."*

892 Gold, Membership and Nonmembership in the IWF, 90 f. (wÜ). Weitere Beispiele listet Gianviti in Current Developments, Vol. 3, 817, 818 ff. auf.

893 So Denters, IMl, Rdn.11.16; ebenso Gold, Membership and Nonmembership in the IWF, 90 ff.

894 Aus historischer Sicht nennt Gold, Membership and Nonmembership in the IMF, 92 ff. Fälle wie Liberia, Panama und die Dominikanische Republik, in denen es sich bei der heimischen Währung nicht um das hauptsächlich im Umlauf befindliche Zahlungsmittel handelte, aber auch Botswana, Lesotho und Swaziland, die die Währung Südafrikas und damit eines anderen Mitglieds als heimische Währung anerkannt hatten. Heute stellt sich die Frage insbesondere im Zusammenhang mit der Substitution einer nationalen durch eine Fremdwährung, die schlagwortartig als Dollarisierung bezeichnet wird. Zu diesem Vorgehen vgl. Gruson in Current Developments, Vol. 2, 629 ff.

895 Gold, Membership and Nonmembership in the IMF, 97 ff., nach dem das emittierende Land lediglich eine Zusicherung im Hinblick auf die uneingeschränkte Nutzung

IWF akzeptiert, die über eine gemeinsame Währung verfügten und über diese eine gemeinsame Kontrolle ausübten.[896] Die Fähigkeit zur Erfüllung der IWF-Verpflichtungen wurde auch hier aus der Bindung der einzelnen Mitglieder an die Vorgaben des Abkommens abgeleitet. Möglich ist dabei, nach der sog. „Malayan theory", eine direkte Bindung aus der Stellung als Mitglied sowie eine indirekte Bindung aus der Annahme des Abkommens für Hoheitsgebiete nach Art. XXXI Abs.2 (g) IWFA.[897] Nach Ansicht des IWF kann die Erfüllung der Verpflichtungen aus dem IWF-Abkommen damit auch auf die Annahme eines bestimmten Verhaltens eines anderen Mitgliedslandes gestützt und von dessen Kooperation abhängig gemacht werden.[898]

c) Endbewertung des IWF als landesbasierte Organisation

Aus der Praxis des IWF folgt damit, dass die Mitgliedschaft im Fonds nicht das Vorhandensein einer eigenen Währung, sondern nur die Fähigkeit des Bewerberlandes voraussetzt, die Verpflichtungen, die sich aus dem IWF-Abkommen

---

seiner Währung abzugeben hatte. Gegen ein solches Zustimmungserfordernis für die Nutzung einer fremden Mitgliedswährung in den Beziehungen zum IWF spricht sich Gianviti in Current Developments, Vol. 3, 817, 818, 827 f. aus. Rückgriff wird insofern auf die ähnliche Diskussion bei der Annahme einer Fremdwährung als gesetzliches Zahlungsmittel genommen. Nach Gianviti rechtfertigen weder der Grundsatz der Nichteinmischung noch das internationalen Deliktsrecht oder das Konzept der Währungssouveränität ein solches Erfordernis.

896 Gold, Membership and Nonmembership in the IMF, 105 ff., der als Beispielsfälle gemeinsamer Währungen etwa Syrien und Libanon sowie die Länder der CFA-Zone nennt.

897 Gold, Membership and Nonmembership in the IMF, 108 f., 113 f., nach dem, S. 108 f., im zugrundeliegenden Präzedenzfall Malaya, das heutige Malaysia, das den vom Vereinigten Königreich ausgegebenen Malayan-Dollar verwendete, direkt an das Abkommen gebunden sein sollte. Die übrigen Länder, in denen der Malayan-Dollar als Zahlungsmittel verwendet wurde, waren dies aufgrund ihrer Stellung als Hoheitsgebiete des Vereinigten Königreichs. Vorgeschlagen wurde auch hier die Abgabe einer Zusicherung, nach der eine Änderung des Nennwertes der Währung nicht ohne Zustimmung Malayas erfolgen sollte.

898 Gold, Membership and Nonmembership in the IMF, 109. Diese Anforderung wurde selbst im Fall der Teilnahme von Nichtmitgliedern an einer gemeinsamen Währung als erfüllt angesehen. Voraussetzung war jedoch, dass die Bestimmung der Wechselkurse zwingend im Wege eines Abkommens erfolgte, an dem ein Fondsmitglied beteiligt war. Durch dessen Verhalten sollte die Fähigkeit zur Befolgung der Verpflichtungen aus dem IWF- Abkommen gesichert werden. Siehe Denters, IML, Rdn. 11.16 und Gold, Membership and Nonmembership in the IMF, 119f.

ergeben, zu erfüllen.[899] Die Betonung dieses, in Ziffer I.3 genannten Kriteriums zeigt, dass die Ausübung der währungsrechtlichen Souveränität gemäß der Vorgaben des IWF-Abkommens im Vordergrund steht. Letztere kann sich jedoch nicht nur in der Annahme einer eigenen Währung, sondern auch in der Nutzung einer fremden Währung manifestieren. Eine Ausübung im Sinne des Abkommens gilt bereits dann als sichergestellt, wenn das Mitgliedsland entweder selbst Kontrolle über die genutzte Währung ausübt oder es sich bei dem ausgebenden Land um ein IWF-Mitglied handelt. Erst wenn diese Voraussetzungen nicht gewahrt sind, ist eine Mitgliedschaftseignung in Frage zu stellen.[900] Da eine Mitgliedschaft damit nicht die Ausgabe einer eigenen Währung voraussetzt, handelt es sich beim IWF primär um eine landesbasierte und nicht um eine währungsbasierte Organisation.[901]

II. Die Union als „Land" im Sinne von Art. II Abs. 2 IWFA

Der Umstand, dass gemäß Art. II Abs.2 IWFA eine Mitgliedschaft im IWF nur Ländern offensteht, lässt einen Beitritt der Union nicht ohne Weiteres denkbar erscheinen.[902] Schließlich handelt es sich bei dieser um eine internationale Organisation in Form einer sog. supranationalen Gemeinschaft.[903] Da sich der Wortlaut der Mitgliedschaftsregelung nicht explizit auf derartige Organisationen bezieht[904], ist zu prüfen, ob die Union als „Land" im Sinne von Art. II Abs.2 IWFA verstanden werden kann oder ob ihr Beitritt eine Abänderung des Abkommens erfordert.[905]

1. Extensive Interpretation des Landeskriteriums

Eine Subsumtion der Union unter das Landeskriterium setzt voraus, dass dieses in extensiver Weise interpretiert werden kann.[906] Ansatzpunkte hierfür können

---

899 Gold, Membership and Nonmembership in the IMF, 91 f.

900 Denters, IML, Rdn. 11.18, verweist dabei auf die Fälle, in denen das betreffende Land keine Kontrolle über die Wechselkurspolitik ausüben kann, oder aber die Währung eines Landes genutzt wird, das kein Mitglied im IWF ist.

901 Gianviti in Masson/ Krueger/ Turtelboom, 539, 539; Smaghi IF 2006, 261, 267.

902 Smits in v.d. Groeben/ Schwarze, EUV/EGV, Art.111 Rdn.214.

903 Seidl-Hohenveldern/ Loibl, Das Recht der internationalen Organisationen, Rdn.0113 .

904 Denters, NYIL 1998, 3, 28.

905 Bognar, Europäische Wirtschaftsintegration und Außenwirtschaftsbeziehungen, 400.

906 Vertreten wird dieser Ansatz etwa von Denters, IML, Rdn.11.01 ff.; ders., NYIL 1998, 3 ff., aber auch Smits, ECB, 443 f.; ders. in v. d. Groeben/ Schwarze, EUV/ EGV, Art.111 Rdn. 214; Dutzler, 445, 468.

sich aus dem Wortlaut und damit dem Landeskriterium selbst, aber auch Sinn und Zweck des Abkommens ergeben.

a) Unabhängigkeit des Landeskriteriums vom Staatsbegriff

Entgegen den Mitgliedschaftsregelungen anderer internationaler Organisationen knüpft das IWF-Abkommen bereits seinem Wortlaut nach nicht explizit an das Vorliegen von Staatlichkeit an.[907] Es erscheint daher möglich, dass mit der Verwendung des Terms „Land" eine Ablösung vom Staatsbegriff intendiert wurde, die eine extensive Auslegung der Mitgliedschaftsregelung rechtfertigt.[908] Hierfür spricht, dass mit der gewählten Anknüpfung der dem Fonds nach Art. II Abs.2 IWFA zukommende Entscheidungsspielraum bei der Zulassung neuer Mitglieder gewahrt werden kann. So ermöglicht gerade das Landeskriterium eine flexible Handhabung der Mitgliedschaftsbestimmungen. Insbesondere konnten auf diese Weise Länder als Fondsmitglieder aufgenommen werden, deren Grenzen noch nicht endgültig festgesetzt worden waren, oder aber deren Regierungen nur einen Teil des völkerrechtlich anerkannten Staatsgebietes kontrollierten.[909] Eine Anknüpfung an den Staatsbegriff und damit das Erfordernis der drei Elemente Volk, Gebiet und Staatsgewalt, die in einem Zusammengehörigkeitsverhältnis zueinander stehen[910], hätte eine solche Ausweitung der Mitgliedschaft ohne Zweifel erschwert.[911] Ausgehend von dieser Interpretation des Wortlautes wäre ‚Staatlichkeit nicht als sine qua non für eine Mitgliedschaft im IWF' anzusehen. Es könnten daher auch andere Merkmale zur Qualifikation eines Antragstellers als „Land" herangezogen werden.[912]

---

907 Vgl. für die Anknüpfung an das Vorliegen von Staatlichkeit Art.3, 4 Charter of the United Nations, Art. II Constitution of the United Nations Educational, Scientific and Cultural Organization, Art.1 Abs.II Constitution of the International Labour Organisation, Art.3 Constitution of the World Health Organization, Art.10 North Atlantic Treaty.

908 Vgl. Denters, NYIL 1998, 3, 28 f.

909 Gold, Membership and Nonmembership in the IMF, 49 f., der als entsprechende Beispiele die geteilten Territorien Deutschlands, Koreas sowie Vietnams nennt. Auf entsprechende Ausführungen verweist auch Denters, NYIL 1998, 3, 28 f.

910 Kimminich/ Hobe, Völkerrecht, 72 unter Verweis auf die Drei-Elemente-Lehre Georg Jellineks, Vgl. zu den Elementen des Staates, Jellinek, Allgemeine Staatslehre, 394ff.

911 Nach Gold, Membership and Nonmembership in the IMF, 44, konnten zudem Schwierigkeiten umgangen werden, die sich in der Anfangsphase des Fonds aus dem Fehlen einer allgemein anerkannten Definition des Staatsbegriffs ergaben.

912 Denters, IML, Rdn.11.24 (wÜ).

b) Teleologische Auslegung des Landeskriteriums im Sinne einer Wirtschaftseinheit

Bei der Bestimmung entsprechender Kriterien wird maßgeblich auf die Zielsetzung des IWF-Abkommens abgestellt. Grundlage ist dabei Art. I letzter Satz IWFA, nach dem der Fonds sich in seiner Geschäftspolitik sowie bei allen Beschlüssen von den in diesem Artikel niedergelegten Zielen leiten lässt. Ein solches Vorgehen geht nicht nur mit der Praxis des IWF,[913] sondern auch mit den Grundsätzen der Interpretation völkerrechtlicher Verträge konform. So ist nach Art.31 Abs.1 WVK ein Vertrag nach Treu und Glauben in Übereinstimmung mit der gewöhnlichen, seinen Bestimmungen in ihrem Zusammenhang zukommenden Bedeutung und im Lichte seines Zieles und Zweckes auszulegen.[914]

Gemäß Art. I IWFA zielt der IWF unter anderem auf die Stabilität der Wechselkurse und die damit in Zusammenhang stehende Ausgeglichenheit der Zahlungsbilanzen seiner Mitglieder ab.[915] Aus dem Abstellen auf diese Schnittstellen von Wirtschaftsräumen wird teilweise gefolgert, dass diese Regelungsobjekte auch zur Bestimmung des Landeskriteriums herangezogen werden müssen, um eine sinnvolle Teilnahme am IWF zu gewährleisten. Mitgliedsländer des IWF werden nach diesem Ansatz in erster Linie als Wirtschaftseinheiten verstanden.[916] Zum Nachweis einer entsprechenden Fondspraxis wird unter anderem auf Ausführungen im sog. *Balance of Payments Manual (1977)* verwiesen, das sich mit den Zahlungsbilanzerklärungen der Mitgliedsländer befasst und diese im weiten Sinn als Aufstellung der internationalen Transaktionen einer „Wirtschaft"

913 Gold, Membership and Nonmembership in the IMF, 55, 59.

914 Diese Vorgaben zur Auslegung völkerrechtlicher Verträge finden auch auf die Gründungsverträge internationaler Organisationen Anwendung. Dies geht aus Art.5 WVK hervor: „*Dieses Übereinkommen findet auf jeden Vertrag Anwendung, der die Gründungsurkunde einer internationalen Organisation bildet, sowie auf jeden im Rahmen einer internationalen Organisation angenommenen Vertrag, unbeschadet aller einschlägigen Vorschriften der Organisation.*"

915 Zur entsprechenden Umsetzung dieser Vorgaben in Art. IV und V IWFA vgl. Kapitel 2 m.w.N.

916 Denters, IML, Rdn. 11.25f.; ders., NYIL 1998, 3, 29 f. unter Verweis auf Art. VIII Abs.5 (vi) IWFA.

beschreibt.[917] Dabei erfasst letztere wirtschaftliche Einheiten mit einer engeren Beziehung zu einem gegebenen als zu einem anderen Territorium.[918]

c) Die EU als Wirtschaftseinheit im Sinne des IWF-Abkommens

Unter Berücksichtigung der obigen Ausführungen könnte auch die Union als Land im Sinne des IWF-Abkommens angesehen werden, ohne dass dieses einer Änderung unterzogen werden müsste. Hierfür spricht, dass nach diesem Verständnis einer Wirtschaftseinheit auch Teile eines Staatsgebietes oder zwischenstaatliche Wirtschaftsorganisationen unterfallen, wenn bei diesen eine entsprechend enge Beziehung festgestellt wird.[919] Insbesondere kann ein solches Wirtschaftsgebiet einem hoheitlichen Wechsel unterliegen, mit dem auch ein Wechsel des Status der mit dem Territorium assoziierten Einheiten im Hinblick auf deren Ansässigkeit einhergeht.[920]

Im Fall der EU spricht bereits der Gemeinsame Markt im Sinne des Binnenmarktes für das Bestehen einer solchen Beziehung. Letzterer wurde vergleichbar einem nationalen Wirtschaftsraum konzipiert.[921] Schließlich kennzeichnet sich der Gemeinsame Markt durch seine Freiheit im Inneren und seine Einheit nach außen.[922] Darüber hinaus können auch durch den Übergang der Währungskompetenzen ursprünglich Nichtansässige als Ansässige im Sinne der

---

917 Denters, IML, Rdn. 11.26.; ders., NYIL 1998, 3, 29; Balance of Payments Manual (1977), Introduction, Ziffer 1 und 2:
"1. A balance of payments statement can be broadly described as the record of an economy's international economic transactions [...]
2. The chief purpose of this Manual is to recommend the standard concept, rules, definitions, guidelines, conventions, and classification scheme that are to be employed by member countries in assembling uniform statistics for a balance of payments statement [...]."

918 Balance of Payments Manual (1977), Introduction N° 5: "*In general terms, an economy comprises the economic entities --[...]- that have a closer association with the territory in question than with any other territory."; Chapter 2 No. 26 – Concept of an Economy.*

919 Denters, IML, Rdn.11.26.

920 Balance of Payments Manual (1977), Chapter 2 No.37. – (e) Territorial change and migration: "*A change in jurisdiction over a given territory results in a change in the status of any entities associated with that territory, from residents to nonresidents with respect to the old economy and from nonresidents to residents with respect to the new economy.*" Hierauf verweist auch Denters, IML, Rdn.11.26.

921 Vgl. Weiß in Grabitz/ Hilf/ Nettesheim, EU, Art. 207 Rdn.28.

922 Zuleeg in v.d.Groeben/ Schwarze, EUV/ EGV, Art.2 Rdn. 13.

Begriffsbestimmung angesehen werden.[923] Hiermit geht einher, dass nunmehr die Regelungsobjekte des IWF-Abkommens auf Unionsebene anzusiedeln sind. Zu nennen sind hier die Währung, die Wechselkurspolitik, sowie der einheitliche Standpunkt in Bezug auf Zahlungen und andere Finanztransaktionen mit Drittländern.[924] Zudem erstellt die Union eine eigene Zahlungsbilanz, in der das Auslandsgeschäft der WWU-Teilnehmer gemeinsam verwaltet wird.[925] Zu diesem Zweck kann die EZB gemäß Art. 5 EZB-Satzung die erforderlichen statistischen Daten erheben.[926] Mit der Erfüllung dieser Charakteristika könnte die Union daher, im Fall einer extensiven Interpretation, als Land im Sinne des IWF- Abkommens angesehen werden.[927]

d) Effektive Auslegung des Landeskriteriums

Schließlich ist neben der allgemeinen Auslegungsregel in Art.31 WVK bei der Interpretation völkerrechtlicher Verträge auch der völkergewohnheitsrechtliche Grundsatz der Effektivität zu beachten. Nach diesem ist „ein Vertrag so auszulegen, dass sein Gestaltungsziel und sein Regelungszweck bestmöglich erreicht werden, dass der intendierte Nutzeffekt (effet utile) eintritt."[928] Auch bei der Bewertung der Teilnahmeregelung ist daher die Auslegung zu beachten, die den größtmöglichen Vorteil für die Stabilität des internationalen Systems verspricht.[929] Dies gilt umso mehr, als der IWF nach Art. I (i) IWFA als ständige Einrichtung zur Konsultation und Zusammenarbeit im internationalen Währungsbereich dienen soll. Die effektive Bereitstellung eines solches Mechanismus lässt es gerade notwendig erscheinen, auch der Union aufgrund ihrer Währungskompetenzen

---

923 Denters, IML, Rdn.11.27. Dementsprechend verweist Schwarzer, 137, 145, darauf, dass bei gesamtwirtschaftlicher Betrachtung unter Berücksichtigung des einheitlichen Marktes und der einheitlichen Währung von einem Wirtschaftsraum gesprochen werden kann.

924 Smits, ECB, 443, ders. in v.d. Groeben/ Schwarze, EUV/EGV, Art.111 Rdn.214.

925 So Denters, IML, Rdn.11.28 unter zusätzlichem Verweis auf Art.26.3 EZB-Satzung: *„Für Analyse- und Geschäftsführungszwecke erstellt das Direktorium eine konsolidierte Bilanz des ESZB, in der die zum ESZB gehörenden Aktiva und Passiva der nationalen Zentralbanken ausgewiesen werden."*

926 Denters, IML, Rdn.11.28.

927 Smits, ECB, 444.

928 So Heintschel von Heinegg in Ipsen, Völkerrecht, § 12 Rdn.16, der auf die gleichbedeutende Maxime *„ut res magis valeat quam pereat"* verweist.

929 Denters, IML, Rdn.11.04.

eine Mitgliedschaft im IWF zu ermöglichen und das Landeskriterium in entsprechender Weise auszulegen.[930]

e) Mögliche Umsetzung einer extensiven Interpretation des Landeskriteriums

Eine Umsetzung des dargelegten Interpretationsansatzes könnte nach dem in Art. XXIX IWFA statuierten Verfahren erfolgen, gemäß dessen Abschnitt a) alle Fragen der Auslegung des Übereinkommens, die sich zwischen einem Mitglied und dem Fonds oder zwischen Mitgliedern des Fonds ergeben, dem Exekutivdirektorium zur Entscheidung unterbreitet werden können. Dieses Recht zur authentischen Selbstinterpretation steht neben dem Exekutivdirektorium auch dem Gouverneursrat zu.[931] So kann nach Art. XXIX Abschnitt b) IWFA jedes Mitglied innerhalb von drei Monaten nach der Entscheidung des Exekutivdirektoriums verlangen, die Frage dem Gouverneursrat vorzulegen, dessen Entscheidung als endgültig anzusehen ist. Eine weitere Möglichkeit zur Erlangung einer maßgeblichen Interpretation liefert darüber hinaus ein Abkommen zwischen den VN und dem IWF.[932] Nach diesem ist der IWF berechtigt, den Internationalen Gerichtshof um eine beratende Meinung hinsichtlich jeder rechtlichen Frage zu ersuchen, die in den Rahmen der Tätigkeiten des Fonds fällt.[933]

2. Restriktive Interpretation des Landeskriteriums

Wie die bereits angesprochene Leitfunktion von Art. I IWFA verdeutlicht, kommt der teleologischen Auslegung im Rahmen des IWF-Abkommens eine herausgehobene Bedeutung zu. Dies bedeutet jedoch nicht, dass keine weiteren Methoden bei der Interpretation des Landeskriteriums heranzuziehen sind. Aus der Anwendbarkeit der völkerrechtlichen Auslegungsregeln folgt gemäß Art.31 Abs.1 WVK vielmehr, dass zusätzlich der Wortlaut sowie der systematische

930 Denters, IML, Rdn.11.32.

931 Das in Art. XXIX IWFA geregelte Auslegungsmonopol dient nach Seidl- Hohenveldern/ Loibl, Das Recht der internationalen Organisationen, Rdn. 1615 dem Schutz vor divergierenden Auslegungen. Die Regelung macht nach Rdn. 1326, 1312, jedoch auch deutlich, dass den Organen des Fonds nicht nur die politische Willensbildung, sondern auch richterliche Aufgaben obliegen.

932 Denters, NYIL 1998, 3, 14 f. zu beiden Vorgehensweisen.

933 Vgl. Art.VIII Agreement between the United Nations and the International Monetary Fund vom 15. November 1947, abgedruckt in Selected Decisions, 897 ff.; vgl. hierzu Seidl- Hohenveldern/ Loibl, Das Recht der internationalen Organisationen, Rdn.1335.

Zusammenhang des Abkommens zu berücksichtigen sind. Zu letzterem zählt nicht nur der in Abs.2 genannte Vertragswortlaut, die Präambel und die Anlagen des Vertrages, sondern nach Art.31 Abs.3 b) WVK auch jede spätere Übung bei der Anwendung des Vertrages, aus der die Übereinstimmung der Vertragsparteien über seine Auslegung hervorgeht. Schließlich können nach Art.32 WVK als ergänzende Auslegungsmittel auch vorbereitende Arbeiten sowie die Umstände des Vertragsabschlusses herangezogen werden. Die sich hierbei aus Art.31 und 32 WVK ergebende Hierarchie der Auslegungsmittel[934] findet in der Praxis des Fonds jedoch keine Entsprechung.[935] Vielmehr förderte der IWF gerade die historische Auslegung durch die Veröffentlichung von Dokumenten zur Entstehungsgeschichte des Gründungsvertrages.[936] Unter Zugrundelegung dieser Interpretationsmethoden begegnen einer extensiven Auslegung des Landesbegriffes Bedenken.[937]

a) Abhängigkeit des Landeskriteriums vom Staatsbegriff

Nach der wörtlichen Auslegungsmethode ist der Landesbegriff gemäß seiner gewöhnlichen Bedeutung zu interpretieren, die sich maßgeblich nach dem „zur Zeit des Vertragsabschlusses geltenden Sprachgebrauch" richtet.[938] Eine Orientierung des Landeskriteriums am Staatsbegriff scheint daher nicht ausgeschlossen.[939] Ein entsprechendes Argument liefert jedenfalls das klassische internationale Organisationsrecht, das die Mitgliedschaft in internationalen Organisationen

---

934 Die sog. travaux préparatoires und Umstände des Vertragsabschlusses gehören nach Heintschel von Heinegg in Ipsen, Völkerrecht, § 12 Rdn.18 nicht zum Vertragszusammenhang, wie er durch Art.31 Abs.2 WVK bestimmt wird. Sie können daher nur herangezogen werden, wenn die Auslegung unter Berücksichtigung von Art.32 WVK die Bedeutung mehrdeutig oder dunkel lässt oder zu einem offensichtlich sinnwidrigen oder unvernünftigen Ergebnis führt.

935 Denters, NYIL 1998, 3, 13; vgl. zur Praxis des Fonds Gold, Interpretation: The IMF and International Law, 177 ff.

936 Seidl- Hohenveldern/ Loibl, Das Recht der internationalen Organisationen, Rdn.1601 a.

937 Für ein enges Verständnis des Landesbegriffes sprechen sich beispielsweise Bognar, Europäische Wirtschaftsintegration und Außenwirtschaftsbeziehungen 400; Martha, CMLRev. 1993, 749, 780 f.; Herrmann, EFAR 2002, 1, 22; Dony, 241, 252; Louis in FS Hahn, 201, 207; Oppermann in FS Vogel, 529, 536, Thiel in Caear/ Scharrer, 396, 406; Kadelbach in Siekmann, EWU, Art. 138 Rdn. 39, und Glöckler/ Truchlewski, 171, 132 aus.

938 Heintschel von Heinegg in Ipsen, Völkerrecht, § 12 Rdn.6.

939 Hierfür spricht sich Elizalde in Current Developments, Vol. 1, 303, 305, aus, der den Begriff „Land" als Verweis auf die konstitutiven Staatsmerkmale versteht.

traditionell staatlichen Völkerrechtsubjekten vorbehielt.[940] Dabei folgte die Beschränkung auf staatliche Mitglieder aus dem Umstand, dass nur diese für die internationale Regelung der Sachgebiete zuständig waren, in denen es galt, internationale Organisationen zu schaffen.[941] Für eine Übertragung dieser Konzeption auf den vorliegenden Fall spricht, dass der IWF durch Staaten in der Hochphase nationaler Währungssouveränität errichtet wurde.[942] Die Möglichkeit der Übertragung staatlicher Währungskompetenzen an supranationale Organisationen wurde hier noch nicht in Betracht gezogen. Es verwundert daher auch nicht, dass bisher nur Staaten Mitglieder des Fonds sind.

Gegenteiliges ergibt sich auch nicht aus der flexiblen Handhabung der Mitgliedschaftsregelung. Die Eröffnung eigener Entscheidungsspielräume bei der Zulassung neuer Mitglieder bedeutet nicht, dass der Fonds diese Entscheidungen unter Missachtung der Sachlage im internationalen Umfeld traf. Es verwundert daher auch nicht, dass in der Praxis des Fonds die Anerkennung als Staat durch andere Rechtssubjekte durchaus als Beweis für die Landeseigenschaft eines Bewerbers angesehen wurde und damit als entscheidend für dessen Mitgliedschaft.[943] Eine solche Orientierung des Landeskriteriums am Staatsbegriff spricht jedoch gegen eine Einordnung der Union als Land im Sinne des IWF-Abkommens. Dies gilt umso mehr, als weder die teleologische Interpretation noch die Anwendung des Effektivitätsgrundsatzes eine Auslegung rechtfertigen, die dem Wortlaut bzw. Sinn und Zweck eines Vertrages widerspricht.[944]

b) Die Stellung internationaler Organisationen im IWF

Auch die Auslegung des Landeskriteriums unter Berücksichtigung des systematischen Zusammenhangs steht einer Mitgliedschaft der EU im IWF entgegen. Entscheidend ist, dass das Abkommen Beziehungen zu anderen internationalen Organisationen nicht in Art. II IWFA, sondern in Art. X IWFA[945] regelt. Die

---

940 Zieger in KSE Bd.25, 103, 109, ähnlich Sack in GS Grabitz, 631, 632; Horng, ELJ 2005, 802, 803 f.

941 Zieger in KSE Bd.25, 103, 109.

942 Henning in Truman, 171, 173; Gianviti in Current Developments, Vol. 3, 817, 817, weist darauf hin, dass alle an der Bretton-Woods-Konferenz teilnehmenden Länder über eigene Währungen verfügten.

943 Gold, Membership and Nonmembership in the IMF, 55 f. zur Handhabung der Mitgliedschaftsregelung.

944 Heintschel von Heinegg in Ipsen, Völkerrecht, § 12 Rdn.15 f.

945 In Art. X IWFA heißt es: „*Der Fonds arbeitet im Rahmen der Bestimmungen dieses Übereinkommens mit allen allgemeinen internationalen Organisationen und mit*

Einfügung dieser Sonderbestimmung mit dem expliziten Bezug auf „internationale Organisationen" lässt eine Gleichstellung dieser Organisationen und den in Art. II IWFA angesprochenen Ländern fraglich erscheinen. Anzunehmen ist damit ein Verständnis der Mitgliedschaftsregelung im Sinne des klassischen Völkerrechts.[946]

c) *Mögliche Einbeziehung regionaler Zusammenschlüsse*

Weiterhin ist zu prüfen, ob sich im Wege der systematischen Auslegung nach Art.31 Abs.3 b) WVK aus der Vertragsdurchführung die Einbeziehung regionaler Wirtschaftseinheiten in das IWF-Abkommen herleiten lässt. Eine solche Praxis könnte als gesichertes Indiz für das allgemeine Vertragsverständnis[947] bei der Auslegung des Landesbegriffs Berücksichtigung finden.

Dem IWF-Abkommen selbst liegt eine individuelle Konzeption der Mitgliedschaft zugrunde.[948] Dies ergibt sich aus dem Fehlen einer Regelung, die eine gemeinschaftliche Mitgliedschaft von Ländern ermöglicht[949], auch im Sinne einer von ihnen zu trennenden politischen Einheit. Eine Abkehr von dieser Grundkonzeption lässt sich der Fondspraxis bisher nicht entnehmen. So hinderte insbesondere die Nutzung einer gemeinsamen Währung im Rahmen einer Währungsunion nicht die getrennte Mitgliedschaft der teilnehmenden Länder.[950] Auch die Behandlung wirtschaftlicher Zusammenschlüsse in der Fondspraxis spricht gegen ein

---

öffentlichen internationalen Organisationen zusammen, die auf verwandten Gebieten besondere Aufgaben haben. Soweit die einer solchen Zusammenarbeit dienenden Regelungen eine Änderung einer Bestimmung dieses Übereinkommens mit sich bringen würden, können sie erst nach Änderung des Übereinkommens nach Artikel XXVIII getroffen werden."

946 Martha, CMLRev. 1993, 749, 780 f; folgend Bognar, Europäische Wirtschaftsintegration und Außenwirtschaftsbeziehungen, 400.

947 Heintschel von Heinegg in Ipsen, Völkerrecht, § 12 Rdn.14.

948 Gold, Membership and Nonmembership in the IMF, 68; folgend Henning in Truman, 171, 173; vgl. ferner Gianviti in Masson/ Krueger/ Turtelboom, 539, 540; Maystadt in Masson/ Krueger/ Turtelboom, 146, 147.

949 Gold, Membership and Nonmembership in the IMF, 68.; ebenso Elizalde in Current Developments, Vol. 1, 303, 305.

950 Zu verweisen ist hier auf die bisherigen Ausführungen zu Währungsunionen im 5.Kapitel I.1 m.w.N.; Gold, Membership and Nonmembership in the IMF, 69 verweist darauf, dass lediglich im Fall der Amerikanischen Republiken über die garantierte Anzahl zu wählender Direktoren einer Region gemeinschaftliche Rechte zuerkannt wurden. Diese Ausnahmeregelung hatte jedoch keinerlei Auswirkungen auf die Mitgliedschaftsregelung, nach der die betroffenen Republiken nach wie vor

Verständnis des Landeskriteriums im Sinne einer Wirtschaftseinheit. So betrachtet der IWF Belgien und Luxemburg trotz der zwischen ihnen bestehenden Wirtschaftsunion[951] als getrennte Länder.[952] Eine Auslegung, nach der der Aspekt des Regionalismus Eingang in das Abkommen gefunden hat, ist daher abzulehnen.

d) Auswirkungen der Kompetenzzuteilung im Währungs- und Wechselkursbereich

Auch die Herleitung des Landeskriteriums unter alleinigem Verweis auf die Zuordnung der Währungssouveränität überzeugt nicht. Ein solcher Ansatz verkennt, dass es sich bei dem Landeskriterium und der Fähigkeit, die aus dem Abkommen resultierenden Verpflichtungen zu erfüllen, um gesonderte Mitgliedschaftsvoraussetzungen handelt, die kumulativ von einem Bewerberland zu erfüllen sind. Der Schluss von einem auf das andere Kriterium verbietet sich.

Dabei ist zu beachten, dass der Transfer der Währungskompetenzen seitens der Mitgliedstaaten auf die Union nicht per se zu einer Beeinträchtigung des Landescharakters dieser Staaten führt.[953] Schließlich wirkt sich die Übertragung der Währungssouveränität weder auf deren Existenz als unabhängige Staaten noch auf die entsprechende Anerkennung als solche aus. Dass es sich bei den EU-Mitgliedern nach wie vor um eigenständige Staaten handelt, wird gerade nicht angezweifelt.[954]

Im Umkehrschluss kann der Kompetenzzuwachs auf Seiten der Union nicht zu einer automatischen Charakterisierung derselben als Land führen.[955] Letzteres

---

getrennte Mitglieder des Fonds waren. Auf die Praxis des Fonds verweisen auch Martha, CMLRev. 1993, 749, 757 und folgend Dutzler, 445, 468.

951 Gold, Membership and Nonmembership in the IMF, 101 f., führt aus, dass die Wirtschaftsunion durch ein Abkommen zwischen Belgien und Luxemburg vom 25. Juli 1921 errichtet wurde, das am 1. Mai 1922 in Kraft trat. Im Rahmen dieser Union fand auch eine währungsrechtliche Annäherung statt. Belgischen und luxemburgischen Francs wurde der gleiche Nennwert zugeteilt, zudem sollte die Währungspolitik abgestimmt werden. Darüber hinaus wurde ein gemeinsames Devisenkontrollgebiet mit einem zuständigen Deviseninstitut eingerichtet, wenn auch die in diesem Bereich zu treffenden Bestimmungen von den Ländern für ihr Staatsgebiet getrennt erlassen wurden.

952 Gold, Membership and Nonmembership in the IMF, 102, der auf den S. 106 ff. ähnliches auch für andere Länder, die ihre Währungs- und Handelsbeziehungen miteinander verbunden hatten, feststellt.

953 Elizalde in Current Developments, Vol. 1, 303, 305.

954 Proctor/ Mann, The Legal Aspect of Money, Rdn.24.06; vgl. 5. Kapitel IV.2 a) bb) m.w.N.

955 Martha, CMLRev.1993, 749, 763 f.

wäre nur möglich, wenn die Union selbst als Staat anzusehen wäre, von dem wiederum die Voraussetzungen einer Mitgliedschaft erfüllt werden könnten. Von der Entstehung eines solchen ist jedoch mangels Fusion der EU-Mitgliedstaaten nicht auszugehen.[956] Die faktische Behandlung der Union als Staat im Wege der teleologischen Interpretation kann diesen rechtlichen Befund nicht ändern. Eine solche Möglichkeit ergibt sich bisher weder aus dem Unions- noch dem Völkerrecht.[957]

e) Begrenzung der Vertragsinterpretation durch die Grundsätze der Vertragsänderung

Abschließend ist zu bedenken, dass die Möglichkeit der Auslegung eines Vertragstextes ihre Grenze in dessen Grundkonzeption findet, die lediglich im Wege der Vertragsänderung angetastet werden kann.

Wie bereits dargelegt, handelt es sich beim IWF um eine landesbasierte und nicht um eine währungsbasierte Organisation.[958] Diese Konzeption wird verwässert, wenn das Vorhandensein einer Währung zwar nicht als eigenes Kriterium, jedoch indirekt zur Bestimmung des Landeskriteriums herangezogen wird. Eine solche teleologische Interpretation ermöglicht zwar eine Mitgliedschaft der Union im IWF, dies aber nur unter Aufgabe der ursprünglichen Grundkonzeption des Fonds. Schließlich müsste im Fall der Union die Mitgliedschaft an eine Währung angeknüpft werden, der kein Staat als Emittent zugeordnet werden kann. Letzteres wird angesichts der Bezeichnung des Euros als einer Währung „in search of a state"[959] besonders deutlich. Es entstünde im Wege der Bezugnahme auf Wirtschaftseinheiten ein neues System, das schlagwortartig mit der Konzeption „Ein Markt - Eine Währung" bezeichnet werden kann.[960] Dass die Berücksichtigung des Euro eine solche veränderte Anknüpfung erfordert, verdeutlichen die Veränderungen, die bei der Zusammensetzung des Währungskorbes im Zusammenhang mit der Bestimmung des Wertes der SZR festzustellen sind. Während hier der Euro zunächst an die Stelle der nationalen Währungen einzelner Währungsemittenten getreten war, richtet sich die Zusammensetzung des Korbes mittlerweile

956 Martha, CMLRev.1993, 749, 763, 780 f.; Louis in FS Hahn, 201, 207; ähnlich Elizalde in Current Developments, Vol. 1, 303, 305; vgl. 5. Kapitel IV.2 a) bb) m.w.N.
957 Bognar, Europäische Wirtschaftsintegration und Außenwirtschaftsbeziehungen, 400.
958 Vgl. 6. Kapitel I.4.c) m.w.N.
959 Mancini in FS Schockweiler, 399, 399, 404.
960 King in Masson/ Krueger/ Turtelboom, 237, 237.

an Währungen aus.[961] Dies beschreibt den Übergang von einem landes- zu einem währungsbasierten Korb.[962]

Eine Abkehr von der landesorientierten Ausrichtung kann jedoch nicht im Wege einer extensiven Interpretation erreicht werden. Letztere kann zwar bestehenden Strukturen eine neue Bedeutung verleihen, ermöglicht jedoch nicht die Schaffung neuer Strukturen.[963] Diese sind jedoch notwendig, zumal nicht nur die Schaffung der WWU, sondern auch deren Einbeziehung in das IWF-Abkommen eine Berücksichtigung der veränderten Stellung von Staaten im internationalen Währungssystem erfordert.[964] Darüber hinaus verlangt diese Einbeziehung auch die Entwicklung neuer Umgangsmöglichkeiten mit dem IWF, damit dieser seinen Aufgaben auch weiterhin gerecht werden kann.[965] Die mit einer Aufgabe der landesbasierten Grundkonzeption einhergehende Notwendigkeit einer Vertragsänderung wird durch das Abkommen auch an anderer Stelle zumindest indiziert. So verlangt Art. X IWFA immer dann eine Änderung des Übereinkommens nach Art. XXVIII IWFA, wenn die der Zusammenarbeit mit internationalen Organisationen dienenden Regelungen zu einer solchen Änderung führen würden.

3. Endbewertung und Notwendigkeit der Änderung des IWF-Abkommens

Nach den obigen Ausführungen ist klar, dass die Union nicht im Wege der teleologischen Interpretation unter den Landesbegriff nach Art. II Abs.2 IWFA subsumiert werden kann. Es fehlt der Union trotz ihrer internationalen Rechtsfähigkeit an der für die Mitgliedschaft erforderlichen Staatlichkeit. Nach der gegenwärtigen Lage kann die Union dem IWF daher nicht beitreten.[966] Hieraus folgt, dass der IWF neue Verfahren zu entwickeln hat, um sich der durch die WWU geschaffenen Situation anzupassen.[967] Insbesondere erfordert die Eröffnung der Mitgliedschaft

961 Vgl. hierzu 4. Kapitel VII.2 m.w.N.

962 Vgl. Maystadt in Masson/ Krueger/ Turtelboom, 146, 148; Cafaro, Il Diritto dell'Unione Europea 2011, 895, 902.

963 Denters, NYIL 1998, 3, 12.

964 King in Masson/ Krueger/ Turtelboom, 237, 237.

965 Elizalde in Current Developments, Vol. 1, 303, 305.

966 Meng in Hobe, 39, 64; Lebullenger, RTDE 1998, 459, 469; Dutheil de la Rochère, YbEL 1999/2000, 427, 444.

967 Elizalde in Current Developments, Vol. 1, 303, 305.

für die EU eine Abänderung des IWF-Abkommens gemäß Art. XXVIII IWFA.[968] Dieses Ergebnis entspricht sowohl der auf Seiten der Union vertretenen Auffassung[969], als auch der Einschätzung des IWF.[970] Rückschlüsse hinsichtlich der Mitgliedschaft der EU-Mitgliedstaaten im IWF ergeben sich hieraus nicht. Letztere haben durch ihre Teilnahme an der WWU ihre Staatsqualität nicht eingebüßt. Sie können weiterhin als Land angesehen werden und erfüllen damit diese Voraussetzung einer Mitgliedschaft im IWF.[971]

4. Umsetzung der Mitgliedschaftsregelung

Die Zulassung der Union als Mitglied des IWF kann auf unterschiedliche Weise geregelt werden. Dies zeigen die Gründungsverträge der internationalen Organisationen, die bereits eine Vollmitgliedschaft der EU vorsehen.[972]

---

968 Maystadt in Masson/ Krueger/ Turtelboom, 146, 147; Martenczuk, ZaöRV 1999, 93, 103; Lebullenger, RTDE 1998, 459, 469.

969 So die von der Kommission im Jahr 1983 im Rahmen einer parlamentarischen Anfrage geäußerte Ansicht. Vgl. Written Question No. 349/83 by Pierre-Bernard Couste to the Commission: Status of the Community with regard to the IMF, Off. Journal No. C 212, 08/08/83 P. 0034. Auch in den Schlussfolgerungen des Vorsitzes des Europäischen Rates von Luxemburg vom 12./13. Dezember 1997 wird betont, dass nach den Satzungsvorschriften des IWF nur Staaten Mitglieder des Fonds sein können, vgl. Anlage I zu den Schlussfolgerungen des Vorsitzes, abgedruckt in: Bulletin EU 12-1997.

970 Concluding remarks by the Acting Chairman of the IMF Executive Board meeting 98/101 vom 21. September 1998, zitiert nach Kiekens, 4: *"the Fund is a country-based institution, and the transfer of monetary powers by members of the euro area to the institutions of EMU will not affect their legal relationship with the Fund under the Funds' Articles of Agreement. Euro-area members will continue to be members of the Fund in their own individual capacity as countries. All rights of membership will continue to be available to each individual member, and all the obligations that membership in the Fund entails will continue to bind them individually."*

971 Elizalde in Current Developments, Vol. 1, 303, 305; Lebullenger, RTDE 1998, 459, 469, und Louis in FS Hahn, 201, 207, weisen zudem darauf hin, dass nur eine Staatenfusion die Vertretungsmodalitäten der Mitgliedstaaten des IWF ändern könnte.

972 Sattler, 82, betont, dass Vollmitgliedschaften der Union in politisch bedeutenden internationalen Organisationen nur in wenigen Fällen bestehen.
Im Fall der Organisationen mit universellem Charakter, die als Vergleichsgruppe für den IWF dienen können, können die Welthandelsorganisation (WTO) und die Organisation der Vereinten Nationen für Ernährung und Landwirtschaft (FAO) genannt werden. Letztere stellt wie der IWF eine Sonderorganisation der Vereinten

a) *Gleichstellung der Mitgliedschaft internationaler Organisationen mit der von Staaten*

Eine vollwertige Mitgliedschaft der Union im IWF setzt zunächst voraus, dass diese den bisher zugelassenen staatlichen Mitgliedern gleichgestellt wird. Dieses Ergebnis kann mithilfe von verschiedenen Regelungstechniken erzielt werden.[973] So wurde die Rechtsvorgängerin der Union im WTO-Übereinkommen ausdrücklich neben den Staaten als Mitglied benannt, während sich die einzelnen Vorschriften ohne weitere Differenzierungen nur auf ‚Mitglieder' beziehen. Dieses Vorgehen wurde durch die Beteiligung der EU an den Gründungsverhandlungen der WTO ermöglicht.[974] Eine entsprechende Einbeziehung in das IWF-Abkommen wäre dementsprechend denkbar, wenn die Union etwa an der Neuaushandlung eines Fixkurs-Systems im Sinne eines Bretton-Woods-II beteiligt wäre.[975] Anders ist die Situation jedoch im Fall eines späteren Beitritts zu einer internationalen Organisation zu beurteilen. Hier gilt es, eine umfassende Überarbeitung des Abkommens möglichst zu vermeiden. Ermöglicht wird dies durch die Aufnahme einer Klausel, nach der die Anwendbarkeit der Normen des Abkommens auch auf internationale Organisationen erstreckt wird. Dieses Vorgehen, das etwa im Rahmen der FAO gewählt wurde,[976] wäre auch bei einem Beitritt der EU zum IWF denkbar.

b) *Die Reichweite der Öffnungsklausel*

Eine Gleichstellung der Union mit den staatlichen Mitgliedern des IWF rechtfertigt sich aufgrund des supranationalen Charakters der Union, der anderen internationalen Organisationen nicht zukommt. Mit der Aufnahme der Union in eine internationale Organisation soll daher auch „nicht generell die Möglichkeit geschaffen werden, dass internationale Organisationen untereinander

---

Nationen dar. Weitere Beispiele für die Mitgliedschaft der EU in universellen Organisationen nennt Sack, ZEuS 2001, 267, 280.

973 Sattler, 96, 98.

974 Vgl. Art. XI Abs.1 ÜWTO: "*The contracting parties to GATT 1947 as of the date of entry into force of this Agreement, and the European Communities, which accept this Agreement and the Multilateral Trade Agreements and for which Schedules of Concessions and Commitments are annexed to GATT 1994 and for which Schedules of Specific Commitments are annexed to GATS shall become original Members of the WTO.*" Vgl. auch Sattler, 98.

975 Lebullenger RTDE 1998, 459, 468.

976 Vgl. Art. II Abs.3 S.2 FAOV: "*[…], references to Member Nations under this Constitution shall include Member Organizations, except as otherwise expressly provided.*" Vgl. Sattler, 98.

Mitgliedschaftsrechte vergeben".[977] Befürchtet wird, dass sich eine solche Verschachtelung internationaler Organisationen negativ auf deren Funktionsfähigkeit auswirken könnte.[978] Auch in Bezug auf den IWF stellt sich daher die Frage, auf welche Weise die Reichweite der zu schaffenden Aufnahmeklausel begrenzt werden kann.[979]

Denkbar wäre zunächst eine explizite namentliche Nennung der Union, wie sie im Rahmen des WTO-Übereinkommens vorgenommen wurde.[980] Ein solches Vorgehen wird jedoch in den meisten internationalen Organisationen abgelehnt, weil es im Sinne einer maßgeschneiderten Sonderbehandlung[981] und damit als „Privilegierung der europäischen Staaten" verstanden wird.[982] Angesichts der kritisierten Überrepräsentierung der Industrienationen im IWF ist dieses Argument auch vorliegend relevant. Festzuhalten ist zudem, dass bei einer Erweiterung um andere internationale Organisationen erneut eine Abkommensänderung vorzunehmen wäre.[983] Dies erscheint gerade angesichts der Bestrebungen, nach dem Vorbild der europäischen WWU weitere Währungsunionen zu schaffen, als problematisch. Das explizite Abstellen auf die Union würde hier eine zeitnahe Einbeziehung ähnlicher Integrationsorganisationen erschweren. Trotz der Notwendigkeit einer Beschränkung der Mitgliedschaft internationaler Organisationen sollte es daher nicht grundsätzlich ausgeschlossen werden, dass auch andere regionale Staatenverbindungen den staatlichen Mitgliedern gleichgestellt werden.[984] Dies kann durch eine objektive Umschreibung der rechtlichen Charakteristika der Union erreicht werden.[985] Eine solche Vorgehensweise wurde etwa im Rahmen der FAO gewählt, wobei der Begriff „Regional Economic Integration

---

977 Sack, ZEuS 2001, 267, 275.

978 Sack in GS Grabitz, 631, 638.

979 Eine solche Abgrenzung hat im Rahmen des IWF-Abkommens zu den Organisationen zu erfolgen, die in den Anwendungsbereich von Art. X IWFA fallen, vgl. Martha, CMLRev. 1993, 749, 781.

980 Herrmann in Bauschke, 139, 143.

981 Groux / Manin, 77; ders., 76, weist darauf hin, dass im Fall einer ausdrücklichen Nennung der Union deren Mitgliedschaft als selbstverständlich angesehen wurde und keine politischen Schwierigkeiten hervorrief.

982 Sack, ZEuS 2001, 267, 276.

983 Corbach, 298 f.

984 Sack in GS Grabitz, 631, 638.

985 Sack, ZEuS 2001, 267, 276; Beispiele für die Gestaltung derartiger anonymer Klauseln finden sich etwa bei Groux/ Manin, 77.

Organization“ als Anknüpfungspunkt diente.[986] Auch im Fall des IWF könnten auf diese Weise zu weite Kriterien vermieden und trotz der objektiven Umschreibung die EU als regionale Integrationsgemeinschaft erfasst werden. Dabei wäre jedoch zu überlegen, ob ausgehend von dem Zweck der Organisation in der Klausel auf das Vorliegen bestimmter Hoheitsrechte abgestellt werden kann.[987] Als Vorbild könnte insofern die Beitrittsregelung des WTO- Übereinkommens dienen, die eine Mitgliedschaft von Zollgebieten ermöglicht.[988] Im Rahmen des IWF wäre entsprechend eine Anknüpfung an die Währungshoheit und das Vorliegen eines Währungsgebietes denkbar.[989]

c) *Verfahren zur Änderung des IWF-Abkommens und politische Problematik der Umsetzung*

Das Verfahren zur Änderung des IWF-Abkommens ist in Art. XXVIII IWFA geregelt. Nach dessen Abschnitt a) kann ein entsprechender Vorschlag von einem Mitglied, einem Gouverneur oder dem Exekutivdirektorium ausgehen und ist dem Vorsitzenden des Gouverneursrates zuzuleiten, der ihn schließlich dem

---

986 Vgl. Art. II Abs.3 FAOV: “*The Conference may by a two-thirds majority of the votes cast, provided that a majority of the Members Nations of the Organization is present, decide to admit as a Member of the Organization any regional economic integration organization meeting the criteria set out in paragraph 4 of this Article, […]*”. Eine nähere Charakterisierung des Begriffes ergibt sich aus Art.II Abs.4 FAOV: “*To be eligible to apply for membership of the Organization under paragraph 3 of this Article, a regional economic integration organization must be one constituted by sovereign States, a majority of which are Member Nations of the Organization, and to which its Member States have transferred competence over a range of matters within the purview of the Organization, including the authority to make decisions binding on its Member States in respect of those matters.*” Dabei fällt auf, dass neben dem Abstellen auf die institutionellen Besonderheiten der EU auch gefordert wird, dass eine Mehrheit der Mitgliedstaaten der beitrittswilligen Organisation Mitglieder der FAO sein müssen. Zur zusätzlichen Beschränkung von Organisationsmitgliedschaften durch derartige Subordinationsklauseln, siehe Sattler, 103 ff.

987 Herrmann in Bauschke, 139, 143; ähnlich Martha, CMLRev.1993, 749, 781.

988 Vgl. Art. XII Abs.1 ÜWTO: “*Any State or separate customs territory possessing full autonomy in the conduct of its external commercial relations and the other matters provided for in this Agreement and the Multilateral Trade Agreements may accede to this Agreement, on terms to be agreed between it and the WTO. […]*”

989 Herrmann in Bauschke, 139, 143; Sack, ZEuS 2001, 267, 276, verweist etwa im Zusammenhang mit Zollabkommen auf diese Möglichkeit der Objektivierung der EU-Rechtslage.

Gouverneursrat vorlegt. Nach Genehmigung der vorgeschlagenen Änderung durch den Gouverneursrat erfolgt eine Befragung der Mitglieder des IWF. Für die Annahme des Änderungsvorschlages bedarf es hierbei der Zustimmung von drei Fünftel der Mitglieder, die über fünfundachtzig Prozent aller Stimmen verfügen. Erst nach ausreichender Zustimmung bestätigt der Fonds die Änderung gegenüber seinen Mitgliedern durch förmliche Mitteilung. Nach Abschnitt c) treten die Änderungen in der Regel drei Monate nach dem Zeitpunkt der förmlichen Mitteilung in Kraft.

Aus den Mehrheitsvorgaben folgt, dass eine Aufnahme der Union sowohl die Zustimmung ihrer Mitgliedstaaten in deren Eigenschaft als Mitglieder des Fonds als auch eine breite Zustimmung von Seiten der Drittstaaten erfordert. Ein Vergleich mit der Situation anderer internationaler Organisationen zeigt, dass letztere nicht immer einfach zu erreichen ist.[990] Dies folgt aus dem Umstand, dass die Aufnahme eines Mitglieds mit der Ausübung einer Ermessensentscheidung seitens der Mitgliedstaaten verbunden ist. Neben die rechtlichen Anforderungen treten hier politische Aspekte, die das Änderungsverfahren erschweren.[991] Problematisiert wurden in Verhandlungen über den Beitritt der Union zu einer internationalen Organisation „die fehlende Klarheit über die Rechtsnatur" der Union und die sich hieraus ergebenden Schwierigkeiten bei der Beurteilung der völkerrechtlichen Verantwortlichkeit und Haftung.[992] Ferner wurde befürchtet, dass der Beitritt bzw. die Mitgliedschaft der EU in internationalen Organisationen einen gefährlichen Präzedenzfall, auch für die Sonderorganisationen der UN, darstellt, da so generell ein solcher Beitritt ermöglicht werde.[993] Schließlich wurde auf „die Gefahr der Blockbildung" hingewiesen, wie auch auf die speziellen Probleme, die sich aus einer gleichzeitigen Mitgliedschaft der EU und ihrer Mitgliedstaaten ergeben können.[994] Letztgenannte Punkte sind in Bezug auf den IWF von besonderer Relevanz, zumal von Seiten der Drittstaaten die Eurozone als überrepräsentiert angesehen wird.[995]

990 Sack in GS Grabitz, 631, 634.

991 Frid, EJIL 1993, 239, 241.

992 Sack in GS Grabitz, 631, 637, zur EG, der zuvor in Fn.17 darauf verweist, dass der Beitritt derselben zur FAO im Zusammenhang mit den dargestellten Schwierigkeiten als exemplarisch gelten kann.

993 Sack in GS Grabitz, 631, 638; Frid, EJIL 1993, 239, 242. Im Fall des IWF weist Kadelbach in Siekmann, EWU, Art. 219 Rdn. 74 auf eine solche Gefahr mit Blick auf die analog zum IWF organisierte Weltbank hin.

994 Sack in GS Grabitz, 632, 639 f.

995 Vgl. Smaghi JCMS 2004, 229, 230.

Die Probleme beschränken sich jedoch nicht auf die Seite der Drittstaaten. Auch die Mitgliedstaaten der Union sind grundsätzlich nicht geneigt, die Ausübung ihrer Souveränität zu beschränken. Dies gilt insbesondere für den Bereich der auswärtigen Beziehungen.[996] Im IWF wird diese Problematik durch die Rolle einzelner Mitgliedstaaten verstärkt, denen eine herausgehobene Position eingeräumt wurde. Letztere geht auf die Möglichkeit der Ernennung von Exekutivdirektoren zurück und die besondere Stellung im Zusammenhang mit den frei verwendbaren Währungen sowie bei der Bestimmung der SZR. Diese Mitgliedstaaten sind nicht ohne Weiteres bereit, auf diese Sonderstellung zu verzichten.[997] Dies und die weiteren Fragen, die eine Mitgliedschaft der Union im IWF aufwirft, führen dazu, dass die Beibehaltung des Status quo in der voraussehbaren Zukunft als wahrscheinlich angesehen wird.[998]

Die politische Problematik steht dabei in Kontrast zu den rechtlichen Verpflichtungen der Mitgliedstaaten der Union. Diese haben nach Art.351 Abs.2 AEUV auf eine Vollmitgliedschaft der Union hinzuwirken, soweit dieser Kompetenzen, die in den Aufgabenbereich der Organisation fallen, übertragen wurden.[999] Ein Aufrechterhalten des Status quo bezüglich der Mitgliedschaft ist nur solange denkbar, wie die Voraussetzungen für einen Beitritt der Union aufseiten des Fonds nicht geschaffen sind. Dies folgt aus der Rechtsprechung des EuGH in der Rechtssache 2/91. Hier führt der Gerichtshof aus, dass die Zusammenarbeit der Union bzw. ihrer Rechtsvorgängerin, der Gemeinschaft, und der Mitgliedstaaten unumgänglich sei, *„weil die Gemeinschaft beim derzeitigen Stand des Völkerrechts ein IAO-Übereinkommen nicht selbst, sondern nur durch die Mitgliedstaaten abschließen kann.“*[1000] Die Mitgliedstaaten treten hier vorübergehend als Treuhänder der Union auf.[1001] Dass es sich hierbei nur um eine vorübergehende Lösung handeln kann, geht darauf zurück, dass nur durch eine Mitgliedschaft der Union die bestmögliche und vertragskonforme Durchführung der Unionskompetenzen

---

996 Frid, EJIL 1993, 239, 241; ähnlich Meng in Hobe, 39, 66.
997 Dutheil de la Rochère, YbEL 1999/2000, 427, 445.
998 Maystadt in Masson/ Krueger/ Turtelboom, 146, 146 f.; ähnlich Zilioli/ Selmayr, CMLRev.1999, 273, 339.
999 Bognar, Europäische Wirtschaftsintegration und Außenwirtschaftsbeziehungen, 379; Vgl. zu Art.351 Abs.2 AEUV: 4. Kapitel V.3 m.w.N.
1000 EuGH, Gutachten 2/91, ILO, Slg.1993, I-1061 ff., Rdn.37.
1001 Zilioli/ Selmayr, CMLRev.1999, 273, 339; Vorschläge für die Ausgestaltung des gemeinsamen Vorgehens finden sich bei Smits in v.d. Groeben/ Schwarze, EUV/ EGV, Art.111 Rdn.227 f.

sichergestellt wird.[1002] Gleiches gilt für die effektive Umsetzung der Aufgaben des IWF. Auch hier können durch die Aufrechterhaltung des Status quo gerade nicht alle Probleme gelöst werden, die mit der Schaffung der Währungsunion für den IWF einhergehen.[1003]

III. Formale Kontrolle der Union über ihre auswärtigen Beziehungen

Neben dem Landeskriterium ist für eine Mitgliedschaft im IWF auch die Fähigkeit des Antragstellers zur formalen Kontrolle seiner auswärtigen Beziehungen von Bedeutung. Wie dargelegt, wird diese Mitgliedschaftsvoraussetzung in Anlehnung an die Fähigkeit, die sich aus dem Abkommen ergebenden Verpflichtungen zu erfüllen, beurteilt.[1004]

Anhand der bisher behandelten Thematik der Verbandskompetenz der Union, die sich infolge des Übergangs der Währungssouveränität ergibt, lässt sich die Frage nach dem Vorliegen dieser Fähigkeit auf Seiten der Union jedoch nur teilweise beantworten. Zwar folgt aus dem Kompetenzübergang zum einen, dass sich dieser in den Tätigkeitsfeldern des IWF in wesentlicher Weise auswirkt. Zum anderen ergibt sich aus den übertragenen Währungskompetenzen, dass die Union in diesen Feldern als Verband völkerrechtliche Verträge schließen[1005] und damit dem IWF beitreten darf.[1006] Diese Feststellungen beantworten jedoch nicht die Frage, ob die Union umfassend zur Erfüllung aller Verpflichtungen aus dem IWF-Abkommen in der Lage ist. Dies gilt umso mehr, als der Union nach dem Grundsatz der begrenzten Einzelermächtigung gerade keine unbegrenzte Rechtsetzungsgewalt zukommt und damit eine Kompetenzvermutung zu Gunsten der Mitgliedstaaten gilt.[1007] An die Frage der Verbandskompetenz schließt sich damit die Frage an, ob die relevanten Kompetenzen der Union ausschließlich zugeordnet sind oder ob auch die Mitgliedstaaten zur Eingehung eigener völkerrechtlicher Verpflichtungen befugt sind.[1008] Nur im Fall einer ausschließlichen Zuordnung wäre die Union umfassend zur Erfüllung aller Verpflichtungen aus dem IWF-Abkommen in der Lage.

1002 Vgl. 5. Kapitel Abs. I.2 m.w.N.
1003 Vgl. Louis in FS Hahn, 201, 207 unter Verweis auf die Quoten und Wahlgruppen.
1004 Vgl. 6. Kapitel Abs.I.2 m.w.N.
1005 Schmalenbach in Calliess/ Ruffert, EUV/ AEUV, Art.216 Rdn.1.
1006 Vgl. hierzu 4. Kapitel Abs.I-IV und 5. Kapitel Abs.I –II m.w.N.
1007 Vgl. hierzu 3. Kapitel Abs.III.1 m.w.N.
1008 Schmalenbach in Calliess/ Ruffert, EUV/ AEUV, Art.216 Rdn.1.

Vor diesem Hintergrund gilt es anhand der einzelnen Tätigkeitsbereiche des IWF den Umfang der jeweiligen Kompetenzübertragung auf die Union zu prüfen. Die damit angesprochene Reichweite der Kompetenzübertragung ist auch im Hinblick auf eine Mitgliedschaft der EU-Mitgliedstaaten im IWF relevant. Für diese stellt sich die Frage, inwieweit sich der Verlust von Kompetenzen an die Unionsebene auf die zuvor vorhandene Fähigkeit zur Kontrolle der auswärtigen Beziehungen und damit auf die Erfüllung der Mitgliedschaftsvoraussetzungen auswirkt. Sollten diese nicht länger erfüllt werden können, stellt sich hier die Frage einer Beendigung der Mitgliedschaft im IWF ipso iure bzw. einer Austrittspflicht der EU-Mitgliedstaaten.[1009]

Im Folgenden ist daher die Zuständigkeitsverteilung zwischen der Union und ihren Mitgliedstaaten innerhalb der Tätigkeitsfelder des IWF zu prüfen. Mögliche Beschränkungen der Kontrolle der auswärtigen Beziehungen können dabei anhand funktionaler, territorialer sowie zeitlicher Aspekte untersucht werden.

1. Funktionale Beschränkung der Unionskompetenzen

a) Allgemeines zur Kompetenzzuteilung im Unionsrecht

Mit dem Vertrag von Lissabon erhält die EU erstmals einen Kompetenzkatalog, in dem die verschiedenen Kompetenzarten dargestellt und den einzelnen Politikfeldern zugeordnet werden.[1010] Die dabei zum Ausdruck kommende Vielfalt lässt sich darauf zurückführen, dass die Kompetenzübertragung nicht rein sachbezogen, sondern final mit Blick auf bestimmte Aufgaben zu verstehen ist.[1011] In dieser Finalität erschöpft sich die Umschreibung der Kompetenzordnung jedoch nicht. Vielmehr folgt aus Art.2 AEUV, dass auch eine Differenzierung zwischen ausschließlichen Unionskompetenzen und zwischen Union und Mitgliedstaaten geteilten Zuständigkeiten möglich ist. Diese Unterscheidung ist auch im Hinblick auf eine Mitgliedschaft der Union im IWF von Bedeutung. Schließlich wäre die Union nur dann vollumfänglich zur Erfüllung der sich aus

---

1009 Martha, CMLRev.1993, 749, 755, 774, der auf S.755 ausführt: *"Given the proposition that membership of internatonal organizations end ipso jure if the Member State changes in such way that it no longer complies with the elementary conditions of membership."*; folgend Bognar, Europäische Wirtschaftsintegration und Außenwirtschaftsbeziehungen, 389. Nach Sattler, 170, geht mit dem Verlust des Teilhaberechts der Mitgliedstaaten „grundsätzlich eine Rechtspflicht zum Austritt aus der betreffenden Organisation“ einher.

1010 Streinz, Europarecht, Rdn.152.

1011 Vgl. Nettesheim in Grabitz/ Hilf/ Nettesheim, EU, Art.2 Rdn.4.

dem IWF-Abkommen ergebenden Verpflichtungen in der Lage, wenn ihr die relevanten Kompetenzen in ausschließlicher Weise zugeordnet wären.

aa) Ausschließliche Außenkompetenzen

Gemäß Art.2 Abs.1 AEUV kann im Fall einer ausschließlichen Kompetenz nur die Union gesetzgeberisch tätig werden und verbindliche Rechtsakte erlassen. Dies ist darauf zurückzuführen, dass die jeweilige Kompetenz umfassend von den Mitgliedstaaten auf die Union übertragen wurde.[1012] Dieser Vorgang drängt die mitgliedstaatliche Hoheitsgewalt im betroffenen Bereich mit der Folge zurück[1013], dass letztere unabhängig vom konkreten Handeln der EU nicht mehr zur Rechtssetzung berechtigt sind.[1014] Auf diese Weise soll verhindert werden, dass „das institutionelle Zusammenspiel verfälscht, das Vertrauensverhältnis innerhalb der Gemeinschaft [jetzt der Union] erschüttert und die Gemeinschaft [Union] gehindert [wird], ihre Aufgabe zum Schutz des Gemeinsamen Interesses zu erfüllen."[1015] Dementsprechend statuiert Art.2 Abs.1 AEUV, dass die Mitgliedstaaten in einem solchen Fall nur tätig werden dürfen, wenn sie von der Union hierzu ermächtigt werden, oder um Rechtsakte der Union durchzuführen.[1016]

Im Einzelnen werden in Art.3 Abs.1 AEUV die Bereiche ausdrücklich erteilter ausschließlicher Kompetenzen im Einklang mit der bisherigen Rechtsprechung genannt.[1017] Diese hatte die Ausschließlichkeit der Kompetenz zuvor aus einem Ausschluss nationaler Alleingänge unter Hinweis auf die Natur der Sache

---

1012 O'Keeffe, EFAR 1999, 7, 10.

1013 Zuleeg in v.d. Groeben/ Schwarze, EUV/EGV, Art. 5 Rdn.7.

1014 Streinz, Europarecht, Rdn.154; ähnlich Calliess in Calliess/ Ruffert, EUV/ AEUV, Art.2 Rdn.2.

1015 EuGH, Gutachten 1/75, Local Cost Standard, Slg.1975, 1355 ff.

1016 Beispiele hierfür liefert die Rechtsprechung des EuGH. Auf eine Ermächtigung verweist der EuGH beispielsweise in der Rs.41/76, Donckerwolcke, Slg. 1976, 1921ff. Rdn.31/37: „*Da durch Artikel 113 Absatz 1 die Zuständigkeit für die Handelspolitik insgesamt auf die Gemeinschaft übertragen worden ist, sind nationale handelspolitische Maßnahmen seit dem Ende der Übergangszeit nur mit einer besonderen Ermächtigung durch die Kommission zulässig.*" Bestätigt wurden diese Ausführungen in der Rs. 174/84, Bulk Oil/ Sun, Slg. 1986, 559ff. Rdn.31. Darüber hinaus sind die Mitgliedstaaten im Fall der Handlungsunfähigkeit des Rates als Sachwalter des gemeinsamen Interesses zur Rechtsetzung befugt. Vgl. EuGH Rs. 804/79, Kommission/ Vereinigtes Königreich, Slg. 1981, 1045 ff. Rdn.30.

1017 Pache/ Rösch, NVwZ 2008, 473, 478; Im Primärrecht finden sich nur wenige derartige Außenkompetenzen. Betroffen sind unter anderem die Bereiche Zollunion, die für das Funktionieren des Binnenmarktes erforderlichen Wettbewerbsregeln, die

hergeleitet.[1018] So führte der Gerichtshof in seinem Gutachten 1/75 in Bezug auf die Handelspolitik aus: *„Diese Politik ist in Artikel 113 auf das Funktionieren des Gemeinsamen Marktes hin und zum Schutz des Gesamtinteresses der Gemeinschaft konzipiert; die Sonderinteressen der Mitgliedstaaten müssen sich innerhalb des Rahmens, den das Gesamtinteresse setzt, einander anpassen. Mit dieser Konzeption wäre es ganz offensichtlich unvereinbar, wenn sich die Mitgliedstaaten unter Berufung auf eine parallele Zuständigkeit einen Freiraum vorbehalten könnten, um in den Außenbeziehungen die gesonderte Befriedigung ihrer Eigeninteressen zu suchen, auf die Gefahr hin, einen wirksamen Schutz der Gesamtinteressen der Gemeinschaft zu hintertreiben.“*[1019] Entscheidend für die Annahme einer ausschließlichen Kompetenz waren für den EuGH damit die funktionale Ausrichtung auf den Gemeinsamen Markt und der Schutz der Gemeinschaftsinteressen.

Ferner regelt Art.3 Abs.2 AEUV die ausschließliche Zuständigkeit der Union für den Abschluss internationaler Übereinküfte und kodifiziert damit die bisherige AETR-Rechtsprechung des EuGH zur impliziten Erteilung ausschließlicher Kompetenzen.[1020] Demnach ist die Union ausschließlich für den Abschluss internationaler Übereinkünfte zuständig, wenn der Abschluss einer solchen Übereinkunft in einem Gesetzbebungsakt der Union vorgesehen ist[1021], wenn er notwendig ist, damit sie ihre interne Zuständigkeit ausüben kann[1022], oder

Erhaltung der biologischen Meeresschätze im Rahmen der gemeinsamen Fischereipolitik und die gemeinsame Handelspolitik.

1018 Martenczuk, ZaöRV 1999, 93, 104.

1019 EuGH, Gutachten 1/75, Local Cost Standard, Slg.1975, 1355 ff.; weiter führt der Gerichtshof aus: *„Daher kann nicht angenommen werden, dass in einer Materie, wie sie in der fraglichen Vereinbarung geregelt ist […] auf Gemeinschafts- wie auf internationaler Ebene neben der Zuständigkeit der Gemeinschaft noch eine parallele Zuständigkeit der Mitgliedstaaten besteht.“*

1020 Calliess in Calliess/ Ruffert, EUV/ AEUV, Art.3 Rdn.16.

1021 Diese Konstallation geht nach Calliess in Calliess/ Ruffert, EUV/ AEUV, Art.3 Rdn.16 auf das Gutachten 1/94, GATS und TRIPs, Slg.1994, I-5267 ff. zurück. Hier hatte der EuGH in Rdn.95 ausgeführt: *„Hat die Gemeinschaft in ihre internen Rechtssetzungsakte Klauseln über die Behandlung der Angehörigen von Drittstaaten aufgenommen oder hat sie ihren Organen ausdrücklich eine Zuständigkeit zu Verhandlungen mit Drittstaaten übertragen, so erwirbt sie eine ausschließliche externe Zuständigkeit nach Maßgabe des von diesen Rechtsakten erfassten Bereiches.“*

1022 Diese Konstellation greift die 1/76-Rechtsprechung des EuGH auf. Da diese nicht den Erlass von Sekundärrecht voraussetzte, konnte zur Bestimmung ausschließlicher Außenkompetenzen nicht an gesetztes Binnenrecht angeknüpft werden. Dementsprechend stellte der Gerichtshof im Gutachten 1/94, GATS und TRIPs, Slg.1994, I-5267 Rdn.85 auf die Ausübung der externen Kompetenz ab: *„Daher ist es verständlich, dass*

soweit er gemeinsame Regeln beeinträchtigen oder deren Tragweite verändern könnte.[1023]

bb) Geteilte Außenkompetenzen

Von den ausschließlichen Zuständigkeiten sind die sog. geteilten Kompetenzen zu unterscheiden. Mit diesem Begriff werden Konstellationen umschrieben, in denen für Sachbereiche eines völkerrechtlichen Abkommens keine ausschließliche Kompetenz der EU gegeben ist.[1024] Wie in Art.2 Abs.2 AEUV geregelt, können im Fall geteilter Zuständigkeiten sowohl die Union als auch die Mitgliedstaaten gesetzgeberisch tätig werden und verbindliche Rechtsakte erlassen. Demnach ist es für die Mitgliedstaaten möglich, neben der Union völkerrechtliche Vereinbarungen einzugehen. In der Literatur wird weiterhin eine Differenzierung zwischen sog. konkurrierenden, parallelen und Rahmenkompetenzen vorgenommen[1025], die aus Gründen der Übersichtlichkeit auch den folgenden Ausführungen zugrunde gelegt wird.

---

die externe Zuständigkeit ausgeübt werden kann, ohne dass zuvor ein interner Rechtsakt erlassen worden ist, und damit zu einer ausschließlichen Zuständigkeit werden kann."

1023 Entsprechend hatte der EuGH in der Rs.22/70, AETR, Slg.1971, 263 Rdn.22, ausgeführt, dass „*in den Bereichen, in denen die Gemeinschaft zur Verwirklichung einer vom Vertrag vorgesehenen gemeinsamen Politik Vorschriften erlassen hat, die in irgendeiner Form gemeinsame Rechtsnormen vorsehen, die Mitgliedstaaten weder einzeln noch selbst gemeinsam handelnd berechtigt, mit dritten Staaten Verpflichtungen einzugehen, die diese Normen beeinträchtigen. In dem Maße, wie diese Gemeinschaftsrechtsetzung fortschreitet, kann nur die Gemeinschaft mit Wirkung für den gesamten Geltungsbereich der Gemenschaftsrechtsordnung vertragliche Verpflichtungen gegenünber dritten Staaten übernehmen und erfüllen."*
Vedder in FS Ginther, 501, 505 f., weist darauf hin, dass sich diese Anknüpfung an die Beeinträchtigung von Binnenrecht auch bei ausschließlichen internen Kompetenzen zeigt und dort auf den Vorrang des Unionsrechtes gegründet wird. In diesem Sinn führt O'Keeffe EFAR 1999, 7, 12 f., aus, dass der AETR- Rechtsprechung ein erweitertes Verständnis des Grundsatzes des Vorranges des Unionsrechts zugrunde gelegt wurde.

1024 Schmalenbach in Calliess/ Ruffert, EUV/ AEUV, Art.216 Rdn.22. Zur Verwendung des Begriffes in der Rechtsprechung des EuGH, vgl. Sattler, 50 f., insbesondere Fn.76.

1025 Streinz, Europarecht, Rdn.152.

α) Konkurrierende Kompetenzen

Sog. konkurrierende Zuständigkeiten stellen, wie Art.4 Abs.1 AEUV entnommen werden kann, den unionsrechtlichen Regelfall dar.[1026] Sie sind gegeben, wenn der Union eine „relative Kompetenz" übertragen wurde, welche diese noch nicht angewendet hat.[1027] Dementsprechend geht aus Art.2 Abs.2 AEUV hervor, dass die Mitgliedstaaten ihre Zuständigkeit wahrnehmen, sofern und soweit die Union ihre Zuständigkeit nicht ausgeübt hat. Ferner nehmen die Mitgliedstaaten ihre Zuständigkeit erneut wahr, sofern und soweit die Union entschieden hat, ihre Zuständigkeit nicht mehr auszuüben. Kennzeichen einer konkurrierenden Zuständigkeit ist damit die Sperrwirkung, die eine unionsrechtliche Maßnahme zur Folge hat.[1028] Bis zu diesem Zeitpunkt haben die Mitgliedstaaten ferner bestimmte Vorgaben des Unionsrechtes zu beachten. So sind sie an das Loyalitätsgebot des Art.4 Abs.3 EUV gebunden und haben daher alle Maßnahmen zu unterlassen, die die Verwirklichung der Ziele der Union gefährden könnten.[1029] Eine nicht abschließende Aufzählung der Sachbereiche geteilter Zuständigkeiten enthält Art.4 Abs.2 AEUV.[1030]

β) Parallele Zuständigkeiten

Parallele Zuständigkeiten unterscheiden sich von den oben genannten konkurrierenden Kompetenzen durch das Fehlen eines gegenseitigen Ausschließlichkeitsverhältnisses.[1031] Vielmehr können neben der Union auch die Mitgliedstaaten Recht setzen.[1032] Zum Ausdruck kommt dies in Art.4 Abs.3, 4 AEUV. Hier wird bestimmt, dass das Tätigwerden der Union die Mitgliedstaaten nicht hindert, ihre Zuständigkeit auszuüben. Eine Sperrwirkung wie im Fall der konkurrierenden Kompetenzen greift somit nicht. Gerechtfertigt ist dies aufgrund des Nebeneinanderbestehens der Kompetenzen, die unterschiedliche Regelungsgegenstände betreffen. Es besteht daher nicht die Gefahr, dass die Unionsregelungen durch parallele Regelungen der Mitgliedstaaten beeinträchtigt werden. Es ist

---

1026 Pache/ Rösch, NVwZ 2008, 473, 478. Gemäß Art.4 Abs.1 AEUV teilt die Union ihre Zuständigkeit mit den Mitgliedstaaten, wenn ihr die Verträge außerhalb der in den Artikel 3 und 6 genannten Bereiche eine Zuständigkeit übertragen.

1027 Blumenwitz/ Schöbener, 62.

1028 Weber, EuZW 2008, 7, 11.

1029 Sattler, 51 f.

1030 Calliess in Calliess/ Ruffert, EUV/ AEUV, Art.4 Rdn.2.

1031 Sattler, 52.

1032 Streinz, Europarecht, Rdn.158.

folglich möglich, dass die Union und die Mitgliedstaaten gemeinsam handeln oder getrennt voneinander vorgehen.[1033]

γ) Rahmenkompetenzen

Unter Anknüpfung an das Kriterium materieller Regelungsdichte können schließlich noch sog. Rahmenkompetenzen ausgemacht werden, die nach Art. 6 AEUV auf die Unterstützung, Koordinierung oder Ergänzung mitgliedstaatlicher Maßnahmen ausgerichtet und akzessorischer Natur sind.[1034] Die bestehenden Beschränkungen hinsichtlich der Regelungsmaterie und der Handlungsformen sind letztendlich Ausdruck des Grundsatzes der begrenzten Einzelermächtigung.[1035] Auch im Bereich der Wirtschaftspolitik haben sich die Mitgliedstaaten nach Art.2 Abs.3 AEUV bei der Koordinierung in dem von der Union vorgegebenen Rahmen zu bewegen.[1036] Außerhalb dieser Begrenzungen sind demnach die Mitgliedstaaten handlungsbefugt.

cc) Endbemerkung

Nach den obigen Ausführungen ist die Union nur im Fall einer ausschließlichen Kompetenzzuordnung in der Lage, den sich aus dem IWF-Abkommen ergebenden Pflichten alleine nachzukommen. Nur unter dieser Prämisse ist von einem vollständigen Kompetenzverlust auf Seiten der Mitgliedstaaten auszugehen, der wiederum ein Erfüllen der Mitgliedschaftsvoraussetzungen des IWF durch die Mitgliedstaaten der Union ausschließt. Zu prüfen ist daher, ob der EU in den einzelnen Tätigkeitsfeldern des IWF entsprechende Zuständigkeiten zuerkannt wurden. Dabei ist zu berücksichtigen, dass die restriktive Handhabung bei der Zuerkennung ausschließlicher Kompetenzen grundsätzlich für das Vorliegen einer Kompetenzteilung spricht. Schließlich resultiert einerseits aus dem Grundsatz der begrenzten Einzelermächtigung eine Kompetenzvermutung zugunsten der Mitgliedstaaten, andererseits sind der EU grundsätzlich konkurrierende Kompetenzen zugeteilt.[1037]

1033 Sattler, 52 f.

1034 Streinz, Europarecht, Rdn.159.

1035 Streinz, Europarecht, Rdn.159.

1036 Streinz, Europarecht, Rdn. 161, weist darauf hin, dass die getrennte Regelung dafür spricht, dass eine eigene Kompetenzkategorie geschaffen werden sollte. Die Wirtschaftspolitik sei zwischen den geteilten Kompetenzen und den Unterstützungsmaßnahmen einzuordnen.

1037 Sattler, 36.

b) Kompetenzuntersuchung nach den Tätigkeitsbereichen des IWF

aa) Tätigkeit des IWF im Währungsbereich

Der IWF befasst sich im Wesentlichen mit der Ausübung der Währungssouveränität durch seine Mitglieder. Angesichts der Übertragung derselben in der dritten Stufe der Währungsunion auf die Union ist zu untersuchen, ob letztere nunmehr zur alleinigen Ausübung der Kompetenzen, insbesondere in externer Hinsicht, befugt ist. Schließlich wäre nur im Fall des Bestehens einer ausschließlichen Vertragsschlusskompetenz auf Unionsebene ein Handeln der Mitgliedstaaten auszuschließen und die Union im Sinne der Mitgliedschaftskriterien des IWF zur alleinigen Kontrolle ihrer auswärtigen Beziehungen befähigt.[1038]

α) Ausschließliche Kompetenz der Union im Bereich der Währungspolitik

Gemäß Art.3 Abs.1 c) AEUV zählt die Währungspolitik zu den ausschließlichen Kompetenzen der Union. Mit diesem Verweis kann die Untersuchung der Kompetenzzuordnung jedoch nicht enden. So stellt Art.2 Abs.6 AEUV klar, dass sich der genaue Umfang der Zuständigkeiten der Union aus den einzelnen Bestimmungen zu den einzelnen Sachbereichen ergibt. Dies macht weitere Ausführungen zur Qualifizierung der Währungspolitik notwendig.

Bereits während der Geltung des EG-Vertrages wurde eine ausschließliche Kompetenz, teils unter Hinweis auf die Rechtsprechung des EuGH im Handelsbereich unter Berufung auf die Natur der Sache, angenommen.[1039] Es sei

---

1038 In diesem Zusammenhang ist zu beachten, dass bisher nicht alle Mitgliedstaaten der Union den Euro eingeführt haben. Es könnte daher überlegt werden, ob bereits aus diesem Grund das Vorliegen einer ausschließlichen Zuständigkeit der Union abzulehnen und eine konkurrierende Zuständigkeit im Währungssektor anzunehmen ist. Ein solches Vorgehen erfasst die Problematik jedoch nicht in erschöpfender Weise. Da die differenzierte Integration grundsätzlich als Übergangsregelung zu verstehen ist, gilt es vielmehr zu untersuchen, ob im Fall der angestrebten Einführung des Euro in der gesamten Union die Währungskompetenzen derselben im Vertrag als ausschließlich angelegt wurden. Dieser Frage wird im folgenden Kapitel nachgegangen. Die darüber hinaus durch die differenzierte Integration im Währungsbereich entstehende Problematik wird in einem gesonderten Abschnitt behandelt.

1039 Vgl. u.a. Martha CMLRev.1993, 749, 772 f.; Smits in v.d. Groeben/ Schwarze, EUV/ EGV, Art.111 Rdn.21 f.; Bognar, Europäische Wirtschaftsintegration und Außenwirtschaftsbeziehungen, 374; Weiß, EuR 2002, 165, 173 f.; Martenczuk, ZaöRV 1999, 93, 104 f.; Louis, EUI WPL No.99/10, 5; Dutzler, 445, 460f.; Dutheil de la Rochère, YbEL 1999/2000, 427, 431, 440; Tomuschat in v.d. Groeben/ Schwarze, EUV/EGV, Art.300 Rdn.5 bzgl. Art.111 Abs.1, 3; Palm in Grabitz/ Hilf/ Nettesheim, EU, Art.219

charakteristisch für eine einheitliche Währung, dass diese, wie jetzt Art.119 Abs.2 AEUV zeigt, mit einer einheitlichen Geld- und Wechselkurspolitik einhergehe.[1040] In diesem Sinn bestätigt Art.127 Abs.2 AEUV für die Währungsinnenpolitik, dass die Festlegung und Durchführung der Währungspolitik einheitlich der Union übertragen wurde. Den Mitgliedstaaten wurde insofern kein Handlungsspielraum zugestanden.[1041] Auch Art.219 AEUV wird als Ausdruck des Bemühens verstanden, in der Währungsaußenpolitik einheitlich aufzutreten.[1042] Verdeutlicht wird dies etwa durch den in Art.219 Abs.3 S.2 AEUV angesprochenen einheitlich zu vertrenden Standpunkt. Da diese Grundkonzeption durch das Bestehen von Kompetenzen der Mitgliedstaaten in der Währungsaußenpolitik vereitelt würde, sind diese, unabhängig von einem Tätigwerden der Union, zu einem solchen nicht länger befugt.[1043] Dies gilt also selbst für den Fall, dass die Union noch keine entsprechenden Vereinbarungen eingegangen ist.[1044]

β) Kompetenzen der Mitgliedstaaten durch restriktive Auslegung von Art.219, 138 AEUV

Gegen das Vorliegen einer ausschließlichen Unionskompetenz wird teilweise der Wortlaut von Art.219 Abs.3 AEUV angeführt. Aus dem einleitenden Halbsatz: „*Wenn von der Union [...] Vereinbarungen im Zusammenhang mit Währungsfragen oder Devisenregelungen auszuhandeln sind, [...]*“ wird dabei das Bestehen einer Subsidiaritätsbedingung abgeleitet.[1045] Diese Argumentation ist vor dem

Rdn.4; Vedder in FS Ginther, 501, 505; Calliess, EuZW 1995, 693, 696; Blumenwitz/ Schöbener, 68; Potcas, EuR 1993, 23, 36; A.A. dagegen Toth, CMLR 1992, 1079, 1090 unter Hinweis auf den Wortlaut des Vertrages.

1040 Eeckhout, 129; ähnlich Dony, 241, 244; Bognar, Europäische Wirtschaftsintegration und Außenwirtschaftsbeziehungen, 354 verweist darauf, dass insbesondere die Sicherung der Preisstabilität eine ungeteilte währungspolitische Kompetenz auf Unionsebene erfordere.

1041 Weiß, EuR 2002, 165, 174.

1042 Weiß, EuR 2002, 165, 175.

1043 Weiß, EuR 2002, 165, 175.

1044 Martenczuk, ZaöRV 1999, 93, 105.

1045 Zilioli/ Selmayr, CMLRev.1999, 273, 297 ff. und folgend Weinrichter, EIoP 2000, 14 f. verweisen gleichzeitig darauf, dass die Notwendigkeit auswärtigen Unionshandelns angesichts des Vorliegens einer einheitlichen Währung ohne besondere Probleme nachzuweisen sei. Die durch die Union darzulegende Notwendigkeit des Abschlusses eines Abkommens und den Umstand, dass die jetzt in Art.219 Abs.3 AEUV enthaltene Regelung ihrem Wortlaut nach nicht alle Währungsangelegenheiten umfasst, betont auch Dutheil de la Rochère, YbEL 1999/2000, 427, 441, 443.

Hintergrund der Diskussion zur horizontalen Kompetenzabgrenzung zwischen der Union und der EZB als selbständigen Gemeinschaften zu sehen. Nach hier vertretener Ansicht hat eine solche Trennung zwischen verschiedenen Souveränitätsträgern jedoch nicht stattzufinden, da die Unionskompetenzen auch die der EZB zugeteilten Aufgaben umfassen.[1046] Aber auch im Verhältnis zu den Mitgliedstaaten überzeugt ein solches Argument nicht. Einer einschränkenden Auslegung ist der unbestimmte Wortlaut entgegenzuhalten, nach dem nicht nur Währungs- und Devisenregelungen erfasst werden, sondern auch Fragen, die im Zusammenhang mit diesen Regelungen stehen.[1047] Dies verdeutlicht, dass der Wortlaut einer weiten Auslegung der Unionskompetenz nicht entgegensteht. Zudem widerspricht eine restriktive Interpretation Sinn und Zweck von Art.219 Abs.3 AEUV. Die einheitliche Verantwortung der Union für die Währungspolitik schließt es gerade aus, dass einzelne ihrer Mitgliedstaaten Vereinbarungen im Zusammenhang mit Währungsfragen oder Devisenregelungen im Sinne von Art. 219 Abs.3 AEUV aushandeln und abschließen.[1048] Entsprechendes gilt, wenn auf die Möglichkeit einer restriktiven Auslegung des Wortlautes von Art.138 Abs.1 AEUV verwiesen wird, der einen gemeinsamen Standpunkt nur für Fragen „von besonderer Bedeutung für die Wirtschafts- und Währungsunion" vorsieht. Diese Formulierung ist hier nicht der Abgrenzung der Kompetenzen zwischen den Mitgliedstaaten und der Union geschuldet, sondern der internen Kompetenzverteilung zwischen Rat und EZB.[1049]

γ) Kompetenzen der Mitgliedstaaten im Bereich der Währungspolitik nach Art.219 Abs.4 AEUV

Gegen das Vorliegen einer ausschließlichen Kompetenz der Union wird weiterhin Art.219 Abs.4 AEUV angeführt, nach dem die Mitgliedstaaten das Recht haben, unbeschadet der Unionszuständigkeit und der Unionsvereinbarungen über die Wirtschafts- und Währungsunion in internationalen Gremien Verhandlungen zu führen und internationale Vereinbarungen zu treffen. Diese Regelung zeige, dass der Union in der Währungsaußenpolitik lediglich eine gemischte

---

1046 Vgl. zu dieser Diskussion 5. Kapitel Abschnitt III m.w.N.; Weiß, EuR 2002, 165, 175, verweist als Argument auf die ähnliche Formulierung der jetzt in Art.207 Abs.3 AEUV enthaltenen Regelung. Dies erscheint jedoch problematisch, da der EZB in der Handelspolitik per se keine Funktion zukommt.

1047 Weiß, EuR 2002, 165, 177.

1048 Martenczuk, ZaöRV 1999, 93, 105; ähnlich Martha, CMLRev. 1993, 749, 772 f.; Bognar, Europäische Wirtschaftsintegration und Außenwirtschaftsbeziehungen, 353.

1049 Weiß, EuR 2002, 165, 179.

Kompetenz mit Blick auf Wechselkursvereinbarungen für den Euro zustehe.[1050] Der Begriff der Gremien bezieht sich dabei insbesondere auf formelle internationale Organisationen.[1051] Er ist daher auch im Hinblick auf den IWF relevant.

αα) Anwendbarkeit von Art.219 Abs.4 AEUV im Währungsbereich

Die Annahme einer auf Art.219 Abs.4 AEUV gestützten konkurrierenden Kompetenz ist nur möglich, wenn diese Vorschrift im Währungsbereich Anwendung findet. Unter der Geltung des EG-Vertrages wurde aufgrund des Verweises in Art.111 Abs.4 EGV auf Art.99 EGV jedoch angedacht, dass sich die Norm lediglich auf den Bereich der Wirtschaftspolitik bezieht, für den die Mitgliedstaaten auch nach Beginn der 3. Stufe der WWU zuständig sind.[1052] Ein solches Verständnis würde allerdings verkennen, dass Art.219 Abs.4 AEUV in klarem Zusammenhang mit den Regelungen zur externen Währungssouveränität steht und sich explizit auf die „Wirtschafts- und Währungsunion" bezieht.[1053] Ferner ist zu berücksichtigen, dass die ursprünglich in Art.111 Abs.4 EGV enthaltene Regelung nun unabhängig von Art.219 AEUV in Art.138 AEUV geregelt ist, wobei der Verweis auf die Wirtschaftspolitik gestrichen wurde. Art.219 Abs.4 AEUV ist damit Teil einer umfassenden Regelung der Außenbeziehungen der WWU und damit auch in den Währungsbeziehungen anwendbar.[1054]

1050 Schmalenbach in Calliess/ Ruffert, EUV/ EGV, Art.300 Rdn.5 (aF), spricht sich dabei für eine parallele Kompetenz aus, weist jedoch auch darauf hin, dass die Relevanz der Regelung seit der dritten Stufe der Währungsunion für die Mitgliedstaaten abgenommen habe und führt dies auf die AETR-Rechtsprechung zurück. In der Kommentierung zur Art. 216 AEUV findet sich diese Einordnung nicht länger.
Gegen eine ausschließliche Kompetenz sprechen sich auch Tuytschaever, 171; O'Keeffe, EFAR 1999, 7, 9, 27; Meng in Hobe, 39, 65 und Lorenzmeier in Grabitz/ Hilf, EU (aF), Art.300 Rdn.6, aus. Letztgenannter verweist allerdings nicht explizit auf die sich jetzt in Art.219 Abs.4 AEUV befindliche Regelung. Aufgrund der Bezugnahme auf konkurrierende Kompetenzen im Bereich des Umweltschutzes und der Entwicklungspolitik ist dieser Rückschluss jedoch denkbar, da sich hier vergleichbare Regelungen finden.

1051 Smits in v. d. Groeben/ Schwarze, EUV/EGV, Art.111 Rdn.174.

1052 Eine solche Interpretationsmöglichkeit wird von Dehousse/ Ghemar, EJIL 1994, 1, 7 Fn.3 angedacht, im Ergebnis jedoch verneint.

1053 Vgl. Zilioli/ Selmayr, ECB, 213.

1054 Martenczuk, ZaöRV 1999, 93, 105. Nach Weiß, EuR 2002, 165, 176, besagt die jetzt in Art.219 Abs.4 AEUV enthaltene Regelung im Bereich der Wirtschaftspolitik nur Selbstverständliches, da hier die Zuständigkeit bei den Mitgliedstaaten verblieben sei.

ββ) Bedeutung von Art.219 Abs.4 AEUV unter Berücksichtigung von Art. 3 Abs.2 AEUV

Trotz der Anwendbarkeit der Regelung im Währungsbereich rechtfertigt der Wortlaut von Art.219 Abs.4 AEUV den Schluss auf geteilte Kompetenzen nicht ohne Weiteres. Schließlich wird zunächst nur Offensichtliches in der Form bestätigt, dass die Mitgliedstaaten außerhalb des Anwendungsbereiches der ausschließlichen Unionskompetenz weiterhin international zuständig sind.[1055] Zurückzugreifen ist daher auf den Sachzusammenhang der Norm. Hier war unter der Geltung des EG- Vertrages insbesondere die in der Schlussakte zu Maastricht beigefügte „Erklärung Nr.10 zu den Artikeln 111, 174, 181 des Vertrages zur Gründung der Europäische Gemeinschaft" von Bedeutung.[1056] Aus dieser folgt, dass Art.219 Abs.4 AEUV nicht die Grundsätze berührt, die sich aus dem Urteil des Gerichtshofes in der AETR-Rechtssache ergeben und die nunmehr in Art.3 Abs.2 AEUV kodifiziert wurden.

Allerdings rechtfertigt auch dieser Ansatz den Schluss auf eine konkurrierende oder parallele Zuständigkeit der Mitgliedstaaten nicht ohne Weiteres. Schließlich setzt die Anwendung dieser Grundsätze voraus, dass keine ausdrückliche Unionskompetenz statuiert wurde. Dies erscheint fraglich, zumal mit Art.219 AEUV eine eigenständige Vorschrift für die Aushandlung und den Abschluss internationaler Abkommen vorhanden und im Bereich der Währungspolitik in Art.3 Abs.1 c) AEUV eine ausschließliche Unionskompetenz vorgesehen ist.[1057] Eine andere Interpretation verkennt, dass Art.219 Abs.4 AEUV nach seinem Wortlaut die Unionskompetenzen „unbeschadet" bestehen lassen soll. Zudem würde eine Kompetenzannahme die Gefahr bergen, das im Zusammenhang mit der Wechselkursregulierung notwendige einheitliche Vorgehen der Union zu beeinträchtigen.[1058] Allenfalls außerhalb des Feldes der Wechselkursregelungen kann daher der Anwendungsbereich mitgliedstaatlicher Restkompetenzen fallweise und unter Heranziehung der AETR-Grundsätze bestimmt werden.[1059]

1055 Smits in v. d. Groeben/ Schwarze, EUV/EGV, Art.111 Rdn.170.

1056 Smits in v. d. Groeben/ Schwarze, EUV/EGV, Art.111 Rdn.171; Bognar, Europäische Wirtschaftsintegration und Außenwirtschaftsbeziehungen, 353.

1057 Dutzler, 445, 460, der darauf verweist, dass vor diesem Hintergrund nicht wie im Fall der AETR-Rechtsprechung die Notwendigkeit besteht, auf das allgemeine System des Unionsrechtes zurückzugreifen.

1058 Smits, ECB, 449.

1059 Smits in v.d. Groeben/ Schwarze, EUV/EGV, Art.111 Rdn.173; ders., ECB, 418.

γγ) Restkompetenzen der Mitgliedstaaten im Bereich der Währungspolitik

Trotz der obigen Ausführungen und der ausschließlichen Kompetenz der Union ist Art.219 Abs.4 AEUV auch im Bereich der Währungspolitik relevant. Einen solchen Schluß lässt Art.2 Abs.1 AEUV zu, nach dem Mitgliedstaaten im Fall ausschließlicher Kompetenzen tätig werden können, wenn sie hierzu ermächtigt wurden oder Rechtsakte der Union durchführen. Art.219 Abs.4 AEUV ist dabei zunächst in engem Zusammenhang mit der Kollisionsregelung in Art.351 AEUV zu sehen. Über diese Vorschrift wird auch im Feld der Währungspolitik, zumindest für einen Übergangszeitraum, sichergestellt, dass die Mitgliedstaaten ihre Verpflichtungen aus sog. Altabkommen weiterhin erfüllen können.[1060] Über Art.219 Abs.4 AEUV wird jedoch nicht nur die Kontinuität vertraglicher Bindungen gewahrt, sondern auch eine speziell im Bereich internationaler Organisationen bestehende Problematik gelöst.[1061] Hier lassen die Statuten, wie auch im Fall des IWF[1062], regelmäßig nur eine Mitgliedschaft von Staaten zu, so dass der Union ein Beitritt als Mitglied verwehrt ist. Da diese Rechtslage eine Handhabung der Mitgliedschaft entsprechend der Kompetenzordnung in der Union verhindert, stellt Art.219 Abs.4 AEUV sicher, dass die Mitgliedstaaten ihre Mitgliedschaftsrechte auch im Bereich der Währungspolitik weiterhin ausüben können. Allerdings treten die Staaten dabei anstelle der Union und in deren Interesse auf.[1063]

Art.219 Abs.4 AEUV deckt ferner ein Tätigwerden der Mitgliedstaaten aufgrund entsprechender Ermächtigung seitens der Union ab. Denkbar ist dabei nicht nur ein Tätigwerden im Namen der Union, sondern auch ein Tätigwerden der Mitgliedstaaten im eigenen Namen.[1064]

1060 Zilioli/ Selmayr, ECB, 215, verweisen darauf, dass Altabkommen den wichtigsten Anwendungsfall der mitgliedstaatlichen Restkompetenz im Bereich der Währungspolitik bilden.; vgl. 4.Kapitel Abs. VI.2./3. m.w.N.

1061 Vgl. Palm in Grabitz/Hilf/ Nettesheim, EU, Art.219 Rdn.62; Vedder in FS Ginther, 501, 505; Meng in Hobe, 39, 65.

1062 Häde in Calliess/ Ruffert, EUV/ AEUV, Art.219 Rdn.20; vgl. 6. Kapitel Abs.II m.w.N.

1063 O'Keeffe, EFAR 1999, 7, 26. Im Sinne dieser Treuhandstellung der Mitgliedstaaten hat etwa der Vorsitz des Europäischen Rates von Luxemburg in seinen Schlussfolgerungen vom 12. und 13. Dezember, Anlage I, Ziffer II.10 festgehalten: „*Die Mitgliedstaaten sollten sich in ihrer Eigenschaft als Mitglieder des IWF darum bemühen, zu pragmatischen Vereinbarungen zu gelangen, die die Durchführung der IWF-Überwachung und die Darlegung des Gemeinschaftstandpunktes einschließlich des ESZB-Standpunktes in den IWF-Gremien erleichtern.*“ Vgl. hierzu 4.Kapitel Abs.VII.1 m.w.N.

1064 Nach Krauskopf/ Steven, EuZW 1999, 650, 652, richtet sich diese Unterscheidung im Fall der Währungsbeziehungen zu Drittstaaten an der Frage aus, „ob der betroffene Drittstaat bislang die Währung eines Teilnehmerlandes als gesetzliches Zahlungsmittel

Der Umstand, dass Mitgliedstaaten infolge ausdrücklicher Ermächtigung oder multilateraler Notwendigkeit treuhändisch für die Union auftreten, steht einer Qualifizierung der Unionskompetenzen als ausschließlich nicht entgegen.[1065] Dies folgt bereits aus dem Wortlaut von Art.219 Abs.4 AEUV, nach dem die Handlungsmöglichkeiten der Mitgliedstaaten unter dem Vorbehalt der Beachtung des Unionsrechtes stehen.[1066] Auch Sinn und Zweck der Regelung sprechen für ein solches Verständnis. Schließlich wird ein Vorgehen gewählt, das eine Anpassung an die völkerrechtlichen Gegebenheiten ermöglicht und so gewährleistet, dass zumindest mittelbar die Unionskompetenzen ausgeübt werden können.[1067] Eine

---

benutzte oder die eigene Währung nur fest daran gekoppelt hat." Im ersten Fall kann nur die Union als Vertragspartner auftreten, im zweiten Fall dagegen auch ein Mitgliedstaat, wenn dieser bestimmte unionsrechtliche Voraussetzungen erfüllt. Als Beispiele für ein Tätigwerden eines Mitgliedstaates im Namen der Union werden von Krauskopf/ Steven, aaO., die europäischen Mikrostaaten San Marino, Vatikanstadt sowie Monaco angeführt. Keiner dieser Staaten verfügt über eine eigene Währung, vielmehr wurden spezielle Währungsbeziehungen zu Italien bzw. Frankreich unterhalten. Im Zuge der Einführung des Euro erteilte der Rat auf der Grundlage der jetzt in Art.219 Abs.3 AEUV enthaltenen Regelung diesen Mitgliedstaaten ein Mandat zur Verhandlung und zum Abschluss neuer Vereinbarungen im Bereich der Währungsbeziehungen. Ausführlich hierzu Krauskopf/ Steven, EuZW 1999, 650, 652 f.; Hafke, ZEuS 2000, 25, 33 f. Als Beispiel des Tätigwerdens eines Mitgliedstaates im eigenen Namen werden von Krauskopf/ Steven, EuZW 1999, 650, 653, zunächst die Währungsbeziehungen Frankreichs mit der sog. CFA-Zone angeführt, die sich aus der zentralafrikanischen sowie der westafrikanischen Währungsunion zusammensetzt. Ein Währungsabkommen sicherte hier die Anbindung der Währung an den französischen Franc. Nach Ersetzung der nationalen Währung durch den Euro wurde Frankreich auf der Grundlage der jetzt in Art.219 Abs.3 AEUV enthaltenen Regelung ermächtigt, die Vereinbarungen über Wechselkursfragen in alleiniger Verantwortung für deren Umsetzung fortzuführen. In entsprechender Weise wurden nach Krauskopf/ Steven, aaO., auch die monetären Beziehungen Frankreichs zu den Komoren geregelt, die wiederum einen Präzedenzfall für die Regelungen der monetären Beziehungen zwischen Portugal und den Kapverden bildeten. Ausführlich hierzu Krauskopf/ Steven, EuZW 1999, 650, 653 f. sowie zur CFA-Franc-Zone: Hadjimichael/ Galy, IMF Working Paper, 11/1997.

1065 Vedder in FS Ginther, 501, 507; ähnlich O'Keeffe EFAR 1999, 7, 26.

1066 Palm in Grabitz/ Hilf/ Nettesheim, EU, Art.219 Rdn. 65 f., verweist hier darauf, dass die Mitgliedstaaten die Zuständigkeiten der Union beachten müssen, wie sie sich aus der AETR-Rechtsprechung, Art.219 Abs.1, 3, 138 AEUV ergeben. Gleiches gilt für die in Art.119 Abs.2 AEUV verankerten Grundsätze.

1067 Sattler, 187 betont dies im Zusammenhang mit Handlungsermächtigungen seitens des Rates zur Gewährleistung der außenpolitischen Handlungsfähigkeit der Union

Änderung der internen Unionskompetenzzuweisung ist hiermit nicht verbunden. Dies gilt auch im Fall der treuhändischen Wahrnehmung der Zuständigkeiten in der Währungspolitik durch die Mitgliedstaaten im Rahmen des IWF.

Eine solche Kompetenzausübung anstelle der Union durch die Mitgliedstaaten unterliegt zudem unionsrechtlichen Begrenzungen.[1068] So ergibt sich aus der Rechtsprechung des EuGH, dass die Mitgliedstaaten mit der Union zusammenzuarbeiten haben, wenn für diese aufgrund der völkerrechtlichen Rechtslage ein Auftreten und Handeln ausgeschlossen ist.[1069] Dabei obliegt der Union intern die Umsetzung, und die Mitgliedstaaten sind gehalten, „keine Verpflichtungen einzugehen, welche die EG [jetzt die EU] bei der Ausführung der ihr [unions]intern zustehenden Aufgaben behindern könnten."[1070] Zudem haben die Mitgliedstaaten „alle zu ihrer Verfügung stehenden rechtlichen und politischen Mittel einzusetzen", um eine Beteiligung der Union am Abkommen zu gewährleisten.[1071] Spätestens mit einer Mitgliedschaft der Union im IWF würde jedoch eine Ausübung der Kompetenzen in der Währungspolitik durch die Mitgliedstaaten im IWF obsolet. Art.219 Abs.4 AEUV rechtfertigt damit weder die Annahme konkurrierender Kompetenzen[1072] noch eine dauerhafte Mitgliedschaft der Mitgliedstaaten im IWF.

δδ) Konstitutive Wirkung von Art.219 Abs.4 AEUV

Die dargestellten nationalen Handlungsmöglichkeiten, die etwa den Wirtschaftsbereich und fortbestehende Verpflichtungen aus Altabkommen im Sinn von Art. 351 AEUV betreffen, sind grundsätzlich unstreitig und mussten als solche

---

und verweist auf den Ansatz des EuGH, nach dem es „für die Verwirklichung der Ziele des EGV vorteilhafter ist, dass die Mitgliedstaaten trotz EG- Zuständigkeit im Interessen der EG handeln, als wenn es zu gar keinem Vertragsabschluss kommt." Diese Überlegungen können auch auf Art.219 Abs.4 AEUV übertragen werden.

1068 Zu Recht verweist Sattler, 188 insofern darauf, „dass die Mitgliedschaft der Mitgliedstaaten in der Organisation [...] völkerrechtlich noch voll und unabhängig ist."

1069 Palm in Grabitz/ Hilf/ Nettesheim, EU, Art.219 Rdn.66, unter Verweis auf EuGH, Gutachten 2/91, ILO, Slg. 1993, I-1061, Rdn.37. Hier heißt es: *„Die Zusammenarbeit zwischen der Gemeinschaft und den Mitgliedstaaten ist im vorliegenden Fall unumgänglich, weil die Gemeinschaft beim derzeitigen Stand des Völkerrechts ein IAO-Übereinkommen nicht selbst, sondern nur durch die Mitgliedstaaten abschließen kann."*

1070 Sattler, 188 f.

1071 EuGH, Rs. 3,4 und 6/76, Kramer, Slg.1977, 1279, Rdn. 44 f.

1072 A.A. jedoch Meng in Hobe, 39, 65, unter gleichzeitigem Hinweis auf die Notwendigkeit einer treuhänderischen Kompetenzwahrnehmung durch die Mitgliedstaaten im IWF.

nicht in in Art.219 AEUV geregelt werden.[1073] Es ist jedoch zweifelhaft, ob Art.219 Abs.4 AEUV sich auf eine reine „Wiederholung des ohnehin Selbstverständlichen" reduziert. Unter Hinweis hierauf wird Art.219 Abs.4 AEUV zusätzlich in dem Sinne verstanden, dass so den Mitgliedstaaten konstitutiv eine Kompetenz wieder eingeräumt werde, ohne die ausschließliche Kompetenz der EU in Frage zu stellen. Letzteres sei durch den Vorbehalt zugunsten der EU Kompetenzen sichergestellt worden.[1074] Diese Argumentation berücksichtigt nicht, dass die Mitgliedstaaten ihre völkerrechtlichen Handlungsbefugnisse nach Beginn der dritten Stufe behalten, um eine Weiterführung bestehender Vereinbarungen zu ermöglichen. Die beabsichtigte Kontinuität wäre jedoch nicht gegeben, wenn eine Vertragsschlusskompetenz durch Art.219 Abs.4 AEUV erst erneut eingeräumt würde.[1075] Ein entsprechender Vorbehalt[1076] für mitgliedstaatliche Kompetenzen ist daher abzulehnen.[1077]

δ) Restkompetenzen der Mitgliedstaaten in der Währungsunion

Die obigen Ausführungen machen deutlich, dass für Restkompetenzen der Mitgliedstaaten in Bereichen, die der ausschließlichen Kompetenz der Union zuzuordnen sind, kein Raum mehr besteht.[1078] Dies gilt in jedem Fall für die einheitlich ausgestaltete Währungs- und Wechselkurspolitik. Letztere stellt jedoch nur einen, wenn auch wesentlichen, Aspekt der Währungssouveränität dar. Es gilt daher zu prüfen, inwieweit Kompetenzen außerhalb dieses Kernbereiches nicht in die ausschließliche Zuständigkeit der Union fallen und damit

1073 Vgl. Palm in Grabitz/ Hilf/ Nettesheim, EU, Art.219 Rdn.61 f., 64, der allerdings davon ausgeht, dass Art.219 Abs.4 AEUV auch gegenüber Art. 351 AEUV eine eigenständige Bedeutung zukommt. So soll Art. 219 Abs.4 AEUV eine Prüfung der Voraussetzungen des Art. 351 AEUV entbehrlich machen und auch insofern über Art.351 AEUV hinausgehen, als sich der Anwendungsbereich auf informelle Gremien sowie Abkommen erstreckt, die nicht über eine analoge Anwedung von Art.351 AEUV erfasst werden können. Beide Aspekte sind im Hinblick auf eine Mitgliedschaft im IWF jedoch nicht relevant und werden daher nicht näher behandelt.

1074 So die wörtlichen Ausführungen von Weiß, EuR 2002, 165, 176. Von einer konstitutiven Kompetenzeinräumung spricht auch Blumenwitz/ Schöbener, 69.

1075 Häde in Calliess/ Ruffert, EUV/ AEUV, Art.219 Rdn.19.

1076 Von einer ausdrücklichen Reserve mitgliedstaatlicher Kompetenzen sprechen auch Dehousse/ Ghemar, EJIL 1994, 1, 6.

1077 Smits in v. d. Groeben/ Schwarze, EUV/EGV, Art. 111 Rdn. 175.

1078 Smits in v. d. Groeben/ Schwarze, EUV/EGV, Art.111 Rdn.173, Fn.140, verweist darauf, dass Zuständigkeiten der Mitgliedstaaten nur in den Bereichen bestehen, die nicht umfassend „vergemeinschaftet" wurden.

eine weiterbestehende Mitgliedschaft der Mitgliedstaaten im IWF rechtfertigen könnten.[1079]

Anhaltspunkte für eine derartige Differenzierung bietet der AEU-Vertrag selbst. So werden aufgrund ihrer Bedeutung für die einheitliche Währung bestimmte Themenbereiche in Art.127 Abs.2 AEUV als grundlegende Aufgaben charakterisiert[1080], während weitere Zuständigkeiten in anderen Bestimmungen geregelt werden.[1081] Als Beispiele können die in Art.128 AEUV geregelte Ausgabe von Banknoten und Münzen genannt werden, oder aber der Binnenmarktaspekt der Währungsunion in Form der Regelungen zum Kapital- und Zahlungsverkehr. Die Differenzierung zwischen Bereichen, die von einer ausdrücklichen Kompetenzzuweisung betroffen sind, und solchen, die andere Aspekte der WWU erfassen, ist auch mit dem Wortlaut von Art.219 Abs.4 AEUV zu vereinbaren. So wird hier im Gegensatz zu Art.219 Abs.1, 3 AEUV nicht von völkerrechtlichen Vereinbarungen im Zusammenhang mit Währungsfragen oder Devisenregelungen gesprochen, sondern generell von Vereinbarungen „über die Wirtschafts- und Währungsunion."[1082]

αα) Bestehende Restkompetenzen und deren Relevanz im Bereich des IWF

Unter Berücksichtigung der obigen Ausführungen, insbesondere der schon in der Erklärung Nr. 10 zum Ausdruck kommenden Intention der Mitgliedstaaten, nicht von den Grundsätzen der AETR-Rechtsprechung abzuweichen, ist der Anwendungsbereich von mitgliedstaatlichen Restzuständigkeiten von Fall zu

---

1079 Wie im Bereich der Handels- und der Fischereipolitik ist damit die Reichweite des betroffenen Bereiches entscheidend, vgl. O'Keeffe, EFAR 1999, 7, 11.

1080 Es handelt sich um die Festlegung und Ausführung der Geldpolitik, die Durchführung der Devisengeschäfte, die Verwaltung und das Halten der offiziellen Währungsreserven sowie das Funktionieren der Zahlungssysteme.

1081 Dutheil de la Rochère, YbEL 1999/2000, 427, 431f.

1082 Bognar, Europäische Wirtschaftsintegration und Außenwirtschaftsbeziehungen, 354 f. Dieser unterscheidet „zwischen Bereichen, die von den ausdrücklichen Kompetenzzuweisungen [den jetzt in Art.119 Abs.2, 127 ff. AEUV enthaltenen Regelungen] umfasst sind und anderen Materien der WWU, die davon nicht erfasst werden." Zu den erstgenannten Bereichen werden dabei, unter Hinweis auf die einheitliche Geld- und Wechselkurspolitik der Union, die jetzt von Art.219 Abs.1, 3 AEUV erfassten Vereinbarungen gezählt. Auch nach Zilioli/ Selmayr, CMLRev. 1999, 273, 317 Fn. 158, erfasst die jetzt in Art.219 Abs.4 AEUV enthaltene Regelung die Währungspolitik im weiten Sinn.

Fall zu bestimmen.[1083] Als Felder verbleibender Kompetenzen werden etwa die Münzausgabe, die Währungsreserven, die Bankaufsicht, aber auch der Bereich des Zahlungs- und Kapitalverkehrs genannt.[1084] Dabei sind jedoch nicht alle Aspekte in gleicher Weise für die Frage relevant, ob die Union zur alleinigen Erfüllung der sich aus dem IWF-Abkommen ergebenden Verpflichtungen in der Lage ist. Von einer näheren Untersuchung kann etwa das Recht der Mitgliedstaaten zur Ausgabe von Münzen nach Art.128 Abs.2 AEUV ausgegrenzt werden.[1085] Dieser Bereich mag international etwa im Zusammenhang mit Abkommen zur Bekämpfung der Falschmünzerei relevant sein, jedoch nicht für das Tätigkeitsfeld des IWF. Anderes gilt für die Bereiche der Währungsreserven, der Finanzmarkt- und Bankenaufsicht und des Zahlungs- und Kapitalverkehrs, die daher nachfolgend behandelt werden.

ααα) Restkompetenzen im Bereich der Währungsreserven

Als erster Anhaltspunkt für Restkompetenzen der Mitgliedstaaten im Bereich der Währungsreserven wird Art.127 Abs.2 AEUV angeführt, der als eine Aufgabe des ESZB das Halten und Verwalten der offiziellen Währungsreserven *der Mitgliedstaaten* nennt.[1086] Hieraus folgt, dass die Reserven auch nach dem Eintritt in die dritte Stufe der WWU grundsätzlich den Mitgliedstaaten der Union zuzuordnen sind. Dies geht konform mit der Regelung in Art.30.1 EZB-Satzung, nach der nur ein Teil der Reserven, der keine IWF-Reservepositionen und SZR

1083 Smits in v. d. Groeben/ Schwarze, EUV/EGV, Art.111 Rdn.173; ders., ECB, 418; folgend Herrmann, EFAR 2002, 1, 12.

1084 Zilioli/ Selmayr, CMLRev.1999, 273, 298, führen aus: *"Member States retain some competences in the field of foreign exchange working balances, banking supervision, coins, for agreements which predate the entry into force of the Maastricht Treaty and in the case of special external monetary regimes expressly mentioned in the Protocols or Declarations attached to the Treaty."* Nähere Ausführungen hierzu finden sich auf den Seiten 317 ff.; diesen Ausführungen schließen sich Dutzler 445, 449 f.; Smits in v.d. Groeben/ Schwarze, EUV/ EGV, Art.111 Rdn.173 Fn. 140 an; Dutheil de la Rochère, YbEL 1999/2000, 427, 432, 443 verweist auf den Bereich der Bankaufsicht; Louis, EUI WPL No. 99/10, 14 verweist auf die Münzausgabe und die Währungsreserven.

1085 Dieses Recht steht unter dem Vorbehalt der Genehmigung des Ausgabeumfangs durch die EZB. Zudem hat der Rat Harmonisierungsmaßnamen hinsichtlich der Stückelung und der technischen Merkmale der Münzen erlassen. Den Mitgliedstaaten steht jedoch das Recht zu, die nationalen Seiten der Euro- Münzen zu gestalten und unter Berücksichtigung des Genehmigungsvorbehaltes Gedenkmünzen auszugeben. So Zilioli/ Selmayr, CMLRev 1999, 273, 319.

1086 Smits, ECB, 446.

umfasst, auf die EZB übertragen wird.[1087] Die für eine Mitgliedschaft im IWF relevanten Positionen sind daher nach wie vor den Mitgliedstaaten zuzuordnen.[1088]

Zu untersuchen ist, ob aus dieser Zuordnung Restkompetenzen der Mitgliedstaaten abgeleitet werden können. Dies erscheint angesichts des Umstandes fraglich, dass Devisengeschäfte nicht nur unter Rückgriff auf die Währungsreserven, sondern nach Art.127 Abs.2 AEUV auch im Einklang mit Art.219 AEUV zu führen sind. Zudem ist zu verhindern, dass sich Geschäfte mit den Reserven negativ auf die Geld- und Wechselkurspolitik der Union auswirken.[1089] Dementsprechend werden Transaktionen mit diesen Reserven nach Art.31.2 EZB-Satzung einem Zustimmungsvorbehalt der EZB unterworfen. Aus dem Übertragungsausschluss für IWF-Reservepositionen und SZR nach Art.30.1 EZB-Satzung kann daher nicht geschlossen werden, dass diese Positionen der Kontrolle der EZB und damit der Union nach Art.31.2 EZB-Satzung entzogen sind.

Das Fehlen von Kompetenzen der Mitgliedstaaten ergibt sich auch aus Art.127 Abs.2 AEUV. Hier wird trotz der dargelegten Zuordnung statuiert, dass das ESZB und nicht die Mitgliedstaaten für das Halten und Verwalten der Währungsreserven der Mitgliedstaaten zuständig sind. Damit obliegen alle einschlägigen Handlungen hinsichtlich der Reserven dem ESZB.[1090] Für die Kompetenz der Union spricht zudem, dass die EZB nach Art.30.5 EZB-Satzung IWF-Reservepositionen und SZR halten und verwalten sowie die Zusammenlegung solcher Aktiva vorsehen kann.

Trotz dieser Feststellungen könnten im Hinblick auf sog. Arbeitsguthaben in Fremdwährungen Zuständigkeiten der Mitgliedstaaten angenommen werden. So bestimmt Art.127 Abs.3 AEUV, dass die Aufgabe des ESZB nicht das Halten und Verwalten dieser Guthaben durch die Regierungen der Mitgliedstaaten berührt. Auf diese Weise soll ein effizientes Arbeiten der Regierungen

1087 Smits, ECB, 446.

1088 Dies gilt unabhängig davon, ob die Mitgliedstaaten nach nationalem Recht Eigentümer der Währungsreserven sind. Smits in v.d. Groeben/ Schwarze, EUV/EGV, Art.105 Rdn.39, betont insofern, dass die Reserven auch im Fall einer Eigentümerstellung der Zentralbanken „in wirtschaftlicher Hinsicht als die offiziellen Währungsreserven des jeweiligen Staates anzusehen [sind]." Dies geht mit den Regeln des IWF konform, nach denen die Reserven den Mitgliedern des Fonds gehören.

1089 Kroppenstedt in v.d. Groeben/ Schwarze, EUV/EGV, Art.31 EZB-Protokoll, Rdn.2.

1090 Smits in v.d. Groeben/ Schwarze, EUV/EGV, Art.105 Rdn.40; ders., ECB, 447, verweist darauf, dass die nationalen Zentralbanken in ihrer Funktion als Organe der EU und nicht ihres Staates auftreten.

durch Zuteilung der benötigten Liquidität sichergestellt werden.[1091] Hierbei ist jedoch ebenfalls zu berücksichtigen, dass die EZB nach Art.31.2 EZB-Satzung berechtigt ist, den Mitgliedstaaten in Bezug auf diese Guthaben Weisungen zu erteilen.[1092] Zudem bedürfen Transaktionen oberhalb eines bestimmten Betrages nach Art.31.2 EZB-Satzung einer Zustimmung der EZB. Allenfalls unterhalb dieses vergleichsweise gering anzusetzenden Betrages[1093] können daher Kompetenzen der Mitgliedstaaten angenommen werden.[1094]

Einem Zustimmungsvorbehalt unterliegen auch nicht die Geschäfte, die die nationalen Zentralbanken zur Erfüllung ihrer Verpflichtungen gegenüber internationalen Organisationen nach Artikel 23 EZB-Satzung abschließen. Dies folgt aus Art.31.1 EZB-Satzung, der eine lex specialis Regelung zu Art.31.2 EZB-Satzung darstellt.[1095] Erfasst werden hier etwa der Kauf und Verkauf von Devisen und Edelmetallen, das Halten und Verwalten der in Art.23 EZB-Satzung genannten Vermögenswerte sowie das Tätigen aller Arten von Bankgeschäften, einschließlich der Aufnahme und Gewährung von Krediten im Verkehr mit dritten Ländern sowie internationalen Organisationen. Zu diesen Verpflichtungen zählen auch solche gegenüber dem IWF.[1096]

Fraglich ist jedoch, ob aus dieser Vorschrift auf entsprechende Zuständigkeiten der Mitgliedstaaten geschlossen werden kann. Gegen eine solche Annahme spricht die mit Art.351 AEUV vergleichbare Funktion von Art.31.1 EZB-Satzung. So wird als Grund für die Regelung angeführt, dass „die nationalen Zentralbanken bereits vor dem Beginn der dritten Stufe der WWU vertragliche Verpflichtungen mit Internationalen Organisationen eingegangen sind und sie diese Verpflichtungen nach dem Grundsatz „pacta sunt servanda" auch nach dem Beginn der dritten

---

1091 Zilioli/ Selmayr, CMLRev. 1999, 273, 317; Smits in v.d. Groeben/ Schwarze, EUV/EGV, Art.105 Rdn.44.

1092 Smits in v.d. Groeben/Schwarze, EUV/EGV, Art.105 Rdn.45.

1093 Griller/ Dutzler in Grabitz/ Hilf/ Nettesheim, EU, Art.127 Rdn.40.

1094 Zilioli/ Selmayr, CMLRev 1999, 273, 318.

1095 Dass es sich bei Art.23 EZB-Satzung um die vorrangige Regelung handelt, ergibt sich nicht nur aus der systematischen Stellung in Art.31.1 EZB-Satzung, sondern auch aus der Einleitung von Abs.2, der auf „alle sonstigen Geschäfte" verweist. Nach Kroppenstedt in v.d. Groeben/ Schwarze, EUV/EGV, Art.31 EZB-Protokoll, Rdn.3 handelt es sich um eine Ausnahmeregelung.

1096 Kroppenstedt in v.d. Groeben/ Schwarze, EUV/EGV, Art.31 EZB-Protokoll, Rdn.4. Dieser weist darauf hin, dass „die nationalen Zentralbanken keine Mitglieder des IWF sein können und [...] ihnen daher keine Verpflichtungen gegenüber dem IWF erwachsen." Gemäß Art. V Abs.1 IWFA wickeln sie jedoch Geschäfte mit dem Fonds für die Mitgliedstaaten ab. In diesem Kontext ist Art.31.1 EZB-Satzung relevant.

Stufe einhalten müssen."[1097] Bei Art. 31.1 EZB-Satzung handelt es sich demnach nicht um eine Kompetenznorm. Vielmehr sichert die Norm die Umsetzung anderweitig begründeter Verpflichtungen. Hieraus folgt, dass Art.31.1 EZB-Satzung dann zugunsten der Mitgliedstaaten Anwendung findet, wenn diese aufgrund einer anderen Kompetenzgrundlage zur Weiterführung der IWF- Mitgliedschaft berechtigt sind. Demnach kann über Art.31.1 EZB-Satzung allenfalls eine vorübergehende Tätigkeit der Mitgliedstaaten gerechtfertigt werden. Der Annahme eigener Kompetenzen steht die ausschließliche Währungs- und Wechselkurszuständigkeit der Union entgegen.

βββ) Restkompetenzen im Bereich der Haushaltshoheit

Ein weiterer Ansatzpunkt für Restkompetenzen der Mitgliedstaaten wird aus der Rechtsprechung des EuGH im Gutachten 1/78 abgeleitet.[1098] Hier entschied der Gerichtshof, dass ‚Mitgliedstaaten selbst in Bereichen ausschließlicher Unionskompetenzen zu externem Handeln befugt sind, wenn sie das Instrumentarium finanzieren, das Gegenstand des Abkommens ist.'[1099] Im Fall des Gutachtens 1/78 handelte es sich bei diesem Instrumentarium um ein Ausgleichslager für Naturkautschuk. Trotz der Zuständigkeit der Rechtsvorgängerin der Union für den Handel in diesem Bereich, bestand die Überlegung, die Haushalte der Mitgliedstaaten unmittelbar mit der Finanzierung dieses Lagers zu belasten.[1100] Eine solche Verbindung zu den Haushalten der Mitgliedstaaten, die eine Übertragung der Rechtsprechung rechtfertigen würde, besteht im Fall des IWF-Abkommens auch unter Berücksichtigung der Quoten und Währungsreserven nicht. Zwar

---

1097 Kroppenstedt in v.d. Groeben/ Schwarze, EUV/EGV, Art.31 EZB-Protokoll, Rdn.3; A.A. Smits in v. d. Groeben/ Schwarze, EUV/ EGV, Art.105 Rdn.45, der auch später vorgenommene Geschäfte als erfasst ansieht. Er betont jedoch auch, dass Sinn und Zweck der Regelung darin besteht, die Kohärenz mit der Unionspolitik zu sichern.

1098 Smits, ECB, 446.

1099 Smits, ECB, 446 (wÜ) unter Hinweis auf EuGH, Gutachten 1/78, Slg.1979, 2871 ff, Rdn.60: *„Geht dagegen die Finanzierung zu Lasten der Mitgliedstaaten, so bedingt dieser Umstand die Beteiligung dieser Staaten an diesen Entscheidungsprozessen oder zumindest ihre Zustimmung zu den beabsichtigten Modalitäten der Finanzierung und demzufolge ihre Beteiligung an dem Übereinkommen zusammen mit der Gemeinschaft. Eine ausschließliche Zuständigkeit der Gemeinschaft könnte in diesem Fall nicht angenommen werden."*

1100 EuGH, Gutachten 1/78, Slg.1979, 2871 ff, Rdn.58. Nach Sattler, 166 wird eine solche „unmittelbare Übernahme substantieller finanzieller Verpflichtungen [...], die über den normalen Verwaltungshaushalt hinausgehen", auch als „horizontale Aufteilung der Zuständigkeiten" zwischen den Mitgliedstaaten und der Union bezeichnet.

fließen auch nach dem Eintritt in die dritte Stufe der Währungsunion Einnahmen aus den offiziellen Währungsreserven per Gewinnzuteilung in die Haushalte der Mitgliedstaaten. Gleiches gilt jedoch nicht für Verluste, die nicht von den Mitgliedstaaten getragen, sondern nach Art.32 EZB-Satzung auf die NZB verteilt werden.[1101] Hieraus folgt, dass die Budgethoheit der Mitgliedstaaten nicht durch direkte Zahlungspflichten betroffen ist. Aus dieser können daher auch keine Restkompetenzen der Mitgliedstaaten abgeleitet werden.[1102]

γγγ) Restkompetenzen im Bereich der Finanz- und Bankenaufsicht

Der IWF ist nicht nur im klassischen Währungsbereich, sondern auch im Bereich der Finanzaufsicht tätig. Dies zeigt bereits das langjährige Engagement des Fonds im Zusammenhang mit der Verhinderung von Finanzkrisen und damit der Sicherung der internationalen Finanzstabilität.[1103] Diese Rolle des IWF sollte im Zuge der Finanzkrise seit dem Jahr 2007 und der nachfolgenden Reform der internationalen Finanzarchitektur eine Aufwertung erfahren.[1104] Heute obliegt dem IWF, in Zusammenarbeit mit dem Financial Stability Board (FSB), die Überwachung des internationalen Finanzsystems. Dabei kommt dem Fonds die Aufgabe zu, mögliche Risiken für dieses System frühzeitig zu identifizieren.[1105] Der IWF kommt dieser Zielsetzung etwa im Rahmen seiner multilateralen Überwachung durch den sog. Global Financial Stability Report (GFSR), aber auch das sog. Financial Sector Assessment Programm (FSAP) nach.[1106] Zudem beteiligt sich der Fonds an der Entwicklung von Standards und führt halbjährlich Frühwarnübungen durch.[1107]

Vor diesem Hintergrund ist die Verteilung der Kompetenzen zwischen nationaler und supranationaler Ebene im Bereich der Aufsicht zu untersuchen. Unter

---

1101 Smits ECB, 447.

1102 Smits, ECB, 447 verweist darauf, dass dies der Rechtslage entspricht, die im Fall der Finanzierung des Ausgleichslagers unmittelbar durch die Rechtsvorgängerin der Union entstanden wäre.

1103 Smits in v.d. Groeben/ Schwarze, EUV/ EGV, Art.111 Rdn.219 Fn.189, die auf die Krise des mexikanischen Peso verweisen.

1104 Hahn/ Häde, Währungsrecht, § 28 Rdn.33 f.; zu einzelnen Reformelementen im Zusammenhang mit der Finanzkrise vgl. Factsheet: IMF's Response to the Global Economic Crisis.

1105 Zur Aufgabenverteilung auf internationaler Ebene, vgl. Deutsche Bundesbank, Monatsbericht April 2013, 43, 45.

1106 Zum FSAP und dessen Überarbeitung im Jahr 2009, vgl. Factsheet: Financial Stability Assessment Programm (FSAP).

1107 Deutsche Bundesbank, Weltweite Gremien, 45, 48.

Berücksichtigung der Tätigkeit des IWF steht dabei die makroprudenzielle Aufsicht im Vordergrund, die sich mit der Identifizierung von Stabilitätsrisiken für das gesamte Finanzsystem befasst. Darüber hinaus sind jedoch auch Aspekte der Mikroaufsicht im Sinne der Bank- bzw. Finanzmarktaufsicht, die einzelne Institute betrifft, in die Untersuchung miteinzubeziehen.

Letzteres rechtfertigt sich aufgrund des engen Zusammenhangs von Makro- und Mikroaufsicht. So setzt die Stabilität eines Finanzsystems die Stabilität der ihm zugehörigen Institute voraus, die wiederum durch systemimmanente Risiken gefährdet werden kann. Dementsprechend hat eine Begutachtung der einzelnen Institute vor dem Hintergrund des Zustands des gesamten Finanzsystems zu erfolgen, um prüfen zu können, wie sich etwaige Risiken auf das einzelne Institut auswirken. Darüber hinaus gilt es zu untersuchen, ob infolge der starken Vernetzung innerhalb des Systems etwa die Gefahr von Ansteckungseffekten besteht, die sich wiederum negativ auf das Gesamtsystem auswirken können. Dabei wird im Rahmen der Makroaufsicht auch auf Erkenntnisse und Informationen zurückgegriffen, die im Zuge der Mikroaufsicht gewonnen werden.[1108]

Anhaltspunkte für Kompetenzen der Mitgliedstaaten der Union im Bereich der Makro- und Mikroaufsicht liefert Art.127 Abs.6 AEUV. Nach dieser Norm können besondere Aufgaben im Zusammenhang mit der Aufsicht über Kreditinstitute und sonstige Finanzinstitute auf die EZB übertragen werden. Hieraus folgt, dass die entsprechenden Kompetenzen grundsätzlich auf nationaler Ebene angesiedelt waren.[1109] Dementsprechend waren im Vertrag von Maastricht auch nur vereinzelt Vorschriften enthalten, die eine Unterstützung der nationalen Aufsicht vorsahen.[1110]

Diese Konzeption der Aufsicht erfuhr im Zuge der Finanzkrise eine Neuregelung. Ausgangspunkt waren dabei die Feststellungen der sog. De-Larosière-Gruppe, die als Ursache der Krise insbesondere die mangelnde Regulierung und unzureichende Überwachung bzw. makroprudenzielle Aufsicht identifiziert

---

1108 Zum Zusammenhang zwischen Makro- und Mikroaufsicht, vgl. Deutsche Bundesbank, Monatsbericht April 2013, 43, 62.

1109 Vgl. Zilioli/ Selmayr, CMLRev 1999, 273, 318.

1110 Griller/ Dutzler in Grabitz/ Hilf, EU, Art.105 Rdn. 61. Beispielhaft kann auf die, jetzt in Art.127 Abs.5 AEUV enthaltene Regelung verwiesen werden, nach der das ESZB zur reibungslosen Durchführung der von den zuständigen Behörden auf dem Gebiet der Aufsicht über die Kreditinstitute und der Stabilität des Finanzsystems ergriffenen Maßnahmen beiträgt.

hatte.[1111] Die national gestaltete Aufsicht war der Realität globalisierter und stark vernetzter Finanzmärkte sowie grenzüberschreitend tätiger Akteure nicht länger gerecht geworden.

Aufbauend auf den Empfehlungen der Gruppe wurde infolgedessen das sog. Europäische System der Finanzaufsicht (ESFS) geschaffen. Dieses System setzt sich unter anderem aus dem mit makroprudenziellen Aufgaben befassten Europäischen Ausschuss für Systemrisiken (ESRB) sowie aus drei neuen Europäischen Aufsichtsbehörden für die Bereiche Bankwesen (EBA), Wertpapierhandel (ESMA) sowie Versicherungswesen und betriebliche Altersvorsorge (EIOPA) zusammen, die mit der Mikroaufsicht befasst sind.[1112]

Eine vollständige Übertragung der Kompetenzen von den Mitgliedstaaten auf die Union ging mit dieser Neuregelung der Finanzaufsicht jedoch nicht einher. Vielmehr treten die neu geschaffenen Behörden als „eine Art Superinstanz“ in Erscheinung, der nur für den Fall eines unzureichenden Handelns der nationalen Behörden verbindliche Entscheidungskomptenzen zukommt.[1113]

Eine Vertiefung der Integration fand jedoch im Zuge der Umsetzung der ersten Elemente der sog. Bankenunion[1114] statt, die infolge der Lehren aus der Finanzmarktkrise die Währungsunion ergänzen soll.[1115] Angesprochen ist damit die Errichtung eines einheitlichen Aufsichtsmechanismus, des sog. Single Supervisory Mechanism (SSM), der zum 4. November 2014 seine Arbeit aufgenommen hat.[1116] Ziel war es, den grenzüberschreitend tätigen Finanzinstituten eine grenzüberschreitende Aufsicht gegenüberzustellen und diese mit entsprechenden

---

1111 Bericht der High-Level Group on Financial Supervision in the EU unter dem Vorsitz von Jacques de Larosière vom 25. Februar 2009.

1112 Art. 2 Abs.2 Verordnung (EU) Nr.1095/2010 des Europäischen Parlaments und des Rates vom 24. November 2010 zur Errichtung einer Europäischen Aufsichtsbehörde (Europäische Wertpapier- und Marktaufsichtsbehörde), ABl EU L 331/84; allgemeine Ausführungen zu diesem System finden sich bei Lehmann/ Manger-Nestler, EuZW 2010, 87 ff.

1113 Lehmann/ Manger-Nestler, EuZW 2010, 87, 92.

1114 Neben dem einheitlichen europäischen Aufsichtsmechanismus sind als weitere Elemente die Schaffung eines einheitlichen Abwicklungsmechanismus sowie harmonisierte Regelungen zur Einlagensicherung vorgesehen.

1115 Vgl. Deutsche Bundesbank, Monatsbericht Juli 2013, 15, 16.

1116 Vgl. Verordnung (EU) Nr. 1024/2013 des Rates vom 15. Oktober 2013 zur Übertragung besonderer Aufgaben im Zusammenhang mit der Aufsicht über Kreditinstitute auf die Europäische Zentralbank, ABl. EU L 287/63 (SSM-VO). Nähere Ausführungen zur Ausgestaltung und Funktionsweise des SSM finden sich in Deutsche Bundesbank, Monatsbericht Oktober 2014, 45 ff.

Kompetenzen und Befugnissen auszustatten.[1117] Es gilt daher zu untersuchen, in welchem Umfang dabei eine Vergemeinschaftung der mitgliedstaatlichen Kompetenzen stattgefunden hat.

Gegen eine vollständige Vergemeinschaftung könnte zunächst der Wortlaut von Art. 127 Abs.6 AEUV sprechen, der als Rechtsgrundlage[1118] für den Erlass der sog. SSM-Verordnung herangezogen wurde. Nach dieser Norm können nur besondere aufsichtliche Aufgaben auf die EZB übertragen werden.[1119] Allerdings kann dieser Wortlaut auch dahingehend verstanden werden, dass den nationalen Behörden im Rahmen der Aufsicht Aufgaben zufallen müssen.[1120] Letzteres spiegelt sich in der gewählten dezentralen Struktur des SSM wider.[1121] Nach Art. 6 Abs.1 S.1 SSM-VO nimmt die EZB ihre Aufgaben innerhalb eines einheitlichen Aufsichtsmechanismus wahr, der aus der EZB und den nationalen zuständigen Behörden besteht. Dabei findet, wie Art. 6 Abs.4 SSM-VO verdeutlicht, eine Arbeitsteilung zwischen der EZB und den nationalen Aufsichtsbehörden statt.

Letztendlich kann dieser Streit jedoch dahinstehen, da sich aus der SSM-VO selbst Rückschlüsse auf Restkompetenzen der Migliedstaaten in der Mikro- und Makroaufsicht ergeben. So sollen nach Erwägungsgrund (28) SSM-VO die der EZB nicht übertragenen Aufsichtsaufgaben bei der nationalen Behörde verbleiben. Hier werden etwa die Aufsicht über Einrichtungen, die zwar nach nationalem, nicht aber nach Unionsrecht als Kreditinstitute eingestuft werden, die Aufsicht über Kreditinstitute aus Drittländern oder aber verschiedene Aufsichtsfelder wie die Verhinderung der Geldwäsche und Terrorismusfinanzierung und Verbraucherschutz genannt. Im Bereich der Makroaufsicht folgt zudem aus Art.5 SSM-VO, dass die nationalen Behörden grundsätzlich auch weiterhin für die Verwendung makroprudenzieller Instrumente zuständig sind.[1122]

1117 Deutsche Bundesbank, Monatsbericht Oktober 2014, 45, 46.

1118 Vgl. zur Problematik der herangezogenen Rechtsgrundlage siehe etwa Wolfers/ Voland, BKR, 177, 178 ff. und Kämmerer, NVwZ 2013, 830, 832 ff.

1119 In diesem Sinn etwa Waldhoff in Siekmann, EWU, Art. 127 Rdn.72, Häde in Calliess/ Ruffert, EUV/ AEUV, Art. 127 Rd.56, Griller in Grabitz/ Hilf/ Nettesheim, EU, Art. 127 Rdn.60.

1120 Gegen ein Verständnis, nach dem die Aufsicht im Wesentlichen auf nationaler Ebene zu verorten sein muss, spricht sich etwa Ceyssens, NJW 2013, 3704, 3706 aus.

1121 Vgl. zur dezentralen Struktur des Aufsichtsmechanismus, die an den Aufbau des Eurosystems aus EZB und nationalen Zentralbanken erinnert, Deutsche Bundesbank, Monatsbericht Juli 2013, 15, 19.

1122 Vgl. hierzu Deutsche Bundesbank, Monatsbericht Oktober 2014, 62.

Eine ausschließliche Kompetenz der Union scheidet damit auch im Bereich der Finanz- und Bankenaufsicht aus.[1123]

δδδ) Restkompetenzen im Bereich des Zahlungs- und Kapitalverkehrs

Anhaltspunkte für Zuständigkeiten der Mitgliedstaaten liefert im Bereich des Zahlungs- und Kapitalverkehrs zunächst Art.64 Abs.1 AEUV. Nach dieser Regelung berührt die Unionskompetenz in Art.63 AEUV nicht die Anwendung derjenigen Beschränkungen auf dritte Länder, die am 31. Dezember 1993 aufgrund einzelstaatlicher Rechtsvorschriften für den Kapitalverkehr mit dritten Ländern im Zusammenhang mit den hier aufgelisteten Maßnahmen[1124] bestehen. Dabei ist lediglich die Reichweite der Restkompetenz der Mitgliedstaaten umstritten. Teilweise wird aufgrund der in Art.64 Abs.2 AEUV enthaltenen Handlungsermächtigung nur noch die Union als zur Einführung neuer Beschränkungen befugt angesehen.[1125] Nach anderer Auffassung sind weitergehende Kompetenzen der Mitgliedstaaten anzunehmen, da ein Handeln der Union nur dann in Frage kommt, wenn die intendierte Zielsetzung durch die Mitgliedstaaten nicht angemessen umgesetzt werden kann.[1126]

Nach Art.65 Abs.1 AEUV können weiterhin bestimmte Schutzgüter eine Beschränkung des Kapital- und Zahlungsverkehrs rechtfertigen.[1127] In interner Hinsicht wird die Tragweite dieser Vorschrift durch eine dem Maastrichtvertrag beigefügte Stillhalteerklärung (Nr.7) eingeschränkt, nach der nur die bereits Ende

---

1123 Kämmerer, NVwZ 2013, 830, 834; Häde in Calliess/ Ruffert, EUV/ AEUV, Art.127 Rdn.56.

1124 Genannt werden Rechtsvorschriften im Zusammenhang mit Direktinvestitionen einschließlich Anlagen in Immobilien, mit der Niederlassung, der Erbringung von Finanzdienstleistungen oder der Zulassung von Wertpapieren zu den Kapitalmärkten.

1125 V. Wilmowsky in Ehlers, Grundrechte und Grundfreiheiten, § 12 Rdn.45; Vigneron/ Steinfeld, CDE 1996, 401, 433 f.

1126 Kiemel in v.d. Groeben/ Schwarze, EUV/ EGV, Art.57 Rdn.18.

1127 Nach Art.65 Abs.1 a) AEUV wird das Recht der Mitgliedstaaten erfasst, die einschlägigen Vorschriften ihres Steuerrechtes anzuwenden, die Steuerpflichtige mit unterschiedlichem Wohnort oder Kapitalanlageort unterschiedlich behandeln. Art.65 Abs.1 b) AEUV betrifft das Recht der Mitgliedstaaten, die unerlässlichen Maßnahmen zu treffen, um Zuwiderhandlungen gegen innerstaatliche Rechts- und Verwaltungsvorschriften, insbesondere auf dem Gebiet des Steuerrechts und der Aufsicht über Finanzinstitute, zu verhindern sowie Meldeverfahren für den Kapitalverkehr zwecks administrativer oder statistischer Informationen vorzusehen oder Maßnahmen zu ergreifen, die aus Gründen der öffentlichen Ordnung oder Sicherheit gerechtfertigt sind.

1993 bestehenden Vorschriften erfasst werden.[1128] Hieraus folgt, dass zumindest intern keine neuen Beschränkungen seitens der Mitgliedstaaten vorgenommen werden können.[1129] In externer Hinsicht können jedoch sowohl Kontrollmaßnahmen als auch steuerrechtliche Diskriminierungen getroffen werden.[1130]

Ferner werden in Art.75 AEUV geteilte Kompetenzen behandelt. Nach dieser Regelung kann die Union einen Rahmen für Verwaltungsmaßnahmen schaffen, sofern dies notwendig ist, um die Ziele des Art.67 AEUV in Bezug auf die Verhütung und Bekämpfung von Terrorismus und damit verbundener Aktivitäten zu verwirklichen. Ein Handeln der Mitgliedstaaten ist dementsprechend möglich, solange kein Unionsrecht erlassen wurde.[1131]

Es kann daher festgehalten werden, dass im Rahmen des Kapital- und Zahlungsverkehrs den Mitgliedstaaten Kompetenzen, wenn auch in begrenztem Umfang, erhalten bleiben.[1132] Neben der Union sind daher auch die Mitgliedstaaten in der Lage, Maßnahmen zu ergreifen, die sich als Beschränkungen im Sinne von Art. VIII Abs.2 a) IWFA und Art. VI Abs.3 IWFA bzw. als diskriminierende Währungshandhabung im Sinne von Art. VIII Abs.3 IWFA darstellen.[1133]

ββ) Ergebnis

Trotz der ausschließlichen Kompetenz der Union im Bereich der Währungs- und Wechselkurspolitik bestehen im Rahmen der Währungssouveränität auch Teilbereiche, in denen Kompetenzen der Mitgliedstaaten festgestellt werden können. Von Relevanz für den IWF sind dabei Restkompetenzen im Bereich der Währungsreserven, der Finanz- und Bankaufsicht sowie im Bereich des Zahlungs- und Kapitalverkehrs. Dass es sich hierbei um Zuständigkeiten von untergeordneter Bedeutung im IWF handelt, kann nicht darüber hinwegtäuschen, dass die Union im Bedarfsfall diese Kompetenzen nicht ausüben kann.

1128 Vigneron/ Steinfeld, CDE 1996, 401, 410f.

1129 Vigneron/ Steinfeld, CDE 1996, 401, 410f.

1130 Vigneron/ Steinfeld, CDE 1996, 401, 434f.

1131 Röben in Grabitz/Hilf/ Nettesheim, EU, Art.75 Rdn.17.

1132 Vgl. Bognar, Europäische Währungsintegration und Außenwirtschaftsbeziehungen, 373, 391; Dutzler, 445, 470 f; Vigneron/ Steinfeld, CDE 1996, 401, 433, 435; Kadelbach in Siekmann, EWU, Art. 138 Rdn. 17; a.A. Martha, CMLRev. 1993, 749, 770 unter Hinweis auf eine ausschließliche Zuständigkeit der Union im Bereich von Art. IV Abs.3 IWFA; ebenso Smits, ECB, 433.

1133 Bognar, Europäische Währungsintegration und Außenwirtschaftsbeziehungen, 391 (bzgl. Art. VIII Abs.2 a) IWFA und Art. VI Abs.3 IWFA); Steinki in Current Developments Vol. 2, 109, 133 (bzgl. Art. VIII Abs.2 und Abs.3 IWFA).

bb) Tätigkeit des IWF im Wirtschaftsbereich

α) Das wirtschaftspolitische Tätigkeitsfeld des IWF

Die Tätigkeit des IWF betrifft nicht nur die Währungspolitik seiner Mitglieder, sondern auch deren Wirtschaftspolitik.[1134] Dies verdeutlichen die den Mitgliedsländern im Rahmen des Verhaltenskodex auferlegten Pflichten. So soll nach Art. IV Abs.1 (i) IWFA jedes Mitglied seine Wirtschaftspolitik auf das Ziel eines geordneten Wirtschaftswachstums bei angemessener Preisstabilität ausrichten, sowie nach Abs.1 (ii) zum Zwecke der Stabilität geordnete Wirtschaftsverhältnisse anstreben.[1135] Erfasst werden hiervon etwa Aspekte der Fiskal-, Sozial- und Strukturpolitik.[1136] Diese Befassung mit der Wirtschaftspolitik spiegelt sich auch in der Überwachungsfunktion nach Art. IV Abs.3 IWFA wider, die sich auf die genannten Verpflichtungen in Abs.1 bezieht.[1137] Darüber hinaus erstreckt sich die Verpflichtung zur Erteilung von Informationen nach Art. VIII Abs.5 IWFA auf wirtschaftspolitische Aspekte. Die Tätigkeit des IWF im Rahmen der Zahlungsbilanzhilfe betrifft ebenfalls die Wirtschaftspolitik seiner Mitglieder. Er kann diesen, wie das Konzept der Konditionalität zeigt, wirtschaftspolitische Bedingungen für die Inanspruchnahme der allgemeinen Fondsmittel auferlegen.[1138] Angesichts dieses Tätigkeitsfeldes gilt es zu untersuchen, inwiefern der Union in der Wirtschaftspolitik Kompetenzen eingeräumt wurden, die diese zur Erfüllung des Kriteriums der Kontrolle der auswärtigen Beziehungen befähigen.

β) Grundsätzliche Kompetenzverteilung im Rahmen der WWU

Der Begriff „Wirtschafts- und Währungsunion" lässt auf den ersten Blick vermuten, dass der Union nicht nur Kompetenzen im Währungs-, sondern auch im Wirtschaftsbereich zukommen. Bei näherer Betrachtung zeigt sich jedoch, dass die Zuständigkeitsverteilung in den beiden Säulen der WWU nicht zu vergleichen ist. So ist der Bereich der Wirtschaftspolitik nicht durch eine supranationale Vergemeinschaftung von Kompetenzen, sondern vielmehr durch eine intergouvernementale Ausgestaltung gekennzeichnet.[1139]

1134 Meng in Hobe, 39, 64.

1135 Carreau/ Juillard, Droit international économique, Rdn.1594.

1136 Steinki in Current Developments Vol. 2, 109, 128.

1137 Smits, ECB, 444; Dutzler, 445, 471.

1138 Smits in v.d. Groeben/ Schwarze, EUV/EGV, Art.111 EGV, Rdn. 217; ders. ECB, 444; Carreau/ Juillard, Droit international économique, Rdn. 1640.

1139 Snyder, 63, 64; Häde in Calliess/ Ruffert, EUV/ AEUV, Art.120 Rdn.1 f. verweist darauf, dass „eine Wirtschaftsunion im Sinne einer einheitlichen von der Union

In diesem Sinn sieht Art.119 Abs.1 AEUV die Einführung einer Wirtschaftspolitik vor, die unter anderem auf einer engen Koordinierung der Wirtschaftspolitik der Mitgliedstaaten beruht. Letztere haben nach Art.120, 121 AEUV ihre Wirtschaftspolitik nicht nur als Angelegenheit von gemeinsamem Interesse anzusehen und im Rat zu koordinieren, sondern diese auch so auszurichten, dass sie im Rahmen der in Art.121 Abs.2 AEUV genannten Grundzüge der Wirtschaftspolitik zur Verwirklichung der Ziele der Union in Art.3 EUV beiträgt. Die Einhaltung dieser Grundzüge ist dabei nach Art.121 Abs.3 AEUV einem multilateralen Überwachungsverfahren unterworfen, zu dessen Zweck die Mitgliedstaaten der Kommission Angaben zu wichtigen einzelstaatlichen Maßnahmen auf dem Gebiet ihrer Wirtschaftspolitik zu übermitteln haben. Neben dem Koordinierungsgebot treffen die Mitgliedstaaten nach den Art.123–126 AEUV auch haushaltswirtschaftliche Gebote. Eine zentrale Stelle kommt dabei der Verpflichtung nach Art.126 AEUV zu, übermäßige öffentliche Defizite zu vermeiden. Hier überwacht die Kommission die Entwicklung der Haushaltslage und die Höhe des öffentlichen Schuldenstandes in den Mitgliedstaaten.[1140]

---

betriebenen Wirtschaftspolitik nicht vorgesehen [ist]. Streng genommen zielen die Vorschriften des EGV deshalb nicht auf eine Wirtschafts- und Währungsunion, sondern nur auf eine Währungsunion."

1140 Bandilla in Grabitz/ Hilf/ Nettesheim, EU, Art.126 Rdn.13, verweist darauf, dass das Defizitverfahren des Art.126 AEUV durch politische bzw. Sekundärrechtstexte in Form des sog. Stabilitäts- und Wachstumspaktes ausgefüllt und ergänzt wird. Ziel war es, wie in Rdn.14 ausgeführt, die Mitgliedstaaten nicht nur im Zuge der Teilnahme an der Währungsunion, sondern auch während der dritten Stufe zu Haushaltsdisziplin anzuhalten. Vgl. zum Stabilitäts- und Wachstumspakt Bergmann, Handlexikon der EU.
Im Zuge der europäischen Staatsschuldenkrise wurde eine Reform des Stabilitäts- und Wachstumspaktes zur Sicherstellung der Haushaltsdisziplin der Mitgliedstaaten beschlossen. Diese beinhaltet die Annahme verschiedener Rechtsakte, die als sog. Six-Pack bezeichnet werden. Gegenstand dieser Rechtsakte war unter anderem eine Stärkung der präventiven Aspekte des Stabilitäts- und Wachstumspaktes und der Sanktionsmöglichkeiten. Ferner wurde ein Verfahren zur Vermeidung und Korrektur makroökonomischer Ungleichgewichte vorgesehen. Zu den einzelnen Elementen des sog. Six-Packs vgl. Bandilla in Grabitz/ Hilf/ Nettesheim, EU, Art.126 Rdn.22 ff. Zusätzlich wurde der Stabilitäts- und Wachstumspakt durch einen Vertrag über Stabilität, Koordinierung und Steuerung in der Wirtschafts- und Währungsunion ergänzt, der auch als Fiskalpakt bezeichnet wird. Dieser Pakt beinhaltet zunächst sog. nationale Schuldenbremsen. Zudem werden Strafverfahren vorgesehen, die automatisch bei bestimmten Überschreitungen der Defizitgrenzen eingreifen und so die Haushaltshoheit der Mitgliedstaaten weiter einschränken. Zudem soll durch

Die Wirtschaftspolitik, die auch die Finanz- und Haushaltspolitik umfasst, verbleibt damit, im Gegensatz zur Währungspolitik, in mitgliedstaatlicher Zuständigkeit.[1141] Dass diese Gegenstand gemeinschaftlicher Überwachungsverfahren ist, ändert hieran nichts.[1142] Der Union obliegt lediglich eine Koordinierungs- und Orientierungsfunktion.[1143] Diese ist der Sicherung dauerhafter Konvergenz zu dienen bestimmt und soll dem Zusammenhang zwischen der Stärke einer Volkswirtschaft und der Währungsstabilität Rechnung tragen.[1144] Dies ändert jedoch nicht die grundsätzliche Kompetenz-Asymmetrie in den Pfeilern der WWU. Diese uneinheitliche Integration erschwert die externe Vertretung der Union im IWF insofern, als sie keine ausschließliche Zuständigkeit der Union, sondern eine Teilung der Kompetenzen zwischen der EU und ihren Mitgliedstaaten nach sich zieht.[1145] In diesem Sinn kann auch auf die Entschließung des Europäisches Rates vom 13. Dezember 1997 in Luxemburg verwiesen werden. Nach dieser werden *„Der Rat und die Europäische Zentralbank [...] ihre Aufgaben bei der Vertretung der Gemeinschaft auf internationaler Ebene wirksam und unter Beachtung der im Vertrag vorgesehenen Kompetenzverteilung erfüllen. Abgesehen von der Geld- und der Wechselkurspolitik sollten die Mitgliedstaaten ihre Wirtschaftspolitik außerhalb der Gemeinschaft weiterhin selbst vertreten, wobei sie allerdings im Interesse der Gemeinschaft voll Rechnung tragen müssen.“*[1146] Vor diesem Hintergrund ist die für eine Kontrolle der auswärtigen Beziehungen erforderliche ausschließliche Kompetenz der Union im Wirtschaftsbereich grundsätzlich abzulehnen.

---

den Fiskalpakt die wirtschaftspolitische Koordinierung verbessert werden. Vgl. zum Fiskalpakt Streinz, Europarecht, Rdn.1102.

1141 Häde in Calliess/ Ruffert, EUV/ AEUV, Art.119 Rdn.15; vgl. auch Smits in v.d. Groeben/ Schwarze, EUV/EGV, Art.111 Rdn.19; Bognar, Europäische Währungsintegration und Außenwirtschaftsbeziehungen, 374; Steinki in Current Developments Vol. 2, 109, 128.

1142 Steinki in Current Developments Vol. 2, 109, 128; Dutheil de la Rochère, YbEL 1999/ 2000, 427, 440 (wÜ), verweist darauf, dass ‚die Vorschriften zur Wirtschaftspolitik keine aktive interne Unionskompetenz vorsehen, sondern eher aus einer Reihe von Verboten für die Wirtschaftspolitik der Mitgliedstaaten bestehen.‘

1143 Lebullenger, RTDE 1998, 459, 467.

1144 Streinz, Europarecht, Rdn.1081 f.

1145 Escudero, 38; siehe auch Smaghi, IF 2006, 261, 261; Lebullenger, RTDE 1998, 459, 467.

1146 Entschließung des Europäisches Rates vom 13. Dezember 1997 über die wirtschaftspolitische Koordinierung in der dritten Stufe der WWU und zu den Artikeln 109 und 109 b des EG-Vertrages, Ziffer II.10.

γ) Der begrenzte Handlungsspielraum des IWF im wirtschaftspolitischen Bereich

Gegen das Erfordernis einer Kontrolle der auswärtigen Beziehungen im wirtschaftspolitischen Bereich durch die Union wird eingewandt, dass sich der IWF zwar zu wirtschaftspolitischen Fragen äußern, jedoch diesbezüglich keine verbindlichen Entscheidungen treffen könne. Der IWF überwache die Tätigkeit seiner Mitgliedstaaten und übe nicht die diesen zustehenden Kompetenzen aus.[1147] Für einen solchen Ansatz spricht, dass die in Art. IV Abs.1 (i) und (ii) IWFA niedergelegten Verhaltenspflichten die Mitgliedstaaten nur zu Bestrebungen bzw. Bemühungen im Hinblick auf ihre Wirtschaftspolitik anhalten und sich damit als äußerst vage und wenig zwingend erweisen. Auch im Bereich der Überwachung stellt Art. IV Abs.3 b) IWFA klar, dass bei der Aufstellung von entsprechenden Grundsätzen die innerstaatliche sozial- und allgemeinpolitische Ausrichtung der Mitglieder zu beachten ist. Auf diese Weise soll sichergestellt werden, dass der Aktionsrahmen des IWF auf Bereiche von internationalem Interesse beschränkt bleibt und sich nicht mehr als notwendig auf die Souveränität seiner Mitgliedstaaten auswirkt.[1148]

Fraglich ist jedoch, ob dieses Verständnis auch im Zusammenhang mit der Inanspruchnahme der Fondsmittel gelten kann. Diese Inanspruchnahme kann nach dem Konzept der Konditionalität von der Erfüllung wirtschaftspolitischer Bedingungen abhängig gemacht werden. Dabei werden die Ziehungen in den Kredittranchen regelmäßig in der Form von Bereitschaftskreditvereinbarungen vorgenommen. Die rechtliche Charakterisierung dieser Vereinbarungen ist umstritten. Teilweise werden sie als internationale Abkommen verstanden, die sich aus einem Beschluss des Fonds und dem sog. letter of intent des Mitglieds zusammensetzen.[1149] Ein solches Verständnis widerspricht jedoch der Begriffsbestimmung des Bereitschaftskredites in Art. XXX b) IWFA, die auf das Vorliegen eines Beschlusses verweist und den letter of intent nicht berücksichtigt.[1150] Gleiches geht aus einer Entscheidung des IWF "Use of Fund's General Resources and Stand-By Arrangements" aus dem Jahr 1979 hervor, in der es heißt: *"Stand-by arrangements are not international agreements and therefore language having a contractual connotation*

1147 Louis in FS Rey Caro, 1545, 1566.

1148 Newburg, IML, Rdn.3.07.

1149 Carreau/ Juillard, Droit international économique, Rdn.1657.

1150 Gold, The Legal Character of the Fund's Stand-By Arrangements, 1.

will be avoided in stand-by arrangements and letters of intent."[1151] Erklärt werden kann diese Schlussfolgerung mit der fehlenden Intention der Parteien ein, rechtlich bindendes Abkommen einzugehen.[1152] Bei einem „letter of intent" handelt es sich daher um eine reine Absichtserklärung des Mitglieds hinsichtlich der von ihm verfolgten Ziele und Politik und keineswegs um ein Angebot auf einen Vertragsabschluss. In dem Bereitschaftskreditbeschluss des Fonds werden im Anschluss Bedingungen im Sinne der sog. „performance criteria" festgelegt, die einen Rückgriff auf die Ressourcen des Fonds ohne weitere Überprüfung ermöglichen.[1153] Ein Vertragsangebot wird durch den Beschluss jedoch nicht angenommen. Damit ergeben sich aus den im Zusammenhang mit der Inanspruchnahme der Fondsmittel getroffenen Abreden keine rechtlichen Verpflichtungen für die Wirtschaftspolitik der Mitglieder.

Dennoch spricht dies nicht gegen eine weiterbestehende Mitgliedschaft der EU-Mitgliedstaaten im IWF. Zu bedenken ist, dass im Fall der Nichtbefolgung der aufgestellten Bedingungen der Fonds den Bereitschaftskredit suspendieren und die Inanspruchnahme von weiteren Konsultationen abhängig machen kann.[1154] Trotz der rechtlichen Unverbindlichkeit der aufgestellten Bedingungen stellt sich deren Erfüllung daher für die Mitgliedsländer als eine Angelegenheit im eigenen Interesse dar. Die Inanspruchnahme der Fondsmittel setzt daher die Handlungsfähigkeit der Mitglieder im wirtschaftspolitischen Bereich voraus. Dies gilt unabhängig von der Fähigkeit des Fonds, seine Mitglieder zu einem bestimmten Handeln zu verpflichten. Entscheidend muss daher sein, dass im Verhältnis zwischen der Union und ihren Mitgliedstaaten nach wie vor letzteren die entsprechenden Kompetenzen zuzuordnen sind.

1151 Executive Board Decision No. 6056-(79/38) v. 2. März 1979. Entsprechendes ergibt sich auch aus einer früheren Entscheidung des IWF aus dem Jahr 1968. Hier wurde in Abschnitt 7 ausgeführt: *"In view of the character of stand-by arrangements, language having a contractual flavor will be avoided in the stand-by document."* Decision No. 2603 (68–132) v. 20. September 1968. Auf diese Entscheidungen verweist auch Gold, The Legal Character of the Fund's Stand-By Arrangements, 2.

1152 Ausführlich hierzu und zu den zugrundeliegenden pragmatischen Überlegungen, Gold, The Legal Character of the Fund's Stand-By Arrangements, 5 ff., 44f.; ders., Legal and Institutional Aspects of the International Monetary System: Selected Essays, Vol.I, 464 ff.

1153 Gold, The Legal Character of the Fund's Stand-By Arrangements, 43, 46.

1154 Gold, The Legal Character of the Fund's Stand-By Arrangements, 46.

δ) Weite Auslegung der Unionskompetenzen nach Art.138 AEUV

Unter Betonung der Koordinierungsmechanismen wird teilweise vorgetragen, dass die Verpflichtung zur Zusammenarbeit mit dem Fonds im Bereich der Wirtschaftspolitik weniger zwingend ausgestaltet sei als die Pflichten der Mitgliedstaaten gegenüber der Union, die sich aus den Grundzügen der Wirtschaftspolitik, der Verpflichtung zur Vermeidung übermäßiger Defizite sowie dem Stabilitätspakt ergeben.[1155] Es müsse daher ausgeschlossen werden, dass die Mitgliedstaaten gegenüber dem IWF Maßnahmen bzw. Orientierungen treffen können, die zu einer Umgehung des internen Koordinierungsmechanismus führen.[1156]

Zu diesem Zweck sollten die Union und die Mitgliedstaaten als Mitglieder eines einheitlichen Wirtschaftsraumes verstanden werden und als solche in internationalen Institutionen auftreten.[1157] Dabei obliege es der Union, trotz der grundsätzlichen Zuständigkeit der Mitgliedstaaten für die Wirtschaftspolitik, „einen koordinierten wirtschaftspolitischen Standpunkt zu vertreten."[1158] Problematisiert wird in diesem Zusammenhang auch die Abgrenzung wirtschafts- und währungspolitischer Gesichtspunkte. So wird eine Vertretung der Mitgliedstaaten durch die Union auch darauf gestützt, dass einzelne Fragen gleichzeitig die Wirtschafts- und die Währungspolitik betreffen können.[1159] Die Argumentation stützt sich dabei auf eine weite Auslegung der Unionskompetenzen in Art.138 AEUV zur Festlegung des Standpunktes der Union sowie deren Vertretung auf internationaler Ebene.

Umstritten ist in diesem Zusammenhang, ob ein Standpunkt der Union nach Art.138 Abs.1 AEUV eine Unionszuständigkeit betreffen muss oder die Norm auch anwendbar ist, wenn sich Fragenkomplexe gleichzeitig auf Kompetenzen der Mitgliedstaaten beziehen.[1160] Letztgenannter Auffassung lag unter dem EG-Vertrag die Vorstellung zugrunde, dass die Regelung nicht nur für das Völkerrechtssubjekt „Europäische Union", sondern für ein „ensemble communautaire" gilt, das auch die Mitgliedstaaten umfasst.[1161] Art.111 Abs.4 EGV wurde dabei als

---

1155 Louis in FS Rey Caro, 1545, 1566.

1156 Louis in FS Hahn 201, 205, 211; ebenso Dony, 241, 256.

1157 Louis, EUI WPL No. 99/10, 23.

1158 Smits in v.d. Groeben/ Schwarze, Art.111 Rdn.165 Fn.133 unter Verweis auf Louis in Commentaire Mégret; ähnlich ders. ECB, 432, 448.

1159 Smits in v.d. Groeben/ Schwarze, EUV/EGV, Art.111 Rdn.165; auch Dutzler, 445, 467 problematisiert diese Abgrenzung.

1160 Vgl. Palm in Grabitz/ Hilf/ Nettesheim, EU, Art. 138 Rdn.8.

1161 Louis, EUI WPL No.99/10, 11; ders. in FS Rey Caro, 1545, 1560; siehe auch Smits in v. d. Groeben/ Schwarze, EUV/EGV, Art.111 Rdn.166; ders., ECB, 410f.; Dutheil de la Rochère, YbEL 1999/2000, 427, 443.

Remineszenz an den aufgehobenen Art. 116 EWGV verstanden, nach dem die Mitgliedstaaten in internationalen Organisationen mit wirtschaftlichem Charakter bei allen Fragen, die für den Gemeinsamen Markt von besonderem Interesse sind, nur noch gemeinsam vorzugehen hatten.[1162] Für eine entsprechende Auslegung könnte unter dem AEU-Vertrag angeführt werden, dass hier nicht länger von Standpunkten der Gemeinschaft bzw. Union, sondern von gemeinsamen Standpunkten gesprochen wird.[1163] Dementsprechend könnte nach wie vor argumentiert werden, dass der Rat für die Koordinierung der Handlungen der Mitgliedstaaten auch in den Bereichen der WWU zuständig ist, die Kompetenzen der Mitgliedstaaten betreffen. Art.138 Abs.1 AEUV könnte sich daher auf die Aufgabe des Rates beziehen nach Art.16 Abs.1 EUV i.V.m. Art.121 AEUV für die Abstimmung der Wirtschaftspolitiken der Mitgliedstaaten zu sorgen und diese Koordinierung auch für die internationalen Maßnahmen im Zusammenhang mit der Währungsunion vorsehen. Dem Rat wäre dann eine besondere Kompetenz eingeräumt, die vor dem Hintergrund des Kohärenzerfordernisses zu verstehen ist, das nach Art.21 Abs.3 S.2 EUV die außenpolitischen Maßnahmen der Union kennzeichnen soll.[1164]

Gegen eine solche weite Auslegung spricht allerdings das in Art.138 Abs.1 AEUV festgelegte Verfahren, das eine mit qualifizierter Mehrheit zu treffende Ratsentscheidung vorsieht. Für Politikbereiche, die in die Zuständigkeit der Mitgliedstaaten fallen, kann jedoch keine solche bindende Ratsentscheidung getroffen werden.[1165] Hierfür ist nach dem Prinzip der begrenzten Einzelermächtigung das Vorliegen einer Unionszuständigkeit zu fordern.[1166] Ferner ist nicht ersichtlich, dass eine enge Auslegung der Norm diese im Rahmen der Wirtschaftsunion ihrer Bedeutung berauben würde.[1167] Trotz der grundsätzlichen Zuständigkeit der Mitgliedstaaten handelt es sich bei der Wirtschaftspolitik nach Art.121 Abs.1 AEUV um eine Angelegenheit von gemeinsamem Interesse, die

---

1162 Dutheil de la Rochère, YbEL 1999/2000, 427, 443; ähnlich Dony, 241, 249; Louis in FS Rey Caro, 1545, 1559; ders. in FS Hahn, 201, 209; Smits in v. d. Groeben/Schwarze, EUV/EGV, Art.111 Rdn.164.

1163 Nach Smits, Euredia 2009, 297, 300f., bleibt abzuwarten, wie sich der Umstand auf die Interpretation auswirkt, dass der Vetrag von Lissabon im Gegensatz zur Vorgängerregelung keinen Bezug auf die Union nimmt.

1164 So Smits, ECB, 411.

1165 Palm in Grabitz/Hilf/Nettesheim, EU, Art.138 Rdn.7; siehe auch Kadelbach in Siekmann, EWU, Art.138 Rdn.11 m.w.N.

1166 Palm in Grabitz/Hilf/Nettesheim, EU, Art.138 Rdn.8.

1167 Dutzler, 445, 448 f.; so jedoch Smits, ECB, 411; Louis in FS Rey Caro, 1545, 1560.

auch Handlungsmöglichkeiten für die Union vorsieht. Zu nennen sind etwa die Erstellung der Grundzüge der Wirtschaftspolitik nach Art.121 Abs.2 AEUV, die multilaterale Überwachung nach Art.121 Abs.3 AEUV und die gemäß Art.126 AEUV vorgesehenen Maßnahmen zur Einhaltung der Haushaltsdisziplin durch die Mitgliedstaaten. Vor diesem Hintergrund ist es durchaus vorstellbar, dass auch international wirtschaftspolitische Themen behandelt werden, die in die Zuständigkeit der Union fallen.[1168] Soweit jedoch eigene Kompetenzen der Mitgliedstaaten betroffen sind, können diese lediglich gemäß Art. 4 Abs.3 EUV zur loyalen Zusammenarbeit verpflichtet werden. Standpunkten nach Art.138 Abs.1 AEUV kommt insofen keine Bindungswirkung zu.[1169]

Auch auf Art.138 Abs.2 AEUV, der die einheitliche Vertretung der Union regelt, kann eine weite Auslegung nicht gestützt werden. In diesem Zusammenhang ist festzuhalten, dass der Hinweis aus Art.111 Abs.4 EGV, nach dem die Vertretung unter Einhaltung der in den Artikeln 99 und 105 vorgesehenen Zuständigkeitsverteilung zu erfolgen hat, nicht in Art.138 Abs.2 AEUV übernommen wurde. Mit diesem kryptischen Verweis sollte zuvor sichergestellt werden, dass sowohl den Mitgliedstaaten bei der Behandlung von wirtschaftspolitischen Fragen[1170] als auch der EZB im währungspolitischen Bereich eine entscheidende Rolle eingeräumt wird.[1171] Die Streichung dieses Hinweises bedeutet jedoch nicht, dass die Zuständigkeitsverteilung und damit das Prinzip der begrenzten Einzelermächtigung bei der Vertretung nicht länger berücksichtigt werden müssen.[1172] Tatsächlich kann die Union auch hier nur im Fall eigener Zuständigkeiten über die Vertretung bestimmen.[1173] Dies verdeutlicht, dass die Außenvertretung der WWU nach wie vor nicht bei einem Handlungsträger zentralisiert werden,

1168 Palm in Grabitz/ Hilf/ Nettesheim, EU, Art.138 Rdn.9; ähnlich Smits in v.d. Groeben/ Schwarze, EUV/EGV, Art.111 Rdn. 163.

1169 Häde in Calliess/ Ruffert, EUV/ AEUV, Art.138 Rdn. 7f.

1170 Dies folgte auch aus der Erklärung Nr.7 zu Art.111 EGV zur Schlussakte der Konferenz von Nizza. Hier heißt es: *„Die Konferenz kommt überein, dass die Verfahren so beschaffen sein müssen, dass sich alle Mitgliedstaaten des Euro- Währungsgebiets an jeder Phase der Vorbereitung zur Festlegung des Standpunkts der Gemeinschaft auf internationaler Ebene in Bezug auf Fragen, die von besonderer Bedeutung für die Wirtschafts- und Währungsunion sind, in vollem Umfang beteiligen können.“*

1171 Martenczuk, ZaöRV 1999, 93, 101.

1172 Palm in Grabitz/Hilf/Nettesheim, EU, Art.138 Rdn.8, führt insofern aus, dass die Streichung keine extensivere Auslegung von Art. 138 Abs.2 AEUV rechtfertige.

1173 Häde in Calliess/ Ruffert, EUV/ AEUV, Art.138 Rdn.12.

sondern sich an der komplexen internen Kompetenzverteilung orientieren, bzw. diese widerspiegeln sollte.[1174]

Schließlich kann nach der Rechtsprechung des Gerichtshofes „das Problem der Verteilung der Zuständigkeit [auch] nicht nach Maßgabe eventueller Schwierigkeiten geregelt werden, die bei der Durchführung auftreten können."[1175]

Eine Vertretung der Mitgliedstaaten durch die Union in wirtschaftspolitischen Fragen kann nach Art.138 AEUV daher nicht ohne Weiteres angenommen werden. Dieses Vorgehen widerspräche der grundsätzlichen Kompetenzverteilung im AEU-Vertrag, nach der die Handlungskompetenzen im Bereich der Wirtschaftspolitik trotz des Bestehens der WWU nach wie vor bei den Mitgliedstaaten zu verorten sind und diese zu einem internationalen Auftreten berechtigen.

ε) Mangelnde Einflussmöglichkeiten der EU-Mitgliedstaaten auf die Zahlungsbilanz

Neben Ansätzen auf völkerrechtlicher und unionsrechtlicher Ebene werden schließlich Unzulänglichkeiten der nationalen Kompetenzen zur Rechtfertigung einer ausschließlichen Unionskompetenz in Bezug auf die Tätigkeiten des IWF

1174 Stumpf, ZaöRV 2003, 1075, 1081. Wie diese Vertretung im Einzelnen ausgestaltet werden sollte, lässt der Vertrag selbst offen. Gründe hierfür listet Maystadt, Euro 1999, 14, 14 f. auf. In der Entschließung des Europäischen Rates vom 13. Dezember 1997 über die wirtschaftspolitische Koordinierung in der dritten Stufe der WWU wurde insofern in Ziffer II.10 festgehalten, dass Rat und EZB *„ihre Aufgaben bei der Vertretung der Gemeinschaft auf internationaler Ebene wirksam und unter Beachtung der im Vertrag vorgesehenen Kompetenzverteilung erfuellen. [...]. Die Kommission wird an der Vertretung nach außen in dem Umfang beteiligt, der notwendig ist, damit sie die ihr nach dem Vertrag obliegenden Aufgaben wahrnehmen kann."*
Ein pragmatischer Ansatz wurde schließlich beim Treffen des Europäischen Rates am 11./12. Dezember 1998 in Wien gewählt. Hier wurde in den Schlussfolgerungen des Vorsitzes, abgesehen von Regeln für die Vertretung im Rahmen der G7 und des IWF, festgehalten, dass es für die Kohärenz und Effizienz der Gemeinschaft erforderlich sei, dass diese mit einer Stimme spricht. Zu diesem Zweck wurden die Kommission, der Rat und die Mitgliedstaaten aufgefordert *„die notwendigen Maßnahmen zu ergreifen, um eine rechtzeitige und wirksame Vorbereitung gemeinsamer Standpunkte und gemeinsamer Ausrichtungen sicherzustellen, die gegenüber Dritten in internationalen Foren vertreten werden können."* Eine Diskussion der Frage, welches Organ nach außen für die Union auftreten soll, findet sich beispielsweise bei McNamara/Meunier, International Affairs 2002, 849 ff.

1175 EuGH, Gutachten 1/94, GATS und TRIPs, Slg.1994, I- 5267 Rdn.107. Auf die praktische Problematik der Kompetenzabgrenzung mit Blick auf internationale Organisationen weist Kadelbach in Siekmann, EWU, Art. 138 Rdn.9 hin.

herangezogen. So besitze nur die Union in Form der ausschließlichen Kompetenzen in der Geld- und Wechselkurspolitik die Zuständigkeiten zur Beeinflussung der Zahlungsbilanz. ‚Der Umstand, dass auch ein Haushaltsdefizit Ursache eines Zahlungsbilanzungleichgewichts sein kann, könne nicht zu einer anderen Bewertung führen.'[1176] Hier ist jedoch zu bedenken, dass eine Beeinflussung der Zahlungsbilanz im Wege der Wechselkurspolitik weitgehend vermieden werden soll, um auf diese Weise nicht die Stabilisierung der internationalen Währungsbeziehungen zu gefährden. Die Gewährung der Finanzhilfe zur Überbrückung eines Zahlungsbilanzdefizits dient dabei der Behebung der zugrundeliegenden wirtschaftspolitischen Ursachen. Zu diesem Zweck wird die Inanspruchnahme der Fondsmittel auch von der Erfüllung wirtschaftspolitischer Bedingungen abhängig gemacht. Gerade diese Aspekte unterfallen jedoch der Zuständigkeit der Mitgliedstaaten.

ζ) Ergebnis

Die Tätigkeiten des IWF im Wirtschaftsbereich betreffen Kompetenzen, die zwischen der Union und ihren Mitgliedstaaten geteilt sind. Eine ausschließliche Zuständigkeit der Union ist insofern nicht gegeben.

cc) Das entwicklungspolitische Tätigkeitsfeld des IWF

α) Einbindung des IWF in die Entwicklungsförderung

Die Fähigkeit der Union zur Kontrolle ihrer auswärtigen Beziehungen ist auch hinsichtlich des Engagements des IWF in der Entwicklungsförderung zu untersuchen, die etwa im Rahmen der Finanzhilfe des Fonds zutage tritt. Hintergrund ist dabei, dass Zahlungsbilanzprobleme auch durch Strukturmängel der Wirtschaftsordnung einkommensschwacher Länder bedingt und beeinflusst werden können.[1177] Hier gewährt der IWF im Rahmen des Poverty Reduction and Growth Trust etwa über die „Extended Credit Facility (ECF)" sowie die „Standby Credit Facility (SCF)" Zahlungsbilanzhilfe zu günstigen Zinssätzen und verlängerter Rückzahlungszeit.[1178] Neben die hier betonte Förderung wirtschaftlichen Wachstums treten zudem Strategien zur Reduzierung der Armut. Verwiesen werden kann auf die Heavily Indebted Poor Countries (HIPC) Initiative sowie die Multilateral Debt Relief Initiative (MDRI), die jeweils einen möglichen Schuldenerlass für stark

1176 Louis in FS Hahn, 201, 211 (wÜ).
1177 Herdegen, Internationales Wirtschaftsrecht, § 26 Rdn.7.
1178 Factsheet: IMF Support for Low-Income Countries.

verschuldete Länder vorsehen.[1179] Den Bezug zur Entwicklungshilfe macht dabei auch die Zusammenarbeit mit der Weltbank als Entwicklungshilfeorganisation im Bretton-Woods-System deutlich.[1180] Zu nennen ist darüber hinaus die Einbindung des IWF in die Millenium Developments Goals (MDGs) der Vereinten Nationen, die sich auf die Halbierung der Armut in den Jahren 1990–2015 konzentrieren.[1181] Abschließend sei darauf hingewiesen, dass auch die übrigen Tätigkeitsbereiche des Fonds im Rahmen der Entwicklungsförderung relevant sind. So können Entwicklungsländer etwa durch das Angebot technischer Hilfe, aber auch durch die Politikratschläge im Zusammenhang mit der Überwachungstätigkeit des IWF profitieren.

β) Kompetenzzuordnung auf Unionsebene

Die Kompetenz der Union zum Tätigwerden im Bereich der Entwicklungszusammenarbeit ergibt sich aus Art.208 AEUV. Ziel ist dabei zunächst die in Art.208 Abs.1 AEUV explizit genannte Bekämpfung bzw. Beseitigung der Armut. Darüber hinaus macht der Verweis in Abs.1 auf die Grundsätze und Ziele des auswärtigen Unionshandelns in Art. 21 EUV deutlich, dass auch weitere Ziele wie etwa die Förderung einer nachhaltigen wirtschaftlichen und gesellschaftlichen Entwicklung in den Entwicklungsländern sowie einer Integration aller Länder in die Weltwirtschaft zu verfolgen sind.

Wie der enge Zusammenhang mit der Wirtschaftspolitik bereits vermuten lässt, kommen entsprechende Kompetenzen jedoch nicht nur der Union zu. Nach Art.208 Abs.1 AEUV sollen sich die Politik der Union und der Mitgliedstaaten vielmehr ergänzen. Es handelt sich damit um eine parallele Kompetenzzuordnung.[1182] Entsprechend statuiert Art.208 Abs.2 AEUV, dass Union und Mitgliedstaaten den im Rahmen der Vereinten Nationen und anderer zuständiger internationaler Organisationen gegebenen Zusagen nachkommen. Im Rahmen ihres Vorgehens haben die Union und die Mitgliedstaaten dabei nach Art.210 Abs.1 AEUV ihre Politik zu koordinieren und ihre Hilfsprogramme, auch in internationalen Organisationen, abzustimmen. Dies bestätigt auch Art.211 AEUV, nach dem die Union und ihre Mitgliedstaaten im Rahmen ihrer jeweiligen Befugnisse mit dritten Ländern und den zuständigen internationalen

1179 Vgl. Factsheets: Debt Relief Under the Heavily Indebted Poor Countries (HIPC) Initiative und Multilateral Debt Relief Initiative.

1180 Vgl. Factsheet: The Joint World Bank–IMF Debt Sustainability Framework for Low-Income Countries.

1181 Vgl. Factsheet: The IMF and the Millennium Development Goals.

1182 Benedek in Grabitz/ Hilf/ Nettesheim. AEUV/ EUV, Art. 208 Rdn.55.

Organisationen zusammenarbeiten. Art.209 Abs.2 AEUV ist ferner zu entnehmen, dass die Zuständigkeit der Mitgliedstaaten in internationalen Gremien zu verhandeln und internationale Abkommen zu schließen, nicht berührt wird. Im Ergebnis kann daher festgehalten werden, dass durch das entwicklungspolitische Tätigkeitsfeld des IWF Kompetenzen sowohl der Union als auch der Mitgliedstaaten betroffen werden.[1183] Somit kontrolliert auch hier die Union ihre auswärtigen Beziehungen nicht in ausschließlicher Weise.

c) Kompetenzrechtliche Endauswertung

Unter funktionalen Gesichtspunkten ist festzuhalten, dass der Union in keinem Tätigkeitsbereich des IWF ausschließliche Kompetenzen zukommen. Im Währungsbereich und damit dem wesentlichen Betätigungsfeld des Fonds sind der Union zwar in der Geld- und Wechselkurspolitik entsprechende Kompetenzen zugeordnet. Daneben bestehen jedoch auch Restkompetenzen der Mitgliedstaaten im Bereich der Währungsreserven, der Finanz- und Bankaufsicht sowie im Bereich des Zahlungs- und Kapitalverkehrs. Im Bereich der Wirtschaftspolitik verbleibt die Zuständigkeit maßgeblich bei den Mitgliedstaaten. Der Union kommt lediglich eine Koordinierungs- und Orientierungsfunktion zu. Auch im Bereich der Entwicklungsförderung sind die Kompetenzen zwischen Mitgliedstaaten und Union geteilt, wobei die Tätigkeit der Union die der Mitgliedstaaten ergänzen soll.

Diese Kompetenzteilung macht deutlich, dass die Union, in funktionaler Hinsicht, nicht vollumfänglich zur Erfüllung der sich aus dem IWF-Abkommen ergebenden Verpflichtungen in der Lage ist.

2. Territoriale Beschränkung der Unionskompetenz

Die Fähigkeit der Union, die sich aus dem IWF- Abkommen ergebenden Verpflichtungen zu erfüllen, ist nicht nur unter dem Gesichtspunkt der funktional bedingten Kompetenzteilung zwischen der Union und ihren Mitgliedstaaten zu untersuchen. Vielmehr ergibt sich eine ähnliche Problematik bei Betrachtung des territorialen Anwendungsbereiches des IWF-Abkommens.

a) Der territoriale Anwendungsbereich des IWF-Abkommens

aa) Territorialerstreckung nach Art. XXXI Abs.2 (g) IWFA

Der territoriale Anwendungsbereich des IWF-Abkommens erstreckt sich nicht nur auf das Hoheitsgebiet seiner Mitglieder, sondern erfasst auch sog. abhängige

---

1183 Steinki in Current Developments Vol. 2, 109, 131.

Hoheitsgebiete. Dies folgt aus Art. XXXI Abs.2 (g) IWFA, nach dem alle Regierungen durch die Unterzeichnung des Übereinkommens dieses *„sowohl für sich selbst als auch für alle ihre Kolonien, überseeischen Hoheitsgebiete, alle ihrem Schutz, ihrer Oberherrschaft oder ihrer obrigkeitlichen Gewalt unterstehenden Gebiete sowie alle Gebiete an* [nehmen], *über die sie ein Mandat ausüben.“* Mittels dieser „Kolonialklausel“ wird die Geltung des Abkommens für Gebiete sichergestellt, deren externe Beziehungen der Kontrolle anderer Staaten unterliegen[1184], und die aus diesem Grund nicht selbständige Mitglieder des Fonds werden können.[1185] Dabei obliegt dem jeweiligen Mitglied des Fonds die volle Verantwortung für die Befolgung der Bestimmungen durch das abhängige Gebiet.[1186]

bb) Betroffene Hoheitsgebiete

Aus den Artikeln des IWF-Abkommens ergibt sich keine Verpflichtung der Mitglieder, dem Fonds mitzuteilen, für welche Gebiete sie die Verpflichtungen des

---

1184 Heintschel von Heinegg in Ipsen, Völkerrecht, § 13 Rdn.3; Gold, Membership and Nonmembership in the IMF, 237 verweist insofern auf ein Memorandum des Fonds, in dem es heißt: *“It was assumed… that whatever the relations between a parent government and dependent territory might otherwise be, the parent government's right to conduct the foreign relations of the dependent territory would entitle it to require the latter to recognize and join in the performance of, the obligations entered into in respect of it.”*

1185 Vgl. Bognar, Europäische Währungsintegration und Außenwirtschaftsbeziehungen, 397.

1186 Gold, Membership and Nonmembership in the IMF, 228. Aus der Territorialerstreckung folgt nicht, dass in Ansehung des abhängigen Gebietes dieselben Regelungen wie für das jeweilige Mitglied Anwendung finden. So wird auf dem Gebiet der Wechselkursregelungen nach Art. IV Abs.5 (a) IWFA zwar davon ausgegangen, dass jede Maßnahme eines Mitglieds für seine Währung nach diesem Artikel auch für die verschiedenen Währungen aller Hoheitsgebiete gilt, für die das Mitglied dieses Übereinkommen nach Art. XXXI Abs.2 (g) IWFA angenommen hat. Dennoch kann das Mitglied erklären, dass sich eine Maßnahme entweder nur auf die Währung des Mutterlands oder nur auf eine oder mehrere besonders bezeichnete Sonderwährungen oder auf die Währung des Mutterlandes und eine oder mehrere besonders bezeichnete Sonderwährungen bezieht. Eine entsprechende Erklärung kann ein Mitglied auch hinsichtlich der Verpflichtungen nach Art. VIII IWFA abgeben. Darüber hinaus unterfallen die Beziehungen zu den abhängigen Gebieten nicht dem Begriff der internationalen Geschäfte in Art. VIII Abs.2 a) IWFA, so dass auch im Bereich der Devisenbeschränkungen Raum für unterschiedliche Maßnahmen besteht. Vgl. zu den genannten Beschränkungen Gold, Membership and Nonmembership in the IMF, 238 ff.

Abkommens übernommen haben. Es besteht daher auch keine umfassende Liste, aus der eine Zuordnung im Sinne des Art. XXXI Abs.2 (g) IWFA entnommen werden könnte.[1187] Aus europäischer Sicht besteht jedoch nur eine begrenzte Anzahl an Mitgliedstaaten der EU, die über Hoheitsgebiete verfügen und für die Art. XXXI Abs.2 (g) IWFA von Relevanz ist. Es handelt sich dabei um Frankreich, die Niederlande, Portugal, Spanien, Dänemark und das Vereinigte Königreich Großbritannien.[1188]

b) Der territoriale Anwendungsbereich des AEU-Vertrages

aa) Problemaufriss unter Berücksichtigung der Währungssouveränität

Im Rahmen der Untersuchung der Mitgliedschaftskriterien stellt sich die Frage, inwieweit die Union die Befolgung der Bestimmungen des IWF-Abkommens in den abhängigen Gebieten ihrer Mitgliedstaaten im Sinne des Art. XXXI Abs.2 (g) IWFA sicherstellen kann. Voraussetzung hierfür wäre, dass sich der Übergang der Währungssouveränität auf die Union auch auf die abhängigen Gebiete der Mitgliedstaaten erstreckt. Dies bestimmt sich nach dem räumlichen Geltungsbereich des AEU-Vertrages, aus dem sich ergibt, in welchem geographischen Umfang Rechtshandlungen der Union und die währungsrechtlichen Vorschriften Geltung beanspruchen können.[1189]

bb) Allgemeines zum räumlichen Geltungsbereich des AEU-Vertrages

Der räumliche Geltungsbereich des AEU-Vetrages sowie der auf seiner Grundlage eingegangenen internationalen Abkommen[1190] ist in Art.52 EUV, 355 AEUV geregelt. Diese Vorschriften sind daher der Ausgangspunkt für die Bestimmung ‚des Gebietes, in dem der Euro als ausschließliches gesetzliches Zahlungsmittel im Sinn der lex monetae anzusehen ist.‘[1191]

1187 Gold, Membership and Nonmembership in the IMF, 226f. Hier wird versucht mögliche Rückschlüsse hinsichtlich der Zuordnung aus den Erklärungen über Hoheitsgebiete ohne Selbstregierung nach Art.73 UN-Charta herzuleiten. Gleichzeitig betont Gold, aaO., jedoch auch, dass Unterschiede in der Konzeption der Vorschriften ebenso bestehen wie in der Mitgliedschaft der beiden Organisationen.

1188 Smits in v.d. Groeben/ Schwarze, EUV/EGV, Art.111 Rdn.222.

1189 Schröder in v.d. Groeben/Schwarze, EUV/EGV, Art. 299 Rdn.1, 5; Hafke, ZEuS 2000, 25, 27.

1190 Schröder in v.d. Groeben/Schwarze, EUV/EGV, Art. 299 Rdn.1.

1191 Herrmann, EFAR 2002, 1, 14 (wÜ).

Da die Union als internationale Organisation im Gegensatz zu Staaten nicht über ein eigenes Hoheitsgebiet verfügt, leitet sich der räumliche Geltungsbereich des Unionsrechts unter Rückgriff auf die Hoheitsgebiete ihrer Mitgliedstaaten her. Dementsprechend wird in Art.52 Abs.1 EUV für die Bestimmung dieses Geltungbereiches auf die Mitgliedstaaten und damit auf Völkerrechtssubjekte verwiesen.[1192] Maßgebend ist damit die Reichweite der Gebietshoheit, wie sich diese nach dem Völker- und Verfassungsrecht des jeweiligen Mitgliedstaates darstellt.[1193]

Unter Berücksichtigung der völkerrechtlichen Regelung in Art.29 WVK kann eine Deckung des räumlichen Anwendungsbereiches des AEU-Vertrages und der Hoheitsgebiete seiner Mitgliedstaaten nur insoweit angenommen werden, als keine abweichende Absicht aus dem Vertrag hervorgeht oder anderweitig festgestellt werden kann.[1194] Entsprechend sind auch im Bereich des AEU-Vertrages für einzelne Mitgliedstaaten in den Art.349, 355 AEUV gesonderte Regelungen für den Geltungsbereich enthalten, anhand derer bestimmt werden kann, in welchem Umfang überseeische und europäische Gebiete der Mitgliedstaaten von dem Geltungsbereich des Unionsrechts erfasst werden.[1195] Von besonderer Relevanz für das IWF-Abkommen sind dabei Art.355 Abs.2, 5 AEUV.[1196] Hier

---

1192 Dörr in Grabitz/ Hilf/ Nettesheim, EU, Art. 52 EUV Rdn.1; Schröder in v.d. Groeben/ Schwarze, EUV/EGV, Art. 299 Rdn.3,7.

1193 Krauskopf/ Steven, EuZW 1999, 650, 651, unter Verweis auf die alte Kommentarfassung von Schröder in v.d. Groeben/ Schwarze, EUV/ EGV, Art.299, Rdn.8. Dieser betont, dass sich nicht nur aus dem Verfassungsrecht der Mitgliedstaaten ergibt, auf welche Gebiete sich die territoriale Souveränität eines Staates erstreckt. Das Verfassungsrecht sei nur dann aussagekräftig, wenn es mit dem Völkerrecht übereinstimme. Anders Hummer in Grabitz/ Hilf, EU, Vorauflage, Art. 227 EGV aF., Rdn.4.

1194 Schmalenbach in Calliess/ Ruffert, EUV/ AEUV, Art.52 EUV Rdn.3.

1195 Schröder in v.d. Groeben/ Schwarze, EUV/ EGV, Art.299 Rdn. 2 f.

1196 Hinsichtlich einer Mitgliedschaft der EU im IWF bereiten die in Art.355 Abs.1, 349 AEUV genannten Hoheitsgebiete Frankreichs, Spaniens und Portugals keine Schwierigkeiten. Dies folgt aus der Unionszugehörigkeit dieser Gebiete, für die lediglich strukturfördernde Sonderregelungen zum Zweck der Besserstellung in der Union getroffen werden können. Im Einzelnen hierzu Schröder in v.d. Groeben/ Schwarze, EUV/EGV, Art.299 Rdn.20 ff. Währungsrechtliche Auswirkungen hat dies nicht. Da der Vertrag auf diese Gebiete Anwendung findet, sind die entsprechenden Kompetenzen im Rahmen der dritten Stufe der Währungsunion übergegangen. Betroffen sind insoweit die sog. französischen Départements d'Outre-Mer et Régions d'Outre-Mer Guadeloupe, Martinique, Französisch Guayana, Réunion, Saint Martin und seit dem 31. März 2011 Mayotte, die zu Portugal gehörenden autonomen Regionen Azoren und Madeira sowie die in zwei spanische Provinzen unterteilten Kanarischen Inseln. Schließlich zählen auch die, in Art.355 Abs.1, 349 AEUV nicht geregelten

werden die überseeischen Länder und Hoheitsgebiete der Mitgliedstaaten behandelt, sowie der Ausschluss bzw. eine reduzierte Anwendbarkeit des Vertrages auf bestimmte europäische Gebiete.

cc) Überseeische Länder und Hoheitsgebiete der Mitgliedstaaten

α) Allgemeines

Art.355 Abs.2 AEUV bezieht sich auf die in Anhang II des AEU-Vertrages aufgeführten überseeischen Länder und Hoheitsgebiete. Für letztere ist als ehemalige Kolonialgebiete kennzeichnend, dass sie mit einigen Mitgliedstaaten der EU durch besondere politische und wirtschaftliche Beziehungen verbunden sind. Dies äußert sich in einer begrenzten Abhängigkeit dieser Gebiete von ihren Mutterländern. Während wirtschaftliche und legislative Befugnisse durch die Länder selbst ausgeübt werden, gilt dies nicht in gleichem Maß für Fragen, die die Judikative, Verteidigung, aber auch Währung betreffen.[1197]

Aus diesem Charakteristikum folgt jedoch nicht, dass die Union auf diese Gebiete in der nach Art. XXXI Abs.2 (g) IWFA notwendigen Form einwirken kann. Vielmehr genießen die Gebiete nicht nur nach nationalem, sondern auch nach Unionsrecht einen besonderen Status.

Dies zeigt der Verweis in Art.355 Abs.2 AEUV auf das in Art.198 ff. AEUV geregelte Assoziierungssystem.[1198] Es handelt sich hierbei um ein Sonderregime mit abschließendem Charakter, das die allgemeinen Regelungen des AEU-

---

spanischen Exklaven Ceuta und Melilla zu den unionszugehörigen Territorien. Vgl. zu den unionszugehörigen außereuropäischen Territorien Krauskopf/ Steven, EuZW 1999, 650, 651 und Hafke, ZEuS 2000 25, 28. Zu dem Sonderstatus von Ceuta und Melilla vgl. Jaeckel in Grabitz/Hilf/ Nettesheim, EU, Art.349 Rdn.10. Eine entsprechende Anwendbarkeit des AEU-Vertrages gilt nach Art.355 Abs.3 AEUV für europäische Hoheitsgebiete, deren auswärtige Beziehungen ein Mitgliedstaat wahrnimmt. Zurzeit wird hiervon nur die britische Kronkolonie Gibraltar erfasst, vgl. Schröder in v.d. Groeben/ Schwarze, EUV/EGV, Art.299 Rdn.32. Darüber hinaus folgt aus Art.355 Abs.4 AEUV i.V.m. den Bestimmungen des Protokolls Nr.2 der finnischen Beitrittsakte eine modifizierte Anwendung des AEU-Vertrages auf die Ålandinseln.

1197 Hafke, ZEuS 2000, 25, 29.

1198 Nach Streinz, Europarecht, Rdn.1209, versteht man unter einer solchen Assoziierung im Recht der internationalen Organisationen grundsätzlich „die Beteiligung eines Staates an einer Staatenverbindung, die jedenfalls unter der Vollmitgliedschaft bleibt.“ Im Rahmen des AEU-Vertrages zielt dieses Vorgehen nach Art.198 Abs.2 AEUV auf die Förderung der wirtschaftlichen und sozialen Entwicklung der Länder und Hoheitsgebiete und die Herstellung enger Wirtschaftsbeziehungen zwischen diesen und der Union ab.

Vertrages verdrängt. Diese finden damit auf die in Art.355 Abs.2 AEUV in Bezug genommenen Gebiete keine Anwendung.[1199] Dem System der Assoziierung entsprechend handelt es sich bei diesen Gebieten daher nicht um integrale Bestandteile der Union, die mit dieser auch nicht rechtlich gleich gesetzt werden können.[1200] Vielmehr befinden sich die außereuropäischen, abhängigen Gebiete der Mitgliedstaaten gegenüber der Union „in einer Drittstaaten entsprechenden Rechtsbeziehung."[1201]

β) Betroffene Gebiete

Art.355 Abs.2 AEUV kann keine Definition des Begriffes der überseeischen Länder und Hoheitsgebiete, sondern nur ein Verweis auf die in Anhang II aufgelisteten Gebiete entnommen werden. Letztere sind Frankreich, den Niederlanden, Dänemark und dem Vereinigten Königreich zuzuordnen.[1202] Dabei ist zu berücksichtigen, dass es sich um keine abschließende Aufzählung der betroffenen Gebiete handelt. Dies folgt aus Art.355 Abs.2 UAbs.2 AEUV, nach dem der AEU-Vertrag

---

1199 Oppermann, Europarecht, § 40 Rdn.55; Bognar, Europäische Währungsintegration und Außenwirtschaftsbeziehungen, 380; Schröder in v.d. Groeben/ Schwarze, EUV/ EGV, Art.299 Rdn.26 begründet die Nichtanwendung mit einer möglichen Präjudizierung der Politik der Mitgliedstaaten gegenüber diesen Gebieten als auch mit der Sprengung des europäischen Charakters der Union.

1200 Schröder in v.d. Groeben/ Schwarze, EUV/EGV, Art.299 Rdn.26; Hierfür spricht auch Art.355 Abs.3 AEUV, nach dem die Anwendung des Vertrages lediglich auf europäische Hoheitsgebiete ausgeweitet wird, deren auswärtige Beziehungen ein Mitgliedstaat wahrnimmt.

1201 Schröder in v.d. Groeben/ Schwarze, EUV/EGV, Art.299 Rdn.26, unter Verweis auf die Rechtsprechung des EuGH, Gutachten 1/78, Internationales Naturkautschukübereinkommen, Slg.1979, 2871 ff.

1202 <u>Frankreich</u> (Neukaledonien und Nebengebiete, Französisch-Polynesien, Französische Süd- und Antarktisgebiete, Wallis und Futuna, Saint-Pierre und Miquelon, Saint-Barthélemy), <u>Niederlande</u> (Aruba, Niederländische Antillen), <u>Dänemark</u> (Grönland), <u>Vereinigtes Königreich</u> (Anguilla, Kaimaninseln, Falklandinseln, Südgeorgien und südliche Sandwichinseln, Montserrat, Pitcairn, St. Helena und Nebengebiete, Britisches Antarktis-Territorium, Britisches Territorium im Indischen Ozean, Turks- und Caicosinseln, Britische Jungferninseln, Bermuda).
In die Anlage II des AEU-Vertrages wurde ursprünglich die Collectivité d'outre-mer Mayotte aufgenommen, obwohl nach der 43. Erklärung zu Art.355 Abs.6 AEUV bereits vorgesehen war, die französischen Collectivité in ein Gebiet im Sinne von Art.355 Abs.1 AEUV umzuwandeln. Der Statuswechsel ist zwischenzeitlich erfolgt. Seit dem 31. März 2011 ist Mayotte das 101. Departement Frankreichs und wurde infolgedessen zum 1. Januar 2014 Teil der EU.

keine Anwendung auf die überseeischen Länder und Hoheitsgebiete findet, die besondere Beziehungen zum Vereinigten Königreich Großbritannien und Nordirland unterhalten, und die in dem genannten Anhang nicht aufgeführt sind. Von den genannten Mitgliedstaaten nehmen bisher nur Frankreich und die Niederlande an der dritten Stufe der Währungsunion teil. Angesichts einer möglichen späteren Teilnahme Dänemarks und des Vereinigten Königreiches werden jedoch auch diese im Rahmen der folgenden Ausführungen berücksichtigt.

αα) Überseegebiete Frankreichs

Zu den Überseegebieten Frankreichs zählen zunächst die französischen Süd- und Antarktisgebiete sowie die sog. Collectivités d'outre-mer, die Französisch-Polynesien sowie Wallis und Futuna umfassen, aber auch Neukaledonien und Nebengebiete als sog. Collectivités sui generis. Gesetzliches Zahlungsmittel ist in letztgenannten Gebieten der sog. CFP-Franc[1203], der bis zur dritten Stufe der Währungsunion in einer festen Parität an den französischen Franc gebunden war.[1204] Infolge der Einführung des Euro hätte das zugrundeliegende Wechselkursabkommen grundsätzlich als Vereinbarung eines Wechselkursregimes gewertet und damit im Kompetenzbereich der Union angesiedelt werden müssen.[1205] Gegenteiliges ergibt sich aus dem, dem AEU-Vertrag beigefügten Protokoll (Nr.18) betreffend Frankreich. Hier wird festgehalten, dass Frankreich das Recht behält, nach Maßgabe seiner innerstaatlichen Rechtsvorschriften in den genannten Gebieten Geldzeichen auszugeben und allein befugt ist, die Parität des CFP- Francs festzusetzen.

Mittels dieses Protokolls, das gemäß Art.51 EUV als Bestandteil des Unionsrechtes anzusehen ist, wird bezüglich dieser Überseegebiete somit nicht nur bestätigt, dass Frankreich seine Währungshoheit bewahrt hat.[1206] Vielmehr werden im Zusammenhang mit der alleinigen Paritätsfestsetzung eine ausdrückliche Ausnahme von den Währungskompetenzen der Union und eine Restkompetenz Frankreichs in diesem Bereich statuiert.[1207]

1203 Franc der sog. „Communauté financière du Pacifique".

1204 Krauskopf/ Steven, EuZW 1999, 650, 652; Zur Geschichte vgl. Wittelsberger in v.d. Groeben/ Schwarze, EUV/EGV, Protokoll (Nr.27), Rdn.2.

1205 Zilioli/ Selmayr, ECB, 223.

1206 Hafke, ZEuS 2000, 25, 29.

1207 Zilioli/ Selmayr, ECB, 223; siehe auch Krauskopf/ Steven, EuZW 1999, 650, 652. Nach Wittelsberger in v. d. Groeben/ Schwarze, EUV/EGV, Protokoll (Nr. 27), Rdn.5, hat Frankreich sein Recht, die Parität des CFP-Francs festzusetzen, bei der Einführung des Euro ausgeübt.

Neben den genannten Collectivités umfasst das französische Hoheitsgebiet mit einer sog. Collecivité territoriale ein Territorium mit Sonderstatus, das nach Art.355 Abs.2 AEUV nicht der Union zugeordnet werden kann. Es handelt sich hierbei um die Gebietskörperschaft St. Pierre und Miquelon.[1208]

Obwohl diese Gebietskörperschaft auch nach dem Übergang in die dritte Stufe der Währungsunion dieselbe Währung wie das französische Mutterland verwenden sollte, findet sich weder in den Verträgen selbst noch in dem beigefügten Protokoll eine entsprechende Regelung. Zurückgegriffen wurde daher auf eine Ratsentscheidung auf der Grundlage von Art.123 Abs.4 S.3 EGV.[1209] Mittels dieser Entscheidung wurde es Frankreich ermöglicht, den Euro als gesetzliches Zahlungsmittel in diesem, nicht zur Union zählenden Union Gebiet einzuführen.[1210] Im Einvernehmen mit der Kommission und der EZB hat Frankreich nach dieser Ratsentscheidung zudem sicherzustellen, dass das Unionsrecht in St. Pierre und Miquelon Anwendung findet, das für das Funktionieren der WWU erforderlich ist.[1211]

1208 Hafke ZEuS 2000, 25, 29, verweist darauf, dass diese, im Unterschied zu den übrigen Territorien, mit dem französischen Mutterland in einer Weise verbunden sind, die über das „bloße Band besondere Beziehungen" hinausgeht. Dies zeigt nach Herrmann, EFAR 2002, 1, 16, auch der Umstand, dass als gesetzliches Zahlungsmittel der französische Franc vorgesehen war. Vgl. hierzu auch Krauskopf/ Steven, EuZW 1999, 650, 651. Bis zum 31. März 2011 existierte in Form von Mayotte eine weitere Gebietskörperschaft, deren Status jedoch in ein Département geändert wurde. Art.355 Abs.2 AEUV findet auf Mayotte daher keine Anwendung mehr.

1209 Entscheidung des Rates vom 31. Dezember 1998 über die Währungsregelungen in den französischen Gebieten St. Pierre und Miquelon und Mayotte (1999/95/EG), ABl. EG Nr. L 30/29, insbesondere Erwägungsgrund (4)
Die Anwendung von Art.123 Abs.4 EGV als Rechtsgrundlage erwies sich dabei als problematisch. Schließlich fand der EG-Vertrag auf assoziierte Gebiete keine Anwendung. Teilweise wird daher darauf verwiesen, das es sich um eine Regelung mit Drittstaaten handele, die nach der jetzt in Art.219 Abs.3 AEUV enthaltenen Regelung hätte behandelt werden müssen, vgl. Zilioli/ Selmayr, ECB, 225; Herrmann, EFAR 2002, 1, 16f.; ausführlich zu dieser Problematik auch Hafke, ZEuS 2000, 25, 30f.

1210 Krauskopf/ Steven, EuZW 1999, 650, 651. Dieses Vorgehen basiert auf der Vorstellung, dass ein Mitgliedstaat nicht einseitig das Eurogebiet erweitern kann. A.A. Herrmann, EFAR 2002, 1, 16, nach dem Frankreich aufgrund seiner fortbestehenden Währungssouveränität wie jeder Drittstaat einseitig den Euro als gesetzliches Zahlungsmittel in diesem Gebiet hätte annehmen können.

1211 Art.4 der Ratsentscheidung vom 31. Dezember 1998 über die Währungsregelungen in den französischen Gebieten St. Pierre und Miquelon und Mayotte (1999/95/EG) ABl. EG Nr. L 30/29.

Ein vergleichbares Vorgehen wurde im Fall des, usprünglich Art.355 Abs.1 AUEV unterfallenden, Gebietes Saint-Barthélemy gewählt. Aufgrund einer Statusänderung zählt dieses Gebiet seit dem 1. Januar 2012 zu den überseeischen Ländern und Hoheitsgebieten gemäß dem Viertel Teil des AEUV und ist daher Art.355 Abs.2 AEUV zuzuordnen.[1212]

Da der Euro als Währung dieses Gebietes beibehalten werden sollte, galt es sicherzustellen, dass das für das Funktionieren der WWU erforderliche Unionsrecht auch in diesem Fall weiter Anwendung findet. Letzeres wurde durch eine Übereinkunft Frankreichs mit der Union auf Grundlage von Art.219 Abs.3 AEUV sichergestellt.[1213] Dieses Vorgehen unterstreicht erneut die weiterbestehende Währungssouveränität Frankreichs mit Blick auf dieses Gebiet.

ββ) Überseegebiete der Niederlande

Die niederländische Gebietshoheit umfasst die in der Karibik gelegenen niederländischen Antillen[1214] sowie Aruba. Diese Gebiete sind in Währungsfragen im Wesentlichen autonom.[1215] Im Gegensatz zum Fall der französischen Überseegebiete enthält der AEU-Vertrag kein Protokoll für diese Gebiete. Aus dem Fehlen von Sondervorschriften kann jedoch nicht auf einen Übergang der Währungskompetenzen in der dritten Stufe geschlossen werden.[1216] Schließlich hängt dieser Übergang von den Vorgaben des primären Unionsrechtes ab, die auf diese Gebiete gerade nicht angewendet werden.[1217] Eine konstitutive Begründung der Währungskompetenzen der Mitgliedstaaten mittels eines

---

1212 Beschluß des Europäischen Rates vom 29. Oktober 2010 zur Änderung des Status der Insel Saint-Barthélemy gegenüber der Europäischen Union (2010/718/EU).

1213 Beschluss des Rates vom 12. Juli 2011 über die Unterzeichnung und den Abschluss einer Währungsvereinbarung zwischen der Europäischen Union und der Französischen Republik zur Beibehaltung des Euro auf Saint-Barthélemy nach der Änderung seines Status gegenüber der Europäischen Union (2011/433/EU).

1214 Der ursprüngliche Verbund der Niederländischen Antillen wurde im Oktober 2010 aufgelöst. Infolgedessen sind nunmehr Curaçao und Sint Marteen als eigenständige Länder und Bonaire, Saba sowie Sint Eustatius als besondere niederländische Gemeinden zu unterscheiden, Auswirkungen auf die Einordnung als überseeische Länder und Hoheitsgebiete im Sinne von Art. 355 Abs.2 EUV hatte dies bisher nicht.

1215 Krauskopf/ Steven, EuZW 1999, 650, 652; Aruba verwendet den sog. Arubagulden, auf Sint Marteen und Curaçao gilt der sog. Antillengulden. Bonaire, Saba und Sint Eustatius verwenden den US-Dollar als gesetzliches Zahlungmittel.

1216 Martha, CMLRev.1993, 749, 759; folgend Bognar, Europäische Währungsintegration und Außenwirtschaftsbeziehungen, 382.

1217 Bognar, Europäische Währungsintegration und Außenwirtschaftsbeziehungen, 382.

Protokolls war nicht notwendig. Es verwundert daher auch nicht, dass bestehende Protokolle dahingehend verstanden werden, dass die Mitgliedstaaten über das Bestehenbleiben ihrer Kompetenzen in Bezug auf ihre Überseegebiete einer Meinung waren.[1218]

Das Fehlen entsprechender Regelungen im Fall der Niederlande ist auf das Fehlen förmlicher Währungsregelungen mit den Niederlanden zurückzuführen. Es bestand daher schlicht kein Grund für die Union tätig zu werden.[1219]

γγ) Überseegebiete Dänemarks

Zu den dänischen Hoheitsgebieten, die nicht der Union angehören, zählt Grönland, das die Stellung eines autonomen Gebietes innerhalb des dänischen Königreichs besitzt.[1220] Dabei kommt Grönland gemäß Art.204 AEUV weitgehend der Status eines assoziierten Hoheitsgebiets nach Art.198 ff. AEUV zu.[1221] Im Fall einer Teilnahme Dänemarks an der dritten Stufe der Währungsunion verbliebe die währungspolitische Zuständigkeit für dieses Gebiet bei Dänemark. Entsprechendes bestätigt das dem AEU-Vertrag beigefügte Protokoll (Nr.17) betreffend Dänemark. Hier wird bestimmt, dass Artikel 14 des Protokolls über die Satzung des Europäischen Systems der Zentralbanken und der Europäischen Zentralbank nicht das Recht der Nationalbank Dänemark berührt, ihre derzeitigen Aufgaben hinsichtlich der nicht der Union angehörenden Teile des Königreiches Dänemark wahrzunehmen.

δδ) Überseegebiete des Vereinigten Königreichs Großbritannien

Gemäß Art.355 Abs.2 i.V.m. Anhang II AEUV sind auch dem Vereinigten Königreich Großbritannien überseeische Länder und Hoheitsgebiete zuzurechnen, auf die das Assoziierungssystem der §§ 198 ff. AEUV Anwendung findet. Ebenso wie im Fall der Niederlande existieren für britische Überseegebiete jedoch

---

1218 Smits in v.d. Groeben/ Schwarze, EUV/ EGV, Art.111 Rdn. 223, der betont, dass „eine andere Auslegung [...] mit den internationalen Verpflichtungen der Mitgliedstaaten unvereinbar [wäre]."

1219 Krauskopf/ Steven, EuZW 1999, 650, 652; ähnlich Zilioli/ Selmayr, ECB, 223 f.; Smits in v.d Groeben/ Schwarze, EUV/EGV, Art.111 Rdn.223, erwägt auch ein „Versehen der Urheber des Maastricht-Vertrages".

1220 Gnan in v.d. Groeben/ Schwarze, EUV/EGV, Protokoll (Nr. 22), Rdn.2f.

1221 Schröder in v.d. Groeben/ Schwarze, EUV/EGV, Art.299 Abs.28, weist darauf hin, dass die Nennung Grönlands in Anhang II sich als Konsequenz aus der jetzt in Art. 204 AEUV enthaltenen Sonderregelung ergibt.

keine zusätzlichen Protokolle. Entsprechend kann für den Fall der Teilnahme an der Währungsunion auf die obigen Ausführungen verwiesen werden.

c) Dänische und britische Hoheitsgebiete in Europa

Aus Art.355 Abs.5 AEUV ergeben sich weitere Einschränkungen bezüglich der Anwendbarkeit des Unionsrechtes für die aufgeführten Hoheitsgebiete Dänemarks und des Vereinigten Königreiches Großbritannien in Europa. Betroffen sind hiervon die dänischen Färöer-Inseln, die auch innerhalb des dänischen Königreiches weitgehend autonom sind,[1222] sowie die britischen Hoheitszonen auf Zypern. Für diese wird eine Anwendung des AEU-Vertrages ganz bzw. weitgehend ausgeschlossen.[1223]

d) Kompetenzrechtliche Auswertung

Die obigen Ausführungen machen deutlich, dass der AEU-Vertrag gemäß Art.335 Abs.2, 5 AEUV auf bestimmte Hoheitsgebiete seiner Mitgliedstaaten keine Anwendung findet. Dementsprechend konnte der AEU-Vertrag bezüglich dieser Gebiete auch keine Übertragung der Währungskompetenzen auf die Union bewirken. Diese sind nach wie vor bei den Mitgliedstaaten zu verorten.[1224] Aus dieser Kompetenzverteilung folgt, dass die Union nicht in der Lage ist, bezüglich der gesamten Hoheitsgebiete ihrer Mitgliedstaaten die Erfüllung der Verpflichtungen, wie sie sich aus dem IWF-Abkommen ergeben, sicherzustellen. Demnach erfüllt die Union im Hinblick auf diese Gebiete nicht die Voraussetzungen für eine Mitgliedschaft im Fonds.

1222 Gnan in v.d. Groeben/ Schwarze, EUV/EGV, Protokoll (Nr. 22), Rdn.2, der in Rdn. 4 ausführt, dass neben dänischen Münzen auch eigene Banknoten als gesetzliches Zahlungsmittel anerkannt und im Verhältnis 1:1 gegen dänische Banknoten umgetauscht werden können.

1223 Im Einzelnen vgl. Schröder in v.d. Groeben/ Schwarze, EUV/EGV, Art. 299 Rdn.38 ff. Zu berücksichtigen ist ferner, dass gemäß Art.355 Abs.5c) AEUV der AEU-Vertrag auf die Kanalinseln und die Insel Man nur beschränkt Anwendung findet. Inwieweit hier die Geltung währungsrechtlicher Bestimmungen betroffen wäre, ist mangels Teilnahme des Vereinigten Königreiches an der dritten Stufe der Währungsunion nicht geregelt.

1224 Bognar, Europäische Währungsintegration und Außenwirtschaftsbeziehungen, 382, 391; Krauskopf/ Steven, EuZW 1999, 650, 651; Smits, ECB, 382; Martha, CMLRev.1993, 749, 758 f.

3. Temporäre Begrenzung der Unionskompetenzen

a) Die Wirtschafts- und Währungsunion als Feld der differenzierten Integration

Die Fähigkeit der Union zur Erfüllung der sich aus dem IWF-Abkommen ergebenden Verpflichtungen wurde bisher unter Berücksichtigung des sachlichen und territorialen Anwendungsbereiches des Unionsrechtes untersucht. Seit dem Eintritt in die dritte Stufe der WWU wirken sich die Regelungen des AEU-Vertrages jedoch auch unter temporären Gesichtspunkten unterschiedlich auf die Mitgliedstaaten der Union aus.[1225] So gehört die WWU zu den Bereichen des Unionsrechts, in denen die Integration nicht uniform[1226] ausgestaltet wurde. Dies zeigt die Tatsache, dass es sich beim Euro nur um die Währung eines Teils der Mitgliedstaaten der EU handelt.[1227]

b) Die Entwicklung des Konzepts der differenzierten Integration

Das Integrationsprinzip zählt zu den fundamentalen Grundsätzen der Union.[1228] Es umschreibt die „Vergemeinschaftung [bzw.] Verschmelzung mitgliedstaatlicher Hoheitsrechte unter Schaffung einer neuen Rechtsordnung."[1229] Leitbild des Vorgehens ist dabei eine einheitliche Integration, die auch als sog. Vollintegration bezeichnet wird. Sie ist erreicht, wenn eine Unionsregelung für sämtliche Mitgliedstaaten gleichzeitig mit übereinstimmenden sachlichem Inhalt

---

1225 Bognar, Europäische Währungsintegration und Außenwirtschaftsbeziehungen, 380.

1226 Da die differenzierte Integration nur die in der dritten Stufe der Wirtschafts- und Währungsunion vollzogenen Integrationsschritte betrifft, handelt es sich um ein inhaltlich begrenztes Problemfeld, von dem nicht alle Aspekte der Währungssouveränität erfasst werden. Dies gilt etwa für die Regelungen des Zahlungs- und Kapitalverkehrs, die auf alle Mitgliedstaaten in gleicher Weise Anwendung finden.

1227 Herrmann, EFAR 2002, 1, 14; zurzeit nehmen nur achtzehn der insgesamt achtundzwanzig Mitgliedstaaten der EU an der Währungsunion teil. Es handelt sich hierbei um Belgien, Deutschland, Estland, Finnland, Frankreich, Griechenland, Irland, Italien, Lettland, Luxemburg, Malta, Niederlande, Österreich, Portugal, Slowakei, Slowenien, Spanien und Zypern. Ab dem 1. Januar 2015 wird auch Litauen der Eurozone angehören.

1228 Zuleeg in v. d. Groeben/ Schwarze, EUV/EGV, Art.1 EGV, Rdn.43 bezeichnet das Integrationsprinzip als Verfassungsgrundsatz der EU.

1229 Becker, EuR Beih.I/ 1998, 29, 33.

gilt.[1230] Unter einheitlicher Integration wird damit primär Rechtseinheitlichkeit verstanden.[1231]

Das angestrebte Fortschreiten des Integrationsprozesses kann sich jedoch aufgrund verschiedener Faktoren erschweren. Im Zusammenhang mit der Währungspolitik zeigte sich dies in den siebziger Jahren, als die im Rahmen des sog. Werner-Plans geplante Umsetzung einer Wirtschafts- und Währungsunion scheiterte.[1232]

Ursache einer solchen Integrationshemmung sind die unterschiedlichen wirtschaftlichen, rechtlichen und sozialen Strukturen der einzelnen Mitgliedstaaten, die sich in abweichenden wirtschaftlichen Interessen bzw. wirtschaftspolitischen Konzeptionen widerspiegeln. Diese Differenzen wurden im Laufe der Existenz der Gemeinschaft durch die unterschiedlichen Auswirkungen der veränderten weltwirtschaftlichen Rahmenbedingungen auf die einzelnen Mitgliedstaaten verstärkt und zeigten sich umso deutlicher, je stärker Kernbereiche nationaler Souveränität von der wirtschaftspolitischen Integration betroffen waren.[1233] Auch die Unterschiede in den integrationspolitischen Zielvorstellungen der Mitgliedstaaten vertieften den Widerstand gegen die weitere Übertragung nationaler Kompetenzen auf die Gemeinschaft.[1234] Die Erweiterung der Gemeinschaft war dabei geeignet, einer weiteren „Heterogenität der ökonomischen, sozialen und politischen Verhältnisse in den Mitgliedstaaten“ Vorschub zu leisten.[1235] Es verwundert daher nicht, dass die Erweiterung der Gemeinschaft und die Intensivierung der Integration auch als gegensätzliche Pole angesehen wurden.[1236]

Diese Aspekte veränderten jedoch nicht die internationalen Herausforderungen, vor die sich die Gemeinschaft gestellt sah. So galt es insbesondere im Währungsbereich eine Antwort auf den Zusammenbruch des Bretton-Woods-Systems

---

1230 Scharrer in Grabitz, 1, 12; ebenso Grabitz/ Iliopoulos in Grabitz, 31, 33f. Hier wird zu Recht betont, dass eine vollständige Integration auch bei sachlichen Differenzierungen angenommen werden kann. Entscheidend ist insofern, dass die getroffene Regelung für alle Mitgliedstaaten gilt und lediglich in sachlicher Hinsicht, etwa unter Anwendung des Gleichheitssatzes oder aber des Verhältnismäßigkeitsprinzips, eine Abschwächung des Regelungsgehalts stattfindet.

1231 So Scharrer in Grabitz, 1, 12.

1232 Scharrer in Grabitz, 1, 1f.; weitere Ausführungen zu den Ursachen des mangelnden Integrationsfortschritts, etwa unter Berücksichtigung der Stimmverteilung in der Union, finden sich bei Becker, EuR Beih.I/ 1998, 29, 29.

1233 Scharrer in Grabitz, 1, 2 f.

1234 Becker, EuR Beih.I/ 1998, 29, 30; siehe auch Huber, EuR 1996, 347, 347.

1235 Martenczuk, ZEuS 1998, 447, 448; ähnlich Scharrer in Grabitz, 1, 4.

1236 Weber in FS Hahn, 273, 273.

zu finden und damit eine stabile Wechselkursumgebung für die Entwicklung des Gemeinsamen Marktes sicherzustellen. Angesichts dieser Problematik wurde seit den siebziger Jahren eine mögliche Flexibilisierung des Integrationsprozesses diskutiert.[1237] Hervorzuheben ist dabei eine Konzeption Willy Brandts,[1238] die von Leo Tindemans im Zusammenhang mit der Umsetzung einer gemeinsamen Wirtschafts- und Währungspolitik aufgegriffen und vertieft wurde.[1239] Nach dieser sollte ausnahmsweise im Gemeinschaftsrahmen ein abgestuftes Vorgehen zwecks der Verfolgung eines gemeinschaftlichen gefassten Integrationszieles ermöglicht werden und damit einhergehend zeitliche Differenzierungen anhand objektiver Kriterien. Lösungsansatz war dabei die Aufweichung des Grundsatzes, dass die Integration ein gleichzeitiges Vorangehen aller Staaten voraussetzt.[1240]

Eine Förderung des Integrationsfortschritts sollte dabei jedoch nicht nur durch das Voranschreiten einzelner Mitgliedstaaten erreicht werden. Angesichts des Bestehens einer „Tendenz zur Erweitung erfolgreicher Integrationsräume“[1241] kann die zeitverzögerte Umsetzung des gemeinsamen Zieles gerade auch der Überwindung bestehender Integrationshindernisse dienen.[1242] Dies macht deutlich, dass

---

1237 Martenczuk, ZEuS 1998, 447, 449.

1238 Rede des Vorsitzenden der Sozialdemokratischen Partei Deutschlands, Willy Brandt, vor der Organisation Française du Mouvement Européen in Paris am 19. November 1974, Auszüge abgedruckt in EA 1975, D 33, D 36: Zentrale Idee des Ansatzes von Willy Brandt war die Abstufung der wirtschaftlichen Integration ausgehend von der wirtschaftlichen Situation bzw. Stärke der einzelnen Mitgliedstaaten. Auf diese Weise sollte verhindert werden, dass der Integrationsfortschritt durch das schwächste Mitglied der Union bestimmt wird. Praktische Umsetzungsbeispiele werden im Rahmen der Rede jedoch nicht genannt. Allerdings betont auch Brandt später, dass etwa die Wirtschafts- und Währungspolitik für ein abgestuftes Vorgehen in Frage kommt. Vgl. Scharrer in Grabitz, 1, 6ff.

1239 Die Europäische Union, Bericht von Leo Tindemans, Premierminister von Belgien, an den Europäischen Rat, abgedruckt in Bulletin der EG, Beilage 1 (1976), 21, 22 (Ziffer 4: Die Gemeinschaft braucht eine Politik der Abstufung der Integration).

1240 In diesem Sinn führt Tindemans Bericht, aaO. aus: *„Es ist unmöglich, heute ein glaubwürdiges Aktionsprogramm zu entwickeln, wenn man davon ausgeht, dass es absolut erforderlich ist, dass in allen Fällen alle Etappen von allen Staaten zum gleichen Zeitpunkt zurückgelegt sein müssen.“* Vgl. zum Inhalt des Tindemans-Berichts auch Scharrer in Grabitz, 1, 9 ff.

1241 Krämer in GS Grabitz, 307, 315.

1242 Thym, 28; Es verwundert daher nicht, dass in Tindemans Bericht, aaO. vorgesehen ist, dass die vorangehenden Mitgliedstaaten den nachfolgenden Hilfe und Beistand gewähren sollen, um ihnen ein Gleichziehen zu ermöglichen. In diesem Sinn führt auch Becker, EuR Beih.I/ 1998, 29, 31 aus, dass es „um Strategien eines flexiblen

keine Abkehr von der klasischen Integrationsmethode angestrebt wurde. Vielmehr sollte durch die neue Konzeption ein „zusätzlicher Notantrieb" entwickelt werden.[1243]

c) *Anknüpfungspunkte differenzierter Integration*

Der dargelegte Ansatz zur Förderung des Integrationsprozesses wird heute unter den Oberbegriffen Differenzierung bzw. Flexibilisierung behandelt[1244], wobei sich die Diskussion nicht auf diese Begrifflichkeiten beschränkt.[1245] Dabei wird allgemein ein Zustand beschrieben, „in dem die bislang systembildende Einheitlichkeit und Gleichzeitigkeit des Integrationsniveaus in allen Mitgliedstaaten durch mehr oder weniger umfangreiche, zeitlich befristete oder dauerhafte

---

Fortschreitens, nicht um ein durch Abgrenzung von Zuständigkeiten motiviertes Zurückstecken der Ziele" gehe.

1243 Langeheine, EuR 1983, 227, 230f.

1244 Der Begriff der Differenzierung wird u.a. von Martenczuk, ZEuS 1998, 447 ff.; Ehlermann, EuR 1997, 362 ff., Becker, EuR Beih.I /1998, 29 ff. oder Tuytschaever verwendet. Der Begriff der Flexibilität findet sich dagegen bei Ost, DÖV 1997, 495ff. oder Huber, EuR 1996, 347ff.; für weitere Nachweise vgl. Thym, 22 f.
Bei der Verwendung dieser Bezeichnungen gilt es nach Thym, 23, zu beachten, dass sich diese regelmäßig auch auf Konstellationen beziehen, die einen Mitgliedstaat nicht generell von der Geltung bestimmter Regelungen ausschließen, sondern diesen nur hinsichtlich der vorgesehenen Rechtsfolgen unterschiedlich behandeln. Dies gilt etwa für die Ausführungen von Grabitz/ Iliopoulos in Grabitz, 31, 33 ff. und Becker, EuR Beih.I/ 1998, 29, 36 ff. Ein solches Vorgehen, das bereits seit Gründung der EG praktiziert wird, unterscheidet sich jedoch grundlegend von der im Rahmen des Maastricht-Vertrages erstmals angewandten Vorgehensweise der differenzierten Integration. Hier wird gerade nicht an den Inhalt der Rechtsnorm angeknüpft, sondern der einzelne Mitgliedstaat generell von der Anwendbarkeit bestimmter Regelungen ausgeschlossen. Aus diesem Grund führt Thym, 21 ff., als weitere Bezeichnung den Begriff der Ungleichzeitigkeit in die Diskussion ein. Mit diesem soll verdeutlicht werden können, dass „ein Nebeneinander verschiedener Zustände und Ideen im Augenblick [besteht] und keine lineare Abfolge von Ereignissen, die notwendig in ein gleichförmiges, gleichzeitiges Ergebnis münden."

1245 Genannt werden können Begriffe wie „Europa der mehreren Geschwindigkeiten", „abgestufte Integration", „Kerneuropa", „variable Geometrie", „konzentrische Kreise" oder „Europa à la carte." Blanke in Grabitz/ Hilf/ Nettesheim, EU, Art.20 EUV Rdn.2, beschreibt diese Unterteilungen als „babylonisches Sprachengewirr und konzeptionellen Irrgarten." Eine Kategorisierung findet sich etwa bei Martenczuk, ZEuS 1998, 447, 451 f., der sich dem Versuch der Systematisierung durch Stubb, JCMS 1996, 283 ff., anschließt.

Durchbrechungen relativiert wird."[1246] Auf diese Umschreibung kann sich eine Darlegung der differenzierten Integration im Währungsbereich jedoch nicht beschränken. Vielmehr ist auch zu berücksichtigen, dass mittels der Differenzierung verschiedenartige Integrationshemmnisse überwunden werden sollten. Dies wiederum erfordert, insbesondere in rechtlicher Hinsicht, unterschiedliche Vorgehensweisen, deren Grundlagen nachfolgend dargestellt werden.

aa) Anknüpfung an zeitweilige objektive Integrationshemmnisse

Wie dargelegt, wurde die Integration im Währungsbereich zunächst durch das Vorliegen objektiver, zumeist wirtschaftlicher Aspekte erschwert. Die Differenzierung der Integration folgt hier aus dem Erfordernis, Anpassungsprobleme einzelner Mitgliedstaaten zu bewältigen.[1247] Da dies, wie die Vorstellungen Brandts und Tiendemans verdeutlichen, die Festsetzung gemeinschaftlich zu verfolgender Ziele nicht hindert, können die zunächst nicht an der Integration teilnehmenden Staaten im Wege der Einigung über das Ziel der Integration und das Erfordernis einer europäischen Regelung zum Abbau der bestehenden Integrationshindernisse und damit zur Förderung der Integration verpflichtet werden. In der Zielverständigung kommt dabei die grundsätzliche Bereitschaft der Mitgliedstaaten zum Ausdruck, „nach Überwindung der Schwierigkeiten wieder in vollem Umfang an der Integration teilzunehmen."[1248] Die Differenzierung der Integration stellt sich damit als zeitlich begrenzte Konzeption[1249] dar, die zwar unbefristet ausgestaltet werden kann, aber nicht dauerhaft gewährt werden soll.[1250] In der Anknüpfung an

---

1246 Huber, EuR 1996, 347, 347.

1247 Martenczuk, ZEuS 1998, 447, 451.

1248 Martenczuk, ZEuS 1998, 447, 451.

1249 Diese Konzeption wird auch als „Europa der mehreren Geschwindigkeiten" bzw. „abgestufte Integration" bezeichnet, vgl. Martenczuk, ZEuS 1998, 447, 451; Grabitz/ Iliopoulos in Grabitz, 31, 43; Europa der mehreren Geschwindigkeiten: u.a. Janning, EA 1994, 527ff.; Chaltiel, RMC 1998, 289, 290; Stubb, JCMS 1996, 283, 285, 287; Abgestufte Integration: u.a. Becker, EuR Beih.I/ 1998, 29ff.; Krämer in GS Grabitz, 307 ff.; Langeheine, EuR 1983, 227 ff.; Scharrer in Grabitz, 1ff.; Grabitz/ Iliopoulos in Grabitz, 31, 42 f.; die Vergleichbarkeit dieser Konzepte wird in den Ausführungen von Langeheine, EuR 1983, 227, 228 (Fn.2) zur abgestuften Integration deutlich: *„Diese allgemein gebräuchliche Bezeichnung ist nicht sehr glücklich gewählt, denn in ihr kommt die dynamische Komponente des Ansatzes nicht zum Ausdruck. Die Verwendung des Bildes einer „Stufe" ruft vielmehr den Eindruck starrer, klar voneinander abgesetzter Kategorien hervor und vermittelt so auch den (falschen) Eindruck der Endgültigkeit. [...] Treffender ist dagegen die französische Formulierung „Europe à deux vitesses."*

1250 Becker, EuR Beih.I /1998, 29, 32, 41.

die wirtschaftliche Leistungsfähigkeit spiegelt sich dabei die klassische Logik der Binnenmarktintegration wider.[1251]

bb) Anknüpfung an dauerhafte politische Integrationshemmnisse

Einer Vertiefung der europäischen Integration stehen aber auch Unterschiede in den mitgliedstaatlichen Integrationskonzeptionen entgegen.[1252] In diesen Fällen stellt nicht die wirtschaftliche Leistungsfähigkeit, sondern der politische Beteiligungswille der Mitgliedstaaten das maßgebliche Integrationshindernis dar.

Die Differenzierung der Integration ergibt sich insofern aus der Notwendigkeit, die verschiedenen politischen Konzeptionen der Mitgliedstaaten bezüglich des zu erreichenden Integrationsziels ausgleichen.[1253] Hieraus folgt, dass keine Festsetzung gemeinschaftlicher Ziele stattgefunden hat. Eine hieran geknüpfte automatische Vertiefung der Integration aufgrund Wegfalls des Integrationshindernisses kann daher nicht erfolgen. Ferner trifft die Mitgliedstaaten keine Pflicht, eine spätere Teilnahme aktiv zu forcieren.[1254] Vielmehr entscheidet der Mitgliedstaat selbst, wann er sich an der weiteren Integration beteiligt.

Die so verankerte Dauerhaftigkeit der Differenzierung steht zwar per se der Möglichkeit einer späteren Anwendung der Regelung nicht entgegen. Sie ermöglicht es dem Mitgliedstaate jedoch auch, die Wiederherstellung einer vollständigen Integration auszuschließen.[1255] Da ein solches Verständnis[1256] nicht mehr mit der

---

1251 Thym, 28; Dieser verweist in diesem Zusammenhang auf die „funktionalistische Logik der Binnenmarktintegration, die den Integrationsfortschritt auf die entpolitisierte Logik volkswirtschaftlicher spill overs gründet."

1252 Beispielhaft kann mit Thym, 29, auf eine Rede J. Majors zur zukünftigen Gestalt Europas, abgedruckt in EA 1994, D547, D548 ff. verwiesen werden, in der die unterschiedlichen Sichtweisen in Bezug genommen werden.

1253 Thym, 29.

1254 Martenczuk, EuR 2000, 351, 353.

1255 Grabitz/ Iliopoulos in Grabitz 31, 43 f.

1256 Auch diese Konzeption der differenzierten Integration wird unter verschiedenen Schlagworten diskutiert. Zu nennen sind zunächst die Konzepte der variablen Geometrie oder des Kerneuropas, die wegen des Funktionierens des Gemeinsamen Marktes einen ‚abstufungsfesten Kern' von Unionspolitiken fordern, an dem alle Mitgliedstaaten teilnehmen. Vgl. hierzu Martenczuk, ZEuS 1998, 447, 452. Der Begriff der variablen Geometrie wird etwa von Lipsius, RTDE 1995, 175ff. und Usher, ICLQ 1997, 243ff., verwendet; Verweise auf weitere Literaturfundstellen finden sich bei Scharrer in Grabitz, 1, 16. Der Begriff Kerneuropa findet sich dagegen etwa bei Schäuble/ Lamers, Überlegungen zur europäischen Politik; Deubner, 174 ff. Diese Konzeption wird seitens Scharrers in Grabitz, 1, 16 auch als frühere Konstante der

Integrationskonzeption des Binnenmarktes erklärt werden kann, wird die politische Freistellung auch als „Ausdruck des schrittweisen Übergangs [...] zur politischen Union" gewertet.[1257]

d) *Die Wirtschafts- und Währungsunion als Modell differenzierter Integration*

Die Differenzierung im Währungsbereich ist kein neues Phänomen.[1258] Bereits außerhalb des einheitlichen institutionellen Rahmenwerks der Rechtsvorgängerin der Union, der Gemeinschaft, konnten Vorstufen einer differenzierten Integration ausgemacht werden. Hierunter fallen Kooperationen der Mitgliedstaaten, etwa in Form der belgisch-luxemburgischen Währungsunion, aber auch das Europäische Währungssystem.[1259] Dessen Vorläuferfunktion ergibt sich aus dem Umstand, dass diesem zu keinem Zeitpunkt alle Mitgliedstaaten der EG angehörten.[1260] Darüber hinaus ermöglichte es durch die unterschiedlichen Bandbreiten, innerhalb derer die Wechselkurse schwanken konnten, eine Flexibilität und Dynamik, wie sie auch mit der innergemeinschaftlichen Integration erreicht werden soll.[1261]

Die herausgehobene Stellung der WWU ergibt sich in diesem Zusammenhang aus dem Umstand, dass es sich um den ersten Tätigkeitsbereich der Union handelt, an dem nicht alle Mitgliedstaaten von Amts wegen teilnehmen.[1262] Die hier statuierten bereichsbezogenen Differenzierungsmaßnahmen sind damit ohne primärrechtliche Parallele.[1263] Dies ist insofern von Bedeutung, als ein

---

französischen Außenpolitik bezeichnet. Auch die Bezeichnung des Europas konzentrischer Kreise ist dieser Gruppe zuzuordnen, die etwa von Müller-Graff in Dauses, Hdb. des EU-Wirtschaftsrechtes, A.I. Rdn.54 (29.EL), verwendet wird. Ein Versuch der Abgrenzung dieser Konzeptionen findet sich etwa bei Blanke in Grabitz/ Hilf / Nettesheim, EU, Art.20 EUV, Rdn.8.

Im Gegensatz hierzu sieht der Ansatz „Europa à la carte" keine abstufungsfesten Politikfelder mehr vor, vgl. hierzu Europa a la carte: u.a. J. Major Rede, EA 1994, D547, D549; Dahrendorf, 20 f.

1257 Thym, 28f.

1258 Häde in FS Hahn, 141, 148.

1259 Martenczuk, ZEuS 1998, 447, 453; ähnlich Huber, EuR 1996, 347, 349; Weber in FS Hahn, 273, 274.

1260 Martenczuk, ZEuS 1998, 447, 453.

1261 Langeheine, EuR 1983, 227, 250 f.; eine ausführliche Darstellung des EWS findet sich bei Scharrer in Grabitz, 225 ff.

1262 Louis in FS Rey Caro, 1545, 1546.

1263 Martenczuk, ZEuS 1998, 447, 456 f.; Weber in FS Hahn, 273, 274.

solches Vorgehen, im Gegensatz zu rein sekundärrechtlichen Differenzierungen, „nicht nur die rechtliche, sondern auch die institutionelle Einheit“ der Union betrifft.[1264]

Darüber hinaus verkompliziert die mit dem Konzept der differenzierten Integration einhergehende Zersplitterung im Inneren eine externe Vertretung der Union.[1265] Für die vorliegende Untersuchung ist dies insofern relevant, als die Differenzierung und die aus ihr folgende Kompetenzverteilung ‚unausweichlich Auswirkungen auf die Art und Weise hat, wie der Euro nach außen projiziert wird.‘[1266] Im Hinblick auf den IWF stellt sich aber auch die Frage, ob die bestehenden Integrationsunterschiede innerhalb der Union eine weiterbestehende Mitgliedschaft der Staaten im IWF rechtfertigen, die bisher nicht an der gemeinsamen Währung teilnehmen. Um diese Auswirkungen beurteilen zu können, ist es erforderlich, die Ausgestaltung der Differenzierung im Währungsbereich näher zu untersuchen.

aa) Eintritt der Union in ihrer Gesamtheit in die dritte Stufe der WWU

Bei Betrachtung der WWU ist grundsätzlich zwischen dem Beginn der dritten Stufe und der Teilnahme an derselben zu unterscheiden. Dies folgte aus Art.121 EGV[1267] als der zentralen Übergangsnorm, in der, neben der abschließenden Regelung des Zeitpunktes und des Verfahrens für den Beginn der dritten Stufe, auch die Kriterien zur Auswahl der Mitgliedstaaten enthalten sind, die die einheitliche Währung einführen können. Aus dieser Unterscheidung folgt, dass der Beginn der dritten Stufe der WWU am 1. Januar 1999 zwar die gesamte Gemeinschaft als Rechtsvorgängerin der Union betraf, hieraus jedoch keine automatische Teilnahme der Mitgliedstaaten an der gemeinsamen Währung resultierte.[1268] Vielmehr oblag es gemäß Art.121 Abs.4 EGV dem Rat in der Zusammensetzung der Staats- und Regierungschefs zu bestätigen, welche Mitgliedstaaten die notwendigen Voraussetzungen für die Einführung einer einheitlichen Währung erfüllten. Gemäß der ersten Teilnahmeentscheidung vom 3. Mai 1998 konnte dies für alle damaligen

1264 Martenczuk, ZEuS 1998, 447, 456.
1265 Smits, ECB, 444; Louis in FS Rey Caro, 1545, 1546.
1266 Louis in FS Rey Caro, 1545, 1546 (wÜ).
1267 Art.121 EGV wurde in der bisherigen Fassung nicht in den Vertrag von Lissabon übernommen. Ursache hierfür ist, dass hier der Stufenplan und damit der Eintritt in die Währungsunion geregelt wurden. Eine solche Übergangsregelung ist, wie Häde in Calliess/ Ruffert, EUV/ AEUV, Art.140 Rdn.4 betont, nicht länger notwendig, da nicht mehr der Beginn, sondern die Vollendung der Währungsunion in Frage steht.
1268 Bandilla in Grabitz/ Hilf, EU (aF), Art.121 EGV, Rdn. 1 f., zum Regelungsgehalt von Art.121 EGV.

Mitgliedstaaten bis auf Griechenland und Schweden festgestellt werden.[1269] Dänemark und Großbritannien hatten bereits zuvor ihre Nichtteilnahme erklärt.

bb) Austritt aus der Währungsunion

Die Nichtteilnahme von Mitgliedstaaten an der Währungsunion ist nicht nur für den Fall denkbar, dass diese nicht die notwendigen Voraussetzungen für die Einführung der gemeinsamen Währung erfüllen. Möglich ist auch, dass bereits an der Währungsunion teilnehmende Mitgliedstaaten aus der Währungsunion ausscheiden. Diese, wenn auch umstrittene Möglichkeit, folgt aus der Charakterisierung der Mitgliedstaaten als ‚Herren der Verträge' und hat im Zuge der Schuldenkrise neue Aktualität erlangt.[1270] Infolge eines solchen Austritts würde eine Situation eintreten, die rechtlich mit der eines Mitgliedstaates vergleichbar ist, der bisher nicht an der Währungsunion teilnimmt. Auch hier wäre daher das Konzept der differenzierten Integration von Relevanz.

cc) Die Beurteilung der Nichtteilnahme an der Währungsunion unter Berücksichtigung der Differenzierungskonzepte

Eine Beurteilung der Nichtteilnahme an der WWU unter Berücksichtigung der dargelegten Differenzierungsansätze setzt zunächst eine Betrachtung der Integrationshemmnisse in den einzelnen Mitgliedstaaten voraus, die auf verschiedene faktische und rechtliche Umstände zurückgehen.[1271] Hieraus folgte bei der Ausgestaltung des Währungsregimes die Notwendigkeit, auf verschiedene Regelungen zurückzugreifen.

α) Die Konvergenzkriterien als objektive Teilnahmevoraussetzungen

αα) Allgemeines

Gemäß Art.140 Abs.1 AEUV setzt die Teilnahme an der dritten Stufe der WWU die Erfüllung der sog. Konvergenzkriterien durch die Mitgliedstaaten voraus. Maßgebliche Beurteilungsgegenstände sind damit der bestehende Grad an Preisstabilität, die Finanzlage der öffentlichen Hand, die Einhaltung der Bandbreiten im Wechselkursmechanismus sowie das Niveau der Zinssätze. Dieses Abstellen auf wirtschafts- und finanzpolitische Variable macht deutlich, dass mit der WWU die ursprüngliche Differenzierungskonzeption des Tindemans-Berichts rechtlich

1269 Entscheidung 98/317/EG des Rates vom 3. Mai 1998 gemäß Art. 109 j Abs.4 des Vertrages, ABl. L 139 vom 11.5.1998, 30 ff.

1270 Zur Diskussion siehe 5.Kapitel Abs.IV.2 a) bb) β) m.w.N.

1271 Martenczuk, ZEuS 1998, 447, 458.

verankert wurde.[1272] Das Nichterfüllen dieser Kriterien führt daher auch zu einer zeitlichen Derogation für den betroffenen Mitgliedstaat, die mit der automatischen Anwendung einer Ausnahmeregelung verbunden ist.[1273] Letztere ist zwar unbefristet ausgestaltet, wird jedoch nicht dauerhaft gewährt.[1274] Ein entsprechender zeitlicher Rahmen wird durch Art.140 Abs.1 AEUV festgelegt, der eine Überprüfung der Mitgliedstaaten anhand der Konvergenzkriterien in Zwei-Jahres-Abständen vorsieht.[1275] Gegen die Annahme eines Dauerzustandes spricht zudem, dass auch die Mitgliedstaaten mit Ausnahmeregelung gemäß Art.3 Abs.4 EUV und 119 AEUV zur Schaffung einer Währungsunion mit allen Mitgliedstaaten verpflichtet sind.[1276] Diese Zielverpflichtung verdeutlicht ebenfalls, dass das ursprüngliche Konzept einer differenzierten Integration in der WWU umgesetzt wurde.[1277]

ββ) Sonderposition Schwedens

Im Zusammenhang mit der Differenzierung des Währungsregimes anhand objektiver Kriterien kommt Schweden eine Sonderstellung zu. Hier ist die Nichtteilnahme an der WWU nicht auf die fehlende Erfüllung der wirtschaftlichen Konvergenzkriterien, sondern nur auf rein formale Aspekte wie die Nichtbeteiligung am Wechselkursmechanismus sowie die Nichtumsetzung der Unabhängigkeit der schwedischen Zentralbank zurückzuführen.[1278] Dies ist problematisch, da die

---

1272 Thym, 132.

1273 Eine solche Ausnahmeregelung fand aufgrund der Entscheidung des Rates vom 3. Mai 1998 zunächst auf Griechenland und Schweden Anwendung. Darüber hinaus war das Ausnahmeregime auch bei den späteren Erweiterungen der EG von Relevanz. So heißt es beispielsweise in Art.4 der EU-Beitrittsakte 2003 (ABl. Nr. L 236 S.33, ber. 2004 Nr. L 126 S.3): *„Jeder neue Mitgliedstaat nimmt ab dem Tag seines Beitritts als Mitgliedstaat, für den eine Ausnahmeregelung im Sinne des Artikel 122 des EG-Vertrages gilt, an der Wirtschafts- und Währungsunion teil.“* Vgl. auch Thym, 140.

1274 Becker, EuR Beih.I /1998, 29, 32, 41; ähnlich Dutheil de la Rochère, YbEL 1999/2000, 427, 437.

1275 Martenczuk, ZEuS 1998, 447, 459.

1276 Häde in Calliess/ Ruffert, EUV/ AEUV, Art.119, Rdn.13.

1277 Die Währungsunion wird daher auch als Modell eines Europas der verschiedenen Geschwindigkeiten bzw. der abgestuften Integration bezeichnet, so Ehlermann, EuR 1997, 362, 366; Martenczuk ZEuS 1998, 447, 459; Schauer, 105; Ost, DÖV 1997, 495, 501.

1278 Thym, 133. Die Bedeutung der Unabhängigkeit der Zentralbanken für die Teilnahme an der Wirtschafts- und Währungsunion ergibt sich aus Art.140 Abs.1 AEUV. So prüft der Rat neben dem bestehenden Grad an dauerhafter Konvergenz auch, inwieweit die innerstaatlichen Rechtsvorschriften der einzelnen Mitgliedstaaten einschließlich der

Mitgliedstaaten gemäß der vertraglich festgelegten Zielverpflichtung aktiv die Überwindung bestehender Integrationshindernisse zu betreiben haben.[1279] Dementsprechend hatte Schweden im Rahmen der Beitrittsverhandlungen auch seinen Willen zur Teilnahme an der WWU zum Ausdruck gebracht.[1280] Allerdings wird die Teilnahme als eine interne Angelegenheit verstanden, die durch den Vertrag nicht berührt wird.[1281] Infolgedessen erklärte die schwedische Regierung im Oktober 1997, dass man nicht an der dritten Stufe der WWU teilnehme und stützte ihre abwartende Haltung im Wesentlichen auf die negative öffentliche Meinung.[1282] Hieraus folgt, dass trotz der Nichterfüllung objektiver Kriterien die Nichtteilnahme auf den fehlenden Teilnahmewillen der schwedischen Regierung zurückzuführen ist.[1283] Unter Bezugnahme auf formale Aspekte wurde de facto ein Veto hinsichtlich der Teilnahme an der dritten Stufe der Wirtschafts- und Währungsunion geltend gemacht.[1284] Dieses Vorgehen nähert den Status Schwedens dem einer politischen Freistellung an.[1285]

Satzungen der jeweiligen nationalen Zentralbank mit Art.130 AEUV und Art.131 AEUV des Vertrages sowie der Satzung des ESZB vereinbar sind.

1279 Etwas anderes könnte lediglich bei Bestehen einer primärrechtlichen, auf den Vertrag gestützten Ausnahmeregelung gelten. Eine solche wurde, wie Bernitz, CMLRev.2001, 903, 931 f., betont, von Schweden jedoch nicht gefordert.

1280 Protocol from the negotiations at the Conference on Accession to the European Union, zitiert nach Bernitz, CMLRev.2001, 903, 932: *"Sweden wants to participate in the emerging Economic and Monetary Union. [...] A final Swedish position relating to the transition from the second to the third stage will be taken in the light of future events and in accordance with the provisions of the Treaty."*

1281 Government Bill on Sweden's accession to the EU, zitiert nach Bernitz, CMLRev.2001, 903, 932: *"The question of the decision-making process in Sweden before the transition from stage two to stage three, is an internal Swedish concern. The decision whether Sweden shall proceed with the transition form stage two to three shall be taken by the Parliament."*

1282 Bernitz, CMLRev. 2001, 903, 933.

1283 Martenczuk, ZEuS 1998, 447, 459.

1284 Herrmann, EFAR 2002, 1, 14.

1285 Vgl. Thym, 149. Der Rat stellte bei seiner Entscheidung über die Teilnahme an der dritten Stufe auf die formale Nichterfüllung von Kriterien ab und nahm zu den politischen Hindernissen keine Stellung. Es handelt sich hierbei, wie Bernitz, CMLRev.2001, 903, 933 betont, um einen Kompromiss, zumal anderen Mitgliedstaaten eine Teilnahme in der dritten Stufe ermöglicht worden sei, obwohl diese die Konvergenzkriterien nur unvollkommen erfüllten.

β) Der politische Wille der Mitgliedstaaten als Teilnahmevoraussetzung

Die Differenzierung der Integration im Währungsbereich lässt sich nicht nur auf wirtschaftliche Hemmnisse, sondern teilweise auch auf den mangelnden politischen Beteiligungswillen einzelner Mitgliedstaaten zurückführen.[1286] So beruht im Fall Dänemarks die Nichtteilnahme an der Währungsunion auf dem negativen Ausgang des Referendums vom 2. Juni 1992 über die Ratifikation des Unionsvertrages.[1287] Im Fall des Vereinigten Königreichs führten abweichende integrationspolitische Zielvorstellungen dazu, dass bereits das jetzt in Art.119 Abs.2 AEUV enthaltene Ziel einer einheitlichen Währung nicht mitgetragen wurde.[1288] Infolgedessen sieht der AEU-Vertrag für Dänemark und das Vereinigte Königreich eine politische Freistellungsregelung vor.[1289] Nach diesem Opt-Out-Recht sind beide Mitgliedstaaten auch dann nicht verpflichtet an der Endstufe der Währungsunion teilzunehmen, wenn sie die Konvergenzkriterien des Vertrages erfüllen. Mit dieser Regelung hat ein Integrationskonzept Eingang in den Vertrag gefunden, dem nicht der Ansatz der Binnenmarktintegration zugrunde liegt.[1290] Dies macht erneut deutlich, dass im Rahmen der WWU verschiedene Integrationskonzeptionen aufeinander treffen, die verschiedene Differenzierungsregelungen nach sich ziehen.

e) Ausgestaltung der differenzierten Integration in der Wirtschafts- und Währungsunion

Um die Auswirkungen der differenzierten Integration auf die Fähigkeit der Union, die sich aus dem IWF-Abkommen ergebenden Verpflichtungen zu erfüllen, beurteilen zu können, ist neben der Zuordnung zu den verschiedenen Integrationsansätzen auch die materielle Ausgestaltung des Derogationsstatus bzw. des Opt-Out-Regimes von Relevanz.

Vor diesem Hintergrund wird die Ausnahmeregelung Schwedens teilweise auch als Anwendungsfall des Konzeptes der variablen Geometrie verstanden, vgl. Martenczuk, ZEuS 1998, 447, 459.

1286 Thym, 132.

1287 Vgl. Schuster, EuZW 1993, 177, 177.

1288 Wölker in v.d. Groeben/ Schwarze, EUV/EGV, Protokoll (Nr.26) über einige Bestimmungen betreffend Dänemark, Rdn.5.

1289 Thym, 134 ff.

1290 Thym, 149. Diese Ausnahmeregelung wird dem Konzept der variablen Geometrie oder nach Ehlermann, EuR 1997, 362, 365, als Grenzfall des Konzepts der mehreren Geschwindigkeiten zugeordnet; ähnlich Martenczuk, ZEuS 1998, 447, 460; Schauer, 106.

aa) Ausgestaltung des Derogationsstatus

Der Derogationsstatus ist in Art.139 Abs.2–4 AEUV abschließend geregelt und beinhaltet im Wesentlichen eine Freistellung von den vertraglichen Verpflichtungen der dritten Stufe der WWU. Dies betrifft zunächst die wesentlichen Aspekte der inneren Währungssouveränität. So finden gemäß Art.139 Abs.2 c) und d) AEUV die Regelungen in Art.127 Abs.1, 2, 3 und 5 AEUV sowie Art.128 AEUV auf die Mitgliedstaaten mit Ausnahmeregelung keine Anwendung.[1291]

Von besonderer Relevanz ist im Hinblick auf die Tätigkeit des IWF die Zuteilung der externen Währungsbefugnisse. Bereits aus der Nichtanwendbarkeit von Art.127 Abs.2 AEUV folgt, dass die Durchführung der Devisengeschäfte nach wie vor den Mitgliedstaaten mit Derogationsstatus obliegt. Diese Feststellung gilt auch für weitere Aspekte der externen Währungssouveränität, wie die Nennung von Art.219, 138 AEUV in Art.139 Abs.2 g), i) und j) AEUV verdeutlicht. Demnach sind die von der Ausnahmeregelung betroffenen Mitgliedstaaten weder an die vom Rat geschlossenen Vereinbarungen oder festgesetzten Maßnahmen gebunden, noch an die nach Art.138 Abs.1 AEUV festgelegten gemeinsamen Standpunkte auf internationaler Ebene oder aber die nach Art.138 Abs.2 AEUV getroffene Entscheidung über eine einheitliche Vertretung.[1292] Diese Feststellung findet ihre Entsprechung in Art.139 Abs.4 AEUV, in dem ein Ruhen des Stimmrechtes dieser Mitgliedstaaten im Rat bei der Beschlussfassung über die vorgenannten Gebiete vorgesehen ist.[1293] Diese Regelungen zeigen deutlich, dass die Differenzierung des Integrationsprozesses zu einem Verbleib der Währungssouveränität bei den nicht an der Währungsunion teilnehmenden Mitgliedstaaten führt.

bb) Ausgestaltung des Opting-Out-Regimes

Die Sonderstellung Dänemarks und Großbritanniens, die aus politischen Gründen nicht an der dritten Stufe der WWU teilnehmen, äußert sich in der

---

1291 Damit findet lediglich Art.127 Abs.4 AEUV auf die Mitgliedstaaten, für die eine Ausnahmeregelung gilt, Anwendung. Demnach ist die EZB etwa von den nationalen Behörden zu allen Entwürfen für Rechtsvorschriften im Zuständigkeitsbereich der EZB anzuhören, sowie grundsätzlich befugt, in ihrem Zuständigkeitsbereich Stellungnahmen abzugeben.

1292 Palm in Grabitz/ Hilf/ Nettesheim, EU, Art.139 Rdn.12; Martenczuk ZaöRV 1999, 93, 96; Vranes, CJEL 2000, 361, 366.

1293 Infolge des Ruhens des Stimmrechtes wurde in Art.139 Abs.4 AEUV eine Neubestimmung der qualifizierten Mehrheit der übrigen Ratsmitglieder vorgenommen. Ein gänzlicher Ausschluss von den Beratungen wurde jedoch nicht vorgesehen.

primärrechtlichen Regelung eines sog. Opting-Out-Rechts, das auch inhaltlich vom dargestellten Derogationsstatus abweicht.[1294]

α) Politische Freistellungsregelung für Dänemark

Nach dem, dem EG-Vertrag beigefügten Protokoll Nr. 26 über einige Bestimmungen betreffend Dänemark wurde diesem, unter explizitem Verweis auf die verfassungsrechtlichen Probleme, das Recht zuerkannt, dem Rat zu notifizieren, ob es an der der dritten Stufe teilnimmt.[1295] In Folge der Ausübung dieses Rechtes am 3. November 1993 durch die dänische Regierung finden gemäß Nr.1 des Protokolls Nr. 16 alle eine Ausnahmeregelung betreffenden Artikel und Bestimmungen der Verträge und der Satzung des ESZB auf Dänemark Anwendung.[1296] Die hier erfolgte Angleichung des Opting-Out-Regimes an den regulären Derogationsstatus hat zur Folge, dass für Dänemark grundsätzlich der gleiche Rechtsstatus wie für einen Mitgliedstaat mit Ausnahmeregelung in der dritten Stufe besteht.[1297] Der gewährte Sonderstatus beschränkt sich daher auf die Regelung, dass die Erfüllung der Konvergenzkriterien keine automatische Teilnahme an der dritten Stufe nach sich zieht. Eine solche setzt vielmehr einen entsprechenden Antrags Dänemarks voraus.[1298] Hier zeigt sich auch der „potentiell dauerhafte

---

1294 Palm in Grabitz/ Hilf/ Nettesheim, EU, Art.139 Rdn.21 f.

1295 So heißt es in der Präambel des Protokolls: *„Die Hohen Vertragsparteien – […] mit Rücksicht darauf, dass die dänische Verfassung Bestimmungen enthält, die vor der Teilnahme Dänemarks an der dritten Stufe der Wirtschafts- und Währungsunion in Dänemark eine Volksabstimmung erfordern könnten - sind über folgende Bestimmungen übereingekommen, die dem Vertrag zur Gründung der Europäischen Gemeinschaft beigefügt sind.“*

1296 Schuster EuZW 1993, 177, 178, verweist in diesem Zusammenhang auf die *"Decision of the Heads of State and Government, Meeting Within the European Council, Concerning Certain Problems Raised by Denmark on the Treaty of the European Union."* Hier wird in Folge der notifizierten Nichtteilnahme festgehalten: *"As a consequence, Denmark will not participate in the single currency, will not be bound by the rules concerning economic policy which apply only to the Member States participating in the third stage of the Economic and Monetary Union, and will retain its existing powers in the field of monetary policy according to its national laws and regulations, including powers of the National Bank of Denmark in the field of monetary policy."*

1297 Weber in FS Hahn, 273, 275 f.; Palm in Grabitz/ Hilf/ Nettesheim, EU, Art.139 Rdn.21.

1298 Kempen in Streinz, EUV/ EGV, Art.122 Rdn.4.

Charakter“ der Ausnahmeregelung.[1299] Die eigentliche rechtliche Besonderheit besteht im Fall Dänemarks damit in der gewährten Anschlussmöglichkeit.[1300]

β) Politische Freistellungsregelung für das Vereinigte Königreich

Die in Protokoll Nr.15 über einige Bestimmungen betreffend das Vereinigte Königreich und Nordirland enthaltene Freistellungsregelung weicht von der dänischen Sonderregelung in Umfang und Inhalt erheblich ab.[1301] Zurückzuführen ist dies auf die zugrunde liegende politische Motivation, die hier von anderer Qualität ist.[1302] Das Vereinigte Königreich wollte sich bereits nicht auf die Zielvorgabe einer einheitlichen Währung verpflichten.[1303] Dies kommt auch in der Präambel des Protokolls zum Ausdruck, nach der *„das Vereinigte Königreich nicht gezwungen oder verpflichtet ist, ohne einen gesonderten diesbezüglichen Beschluß seiner Regierung und seines Parlaments den Euro einzuführen.“* Dementsprechend geht die für das Vereinigte Königreich getroffene Regelung inhaltlich über die grundsätzliche Gleichstellung mit den Staaten mit Ausnahmeregelung, wie im Fall Dänemarks, hinaus.[1304] Die Freistellungserklärung führt zusätzlich zu einer Nichtanwendbarkeit der Verpflichtung zur Umsetzung der Unabhängigkeit der Nationalen Zentralbank nach Art.130 f. AEUV und des Anhörungs- und Stellungnahmerechts der EZB nach Art.127 Abs.4 AEUV. In Folge der Ablehnung des Ziels der Währungsunion ist das Vereinigte Königreich auch nicht an die Zielvorgabe in Art.119 Abs.2 AEUV gebunden. All dies macht deutlich, dass sich die Schaffung der Währungsunion grundsätzlich nicht auf die Währungssouveränität des Vereinigten Königreichs auswirken sollte.

1299 Martenczuk, ZEuS 1998, 447, 460.

1300 Weber in FS Hahn, 273, 275.

1301 Kempen in Streinz, EUV/ EGV, Art.122 Rdn.5.

1302 Ausführlich zur britischen Entscheidung vgl. Barr, EWU-Monitor, 30. Juli 1998, Nr.53. Hier wird auf S. 21 ausgeführt, dass es bisher keine Währungsunion gab, die nicht zu einer politischen Union geführt hätte. Gerade diese Folge werde von den Briten abgelehnt.

1303 Palm in Grabitz/ Hilf/ Nettesheim, EU, Art.139 Rdn. 23.

1304 Häde in FS Hahn, 141, 147; Kempen in Streinz, EUV/ EGV, Art.122 Rdn.6, führt aus, dass sich die britische Regierung gegen eine solche Gleichsetzung gewandt hatte, „um alles zu vermeiden, was den Anschein erwecken könnte, dass Großbritannien an den Konvergenzkriterien gescheitert sei.“

cc) Begrenzung der Sonderregelungen

Die differenzierte Integration im Währungsbereich muss auch vor dem Hintergrund der Teilnahme aller Mitgliedstaaten am Gemeinsamen Markt bewertet werden. Dieser stellt, wie Art.3 EUV verdeutlicht, neben der Wirtschafts- und Währungsunion ein Mittel zur Erreichung der Ziele der Union dar. Beide Konzepte sind dabei miteinander verschränkt. So wird das Bestehen des Gemeinsamen Marktes bzw. des Binnenmarktes als Funktionsvoraussetzung der Wirtschafts- und Währungsunion verstanden.[1305] Gleichzeitig dient die Wirtschafts- und Währungsunion der Optimierung des Binnenmarktes im Sinne von Art.26 AEUV.[1306] Dies zeigt, dass der währungsrechtliche Zusammenschluss auch für das Funktionieren des Gemeinsamen Marktes von Bedeutung ist. Um hier negative Auswirkungen der differenzierten Integration zu unterbinden, ist sicherzustellen, dass Staaten mit Derogations- bzw. Opt-Out-Status nicht durch ungerechtfertigte Währungsabwertungen Wettbewerbsvorteile gegenüber der Eurozone erlangen können.[1307] Zudem sind starke Schwankungen der Wechselkurse der Währungen innerhalb der Union zu unterbinden, die über eine Beeinträchtigung des Handelsflusses zwischen den Mitgliedstaaten ebenfalls dem Binnenmarkt Schaden zufügen könnten.[1308]

α) Die Wechselkurspolitik als Angelegenheit gemeinsamen Interesses nach Art.142 AEUV

Eine entsprechende Regelung findet sich in Art.142 AEUV, aus dem sich die Verpflichtung der Mitgliedstaaten mit Ausnahmeregelung bzw. Opt-Out-Status ergibt, ihre Wechselkurspolitik als eine Angelegenheit von gemeinsamem Interesse zu behandeln. Es handelt sich hierbei um eine spezielle Ausprägung des allgemeinen Loyalitätsgrundsatzes in Art.4 Abs.3 EUV.[1309] Nach diesem hat jeder Nichtteilnehmerstaat „auf die Belange der Union und der übrigen Nichtteilnehmerstaaten

1305 Dauses in Dauses, Hdb. des EU- Wirtschaftsrechtes, F.I. Rdn.4, unter Bezugnahme auf Müller-Graff in Dauses, Hdb. des EU-Wirtschaftsrechtes, 2. Aufl., 11. EL 2002, A.I. Rdn.123.

1306 Pipkorn/ Bardenhewer-Rating/ Taschner, in v. d. Groeben/ Schwarze, EUV/EGV, Art.14 Rdn.72.

1307 Beutel, 199; ähnlich Häde in Calliess/ Ruffert, EUV/ AEUV, Art.142 Rdn.3; Weber in Hahn, 273, 280, 282.

1308 Wölker in v. d. Groeben/ Schwarze, EUV/ EGV, Art.124 Rdn.5.

1309 Häde in Calliess/ Ruffert, EUV/ AEUV Art.142 EGV, Rdn.4.

Rücksicht zu nehmen.“[1310] Eine entsprechende Verpflichtung trifft auch die Union.[1311] Trotz dieser Bindungen begründet Art.142 AEUV keine Kompetenzen. Vielmehr macht der Wortlaut der Norm deutlich, dass die Wechselkurspolitik in der Zuständigkeit der Staaten mit Ausnahmeregelung verbleibt.[1312] Art.142 AEUV beschränkt hier lediglich die Ausübung der Außenkompetenzen. Zu diesem Zweck werden aus Art.142 AEUV Informations- und Konsultationspflichten,[1313] aber auch bestimmte Ge- und Verbote der Normadressaten abgeleitet.[1314] Gemäß der Zielsetzung ist hier an ein Verbot wettbewerbsbedingter nationaler Wechselkursabwertungen zu denken, aber auch an die Verpflichtung, starke Wechselkursschwankungen zu unterbinden.[1315]

β) Die Wechselkurspolitik als Angelegenheit gemeinsamen Interesses nach Art.121 AEUV

Eine weitere Ausprägung des Rücksichtnahmegebotes findet sich im Bereich der WWU für die Wirtschaftspolitik. So betrachten die Mitgliedstaaten nach Art.121 Abs.1 AEUV ihre Wirtschaftspolitik ebenfalls als eine Angelegenheit von gemeinsamem Interesse. Aus der Zuordnung der Wechselkurspolitik zum Bereich der Wirtschaftspolitik wird teilweise gefolgert, dass erstere auch von Art.121 Abs.1 AEUV erfasst wird.[1316] Hiergegen spricht jedoch die Systematik des Vertrages, der die Währungs- und Wirtschaftspolitik trotz ihres engen Zusammenhanges unterschiedlich ausgestaltet hat. Dies zeigt sich insbesondere an den unterschiedlichen Kompetenzträgern wie auch der Regelung in unterschiedlichen Kapiteln. Diese unterschiedliche Handhabung setzt sich bei den speziellen Ausgestaltungen von Art.4 Abs.3 AEUV fort. Hierfür spricht auch, dass die Regelung in Art.142 AEUV andernfalls vollständig in Art.121 AEUV aufginge und überflüssig wäre.

1310 Palm in Grabitz/ Hilf/ Nettesheim, EU, Art.142 Rdn.5; ebenso Kadelbach in Siekmann, EWU, Art.219 Rdn.11.

1311 Vgl. zur Gegenseitigkeit der Verpflichtung Beutel, 204 f.

1312 Palm in Grabitz/ Hilf/ Nettesheim, EU, Art.142 Rdn.5, unter Verweis auf das verwendete Possessivpronomen.

1313 Häde in Calliess/ Ruffert, EUV/ AEUV, Art.142 Rdn.3.

1314 Beutel, 202.

1315 Beutel, 202.

1316 Befürwortend Häde in Calliess/ Ruffert, EUV/ AEUV, Art.142 Rdn.3, Bandilla in Grabitz/ Hilf, EU (aF), Art.124 Rdn.5. Letzterer argumentiert, dass Art.121 AEUV im Gegensatz zu Art.142 AEUV ein Verfahren für die Gemeinschaftsorgane eröffne, auf die nationale Wechselkurspolitik der Staaten mit Ausnahmeregelung Einfluss auszuüben. Auf diese Weise könne der Ausgestaltung als Angelegenheit von gemeinsamem Interesse Wirkung verliehen werden.

Im Ergebnis ist daher eine Beschränkung der differenzierten Integration nur auf Art.142 AEUV und nicht auf Art.121 AEUV zu stützen.[1317]

γ) Der Wechselkursmechanismus II

Die Mitgliedstaaten mit Ausnahmeregelung sind nach dem AEU-Vertrag nicht nur zur Beachtung der Vorgaben aus Art.142 AEUV, sondern auch zum Hinwirken auf die Mitgliedschaft in der Währungsunion verpflichtet.[1318] Da hierfür ein Erfüllen der Konvergenzkriterien notwendig ist, müssen die Mitgliedstaaten nach Art.140 Abs.1 AEUV auch die „Einhaltung der normalen Bandbreiten des Wechselkursmechanismus des Europäischen Währungssystems seit mindestens zwei Jahren ohne Abwertung gegenüber dem Euro" nachweisen. Seit der dritten Stufe der Währungsunion bezieht sich diese Verpflichtung auf einen neuen Wechselkursmechanismus, der das EWS ersetzt hat und in seiner Ausgestaltung an dieses angelehnt ist.[1319] Grundsätzlich haben die Staaten mit Ausnahmeregelung daher auch über diesen sog. WKM II für einen stabilen Wechselkurs ihrer Währungen gegenüber dem Euro zu sorgen.[1320]

Der Verweis auf eine Teilnahme am WKM II ist jedoch nur bedingt geeignet, eine Einschränkung der Sonderregelungen zu begründen. Dies folgt aus dem Umstand, dass diese Beteiligung für die Mitgliedstaaten mit Ausnahmeregelung freiwillig ist.[1321] Demzufolge nehmen bisher auch nicht alle Staaten mit Ausnahmeregelung am WKM II teil.[1322] Für eine einschränkende Verpflichtung spricht zwar, dass die Konzeption der differenzierten Integration keine dauerhafte Ausnahmeregelung vorsehen soll und die Verpflichtung zum Aufschließen durch eine freiwillige Teilnahme am WKM II erheblich relativiert würde. Schließlich würde so die Erfüllung eines Konvergenzkriteriums in das Belieben

---

1317 Beutel 248 f.

1318 Vgl. hierzu 6. Kapitel Abs.III. 3 d) cc) α) m.w.N.

1319 Zur Ausgestaltung und Rechtsgrundlage des WKM II vgl. die Ausführungen von Wölker in v.d. Groeben/ Schwarze, EUV/ EGV, Art.124 Rdn.7 ff., sowie Häde in Calliess/ Ruffert, EUV/ AEUV, Art.142 Rdn.6 ff., und Schiemann in Caesar/ Scharrer, 293 ff.

1320 Smits in v. d. Groeben/ Schwarze, EUV/ EGV, Art.111 Rdn.5.

1321 Häde in Calliess/ Ruffert, EUV/ AEUV, Art.142 Rdn.9; Wölker in v.d. Groeben/ Schwarze, EUV/ EGV, Art.124 Rdn.9. Vgl. zum Stand der Diskussion Beutel, 214 ff.

1322 Zurzeit nehmen Dänemark und Litauen am WKM II teil. Mit dem Beitritt zur Währungsunion zum 1. Januar 2015 wird Litauen jedoch den Wechselkursmechnismus verlassen.

des Mitgliedstaates gestellt.[1323] Andererseits ging unter der Geltung des EG-Vertrages aus Art.124 Abs.1 S.2 EGV hervor, dass die Mitgliedstaaten nicht nur die Erfahrungen zu berücksichtigen haben, die bei der Zusammenarbeit im Rahmen des Europäischen Währungssystems (EWS) und bei der Entwicklung der ECU gesammelt wurden, sondern auch, dass die bestehenden Zuständigkeiten zu respektieren sind. Dies kann als Betonung der Aufrechterhaltung der nationalen Währungskompetenzen verstanden werden.[1324] Eine Verpflichtung zur Beachtung der währungspolitischen Disziplin im Rahmen des WKM II würde aufgrund der hier gemachten Vorgaben für die Wechselkurspolitik in die Währungssouveränität der Mitgliedstaaten mit Ausnahmeregelung eingreifen. Eine Kompetenzgrundlage für einen solchen Eingriff enthält das Unionsrecht jedoch nicht.[1325] Demzufolge kann eine Einschränkung der Sonderregelungen der differenzierten Integration allenfalls für die am WKM II freiwillig teilnehmenden Mitgliedstaaten hergeleitet werden.

f) Auswirkungen der differenzierten Integration auf die externe Vertretung der Union

Die Differenzierung des Integrationsprozesses wirkt sich nicht nur in den internen, sondern auch den externen Beziehungen der Union aus. Dies folgt bereits aus der grundsätzlichen Orientierung der externen an der internen Kompetenzverteilung. Es stellt sich daher die Frage, wie sich die interne Zersplitterung der Zuständigkeiten auf das externe Auftreten der Union auswirkt, sowie auf deren Fähigkeit die sich aus dem IWF-Abkommen ergebenden Verpflichtungen zu erfüllen.

1323 Vgl. Häde in Calliess/ Ruffert, EUV/ AEUV, Art.142 Rdn.9.

1324 Bandilla in Grabitz/ Hilf, EU (aF), Art.124 Rdn.2.

1325 Beutel, 214. Diese Feststellung gilt unabhängig davon, dass der in Art.124 Abs.1 S.2 EGV enthaltene Verweis auf die bestehenden Zuständigkeiten nicht in Art.142 AEUV übernommen wurde. Die Betonung der nationalen Währungskompetenzen kann hier allerdings aus dem Verweis hergeleitet werden, dass jeder Mitgliedstaat „seine" Wechselkurspolitik als Angelegenheit gemeinsamen Interesses behandelt. Auf die Freiwilligkeit der Teilnahme verweist dementsprechend auch Häde in Calliess/ Ruffert, EUV/ AEUV, Art.142 Rdn.9.

aa) *Auswirkungen der internen Kompetenzzuordnung auf die externe Kompetenzzuordnung*

α) Die ausdrückliche Kompetenzzuordnung

Für die Beurteilung der externen Kompetenzzuteilung sind im Währungsbereich zunächst die explizite Regelungen in Art.219, 138 AEUV und deren Anwendbarkeit relevant. Gemäß Art.139 Abs.2 AEUV gelten diese Vorschriften nicht für die dem Ausnahmeregime unterstellten Staaten. Entsprechendes kann den Protokollen für Dänemark, sowie Großbritannien entnommen werden. Mangels Kompetenzübergangs auf die Union sind diese Staaten daher nach wie vor für ihre externen Währungsbeziehungen zuständig.

β) Die implizite Kompetenzzuordnung nach Art.216 AEUV

Eine Untersuchung der externen Kompetenzzuordnung kann sich im Währungsbereich nicht auf die expliziten Regelungen in Art.219, 138 AEUV und deren Anwendbarkeit beschränken. Dies machte bereits die der Schlussakte von Maastricht beigefügte Erklärung Nr.10 zu den Art.111, 174 und 181 des Vertrages zur Gründung der Europäischen Gemeinschaft deutlich.[1326] Es ist daher auch die implizite Kompetenzzuordnung im Zusammenhang mit der differenzierten Integration zu untersuchen. Angesichts der Nichtanwendbarkeit von Art.219, 138 AEUV auf die nicht an der WWU teilnehmenden Mitgliedstaaten stellt sich hier die Frage, ob dies auch für Kompetenzen gilt, die sich unter Anwendung der AETR- Grundsätze, die in Art.216 AEUV verankert wurden, herleiten lassen.

Die Anwendbarkeit dieser Grundsätze im Rahmen der differenzierten Integration wird im Wesentlichen im Zusammenhang mit dem durch den Amsterdamer Vertrag eingeführten Konzept der verstärkten Zusammenarbeit diskutiert.[1327] Bei

---

1326 Nach dieser sollte die nun in Art.219 Abs.4 AEUV enthaltene Regelung nicht die Grundsätze berühren, die sich aus dem Urteil des Gerichtshofes in der AETR-Rechtssache ergeben.

1327 Nach Thym, 271, beschränkt sich die Diskussion dieser Problematik im Wesentlichen auf die deutschsprachige Literatur. Ausgangspunkt waren hier die Ausführungen Beckers in EuR, Beih.I /1998, 19, 53f.: *„Geht man von einem Modell der konkurrierenden Kompetenzen aus, so führt die Zusammenarbeit dazu, daß ein gemeinschaftlicher Kompetenzzuwachs erfolgt, aber nur gegenüber den beteiligten Mitgliedstaaten. Das ist zwar weiterhin wegen des Anwendungsvorrangs von eher dogmatischem als praktischem Interesse. Bei Überlegungen zur Entwicklung von Vertragsschluß-, also Außenkompetenzen, kann die Frage aber durchaus Bedeutung entfalten. Insofern wird davon auszugehen sein, daß keine parallelen Außenkompetenzen zuwachsen, da sonst die vZA die Kompetenzen der nicht beteiligten Mitgliedstaaten beschneiden könnte und*

letzterem handelt es sich „um ein besonderes vertragliches Verfahren zur Einführung von Differenzierungen",[1328] das aufgrund des angestrebten Endzustandes jedoch einen Vergleichsansatz für die differenzierte Integration im Währungsbereich bietet. Es verwundert daher auch nicht, dass hinsichtlich der Außenkompetenzen wechselseitige Vergleiche zwischen diesen Regelungsbereichen vorgenommen werden.[1329] Soweit möglich, wird auch vorliegend auf diesen Ansatz zurückgegriffen.[1330]

Gegen eine Anwendung der Art.216 AEUV zugrundeliegenden AETR-Rechtsprechung spricht zunächst deren Wortlaut. Aus diesem geht hervor, dass der Ausgangspunkt für die Entwicklung der impliziten Außenkompetenzen das Vorhandensein gemeinsamer Regeln ist.[1331] Da der intern vollzogene Kompetenzübergang im Rahmen der Wirtschafts- und Währungsunion jedoch nur einen Teil der Mitgliedstaaten betrifft, könnte es an derartigen gemeinsamen Rechtsnormen fehlen.[1332] Mangels eines entsprechenden Anknüpfungspunktes wäre dann das Ableiten einer Außenkompetenz abzulehnen.

Die Nichtanwendbarkeit bestimmter Normen auf einen Teil der Mitgliedstaaten rechtfertigt ein solches Vorgehen jedoch nicht ohne Weiteres. Schließlich würde dies voraussetzen, dass die der AETR- Rechtsprechung zugrundeliegenden

---

vor allem das Auftreten nach außen hin nicht einheitlich für die gesamte Gemeinschaft erfolgte." Beispiele für die Annahme der Anwendbarkeit in der nicht-deutschen Literatur finden sich bei Thym, 270 Fn.9.

1328 Martenczuk, ZEuS 1998, 447, 450.

1329 So wird bei der Diskussion im Rahmen der verstärkten Zusammenarbeit auf die Regelung in der Wirtschafts- und Währungsunion Bezug genommen, vgl. Martenczuk in ZEuS 1998, 447, 468 und Ehlermann, EuR 1997, 362, 380. Gleiches gilt vice versa für den Währungsbereich, vgl. Martenczuk, ZaöRV 1999, 93, 96.

1330 Für eine umfassende Diskussion unter Einbeziehung aller Aspekte vgl. Thym, 270 ff. Betroffen ist hier etwa die Frage, inwiefern Art.43 lit.d) EUV (aF.) der Anwendung der AETR-Grundsätze entgegensteht.

1331 Vgl. EuGH, Rs. 22/70 (AETR), Slg.1971, 263 ff. Rdn.15/19: „*Insbesondere sind in den Bereichen, in denen die Gemeinschaft zur Verwirklichung einer vom Vertrag vorgesehenen gemeinsamen Politik Vorschriften erlassen hat, die in irgendeiner Form gemeinsame Rechtsnormen vorsehen, die Mitgliedstaaten weder einzeln noch selbst gemeinsam handelnd berechtigt, mit dritten Staaten Verpflichtungen einzugehen, die diese Normen beeinträchtigen.*"

1332 Dashwood, 145, 163 f. führt entsprechend aus: "*The ERTA doctrine applies only where there are common rules that may be affected by the international undertakings Member States enter into. However, the Member States participating in the policy in question will be under a duty to exercise their external competence consistently with the applicable rules.*"

Überlegungen in Form der einheitlichen Geltung des Unionsrechtes sowie des effet utile im Rahmen der differenzierten Integration keine Anwendung finden können. Dem steht entgegen, dass auch differenzierte Regelungen „integraler Bestandteil der europäischen Rechtsordnung" sind.[1333] Auf sie finden daher die allgemeinen Rechtsgrundsätze des Unionsrechts ebenso Anwendung wie im Fall der vollständigen Integration. Dies muss daher auch für die aus ihnen entwickelten Rechtsinstitute gelten.[1334] Nur ein solcher Ansatz lässt sich im Übrigen mit der Zielsetzung der differenzierten Integration vereinbaren. Letztere dient der Vertiefung der Integration und nicht dem Ausschluss der Anwendung allgemeiner Grundsätze des Unionsrechts. Daher können die in Art.216 AEUV verankerten AETR-Grundsätze auch im Zusammenhang mit der differenzierten Integration zur Begründung von Außenkompetenzen herangezogen werden.[1335]

Die Nichtanwendbarkeit bestimmter Normen auf einen Teil der Mitgliedstaaten wirkt sich daher nicht bei der Anwendbarkeit von Art.216 AEUV bzw. der AETR-Grundsätze, sondern lediglich bei der Bestimmung des Anknüpfungspunktes aus. Als „gemeinsame Rechtsnormen" im Sinne der AETR- Rechtsprechung gelten nur die differenzierten Bestimmungen, die die an der vertieften Integration teilnehmenden Staaten binden. Eine Außenkompetenz der Union ist daher anzunehmen, wenn ein eigenständiges Handeln der Mitgliedstaaten diese differenzierten Regelungen „beeinträchtigen oder in ihrer Tragweite bzw. ihrem Anwendungsbereich ändern" könnte.[1336]

γ) Reichweite der externen Kompetenzverteilung

Im Zusammenhang mit der differenzierten Integration wird nicht nur die Begründung von Unionskompetenzen diskutiert, sondern auch, ob diese eine ausschließliche Zuständigkeit der Union gegenüber allen Mitgliedstaaten nach sich ziehen oder aber nur gegenüber denjenigen Staaten, die an der vertieften Integration tatsächlich teilnehmen.[1337] Wäre ersteres der Fall, könnte die Union die Verpflichtungen, die sich aus dem IWF-Abkommen ergeben, auch für die nicht an der WWU teilnehmenden Mitgliedstaaten erfüllen.

1333 Thym, 273.

1334 Thym, 273 unter Hinweis auf Vorrang oder die unmittelbare Anwendbarkeit des Gemeinschaftsrechts.

1335 Ehlermann, EUR 1997, 362, 379 f; Thym, 273; Schmitter in Dony, 77, 82.

1336 Thym, 273.

1337 Ehlermann, Michigan Law Review 1984, 1274, 1278; ders., EuR 1997, 362, 379 f.; Lipsius, RTDE 1995, 175, 185.

αα) Erstreckung der ausdrücklichen Währungskompetenzen

Ein Argument im Sinne dieser „Erstreckung" der externen Unionskompetenzen auf die an der Integration nicht teilnehmenden Staaten könnte für die ausdrücklichen Währungskompetenzen aus Art.216 Abs.2 AEUV[1338] abgeleitet werden, nach dem Abkommen für die Mitgliedstaaten verbindlich sind.[1339] Ein solches Vorgehen erscheint jedoch aus dogmatischer Sicht fraglich. Die Bewertung einer Kompetenz als ausschließlich setzt notwendigerweise das Vorliegen einer zu bewertenden Kompetenz voraus. Im Wege einer Qualifizierung als ausschließlich können Zuständigkeiten weder begründet noch auf andere Kompetenzträger erstreckt werden. Letzteres wäre im vorliegenden Fall jedoch notwendig, da sich aus Art.139 Abs.2 AEUV die Nichtanwendbarkeit von Art.219, 138 AEUV auf die nicht an der Währungsunion teilnehmenden Mitgliedstaaten ergibt. Nach Art.139 Abs.1 AEUV[1340] ist der Ausdruck „Mitgliedstaaten" daher auch als Bezeichnung für die Mitgliedstaaten zu verstehen für die keine Ausnahmeregelung gilt. Eine Ausdehnung des Anwendungsbereiches des Unionsrechtes widerspräche somit der Kompetenzverteilung und damit dem Grundsatz der begrenzten Einzelermächtigung.

ββ) Erstreckung der impliziten Währungskompetenzen

Die Frage nach der Erstreckung der Rechtswirkung der Unionskompetenzen auf alle Mitgliedstaaten wird auch im Zusammenhang mit der AETR- Rechtsprechung bzw. Art.216 AEUV diskutiert. Ansatzpunkt sind dabei die differenzierten Unionsregelungen im Binnenbereich, die durch ein selbständiges externes Handeln der Mitgliedstaaten mit Ausnahmeregelung nicht beeinträchtigt werden sollen.[1341]

1338 Ein entsprechender Verweis auf die Verbindlichkeit der Abkommen für die Mitgliedstaaten fand sich für den Währungsbereich in Art.111 Abs.3 UAbs.2 EGV. Dieser Verweis wurde jedoch nicht in Art.219 Abs.3 AEUV übernommen. Eine entsprechende Vorgabe kann jedoch aus der allgemeinen Regelung in Art.216 Abs.2 AEUV hergeleitet werden. Hier heißt es: „*Die von der Union geschlossenen Übereinkünfte binden die Organe der Union und die Mitgliedstaaten.*"

1339 Martenczuk, ZaöRV 1999, 93, 96 f. spricht sich für die Erstreckung der völkerrechtlichen Verbindlichkeit im Außenverhältnis aus.

1340 Mit der Übernahme in den AEU-Vertrag hat eine Abänderung des Wortlautes der Regelung stattgefunden. Art. 139 Abs.1 AEUV lautet: „*Die Mitgliedstaaten, für die der Rat nicht beschlossen hat, dass sie die erforderlichen Voraussetzungen für die Einführung des Euro erfüllen, werden im Folgenden als ‚Mitgliedstaaten, für die eine Ausnahmeregelung gilt' oder ‚Mitgliedstaaten mit Ausnahmeregelung' bezeichnet.*"

1341 Ehlermann, Michigan Law Review 1984, 1274, 1278; Lipsius, RTDE 1995, 175, 185.

Diese Zielsetzung verlangt jedoch keine Erstreckung der Unionskompetenzen. Entscheidend muss sein, dass die zu schützende Binnenrechtsetzung der Union nur die an der Währungsintegration teilnehmenden Mitgliedstaaten betrifft. Ein Schutz dieser Rechtsetzung verlangt daher auch nur eine Einschränkung der völkerrechtlichen Handlungsfähigkeit dieser Mitgliedstaaten.[1342] Da die Kompetenzen der an der differenzierten Integration nicht teilnehmenden Mitgliedstaaten unberührt bleiben, kann eine Unionskompetenz durch das Handeln dieser Mitgliedstaaten nicht ohne Weiteres betroffen werden. Dementsprechend muss die effektive Anwendbarkeit des Unionsrechts im Hinblick auf diese Regelungen auch nicht in gleicher Weise gesichert werden.

Ebenso wenig besteht die Gefahr, dass durch das Zuwachsen paralleler Außenkompetenzen die Kompetenzen der nicht teilnehmenden Mitgliedstaaten beschränkt werden.[1343] Eine solche Beeinträchtigung kann abgelehnt werden, da der Union auch bei Anwendung von Art.216 AEUV nur im Hinblick auf die an der differenzierten Integration beteiligten Mitgliedstaaten Kompetenzen zuwachsen.[1344] Diese Feststellung entspricht damit dem im expliziten Kompetenzbereich für Art.219, 138 AEUV herausgearbeiteten Ergebnis.

bb) Ergebnis

Nach den obigen Ausführungen steht fest, dass sich die durch die differenzierte Integration herbeigeführte Relativierung der Rechtseinheit der Union im Inneren[1345] in den Außenbeziehungen spiegelt. Der Union wurden hier keine Kompetenzen für die nicht an der differenzierten Integration im Währungsbereich teilnehmenden Mitgliedstaaten übertragen. Diese Zuständigkeiten sind vielmehr in der Verantwortung der Mitgliedstaaten mit Ausnahmeregelung bzw. Opt-Out-Status verblieben. Dementsprechend kann die Union diese Mitgliedstaaten in ihren Außenbeziehungen und damit im IWF nicht vertreten. Dies käme einer Verletzung der Kompetenzordnung der Union und damit des Grundsatzes der begrenzten Einzelermächtigung gleich.

1342 Thym, 273.

1343 So aber Becker, EuR Beih.I/ 1998, 29, 54, unter Verweis auf Dashwood, 145, 163f.

1344 Ehlermann, EuR 1997, 362, 379 f.

1345 Thym, 269.

4. Auswirkungen der Kompetenzteilung auf die Erfüllung der Mitgliedschaftskriterien

Abschließend ist festzuhalten, dass das IWF-Abkommen sowohl Kompetenzen der Union als auch solche der Mitgliedstaaten betrifft. Grund hierfür ist die funktional, territorial sowie temporär ausgestaltete Kompetenzverteilung im AEU-Vertrag.

Diese Kompetenzverteilung wirft in externer Hinsicht insofern Probleme auf, als sie sich auf die internationale Handlungsfähigkeit der einzelnen Akteure auswirkt. So folgt für die Union aus dem Prinzip der begrenzten Einzelermächtigung, dass diese nur im Fall einer Kompetenzübertragung tätig werden kann. Die Union leitet jedoch nicht nur ihre Kompetenzen, sondern, aufgrund ihrer Stellung als internationaler Organisation, auch ihre Rechtspersönlichkeit von ihren Mitgliedstaaten ab. Diese und die mit ihr einhergehende Vertragsschlussfähigkeit bestehen ebenfalls nur in dem Umfang, in dem die Union von ihren Mitgliedstaaten mit Kompetenzen ausgestattet wurde.[1346]

Die internationale Handlungsfähigkeit der Mitgliedstaaten ist ebenfalls betroffen. Dies folgt aus der Kompetenzübertragung auf die Union, die durch ein internationales Tätigwerden der Mitgliedstaaten beeinträchtigt würde.[1347] Aus diesen Handlungsdefiziten folgt, dass weder die Union noch die Mitgliedstaaten alleine zur Erfüllung der sich aus dem IWF-Abkommen ergebenden Verpflichtungen in der Lage sind.

Diese Feststellung kann unter Berücksichtigung des Kompetenzübergangs in der dritten Stufe der Währungsunion jedoch nur begrenzt Geltung beanspruchen. So sind die Mitgliedstaaten, die einem Ausnahmeregime unterliegen bzw. denen ein Opt-Out-Status zuerkannt wurde, mangels Übertragung der Währungskompetenzen auf die Union nach wie vor zur Erfüllung der sich aus dem IWF-Abkommen ergebenden Verpflichtungen in der Lage. Diese Mitgliedstaaten erfüllen neben dem Landeskriterium insofern auch das Mitgliedschaftskriterium der formalen Kontrolle der auswärtigen Beziehungen. Dies bedeutet, dass für diese Staaten auch weiterhin eine Mitgliedschaft im IWF möglich sein muss. Anderes gilt für die Union und die an der WWU teilnehmenden Mitgliedstaaten. Diese erfüllen nicht das für eine Mitgliedschaft im IWF vorgesehene Kriterium der formalen Kontrolle der auswärtigen Beziehungen.

1346 Zur Einordnung der Union als internationale Organisation mit abgeleiteter Rechtspersönlichkeit siehe 5.Kapitel Abs.II.1.a).m.w.N.; Ausführlich zur Herleitung der rechtlichen Folgewirkungen vgl. Sattler, 54, 61 ff., 65.

1347 Siehe hierzu Sattler, 65 und 5. Kapitel Abs.I.2 m.w.N.

IV. Die Fähigkeit der Union zur Erfüllung der sich aus dem IWF-Abkommen ergebenden Verbindlichkeiten

Grundsätzlich stehen etwaige Defizite in der formalen Kontrolle der auswärtigen Beziehungen einer Mitgliedschaft der Union im IWF nicht entgegen, da die Erfüllung dieses Kriteriums auch von der Kooperation mit anderen Mitgliedern abhängig gemacht werden kann.[1348] Es stellt sich daher die Frage, inwieweit die Union und die Mitgliedstaaten gemeinsam zur Erfüllung der Verbindlichkeiten aus dem IWF-Abkommen bereit und in der Lage sind.

1. Spannungsverhältnis zwischen außenpolitischer Handlungsfähigkeit und Wahrung der internen Kompetenzzuordnung der Union

Die dargelegte funktionale, territoriale und zeitliche Kompetenzzuordnung erweist sich im Zusammenhang mit der Außenvertretung der Union und der Mitgliedstaaten als Dilemma. Einerseits haben die Mitgliedstaaten im Zuge der Errichtung der WWU ihre Fähigkeit zur Erfüllung der wesentlichen Verpflichtungen aus dem IWF-Abkommen eingebüßt. Andererseits wurden der Union im Gegenzug keine ausreichenden Kompetenzen übertragen, um alleine im Tätigkeitsfeld des IWF auftreten zu können. Das hieraus resultierende Handlungsdefizit kann auch nicht, wie die unionsinterne Kompetenzzuordnung deutlich macht, durch ein einseitiges Tätigwerden der Union oder der Mitgliedstaaten ausgeglichen werden. Im Fall der Union käme ein solches Auftreten einem Verstoß gegen den Grundsatz der begrenzten Einzelermächtigung gleich. Im Fall der Mitgliedstaaten würde ein alleiniges Auftreten einen unzulässigen Eingriff in Unionskompetenzen und dadurch eine Verletzung des AEU-Vertrags darstellen.[1349] Hieraus folgt, dass sich einerseits aus der Kompetenzzuteilung im AEU-Vertrag die externe Handlungsfähigkeit der Union und ihrer Mitgliedstaaten ergibt, andererseits gerade diese Zuständigkeitsverteilung im Zusammenhang mit dem IWF die Handlungsunfähigkeit der einzelnen Akteure bewirkt. Aus der notwendigen Beachtung der Kompetenzzuweisung folgt daher auch eine erhebliche Einschränkung der externen Handlungsfähigkeit. Es entsteht ein Spannungsverhältnis zwischen der Kompetenzbeachtung und der externen Handlungsfähigkeit.[1350]

1348 Siehe hierzu 6.Kapitel Abs.I.3 m.w.N.

1349 Sattler, 54, 71 f., zu dem einseitigen Tätigwerden der Union und der Mitgliedstaaten; vgl. zur vertikalen Kompetenzabgrenzung und deren Folgen 5. Kapitel Abs.I m.w.N.

1350 Vgl. Sattler, 72.

2. Auflösung des Spannungsverhältnisses durch eine gemischte Mitgliedschaft im IWF

a) Konstruktion und Zulässigkeit gemischter Abkommen

Zur Auflösung dieses Spannungsverhältnisses wurde in der Unionspraxis die Konstruktion des gemischten Abschlusses von Abkommen bzw. die gemischte Mitgliedschaft in internationalen Organisationen entwickelt.[1351] Charakteristisch für diese ist, dass die Union und ihre Mitgliedstaaten das jeweilige Abkommen gemeinsam in seiner Gesamtheit eingehen. Auf diese Weise kann die Unionsgruppe, trotz der bestehenden internen Handlungsdefizite, die umfassende Erfüllung des Abkommens und damit ihre internationale Handlungsfähigkeit gewährleisten.[1352] Gleichzeitig ermöglicht das gemeinsame Vorgehen eine Beachtung der internen Kompetenzzuteilung, die durch dieses nicht tangiert wird. Entscheidend ist dabei, dass mittels eines gemeinsamen Abschlusses konkurrierende Innen- oder Außenkompetenzen nicht aktualisiert werden können.[1353] Ein solches Vorgehen hat darüber hinaus die Vorteile, dass „ein Drittstaat mehrere Anspruchsgegner hat, dass die genaue Zuständigkeitsgrenze [...] außer Streit gestellt [..., bzw.] eine dynamische Kompetenzinterpretation seitens der Unionsorgane von vornherein abgedeckt wird."[1354] Zudem können Kompetenzveränderungen, die mit einer dynamischen Entwicklung der Unionskompetenzen einhergehen, berücksichtigt werden, ohne dass eine erneute Vertragsänderung erforderlich ist.[1355]

Einer solchen Konstruktion begegnen aus völkerrechtlicher Sicht keine Bedenken. Argumentiert wird dabei zunächst unter Hinweis auf das formale Kriterium des Vertrauensschutzes im internationalen Verkehr[1356] und den Umstand, dass sich die Union und die Mitgliedstaaten ihr Auftreten und Handeln als einheitliche Gruppe völkerrechtlich entgegenhalten lassen müssen.[1357] Entscheidend ist jedoch, dass durch das gemeinsame Vorgehen die Handlungsdefizite auf Seiten der Union bzw. der Mitgliedstaaten im Wege einer, auch konkludent

---

1351 Allgemeine Ausführungen zu gemischten Verträgen finden sich beispielsweise bei Sattler; Vedder, EuR Beih. 3/2007, 57 ff.; Vranes, EuR 2009, 44 ff.; McGoldrick, 78 ff.

1352 Sattler, 57 f., 68.

1353 Sattler, 57, 68.

1354 Arnold/ Meindl in Dauses, Hdb. des EU-Wirtschaftsrechts, K.I. Rdn.79.

1355 Sattler, 58 f.

1356 Arnold/ Meindl in Dauses, Hdb. des EU-Wirtschaftsrechts, K. I. Rdn.85.

1357 Streinz, Europarecht, Rdn. 529.

erteilbaren, gegenseitigen Abschlussermächtigung ausgeglichen werden.[1358] Hier erteilen die jeweils zuständigen Mitglieder der Unionsgruppe ihr Einverständnis zu einem Vertragsabschluss durch die unzuständigen Mitglieder. Im Wege dieser Ermächtigung wird die völkerrechtliche Abschlussbefugnis übertragen, ohne dass die zugrundeliegende Kompetenzzuordnung tangiert wird. Dies wiederum entspricht „dem eigentlichen Sinn und Zweck eines gemischten Abkommens."[1359]

Die somit völkerrechtliche Zulässigkeit des Auseinanderfallens von Abschlussbefugnis und völkerrechtlicher Bindungswirkung verlagert die Problematik auf die Unionsebene. Hier spricht das Fehlen der Abschlusskompetenz grundsätzlich gegen die Zulässigkeit des Abschlusses von gemischten Verträgen. So bestimmt Art.218 Abs.11 S.2 AEUV, dass eine mit den Verträgen nicht vereinbare Übereinkunft nur in Kraft treten kann, wenn sie oder die Verträge abgeändert werden. Dieser Verweis auf das Vertragsänderungsverfahren macht deutlich, dass für die Union ein kompetenzgerechtes Vorgehen zu fordern ist. Andernfalls könnte die Anmaßung von Kompetenzen die Unanwendbarkeit des Vertrages bedingen.[1360]

Es stellt sich daher aus unionsrechtlicher Sicht die Frage, wie die bestehenden Kompetenzdefizite kompensiert werden können. Ein Ausgleich durch Übertragung des Ermächtigungsansatzes scheidet aus, da dieses Vorgehen, wie dargelegt, die Zuständigkeitsverteilung in der Union nicht beeinflussen kann.[1361] Hierfür ist die Durchführung eines Vertragsänderungsverfahrens notwendig. Aus gleichem Grund überzeugt auch die Theorie von der punktuellen Vertragsdurchbrechung nicht, nach der im Wege einer ad hoc punktuellen Beteiligung entgegen dem AEU-Vertrag der Vertragstext nicht geändert, sondern nur in dem konkreten Anwendungsfall durchbrochen und damit nicht angewendet werden soll.[1362]

1358 Sattler, 67, der auf Seite 66 darauf verweist, dass „ein formales Kriterium für sich genommen keine Auswirkungen auf die materielle Rechtslage haben kann." Ein solches formales Kriterium reicht daher nicht als Grundlage für völkerrechtliche Abschlusskompetenzen aus.

1359 Sattler, 67 f.; Arnold/ Meindl in Dauses, Hdb. des EU-Wirtschaftsrechtes, K.I. Rdn.89 betont, dass „die Staatenpraxis den gemischten Vertrag als Handlungsform akzeptiert hat." Hierin könne man „eine gewohnheitsrechtliche Weiterentwicklung der Tragweite dieser gegenseitigen Zustimmung auf eine begrenzte Erweiterung der Völkerrechtssubjektivität und damit der völkerrechtlichen Handlungsbefugnis der Union und der Mitgliedstaaten hin sehen."

1360 Streinz, Europarecht, Rdn.530.

1361 Sattler, 68.

1362 Bleckmann, EuR 1976, 301, 305.

Auch dieses Vorgehen verletzt das Verfahren der Vertragsänderung und bewirkt mangels Übertragung der Sachkompetenz keine Zuständigkeit der Union.[1363]

Auf diese Ansätze beschränkt sich eine Lösung im Fall fehlender Kompetenzen jedoch nicht. Nach der Rechtsprechung des EuGH kann ein Tätigwerden gerechtfertigt sein, wenn dies der Durchführung von Unionsrecht dient.[1364] So gestattete der EuGH in der Rs. 804/79 den Mitgliedstaaten, trotz des Vorliegens ausschließlicher Unionskompetenzen, ein Tätigwerden in Situationen, in denen der Rat trotz Regelungsbedarfs nicht zu einem entsprechenden Handeln in der Lage war. Die Mitgliedstaaten traten dabei als sog. „Sachwalter des gemeinsamen Interesses"[1365] auf, um einer „Situation des Gesetzgebungsnotstandes" zu begegnen.[1366]

Diese Grundüberlegung kann auf den vorliegenden Fall übertragen werden.[1367] Nur das gemeinsame Vorgehen im Wege des Abschlusses eines gemischten Vertrages sichert die Handlungsfähigkeit der Union und der Mitgliedstaaten unter weitgehender Beachtung der Kompetenzordnung in der Union und bestmöglicher Wirksamkeit der Unionskompetenz. Die unionsrechtliche Zulässigkeit folgt damit aus der „Erforderlichkeit des gemeinsamen Tätigwerdens" zur Durchführung des Unionsrechtes.[1368] Zur Begründung wird dabei auf die Rechtsprechung des EuGH im Gutachten 1/76 verwiesen.[1369] Hier hatte der Gerichtshof die Teilnahme einiger Mitgliedstaaten neben der Union an dem Übereinkommen über die Errichtung eines europäischen Stilllegungsfonds für die Binnenschifffahrt mit der nur so möglichen Gewährleistung einer wirksamen Durchführung desselben gerechtfertigt.[1370]

1363 Sattler, 70; Arnold/ Meindl in Dauses, Hdb. des EU-Wirtschaftsrechts, K. I. Rdn.82.

1364 Vgl. hierzu 6. Kapitel Abs. III.1 a) aa) m.w.N.

1365 EuGH, Rs. 804/79, Kommission/ Vereinigtes Königreich, Slg.1981, 1045 ff, Rdn.30: *„Da es sich um ein der Zuständigkeit der Gemeinschaft vorbehaltenes Gebiet handelt, auf dem die Mitgliedstaaten fortan nur noch als Sachwalter des gemeinsamen Interesses tätig werden können, kann ein Mitgliedstaat mangels eines geeigneten Vorgehens des Rates vorläufige Erhaltungsmaßnahmen, die möglicherweise durch die Umstände geboten sind, nur im Rahmen einer Zusammenarbeit mit der Kommission unter Beachtung der allgemeinen Überwachungsaufgabe treffen, die Artikel 155, im vorliegenden Fall in Verbindung mit dem Beschluss vom 25. Juni 1979 und den Parallelbeschlüssen, diesem Organ zuweist."*

1366 Streinz, Europarecht, Rdn. 155.

1367 Streinz, Europarecht, Rdn.530, 155.

1368 Sattler, 71 f.; ähnlich Vedder in FS Ginther, 501, 508; Schmalenbach in Calliess/ Ruffert, EUV/ AEUV, Art.216 Rdn.5.

1369 Sattler, 73.

1370 Vgl. EuGH, Gutachten 1/76, Stilllegungsfonds, Slg.1977, Rdn.7: *„Diese besondere Verpflichtung [...] erklärt und rechtfertigt es, dass die sechs genannten Staaten neben*

Vor dem Hintergrund der völker- und unionsrechtlichen Zulässigkeit gemischter Abkommen erscheint der Abschluss eines solchen im Fall des IWF angebracht.[1371] Auf diese Weise kann trotz der Kompetenzverteilung in der Union die internationale Handlungsfähigkeit der Unionsgruppe sichergestellt werden. Gleichzeitig können so die bestehenden Defizite in der formalen Kontrolle der auswärtigen Beziehungen ausgeglichen werden und damit diese Mitgliedschaftsvoraussetzung durch die Union und die Mitgliedstaaten erfüllt werden. Hieraus folgt auch, dass ein Beitritt der Union zum IWF nicht zur Folge hat, dass die Mitgliedschaft der Mitgliedstaaten im IWF erlischt.

b) Folgen der gemischten Mitgliedschaft

Die Umsetzung der gemischten Mitgliedschaft im IWF wirft sowohl aus Sicht der Union als auch aus Sicht des Fonds rechtliche und praktische Probleme auf. Im Vordergrund steht dabei die Notwendigkeit einer effektiven Durchführung der Mitgliedschaft. Eine solche kann angesichts der Kompetenzteilung zwischen der Union und den Mitgliedstaaten und der hierin zum Ausdruck kommenden unterschiedlichen Integrationsdichte in den Tätigkeitsfeldern nur im Wege einer engen Zusammenarbeit der Akteure gewährleistet werden. Dabei kommen sowohl auf der Ebene der Union als auch auf der Ebene des IWF unterschiedliche Mechanismen zur Anwendung. Es handelt sich einerseits um die sog. Pflicht zur Zusammenarbeit sowie andererseits um den Grundsatz der alternativen Rechtsausübung.

---

der Gemeinschaft an dem Übereinkommen beteiligt sind. Eben diese Verpflichtung vermag die Schwierigkeiten auszuräumen, die sich aus bestimmten Vorschriften [...] für die Verwirklichung der in dem Übereinkommen geplanten Regelung ergeben. Dies ist als der einzige Zweck der Beteiligung dieser Staaten an dem Übereinkommen anzusehen; in sonstiger Hinsicht ist sie für die Verwirklichung der Regelung nicht erforderlich. In der Tat erstreckt sich die Verbindlichkeit des Übereinkommens [...] auf das Hoheitsgebiet aller Mitgliedstaaten einschließlich der nicht an dem Übereinkommen beteiligten Staaten; es kann festgehalten werden, dass das Übereinkommen Rechtswirkungen für die Mitgliedstaaten - abgesehen von der obengenannten besonderen Verpflichtung - in Übereinstimmung mit Art.228 Absatz 2 EWG-Vertrag lediglich dadurch begründet, dass es von der Gemeinschaft abgeschlossen wird." Sattler, 73 betont, dass „die ‚Durchführung des Europäischen Stilllegungsfonds' nichts anderes dar[stellt] als die Ausübung der diesbezüglichen EU-Außenkompetenzen, deren bestmögliche Wirksamkeit durch die gemeinsame Beteiligung erst gesichert werden kann."

1371 Für eine gemischte Mitgliedschaft im IWF sprechen sich u.a. aus: Meng in Hobe, 39, 66; Lebullenger, RTDE 1998, 459, 471 f.; Escudero, 182f.; Torrent CMLRev.1999, 1229, 1240; Vigneron/ Steinfeld, CDE 1996, 401, 435 f. unter Betonung der Notwendigkeit einer gemeinsamen Position im IWF.

Es zeigt sich damit auch hier das Zusammenspiel zwischen der europäischen und der internationalen Ebene.[1372]

aa) Die Pflicht zur loyalen Zusammenarbeit nach Art. 4 Abs.3 EUV

α) Rechtsgrundlage

Die sog. Pflicht zur Zusammenarbeit wurde seitens des EuGH für den Fall der Notwendigkeit des Abschlusses eines gemischten Abkommens entwickelt. So führte der Gerichtshof in seinem Gutachten 2/91 aus, *„dass eine enge Zusammenarbeit zwischen den Mitgliedstaaten und den Gemeinschaftsorganen sowohl bei der Aushandlung und dem Abschluss eines Übereinkommens wie bei dessen Durchführung erforderlich ist, wenn sein Gegenstand teils in die Zuständigkeit der Gemeinschaft, teils in diejenige der Mitgliedstaaten fällt.“*[1373] Später wurde diese Aussage dahingehend präzisiert, dass *„Die Gemeinschaftsorgane und die Mitgliedstaaten [...] alle erforderlichen Maßnahmen treffen [müssen], um eine solche Zusammenarbeit in bestmöglicher Weise zu gewährleisten.“*[1374] Gegründet wurde dieses Vorgehen dabei stets auf die „Notwendigkeit einer einheitlichen [bzw. geschlossenen] völkerrechtlichen Vertretung“ der Union.[1375] Als rechtliche Grundlage für derartige Kooperationspflichten ist nach allgemeiner Auffassung Art.4 Abs.3 EUV und damit die allgemeine Loyalitätspflicht im Bereich der Außenbeziehungen heranzuziehen.[1376] Nach dieser haben Union und Mitgliedstaaten durch ihre Zusammenarbeit die Umsetzung der Unionsziele und die Wirksamkeit des Unionsrechts sicherzustellen.[1377] Art.4 Abs.3 EUV

1372 Sattler, 128 ff.

1373 EuGH, Gutachten 2/91, ILO, Slg.1993, I-1061, Rdn.36. Erstmals erwähnte der EuGH im Gutachten 1/78, Slg.1978, 2871 ff. diese Verpflichtung im Zusammenhang mit dem EAG-Vertrag. Im Gutachten 2/91, ILO, aaO., wurden die entwickelten Prinzipien dann auf ein Abkommen im Rahmen des EWG-Vertrages angewandt.

1374 EuGH, Rs. C-25/94, FAO, Slg.1996, I-1469, Rdn.48, vgl. zur Herleitung der Pflicht zur Zusammenarbeit auch Sattler, 129.

1375 Vgl. EuGH, Gutachten 2/91, ILO, Slg.1993, I-1061, Rdn.36; EuGH, Rs. C-25/94, FAO, Slg.1996, I-1469, Rdn.48; EuGH, Gutachten 1/94, GATS und TRIPs, Slg.1994, I-5267 ff. Rdn.108.

1376 Sattler, 132 f.; so auch die herrschende Auffassung in der Literatur vgl. u.a. Kahl in Calliess/ Ruffert, EUV/ AEUV, Art.4 EUV Rdn.90; v. Bogdandy/ Schill in Grabitz/ Hilf/ Nettesheim, EU, Art.4 Rdn.103; Tomuschat in v.d. Groeben/ Schwarze, EUV/ EGV, Art.300 Rdn.34; Gilsdorf, EuR 1996, 145, 158f.; zur ausführlichen Diskussion weiterer Rechtsgrundlagen, vgl. Sattler, 130 ff.

1377 Epiney, 441, 444, nach der sich die Zusammenarbeit nicht auf den Grundsatz pacta sunt servandas beschränkt.

begründet dabei selbständige Pflichten sowohl der Mitgliedstaaten als auch der Union.[1378]

β) Anwendungsbereich: Aushandlung, Abschluss und Vollzug des IWF-Abkommens

Wie die in Bezug genommene Rechtsprechung des EuGH verdeutlicht, bezieht sich die Pflicht zur Zusammenarbeit auf die Aushandlung, den Abschluss sowie die Durchführung eines Abkommens. Sie ist daher für die gesamte mögliche Dauer der gemischten Mitgliedschaft im IWF relevant. Besonderheiten sind dabei bei der Aushandlung des Abkommens zu beachten, da sich im Währungsbereich das Verfahren zum Abschluss völkerrechtlicher Verträge nicht nach Art.218 AEUV, sondern nach Art.219 AEUV richtet. Nach dieser speziellen Regelung ist die EZB im Rahmen der Verhandlungen zu beteiligen, während die Stellung der Kommission weniger ausgeprägt als in Art.218 AEUV ist.[1379] Dies wird auch bei der Koordinierung der Verhandlungspositionen und bei der Bildung der Verhandlungsdelegation zu berücksichtigen sein. Gedacht werden kann etwa an die Abwandlung der sog. Rom-Formel. Nach dieser erfüllt „eine gemeinsame Delegation von Kommission, Rat und Mitgliedstaaten" weitgehend die Erfordernisse einer einheitlichen Vertretung.[1380] Unter Berücksichtigung von Art.219 AEUV spricht daher einiges für eine stärkere Beteiligung der EZB an der Verhandlungsführung.

Hinsichtlich des Abschlusses und der Ratifizierung ergeben sich keine rechtlichen Besonderheiten gegenüber anderen gemischten Abkommen. Um hier aus dem Nebeneinander der Union und der Mitgliedstaaten als Vertragsparteien keine Verzögerungen entstehen zu lassen, folgt aus der Pflicht zur Zusammenarbeit eine zeitliche Koordinierung der Ratifikation.[1381]

Im Rahmen der Durchführung der gemischten Mitgliedschaft im IWF wirkt sich ebenfalls der Umstand aus, dass die Mitgliedstaaten und die Union nur formal

1378 Nach Kahl in Calliess /Ruffert, EUV/ AEUV, Art.4 EUV Rdn.42, handelt es sich bei Art.4 Abs.3 EUV damit nicht nur um einen Programmsatz. Vielmehr könne die Vorschrift gerichtlich geprüft und sanktioniert werden.

1379 Palm in Grabitz/ Hilf/ Nettesheim, EU, Art.219 Rdn.1 f.

1380 Sattler, 136; Vgl. Tomuschat in v.d. Groeben/ Schwarze, EUV/EGV, Art.300 Rdn.35, zu den verschiedenen Delegationskonzeptionen. Unterschieden werden im Wesentlichen drei Ansätze. Es handelt sich hierbei um selbständige Delegationen der EU und ihrer Mitgliedstaaten, reine Kommissionsdelegationen, die sich u.a. auf Ermächtigungen seitens der Mitgliedstaaten stützen, sowie die nach der sog. Rom–Formel gebildeten Delegationen.

1381 Tomuschat in v.d. Groeben/ Schwarze, EUV/EGV, Art.300 Rdn.36; Sattler, 140.

selbständige Vertragsparteien sind, und die materielle Erfüllung des Vertrages ihre Zusammenarbeit erfordert.[1382] Da sich die Pflicht zu dieser Zusammenarbeit nicht auf die Kompetenzverteilung in der Union auswirkt, bestimmt sich nach dieser die Zuständigkeit zum Erlass der erforderlichen Maßnahmen.[1383] Es ist daher erforderlich, gemeinsam und koordiniert vorzugehen, um das Abkommen im Sinne von Art.26 WVK nach Treu und Glauben erfüllen zu können. Zudem soll bei anderen Vertragsparteien kein Eindruck von Widersprüchlichkeit und Rechtsunsicherheit hervorgerufen werden.[1384]

γ) Inhalt der Verpflichtung

Aus dem in Art.4 Abs.3 EUV verankerten Kooperations- und Rücksichtnahmeprinzip können ausweislich des Wortlautes der Vorschrift sowohl Handlungs- als auch Unterlassenspflichten abgeleitet werden. Im konkreten Fall ergeben sich hieraus „Konsultations- und Informationspflichten, ein Beeinträchtigungsverbot, eine Förderungspflicht, sowie [gegebenenfalls] eine Stillhalteverpflichtung."[1385] Die Ausgestaltung der Pflicht zur Zusammenarbeit stellt sich als eine Frage des Einzelfalls dar, wobei die unionsinterne Kompetenzordnung als Leitinstrument dient.[1386] So führte der EuGH im Gutachten 1/78 aus, dass die Frage des Vollzugs eines Übereinkommens *„anhand der gleichen Grundsätze gelöst werden müssen [*wird*], nach denen sich die Kompetenzverteilung in Bezug auf die Aushandlung und den Abschluss des Übereinkommens richtet."*[1387] Die Zuständigkeitsverteilung muss daher gewahrt bleiben, auch wenn den Kompetenzträgern bei der Umsetzung der Pflicht zur Zusammenarbeit ein Gestaltungsspielraum zuzugestehen ist.[1388] Hieraus wird abgeleitet, dass sich die Unionsgruppe bereits vor der Entscheidungsfindung in den Organen der internationalen Organisation bemühen muss, eine gemeinsame Position zu erarbeiten.[1389] Zur effektiven Ausübung der Zusammenarbeit kann

1382 Sattler, 142.

1383 Epiney, 441, 443.

1384 Sattler, 141; dieser, 140 ff. auch allgemein zur Durchführung gemischter Abkommen .

1385 Kahl in Calliess/ Ruffert, EUV/ AEUV, Art.4 EUV Rdn.39, 87.

1386 Sattler, 143.

1387 EuGH, Beschluss 1/78, Slg.1978, 2151 ff, Rdn.36.

1388 Sattler, 143 f. legt dies am Beispiel der Vertretung in der WTO dar.

1389 Sattler, 143 ff. unter Verweis auf Rdn.109 des Gutachtens 1/94: *„Diese Pflicht ist im Fall von Abkommen, wie sie dem WTO-Abkommen als Anhänge beigefügt sind, um so zwingender wegen des zwischen diesen bestehenden unauflöslichen Zusammenhangs und angesichts des Mechanismus wechselseitiger Retorsion* [...]." Eine stets zwingende Verpflichtung kann nach Sattler, 145 f., aufgrund der Souveränität der

diese durch sog. Kooperationsvereinbarungen im Rahmen der Organisation institutionalisiert werden.[1390]

bb) Grundsatz der alternativen Rechtsausübung

Die staatlichen Beziehungen in der Völkerrechtsordnung werden vom Grundsatz der souveränen Gleichheit der Staaten bestimmt, nach dem eine Ungleichbehandlung von Staaten im Völkerrecht abzulehnen ist.[1391] Aus der allgemeinen Geltung dieses Grundsatzes in der Völkerrechtsordnung wird gefolgert, dass dieser „auch für das zwischenstaatliche Verhältnis innerhalb [der] von den Staaten geschaffenen Staatenverbindungen" Beachtung findet und damit grundsätzlich für die Struktur internationaler Organisationen von Bedeutung ist. Das Gebot der innerorganisationsrechtlichen Gleichbehandlung gilt dabei auch, wenn außer den Staaten auch internationale Organisationen Mitglieder solcher Organisationen sind und sich in deren mitgliedschaftliche Strukturen eingliedern.[1392] Eine Ausnahme von dieser grundsätzlichen Geltung des Gleichheitsgrundsatzes ist nur dann anzunehmen, wenn die Organisationsmitglieder im Rahmen ihrer Vertragsfreiheit das jeweilige Statut abweichend von diesem Grundsatz ausgestaltet haben.[1393] Liegt eine solche Abweichung, wie etwa im Fall der gewichteten Quoten im IWF,[1394] vor, so ist die Organisationssatzung insoweit als lex specialis anzusehen.[1395]

Unabhängig von möglichen Einschränkungen des Gleichheitsgrundsatzes folgt aus dessen grundsätzlicher Geltung jedoch, dass diesem auch im Fall einer gemischten Mitgliedschaft der Union und ihrer Mitgliedstaaten entsprochen werden

---

Mitgliedstaaten jedoch nicht angenommen werden. Die aaO. ebenfalls dargestellte Gegenansicht geht von einer Pflicht zur Stimmenthaltung aus. Für eine solche könnte sprechen, dass Art.4 Abs.3 EUV für den Fall des Aufeinandertreffens verschiedener Kompetenzträger gerade die Ausübung der jeweiligen Kompetenzen einschränken kann. Allerdings haben sich die Pflicht zur Zusammenarbeit und damit auch die Einschränkung an der Kompetenzordnung zu orientieren. Sattler verweist daher aaO. zu Recht auf die Möglichkeit der parallelen Kompetenzausübung hin, die im Fall einer fehlenden Einigung das „Recht auf eigenes Handeln" wieder aufleben lässt.

1390 Sattler, 129.

1391 Vgl. Kimminich/ Hobe, Völkerrecht, 290 ff.; zum Grundsatz der souveränen Gleichheit vgl. auch Epping in Ipsen, Völkerrecht, § 5 Rdn.254 ff.

1392 Sattler, 205, der in diesem Zusammenhang argumentiert, dass die eintretende Organisation sämtliche Rechte und Pflichten eines Mitglieds treffen.

1393 Sattler, 205, unter Betonung der Möglichkeit der Staaten, das Konzept der Souveränität selbstbestimmt einzuschränken.

1394 Vgl. 2.Kapitel Abs.V.6.a) m.w.N.

1395 Sattler, 205 Fn.318.

können muss. Dabei ergeben sich insofern Besonderheiten, als weder die Union noch ihre Mitgliedstaaten alleine die mitgliedschaftlichen Rechte und Pflichte wahrnehmen bzw. erfüllen können. Notwendig ist vielmehr ein gemeinsames abgestimmtes Vorgehen. Dementsprechend wird die Unionsgruppe „in ihrer Gesamtheit" als die für die Heranziehung des Gleichheitsgrundsatzes relevante Bezugsgruppe bestimmt.[1396] Innerhalb dieser Gruppe obliegt dem jeweils zuständigen Kompetenzträger, entweder der Union oder den Mitgliedstaaten, das Handeln. Mittels dieser alternativen Rechtsausübung wird damit nicht nur der Notwendigkeit kompetenzgerechten Vorgehens Rechnung getragen, sondern auch die Anwendung des Grundsatzes der Gleichbehandlung sichergestellt.[1397] Schließlich würde eine Wahrnehmung der Mitgliedschaftsrechte sowohl durch die Union als auch die Mitgliedstaaten zu einer Kumulation dieser Rechte führen und durch den gesteigerten Einfluss eine Schlechterstellung der übrigen Mitglieder der Organisation bedingen.[1398] Entsprechendes gilt für die mit der Mitgliedschaft in einer internationalen Organisation verbundenen Pflichten. Diese treffen ebenfalls die Unionsgruppe als Ganzes und werden nicht unter Hinweis auf die Stellung der Union und der Mitgliedstaaten verdoppelt. Es wird daher auch davon gesprochen, dass der Grundsatz der Gleichbehandlung die Notwendigkeit eines Gleichmaßes von Rechten und Pflichten zwischen der Unionsgruppe und den anderen Mitgliedern nach sich zieht.[1399] Insoweit der Grundsatz der Gleichbehandlung Anwendung findet, ergeben sich insofern keine Besonderheiten im Hinblick auf eine gemischte Mitgliedschaft im IWF.[1400]

3. Auswirkungen der territorialen Integration

Auch unter territorialen Gesichtspunkten ist die Union nicht in der Lage, die Verpflichtungen, die sich aus dem IWF-Abkommen ergeben, zu erfüllen.[1401] Dieses Handlungsdefizit der Union in Bezug auf abhängige Territorien ist ebenfalls im

---

1396 Sattler, 207.

1397 Satler, 206 f.; mit der Gewährleistung der Gleichbehandlung argumentieren ferner Schröder in v.d. Groeben/ Schwarze, EUV/ EGV, Vorb. zu den Art. 302 bis 304 Rdn.8; Zieger in KSE Bd. 25, 103, 113 f.

1398 Sattler, 206 f., der zudem darauf verweist, dass ein solches Vorgehen zu „einer entsprechenden Erhöhung der Erfüllungspflichten auf Seiten der Drittstaaten" führe; ähnlich Sack in GS Grabitz, 631, 640.

1399 Sattler, 208.

1400 Die einzelnen Auswirkungen einer Mitgliedschaft der Union im IWF werden im 7.Kapitel dieser Arbeit m.w.N. behandelt.

1401 Siehe 6. Kapitel Abs.III.2 m.w.N.

Rahmen eines gemischten Abkommens durch die fortdauernde Mitgliedschaft der jeweiligen Mitgliedstaaten der Union im IWF auszugleichen.[1402] Dies gilt, obwohl in der Praxis des Fonds eine Sonderbehandlung nur für wenige dieser Hoheitsgebiete festgestellt werden kann.[1403] Grund hierfür ist, dass die Fondspraxis keine Auswirkungen auf die im AEU-Vertrag geregelte Kompetenzverteilung zwischen der Union und den Mitgliedstaaten hat.[1404] Diese rechtliche Wertung entspricht der Rechtsprechung des EuGH in dem Gutachten 1/78. Hier heißt es: *„Die ‚abhängigen Gebiete', die von einem Mitgliedstaat in ihren internationalen Beziehungen vertreten, jedoch vom Anwendungsbereich des EWG-Vertrags nicht erfasst werden, befinden sich gegenüber der Gemeinschaft in der gleichen Situation wie Drittländer. Somit [ist] die Stellung des Mitgliedstaats, der diese Gebiete in ihren internationalen Beziehungen vertritt, im Hinblick auf ein von der Gemeinschaft abzuschließendes Übereinkommen als eine doppelte zu definieren: zum einen als Mitglied der Gemeinschaft und zum anderen als Vertreter dieser Gebiete auf internationaler Ebene. Die Stellung eines solchen Staats als Mitglied der Gemeinschaft wird nicht durch den Umstand beeinflusst, dass er als internationaler Vertreter der betreffenden Gebiete auftritt, allerdings ist er dann in dieser Eigenschaft und nicht als Mitgliedstaat der Gemeinschaft zur Beteiligung an dem Übereinkommen befugt. Diese Sonderstellung kann somit keinen Einfluss auf die Lösung des Problems der Abgrenzung der Zuständigkeitsbereiche innerhalb der Gemeinschaft haben."*[1405]

4. Auflösung des Spannungsverhältnisses unter Berücksichtigung der Grundkonzeption des IWF

Trotz der funktionalen und territorialen Kompetenzteilung zwischen der Union und ihren Mitgliedstaaten in den Tätigkeitsfeldern des IWF und der entsprechenden Auswirkungen auf die internationale Handlungsfähigkeit der Akteure wird teilweise die Erforderlichkeit eines gemischten Abkommens und die damit begründete Mitgliedschaft der Mitgliedstaaten im IWF in Frage gestellt.[1406]

1402 Vgl. Smits in v.d. Groeben/ Schwarze, EUV/EGV, Art.111 Rdn.222; ders., ECB, 445; Dutzler, 445, 471; a.A. Louis in FS Hahn, 201, 212.

1403 Martha, CMLRev.1993, 749, 774 f. unter Hinweis auf Hongkong, Aruba und die Niederländischen Antillen.

1404 Dementsprechend ist die Frage der Kompetenzverteilung auch in anderen Fällen als Hongkong, Aruba und den Niederländischen Antillen relevant und kann auch hier eine gemischte Mitgliedschaft rechtfertigen.

1405 EuGH, Gutachten 1/78, Slg.1979, 2871 ff. Leitsatz 9.

1406 Smits in v. d. Groeben/ Schwarze, EUV/ EGV, Art.111 Rdn.220; ders., ECB, 444 f., 448; Louis in Rey Caro, 1545, 1565 f.

Argumentiert wird dabei nicht unter Rückgriff auf die Verteilung der Vertragsschlusskompetenzen in der Union, deren Teilung zwischen der Union und den Mitgliedstaaten grundsätzlich nicht in Frage gestellt wird. Ansatzpunkt ist vielmehr die pragmatische Überlegung, dass die Vertretung der Union anhand der Funktion und wesentlichen Aufgaben des IWF beurteilt werden müsse. In Frage steht somit die Grundkonzeption des Fonds. Dabei wird betont, dass es sich beim IWF um „die größte Währungsinstitution der Welt“ handele, deren Aufgaben monetären Charakter aufweisen.[1407] Hieraus wird gefolgert, dass andere Aufgaben des Fonds dieser Funktion untergeordnet sind. Dies gilt insbesondere für die wirtschaftspolitische Tätigkeit des Fonds. Da sich der IWF in Folge seiner währungspolitischen Aufgaben wie der Ausgeglichenheit der Zahlungsbilanz und der damit zusammenhängenden Währungsstabilität mit der Wirtschaftspolitik beschäftige, komme dieser nur eine unterstützende Funktion zu.[1408] Aus gleichem Grund wird auch die Entwicklungspolitik nicht als primärer Gegenstand des IWF angesehen.[1409] Aus dieser thematischen Unterordnung wird darauf geschlossen, dass die entsprechenden Kompetenzen auf Seiten der Mitgliedstaaten für eine Mitgliedschaft im IWF nicht relevant sind. Dementsprechend wird ein gemeinsames Vorgehen der Union und der Mitgliedstaaten nicht als erforderlich angesehen.

a) Die Rechtsprechung des EuGH

Aufgegriffen werden hier offenbar Ansätze in der Rechtsprechung des EuGH, nach denen „akzessorische Verpflichtungen in einem bestimmten Abkommen der Hauptkompetenz nachfolgen“ und damit nur der Charakter dieser Kompetenz für die rechtliche Bewertung entscheidend ist.[1410] In diesem Sinne führt der Gerichtshof im Gutachten 1/78 aus, dass die kompetenzrechtliche Einordnung eines Abkommens *„in Ansehung seines wesentlichen Gegenstandes zu erfolgen [habe] und nicht anhand einzelner Bestimmungen, die alles in allem den Charakter von Neben-*

1407 Smits in v. d. Groeben/ Schwarze, EUV/ EGV, Art.111 Rdn.209, 220; in diesem Sinn auch Louis in Rey Caro, 1545, 1565; Denters, IML, Rdn.11.21; Zilioli/ Selmayr, CMLRev.2000, 591, 639 Fn. 191.

1408 Smits in v. d. Groeben/ Schwarze, EUV/EGV, Art.111 Rdn.209, 218; ders., ECB, 444; ähnlich Dentes, IML, Rdn.11.21; Louis, EDI 1545, 1566; Herrmann EFAR 2002, 1, 22 f., der den IWF zwar nicht als reine Währungsinstitution versteht, aber dennoch die Unterordnung der wirtschaftspolitischen Funktionen betont.

1409 Denters, IML, Rdn.11.21.

1410 Sattler, 167. Inwiefern es sich hierbei um eine neue Entwicklung handelt, ist jedoch fraglich, vgl. für entsprechende Bedenken O'Keeffe, EFAR 1999, 7, 31 unter Verweis auf die EuGH, Rs. C-360/93, Parlament gegen Rat, Slg.1996, I-1195.

und Hilfsbestimmungen haben. Dies gilt umso mehr, als die erwähnten Klauseln in Wahrheit einen engen Zusammenhang mit dem Gegenstand des Übereinkommens [...] aufweisen."[1411] Dieses Vorgehen findet sich auch in der Rs.C-25/94, in der geprüft wurde, ob das zur Begutachtung unterbreitete Übereinkommen *„einen Gegenstand betrifft, der im wesentlichen in die ausschließliche Zuständigkeit der Gemeinschaft fällt.*" Dabei stellte der Gerichtshof fest, dass „Bestimmungen über die Verhängung etwaiger strafrechtlicher Sanktionen oder die Unterstützung der Entwicklungsländer [...] im Übereinkommensentwurf jedenfalls keine vorrangige Stelle ein[nehmen]."[1412] Wann eine Bestimmung als lediglich akzessorisch angesehen werden kann, ergibt sich schließlich aus der Rs. Portugal v. Council. Hier wird unter Berufung auf das Gutachten 1/78 darauf abgestellt, dass die *„Bestimmungen in den genannten besonderen Bereichen nicht Verpflichtungen von solcher Tragweite mit sich bringen, daß diese Verpflichtungen in Wirklichkeit anderen Zielen dienen*", als der in Frage stehenden Entwicklungszusammenarbeit.[1413]

Unter Berücksichtigung der Rechtsprechung gilt es demnach, den wesentlichen Gegenstand des IWF-Abkommens zu bestimmen und zu untersuchen, ob die Kompetenzen der Mitgliedstaaten gegenüber diesem Gegenstand als Randzuständigkeiten einzuordnen sind.

b) Bestimmung des wesentlichen Gegenstandes des IWF-Abkommens

Die Bestimmung des wesentlichen Gegenstandes des IWF-Abkommens kann sich nicht in einem Verweis auf die bereits dargestellten Tätigkeitsfelder des Fonds erschöpfen. Grund hierfür ist, dass nicht der einzelne Tätigkeitsbereich, sondern die Bedeutung dieses Bereiches für die Zielsetzung des IWF in Frage steht. Dementsprechend ist der wesentliche Gegenstand des IWF-Abkommens ausgehend von der Grundkonzeption des Fonds zu bestimmen.

Für eine Verortung des wesentlichen Gegenstandes des IWF-Abkommens im Währungsbereich wird zunächst auf die Benennung der Organisation Bezug genommen.[1414] Die Bezeichnung „Internationaler Währungsfonds" zeige, dass der

---

1411 EuGH, Gutachten 1/78, Slg.1979, 2871 ff., Rdn.56; entsprechend dieser Ausführungen nahm der Gerichtshof trotz Vorliegens vertraglicher Klauseln, die mitgliedsstaatliche Zuständigkeiten berühren, eine ausschließliche Abschlusszuständigkeit der EU an. Dies betont Sattler, 167.

1412 EuGH, Rs.C-25/94, FAO, Slg.1996, I-1469 ff., Rdn.40, 47.

1413 EuGH, Rs.C- 268/94, Portugiesische Republik, Slg.1996, I- 6177 ff, Rdn.39.

1414 Louis in FS Rey Caro, 1545, 1566; ders., EUI Working Paper No.99/10, 1, 21.

Währungsaspekt entscheidend sei.[1415] Mit der Betonung des „monetären Charakters“ bzw. der „monetären Rolle“ des Fonds wird zudem auf zentrale Konstruktionselemente des Fonds verwiesen.[1416] So dienen diese Schlagwörter als Hinweis auf „die besondere Art der Kapitalaufbringung und die daraus folgende[n] Grenzen der Finanzierungsfunktion.“[1417] Die Mittel des Fonds, die hauptsächlich aus den Währungsreserven der Mitgliedsländer bestehen, werden von diesem zur Bereinigung zeitweiliger Zahlungsbilanzungleichgewichte und damit zum Ausgleich eines hiermit einhergehenden Fremdwährungsbedarfs eingesetzt.[1418] Dabei folgt aus der Zielsetzung des Fonds in Art.I (v) IWFA, dass die Finanzmittelvergabe durch einen vorgegebenen Zweck, die Konditionalität und, aufgrund der zeitweiligen Kreditvergabe, durch den revolvierenden Charakter der Fondsressourcen beschränkt ist. Auf diese Weise soll die Liquiditätsposition des Fonds geschützt werden. Diesem stehen die liquiden Reserven seiner Mitglieder nur zur Verfügung, wenn mittels geeigneter Beschränkungen bei der Kreditvergabe eine Aufrechterhaltung dieser Position auch für die eigentlichen Kreditgeber sichergestellt wird.[1419]

Inwieweit diese ursprüngliche Sichtweise auf die Konzeption des Fonds aufrechterhalten werden kann, erscheint aufgrund zwischenzeitlicher Entwicklungen fraglich. So wird betont, dass sich die Aktivitäten des Fonds nach dem Zusammenbruch des Bretton-Woods-Systems diversifiziert haben und nunmehr auch wirtschaftliche Kompetenzen[1420] umfassen.[1421] Insbesondere betreffen die im Zuge der Zahlungsbilanzhilfe erstellten Anpassungsprogramme nicht nur monetäre, sondern auch makroökonomische Aspekte wie die Fiskalpolitik oder die Liberalisierung von Wirtschaftssektoren.[1422] Aufgrund dieser Tätigkeit wird der Fonds auch als internationale Institution mit Zielen im Bereich der Wirtschaftspolitik verstanden.[1423]

1415 Padoa-Schioppa, The external representation of the euro area; vgl. zur Namensgebung Duisenberg/ Szász, 254, 254.
1416 Beispiele für eine solche Bezugnahme finden sich bei Duisenberg/ Szász, 254, 254 ff.; Deutsche Bundesbank, Monatsbericht März 2010, 63.
1417 Deutsche Bundesbank, Monatsbericht März 2010, 63.
1418 Deutsche Bundesbank, Monatsbericht März 2010, 63.
1419 Duisenberg/ Szász, 254, 255ff. unter teilweiser Bezugnahme auf J.J.Polak.
1420 Zur Tätigkeit des IWF im Wirtschaftsbereich vgl. 6.Kapitel Abs.III.1.b).bb) m.w.N.
1421 Escudero, 128, 182; ebenso Torrent, CMLRev.1999, 1229, 1239.
1422 Escudero, 183.
1423 Torrent, CMLRev.1999, 1229, 1239; Guitián, The Unique Nature of the responsabilities of the IMF, 2f.

Die angesprochenen Entwicklungen beschränken sich jedoch nicht nur auf wirtschaftliche Aspekte, sondern betreffen auch den Bereich der Entwicklungshilfe.[1424] Seit den achtziger Jahren bezog sich die Kreditvergabe des Fonds zunehmend auf Entwicklungsländer. Dies ließ Forderungen laut werden, die Beschränkungen bei der Kreditvergabe an die Bedürfnisse dieser Länder anzupassen. Betroffen waren die Festsetzung der Ziehungshöhe und -dauer sowie die politischen Bedingungen der Vergabe.[1425] Dieses Vorgehen stellte insofern eine Abkehr vom monetären Kernkonzept des Fonds dar, als neben der vorübergehenden Finanzierung durch kurz- bzw. mittelfristige Kreditvergabe auch eine längerfristige Finanzierung von Entwicklungsprojekten eingerichtet wurde. Ein solches Vorgehen war im ursprünglichen Aufgabenbereich des Fonds nicht vorgesehen, sondern seiner Schwesterorganisation, der Weltbank, vorbehalten, die als Entwicklungshilfeinstitution konzipiert worden war.[1426]

Der IWF spielte jedoch nicht nur ‚eine leitende Funktion bei der Umschuldung der am wenigsten entwickelten Länder in den achtziger Jahren oder aber der Transformation der ehemals kommunistischen Länder in Marktwirtschaften, sondern auch bei der Lösung der Finanzkrisen in den neunziger Jahren.‘[1427] Aufgrund dieser Tätigkeit im Finanzsektor wird teilweise auf eine Wandlung des IWF von einer vorrangigen Währungsinstitution zu einer internationalen Finanzinstitution mit weiterem Verantwortungsbereich gesprochen.[1428] Nach diesem Verständnis ist der ‚Schwerpunkt der Tätigkeit des IWF nicht mehr in der Wechselkursüberwachung, sondern in der Stabilität und Integrität des internationalen

1424 Duisenberg/ Szász, 254, 256 f.; Escudero, 128. Zur Tätigkeit des IWF im Bereich der Entwicklungshilfe vgl. 6. Kapitel Abs.III.1.b).cc) m.w.N.

1425 Duisenberg/ Szász, 254, 256 f.; Vgl. hierzu auch 2. Kapitel Abs.IV.1.c) m.w.N.

1426 Hahn/ Häde, Währungsrecht, § 28 Rdn.30; vgl. zur Problematik einer verlängerten Ausgabe von Finanzhilfen für die Liquiditätsposition bzw. Reserven des IWF Duisenberg/ Szász, 254, 258, 261. Dieser Gefahr wurde teilweise dadurch begegnet, dass konzessionäre Kredite nicht über die Währungsreserven, sondern aus Sondervermögen finanziert werden, Deutsche Bundesbank, Monatsbericht März 2010, 54 Fn.1; Smits in v. d. Groeben/ Schwarze, EUV/EGV, Art.111 Rdn.218, verweist darauf, dass die Ausrichtung des Fonds „immer gegenüber langfristigen und auf Entwicklung ausgerichteten Institutionen, wie der Internationalen Bank für Wiederaufbau und Entwicklung […] in Schutz genommen [wurde].“

1427 Lastra, The Bretton Woods Institutions in the XXIst century, 88, 98 (wÜ); vgl. auch Hahn/ Häde, Währungsrecht, § 28 Rdn.32.

1428 Lastra, The Bretton Woods Institutions in the XXIst century, 88, 94, 98, die dabei als betroffene Bereiche Zahlungssysteme, Bankwesen, Kapitalmärkte sowie Finanzreformen benennt, diess., EYIEL 2011, 121, 121f.

Finanzsystems' zu sehen.[1429] Diskutiert wurde im Zusammenhang mit der internationalen Verschuldensproblematik auch ein Auftreten des Fonds als sog. „lender of last ressort."[1430] Hier zeigt sich die Problematik für den monetären Charakter des Fonds. Eine solche Rolle des Fonds steht im Widerspruch zu dessen beschränkten Ressourcen und könnte sich daher ebenfalls negativ auf dessen Liquiditätsposition auswirken.[1431]

In diesem Zusammenhang ist auch auf die im Zuge der Schuldenkrise für Griechenland und andere europäische Länder bereitgestellten Nothilfen durch den IWF hinzuweisen. Diese weisen die Besonderheit auf, dass hier kein Fremdwährungsbedarf zur Deckung kurzfristiger Zahlungsbilanzprobleme in Frage stand. Vielmehr bestand auf Seiten der europäischen Mitgliedstaaten, wie im Fall Griechenlands, ein Bedarf in Euros und damit der eigenen Währung, um der Verschuldung in dieser Eigenwährung entgegenzuwirken. In diesem Zusammenhang wird darauf verwiesen, dass dieses Vorgehen den Währungsfonds in einen globalen Stabilisierungsfonds zur Deckung von Haushaltsdefiziten umwandeln könnte.[1432] Eine Finanzierung von Budgetdefiziten steht jedoch ebenfalls in Kontrast zum monetären Mandat des Fonds.[1433]

Diese Entwicklungen haben sicherlich nicht zu einer gänzlichen Aufgabe der monetären Grundkonzeption des Fonds geführt. Einer solchen Wertung stehen die Regelungen des IWF-Abkommens entgegen. Nach diesem ist die Zielsetzung des Fonds nach wie vor im Währungsbereich verankert. Die übrigen Tätigkeiten des Fonds werden vor diesem Hintergrund daher teilweise auch als rein tatsächliche Vorgänge verstanden, die keinen Niederschlag im IWF-Abkommen gefunden haben. Hieraus wird gefolgert, dass diese, trotz ihrer Bedeutung für die tägliche Praxis des Fonds, keine schlüssigen rechtlichen Argumente liefern.[1434]

Gegen ein solches Verständnis spricht jedoch die breite Ausrichtung der Ziele der Organisation in Art. I IWFA. Diese beschränken sich trotz der Namensgebung nicht auf die Förderung der internationalen Zusammenarbeit auf dem Gebiet der Währungspolitik. Vielmehr werden nach Art. I (ii) IWFA auch die

---

1429 Smaghi, JCMS 2004, 229, 247 (wÜ), ähnlich ders. IF 2006, 261, 271.

1430 Vgl. Gianviti, Int. Lawyer 2001, 1371, 1389 f.; Hahn/ Häde, Währungsrecht, § 28 Rdn.33.

1431 Lastra, The Bretton Woods Institutions in the XXIst century, 88, 108, 110.

1432 Handelsblatt v. 31.03.2010, Klaus C. Engelen: „Griechenland: Merkels gefährliches Spiel mit dem IWF".

1433 Deutsche Bundesbank, Monatsbericht März 2010, 63; folgend Gaitanides, NVwZ 2011, 848, 850.

1434 Smits, ECB, 448.

Ausweitung und das ausgewogene Wachstum des Welthandels umfasst, um so zur Förderung und Aufrechterhaltung eines hohen Beschäftigungsgrades und Realeinkommens aller Mitglieder als obersten Zielen der Wirtschaftspolitik beizutragen.[1435] Es wird daher auch betont, dass gerade die breite Ausrichtung der Ziele es ermöglicht habe, die Rolle des Fonds an die veränderten wirtschaftlichen Verhältnisse anzupassen.[1436] Angesichts des Niederschlags der Förderung wirtschaftlichen Wachstums in der Zielsetzung des Fonds kann diesbezüglich nicht von einer reinen Hilfstätigkeit gesprochen werden. Diese Feststellung folgt aus der dargestellten Rechtsprechung des EuGH und muss unabhängig von der Frage gelten, ob das Ziel des wirtschaftlichen Wachstums das der Förderung der Währungsstabilität verdrängt hat.[1437] Entscheidend muss bereits die Aufnahme einer solchen Zielbestimmung in Art. I IWFA sein.

Ein solches Vorgehen, das sich letztendlich auf die Auslegung der Vertragsbestimmungen stützt, findet seine Grenzen wiederum in diesen Bestimmungen. So können im Wege der Auslegung keine neuen Strukturen geschaffen werden, die über diese Bestimmungen hinausgehen. Hierfür sieht auch das IWF-Abkommen das Verfahren der Vertragsänderung vor.[1438] Vor diesem Hintergrund ist fraglich, ob im Wege der Auslegung eine Umdeutung der Zielbestimmungen des IWF-Abkommens dahingehend vorgenommen werden kann, dass die hier angesprochenen monetären Probleme und die internationale monetäre Zusammenarbeit auch als Verweis auf finanzielle Probleme und die Zusammenarbeit in diesem Bereich verstanden werden.[1439] Auch eine Ausweitung auf den Bereich der Entwicklungsarbeit erscheint vor diesem Hintergrund fraglich.[1440]

Festgehalten werden kann jedoch, dass sich die Zielsetzung des IWF auch auf wirtschaftliche Aspekte erstreckt, so dass der wesentliche Gegenstand des IWF-Abkommens nach der Rechtsprechung des EuGH nicht auf den monetären Bereich beschränkt ist.

1435 Dutzler, 445, 468; ähnlich Guitián, The Unique Nature of the Responsibilites of the IMF, 3; Gramlich, AvR 2000, 399, 403 verweist zusätzlich auf Art.IV Abs.1 IWFA, nach dem der eigentliche Zweck des internationalen Währungssystems in der Schaffung von Rahmenbedingungen zur Erleichterung des Waren-, Dienstleistungs- und Kapitalverkehrs zwischen den Ländern und in der Aufrechterhaltung eines gesunden Wirtschaftswachstums besteht.

1436 Lastra, The Bretton Woods Institutions in the XXIst century, 88, 94.

1437 Vgl. zu dieser Diskussion Denters, IML, Rdn.11.19 ff. mit weiteren Nachweisen.

1438 Denters, NYIL 1998, 3, 12.

1439 Eine solche Auslegung nimmt Lastra, EYIEL 2011, 121, 123 vor.

1440 Vgl. Denters, IML, Rdn.11.21.

c) *Bewertung*

Die obigen Ausführungen machen deutlich, dass mangels einer Beschränkung des IWF-Abkommens auf den monetären Bereich, eine solche Beschränkung dem Abschluss eines gemischten Abkommens nicht entgegengehalten werden kann. Dies gilt umso mehr, als die Argumentation auf Grundlage der Zielsetzung des IWF allenfalls im Zusammenhang mit der funktionalen Kompetenzverteilung relevant sein kann. Die Notwendigkeit des Abschlusses eines gemischten Abkommens ergibt sich jedoch auch aufgrund der territorialen Beschränkung der Unionskompetenzen. Diese Beschränkung betrifft jedoch den Währungsbereich und damit per se den zentralen Handlungsbereich des IWF.

5. Auswirkungen der differenzierten Integration im Währungsbereich

Neben den sich aus der funktionalen und der territorialen Kompetenzverteilung zwischen Union und Mitgliedstaaten ergebenden externen Handlungsdefiziten und deren Lösung durch den Abschluss eines gemischten Abkommens, gilt es, die Folgen der differenzierten Integration im Währungsbereich zu untersuchen. Im Vordergrund steht dabei die Frage, ob sich auch die durch die differenzierte Integration hervorgerufene Kompetenzverteilung negativ auf die internationale Handlungsfähigkeit der Unionsgruppe auswirkt.

Für die Mitgliedstaaten, die nicht an der vertieften Währungsintegration teilnehmen, wurde bereits festgestellt, dass deren Handlungsfähigkeit durch die Errichtung der Wirtschafts- und Währungsunion grundsätzlich nicht betroffen wird. Es fehlt insofern an dem notwendigen Übergang der Währungskompetenzen auf die Union.[1441] Unter Berücksichtigung der Währungssouveränität kann somit allenfalls auf Seiten der Union ein Handlungsdefizit bestehen. Die folgenden Ausführungen beschränken sich daher auf diesen Aspekt.

a) *Territoriale Beschränkung der Anwendbarkeit des Unionsrechts als Ursache eines Handlungsdefizits*

Zur Begründung eines Handlungsdefizits der Union wird angeführt, dass diese aufgrund der Kompetenzzuteilung in externer Hinsicht nicht in der Lage sei, ‚ihr gesamtes Territorium zu verpflichten'.[1442] Schließlich entstehen sowohl nach den

1441 Siehe 6. Kapitel Abs.III.3 m.w.N.

1442 Ehlermann, Michigan Law Review 1984, 1274, 1278 (wÜ).

Regeln der expliziten Kompetenzzuweisung als auch nach der AETR- Rechtsprechung bzw. Art.216 Abs.1 AEUV nur Unionskompetenzen hinsichtlich der an der differenzierten Integration teilnehmenden Mitgliedstaaten. Dementsprechend beschränkt sich im Fall des Abschlusses völkerrechtlicher Abkommen der Anwendungsbereich des Unionsrechtes auf das Territorium einzelner Mitgliedstaaten.[1443] Die Vorschriften für nicht an der WWU teilnehmende Mitgliedstaaten werden daher auch als Sonderregelungen für den räumlichen Geltungsbereich des AEU-Vertrages verstanden.[1444] Es wird betont, dass die Annahme unbefristeter, aber nicht dauerhafter Ausnahmeregelungen fingiere, „daß es sich um ein zeitliches Auseinanderklaffen von Integrationsfortschritten für alle handele, während es in der Realität räumliche Differenzierungen sind."[1445] Durch die differenzierte Währungsintegration werde erstmals die Geltung der Grundsatzerklärung in Art.52 Abs.1 EUV, nach der der AEU-Vertrag in allen Mitgliedstaaten gilt, relativiert.[1446]

b) *Das Spannungsverhältnis zwischen einheitlicher Außenvertretung und Beachtung der Kompetenzverteilung*

Das „territoriale" Handlungsdefizit der Union wird insofern als problematisch bewertet, als sich die klassische Herleitung von Außenkompetenzen auf die „Notwendigkeit eines einheitlichen Auftretens" der Gemeinschaft bzw. jetzt der Union stützt.[1447] So führte der EuGH im Rahmen seiner AETR-Rechtsprechung aus: *„Neben dieser Gemeinschaftszuständigkeit kann es keine konkurrierende Zuständigkeit der Mitgliedstaaten geben, da alles was außerhalb der Gemeinschaftsorgane geschieht, mit der Einheit des Gemeinsamen Marktes und der einheitlichen Anwendung des Gemeinschaftsrechtes unvereinbar ist."*[1448] In diesem Zusammenhang betonte der Gerichtshof auch, *„dass die Mitgliedstaaten, da es sich um einen Gegenstand einer gemeinsamen Politik handelte, jedenfalls gehalten waren, zur Wahrung der Gemeinschaftsinteressen solidarisch vorzugehen."*[1449] In seinem Gutachten 1/75 führte der Gerichtshof ferner aus, dass mit Maßnahmen im Rahmen der gemeinsamen Handelspolitik nur erreicht werden solle, *„dass ein auf einheitlichen*

1443 Tuytschaever, 173 f.

1444 Schröder in v.d. Groeben/ Schwarze, EUV/EGV, Art.299 Rdn.50, führt aus, dass diese Vorschriften „die Geltung bestimmter Artikel des EG-Vertrages [jetzt des AEU-Vertrages] für das Gebiet ganzer Mitgliedstaaten auf unbestimmte Zeit aufheben."

1445 Krämer in GS Grabitz, 307, 312.

1446 Schröder in v.d Groeben/ Schwarze, EUV/EGV, Art.299 Rdn. 50.

1447 Thym, 269; ähnlich Becker, EuR Beih.I/1998, 29, 54.

1448 EuGH, Rs.22/70, AETR, Slg.1971, 263 ff. Rdn. 30/31.

1449 EuGH, Rs.22/70, AETR, Slg.1971, 263 ff. Rdn. 77/78.

Grundsätzen beruhendes gemeinsames Vorgehen für die gesamte Gemeinschaft an die Stelle des einseitigen Vorgehens der Mitgliedstaaten in der betreffenden Materie tritt."[1450] Schließlich wird auch in der Literatur im Zusammenhang mit dem Einheitlichkeitserfordernis betont, dass die Annahme differenzierter Maßnahmen im Verhältnis zu Drittstaaten grundsätzlich ausscheiden müsse, „da sonst die Handlungsfähigkeit und politische Glaubwürdigkeit der Gemeinschaft [bzw. jetzt der Union] auf internationaler Ebene unzulässig in Frage gestellt würde."[1451]

Das Erfordernis einer einheitlichen Außenvertretung der Union tritt im Rahmen der differenzierten Integration jedoch in ein Spannungsverhältnis zu den weiterbestehenden Kompetenzen der nicht an der vertieften Integration teilnehmenden Mitgliedstaaten. Es besteht hier die Befürchtung, dass diese, trotz der fehlenden Kompetenzübertragung auf die Union, durch die Anwendung internationaler Regelungen mittelbar in den Anwendungsbereich der differenzierten Integration aufgenommen werden.[1452]

Diese Problematik ist im Zusammenhang mit der Vertretung der Union im IWF von besonderer Relevanz. So sprechen die Nichtübertragung der Währungskompetenzen und die damit einhergehende Beibehaltung der nationalen Währungen grundsätzlich für ein eigenständiges Vorgehen der nicht an der Wirtschafts- und Währungsunion teilnehmenden Mitgliedstaaten. Demgegenüber stellt sich angesichts der Problematik der Handlungsfähigkeit der Union auf internationaler Ebene und der notwendigen Vertretung des Euro

---

1450 EuGH, Gutachten 1/75, Slg.1975, 1355 zu 2.; diese Ausführungen greift der Gerichtshof im Gutachten 1/76, Slg.1977, 741 unter Ziffer 12 auf: *„Der Gerichtshof ist der Ansicht, dass die Struktur des Aufsichtsrates und die Ausgestaltung des Beschlussfassungsverfahrens innerhalb dieses Organs nicht der Forderung nach Einheitlichkeit und Solidarität entspricht, die der Gerichtshof bereits in seinem Urteil vom 31. März 1971 in der Rechtssache 22/70 [...], und ausführlicher in seinem Gutachten 1/75 vom 11. November 1975 [...] betont hat."*

1451 Langeheine, EuR 1983, 227, 251f.

1452 Thym, 269; in diesem Sinn auch Becker, EuR Beih.I/1998, 29, 54: *„Insofern wird davon auszugehen sein, dass keine parallelen Außenkompetenzen zuwachsen, da sonst die vZA die Kompetenzen der nicht beteiligten Mitgliedstaaten beschneiden könnte und vor allem das Auftreten nach außen hin nicht einheitlich für die gesamte Gemeinschaft erfolgte."* Martenczuk, ZaöRV 1999, 93, 96 betont im Zusammenhang mit der Bindungswirkung von Abkommen nach Art.111 Abs.3 EGV aF.: *„Hieraus ergibt sich eine auf den ersten Blick widersprüchliche Lage, da die nach Art.109 EGV abgeschlossenen Abkommen einerseits im Namen der Gemeinschaft als Ganzer abgeschlossen werden, andererseits aber die Rechtsstellung der Staaten mit Ausnahmeregelung nicht berühren dürfen."*

die Frage, wie die Kompetenz der Union bei Abschluss des IWF- Abkommens umgesetzt werden kann.

c) *Umsetzung durch die Schaffung von Abkommen mit umfassender Bindungswirkung*

aa) *Auflösung des Spannungsverhältnisses durch die Trennung von Außen- und Innenverhältnis*

Als möglicher Ansatz zur Auflösung des dargestellten Zielkonfliktes wird zunächst eine „Trennung von Außen- und Innenverhältnis" angedacht.[1453] So soll es ermöglicht werden, dass die völkerrechtliche Bindungswirkung die Union im Außenbereich als Ganze und damit unter Einbeziehung aller Mitgliedstaaten trifft, während das geschlossene Abkommen im Innenverhältnis nicht auf jeden Mitgliedstaat Anwendung findet.[1454] Nach diesem Ansatz werden Auswirkungen der differenzierten Integration auf den internen Unionsbereich beschränkt. Argumentiert wird dabei unter Rückgriff auf die in Art.216 Abs.2 AEUV[1455] geregelte Bindungswirkung der Abkommen für die Union. Übertragen auf den IWF bedeutet dies, dass das Abkommen im Namen der gesamten Union eingegangen

---

1453 Martenczuk, ZaöRV 1999, 93, 96; folgend Kadelbach in Siekmann, EWU, Art. 219 Rdn. 33; ähnlich auch Louis, EUI WPL 99/10, 10 f.; Dutzler 445, 447. Dutzler verweist aaO. zudem auf Smits, ECB, 403. Hier wird jedoch nicht klar, ob dieser von einer internationalen Verpflichtung der Union als Ganzer unter Einbeziehung aller Mitgliedstaaten ausgeht. Zwar weist Smits darauf hin, dass ein späterer Beitritt der Staaten mit Derogationsstatus zur Währungsunion eine rein interne Angelegenheit für die Union darstelle und eine Erstreckung des räumlichen Anwendungsbereiches des Unionsrechts abgeschlossene internationale Abkommen nicht betreffe. Gleichzeitig betont Smits, ECB, 408, dass die Bindungswirkung nach Art.111 Abs.3 EGV aF. nicht die Kompetenzen der Mitgliedstaaten mit Derogationsstatus schmälert. Vielmehr stehe es diesen frei einen eigenen externen Standpunkt einzunehmen.

1454 Martenczuk, ZaöRV 1999, 93, 96.

1455 Die Diskussion stützte sich unter dem EG-Vertrag auf Art.111 Abs.3 UAbs.2 EGV. Gemäß dieser Bestimmung waren die nach diesem Absatz getroffenen Vereinbarungen für die Organe der Gemeinschaft, die EZB und die Mitgliedstaaten verbindlich. Trotz der ansonsten vollständigen Übernahme von Art.111 Abs.3 EGV in Art.219 Abs.3 AEUV wurde dieser Unterabsatz gestrichen. Eine entsprechende Vorgabe kann jedoch der allgemeinen Kompetenznorm zum Abschluss internationaler Übereinkünfte durch die Union in Art.216 Abs.2 AEUV, der Art.300 Abs.7 EGV entspricht, entnommen werden. Hier heißt es: *„Die von der Union geschlossenen Übereinkünfte binden die Organe der Union und die Mitgliedstaaten."* Unter Rückgriff auf Art.216 Abs.2 AEUV argumentiert auch Kadelbach in Siekmann, EWU, Art.219 Rdn.34.

würde.[1456] Das Spannungsverhältnis wird demnach zu Gunsten der Einheitlichkeit der Außenvertretung aufgelöst.

bb) Bewertung

Gegen ein solches Vorgehen spricht jedoch die fehlende Kompetenz der Union zur Verpflichtung der nicht an der Währungsintegration teilnehmenden Mitgliedstaaten. Wie dargelegt, folgt aus Art.139 Abs.2 AEUV, dass Art.219 AEUV für Mitgliedstaaten mit Ausnahmeregelung nicht gilt. Entsprechendes ergibt sich für Dänemark und Großbritannien aus den dem AEU-Vertrag beigefügten Protokollen. Für ein Tätigwerden der Union fehlt es daher an der nach dem Prinzip der begrenzten Einzelermächtigung erforderlichen Kompetenzzuweisung. Das Fehlen der Handlungsermächtigung geht aufgrund der abgeleiteten Völkerrechtssubjektivität der Union zudem mit einem Fehlen der Fähigkeit zum Abschluss völkerrechtlicher Verträge einher.[1457] Demnach wäre das Handeln der Union nicht nur aus unionsrechtlicher, sondern auch aus völkerrechtlicher Sicht als unzulässig zu bewerten.

Diese Feststellung kann auch nicht unter Hinweis auf die Bindungswirkung der Unionsabkommen für Mitgliedstaaten nach Art.216 Abs.2 AEUV umgangen werden. Dem steht die Regelung in Art.139 Abs.1 AEUV entgegen, nach der der verwendete Ausdruck „Mitgliedstaaten" die Mitgliedstaaten bezeichnet, für die keine Ausnahmeregelung besteht.[1458] Auch aus der Verwendung des Begriffes „Union"

1456 Martenczuk, ZaöRV 1999, 93, 96.

1457 Vgl. hierzu 6. Kapitel Abs. III.3 und 4 m.w.N. Dass sich eine „sachlich-räumliche Beschränkung der Völkerrechtsfähigkeit" der Union als sehr kompliziert erweist, wie Martenczuk, ZEuS 1998, 447, 468 ausführt, kann an dieser Feststellung nichts ändern. Dies folgt bereits aus der Rechtsprechung des EuGH. Dieser führt in seinem Gutachten 1/94, Slg.1994, 5267 unter Rdn. 107 aus: *„Als Antwort auf diese völlig legitime Besorgnis ist zunächst hervorzuheben, dass die Schwierigkeiten, die bei der Durchführung des WTO-Abkommens und seiner Anhänge hinsichtlich der notwendigen Koordinierung zur Sicherstellung des einheitlichen Auftretens im Falle der gemeinsamen Teilnahme der Gemeinschaft und der Mitgliedstaaten auftreten würden, die Beantwortung der Zuständigkeitsfrage nicht ändern können. Diese ist nämlich eine Vorfrage. Wie der Rat betont hat kann das Problem der Verteilung der Zuständigkeit nicht nach Maßgabe eventueller Schwierigkeiten geregelt werden, die bei der Durchführung auftreten können."*

1458 Im Zusammenhang mit der Neuregelung der Bindungswirkung der Unionsabkommen durch den Vertrag von Lissabon in Art.216 Abs.2 AEUV stellt sich die Frage, ob diese Argumentation, die auf Grundlage des EG-Vertrages entwickelt wurde, ohne Weiteres übernommen werden kann. Schließlich fällt Art.216 AEUV gemäß Art.139

in Art.219 Abs.3 AEUV folgt nichts Gegenteiliges. Zwar enthält der AEU-Vertrag keine Vorschrift, aus der folgt, dass auch dieser Begriff im Sinne von Mitgliedstaaten, für die keine Ausnahmeregelung besteht, zu verstehen ist, woraus gefolgert wird, dass Abkommen von der Union ábgeschlossen werden.[1459] Eine Erstreckung der Bindungswirkung oder aber eine Begründung von Kompetenzen der Union kann hieraus jedoch nicht abgeleitet werden. Letzteres würde auf eine Umgehung des Verfahrens hinauslaufen, das der Vertrag für eine Teilnahme an der Währungsunion vorsieht.

Darüber hinaus spricht gegen ein solches Vorgehen, dass den nicht an der Währungsintegration teilnehmenden Mitgliedstaaten aufgrund der fehlenden Kompetenzübertragung auf die Union ihre völkerrechtliche Handlungsfähigkeit verbleibt.[1460] Letztere dürfen weder durch die Anwendung von Art.219 AEUV noch durch eine Anwendung der AETR- Grundsätze bzw. Art. 216 Abs.1 AEUV beschränkt werden.[1461] Ein Vertragsabschluss durch die Union auch für die nicht an der vertieften Währungsintegration teilnehmenden Staaten hätte jedoch unweigerlich eine solche Kompetenzverletzung zur Folge. Insofern wäre es auch nicht ausreichend, die nicht an der differenzierten Integration teilnehmenden Mitgliedstaaten „durch geeignete Bestimmungen in den

---

Abs.2 AEUV nicht unter die Vorschriften, deren Anwendung auf die Mitgliedstaaten mit Ausnahmeregelung ausgeschlossen ist. Allerdings handelt es sich bei Art.216 AEUV um eine allgemeine Kompetenznorm, mit deren Hilfe erstmals explizit die Kompetenz der Union zum Abschluss völkerrechtlicher Verträge niedergelegt und die Rechtsprechung über implizite Abschlusskompetenzen seit dem AETR-Urteil kodifiziert wurden. Der Verweis auf anderweitig vorgesehene Abschlusskompetenzen macht dabei deutlich, dass Art.216 AEUV nicht unabhängig von Art.219 AEUV bewertet werden kann. Auch Art.216 Abs.2 AEUV ist daher in diesem Kontext zu bewerten. Dies ermöglicht die Übertragung der für den EG-Vertrag relevanten Diskussion.

1459 Smits in v.d. Groeben/ Schwarze, EUV/EGV, Art.111 Rdn.126; ders., ECB, 403.

1460 Ehlermann, EuR 1997, 362, 379f.; Smits in v. d. Groeben/ Schwarze, EUV/EGV, Art.111 Rdn.161 führt aus: „*Der verbindliche Charakter von gemäß Artikel 111 Absatz 3 geschlossenen internationalen Vereinbarungen für die Gemeinschaft beeinträchtigt nicht die Zuständigkeit derjenigen Mitgliedstaaten, die nicht voll an der Währungsunion beteiligt sind ihren äußeren Standpunkt selbst festzulegen.*“

1461 Vgl. Becker, EuR Beih.I /1998, 19, 53f., der sich gegen die Entstehung paralleler Außenkompetenzen im Rahmen der verstärkten Zusammenarbeit ausspricht, da diese „die Kompetenzen der nicht beteiligten Mitgliedstaaten beschneiden könnte.“

zu schließenden Abkommen von Auswirkungen frei[zu]halten."[1462] Schließlich wären die Mitgliedstaaten, da sich die Freistellung nur auf den Innenbereich beziehen soll, auch hier in ihrer Fähigkeit zum Abschluss völkerrechtlicher Verträge betroffen. Eine alleinige Mitgliedschaft der Union unter Hinweis auf die umfassende Bindungswirkung des Abkommens und die Unterscheidung von Außen- und Innenverhältnis kann daher nicht angenommen werden.

d) Umsetzung durch die Schaffung eines neuen Typs gemischter Abkommen

aa) Anwendbarkeit der Konstruktion des gemischten Abkommens

Als weitere Option zur Auflösung des Spannungsverhältnisses zwischen dem Erfordernis einer einheitlichen Außenvertretung der Union und dem Schutz der Kompetenzen der Mitgliedstaaten, die nicht an der differenzierten Integration teilnehmen, wird der Abschluss eines gemischten Abkommens angedacht.[1463]

Diesem Vorgehen liegt die Überlegung zugrunde, dass die im Rahmen der differenzierten Integration auftretende Kompetenzverteilung zwischen Union und Mitgliedstaaten an die Zuständigkeitssituation erinnert, wie sie sich aus der klassischen Aufteilung von Kompetenzbereichen zwischen der Union und den Mitgliedstaaten ergibt.[1464] Die Vergleichbarkeit wird dabei auf die in beiden Fällen bestehende Begrenzung der Unionskompetenzen zurückgeführt, wobei sich diese im Fall der differenzierten Währungsintegration nicht auf eine sachliche, sondern auf die territoriale Beschränkung des Unionsrechtes stützt. Aus diesem Vergleich wird dann der Schluss auf die Übertragung des Lösungsansatzes gezogen und festgehalten, dass es sich ‚bei einem Abkommen, das auf die Gebiete aller Mitgliedstaaten Anwendung findet, um ein gemischtes Abkommen

1462 Dieses Vorgehen schlägt Martenczuk in ZEuS 1998, 447, 468 und ähnlich in ZaöRV 1999, 93, 97 vor.

1463 Thym, 269, 290; vgl. auch Ehlermann, Michigan Law Review 1984, 1274, 1278; Schauer, 157; Tuytschaever, 174.

1464 So geht etwa Becker, EuR Beih.I /1998, 19, 53, von einem Modell der konkurrierenden Kompetenzen aus. Thym, 290, führt aus: *„Die Außenkompetenzen der Gemeinschaft sind auch bei Gleichzeitigkeit begrenzt. In der Rechtspraxis wird ein einheitliches Auftreten der Gemeinschaft und der Mitgliedstaaten durch den Abschluss gemischter Abkommen ermöglicht, an denen im Rahmen ihrer Zuständigkeit sowohl die Gemeinschaft als auch die Mitgliedstaaten als eigenständige Vertragspartner beteiligt sind. Dies gilt auch bei Ungleichzeitigkeit."*

handeln müsse.'[1465] Ein kohärentes und einheitliches Auftreten der Union soll demnach im Wege der territorialen Einheit hergestellt werden.

Im Hinblick auf eine Mitgliedschaft der Union hätte dies zur Folge, dass das IWF- Abkommen in seiner Gesamtheit sowohl von der Union als auch den an der differenzierten Integration nicht teilnehmenden Mitgliedstaaten abgeschlossen werden müsste. Dabei fließen die Besonderheiten der Differenzierung insofern in die Überlegungen mit ein, als die Schaffung eines ‚neuen Typs gemischter Abkommen' angedacht wird.[1466] So werden gemischte Abkommen, die sich nicht nur auf die konkurrierende Kompetenzverteilung, sondern auch die Differenzierung der Integration stützen, etwa als sog. „doppelt gemischte Übereinkommen" bezeichnet.[1467]

bb) Bewertung

Nach den obigen Ausführungen stützt sich die Konzeption der Schaffung eines neuen Typs gemischter Abkommen auf verschiedene Annahmen. Es handelt sich hierbei um das Vorliegen eines territorial bedingten Handlungsdefizits und die Vergleichbarkeit mit Fällen konkurrierender Unionszuständigkeiten sowie die Notwendigkeit eines einheitlichen externen Auftretens der Union. Im Rahmen einer Bewertung des Lösungsansatzes sind diese Grundannahmen einer genaueren Untersuchung zu unterziehen.

α) Die Annahme eines Handlungsdefizits aus territorialen Gründen

Schon die Grundannahme eines Handlungsdefizits auf Seiten der Union erscheint problematisch. Die Handlungsfähigkeit der Union ist, wie das Prinzip der begrenzten Einzelermächtigung deutlich macht, anhand der ihr übertragenen Sachkompetenzen zu beurteilen. Im Währungsbereich wurden der Union ausschließliche Kompetenzen übertragen, für die der Ausschluss von Handlungsmöglichkeiten

1465 Tuytschaever, 174 (wÜ).

1466 Ehlermann, Michigan Law Review 1984, 1274, 1278 (wÜ).

1467 Schauer, 157, verwendet diesen Begriff in Abgrenzung zum sog. „einfach gemischten" Abkommen. Die Verwendung der Begriffe wird auch hier im Zusammenhang mit der verstärkten Zusammenarbeit diskutiert. Es wird in diesem Zusammenhang darauf verwiesen, dass der Abschluss derartiger Abkommen nur in Bereichen denkbar ist, „in welchen eine Übereinstimmung der Interessenslage der [...] Staaten besteht."

der Mitgliedstaaten charakteristisch ist.[1468] Ein Handlungsdefizit der Union besteht unter Berücksichtigung der Sachkompetenzen damit gerade nicht.

Ein solches kann auch nicht unter Hinweis auf die fehlende Fähigkeit der Union ‚ihr gesamtes Territorium zu verpflichten'[1469] angenommen werden. Diese These fußt auf der Annahme, dass die Union ein eigenes Territorium und die entsprechende Gebietshoheit besitzt. Eine solche kann aus dem EU-Recht jedoch nicht abgeleitet werden. Gemäß Art.52 EUV, 355 AEUV besteht lediglich ein räumlicher Geltungsbereich des Vertrages, der sich anhand des Hoheitsgebietes der Mitgliedstaaten definiert und von diesem ableitet.[1470] Die territoriale Anwendung des Unionsrechtes ist damit letztendlich ein Ausfluss der übertragenen Sachkompetenzen. Da letztere keinen Schluss auf ein Handlungsdefizit der Union ermöglichen, muss ein solches auch in territorialer Sicht ausscheiden. Der Abschluss eines gemischten Abkommens zum Ausgleich eines territorialen Handlungsdefizits ist aus unionsrechtlicher Sicht daher nicht notwendig.

Fraglich ist, ob eine solche Notwendigkeit unter völkerrechtlichen Gesichtspunkten hergeleitet werden kann. Hierfür könnte sprechen, dass ein völkerrechtlicher Vertrag nach Art.29 WVK jede Vertragspartei grundsätzlich hinsichtlich ihres gesamten Hoheitsgebietes verpflichtet. Dementsprechend könnte ein völkerrechtlicher Vertrag der Union ebenfalls das gesamte Unionsgebiet betreffen.[1471] Dies setzt jedoch voraus, dass diese Regelung tatsächlich auf die Union angewendet werden kann. Letzteres erscheint aufgrund der Bezugnahme in Art.29 WVK auf ein Hoheitsgebiet fraglich. Über ein solches verfügt die Union als internationale Organisation gerade nicht.[1472] Aus den völkerrechtlichen Vorgaben kann daher ebenfalls nicht auf ein Handlungsdefizit der Union geschlossen werden. Auch

---

1468 Lediglich in Randbereichen der Währungssouveränität finden sich hier noch Restkompetenzen. In ihrem Kern ist die Kompetenz der Union dennoch als ausschließlich zu kennzeichnen. Vgl. 6. Kapitel Abs.III 1.b) aa) m.w.N.

1469 Hierauf verweist Ehlermann, Michigan Law Review, 1274, 1278 (wÜ).

1470 Müller-Graff in Dauses, Hdb. des EU- Wirtschaftsrechtes, A.I. Rdn.50; Oppermann, Europarecht, § 4 Rdn.19.

1471 So Thym, 280 f.

1472 Müller-Graff in Dauses, Hdb. des EU-Wirtschaftsrechtes, A.I. Rdn.50. Dies verkennt auch Thym, 280, nicht, der in Fn.63 ausgeführt, dass eine entsprechende Anwendbarkeit angenommen werden kann, soweit die Vertragspartner die Union als bundesstaatliches Konstrukt ansehen und sich die Union entsprechend verhält. Dies ist aufgrund der Charakterisierung der Union als internationale Organisation jedoch abzulehnen. Der föderative Aspekt der Union führt nicht zur Gleichstellung mit Staatsgebilden.

nach diesen besteht nicht die Notwendigkeit, dass die Union Verpflichtungen für das Hoheitsgebiet aller Mitgliedstaaten eingehen muss.

β) Vergleichbarkeit mit Fällen konkurrierender Unionszuständigkeiten

Nach den obigen Ausführungen besteht weder auf Seiten der Union noch auf Seiten der nicht an der WWU teilnehmenden Mitgliedstaaten ein Handlungsdefizit. Dies verdeutlicht die Problematik des Vergleichs mit einer konkurrierenden Kompetenzsituation. Während im letztgenannten Fall entweder die Union oder die Mitgliedstaaten für eine Sachfrage zuständig sind, sind es im Fall der differenzierten Integration sowohl die Union als auch die Mitgliedstaaten mit Ausnahmeregelung. Es stehen demnach gleichberechtigte und in Währungsfragen ausschließlich zuständige Kompetenzträger nebeneinander.[1473] Diese Konstellation erinnert jedoch stark an das Vorliegen paralleler Zuständigkeiten. Mangels eines Ausschließlichkeitsverhältnisses hindert hier eine Kompetenzausübung durch die Union die Mitgliedstaaten nicht an einem Handeln. Ob die Unionsgruppe geschlossen auftritt oder die EU und die Mitgliedstaaten gesondert vorgehen, steht in ihrem freien Ermessen."[1474] Der Abschluss eines gemischten Abkommens zur wechselseitigen Überwindung von Handlungsdefiziten ist in diesen Fällen jedoch nicht notwendig. Es verwundert daher auch nicht der Hinweis, dass die nicht an der differenzierten Integration teilnehmenden Mitgliedstaaten den von der Union getroffenen internationalen Verpflichtungen wie Dritte gegenüberstehen.[1475]

γ) Notwendigkeit der einheitlichen Außenvertretung

Der Abschluss eines gemischten Abkommens wird weiterhin mit der Notwendigkeit einer einheitlichen Außenvertretung begründet. Hinter diesem Argument steht die Überlegung, dass die Rechtseinheit aufgrund ihrer zentralen Bedeutung für die Union in externer stärker als in interner Hinsicht geschützt werden muss.

1473 Tuytschaever, 174, führt insofern aus: "*The 'mixed' agreements which are referred to here concern matters in respect of which both the Community and the Member States with a derogation or an opt-out have equal competence.*" Ebenso betont Schmitter in Dony, 77, 89: „*L'identité du domaine de compétence permet d'ailleurs de distinguer cette situation des cas déjà pratiqués d'accords mixtes portant sur des compétences à la fois nationales et communitaires.*"

1474 Sattler, 53.

1475 Schmitter in Dony, 77, 89.

Recht dient in der Union als wesentliches Instrument zur Umsetzung der Ziele der Integration.[1476] Dabei hängt der effektive Einsatz des Unionsrechtes von dessen einheitlicher Geltung und Anwendbarkeit ab.[1477] Bezogen auf den Gemeinsamen Markt als dem Kernstück der Integration wird dabei „ein höheres Maß an Geschlossenheit zwischen den Mitgliedstaaten" verlangt als in den übrigen Politikfeldern.[1478] Eine ähnliche Feststellung wird für die sog. gemeinsamen Politiken getroffen, die für die politische und wirtschaftliche Funktionsfähigkeit der Union von besonderer Relevanz sind.[1479] Unter Anknüpfung an diese Begriffe wird auch im Bereich der Außenbeziehungen der Union das Erfordernis eines einheitlichen Auftretens betont.[1480]

Dass mit dieser Forderung die innere Rechtseinheit der Union geschützt werden soll, macht die AETR- Rechtsprechung deutlich. Hier heißt es *„dass die Mitgliedstaaten außerhalb des Rahmens der Gemeinschaftsorgane keine Verpflichtungen eingehen können, welche Gemeinschaftsrechtsnormen, die zur Verwirklichung der Vertragsziele ergangen sind, beeinträchtigen oder in ihrer Tragweite ändern können."*[1481] Die Notwendigkeit eines stärkeren Schutzes der Rechtseinheit in den Außenbeziehungen der Union[1482] ergibt sich dabei aus

1476 Martenczuk, EuR 2000, 351, 359. Ausführlich zur Einordnung der Union als Rechtsgemeinschaft, Zuleeg, NJW 1994, 545 ff.

1477 Martenczuk, EuR 2000, 351, 359. Hierauf verweist auch der EuGH in der Rs.6/64, Costa/ENEL, Slg.1964, 1251, 1269: *„Denn es würde eine Gefahr für die Verwirklichung der […] Ziele des Vertrages bedeuten […], wenn das Gemeinschaftsrecht je nach der nachträglichen innerstaatlichen Gesetzgebung von einem Staat zum andern verschiedene Geltung haben könnte. […]. Aus alledem folgt, dass dem vom Vertrag geschaffenen, somit aus einer autonomen Rechtsquelle fließenden Recht wegen dieser seiner Eigenständigkeit keine wie immer gearteten innerstaatlichen Rechtsvorschriften vorgehen können, wenn ihm nicht sein Charakter als Gemeinschaftsrecht aberkannt und wenn nicht die Rechtsgrundlage der Gemeinschaft selbst in Frage gestellt werden soll."*

1478 Langeheine, EuR 1983, 227, 234, unter Verweis auf die Rechtsprechung des EuGH. Dieser betonte etwa in der Verb. Rs.80 u. 81/77, Commissionaires Réunis/ Receveur des douanes, Slg. 1978, 927, 947 Rdn.35f.: *„Jede Gefährdung des gemeinschaftlichen Besitzstandes auf dem Gebiet der Einheit des Marktes könnte im übrigen unter Verletzung des in Artikel 2 des Vertrages genannten Ziels der schrittweisen Annäherung der Wirtschaftspolitik der Mitgliedstaaten Desintegrationsmechanismen auslösen."*

1479 Langeheine in Grabitz, 47, 72f.

1480 Vgl. die unter 6. Kapitel Abs.IV.2 b) angeführten Urteile.

1481 EuGH, Rs. 22/70, AETR, Slg.1971, 263 ff. Rdn. 20/22.

1482 Langeheine, EuR 1983, 227, 243 betont, dass in den Außenbeziehungen „grundsätzlich strengere Uniformitätserfordernisse herrschen" als im internen Unionsbereich.

dem Umstand, dass die Mitgliedstaaten durch den Abschluss völkerrechtlicher Abkommen nicht nur die Verhandlungsposition der Union schwächen, sondern diese auch vor vollendete Tatsachen stellen können.[1483] Da eingegangene völkerrechtliche Verpflichtungen grundsätzlich nicht mehr einseitig und unter Hinweis auf die interne Unionsrechtslage gelöst werden können, besteht hier die Gefahr, dass die Zielsetzungen der Union unterlaufen werden.[1484]

Dennoch ist fraglich, ob dieses Einheitserfordernis einem Auftreten einer „territorial verkleinerten" Union entgegensteht. Die Einheit des Rechts ist schließlich „kein Ziel an sich". Sie dient vielmehr als ein Instrument zur Umsetzung der Integration.[1485] Daher ist die Einheit des Rechts auch nur dann zu schützen, wenn im Wege der Integration gemeinsame Regelungen geschaffen wurden. Dies ist im Währungsbereich aufgrund der differenzierten Integration nur eingeschränkt der Fall. Dementsprechend kann unter Hinweis auf die Rechtseinheit nicht die Notwendigkeit einer einheitlichen Außenvertretung unter Einschluss aller Mitgliedstaaten hergeleitet werden.[1486] Zudem ist zu berücksichtigen, dass nicht nur die Rechtseinheit ein Mittel zur Erzielung der Integration darstellt, sondern auch die differenzierte Integration. Letztere kommt gerade dann zur Anwendung, wenn der angestrebten Vollintegration Hindernisse entgegenstehen und das strenge Festhalten an einem einheitlichen Vorgehen eine Integration schlicht verhindern würde. Mittels der Differenzierung des Integrationsprozesses im Sinne eines „Notantriebs"[1487] wird eine Vertiefung der Integration zwischen einigen Mitgliedstaaten herbeigeführt, der sich die übrigen Mitgliedstaaten nach Beseitigung der Hindernisse anschließen können.[1488] Hieraus folgt, dass nicht das Mittel zur Erzielung der Integration durch den Vertrag geschützt wird, sondern der erzielte Integrationsfortschritt. Der Außenauftritt einer „territorial verkleinerten" Union dient somit gerade dem Schutz der erzielten Teilintegration.

1483 Kahl in Calliess/ Ruffert, EGV/ AEUV, Art. 4 EUV Rdn. 100.

1484 Epiney, 441, 454, 455f.; Thym, 283.

1485 Becker, EuR Beih.I/1998, 29, 42, folgend: Bender, ZaöRV 2001, 729, 766; Blanke in Grabitz/ Hilf/ Nettesheim, EU, Art.20 EUV, Rdn.5.

1486 Diese Logik liegt auch der Ablehnung der Erstreckung impliziter Außenkompetenzen zugrunde. Vgl. hierzu 6.Kapitel Abs.III.3.f.aa) m.w.N.

1487 Ost, DÖV 1997, 495 ff.

1488 Zum Integrantionskonzept siehe 6. Kapitel III. 3. b) m.w.N.

δ) Ergebnis

Nach den obigen Ausführungen steht fest, dass weder der Verweis auf ein territorial bedingtes Handlungsdefizit noch die Vergleichbarkeit mit Fällen konkurrierender Unionszuständigkeiten oder die Notwendigkeit eines einheitlichen externen Auftretens die Schaffung eines neuen Typs gemischter Abkommen erfordert.

e) Umsetzung der Außenvertretung im Wege eines Poolmodells

aa) Charakterisierung des AEU-Vertrages als Poolvertrag

Unter Berücksichtigung der obigen Ausführungen muss im Zentrum der Lösung einer Vertretung der Union im IWF das Konzept der Integration bzw. der Integrationsmechanismus selbst stehen. Unter Integration ist grundsätzlich der „Einigungsprozess von Teil und Gliedern zu einem einheitlichen Ganzen" zu verstehen.[1489] Im allgemeinen Völkerrecht beschreibt der Begriff dabei ein Vorgehen, das über die klassische zwischenstaatliche Zusammenarbeit hinausgeht und auf die Schaffung supranationaler Einrichtungen gerichtet ist.[1490] Hier arbeiten die Staaten nicht zur Umsetzung nationaler Interessen zusammen, sondern übertragen ihre Hoheitsrechte zur Ausübung an ein überstaatliches Institutionensystem.[1491] Die Kompetenzübertragung auf die Union steht damit im Zentrum des Integrationsmechanismus.

Dieser Konzeption liegt die Erkenntnis zugrunde, dass die großen gesellschaftlichen Probleme nicht mehr auf staatlicher Ebene gelöst werden können, sondern durch die gemeinsame Ausübung hoheitlicher Rechte angegangen werden müssen.[1492] Es wird daher auch betont, dass nationale Hoheitsrechte verschmolzen werden, da die Politik der Union „mehr sein [solle], als nur die Summe der Politiken der einzelnen Mitglieder."[1493] In diesem Sinn führt auch das Bundesverfassungsgericht in seinem Maastricht-Urteil unter Verweis auf den am 11. und 12. Dezember 1992 in Edinburgh gefassten Beschluss des Europäischen Rates aus, dass „die Mitgliedstaaten die Europäische Union gegründet [haben], um einen Teil ihrer Aufgaben gemeinsam wahrzunehmen und insoweit ihre Souveränität gemeinsam auszuüben."[1494]

1489 So die Definition von Creifelds, Rechtswörterbuch, Stichwort: Integration.
1490 Tilch/ Arloth, Deutsches Rechtslexikon, Stichwort: Integration.
1491 Bergmann in Bergmann, Handlexikon der EU, Stichwort: Integration.
1492 Sack, ZEuS 2001, 267, 268 f.
1493 Bergmann in Bergmann, Handlexikon der EU, Stichwort: Integration.
1494 BVerfGE 89, 155, 188 f.

Da die Mitgliedstaaten nach wie vor als „Herren der Verträge“ anzusehen sind und sich demnach die Unionsgewalt von den Mitgliedstaaten ableitet, stellt sich die Kompetenzübertragung auf die Union letztendlich als eine Zusammenlegung derselben dar.[1495] Angelehnt an die anglo-amerikanische Rechtssprache wird insofern auch von einem „Poolen“ von Souveränität gesprochen. Der AEU-Vertrag kann daher als Poolvertrag charakterisiert werden. Hier verfolgen die Beteiligten das Ziel, „ihre gleichartigen Rechtspositionen in gemeinschaftlich koordinierter Weise wahrzunehmen und durchzusetzen, um dadurch Vorteile gegenüber einer isoliert- individuellen Rechtswahrnehmung und -durchsetzung zu erlangen.“[1496] Diese Feststellung gilt auch für die differenzierte Integration im Währungsbereich, auch wenn an dieser nicht alle Mitgliedstaaten der Union teilnehmen. Um derartige Vorteile erzielen zu können, ist es daher erforderlich, die Handlungsfähigkeit der Union im Währungsbereich sicherzustellen.

bb) Die zielgerichtete Kompetenzübertragung auf die Union

In der Charakterisierung ‚Poolen von Souveränität‘ erschöpft sich die Beschreibung des Integrationsvorgangs nicht. Zu berücksichtigen ist auch, dass mittels der Integration Kompetenzen auf die Union und damit eine internationale Organisation übertragen werden.[1497] Diese Organisationsform hat, ebenso wie das Konzept der Integration, ihren Ursprung in der Überlegung, dass große gesellschaftliche Aufgaben nicht länger auf Ebene der Nationalstaaten gelöst werden können.[1498] Zurückgegriffen wird daher auf eine internationale institutionalisierte Kooperation, im Zuge derer Organisationen mit der

1495 Teilweise wird ein solches Verständnis des Kompetenztransfers abgelehnt. Beispielsweise betont Smits, The position of the European Central Bank, Fn.51, dass das Poolen von Zuständigkeiten den Kompetenztransfer von der nationalen auf die supranationale Ebene verkenne. In diesem Sinn sind auch die Ausführungen Smits, aaO., 34 zu verstehen, nach denen der Übergang zur gemeinsamen Währung als unumkehrbar beschrieben wird und betont wird, dass mit der Annahme der gemeinsamen Währung die Mitgliedstaaten eine zentrale Kompetenz verloren haben und daher nicht von einer geteilten Souveränität gesprochen werden könne. Dies zeigt, dass auch bei der Charakterisierung des Integrationsmechanismus die Frage relevant ist, ob die Mitgliedstaaten ihre Kompetenzen unwiderruflich oder widerruflich auf die Union übertragen haben. Zu diesem Streitstand und zur Charakterisierung der Mitgliedstaaten als sog. „Herren der Verträge“ vgl. 5. Kapitel Abs.IV.2.a) bb) β) m.w.N.

1496 Martinek in Schimansky/ Bunte/ Lwowski, Bankrecht, § 97 Rdn.1.

1497 Vgl. zur Einordnung der Union als internationale Organisation 5. Kapitel Abs.II.1 a) m.w.N.

1498 Sack, ZEuS 2001, 267, 268 f.

eigenständigen Wahrnehmung dieser Aufgaben beauftragt werden.[1499] Internationale Organisationen werden daher auch als Gebilde verstanden, die „zur gemeinsamen Herbeiführung eines konkreten Zwecks geschaffen" werden.[1500] Vor diesem Hintergrund erstaunt es nicht, dass auch die Union als zielorientiertes Handlungssystem verstanden wird.[1501] Charakteristisches Merkmal der Integration ist daher neben der Kompetenzübertragung die Zielgerichtetheit dieses Prozesses bzw. dessen Einsatz zur Erreichung gemeinsamer Ziele.

Betrachtet man die Regelungen des AEU-Vertrages unter diesem Gesichtspunkt, so ist festzuhalten, dass ein Endziel des Integrationsprozesses im Vertrag nicht festgehalten wurde. Dies ist auf den Umstand zurückzuführen, dass sich in der Anfangsphase der Union bzw. der Gemeinschaft als ihrer Rechtsvorgängerin verschiedene Konzeptionen der Finalität des Integrationsprozesses gegenüberstanden. Zu nennen sind dabei die Konzeptionen eines europäischen Bundesstaates sowie eines „Europas der Vaterländer".[1502] Während im erstgenannten Fall die Schaffung einer europäischen Föderation angestrebt wird, zielt die letztgenannte Konzeption auf die Erhaltung der Nationalstaaten als maßgebliche Größen ab. Mangels Einigung auf eine dieser Konzeptionen wurde der Integrationsprozess ergebnisoffen gestaltet.[1503] Dieses Verständnis liegt auch der Präambel des AEU-Vertrages zugrunde, die auf den festen Willen der Vertragsparteien verweist, „die Grundlagen für einen immer engeren Zusammenschluss der europäischen Völker zu schaffen."

Zur Umsetzung einigten sich die Vertragsparteien auf ein sektorales Vorgehen unter Zugrundelegung eines funktionalistischen Ansatzes. Man verfolgte zunächst einen wirtschaftlichen Integrationsansatz, der durch sog. Spill-over-Effekte im weiteren Verlauf eine politische Integration bedingen sollte.[1504] Unter Betonung dieses Ansatzes wird die Union daher auch als „Zweckverband funktioneller Integration" beschrieben.[1505] Nach diesem Verständnis ist die Union als „eine wirtschaftliche

---

1499 Epping in Ipsen, Völkerrecht, § 6 Rdn.2.

1500 Sack, ZEuS 2001, 267, 272.

1501 Ruffert in Calliess/ Ruffert, EUV/ AEUV, Art.3 EUV Rdn.3.

1502 Oppermann, Europarecht, § 4 Rdn.29.

1503 BVerfGE 89, 155, 189.

1504 Streinz, Europarecht, Rdn.20.

1505 Diese Bezeichnung geht auf Ipsen, Europäisches Gemeinschaftsrecht, 196 ff., zurück. Mit dem Begriff des Zweckverbands wird hier auf die *„begrenzt wirtschafts- und sozialpolitische Sachbezogenheit"* der Aufgaben der Union bzw. auf die an *„Teilfunktionen orientierte Zweckhaftigkeit"* verwiesen. Mit der Umschreibung der Integration als funktionell wird dabei einerseits auf die Entflechtung bisher staatlich wahrgenommener

Organisation anzusehen, die transnational gewordene Aufgaben verwirklicht."[1506] Hierfür spricht, dass die Kompetenzen und Befugnisse, die zur Ausübung auf die Union übertragen wurden, „im Wesentlichen Tätigkeiten einer Wirtschaftsgemeinschaft sind."[1507] Dieser Einordnung begegnet jedoch auch Kritik. So wird darauf hingewiesen, dass mit der Schaffung der Europäischen Union und der damit einhergehenden politischen Finanlität im Vertrag von Maastricht die Einordnung als wirtschaftlicher Zweckverband zu kurz greife.[1508] Es müsse auch die Entwicklung der EU hin zu einem politischen Gemeinwesen berücksichtigt werden.[1509]

Besonders deutlich zeigt sich das Aufeinandertreffen dieser Ansätze im Fall der Wirtschafts- und Währungsunion. Die Gründe für die Schaffung dieser Union waren klar wirtschaftlicher Natur. So entwickelte sich die Idee der europäischen Währungsunion im Zuge der Bemühungen dem zunehmend instabilen internationalen Währungsumfeld begegnen zu können. Gleichzeitig diente die Währungsunion innergemeinschaftlich der Vollendung des Binnenmarktes. Bereits bei Schaffung der Währungsunion war jedoch klar, dass diese nicht nur wirtschaftliche, sondern auch weitergehende politische Auswirkungen haben würde, die zu Beratungen über eine politische Union führten.[1510] Die Wirtschafts- und Währungsunion bewegt sich damit an der Schnittstelle der wirtschaftlichen und der politischen Integration.[1511]

Dass sich die Betonung dieser Aspekte auf die Integration in unterschiedlicher Weise ausgewirkt hat, macht die Differenzierung des Integrationsprozesses deutlich, die im Wesentlichen auf zeitweilige wirtschaftliche Integrationshemmnisse zurückzuführen ist. Hier sind die Mitgliedstaaten zur Beseitigung der Hindernisse und damit zu einem Fortschreiten in der Integration verpflichtet. Dieser Konstruktion liegt damit eine funktionalistische Logik zugrunde. Gegenteiliges ist im Fall der Integrationshemmnisse festzustellen, die auf den fehlenden politischen Willen zur Teilnahme an der Währungsunion zurückzuführen

Funktionen, andererseits auf die Schaffung und Sicherung des Gemeinsamen Marktes Bezug genommen, der die Funktionsfähigkeit der Union voraussetzt.

1506 Oppermann, Europarecht, 5. Auflage, § 4 Rdn.27.

1507 Dies betont das BVerfG, 89, 155, 190, unter Bezugnahme auf die Zollunion, die Freiheit des Warenverkehrs, den Binnenmarkt, die Rechtsangleichung zur Sicherung der Funktionsfähigkeit des Gemeinsamen Marktes, die Koordinierung der Wirtschaftspolitik und die Entwicklung einer Währungsunion.

1508 Oppermann, Europarecht, § 4 Rdn.27.

1509 Winkler in Grabitz/ Hilf/ Nettesheim, EU, Art. 352 Rdn.20.

1510 Vgl. zur Entstehungsgeschichte der WWU 3. Kapitel Abs.II m.w.N.

1511 Tietmeyer in FS Everling, 1575, 1577.

sind und dauerhafte Ausnahmeregelungen nach sich ziehen.[1512] Die Betonung der politischen Aspekte führt hier nicht zu einer Vertiefung der Integration. Dies verdeutlicht, dass die bisher erzielte Integration im Währungsbereich Ausdruck der ursprünglichen Logik wirtschaftlicher Integration ist. Dementsprechend kann die Union nach wie vor als ein „Aktionsrahmen zur Verfolgung gemeinsamer Ziele“ verstanden werden.[1513] Hier haben sich im Zuge der differenzierten Integration Mitgliedstaaten zusammengeschlossen, um gemeinschaftlich Ziele zu verwirklichen, während andere Mitgliedstaaten nicht teilnehmen.[1514]

cc) Die Wirtschafts- und Währungsunion als Mittel zur Umsetzung der Zielvorgaben

Dass das Konzept der Integration kein Selbstzweck ist, sondern ein Mittel zur gemeinsamen Erreichung von Zielen darstellt, folgt sowohl aus Art.1 EUV als auch aus Art.3 EUV, der Grundnorm des Integrationsprogramms.[1515] Hier heißt es unter Abs.3: *„Die Union errichtet einen Binnenmarkt. Sie wirkt auf die nachhaltige Entwicklung Europas auf der Grundlage eines ausgewogenen Wirtschaftswachstums und von Preisstabilität, eine in hohem Maße wettbewerbsfähige soziale Marktwirtschaft, die auf Vollbeschäftigung und sozialen Fortschritt abzielt, sowie ein hohes Maß an Umweltschutz und Verbesserung der Umweltqualität hin. Sie fördert den wissenschaftlichen und technischen Fortschritt. Sie bekämpft soziale Ausgrenzung und Diskriminierung und fördert soziale Gerechtigkeit und sozialen Schutz, die Gleichstellung von Frauen und Männern, die Solidarität zwischen den Generationen und den Schutz der Rechte des Kindes. Sie fördert den wirtschaftlichen, sozialen und territorialen Zusammenhalt und die Solidarität zwischen den Mitgliedstaaten. Sie wahrt den Reichtum ihrer kulturellen und sprachlichen Vielfalt und sorgt für den Schutz und die Entwicklung des kulturellen Erbes Europas.“*

An den Zielvorgaben des Art.3 EUV ist die Tätigkeit der Union in rechtlich verbindlicher Weise ausgerichtet. Auch wenn aus den Zielvorgaben keine Unionskompetenzen hergeleitet werden können, zeichnen diese dennoch sowohl in positiver als auch negativer Weise den Anwendungsbereich des Vertrages vor. Sie dienen insbesondere der Festlegung der von Seiten der Union im Rahmen der Integration umzusetzenden Aufgaben.[1516]

1512 Vgl. zur Differenzierung des Integrationsprozesses 6. Kapitel Abs.III.3 m.w.

1513 Krämer in GS Grabitz, 307, 308.

1514 Krämer in GS Grabitz, 307, 312.

1515 Ruffert in Calliess/ Ruffert, EUV/ AEUV, Art.3 EUV Rdn.1, 3.

1516 Terhechte in Grabitz/ Hilf/ Nettesheim, EU, Art.3 EUV Rdn. 8f.

Dies gilt auch in den Außenbeziehungen.[1517] So folgt aus Art.3 Abs.5 EUV, dass die Union in ihren Beziehungen zur übrigen Welt ihre Werte und Interessen schützt und fördert und zum Schutz ihrer Bürgerinnen und Bürger beiträgt. Ferner leistet die Union einen Beitrag *„zu Frieden, Sicherheit, globler nachhaltiger Entwicklung, Solidarität und gegenseitiger Achtung unter den Völkern, zu freiem und gerechtem Handel, zur Beseitigung der Armut und zum Schutz der Menschenrechte, insbesondere der Rechte des Kindes, sowie zur strikten Einhaltung und Weiterentwicklung des Völkerrechts, insbesondere zur Wahrung der Grundsätze der Charta der Vereinten Nationen.“* Diese Zielvorgaben werden schließlich in Art.21 Abs.1, 2 EUV als der grundlegenden Bestimmung für das auswärtige Handeln der Union umfassend konkretisiert.[1518] Der Verweis in Art.21 Abs.1 EUV darauf, dass sich die Union bei ihrem Handeln auf internationaler Ebene von den Grundsätzen leiten lässt, die für ihre Entstehung, Entwicklung und Erweiterung maßgebend waren, macht dabei deutlich, dass der Außenauftritt der Union der Verwirklichung der Vertragsziele dient.

Entsprechendes gilt für die in Art.3 EUV genannten Mittel, die zur Verwirklichung der Ziele eingesetzt werden sollen und gleichermaßen als Ziele der Integrationspolitik verstanden werden.[1519] Neben dem Binnenmarkt zählt hierzu auch die in Art.3 Abs.4 EUV genannte Wirtschafts- und Währungsunion, für die in Art.119 AEUV ebenfalls Zielvorgaben definiert werden. So umfasst nach Art.119 Abs.2 AEUV die Tätigkeit der Mitgliedstaaten und der Union nach Maßgabe der Verträge und der darin vorgesehenen Verfahren eine einheitliche Währung, den Euro, sowie die Festlegung und Durchführung einer einheitlichen Geld- sowie Wechselkurspolitik, die beide vorrangig das Ziel der Preisstabilität verfolgen und unbeschadet diese Zieles die allgemeine Wirtschaftspolitik

---

1517 Exemplarisch kann auf die AETR-Rechtsprechung des EuGH Bezug genommen werden. In der Rs. 22/70, AETR, Slg.1971, 263 ff. Rdn.20/22 wurde die Fähigkeit zur Eingehung völkerrechtlicher Bindungen aus den Binnenkompetenzen unter Berücksichtigung der Zielvorgaben hergeleitet. So sollte verhindert werden, „daß die Mitgliedstaaten [...] Verpflichtungen eingehen können, welche Gemeinschaftsrechtsnormen, die zur Verwirklichung der Vertragsziele ergangen sind, beeinträchtigen oder in ihrer Tragweite ändern können.“

1518 Kaufmann-Bühler in Grabitz/ Hilf/ Nettesheim, EU, Art.21 EUV Rdn.2. In diesem Zusammenhang ist auch auf Art.205 AEUV zu verweisen. Nach diesser Bestimmung wird das Handeln der Union auf internationaler Ebene von den Grundsätzen bestimmt, von den Zielen geleitet und an den allgemeinen Bestimmungen ausgerichtet, die auch in Art.21 EUV niedergelegt sind.

1519 Ruffert in Calliess/ Ruffert, EUV/ AEUV, Art.3 EUV Rdn.22 unter Bezug auf den Binnenmarkt; Zuleeg in v. d. Groeben/ Schwarze, EUV/ EGV, Art.2 Rdn.13.

in der Union unter Beachtung des Grundsatzes einer offenen Marktwirtschaft mit freiem Wettbewerb unterstützen sollen. Nach Art.119 Abs.3 AEUV setzt diese Tätigkeit die Einhaltung richtungsweisender Grundsätze in Form stabiler Preise, gesunder öffentlicher Finanzen und monetärer Rahmenbedingungen sowie eine dauerhaft finanzierbare Zahlungsbilanz voraus. Bei diesen Grundsätzen handelt es sich zwar nicht um Zielbestimmungen, wie dies in Art.104 EWGV der Fall war. Dennoch können diese als wirtschaftspolitische Grundsätze verstanden werden, „die bei allen Entscheidungen zur Errichtung und zum Funktionieren der WWU zu beachten sind."[1520]

dd) Rechtsfolgen der zielgerichteten Kompetenzübertragung

Eine Untersuchung des Integrationskonzeptes im Zusammenhang mit der Lösung der Vertretungsfrage im IWF kann sich nicht auf die Feststellung einer zielgerichteten Kompetenzübertragung beschränken. Vielmehr ist auch zu prüfen, welche rechtlichen Folgen sich aus diesem Integrationsvorgang für die Union ergeben.

Dabei wurden bisher die völkerrechtlichen Folgen wie die Frage des Bestehens völkerrechtlicher Bindungen an das IWF-Abkommen bzw. die Fähigkeit der Union zur Eingehung solcher Bindungen untersucht.[1521] Nicht vertieft geprüft wurden die rechtlichen Folgen der zielgerichteten Kompetenzübertragung aus unionsrechtlicher Sicht. Auch hier stellt sich die Frage, inwieweit sich aus dem Integrationsvorgang Bindungen der Union an internationales Recht ergeben können.[1522]

Anhaltspunkte hierfür liefert die Rechtsprechung des EuGH im Zusammenhang mit der Stellung der Rechtsvorgängerin der Union, der Gemeinschaft, im GATT. So hatte der Gerichtshof in der Entscheidung *„International Fruit Company"* unter Berücksichtigung des Integrationsmechanismus die Voraussetzungen für eine Bindung der Gemeinschaft an die Bestimmungen des Abkommens untersucht.

Dabei beschränkte sich die Untersuchung nicht auf die Frage, ob die Gemeinschaft im Wege der informellen Rechtsnachfolge in die Rechte und Pflichten der Mitgliedstaaten aus dem GATT-Abkommen eintreten und damit im Verhältnis zu den Vertragsparteien eine völkerrechtliche Bindung entstehen kann.[1523] Vielmehr

1520 Bandilla in Grabitz/ Hilf/ Nettesheim, EU, Art.119 Rdn.35.
1521 Vgl. hierzu 5.Kapitel Abs.II und IV m.w.N.
1522 Ausführlich zur unionsinternen Bindung vgl. Berrisch, 54ff.
1523 Vgl. hierzu 5.Kapitel Abs. IV.2 b) m.w.N.

wurde auch die Frage behandelt, ob die Gemeinschaft im Innenverhältnis an die Bestimmungen des GATT gebunden ist.

In diesem Zusammenhang stellte der Gerichtshof zunächst fest, dass „die Mitgliedstaaten zum Zeitpunkt des Abschlusses des Vertrages zur Gründung der Europäischen Wirtschaftsgemeinschaft an die Verpflichtungen des GATT gebunden waren“ und sich von ihren Verpflichtungen „nicht durch eine untereinander geschlossene Vereinbarung“ lösen konnten. Vielmehr entnahm der EuGH den Erklärungen der Mitgliedstaaten und den Vorschriften des EWG-Vertrages den Willen der Mitgliedstaaten „die GATT Verpflichtungen zu beachten“ und führte insofern aus: *„Ein solcher Wille ist namentlich durch Artikel 110 EWG-Vertrag, worin sich die Gemeinschaft zu den auch vom GATT verfolgten Zielen bekennt, sowie durch Artikel 234 Absatz 1 EWG-Vertrag bekundet worden, der bestimmt, dass die Rechte und Pflichten aus vor Inkrafttreten des Vertrages geschlossenen Übereinkünften, namentlich aus multilateralen Übereinkünften, an denen die Mitgliedstaaten beteiligt sind, durch den Vertrag nicht berührt werden.“*[1524]

Unter Hinweis auf die Übernahme der mit der Zoll- und Handelspolitik verbundenen Aufgaben durch die EWG betonte der Gerichtshof ferner, dass die Mitgliedstaaten bei der Übertragung der Kompetenzen auf die Gemeinschaft „ihren Willen [haben] erkennen lassen, die Gemeinschaft an die aufgrund des GATT eingegangenen Verpflichtungen zu binden“, und führte aus: *„Soweit also die Gemeinschaft aufgrund des EWG-Vertrages früher von den Mitgliedstaaten im Anwendungsbereich des GATT ausgeübte Befugnisse übernommen hat, ist sie an die Bestimmungen dieses Abkommens gebunden.“*[1525] Aus diesen Feststellungen ergibt sich, dass der Gerichtshof aus der Kompetenzübertragung und dem dabei zum Ausdruck gebrachten mitgliedstaatlichen Willen die Rechtsvorgängerin der Union an das GATT-Abkommen zu binden, eine solche Bindung herleitete.[1526]

Rechtswirkungen kann eine solche Bindung jedoch nur im Innenverhältnis der Union entfalten.[1527] Dies zeigt auch die Rechtsprechung des Gerichtshofes, der für eine Rechtsnachfolge im Sinne des Völkerrechtes zusätzlich prüfte, ob die Zuständigkeitsverlagerung im GATT auf verschiedene Weise näher bestimmt und von den übrigen Vertragsparteien anerkannt wurde.[1528] Dennoch steht eine

1524 EuGH, Verb. RS.21–24/72, International Fruit Company, Slg.1972, 1219 ff., Rdn.10/13.

1525 EuGH, Verb. RS.21–24/72, International Fruit Company, Slg.1972, 1219 ff., Rdn.14/18.

1526 Siebold, 253, führt aus, dass der Gemeinschaft auf diese Weise völkerrechtlich gebundene Hoheitsrechte übertragen wurden.

1527 Kempen in FS Hahn, 417, 422; siehe auch Krück, 139.

1528 Vgl hierzu 5.Kapitel Abs. IV.2 b) m.w.N.

solche unionsinterne Bindung der Herleitung weiterer rechtlicher Konsequenzen mit Blick auf das Außenverhältnis der Union nicht entgegen. So wird unter Verweis auf die Zielvorgaben der gemeinsamen Handelspolitik und den hierin zum Ausdruck kommenden Willen der Mitgliedstaaten festgehalten, dass durch diese eine Mitwirkung der Rechtsvorgängerin der Union im GATT indirekt vorgeschrieben wurde.[1529] Dementsprechend erlaubt die zielgerichtete Kompetenzübertragung im Rahmen der Integration aus Sicht des Unionsrechtes Rückschlüsse auf die Mitgliedschaft in einer internationalen Organisation.

ee) Konsequenzen für eine Mitgliedschaft der Union im IWF

Angesichts der vergleichbaren rechtlichen Ausgangslage im Fall von GATT und IWF stellt sich die Frage, ob die obigen Feststellungen auch auf den Fall des IWF übertragen werden können.

Hierfür spricht, dass es sich bei dem IWF-Abkommen um einen vorgemeinschaftlichen Vertrag handelt und die Mitgliedstaaten im Anwendungsbereich des IWF relevante Kompetenzen auf die Union übertragen haben. Zudem wurde durch die Umsetzung der Währungsunion der Kompetenzübergang auf die Union allgemein kenntlich gemacht.[1530] Unter Berücksichtigung der Rechtsprechung des EuGH ist jedoch fraglich, ob die Mitgliedstaaten auch im Fall des IWF im Zuge der Kompetenzübertragung auf die Union den Willen haben erkennen lassen, die Union an das IWF-Abkommen zu binden.

Gegen einen solchen Willen wird angeführt, dass die der Union eingeräumten Kompetenzen zur aktiven Teilnahme in der Arbeit internationaler Währungsorganisationen nach Art.219 Abs.4 AEUV nicht die Möglichkeit der Mitgliedstaaten ausschließt, weiterhin international tätig sein zu können.[1531] Diese Argumentation überzeugt jedoch bereits deshalb nicht, weil mittels dieser Regelung bezogen auf den IWF auch sichergestellt wird, dass Unionskompetenzen zumindest mittelbar ausgeübt werden können.[1532] Im Übrigen steht vorliegend nicht der Wille der Mitgliedstaaten in Frage, Währungskompetenzen auf die Union zu übertragen. Vielmehr ist der Wille bei der Übertragung dieser Kompetenzen zu untersuchen und damit, ob sich aus den Vorschriften des Unionsrechtes ein Bekenntnis zu den vom IWF verfolgten Zielen herleiten lässt.

1529 Petersmann, 119, 125.

1530 Vgl. ausführlich hierzu 5.Kapitel Abs.IV.2.b) bb) m.w.N.

1531 Bognar, Europäische Wirtschaftsintegration und Außenwirtschaftsbeziehungen, 379.

1532 Vgl. hierzu 6.Kapitel Abs.III.1.b). aa). γ). m.w.N.

Der IWF stellt ebenso wie die Union einen völkerrechtlichen Zweckverband dar, der gegründet wurde, um Herausforderungen auf globaler Ebene zu bewältigen, denen auf nationaler Ebene nicht begegnet werden kann.[1533] In diesem Sinn dient der Fonds nach Art. I (i) IWFA dazu, *„die internationale Zusammenarbeit auf dem Gebiet der Währungspolitik durch eine ständige Einrichtung zu fördern, die als Apparat zur Konsultation und Zusammenarbeit bei internationalen Währungsproblemen zur Verfügung steht."* Für die Union findet sich eine entsprechende Vorgabe in Art.21 Abs.2 EUV, nach der sich die Union für ein hohes Maß an Zusammenarbeit auf allen Gebieten der internationalen Beziehungen einsetzt. Darüber hinaus ist die Währungsunion selbst Ausdruck dieses Bedarfs an internationaler Zusammenarbeit. Hier beschränkt sich diese jedoch nicht auf ein rein zwischenstaatliches Vorgehen, sondern hat zu einer Integration der Währungs- und Wechselkurspolitik geführt.[1534]

Die Zusammenarbeit im IWF ist, wie im Fall der Union, kein Selbstzweck, sondern steht in engem Zusammenhang mit der Begründung nationalen als auch internationalen Wohlstands.[1535] Dies kommt in Art. I (ii) IWFA zum Ausdruck, nach dem der Fonds darauf abzielt, *„die Ausweitung und ein ausgewogenes Wachstum des Welthandels zu erleichtern und dadurch zur Förderung und Aufrechterhaltung eines hohen Beschäftigungsgrades und Realeinkommens sowie zur Entwicklung des Produktionspotentials aller Mitglieder als oberste Ziele der Wirtschaftspolitik beizutragen."*

Entsprechende Zielvorgaben, deren Umsetzung die Währungsunion dient, finden sich auch in Art.3 EUV. Hier wird in Abs.3 etwa auf ein ausgewogenes Wirtschaftswachstum, eine wettbewerbsfähige soziale Marktwirtschaft und Vollbeschäftigung abgezielt. In externer Hinsicht ergibt sich aus Art.3 Abs.5, 21 Abs.2 EUV die Ausrichtung auf eine globale nachhaltige Entwicklung und einen freien und gerechten Handel. Darüber hinaus findet die genannte Entwicklung des Produktionspotentials in der in Art.120, 127 Abs.1 AEUV geforderten Förderung des

---

1533 Sack, ZEuS 2001, 267, 269, 271 f.

1534 Zur Entwicklung und zum Zusammenhang von internationaler Zusammenarbeit und europäischer Integration auf dem Gebiet der Währungssouveränität vgl. 2.Kapitel Abs.I und 3. Kapitel Abs.I, II. m.w.N.

1535 Vgl. 2.Kapitel Abs.I m.w.N. Gemäß Art. IV Abs.1 IWFA ist der eigentliche Zweck des internationalen Währungssystems *„die Schaffung von Rahmenbedingungen zur Erleichterung des Waren-, Dienstleistungs- und Kapitalverkehrs zwischen den Ländern"* und die *„Aufrechterhaltung eines gesunden Wirtschaftswachstums."* Ein Hauptziel besteht darin, *„die geordneten Grundbedingungen ständig weiterzuentwickeln, welche für die Währungs- und Wirtschaftsstabilität notwendig sind [...]"*

effizienten Einsatzes von Ressourcen eine Parallele.[1536] Damit kann festgehalten werden, dass die Zielsetzung der Union und des IWF in ihrer Ausrichtung auf die obersten Ziele der Wirtschaftspolitik übereinstimmen.

Hierfür spricht auch, dass die weiteren Zielvorgaben, die der IWF zur Umsetzung dieser Konzeption in Art. I IWFA statuiert, ebenfalls durch die Währungsunion bzw. den Binnenmarkt abgedeckt werden. Gemäß Art. I (iii)–(vi) IWFA hat der Fonds zur Umsetzung der zuvor genannten Zielvorgabe *„(iii) die Stabilität der Währungen zu fördern, geordnete Währungsbeziehungen unter den Mitgliedern aufrechtzuerhalten und Währungsabwertungen aus Wettbewerbsgründen zu vermeiden; (iv) bei der Errichtung eines multilateralen Zahlungssystems für die laufenden Geschäfte zwischen den Mitgliedern und bei der Beseitigung von Devisenverkehrsbeschränkungen, die das Wachsen des Welthandels hemmen, mitzuwirken; (v) das Vertrauen der Mitglieder dadurch zu stärken, dass ihnen zeitweilig unter angemessenen Sicherungen die allgemeinen Fondsmittel zur Verfügung gestellt werden und ihnen so Gelegenheit gegeben wird, Unausgeglichenheiten in ihrer Zahlungsbilanz zu bereinigen, ohne zu Maßnahmen Zuflucht nehmen zu müssen, die dem nationalen oder internationalen Wohlstand schaden; (vi) […] die Dauer der Ungleichgewichte der internationalen Zahlungsbilanzen der Mitglieder abzukürzen und den Grad der Ungleichgewichte zu vermindern.“* Innerhalb der Union bzw. der Währungsunion wurden mit der Schaffung der gemeinsamen Währung die in den Art. I (iii) IWFA genannten Problemfelder beseitigt. Gleiches gilt im Hinblick auf die in Art.I (v), (vi) IWFA angesprochene Zahlungsbilanzproblematik. Mangels eigener Währung können die Mitgliedstaaten der Währungsunion hier keine Währungsmaßnahmen mehr ergreifen, die dem nationalen oder internationalen Wohlstand schaden. Im Übrigen ist die Union durch die richtungsweisenden Grundsätze in Art.119 Abs.3 AEUV auf eine dauerhaft finanzierbare Zahlungsbilanz verpflichtet. Der Errichtung eines multilateralen Zahlungssystems und der Beseitigung von Devisenverkehrsbeschränkungen im Sinne von Art. I (iv) IWFA dient innerhalb der Union der freie Kapital- und Zahlungsverkehr.

Mittels der Währungsunion und des Binnenmarktes konnten daher innerhalb der Union die Zwischenziele erreicht werden, die nach dem IWF- Abkommen zur Umsetzung der in Art. I (ii) IWFA genannten Zielvorgabe dienen. Die zu lösenden Problemfelder haben sich damit in den externen Bereich der Union verlagert.[1537]

1536 Smits, ECB, 429, Fn. 242.

1537 In diesem Zusammenhang ist auch die Erklärung (Nr.5) zum Vertrag von Maastricht über die Europäische Union zu sehen, die die Zusammenarbeit mit dritten Ländern im Währungsbereich betrifft. Hier heißt es: *„Die Konferenz erklärt, daß die Gemeinschaft zu stabilen internationalen Währungsbeziehungen beitragen will. Zu diesem Zweck ist*

Der in diesen Feststellungen zum Ausdruck kommende Wille der Mitgliedstaaten rechtfertigt im Sinne der *International Fruit Company*- Entscheidung des EuGH die Annahme einer internen Bindung der Union an das IWF-Abkommen. Aus dieser Bindung folgt wiederum eine unionsrechtliche Pflicht, zur Umsetzung der hier genannten Ziele beizutragen.[1538]

Da eine solche Umsetzung im Innenbereich bereits stattgefunden hat und damit nur noch in externer Hinsicht notwendig ist, wird eine Mitgliedschaft im IWF bereits indirekt durch die in den Verträgen festgelegten Ziele vorgeschrieben.[1539] Dies gilt umso mehr, als ohne eine solche Mitwirkung im IWF als der zentralen Währungsinstitution die genannten Ziele nicht verwirklicht werden können.[1540] Hieraus folgt, dass ein externes Auftreten der Union, auch mit verringerter Teilnehmerzahl, zur Umsetzung der vertraglichen Zielsetzung zu fordern ist.

ff) Konsequenzen für Mitgliedstaaten mit Ausnahmeregelung

Fraglich ist nach den obigen Ausführungen, ob eine entsprechende unionsinterne Bindung auch im Fall der bisher nicht an der Währungsunion teilnehmenden Mitgliedstaaten angenommen werden kann. Für eine solche Annahme spricht, dass sich auch diese Mitgliedstaaten auf die Zielbestimmungen des Unionsrechtes, wie sie sich aus den Art.3 Abs.4 EUV, 119 Abs.2 AEUV ergeben, verpflichtet haben.[1541]

Allerdings hat in diesen Fällen bisher kein korrespondierender Transfer der Währungskompetenzen stattgefunden, an den eine Innenbindung nach der Rechtsprechung des EuGH gekoppelt ist. Vielmehr wurden die Mitgliedstaaten von entsprechenden Bindungen durch Art.139 AEUV freigestellt.[1542] Eine Bindung kann daher auch nicht im Umweg über die Einigung auf Zielbestimmungen herbeigeführt werden. Diese sind vielmehr dahingehend zu interpretieren,

---

die Gemeinschaft bereit, mit anderen europäischen Ländern und mit denjenigen außereuropäischen Ländern, zu denen sie enge wirtschaftliche Bindungen hat, zusammenzuarbeiten." Dieser Grundsatz ist nach Smits in v.d. Groeben/ Schwarze, EUV/EGV, Art.111 Rdn.35, wiederum vor dem Hintergrund der Verpflichtung zu internationaler Währungsstabilität, wie er im IWF-Abkommens statuiert ist, zu sehen.

1538 Siebold, 239, unter Bezugnahme auf das GATT und die Ziele der gemeinsamen Handelspolitik.

1539 Petersmann, 119, 125, der eine parallele Schlussfolgerung im Fall der Ziele der Handelspolitik im Hinblick auf das GATT zieht; folgend Siebold 239.

1540 Vgl. die entsprechende Feststellung im Fall des GATT bei Petersmann, 119, 125.

1541 Diese Feststellung gilt nicht für das Vereinigte Königreich, das aufgrund des Protokolls Nr.15 nicht an die Zielvorgabe in Art.119 Abs.2 AEUV gebunden ist. Vgl. hierzu 6. Kapitel Abs. III.3.e).bb). α) m.w.N.

1542 Vgl. 6.Kapitel Abs.III. 3.e).aa) und bb) m.w.N.

dass die Mitgliedstaaten, die bisher nicht an der Währungsunion teilnehmen, einen Willen zur Bindung der Union an das IWF-Abkommen für den Zeitpunkt des Kompetenztransfers in Aussicht gestellt haben. Dementsprechend können die Rechtsfolgen, die sich aus der Entscheidung *International Fruit Company* ergeben, zum jetzigen Zeitpunkt nicht auf die Mitgliedstaaten mit Ausnahmeregelung übertragen werden.

gg) Vereinbarkeit des Poolmodells mit unionsrechtlichen und völkerrechtlichen Vorgaben

Aus den bisherigen Ausführungen folgt, dass im Zuge der differenzierten Währungsintegration eine Gruppe von Mitgliedstaaten Kompetenzen auf die Union zum Zweck der Umsetzung der Vetragsziele übertragen hat. Um diese Ziele verwirklichen zu können, ist die externe Handlungsfähigkeit der Union gerade in Bezug auf den IWF sicherzustellen.

α) Internationale Handlungsfähigkeit der Union im Poolmodell

Die externe Handlungsfähigkeit der Union bemisst sich anhand der der Union zuerkannten Rechtspersönlichkeit sowie der ihr übertragenen Kompetenzen.[1543] Beide Voraussetzungen sind im Fall der differenzierten Integration im Währungsbereich erfüllt.[1544] Zunächst wurden der Union die im Bereich des IWF relevanten Währungskompetenzen von Seiten der an der Währungsunion teilnehmenden Mitgliedstaaten übertragen. Dabei erlauben gerade die in Art.219, 138 AEUV vorgesehenen externen Kompetenzen und deren beschränkte Wirkung für die an der Währungsunion teilnehmenden Mitgliedstaaten den Rückschluss, dass die Union im Rahmen der differenzierten Integration über Rechtspersönlichkeit verfügen muss. Andernfalls wären die im AEU-Vertrag explizit genannten Außenkompetenzen funktionslos. Zudem kann auf die differenzierte Integration die Feststellung des EuGH übertragen werden, nach der aus der Zuerkennung der Rechtspersönlichkeit in Art.47 EUV bzw. dem Standort dieser Bestimmung in den Schlussbestimmungen gefolgert werden kann, *„dass die Gemeinschaft in den Außenbeziehungen die Fähigkeit, vertragliche Bindungen mit dritten Staaten einzugehen, im gesamten Bereich der im ersten Teil des Vertrages […] umschriebenen Ziele besitzt.“*[1545] Das Poolmodell ermöglicht somit ein externes Handeln der

---

1543 Vgl. 5. Kapitel Abs.II m.w.N.

1544 Schmitter in Dony, 77, 78 f.

1545 EuGH, Rs.22/70, AETR, Slg.1971, 263 Rdn.13/14.

Union mit verringerter Teilnehmerzahl[1546] und spiegelt so eine Eigentümlichkeit des differenzierten Integrationskonzeptes wider. Obwohl dieses grundsätzlich auf eine Erweiterung der Union ausgerichtet ist, läuft es gleichzeitig auf eine Verkleinerung derselben hinaus.[1547]

Ferner ermöglicht das Poolmodel auch ein externes Handeln der Union im Fall des Beitritts weiterer Mitgliedstaaten zur Währungsunion. Dies geht darauf zurück, dass sich im Zuge der Erweiterung der Währungsunion zwar der Anwendungsbereich des Unionsrechtes ändert, dies jedoch keine Auswirkungen auf die Rechtspersönlichkeit der Union hat. Letztere besteht einheitlich fort und ermöglicht so auch die Kontinuität völkerrechtlicher Verbindlichkeiten.[1548]

β) Unionsrechtliche Zulässigkeit des Poolmodells

Sowohl die Innenbindung der Union an die Vertragsziele des IWF als auch die hieraus folgende Pflicht, zur Umsetzung dieser Ziele beizutragen, sprechen für eine Vereinbarkeit des Poolmodells mit dem Unionsrecht. Vor diesem Hintergrund ist auch die Einigung der bisher nicht an der Währungsunion teilnehmenden Mitgliedstaaten auf das Ziel der Schaffung einer Währungsunion relevant. Trotz fehlender Kompetenzübertragung kommt in dieser Einigung das Einverständnis zum Ausdruck, dass die an der Integration teilnehmenden Mitgliedstaaten dieses Ziel auch extern umsetzen.[1549] Dies gilt umso mehr, als aus den obigen Ausführungen folgt, dass die Ziele der Währungsintegration ohne eine Mitwirkung der Union im IWF nicht zu verwirklichen sind[1550] und eine Mitgliedschaft der Union im IWF daher erforderlich ist.[1551]

1546 Schmitter in Dony, 77 ff. verwendet hier den Begriff „*Communauté restreinte*".

1547 Hatje, EUR 2005, 148, 148.

1548 Schmitter in Dony, 77, 90 ff.

1549 Für das Vereinigte Königreich kann diese Einigung über die Zielsetzung nicht aus Art.119 Abs.2 AEUV hergeleitet werden. Im vorliegenden Zusammenhang kann jedoch auch auf die allgemeine Vorschrift in Art.3 Abs.4 EUV abgestellt werden. Auch hier wird die Einrichtung einer Wirtschafts- und Währungsunion geregelt.

1550 Die Erforderlichkeit des Vorgehens zur effektiven Durchführung des Unionsrechtes wird auch an anderer Stelle herangezogen, um die unionsrechtliche Zulässigkeit des Vorgehens in den auswärtigen Beziehungen zu begründen. Beispielsweise kann auf die unionsrechtliche Zulässigkeit des Abschlusses gemischter Abkommen Bezug genommen werden. Vgl. insofern 6. Kapitel Abs.IV.2.a) m.w.N.

1551 Im Gegenzug macht die Übereinstimmung der Zielvorgaben auch deutlich, dass eine Mitgliedschaft der Union im IWF nicht nur dem Schutz der europäischen Integration dient, sondern auch der effektiven Umsetzung der Zielsetzung des Fonds selbst.

Entscheidend ist ferner, dass durch das getrennte Vorgehen der Union und der Mitgliedstaaten mit Ausnahmeregelung im Hinblick auf das IWF- Abkommen ein Auseinanderfallen der Abschlussbefugnis und der völkerrechtlichen Bindungswirkung verhindert wird. Die damit einhergehende Beachtung der internen Kompetenzverteilung in der EU führt zu einem kompetenzgerechten Vorgehen der Union und der Mitgliedstaaten mit Ausnahmeregelung. Es besteht im Fall des Poolmodells daher weder auf Seiten der Mitgliedstaaten mit Ausnahmeregelung noch auf Seiten der Union ein ausgleichsbedürftiges Handlungsdefizit, das geeignet wäre, die Zulässigkeit des Vorgehens aus unionsrechtlicher Sicht in Frage zu stellen.

γ) Völkerrechtliche Zulässigkeit des Poolmodells

Probleme entstehen jedoch auf völkerrechtlicher Ebene. Zwar gilt es auch hier keine Handlungsdefizite der Akteure auszugleichen. Dennoch ist zu berücksichtigen, dass im Währungsbereich im Gegensatz zu anderen völkerrechtlichen Tätigkeitsfeldern nur eine Union mit „geringerer Mitgliederzahl“ neben den einzelnen Mitgliedstaaten mit Ausnahmeregelung agieren würde. Anders als im Fall gemischter Abkommen tritt im Rahmen des Poolmodells daher keine einheitliche Unionsgruppe unter Einschluss aller Mitgliedstaaten auf. Dementsprechend kann der Union bzw. den Mitgliedstaaten mit Ausnahmeregelung das Handeln des jeweils anderen Akteurs nicht zugerechnet werden. Mangels Handlungsdefizit im Währungsbereich ist dies grundsätzlich nicht problematisch, da jeder der genannten Akteure die Erfüllung des Vertragsinhaltes schuldet. Dennoch stellt sich für Drittstaaten die Frage nach der Bestimmung des zuständigen Kompetenzträgers, die nicht wie im Fall gemischter Abkommen nach Abgrenzung der betroffenen Materie vorgenommen werden kann. Vielmehr hat die Identifizierung innerhalb ein und desselben Kompetenzbereiches zu erfolgen, was ein erhebliches Verunsicherungspotential in multilaterale Beziehungen einbringen kann. Im Fall des IWF werden Drittstaaten mit der Union, aufgrund der konkurrierenden Kompetenzen mit deren Mitgliedstaaten, und aufgrund der differenzierten Integration mit Mitgliedstaaten mit bzw. ohne Ausnahmeregelung konfrontiert sein. Daher wirft das Poolmodell die Frage nach seiner Vereinbarkeit mit dem Erfordernis der Rechtssicherheit im Völkerrecht auf. Aus diesem Grundsatz wird hergeleitet, dass die Union den Umfang ihrer Zuständigkeit durch eine klare Vertragsgestaltung gegenüber Drittstaaten offenzulegen hat. So sollen „komplexe Rechts- und Haftungsfragen vermieden werden, die sich ergeben könnten, wenn Drittstaaten auf eine umfassende Zuständigkeit der

Gemeinschaft [jetzt der Union] vertrauen und später feststellen, dass der Vertrag in einigen Mitgliedstaaten unionsrechtlich nicht gilt."[1552]

Als mögliche Optionen der Umsetzung werden eine einseitige Erklärung im Sinne eines klarstellenden Vorbehaltes nach Art.19 WVK oder aber die Erweiterung einer für gemischte Abkommen vorgesehenen Kompetenzerklärung vorgeschlagen.[1553] Bei der Abgabe dieser Erklärungen sollte die Konzeption der differenzierten Währungsintegration als Übergangsregime berücksichtigt werden. Dementsprechend sind rein statische Konzeptionen zu vermeiden, da diese nicht geeignet sind, nachfolgende Änderungen zu berücksichtigen. Unter diesem Aspekt erscheint es sinnvoll, als möglichen Anknüpfungspunkt die jeweilige Währung zu wählen. So kann ohne großen Aufwand, selbst im Fall der Erweiterung der Währungsunion, nach außen der jeweilige Kompetenzträger kenntlich gemacht werden. Die Möglichkeit der Anknüpfung an die Währung als Symbol der Zuordnung der Währungssouveränität macht dabei auch deutlich, dass sich die Frage der Rechtssicherheit im Völkerrecht im Fall des IWF in geringerer Weise stellt, als dies in anderen Rechtsgebieten zu erwarten wäre.

hh) Ergebnis

Nach den obigen Ausführungen kann die Union in „verkleinerter" Form auftreten und so ihre Handlungsfähigkeit sichergestellt werden. Dieses Vorgehen hat den Vorteil, dass die interne Kompetenzverteilung in der Union nicht angetastet wird und auch extern gilt. Auswirkungen auf die internationale Handlungsfähigkeit der Mitgliedstaaten, die nicht an der Währungsintegration teilnehmen, bestehen daher grundsätzlich nicht. Diese können das IWF-Abkommen in eigener Regie unterzeichnen bzw. am IWF teilnehmen.

1552 Thym, 280 f.; ähnlich Tuytschaever 178, die die Problematik jedoch unter geographischen Gesichtspunkten behandeln. Argumentiert wird unter Hinweis auf Art.29 WVK und den hier geregelten räumlichen Geltungsbereich von Verträgen. Eine Übertragung dieser Überlegung auf die Union scheitert nach vorliegend vertretener Ansicht jedoch daran, dass die Union nicht wie ein Staat über ein entsprechendes Hoheitsgebiet verfügt. Vgl. hierzu 6. Kapitel Abs.IV.5 d) bb) m.w.N. Angeknüpft werden muss im Fall der Union daher an den Umstand, dass das Recht einer internationalen Organisation grundsätzlich alle Mitgliedstaaten bindet und verpflichtet.

1553 Thym, 281 f.; ähnlich Tuytschaever, 178 f., die als weitere Option einen Vorbehalt hinsichtlich des geographischen Anwendungsbereiches des AEU-Vertrages nennen. Dies ist nach hier vertretener Ansicht jedoch abzulehnen.

f) Folgen des Auftretens verschiedener Rechtsträger

Im Fall des Poolmodells treten die Union und die Mitgliedstaaten, die bisher nicht an der dritten Stufe der Währungsunion teilnehmen, getrennt voneinander auf.[1554] Dies gilt sowohl für die Aushandlung, den Abschluss und die Umsetzung einer Mitgliedschaft im IWF. Das Nebeneinander der verschiedenen Kompetenzträger bedeutet jedoch nicht, dass diese völlig unabhängig voneinander in ihren internationalen Beziehungen agieren können. Ein solches Vorgehen würde verkennen, dass auch die Mitgliedstaaten mit Ausnahmeregelung Mitglieder der Union sind, die lediglich einen Integrationsschritt im Währungsbereich noch nicht vollzogen haben.

Dass sich diese Zugehörigkeit im Rahmen der differenzierten Integration auswirkt, macht bereits die Ausgestaltung des Derogationsregimes deutlich. Zusätzlich ist auf Unionsebene das in Art.4 Abs.3 EUV verankerte Kooperations- und Rücksichtnahmeprinzip heranzuziehen, das gerade die Folgen des Aufeinandertreffens verschiedener Rechtsträger regelt. Im Vordergrund steht dabei die Notwendigkeit einer effektiven Durchführung der Mitgliedschaft im IWF, die durch das Nebeneinander der Kompetenzträger nicht beeinträchtigt werden darf. Dies gilt auch für etwaige Auswirkungen auf der völkerrechtlichen Ebene. Es ist daher zu prüfen, welche wechselseitigen Beschränkungen sich für die Union und die Mitgliedstaaten in Verbindung mit dem Poolmodell ergeben.

aa) Pflicht zur Zusammenarbeit nach Art.4 Abs.3 EUV

Die Differenzierung des Integrationsprozesses stellt die Zielorientierung der Integration durch den AEU-Vertrag nicht in Frage. Vielmehr sichert die Ausrichtung aller Mitgliedstaaten auf die in Art.3 EUV genannten gemeinsamen Ziele ein Mindestmaß an Rechtseinheit. Im Zuge der Differenzierung werden diese Zielsetzung bzw. die Zielvorgaben der Währungsunion in Art.119 Abs.2 AEUV jedoch ‚in verschiedene rechtliche Verpflichtungen der einzelnen Mitgliedstaaten aufgespalten, die diese wiederum zu verschiedenen Zeitpunkten erfüllen müssen.' Jede dieser Verpflichtungen verfolgt dabei die gemeinsame Zielsetzung

1554 Auch Tuytschaever, 174, verweist auf die Möglichkeit eines solchen Vorgehens. Er führt aus: "*If the Member States with derogation or an opt-out, […], refuse to participate in such an* [Anm. des Verf.: mixed] *agreement, they are in principle capable of concluding one by themselves.*"

und kann nur im Hinblick auf diese und die übrigen rechtlichen Verpflichtungen verstanden werden.[1555]

Auch wenn die einheitliche Zielsetzung keine Auswirkung auf die Kompetenzverteilung zwischen der Union und den Mitgliedstaaten hat,[1556] darf diese dennoch nicht durch das Nebeneinander der verschiedenen Kompetenzträger beeinträchtigt werden. Vielmehr sind sowohl die Union als auch die Mitgliedstaaten verpflichtet, die Rechtseinheit in Form der gemeinsamen Ziele auch in externer Hinsicht zu schützen.

Konkrete rechtliche Folgen aus dieser gemeinsamen Zielsetzung lassen sich aus dem in Art.4 Abs.3 EUV statuierten allgemeinen Rücksichtnahmegebot bzw. seiner speziellen Ausprägung in Art.142 AEUV herleiten.[1557] Nach diesem unterliegen sowohl die Mitgliedstaaten als auch die Unionsorgane „gegenseitigen Pflichten zur loyalen Zusammenarbeit und Unterstützung."[1558] So sind die Mitgliedstaaten nach Art.4 Abs.3 EUV verpflichtet, die Zielumsetzung durch die Union zu erleichtern sowie alle Maßnahmen zu unterlassen, welche die Verwirklichung der Ziele des Vertrages gefährden könnten.[1559] Aus diesen Vorgaben wird zunächst eine Pflicht zur Respektierung der währungsrechtlichen Unionsbestimmungen hergeleitet.[1560] Darüber hinaus wird im Hinblick auf den IWF darauf verwiesen, dass die Mitgliedstaaten mit Ausnahmeregelung die von ihnen vertretenen Standpunkte zu koordinieren haben.[1561] Dies wiederum kann als Verpflichtung zu einem konzertierten Vorgehen gewertet werden. Schließlich

1555 Tuytschaever, 174 f. (wÜ), unter Verweis auf die Ausführungen von Snyder, 84 ff. zu sog. „phased obligations".

1556 Ruffert in Calliess/ Ruffert, EUV/ AEUV, Art.3 EUV Rdn.12; Terhechte in Grabitz/ Hilf/ Nettesheim, EU, Art.3 Rdn.8.

1557 Dutzler, 445, 455 betont, dass dies die einzigen Bindungen sind, denen die Mitgliedstaaten mit Ausnahmeregelung unterliegen.

1558 Zuleeg in v.d. Groeben/ Schwarze, EUV/ EGV, Art.10 Rdn.11.

1559 Terhechte in Grabitz/ Hilf/ Nettesheim, EU, Art.3 Rdn.27.

1560 Zilioli/ Selmayr, ECB, 154; Dony, 241, 250, weist darauf hin, dass die Mitgliedstaaten mit Ausnahmeregelung etwa zur Kenntnisnahme der Positionen der Union verpflichtet sind, auch wenn sie diese nicht mit abstimmen.

1561 Smits in v.d. Groeben/ Schwarze, EUV/ EGV, Art.111 Rdn.235; Tuytschaever, 179, spricht von einer Notifizierung und Abstimmung der einzelnen Handlungen, die auch in den Rahmen eines innergemeinschaftlichen code of conduct eingebettet werden könnten.

haben die Mitgliedstaaten alles zu unterlassen, was die Verwirklichung der Währungsunion als Ziel der Union gefährden könnte.[1562]

bb) Art.4 Abs.3 EUV und die Kramer-Rechtsprechung des EuGH

Die bisher dargestellten Verpflichtungen aus Art.4 Abs.3 EUV unterscheiden sich, abgesehen von ihrer speziellen Ausprägung in Art.142 AEUV nicht grundsätzlich von den Vorgaben, die sich im Fall gemischter Abkommen zum Zweck der effektiven Durchführung der gleichzeitigen Mitgliedschaft von Union und Mitgliedstaaten in einer internationalen Organisation aus dem allgemeinen Rücksichtnahmegebot ergeben.[1563] Ein Unterschied besteht insofern, als die Verpflichtungen im Fall einer gemischten Mitgliedschaft stärker ausgeprägt sind. Schließlich ist das Zusammenwirken der Mitgliedstaaten und der Union hier zwingend zur Erfüllung der Verpflichtungen aus dem Abkommen erforderlich. Im Fall der differenzierten Integration können die Mitglieder mit Ausnahmeregelung und die Unionsgruppe dagegen unabhängig voneinander als Mitglieder des IWF auftreten, da hier jede Gruppe für sich die Mitgliedschaftsvoraussetzungen erfüllt. Die Erfordernisse für eine effektive Ausführung der Mitgliedschaft sind daher geringer.

Zusätzlich besteht im Fall der differenzierten Währungsintegration jedoch die Besonderheit, dass die Mitgliedstaaten mit Ausnahmeregelung nur vorübergehend, nämlich bis zur Behebung der Integrationshemmnisse, von den vertraglichen Verpflichtungen freigestellt sind.[1564] Der spätere Kompetenzübergang auf die Union und damit deren künftige Zuständigkeit stehen bereits im Zeitpunkt der Differenzierung fest.[1565] Aus diesem Umstand wird hergeleitet, dass die Position der Mitgliedstaaten nicht nur im Hinblick auf ihren gegenwärtigen rechtlichen Status zu bestimmen ist, sondern auch im Hinblick auf die bereits feststehende spätere Teilnahme an der Währungsunion.[1566]

1562 Smits in v.d. Groeben/ Schwarze, EUV/ EGV, Art.111 Rdn.161. Auch in diesem Zusammenhang ist zu berücksichtigen, dass das Vereinigte Königreich selbst mangels Anwendbarkeit von Art.119 Abs.2 AEUV nicht auf das Ziel der Währungsunion verpflichtet ist. Allerdings hat es im Rahmen von Art.4 Abs.3 EUV die entsprechende Zielvorgabe der Union zu berücksichtigen.

1563 Thym, 283, verweist in diesem Sinn darauf, dass sich die Rechtsstellung eines nicht an der Integration teilnehmenden Mitgliedstaates mit der der übrigen Mitgliedstaaten vor dem Erlass von Sekundärrecht vergleichen lässt.

1564 Tuytschaever, 174; Vgl. 6. Kapitel Abs.III.3 d), e) m.w.N.

1565 V. Bogdandy in Grabitz/ Hilf, EU aF, Art.10 Rdn.69.

1566 Tuytschaever, 175.

Dies wiederum führt zu verstärkten Loyalitätspflichten gegenüber der Union. Anhaltspunkte hierfür ergeben sich aus der Rechtsprechung des EuGH in der Rs. 3/4/6–76 „Kramer". Hier stellte der Gerichtshof unter Hinweis auf die jetzt in Art.4 Abs.3 EUV befindliche Regelung fest, dass die Mitgliedstaaten *„nicht nur gehalten [sind], im Rahmen dieser Übereinkommen keine Verpflichtungen zu übernehmen, welche die Gemeinschaft bei der Ausführung der ihr [...] übertragenen Aufgabe behindern könnten, sondern sie sind auch zu gemeinsamem Vorgehen [...] verpflichtet. [...] spätestens aber bei Ablauf der dort vorgesehenen Frist, sind sie* (Anm.: die Gemeinschaft) *und die Mitgliedstaaten außerdem verpflichtet, alle zu ihrer Verfügung stehenden rechtlichen und politischen Mittel einzusetzen, um die Teilnahme der Gemeinschaft an dem Übereinkommen und ähnlichen Abkommen sicherzustellen."*[1567]

Die im Urteil angesprochene zeitliche Begrenzung der mitgliedstaatlichen Kompetenzen erlaubt grundsätzlich eine Übertragung der rechtlichen Ausführungen auf die differenzierte Währungsintegration.[1568] Da dabei der Übergangscharakter der mitgliedstaatlichen Kompetenzen ausschlaggebend ist, steht der Umstand, dass sich die zeitlich exakt definierte Regelung in der Kramer-Rechtsprechung nicht nur auf einen Teil, sondern auf alle Mitgliedstaaten bezieht, einer Anwendung nicht entgegen.[1569]

Eine beschränkte Übertragbarkeit ergibt sich jedoch insofern, als im Urteil von einer Verpflichtung zum gemeinsamen Vorgehen gesprochen wird. Diese Verpflichtung wird in der Kramer-Rechtsprechung aus Art.116 EWGV und damit einer mittlerweile aufgehobenen Norm hergeleitet.[1570] Unabhängig davon wäre eine Anwendbarkeit im Zusammenhang mit dem Poolmodell auch deshalb abzulehnen, weil Art.116 EWGV für den Fall konzipiert wurde, dass die Union gerade nicht Mitglied eines Abkommens ist.

1567 EuGH, Rs. 3/4/6–76, Kramer u.a., Slg.1976, 1279, Rdn.44/45.

1568 Thym, 283, führt aus, dass „diese Begrenzung der völkerrechtlichen Handlungsfreiheit der Mitgliedstaaten" nicht für alle Unionskompetenzen gelten kann. Grund hierfür ist, dass nicht in allen Fällen die Unionskompetenz nach einem festgelegten Zeitplan sukzessive eingeführt wird.

1569 Vgl. Tuytschaever, 175.

1570 V. Bogdandy in Grabitz/ Hilf, EU aF, Art.10 Rdn.31, verweist darauf, dass die Pflicht zum gemeinsamen Vorgehen nach der Aufhebung von Art.116 EWGV aus der jetzt in Art.4 Abs.3 EUV enthaltenen Regelung hergeleitet werden kann. Aus dem Verweis auf einzelne Gerichtsurteile ergibt sich dabei, dass die Pflicht zum gemeinsamen Vorgehen im Fall eines gemischten Abkommens angesprochen wird.

Trotz dieser Einschränkung ist aus dem Urteil herzuleiten, dass die Mitgliedstaaten mit Ausnahmeregelung eine Beeinträchtigung des zukünftigen Unionsrechtes zu verhindern haben. Dabei dürfen die Mitgliedstaaten mit Ausnahmeregelung jedoch nicht nur die Zielverpflichtung der Union nicht unterlaufen oder gefährden[1571], sondern haben schnellstmöglich auch die Bedingungen für ihre eigene Teilnahme an der gemeinsamen Währung herbeizuführen.[1572] Die Mitgliedstaaten sind daher gehalten, ‚weder Verpflichtungen einzugehen noch Position in internationalen Foren zu ergreifen, die ihre spätere Teilnahme im Eurogebiet behindern.'[1573] Damit sich eine solche verlängerte oder dauerhafte Aufspaltung der Union aus der weiterbestehenden Mitgliedschaft der Staaten mit Ausnahmeregelung im IWF nicht ergibt, können verschiedene Vorgehensweisen gewählt werden, mittels derer eine Begrenzung der völkerrechtlichen Bindung auf die Übergangszeit erreicht wird. Denkbar sind zeitliche Befristungen oder aber die Verwendung von Kündigungs- oder EWG-Klauseln.[1574] Zur Orientierung wird dabei auch auf das „Modell der schrittweisen Einführung der Gemeinsamen Handelspolitik" und die in diesem Zusammenhang ergangene Ratsentscheidung aus Oktober 1961 verwiesen, mittels derer die Mitgliedstaaten verpflichtet wurden, „die Laufzeit künftiger Handelsabkommen mit Drittstaaten auf die Dauer der Übergangszeit zu begrenzen."[1575]

cc) Besondere Stellung der Staaten mit Opt-Out-Regelung

Im Gegensatz zu den Staaten, die einer Ausnahmeregelung unterliegen, wurde das Opt-Out-Regime Dänemarks und des Vereinigten Königreiches nicht als Übergangsregelung konzipiert. Aus einer solchen Charakterisierung können für diese Staaten daher auch in Verbindung mit Art.4 Abs.3 EUV keine weiteren Verpflichtungen hergeleitet werden. Es wird daher betont, dass diesen Staaten ein weiterer Spielraum bei der Handhabung der Rücksichtnahmeverpflichtungen einzuräumen ist.[1576]

1571 Epiney, 441, 455 f.; eine solche Beeinträchtigung wäre nach Epiney, 441, 458 dann anzunehmen, wenn der Handlungsspielraum der Union durch einen Vertrag ihrer Mitgliedstaaten präjudiziert oder spürbar eingeschränkt wird.

1572 Wölker in v.d. Groeben/ Schwarze, EUV/ EGV, Art.122 Rdn.4.

1573 Tuytschaever, 176 (wÜ).

1574 Thym, 283; ebenso Tuytschaever, 179, 182 f.

1575 Thym, 283.

1576 Tuytschaever, 176, der dies angesichts der jetzt in Art.142 AEUV enthaltenen Regelung jedoch als rein theoretische Frage betrachtet.

dd) Folgen für das Poolmodell

Der Übergangscharakter der Ausnahmeregelungen wirkt sich nicht nur auf Seiten der Mitgliedstaaten, sondern auch auf Seiten der Union aus. Auch hier ist zu berücksichtigen, dass, infolge der nur vorübergehenden Freistellung, zu einem späteren Zeitpunkt weitere Mitgliedstaaten an der Währungsunion teilnehmen werden und dabei Kompetenzen auf die Union übertragen. Dementsprechend wird eine Aufnahme weiterer Mitglieder im Rahmen des Poolmodells sicherzustellen sein.[1577]

Das Aufschließen einzelner Mitgliedstaaten in der Integration wird dabei mit dem Beitritt neuer Mitgliedstaaten zur Union verglichen. In beiden Fällen müssen weitere Mitgliedstaaten an die internationalen Verpflichtungen der Union gebunden werden. Bewirkt wird dies entweder durch eine automatische Erstreckung mittels entsprechender Klausel oder aber durch eine Neuaushandlung der Abkommen.[1578]

Das Einfügen einer Erweiterungsklausel bietet sich im Fall der differenzierten Integration insofern an, als sowohl das Aufschließen weiterer Mitgliedstaaten als auch die sich hieraus ergebenden Konsequenzen vorhersehbar sind und damit vorab geregelt werden können.[1579] Dennoch ist dieses Vorgehen im Fall des IWF nicht praktikabel. Zwar ermöglicht die einheitliche Rechtspersönlichkeit der Union eine automatische Erstreckung des Geltungsbereiches im Fall der Teilnahme weiterer Mitgliedstaaten an der Währungsunion, eine Anpassung der vertraglichen Beziehungen zu den übrigen IWF-Mitgliedern an die veränderte Situation geht hiermit jedoch nicht einher.[1580] Dies gilt umso mehr, als die Teilnahme an der Währungsunion für einen Mitgliedstaat zur Folge hat, dass dieser seine Stellung als Einzelmitglied im Fonds in eine gemeinsam mit der Union ausgeübte gemischte Mitgliedschaft umwandeln muss. Dies zeigt, dass das Aufschließen in der Integration sowohl auf Seiten des Mitgliedstaates als auch auf Seiten der Union zwangsläufig mit einer Veränderung der Mitgliedschaftsrechte wie der Höhe der Quote und der Stimmrechte einhergeht. Eine solche Einbettung in die Struktur des Fonds und die damit einhergehende Auswirkungen auf Drittstaaten und deren Stellung und Quote im Fonds zeigen, dass neue Verhandlungen bzw. Anpassungsmaßnahmen erforderlich sein werden. Um dies sicherzustellen, empfiehlt es sich ebenfalls, eine entsprechende Klausel in das Abkommen aufzunehmen.

1577 Vgl. Tuytschaever, 180.
1578 Tuytschaever, 180 f.; ebenso Schmitter in Dony, 77, 92.
1579 Schmitter in Dony, 77, 92.
1580 Vgl. Schmitter in Dony, 77, 92.

ee) Grundsatz der kumulativen Rechtsausübung

Die Folgen des Poolmodells sind nicht nur aus Sicht des Unions-, sondern auch aus Sicht des Völkerrechtes zu beurteilen. Als Ansatzpunkt kann dabei der Grundsatz der innerorganisationsrechtlichen Gleichbehandlung herangezogen werden, der für das zwischenstaatliche Verhältnis in internationalen Organisationen von Relevanz ist[1581] und grundsätzlich auch für das Verhältnis zwischen der Union und den bisher nicht an der Währungsunion teilnehmenden Mitgliedstaaten gilt. Diese Parteien stehen sich wie reguläre Mitglieder des Fonds gegenüber. Die Mitgliedstaaten mit Ausnahme- bzw. Opt-Out-Status können selbständig den Verpflichtungen aus dem IWF-Abkommen nachkommen und ihre Rechte wahrnehmen. Sie sind daher eigenständige Mitglieder des Fonds und als solche auch Bezugspunkte für die Anwendung des Gleichheitssatzes. Die verkleinerte Unionsgruppe, die aus dem Poolmodell resultiert, tritt als weitere Bezugsgruppe neben diese Mitgliedstaaten.[1582] Die Besonderheiten, die sich aufgrund der gemischten Mitgliedschaft im Fonds für die Union und die Mitgliedstaaten bei der Wahrnehmung ihrer Rechte und Pflichten ergeben, können daher nicht auf das Poolmodell übertragen werden. Um der Notwendigkeit kompetenzgerechten Vorgehens und der innerorganisatorischen Gleichbehandlung Rechnung zu tragen, ist es gerade nicht notwendig, auf eine alternative Rechtsausübung zurückzugreifen. Vielmehr können die Union und die bisher nicht an der Währungsunion teilnehmenden Mitgliedstaaten parallel bzw. kumulativ nebeneinander auftreten. Die Gefahr einer Schlechterstellung der übrigen Mitglieder ist hiermit nicht verbunden, da die wahrgenommenen Kompetenzen unterschiedliche Regelungsobjekte in Form unterschiedlicher Währungen betreffen. Der Rechtszuwachs auf Seiten der Union wird bereits durch die korrespondierenden Einschränkungen am Rechtsbestand der an der Währungsunion

1581 Sattler, 205; vgl.ferner die entsprechenden Ausführungen im Zusammenhang mit der gemischten Mitgliedschaft im IWF im 6. Kapitel Abs.IV.2 c) bb) m.w.N.

1582 In dieser Zuordnung spiegelt sich erneut die Umwandlung des Fonds von einer landes- in eine währungsbasierte Organisation wider. Bezugspunkt für den Gleichheitssatz ist dabei die währungsausgebende Einheit und somit das abgedeckte Währungsgebiet und nicht der zugrundeliegende Binnenmarkt. Zum jetzigen Zeitpunkt ist die vielfach propagierte Gleichung „Eine Währung – ein Markt" daher nur bedingt auf die Union übertragbar. Aufgrund der differenzierten Integration stehen dem Gemeinsamen Markt tatsächlich mehrere Währungen gegenüber, zu denen auch der Euro zählt.

teilnehmenden Mitgliedstaaten ausgeglichen.[1583] Im Ergebnis bestehen daher keine Besonderheiten im Vergleich zum Verhältnis der Union zur Drittstaaten.

ff) Ergebnis

Aus dem Poolmodell ergeben sich insofern Beschränkungen für das Nebeneinander der verschiedenen Kompetenzträger, als diese dem allgemeinen Kooperations- und Rücksichtnahmeprinzip in Art.4 Abs.3 EUV unterliegen. Aus diesem leiten sich im Rahmen der differenzierten Integration besondere Verpflichtungen sowohl für die Union als auch für die nicht an der Währungsunion teilnehmenden Mitgliedstaaten ab. Beide Parteien haben den Übergangscharakter der differenzierten Integration zu berücksichtigen, und im Rahmen ihrer internationalen Verpflichtungen sicherzustellen, dass die Herstellung einer vollständigen Integration im Währungsbereich nicht ausgeschlossen wird. Auf völkerrechtlicher Ebene ergeben sich keine Besonderheiten bzw. Beschränkungen aus dem Poolmodell.

1583 Zu diesem Erfordernis Zieger in KSE Bd.25, 103, 114, der vor diesem Hintergrund ausführt, dass eine Parallelmitgliedschaft nur in Form einer komplementären Mitgliedschaft denkbar wäre. Dies gilt im Fall des Poolmodells nur insoweit als die verkleinerte Unionsgruppe betroffen ist.

7. Kapitel: Auswirkungen einer Mitgliedschaft der EU im IWF

Ein Beitritt der Union zum IWF wird sich nicht nur auf die Mitgliedschaftsstruktur der Institution auswirken, sondern gleichzeitig mit einer Änderung der Grundkonzeption des Fonds einhergehen. So ist Voraussetzung eines solchen Beitritts, dass sich der IWF von einer länderbezogenen zu einer währungsbezogenen Organisation fortentwickelt.[1584] Es verwundert daher nicht, dass eine Mitgliedschaft der Union auch bedeutende Regelungsfragen in den verschiedenen Bereichen des Fonds aufwirft.[1585]

I. Auswirkungen auf die IWF-Quote

Da gemäß Art. III Abs.1 S.1 IWFA jedem Mitglied des Fonds eine Quote zuzuteilen ist, wirft ein Beitritt der Union zunächst die Frage nach der Zuteilung einer solchen Quote an die Union und deren Handhabung auf.[1586]

1. Einleitung: Bedeutung und Funktion der IWF-Quoten

Die Bedeutung der Quoten folgt aus ihrer zentralen Stellung in allen Bereichen des IWF. Ihnen kommt Relevanz für die finanzielle Struktur des Fonds, dessen Organisation aber auch den Bereich der Finanzoperationen zu.[1587]

Die finanzielle Struktur des Fonds ist insofern betroffen, als sich gemäß Art. III Abs.1 S.4 IWFA anhand der Quote die Höhe der sog. Subskription, also des Kapitalbeitrages, bestimmt, den jedes Mitglied dem IWF zur Verfügung zu stellen hat.[1588] Die Quoten spiegeln dabei nicht nur den Anteil des Mitglieds am Kapital der Organisation wider, sondern begrenzen auch die Fähigkeit des Fonds, Kredite an seine Mitglieder auszugeben.[1589]

Weiterhin kommt den Quoten Bedeutung für die Zuteilung der Stimmrechte zu. So erhält jedes Mitglied nach Art. XII Abs.5 a) IWFA neben den sog. Basisstimmen zusätzliche Stimmrechte für jeden Teil seiner Quote, der einhunderttausend

1584 Vgl. 6.Kapital Abs.II.2 e) m.w.N.

1585 Mahieu/ Ooms/ Rottier, EuP 2005, 493, 494.

1586 Vgl. Martha, CMLRev.1993, 749, 781.

1587 Skala/ Thimann/ Wölfinger, 9, 39.

1588 Factsheet: IMF Quotas.

1589 Truman in Truman, 211; vgl. auch 2.Kapitel Abs.IV.1 m.w.N.

SZR entspricht. Zurzeit verfügen die USA über die höchste Quote und einen Stimmanteil von 16,75% bzw. 421.961 Stimmen. Tuvalu, dem mit 0,001% die niedrigste Quote zufällt, verfügt über 755 Stimmen.[1590] Dies verdeutlicht, dass die zugeteilte Quote von wesentlicher Bedeutung für den Einfluss ist, der einem Mitglied in den Entscheidungsverfahren zukommt. Gleichzeitig wirkt sich die Höhe der Quote auch bei der Besetzung der Organe des IWF aus, wie die Struktur des Exekutivrates erkennen lässt.[1591] Darüber hinaus hat der Fonds nach Art. XIII Abs.1 IWFA seinen Sitz im Hoheitsgebiet des Mitglieds mit der höchsten Quote.

Für den Bereich der Finanzoperationen sind die Quoten insofern von Relevanz, als diese den Schlüssel für den Zugang zu den finanziellen Ressourcen des Fonds bilden und dabei die Leihkapazität des jeweiligen Mitglieds bestimmen.[1592] Auch der Anteil eines Mitglieds an der Zuteilung von Sonderziehungsrechten wird in Relation zur zugeteilten Quote bestimmt.[1593]

2. Zuteilung der Quote

a) Allgemeine Ausführungen

Die Zuteilung der Quoten ist in Art. III Abs.1 IWFA geregelt. Nach dieser Bestimmung wurde die Quote der ursprünglichen, d.h. vor dem 31. Dezember 1945 beigetretenen Länder im Abkommen selbst aufgeführt. Die Quoten anderer Mitglieder werden dagegen durch den Gouverneursrat festgesetzt. Dies geht konform mit Art. II Abs.2 IWFA, nach dem die Mitgliedschaft anderen Ländern zu den Zeitpunkten und unter den Bedingungen offensteht, die der Gouverneursrat festsetzen kann. Nähere Regelungen zur Quotenzuteilung enthält das Abkommen jedoch nicht.

In der Fondspraxis bestimmt sich die Quote eines Mitglieds grundsätzlich nach seiner Stellung in der Weltwirtschaft.[1594] Dabei wird zunächst eine Quote berechnet, die als Ausgangspunkt der Zuteilung zugrunde zu legen ist. In einem weiteren Schritt erfolgt ein Vergleich mit den Quoten anderer Mitglieder, die aufgrund ihrer wirtschaftlichen Bedeutung und Struktur als vergleichbar eingestuft werden.[1595] Dieser Vergleich kann ebenfalls auf Art. II Abs.2 IWF- Abkommen

1590 Vgl. IMF Members' Quotas and Voting Power, and IMF Board of Governors: Stand Dezember 2014.
1591 Vgl. 2. Kapitel Abs.V.3 m.w.N.; Kempen, ZeuS 2000, 13, 18.
1592 Factsheet: IMF Quotas.
1593 Vgl. 2. Kapitel Abs.IV.3 m.w.N.
1594 Factsheet: IMF Quotas.
1595 Skala/ Thimann/ Wölfinger, 9.

gestützt werden, nach dem die Mitgliedschaftsbedingungen auf Grundsätzen beruhen, die mit denen vereinbar sind, welche für andere Mitglieder galten, die bereits Mitglieder sind. Schließlich ist die endgültige Quotenhöhe auch Gegenstand und Ergebnis weiterer Verhandlungen zwischen dem betroffenen Mitglied und dem IWF.[1596]

b) Zuteilung einer Unionsquote

Da das IWF-Abkommen kein genaues Prozedere für die Quotenzuteilung vorsieht, stellt sich die Frage, ob die bisherige Fondspraxis auf eine Mitgliedschaft der Union übertragen werden kann oder ob der Gouverneursrat eine andere Verfahrensweise wählen muss. Grundsätzlich eröffnet Art. III Abs.2 IWFA aufgrund seines wenig präzisen Wortlautes die Möglichkeit zu letztgenanntem Vorgehen. Allerdings muss auch hier die nach Art. II Abs.2 IWFA geforderte Vergleichbarkeit der Mitgliedschaftsbedingungen gegeben sein. Es gilt daher zunächst zu prüfen, ob die Union oder aber die Mitgliedstaaten als Vergleichsgruppe heranzuziehen sind. Dies hängt wiederum mit der Frage zusammen, ob die Quote der Union ausgehend von den Quoten ihrer Mitgliedstaaten bestimmt werden kann. Auf diese Frage konzentrieren sich verschiedene Ansätze, die im Zusammenhang mit einer Unionsquote diskutiert werden.[1597]

aa) Zusammenlegung der Quoten der EU-Mitgliedstaaten

Als möglicher Ansatz zur Bestimmung einer Unionsquote wird die Zusammenlegung bzw. Übernahme der Quoten der EU-Mitgliedstaaten im Zuge der Schaffung eines einheitlichen EU-Sitzes im IWF diskutiert.[1598] Anknüpfungspunkt ist hier die Fondspraxis im Fall der Vereinten Arabischen Republik.[1599] Im Nachgang zur politischen Vereinigung Syriens und Ägyptens im Jahr 1958 hatte diese zwar

---

1596 Skala/ Thimann/ Wölfinger, 9.

1597 Vgl. zu dieser Frage Mahieu/ Ooms/ Rottier, EuP 2005, 493, 496 ff.

1598 Mahieu/ Ooms/ Rottier, EuP 2005, 493, 496.

1599 Mahieu/ Ooms/ Rottier, EuP 2005, 493, 496. Als weitere Möglichkeit zur Bildung eines konsolidierten EU-Sitzes wird die Bildung einer einheitlichen EU-Stimmrechtsgemeinschaft diskutiert. Beispiele und Vorschläge für ein schrittweises Vorgehen finden sich etwa bei Truman in Truman, 201, 203 ff.; Mahieu/ Ooms/ Rottier, EuP 2005, 493, 496 f.; Kenen, 22, und Bénassy-Quéré/ Bowles, CEPII 2002, 1, 2 f. In diesen Fällen wird von einer Aufrechterhaltung der individuellen Mitgliedschaft der EU-Mitgliedstaaten ausgegangen, die im Rahmen der Stimmrechtsgemeinschaft ihre Quote beibehalten und ihre Stimmen gemeinsam ausüben, wobei auch eine nachfolgende Reduktion des Gesamtstimmenanteils am Fonds diskutiert wird.

nur die Grundstimmen eines einzigen Mitglieds erhalten, jedoch gleichzeitig die Summe der syrischen und der ägyptischen Quote übernommen.[1600] Für ein solches Vorgehen könnte sprechen, dass die Union, infolge des Überganges der Währungssouveränität, im IWF an die Stelle ihrer Mitgliedstaaten treten würde. Nach diesem Szenario würde sich der Beitritt der Union zum IWF nicht auf die Höhe der zusammenzulegenden Quoten auswirken. Mit Blick auf den Quotenanteil der übrigen IWF-Mitglieder wird daher auch von einer Aufrechterhaltung des Status quo gesprochen.[1601]

Es erscheint jedoch fraglich, ob der Beitritt der Union mit dem Fall der Vereinten Arabischen Republik verglichen werden kann. Dies gilt sowohl mit Blick auf die Zahl der betroffenen Länder als auch deren wirtschaftliches Gewicht.[1602] Auch die Handhabung lässt eine Übertragung auf die Union problematisch erscheinen. So nahm der Fonds im Wesentlichen praktische Arrangements vor, die dem Vorhandensein verschiedener Regionen mit unterschiedlichen Währungen innerhalb des neuen Mitglieds Rechnung tragen sollten.[1603] Dabei hielt der Fonds die Währungen der Länder in getrennten Depots, schaltete verschiedene Finanzinstitutionen ein und berechnete auch die Währungsreserven getrennt.[1604]

Darüber hinaus berücksichtigt dieser Ansatz nicht die qualitative Umgestaltung des IWF, die mit einem Beitritt der Union und damit der Aufgabe des länderbezogenen Ansatzes einherginge. Hieraus folgt gerade, dass die Zuteilung einer Quote an die Union nicht unter Rückgriff auf bzw. Übertragung von Länderquoten erfolgen kann. Unter Berücksichtigung der Regelung in Art. II Abs.2 IWFA muss die Quote vielmehr ausgehend von der Stellung des Währungsemittenten in der Weltwirtschaft bestimmt werden. Ein Rückgriff auf die bisherigen Quoten der Mitgliedstaaten muss daher ausscheiden.

Angesichts der Beibehaltung der individuellen Mitgliedschaft der EU-Mitgliedstaaten ist dieser Ansatz mit der Kompetenzlage in der Union nicht zu vereinbaren und daher abzulehnen. Vgl. zur entsprechenden Diskussion 5. Kapitel Abs.I. m.w.N. Schließlich wird von Mahieu/ Ooms/ Rottier, FSR 2008, 173, 177, zu Recht darauf verwiesen, dass zwischen den Optionen des Status quo und der Quotenanpassung viele mögliche Szenarien bestehen, deren Umsetzung auch durch politische Überlegungen stark beeinflusst werden könne.

1600 So Mahieu/ Ooms/ Rottier, FSR 2008, 173, 175, dies.auch EuP 2005, 493, 496.

1601 Mahieu/ Ooms/ Rottier, EuP 2005, 493, 496.

1602 Mahieu/ Ooms/ Rottier, FSR 2008, 173, 175.

1603 Gold, Membership and Nonmembership in the IMF, 103 f.

1604 Gold, Membership and Nonmembership in the IMF, 298; folgend Mahieu/ Ooms/ Rottier, FSR 2008, 173, 175.

Unabhängig von der rechtlichen Wertung ist eine Beibehaltung des Status quo auch aus politischer Sicht als unwahrscheinlich zu bewerten. Der Union käme im Fall der Übernahme der Quoten der Mitgliedstaaten der Währungsunion ein Quotenanteil von 23,26 Prozent zu. Nach einem Beitritt aller Mitgliedstaaten zur Währungsunion würde sich dieser Anteil auf 32,07 Prozent erhöhen.[1605] Damit käme der Union ein Quotenanteil zu, der fast doppelt so hoch wäre wie der des zweitgrößten IWF-Mitglieds, den USA.[1606] Da aufgrund der Koppelung der Stimm- und anderen Teilhaberechte mit der Höhe der Quote gesteigerte Einflussmöglichkeiten im Rahmen des IWF einhergehen, wäre eine solche herausragende Stellung der Union für die übrigen IWF- Mitglieder kaum akzeptabel.[1607] Schließlich käme der Union bei einer Gesamtquote von über 30% als einzigem Mitglied des Fonds ein Vetorecht in Abstimmungen zu, die eine Mehrheit von 70% der Stimmen erfordern.[1608] Dies gilt umso mehr, als auch mit der Vereinheitlichung der Vertretung selbst ein Zuwachs an Einflussmöglichkeit im IWF einherginge, da die Union mit einer Stimme sprechen könnte.[1609]

bb) Die Berechnung einer Unionsquote

Nach den obigen Ausführungen ist die Quote der Union ebenso zu bestimmen, wie die der übrigen Mitglieder des Fonds. Abzustellen ist nach der Fondspraxis daher auf die Stellung der Union in der Weltwirtschaft.

α) Allgemeines zur Quotenberechnung

Ursprünglich wurden die Quoten nach der sog. Bretton-Woods-Formel aus dem Jahr 1944 ermittelt. Dieser lagen nicht nur wirtschaftliche Variablen, sondern auch politische Vorgaben zugrunde, die das Verhältnis der einzelnen Mitgliedsländer, insbesondere der Alliierten zueinander, betrafen. Hieraus folgte, dass die zugeteilten Quoten teils erheblich von den errechneten Beträgen abwichen.[1610] Um diesem Umstand abzuhelfen, wurde im Zuge verschiedener Überarbeitungen die

1605 Vgl. IMF Members' Quotas and Voting Power, and IMF Board of Governors, Stand: Dezember 2014.

1606 Smaghi, JCMS 2004, 229, 230, 243.

1607 Bénassy-Quéré/ Bowles, CEPII 2002, 1, 2f.

1608 Vgl. Mahieu/ Ooms/ Rottier, EuP 2005, 493, 503.

1609 Truman in Truman, 201, 208.

1610 Deutsche Bundesbank, Monatsbericht September 2002, 65, 69, zur Bretton-Woods-Formel. Hier wird aaO. darauf verwiesen, dass zunächst die USA „als stärkste Volkswirtschaft […] den größten Anteil am IWF halten [sollte].“ Die Quote Großbritanniens als zweitgrößter Volkswirtschaft sollte die Hälfte der amerikanischen Quote betragen.

ursprüngliche Formel um weitere Formeln und Variablen ergänzt.[1611] Diese Veränderungen mündeten in einem Berechnungssystem, das sich durch die Kombination fünf verschiedener Formeln auszeichnete, die an vier wirtschaftlichen Variablen anknüpften. Die Formeln wurden dabei gesondert auf die individuellen Länder angewendet. Das Resultat der vorteilhaftesten Kombination wurde schließlich als Basis für die Quotenbestimmung herangezogen.[1612]

Nicht nur die Komplexität und Intransparenz dieser Vorgehensweise, die de facto zu einer Quotenberechnung anhand verschiedener Formeln für die Mitgliedsländer führte, gab Anlass zur Kritik, sondern auch die durch sie erschwerte Vergleichbarkeit der einzelnen Länder.[1613] Verstärkt wurde dies durch die nach wie vor bestehenden, teilweise substantiellen Unterschiede zwischen den berechneten und zugeteilten Quoten, die letztendlich eine Ermessensentscheidung politischer Natur darstellten.[1614]

Diese Quotenverteilung resultierte schließlich in einer Über- bzw. Unterrepräsentierung der einzelnen Mitgliedsländer im IWF. Beispielsweise spiegelte der Quotenanteil der Schwellenländer wie Indien oder China nicht länger deren gestiegene Bedeutung in der Weltwirtschaft wider.[1615] Angesichts der bedeutenden Hilfs- und Finanzrolle, die dem Fonds gegenüber Entwicklungsländern als dessen Hauptkreditnehmern zukommt, wurde auch die Unterrepräsentierung dieser Länder als problematisch erachtet.[1616] Mit diesen Feststellungen korrespondiert der Verweis auf eine Überrepräsentierung der Industrienationen[1617] und damit einhergehende negative Auswirkungen auf die Legitimität und Effektivität der Institution.[1618] Letzteres betrifft auch die internationale Rolle des IWF und dessen strategische Bedeutung.[1619] In diesem Zusammenhang wird von Seiten der Schwellenländer, aber auch den USA und Japans auf eine Überrepräsentierung

---

Schließlich sollten sich die Quoten anderer Mitgliedsländer in einem ‚akzeptablen Verhältnis' zu diesen Ländern bewegen.

1611 Deutsche Bundesbank, Monatsbericht September 2002, 65, 69.

1612 Skala/ Thimann/ Wölfinger, 7, zur Berechnung der Quoten.

1613 Skala/ Thimann/ Wölfinger, 9.

1614 Skala/ Thimann/ Wölfinger, 9; ähnlich Bénassy-Quéré/ Bowles, CEPII 2002, 1, 2.; Beispiele für Abweichungen der berechneten und zugeteilten Quoten, basierend auf den Daten des IWF aus dem Jahr 2004, finden sich bei Truman in Truman, 214 ff.

1615 Van Houtven, Finance and Development 2004, 18, 19.

1616 Vgl. Skala/ Thimann/ Wölfinger, 12.

1617 Van Houtven, Finance & Development 2004, 18, 19.

1618 Skala/ Thimann/ Wölfinger, 7, 12; vgl. Bergthaler/ Giddings, EYIEL 2013, 371, 381.

1619 Skala/ Thimann/ Wölfinger, 12.

Europas im Fonds hingewiesen.[1620] Es verwundert daher nicht, dass die Vertretung der Mitgliedstaaten der Union als wesentliches Element einer Governance-Reform des Fonds diskutiert wird.[1621]

Die vorgenannten Kritikpunkte führten im Jahr 2008 zu einer ersten Quotenreform. Diese sah zur Stärkung des Stimmgewichtes der Schwellenländer und einkommensschwacher Länder eine Quotenerhöhung sowie eine Verdreifachung der Basisstimmen vor.[1622] Weiterhin wurde eine neue Quotenformel entwickelt, die an vier modernisierte Variablen anknüpft. Bei diesen Variablen handelt es sich um das Bruttoinlandsprodukt, die Offenheit eines Landes, die die wachsende Handelsintegration des Mitglieds abbilden soll, die wirtschaftliche Variabilität sowie die Höhe der offiziellen Fremdwährungsreserven.[1623] Im Rahmen einer weiteren, am 15. Dezember 2010 beschlossenen Quotenreform ist unter anderem eine Verdoppelung der Gesamtquoten vorgesehen sowie eine Übertragung von 6% der Quotenanteile von Seiten der über- an die unterrepräsentierten Mitglieder.[1624] Dies wird sich zwangsläufig auch auf die Quoten der europäischen Staaten auswirken.

β) Berechnung der Unionsquote

Im Zusammenhang mit der Berechnung einer Unionsquote nach den oben dargelegten Grundsätzen ist zu berücksichtigen, dass ein Abstellen auf die Union und deren Stellung im Weltwirtschaftsgefüge zur Folge hat, dass rein innerhalb der Union ablaufende Kapital- und Handelsflüsse bei der Berechnung nicht länger berücksichtigt werden können.[1625] Dieser Ausschluss bestimmter Daten wird dabei teilweise auf das Bestehen des Binnenmarktes in der Union zurückgeführt.[1626] Dies

1620 Smaghi JCMS 2004, 299, 230 unter Verweis auf Van Houtven.

1621 Vgl. Truman in Truman, 201, 201 f.; Van Houtven, Finance & Development 2004, 18, 20.

1622 Factsheet: IMF Quotas.

1623 Factsheet: IMF Quotas; zu den Quotenformeln: IWF-Paper: Reform of IMF Quotas and Voice: responding to Changes in the Global Economy.

1624 Factsheet: IMF Quotas.

1625 Vgl. Mahieu/ Ooms/ Rottier, FSR 2008, 173, 176; Buira, 2003, 1; Smaghi JCMS 2004, 229, 243; Truman in Truman, 201, 225; Correales-Díez, 23; Eichengreen/ Ghironi, Politique Étrangère 1997, 137, 147.

1626 Nach Louis in FS Hahn, 201, 208 und folgend Smits in v.d. Groeben/ Schwarze, EUV/ EGV, Art.111 Rdn. 207, stellt gerade die Errichtung des Binnenmarktes das Weiterbestehen der individuellen Mitgliederquoten in Frage. Hinter dieser Argumentation steht die Überlegung, dass nach der Rechtsprechung des EuGH im Gaston Schul Fall (Rs. 15/81, Slg. 1982, 1409 Rz.33) die Beseitigung aller Handelshemmnisse innerhalb der Union „der Verschmelzung der nationalen Märkte zu einem einheitlichen Markt“

ist insofern nicht korrekt, als dem gemeinsamen Markt in der Union infolge der differenzierten Integration verschiedene Währungen gegenüberstehen. Die vielfach propagierte Gleichung „One Money – One Market“[1627] kann im Fall der Union zurzeit daher nicht angewendet werden. Aufgrund der Fortentwicklung des IWF von einer landes- in eine währungsbasierte Organisation ist vielmehr auf den Teil des Binnenmarktes abzustellen, der dem Euro-Währungsgebiet zugeordnet werden kann.[1628] Die Außerachtlassung der Kapital- und Handelsflüsse unterscheidet die Neuberechnung der Quoten von der reinen Addition der Länderquoten. Letztendlich führte dies dazu, dass die berechnete Quote der Union deutlich geringer ausfällt als die Summe der Quoten ihrer Mitgliedstaaten.[1629] Aus politischer Sicht fördert dieses Vorgehen die Akzeptanz eines Unionssitzes, zumal so auch Quotenanteile auf außereuropäische Mitglieder übertragen werden können.[1630]

cc) Berücksichtigung politischer Erwägungen

Die obigen Ausführungen machen deutlich, dass bei der Zuteilung der Quote auch politische Erwägungen von Bedeutung sind. Diese werden auch im Zusammenhang mit einer Mitgliedschaft der Union im IWF angestellt. So wird zum Zweck der politischen Akzeptanz eines „Unionssitzes“ im Fonds angedacht, dass dieser zu einer gewissen Übereinstimmung zwischen den Quoten der EU und der USA führen könnte.[1631] Teilweise wird eine solche Gleichstellung sogar, etwa unter Hinweis auf die Vergleichbarkeit des Niveaus des BIP, gefordert.[1632]

---

dient. Dabei machen die Gemeinsame Handelspolitik und die Zollunion nach Weiß in Grabitz/ Hilf/ Nettesheim, EU, Art.207 Rdn.28, deutlich, dass die Idee des Binnenmarktes als einheitlichem Wirtschaftsraum auch nach außen zu gelten hat.

1627 Vgl. etwa Glöckler/ Truchlewski, 117, 117 unter Verweis auf den Titel des Delors Berichtes.

1628 Unter Verweis auf den einheitlichen Währungsraum argumentiert etwa Buira, 2003, 1; Van Houtven, Finance & Development 2004, 18, 19 rechtfertigt die Nichtberücksichtigung des Handels in der Union unter Verweis auf die Wirtschaftsunion. Dieses Vorgehen ist jedoch aufgrund der fortbestehenden Kompetenzen der Mitgliedstaaten im Wirtschaftsbereich abzulehnen.

1629 Mahieu/ Ooms/ Rottier, FSR 2008, 173, 176; Van Houtven, Finance and Development 2004, 18, 19; Beispiele für berechnete Quoten ohne und mit Berücksichtigung der Handelsflüsse in der Union finden sich bei Smaghi, JCMS 2004, 229, 244.

1630 Bénassy-Quéré/ Bowles, CEPII 2002, 1, 3.

1631 Mahieu/ Ooms/ Rottier, EuP 2005, 493, 503 f.; Truman in Truman, 201, 225 f., schlägt ein Abkommen zwischen den USA und der Union zur Sicherstellung gleicher Quoten vor, die je etwa 18% am Gesamtanteil des Fonds ausmachen sollten.

1632 So etwa Van Houtven, Finance & Development 2004, 18, 20.

c) Auswirkung der gemischten Mitgliedschaft im IWF

Die Frage der Quotenzuteilung kann sich nicht auf eine Untersuchung der Unionsebene beschränken. Schließlich sind, aufgrund der Kompetenzverteilung innerhalb der Union, auch deren Mitgliedstaaten weiterhin Mitglieder des IWF und damit Inhaber eines Quotenanteils.

Auf Ebene der Mitgliedstaaten kann zunächst an eine Aufrechterhaltung der bisherigen Quotenanteile gedacht werden. Hierfür spricht, dass diese Quoten den Mitgliedstaaten unter Zugrundelegung des vorgesehenen Verfahrens durch den Gouverneursrat zugeteilt wurden und demnach, im Sinne des IWF-Abkommens, deren Stellung in der Weltwirtschaft widerspiegeln.

Eine Beibehaltung der Quoten würde jedoch bewirken, dass den Mitgliedstaaten in ihrer Gesamtheit ein höherer Quotenanteil zukäme als der Union. Zurückzuführen ist dies auf die so vorgenommene Kombination des länderbezogenen und des währungsbezogenen Ansatzes. Ein solches Vorgehen erscheint aufgrund des Grundsatzes der Gleicheit der Mitglieder einer internationalen Organisation fraglich. Nach diesem ist im Fall einer gemischten Mitgliedschaft von Union und Mitgliedstaaten die Unionsgruppe in ihrer Gesamtheit die für eine Heranziehung des Gleichheitsgrundsatzes relevante Bezugsgruppe.[1633] Auch wenn im Fall des IWF im Rahmen der Quotenberechnung von diesem Grundsatz Abweichungen vorgesehen sind, darf nicht übersehen werden, dass nach Art.II Abs.2 IWFA zumindest eine Vergleichbarkeit der Quoten angestrebt wird. Dies spricht dafür, dass der Bezugsgruppe unabhängig vom handelnden Kompetenzträger derselbe Quotenanteil zukommt. Die Summe der Quoten der Mitgliedstaaten muss folgerichtig dem Quotenanteil der Union entsprechen. Nur so kann eine alternative Wahrnehmung der Rechte im Fonds sichergestellt werden.[1634]

Zudem ist bei der Quotenbestimmung die Abkehr von einem länder- zu einem währungsbezogenen Ansatz des Fonds nachzuvollziehen. Dies bedeutet, dass nicht nur die Unionsquote die Stellung des Währungsraumes in der Weltwirtschaft widerspiegeln muss, sondern auch die Quotenanteile der Mitgliedstaaten ausgehend von diesem Währungsraum zu bestimmen sind. Die Neuberechnung der Quote der Union zieht daher auch eine Neuberechnung der Quoten ihrer Mitgliedstaaten ausgehend von der Unionsquote nach sich.

Sinnvoll erscheint es dabei, den wirtschaftlichen Anteil zugrunde zulegen, der den Mitgliedstaaten am europäischen Währungsraum zukommt. Zum Zweck der Bestimmung dieses Anteils kann Rückgriff auf interne Aufteilungsmechanismen

---

1633 Sattler, 207.

1634 Vgl. zur alternativen Rechtsausübung 6.Kapitel Abs.IV.2.b).bb) m.w.N.

der Union genommen werden. Ein solcher Mechanismus findet sich beispielsweise im Zusammenhang mit der Zeichnung des Kapitals der EZB in Art.29 EZB-Satzung. Nach dem hier vorgesehenen Schlüssel wird der Zeichnungsanteil der Zentralbanken nach dem Anteil des Mitgliedstaates an der Bevölkerung sowie am Bruttoinlandsprodukt der Union bestimmt.

Grundsätzlich ist festzuhalten, dass eine einheitliche Unionsvertretung eine Verkleinerung der Quoten der großen Unionsstaaten bewirkt. Im Gegensatz hierzu werden kleinere Länder der Union an Bedeutung gewinnen. Dies ist darauf zurückzuführen, dass diese innerhalb der Union stärker als im IWF vertreten sind.[1635] Letzteres ist vor dem Hintergrund relevant, dass die Quotenänderung nicht ohne Zustimmung der Mitgliedstaaten wird vorgenommen werden können. Da den Unionsmitgliedern insgesamt ein Stimmanteil von über 15% im IWF zukommt, wäre es für diese möglich, Entscheidungen über die Quotenverteilung zu blockieren.[1636] Dies kann weitere Probleme bei der Umsetzung einer Mitgliedschaft der Union im IWF bewirken.

d) Auswirkung der territorialen Beschränkung der Unionskompetenzen

Die obigen Überlegungen können auch im Fall der gemischten Mitgliedschaft aufgrund der territorialen Beschränkung des Unionsrechtes angewendet werden. Da die Überseegebiete selbst nicht Mitglieder des IWF werden können, werden diese durch die jeweiligen Mutterländer vertreten. Diese Vertretungsregelung wird durch die Umwandlung des IWF von einer landes- in eine währungsbasierte Organisation nicht berührt. Auch hier ist letztendlich relevant, dass die Überseegebiete nicht unabhängig von den Mutterländern über ihre auswärtigen Beziehungen bestimmen können. Wie bisher wird daher deren Quote für die Überseegebiete maßgeblich sein.[1637]

1635 Bénassy-Quéré/ Bowles, CEPII 2002, 1, 4.

1636 Kenen, 23.

1637 Bognar, Europäische Währungsintegration und Außenbeziehungen, 396f., verweist darauf, dass die im Zusammenhang mit der Quotenberechnung auftretenden Probleme ihrem Wesen nach den Schwierigkeiten entsprechen, die mit einer Ersetzung der Mitgliedstaaten durch die Union einhergehen. Dies wäre jedoch nur dann der Fall, wenn die Quote ausschließlich unter Berücksichtigung des Überseegebietes berechnet würde. Letzteres ist abzulehnen, da für Aspekte der Rechtwahrnehmung die Stellung des Fondsmitglieds maßgeblich sein muss, das für das Überseegebiet auftritt. Dementsprechend kann auch dessen Quote, die sich nach der Stellung in der Weltwirtschaft berechnet, zugrunde gelegt werden. Besonderheiten für die Quotenberechnung ergeben sich damit unter territorialen Gesichtspunkten nicht.

e) Auswirkungen des Poolmodells

Aus dem Poolmodell ergeben sich für die Quotenberechnung keine weiteren Schwierigkeiten. Die im Zusammenhang mit der gemischten Mitgliedschaft angestellten Überlegungen zur Ableitung der Quote der Mitgliedstaaten von der der Union finden auch dann Anwendung, wenn sie sich auf eine infolge der differenzierten Integration verkleinerte Unionsgruppe beziehen.

Für die nicht an der Währungsintegration teilnehmenden Mitgliedstaaten verbleibt es dagegen bei den allgemeinen Bestimmungen zur Quotenberechnung. Dies erscheint auch deshalb sachgerecht, weil nur auf diese Weise die Stellung dieser Staaten bzw. ihrer Währungen in der Weltwirtschaft korrekt in ihrer Quote abgebildet werden kann. Eine Berücksichtigung der Unionsquote als Bezugspunkt für die Quoten der Staaten kommt daher erst dann in Betracht, wenn diese in der Integration aufschließen und der Währungsunion beitreten.[1638] In diesem Fall wird eine Neuberechnung der Unionsquote und der Quote des betroffenen Mitgliedstaates notwendig werden.

f) Zahlung der Quote

Die gemischte Mitgliedschaft der Union und der Mitgliedstaaten wirft schließlich die Frage nach der Zahlung der Quote auf. Entsprechend dem Grundsatz der alternativen Rechtsausübung ist dabei eine Zahlung sowohl durch die Union als auch durch die Mitgliedstaaten abzulehnen.[1639] Denkbar ist daher, zunächst den bisherigen Status quo beizubehalten. Als weitere Option bietet sich jedoch auch ein Rückgriff auf Art.30.5 EZB-Statut an. Nach diesem kann die EZB IWF-Reservepositionen und SZR halten und verwalten sowie die Zusammenlegung solcher Aktiva vorsehen. In Anbetracht einer Mitgliedschaft der Union als währungsausgebender Organisation erscheint letztgenanntes Vorgehen angebracht.

1638 Diese gesonderte Quotenberechnung wirkt sich auf Seiten der Union lediglich dann aus, wenn diese wie im Bereich des Kapital- und Zahlungsverkehrs für alle ihre Mitgliedstaaten tätig werden kann. Für diesen Fall sollten im Rahmen der Fondspraxis praktische Arrangements getroffen werden. Aufgrund der Repräsentation verschiedener Länder mit verschiedenen Währungen wäre es dabei durchaus denkbar, eine Quotenaddition wie im Fall der Vereinten Arabischen Republik vorzunehmen.

1639 Vgl. entsprechende Ausführungen Sattlers, 200 f., zu den Haushaltsregelungen internationaler Organisationen am Beispiel der FAO.

3. Neuverteilung der Quoten

a) Auswirkungen der Unionsquote auf die allgemeine Quotenverteilung

Die Neuberechnung der Unionsquote bedingt eine Neuverteilung der Quoten im Fonds[1640] und wirkt sich daher unweigerlich auf die Quoten der übrigen IWF-Mitglieder aus. Dabei können durch die Absenkung der Unionsquote Quotenanteile gewonnen werden, die an die übrigen IWF- Mitglieder verteilt werden könnten.[1641] Denkbar wäre etwa ein Aufteilung, die sich an den bisherigen Quotenanteilen der Mitglieder orientiert, aber auch eine allgemeine Neuverteilung der Quoten.[1642] In jedem Fall könnten im Zuge dieser Neuverteilung der Quoten Anteile an bisher unterrepräsentierte Mitglieder des Fonds übertragen werden und so deren Einflussmöglichkeit auf die Politik des Fonds gesteigert werden. Dies wiederum könnte die Akzeptanz einer Mitgliedschaft der Union im Fonds erhöhen.

b) Verfahren zur Neuverteilung der Quoten

Aufgrund der zentralen Bedeutung der Quoten für alle Bereiche des IWF sieht das Abkommen in Art. III Abs.2 IWFA die Möglichkeit einer Quotenüberprüfung vor. Gegenstand eines solchen Verfahrens sind sowohl der Gesamtquotenumfang der Organisation als auch die Verteilung der Quoten unter den Mitgliedern. Auf diese Weise soll sichergestellt werden, dass dem Fonds stets die Mittel zu Verfügung stehen, die er benötigt, um seinen Aufgaben nachzukommen.[1643] Sog. generelle Quotenüberprüfungen können dabei zu Anpassungen führen, die typischerweise Erhöhungen proportional zur bisherigen Quote vorsehen. Darüber hinaus kann im Wege einer Ad-hoc-Anpassung auch die relative Position eines einzelnen Mitglieds untersucht werden. Dies gilt besonders für die Fälle, in denen die Quote ‚nicht mehr mit dem relativen wirtschaftlichen Gewicht des Landes übereinstimmt', oder aber ‚eine bedeutende Veränderung in der Beziehung des Landes zum Fonds' stattgefunden hat.[1644] Ein solcher besonderer Anlass könnte der Betritt der Union zum IWF und die damit verbundene Neuausrichtung der Organisation sein.

1640 Smits in v.d. Groeben/ Schwarze, EUV/EGV, Art.111 Rdn.215; ders., ECB. 444.

1641 Mahieu/ Ooms/ Rottier, FSR 2008, 173, 176; ähnlich Van Houtven, Finance & Development 2004, 18, 19.

1642 Mahieu/ Ooms/ Rottier, FSR 2008, 173, 176.

1643 Skala/ Thimann/ Wölfinger, 10.

1644 Skala/ Thimann/ Wölfinger, 10 f. (wÜ) zu den Möglichkeiten der Quotenprüfung.

Im Gegenzug ist zu berücksichtigen, dass die Mitgliedstaaten der Union sicher nicht freiwillig für eine Änderung ihre Quotenhöhe stimmen werden. Aus diesem Grund wird auch darauf verwiesen, dass eine mögliche Quotenanpassung am effektivsten im Zuge einer Gesamtquotenerhöhung wird vorgenommen werden können.[1645]

II. Auswirkungen auf die institutionelle Struktur und Organisation des IWF

Ein Beitritt der Union hat unweigerlich Auswirkungen auf die institutionelle Struktur und Organisation des IWF. Schließlich folgt aus diesem die Notwendigkeit, die Union als Mitglied in die Organe des Fonds zu integrieren und dieser die Rechte eines Mitglieds einzuräumen. Die Mitgliedstellung wird dabei wesentlich durch die Höhe der zugeteilten Quote bestimmt. Diese beeinflusst in besonderer Weise die Besetzung des Exekutivrates, die Zuteilung der Stimmrechte und infolgedessen die politische Führung des Fonds.[1646]

1. Vertretung der Union

a) Der Gouverneursrat

Beim Gouverneursrat handelt es sich um das zwischenstaatliche Vollversammlungsorgan des IWF, das sich aus je einem Gouverneur und einem Stellvertreter pro Mitglied zusammensetzt. Diese Vertreter werden vom jeweiligen Mitglied in selbst gewählter Weise bestimmt.[1647]

Zum gegenwärtigen Zeitpunkt ist jedem Mitgliedstaat der Union ein eigener Sitz im Gouverneursrat zugeordnet. Entsprechende Sitze werden die Mitgliedstaaten, auch nach einem Beitritt der Union, behalten. Dies ist im Fall der Mitgliedstaaten, die der Eurozone angehören auf die gemischte Mitgliedschaft mit der Union zurückzuführen. Änderungen durch einen Beitritt der Union entstehen jedoch insofern, als diese ebenfalls einen Gouverneur und einen Stellvertreter in den Gouverneursrat entsenden wird. Je nach betroffener Angelegenheit wird, entsprechend der alternierenden Rechtsausübung, der Gouverneur des zuständigen Teils der Unionsgruppe auftreten. Eine Überrepräsentierung der Unionsgruppe wird durch dieses Vorgehen nicht bewirkt,

1645 Truman in Truman, 201, 202, 226 f.

1646 Mahieu/ Ooms/ Rottier, EuP 2005, 493, 498.

1647 Siehe 2. Kapitel Abs.V.2 m.w.N.

da aufgrund der Ausrichtung der Stimmrechte an der Quote, der Stimmanteil des jeweils zuständigen Teils der Unionsgruppe stets gleichbleibt.

Darüber hinaus werden auch die Mitglieder der Union ihre Sitze im Gouverneursrat behalten, die nicht an der Währungsunion teilnehmen und auf deren Mitgliedschaft sich der Beitritt der Union daher nicht auswirkt. Diese Mitgliedstaaten können neben dem jeweils zuständigen Teil der Unionsgruppe ‚kumulativ' auftreten. Eine Überrepräsentierung wird hier durch das Poolmodell vermieden, da sowohl die Unionsgruppe als auch die Mitgliedstaaten mit Ausnahmeregelung unterschiedliche Währungsräume repräsentieren.

b) Der Exekutivrat

Die Umsetzung einer Mitgliedschaft der Union im IWF erweist sich mit Blick auf den Exekutivrat als problematisch.[1648] Dies ist auf den Umstand zurückzuführen, dass es sich hierbei um ein Gremium mit beschränkter Mitgliederzahl handelt und das Verfahren zur Verteilung der Sitze nicht homogen ausgestaltet wurde.[1649] Vor diesem Hintergrund gilt es, die Auswirkungen eines Beitritts der Union auf die Ernennung und Wahl der Direktoren zu untersuchen.

aa) Folgen für die Ernennung von Exekutivdirektoren

Der Union wird infolge ihrer bedeutenden Stellung in der Weltwirtschaft eine der größten Quoten im IWF zugeteilt werden. Hieraus folgt in jedem Fall, dass die Union nach der jetzigen Regelung zu den fünf Mitgliedern zu zählen sein wird, die berechtigt sind, einen eigenen Exekutivdirektor zu ernennen.

Auch die an der Währungsunion teilnehmenden Mitgliedstaaten der Union werden aufgrund der gemischten Mitgliedschaft im IWF weiterhin im Exekutivrat vertreten sein. Infolge der Zugehörigkeit zur Unionsgruppe wird sich ihr Quotenanteil jedoch verringern. Eine Aufrechterhaltung des Status quo erscheint daher nicht wahrscheinlich. Es ist vielmehr davon auszugehen, dass Deutschland und Frankreich nicht länger zu den fünf Mitgliedern mit den höchsten Quotenanteilen zu zählen sein werden. Dementsprechend wird der Beitritt der Union den Verlust von zwei national ernannten Exekutivdirektoren auf Seiten der Mitgliedstaaten zur Folge haben.[1650] Diese Mitgliedstaaten werden daher lediglich im Wege der Wahl auf die Besetzung eines Exekutivdirektors Einfluss

---

1648 Vgl. Smits in v.d. Groeben / Schwarze, EUV/ EGV, Art.111 Rdn.215, 225.

1649 Vgl. 2. Kapitel Abs.V.3 m.w.N.

1650 Mahieu/ Ooms/ Rottier, FSR 2008, 173, 179. Entsprechendes würde für den Sitz Großbritanniens im Fall eines Beitritts zur Währungsunion gelten.

nehmen können. Dieser Umstand verdeutlicht erneut die politische Problematik, die mit der Umsetzung einer Mitgliedschaft der Union im IWF auf Seiten der EU-Mitgliedstaaten einhergehen wird.

Der Verlust von zu ernennenden Exekutivdirektoren bedeutet auch, dass entsprechende Sitze im Direktorium frei werden und an andere Länder übertragen werden könnten.[1651] Ein solcher Transfer könnte die politische Akzeptanz eines Beitritts der Union von Seiten der Drittstaaten erhöhen, da so einer Überrepräsentierung der europäischen Länder gegenüber den Schwellenländern entgegengewirkt werden könnte.[1652] Alternativ wird auf die Möglichkeit einer Änderung der in Art. XII Abs.3 b) i) IWFA genannten Anzahl dieser Exekutivdirektoren hingewiesen. Es wird dabei betont, dass eine solche Verringerung angesichts der Differenz zwischen der Höhe der Quotenanteile der Union sowie der USA gegenüber dem drittgrößten Anteilseigner angemessen erscheint.[1653]

Im Fall der nicht an der Währungsunion teilnehmenden Mitgliedstaaten kommt nur Großbritannien das Recht zu, einen Exekutivdirektor zu ernennen. Auf dieses Recht würde sich der Betritt der Union nicht auswirken.

bb) Auswirkungen auf die Wahl von Exekutivdirektoren

Die obigen Ausführungen verdeutlichen, dass sich ein Beitritt der Union und die damit zusammenhängende Aufgabe von zu ernennenden Direktoren auch im Bereich der zu wählenden Exekutivdirektoren auswirken wird. Um diese Auswirkungen im einzelnen zu bestimmen, ist zunächst die bisherige Beteiligung der europäischen Mitgliedstaaten an der Wahl der Exekutivdirektoren näher darzustellen.

α) Aktuelle Beteiligung der Mitgliedstaaten an den Stimmrechtsgemeinschaften

Zum Zweck der Wahl der Exekutivdirektoren haben sich die Mitglieder des Fonds in sog. Stimmrechtsgemeinschaften organisiert. Dabei verteilen sich die Mitgliedstaaten der Union wie folgt auf die einzelnen Wahlgruppen:

1651 Mahieu/ Ooms/ Rottier, EuP 2005, 493, 499, nach denen es sich dabei um China, Kanada, Singapur oder aber Saudi-Arabien handeln könnte.

1652 Mahieu/ Ooms/ Rottier, EuP 2005, 493, 499; ähnlich Buira, 2002, 18.

1653 Mahieu/ Ooms/ Rottier, FSR 2008, 173, 180.

Gewählter Exekutivdirektor	Vertretender Exekutivdirektor	Mitglieder
Türkei	**Österreich** Ungarn	**Österreich**, Weißrussland, Tschechische Republik, Ungarn, Kosovo, **Slowakei, Slowenien,** Türkei
Niederlande	**Belgien** Ukraine	Armenien, **Belgien,** Bosnien-Herzegowina, Bulgarien, Kroatien, **Zypern**, Georgien, Israel, **Luxemburg**, Mazedonien, Moldawien, Montenegro, **Niederlande,** Rumänien, Ukraine
Spanien	Mexiko Kolumbien	Kolumbien, Costa Rica, El Salvador, Guatemala, Honduras, Mexiko, Nicaragua, **Spanien**, Venezuela
Italien	**Griechenland**	Albanien, **Griechenland, Italien, Malta, Portugal**, San Marino
Kanada	**Irland**	Antigua und Barbuda, Barbados, Bahamas, Belize, Kanada, Dominica, Grenada, **Irland**, Jamaica, St. Kitts und Nevis, St. Lucia, St. Vincent und die Grenadinen
Norwegen	Schweden	Dänemark, **Estland, Finnland,** Island, **Lettland,** Litauen, Norwegen, Schweden
Schweiz	Polen	Aserbaidschan, Kasachstan, Kirgisische Republik, Polen, Serbien, Schweiz, Tadschikistan, Turkmenistan

Quelle: IMF Executive Directors and Voting Power, Stand Dezember 2014

Die Tabelle macht deutlich, dass zurzeit drei Euro-Mitgliedstaaten gewählte Exekutivdirektoren stellen, die einer Stimmgemeinschaft vorstehen. Neben Spanien handelt es sich hierbei um die Niederlande und Italien, die ihre Stimmgemeinschaften auch dauerhaft leiten.[1654] Diese Wahlgruppen umfassen insgesamt neunundzwanzig Mitglieder des Fonds, zu denen auch siebzehn Staaten zählen, die keine Mitglieder der Union sind. Dies wiederum steigert den Einfluss des jeweiligen europäischen Exekutivdirektors über den Bereich der Union hinaus. Dieser Einflussgewinn wird wiederum, wenn auch nur geringfügig, durch den Umstand abgeschwächt, dass auch zwei europäische Staaten Mitglieder von Stimmgemeinschaften sind, deren Vorsitz dauerhaft von Staaten wahrgenommen wird, die nicht der Union angehören. Es handelt sich dabei um Irland und Polen, die Mitglieder in den Wahlgruppen Kanadas und der Schweiz sind. Schließlich gehören Mitgliedstaaten der Union auch Wahlgruppen an, deren Vorsitz sich nach dem

1654 Smaghi, JCMS 2004, 229, 231.

Rotationsprinzip bestimmt. Im Fall der von Spanien geleiteten Stimmrechtsgruppe rotiert der Vorsitz zwischen Venezuela, Mexiko und Spanien. Im Fall der baltisch-nordischen Stimmgemeinschaft, die zurzeit von Norwegen repräsentiert wird, rotiert der Vorsitz unter allen Mitgliedern, wobei es sich fast ausschließlich um EU- Mitgliedstaaten handelt.[1655]

Hieraus folgt, dass die Mitgliedstaaten der Union neben den ernannten Exekutivdirektoren über mindestens zwei bis maximal fünf gewählte Direktoren Einfluss im IWF ausüben können. Hinzu kommt die Möglichkeit, in den genannten sieben Stimmgemeinschaften den Vertreter des Exekutivdirektors zu stellen. Es verwundert angesichts dieses Einflussbereiches nicht, dass auch hier von einer Überrepräsentierung der Mitgliedstaaten der Union gesprochen wird.[1656] Dass sich diese Aufteilung angesichts des erheblichen Quotenanteils europäischer Staaten nicht in einer tatsächlichen Erweiterung des Einflusses in der Organisation niedergeschlagen hat, ist letztendlich auf die Komplexität der Vertretung und die Problematik, gemeinsame Positionen zu entwickeln, zurückzuführen. Dementsprechend überwiegt gegenwärtig, trotz des geringeren Quotenanteils, der Einfluss der USA im Exekutivrat.[1657]

β) Auswirkungen eines Beitritts der Union auf die Stimmgemeinschaften: Schaffung einer einheitlichen europäischen Stimmgemeinschaft

Ein Beitritt der Union würde sich unweigerlich auf die bereits bestehenden Stimmrechtsgemeinschaften auswirken. Dies folgt aus dem Umstand, dass sich Deutschland und Frankreich infolge des Verlusts der Möglichkeit, Exekutivdirektoren zu ernennen, in die Strukturen eingliedern werden müssen, die für die Wahl der Exekutivdirektoren vorgesehen sind.

In diesem Zusammenhang kann zunächst ein Wechsel in bestehende Stimmgemeinschaften angedacht werden. Die bisherige Zusammensetzung der Stimmgemeinschaften, in denen sowohl an der Währungsunion teilnehmende Staaten als auch Drittstaaten vertreten sind, würde in diesem Fall aufrechterhalten. Dies erscheint insofern problematisch, als ‚die Teilnahme an der WWU die Beachtung einer gemeinsamen Disziplin in Bereichen erfordern kann, die Auswirkungen auf das Funktionieren des Gemeinsamen Binnenmarktes haben.' Die Annahme derartiger gemeinsamer Positionen könnte in der jetzigen

1655 Smaghi, JCMS 2004, 229, 231, zu der vorgenannten Zusammensetzung der einzelnen Stimmrechtsgruppen.

1656 Truman in Truman, 201, 203.

1657 Van Houtven, Finance & Development 2004, 18, 19.

Konstellation jedoch durch die Drittstaaten, die an deren Bestimmung keinen Anteil haben, verhindert werden.[1658]

Ferner ist bei der Umsetzung der gemischten Mitgliedschaft der Union und ihrer Mitgliedstaaten im IWF eine alternative Ausübung der Mitgliedschaftsrechte durch den jeweils zuständigen Teil der Unionsgruppe sicherzustellen. Hieraus folgt, dass im Fall der Zuständigkeit der Union, die an der Währungsunion teilnehmenden Mitgliedstaaten ihre Stimmrechte nicht ausüben dürften. Der jeweils gewählte Exekutivdirektor könnte daher nicht über alle, seiner Stimmgemeinschaft zustehenden Stimmrechte verfügen. Dies ist nach den jetzigen Regelungen, die eine Splittung der Stimmen nicht vorsehen, nicht möglich. Eine Stimmenthaltung würde im Übrigen einer Vereitelung der Stimmrechte der übrigen IWF-Mitglieder innerhalb der Stimmgemeinschaften gleichkommen, und im Gegenzug das Stimmgewicht der Union erhöhen.[1659] Aufgrund der Anzahl der betroffenen Wahlgruppen wäre die Funktionsfähigkeit des Exekutivdirektoriums gefährdet.

Um dieser Problematik zu begegnen, sollte im Zuge eines Beitritts der Union eine einheitliche europäische Stimmrechtsgemeinschaft für die an der WWU teilnehmenden Mitgliedstaaten geschaffen werden.[1660] Auf diese Weise könnte sichergestellt werden, dass im Fall der Zuständigkeit dieser Mitgliedstaaten die entsprechenden Stimmanteile in koordinierter Weise durch einen Exekutivdirektor abgegeben werden. Zudem wäre es möglich, den europäischen Exekutivdirektor der an der Währungsunion teilnehmenden Mitgliedstaaten im Fall der Zuständigkeit der Union von der Stimmabgabe auszuschließen. Ein solches Vorgehen hätte

1658 So Louis in FS Hahn, 201, 209 (wÜ), zur Problematik der gemeinsamen Disziplin. Zu berücksichtigen ist, dass Louis die Ansicht vertritt, dass sich eine Koordinierungspflicht aus der nun in Art.138 AEUV enthaltenen Regelung auch bezüglich der Kompetenzen der Mitgliedstaaten ergibt. Dieser Ansicht wird vorliegend nicht gefolgt. Vgl. hierzu die Diskussion im 6. Kapitel Abs.III.2.b).bb) δ) m.w.N. Dennoch können auch auf der Grundlage von Art.4 Abs.3 EUV Koordinierungspflichten entstehen, für die die Ausführungen zu den Stimmgemeinschaften relevant sind.

1659 Smaghi JCMS 2004, 229, 233 (wÜ), verweist darauf, dass die Mitgliedschaft in einer Stimmgemeinschaft ‚die Mitglieder dazu zwingt, sich entweder auf eine gemeinsame Position zu einigen, oder aber sich der Abstimmung zu enthalten.'

1660 Sowohl Mahieu/ Ooms/ Rottier, EuP 2005, 493, 496; Smaghi JCMS 2004, 229, 229, 243, als auch Correales-Díez, 19 ff., diskutieren die Bildung einer europäischen Stimmgemeinschaft nicht im Zusammenhang mit einer Mitgliedschaft der Union im IWF. Dennoch sind die Überlegungen zumindest teilweise auf die Konstellation einer gemischten Mitgliedschaft übertragbar, da hier die an der Währungsunion teilnehmenden Mitgliedstaaten Mitglieder des IWF bleiben.

durch die notwendige Vorabkoordinierung im Zuge des einheitlichen Abstimmungsprozesses den Vorteil, dass so der politische Einfluss der Mitglieder dieser Stimmrechtsgruppe erhöht würde.[1661]

Im Fall der nicht an der Währungsunion teilnehmenden Mitgliedstaaten besteht diese Problematik nicht in gleicher Weise. Aufgrund des Poolmodells können diese Mitgliedstaaten kumulativ neben der Unionsgruppe im Exekutivrat Stimmen abgeben. Eine Beibehaltung der bisherigen Teilnahme in unterschiedlichen Stimmrechtsgemeinschaften erscheint daher möglich. Gegen ein solches Vorgehen könnte allenfalls die aus den Art.4 Abs.3 EUV, 142 AEUV folgende Loyalitätspflicht sprechen, die ebenfalls Koordinierungspflichten, wenn auch in geringerer Form als bei den an der Währungsunion teilnehmenden Mitgliedstaaten, bedingen kann. Um hier eine Durchführung nicht an der Haltung von Drittstaaten in derselben Stimmgemeinschaft scheitern zu lassen, könnte überlegt werden, diese Staaten ebenfalls in die europäische Stimmgemeinschaft einzubeziehen oder aber eine weitere europäische Stimmgemeinschaft zu gründen. In beiden Fällen entstünden hinsichtlich der Konstruktion ähnliche Probleme und Konsequenzen wie im Fall der Gründung einer Stimmgemeinschaft nur der an der Währungsunion teilnehmenden Mitgliedstaaten. Diese werden nachfolgend näher dargestellt.

γ) Auswirkungen auf die bestehenden Stimmgemeinschaften

Die Schaffung einer einheitlichen europäischen Stimmrechtsgemeinschaft hätte zur Folge, dass die an der Währungsunion teilnehmenden Mitgliedstaaten ihre bisherigen Stimmrechtsgemeinschaften verlassen und die hiermit verbundenen Positionen aufgeben müssten. Dies wäre mit Blick auf einzelne Staaten, die beispielsweise einer Stimmgemeinschaft vorstehen, mit einem Verlust an politischem Einfluss verbunden und daher entsprechend schwierig durchzusetzen. Im Gegenzug könnte auch hier die Gesamtzahl der Stimmgemeinschaften und der zu wählenden Exekutivdirektoren herabgesetzt werden.[1662] Die damit einhergehende Verkleinerung des Exekutivrates könnte die Effektivität der Entscheidungsfindung erhöhen.[1663] Alternativ bestünde die Möglichkeit, die frei werdenden Sitze an die bisher weniger vertretenen Entwicklungsländer zu übertragen.[1664]

1661 Vgl. Smaghi, JCMS 2004, 229, 247.
1662 Bénassy-Quéré/ Bowles, CEPII 2002, 1, 2.
1663 Van Houtven, Finance & Development 2004, 18, 20.
1664 Mahieu/ Ooms/ Rottier, EuP 2005, 493, 499; ähnlich Truman in Truman, 201, 230.

δ) Auswirkungen auf den kooperativen Charakter des Fonds

Die Zusammensetzung der Stimmgemeinschaften kann weitgehend als gemischt beschrieben werden. Dies ist auf den Umstand zurückzuführen, dass vielen Wahlgruppen Mitglieder angehören, die nach verschiedenen Kriterien nicht als vergleichbar klassifiziert werden können. Abgestellt werden kann dabei etwa auf geographische und historische[1665], aber auch auf wirtschaftliche Aspekte sowie die Unterscheidung zwischen Kreditgeber und Kreditnehmer.[1666]

Der Zusammensetzung der Stimmgemeinschaften kommt für das Funktionieren des Fonds unter dem Gesichtspunkt der Konsensbildung eine bedeutende Rolle zu. Sie ermöglichen bereits im Vorfeld zur Abstimmung im Exekutivdirektorium einen Interessenausgleich zwischen industrialisierten und weniger entwickelten Ländern, nördlichen und südlichen Regionen, aber auch zwischen Kreditnehmern und Kreditgebern.[1667] Diese Brückenfunktion resultiert aus dem Umstand, dass ein gewählter Exekutivdirektor zur Vertretung einer Gruppe von Ländern berufen ist und daher die Positionen aller Mitglieder seiner Stimmgemeinschaft zu berücksichtigen hat. Da es diese verschiedenen Positionen auch im Rahmen der nachfolgenden Entscheidungsfindung im Exekutivrat auszugleichen gilt, wird auch von einem vorbereitenden Interessenausgleich gesprochen.[1668]

Die Schaffung einer einheitlichen europäischen Stimmgemeinschaft wird sich auf diesen Mechanismus insofern auswirken, als diese Gruppe weitgehend homogen ausgestaltet wäre. Die Brückenfunktion zwischen dem industrialisierten Europa und weniger entwickelten Ländern würde sich demnach verringern.[1669] Darüber hinaus wird eine Beeinträchtigung des kooperativen Charakters des

---

1665 Bénassy-Quéré/ Bowles, CEPII 2002, 1, 2.

1666 Mahieu/ Ooms/ Rottier, EuP 2005, 493, 500, der auch darauf verweist, dass es keine klare Definition für gemischte Stimmgemeinschaften gibt. Die Charakterisierung ist letztendlich von den angewendeten Kriterien abhängig: Vergleicht man die Zusammensetzung der Stimmgemeinschaften unter dem Gesichtspunkt des Bruttosozialproduktes der Mitglieder, so sind nach Mahieu/ Ooms/ Rottier, aaO. etwa folgende Stimmgemeinschaften als gemischt anzusehen: Niederlande, Australien, Spanien, Indonesien, Schweiz sowie die Sub-Saharagebiete. Bei einem Abstellen auf geographische Aspekte wären etwa die Stimmgemeinschaften der Niederlande, Australiens, Kanadas, Indonesiens und der Schweiz als gemischt anzusehen. Unter Zugrundelegung des Status als Kreditnehmer/ Kreditgeber stufen Mahieu/ Ooms/ Rottier, aaO. aufgrund einer Analyse eines Zeitraumes von zehn Jahren nur die Stimmgemeinschaft des französischsprachigen Afrikas als homogen ein.

1667 So Mahieu/ Ooms/ Rottier, FSR 2008, 173, 180.

1668 Mahieu/ Ooms/ Rottier, FSR 2008, 173, 180, zur Brückenfunktion.

1669 Mahieu/ Ooms/ Rottier, EuP 2005, 493, 502.

Fonds auch durch eine verstärkte Polarisierung zwischen Schuldner- und Gläubigerländern befürchtet.[1670] Inwiefern sich diese Tendenz in der Praxis des Fonds bestätigen wird, bleibt abzuwarten.[1671] Gegen entsprechende Auswirkungen sprechen das grundsätzliche Fortbestehen gemischter Stimmgemeinschaften, das Vorliegen unterschiedlicher Interessen auch zwischen den Mitgliedstaaten der Union sowie der Umstand, dass sich die Stellung als Kreditgeber und Kreditnehmer zwischen den Mitgliedern des Fonds verschieben kann. Dies betrifft auch die Mitgliedstaaten der Union, wie die europäische Schuldenkrise verdeutlicht. Je nach Entwicklung könnte daher der kooperative Charakter auch im Zusammenhang mit einer europäischen Stimmgemeinschaft zum Tragen kommen.

2. Stimmrecht der Union

Die Quotenanteile eines Mitglieds wirken sich nicht nur bei der Besetzung der Organe des IWF aus, sondern auch bei der Zuteilung der Stimmrechte. Dies resultiert aus dem System der Stimmgewichtung im Fonds, bei dem den Mitgliedern, abgesehen von den Basisstimmen, Stimmrechte in Relation zu ihrem Quotenanteil zugeordnet werden.[1672]

a) Erhöhung des Stimmgewichts in Abstimmungsprozessen

Obwohl im Rahmen des IWF Entscheidungen im Wege der Konsensbildung unter Vermeidung formaler Abstimmungsverfahren angestrebt werden, spielen Stimmrechte in der Tagespraxis des Fonds eine große Rolle. So bestimmt sich nach ihnen das Kräfteverhältnis der Staaten in den entsprechenden Foren.[1673] Dabei ist zu berücksichtigen, dass die meisten Entscheidungen mit einfacher Mehrheit der abgegebenen Stimmen getroffen werden. Bestimmte Entscheidungen erfordern jedoch eine Mehrheit von 70% bzw. 85% der abgegebenen Stimmen.[1674]

Im Zuge eines Beitritts der Union und der damit einhergehenden Zuteilung einer einheitlichen Quote wird sich der Einfluss der Union in diesen Abstimmungsprozessen erhöhen.[1675] Dies macht die relative Größe des Stimmanteils deutlich, dem im Rahmen der gewichteten Entscheidungsprozesse besondere Bedeutung

1670 Mahieu/ Ooms/ Rottier, EuP 2005, 493, 504.

1671 Correales-Díez, 22 f., geht etwa davon aus, dass die Vorteile der gemischten Stimmgemeinschaften eliminiert würden.

1672 Truman in Truman, 201, 210f.

1673 Bénassy-Quéré/ Bowles, CEPII 2002, 1, 1.

1674 Vgl. 2. Kapitel Abs.V.6.b) m.w.N.

1675 Vgl. Mahieu/ Ooms/ Rottier, EuP 2005, 493, 504.

zukommt, da sich in ihm die Fähigkeit zur Beeinflussung der Abstimmungsergebnisse widerspiegelt.[1676]

Dass die Union nur Absprachen mit einer geringen Anzahl anderer Mitglieder zur Beeinflussung von Entscheidungen benötigen wird, wird zunächst im Zusammenhang mit Entscheidungen deutlich, die eine 85% Mehrheit erfordern. Bisher sind hier die USA das einzige Mitglied, das aufgrund seines Stimmanteils über ein Vetorecht verfügt und damit ein Vorgehen der übrigen Mitglieder blockieren kann. Infolge eines Beitritts der Union erhielte auch diese ein solches Vetorecht.[1677] Weiterhin wäre die Union in der Lage, beispielsweise gemeinsam mit den USA, Entscheidungen zu blockieren, für die eine Mehrheit von 70% vorgesehen ist.[1678] Im Fall einfacher Mehrheitsentscheidungen wäre für eine solche Blockade noch die Teilnahme des Mitglieds mit der drittgrößten Quote erforderlich. Hieraus folgt auch, dass Einigungen seitens der größten Währungsblöcke durch andere Mitglieder nur schwer abgewendet werden können.[1679]

Dies macht deutlich, dass die Union trotz des Verlustes europäischer Exekutivdirektorenposten und einer Quote, die vermutlich unterhalb des berechneten Anteils liegen wird, mit einem gesteigerten Einfluss im Rahmen des Prozesses der Entscheidungsfindung im Fonds wird rechnen können.[1680]

b) Auswirkung auf das Kräfteverhältnis im Fonds

Die Steigerung des Einflusses der Union wird zu einer Verschiebung des Kräfteverhältnisses innerhalb der Organisation führen. Aufgrund der neuen Veto- und Blockademöglichkeiten würden die USA die ihnen bisher zukommende Sonderstellung verlieren und der IWF zu einer bipolaren Organisation fortentwickelt.[1681] Diese Blockbildungstendenz wird nicht nur als Gefahr für die kooperative Natur angesehen[1682], sondern führt auch zu einer Veränderung der Wahlstrukturen, die sich auch auf das Stimmgewicht der übrigen Fondsmitglieder auswirkt. Denkbar

---

1676 Truman in Truman, 201, 211.

1677 Vgl. Louis in FS Hahn, 201, 208.

1678 Mahieu/ Ooms/ Rottier, EuP 2005, 493, 504. Im Fall der Übernahme der Quoten aller Mitgliedstaaten durch die Union und einer Gesamtquote von über 30% käme der Union auch ein Vetorecht in Abstimmungen zu, die eine Mehrheit von 70% der Stimmen erfordern. Vgl. hierzu 7.Kapitel Abs.I.2.b).aa) m.w.N.

1679 Mahieu/ Ooms/ Rottier, EuP 2005, 493, 504.

1680 Mahieu/ Ooms/ Rottier, EuP 2005, 493, 504; ähnlich Smaghi, JCMS 2004, 229, 245; Truman in Truman, 201, 229; Louis in FS Hahn, 201, 208.

1681 Correales-Díez, 16.

1682 Mahieu/ Ooms/ Rottier, EuP 2005, 493, 504; Smaghi JCMS 2004, 229, 237.

ist etwa, dass sich das Stimmgewicht rivalisierender Blöcke gegenseitig begrenzt, was wiederum zu einer Erhöhung des Stimmgewichts dritter Staaten führen könnte.[1683] Zudem wird sich die Bipolarisierung auf die Ausrichtung und Gestaltung der Politik des IWF, etwa im Rahmen der Zahlungsbilanzhilfe, auswirken.[1684] Die Entwicklung multipolarer Strukturen wird aufgrund der geringeren Anzahl an Ansprechpartnern aber auch als Chance gesehen, die internationale Währungskooperation zwischen den Wirtschaftsblöcken zu vereinfachen und effizienter zu gestalten.[1685]

c) Basisstimmen

Den Mitgliedern des Fonds werden nicht alle Stimmen in Abhängigkeit ihrer Quote zugeteilt. Vielmehr erhält jedes Mitglied zusätzliche eine fixe Anzahl von Basisstimmen. Diese Stimmen sollen die kleinsten Mitgliedstaaten begünstigen, die andernfalls aufgrund ihrer geringen wirtschaftlichen Bedeutung keinen Einfluss auf die Entscheidungsfindung nehmen könnten.[1686] Hieraus folgt, dass im Fonds neben die gewichtete Zuteilung von Stimmrechten auch eine statische Stimmrechtsverteilung tritt. Dementsprechend tritt im IWF, infolge der gemischten Mitgliedschaft der Union und ihrer Mitgliedstaaten, zusätzlich die Problematik bei der Stimmrechtszuteilung auf, die für internationale Organisationen ohne Stimmrechtsgewichtung charakteristisch ist.[1687]

Im Vordergrund steht dabei die Überlegung, dass die gemischte Mitgliedschaft und die hieraus folgende alternative Rechtsausübung nicht zu einer Überrepräsentierung der Unionsgruppe führen darf. Dies ist nur dann gewährleistet, wenn die Stimmanzahl der an der WWU teilnehmenden Mitgliedstaaten der Stimmzahl der Union entspricht. Dies kann erreicht werden, indem den Mitgliedstaaten in ihrer Gesamtheit nur die Anzahl der Basisstimmen zukommt, die der Union zugeteilt werden. Da dies einer Schlechterstellung der Mitgliedstaaten gegenüber den anderen Mitgliedern des Fonds gleichkäme, könnte auch an eine reguläre Zuteilung an die Mitgliedstaaten und eine Addition der Basisstimmen im Fall der Zuständigkeit der Union gedacht werden. Da dies wiederum die Union gegenüber den

1683 Smaghi in Jorgensen, 61, 68, verweist darauf, dass mit der Polarisierung innerhalb der Entscheidungsgremien eine verstärkte Koordinierung unter den übrigen Ländern einhergehen könnte.

1684 Vgl. Correales-Díez, 16.

1685 Pineau/ Ruggerio, Euro 2000, 63, 69.

1686 Skala/ Thimann/ Wölfinger, 17.

1687 Vgl. zu dieser Problematik Sattler, 195 ff., mit entsprechenden Beispielen.

übrigen Mitgliedern des Fonds privilegieren würde, dürfte die Umsetzung einer solchen Konstruktion bereits aus politischen Gründen nicht durchzuführen sein. Entscheidend ist jedoch, dass mit dem Beitritt der Union zum Fonds eine Abkehr von dessen landesbasierter Organisationsstruktur einhergeht. Im Zentrum steht vielmehr ein Währungsraum, der durch die Union bzw. die Unionsgruppe repräsentiert wird. Ein Abstellen auf diesen Währungsraum rechtfertigt es, der Union bzw. den an der Währungsunion teilnehmenden Mitgliedstaaten nur einfach die reguläre Anzahl an Basisstimmen zuzuerkennen.

Die nicht an der Währungsunion teilnehmenden Mitgliedstaaten werden als eigenständige Mitglieder des Fonds die ihnen zugeteilten Basisstimmen behalten und diese aufgrund des Poolmodells parallel zur Union ausüben können. Probleme ergeben sich hieraus nicht.

3. Sitz des Fonds

Die Neuzuteilung einer Quote an die Union könnte sich schließlich auf den Sitz des IWF auswirken.[1688] Gemäß der Regelung in Art. XIII Abs.1 IWFA hat der Fonds seine Zentrale im Hoheitsgebiet des Mitglieds mit der größten Quote und befindet sich dementsprechend zurzeit in den USA. Es wird vermutet, dass diese örtliche Nähe sich zumindest indirekt in einem gesteigerten Einfluss im Fonds niederschlägt.[1689] Sollte die Union infolge ihres Beitritts zum IWF einen höheren Quotenanteil als die USA erhalten, müsste der Sitz des Fonds nach Europa verlegt werden.[1690]

4. Anknüpfung an das Territorium der Mitglieder des IWF

Im IWF-Abkommen wird für die Bestimmung des Sitzes des Fonds in Art. XIII Abs.1 IWFA an das Hoheitsgebiet des Mitglieds geknüpft. Darüber hinaus wird in Art. IX IWFA, der Rechtsstellungen, Immunitäten und Vorrechte des Fonds in den Mitgliedstaaten behandelt, auf das Hoheitsgebiet der Mitglieder Bezug genommen. Diese Anknüpfung könnte sich im Fall der Umsetzung des Abkommens durch die Union als problematisch erweisen, da diese nicht über ein eigenes Hoheitsgebiet verfügt.[1691] Die Problematik wird jedoch durch das Vorliegen einer gemischten Mitgliedschaft abgeschwächt. Hier können die Mitglieder der Union bzw. der Währungsunion das entsprechende Hoheitsgebiet vermitteln.

1688 Martha, CMLRev.1993, 749, 781; Louis in FS Hahn, 201, 208; Correales-Díez, 24.
1689 Mahieu/ Ooms/ Rottier, EuP 2005, 493, 503.
1690 Smaghi, JCMS 2004, 229, 230.
1691 Martha, CMLRev.1993, 749, 781 f.

III. Auswirkungen auf die finanzielle Struktur des IWF

Eine Neuverteilung der Quoten hätte auch Konsequenzen für die finanzielle Struktur des Fonds. Dies gilt nicht nur für die Liquiditätsposition des Fonds, sondern auch den Zugang zu dessen Ressourcen sowie insbesondere die Verteilung der Sonderziehungsrechte.[1692]

1. Auswirkungen auf die Liquiditätsposition des IWF

Die der Union im Zuge des Beitritts zum IWF zugeteilte Quote wird, wie dargelegt, nicht den addierten Quoten der Mitgliedstaaten der Währungsunion entsprechen, sondern niedriger ausfallen. Da der IWF den Euro zu den als „verwendbar" qualifizierten Währungen zählt, die der Fonds für seine Leihtätigkeit benötigt[1693], wird sich die Verringerung der Unionsquote auch auf die Liquiditätsposition des IWF auswirken. Bei einer konstanten Gesamtquotenanzahl im Fonds wird diese Auswirkung jedoch durch die korrespondierende Quotenerhöhung der übrigen Mitglieder des IWF abgeschwächt.[1694] In diesem Fall würde der Beitritt der Union im Wesentlichen zu einer veränderten Zusammensetzung der verwendbaren Ressourcen des Fonds führen.

2. Zugang zu den Ressourcen des Fonds

a) Zugang der Union zu den Ressourcen

Infolge eines Beitritts der Union zum IWF wäre diese berechtigt, gemäß den Vorgaben des Abkommens, die Ressourcen des Fonds im Rahmen des Hilfsmechanismus in Anspruch zu nehmen.[1695] Besonderheiten gegenüber den übrigen Mitgliedstaaten bestünden dabei grundsätzlich nicht. Hervorzuheben ist jedoch die Bedeutung dieser rechtlichen Stellung der Union für den Fonds. Diese würde es dem Fonds unzweifelhaft ermöglichen, seiner Sicherungsfunktion auch im Hinblick auf den Euro nachzukommen, und damit eine der bedeutendsten internationalen Währungen gegen exzessive Währungsschwankungen abzuschirmen.[1696]

1692 Mahieu/ Ooms/ Rottier, FSR 2008, 173, 178.

1693 Factsheet: Where the IMF gets its money – The IMF's lending capacity.

1694 Mahieu/ Ooms/ Rottier, FSR 2008, 173, 178, zur Auswirkung auf die Liquiditätsposition.

1695 Vgl. Steinki in Current Developments, Vol. 2, 109, 126. Da dieser von einem Status-quo-Szenario ausgeht, wird für den direkten Zugang der Union eine Abänderung des IWF-Abkommens gefordert.

1696 Maystadt in Masson/ Krueger/ Turtelboom, 146, 152.

Die Höhe der Inanspruchnahme richtet sich dabei nach der zugeteilten Unionsquote.

b) Auswirkungen auf die übrigen Fondsmitglieder

Wie dargelegt, führt die Zuteilung einer Quote an die Union zwangsläufig zu einer Neuverteilung der Quotenanteile der übrigen Fondsmitglieder. Zu diesen zählen auch die Mitglieder der Union, die nicht an der Währungsunion teilnehmen. Da sich nach der Höhe der Quote auch die Höhe der möglichen Finanzhilfe bemisst, wird sich die Mitgliedschaft der Union im Fonds auch auf die Ziehungsberechtigung der übrigen Fondsmitglieder auswirken.[1697] Dabei ist ferner zu berücksichtigen, dass Anforderungen im Rahmen der Konditionalität und Zinsaufschläge mit der prozentualen Höhe der in Anspruch genommenen Fondsmittel ansteigen können. Dementsprechend werden sich auch hier Quotenänderungen auswirken.[1698]

c) Auswirkungen der gemischten Mitgliedschaft im IWF

aa) Berechtigung zur Inanspruchnahme nach dem Grundsatz der innerorganisatorischen Gleichbehandlung

Angesichts der gemischten Mitgliedschaft im IWF stellt sich die Frage, ob auch die Mitgliedstaaten der Währungsunion weiterhin berechtigt sind, die Ressourcen des Fonds im Rahmen des Hilfsmechanismus zu nutzen. Nach dem Grundsatz der innerorganisatorischen Gleichbehandlung wäre dies nur dann zu bejahen, wenn eine Zuständigkeit der Mitgliedstaaten festzustellen wäre, die, alternativ zur Union, eine Inanspruchnahme der Fondsressourcen rechtfertigen könnte.[1699] Im Hinblick auf die Eurozone als Ganzes ist dies abzulehnen, da die Union als Währungsemittent unzweifelhaft auch die Voraussetzungen für die Inanspruchnahme des Hilfsmechanismus erfüllt. Ein kumulatives Vorgehen der Mitgliedstaaten wäre nicht mit oben genanntem Grundsatz zu vereinbaren, da dies zu einer Besserstellung der Unionsgruppe gegenüber den übrigen Fondsmitgliedern führen würde.

Diese Feststellung, die sich bisher nur auf einen Beistand für die gesamte Eurozone bezieht, beantwortet die Fragestellung jedoch nicht abschließend. Schließlich handelt es sich bei den Mitgliedstaaten der Währungsunion um Mitglieder des Fonds, denen auch einzeln Rechte zukommen können. Es ist daher zu klären, ob die Mitgliedstaaten der Währungsunion den Hilfsmechanismus

1697 Mahieu/ Ooms/ Rottier, FSR 2008, 173, 178.
1698 Mahieu/ Ooms/ Rottier, FSR 2008, 173, 178.
1699 Vgl. hierzu 6. Kapitel Abs.IV.2 c) bb) m.w.N.

auch einzeln für ihre Länder in Anspruch nehmen können.[1700] Dass eine solche Anfrage von Mitgliedern der Währungsunion nach einem konditionellen Kredit des IWF nicht als unwahrscheinliches Szenario behandelt werden kann, macht die europäische Schuldenkrise deutlich.[1701]

bb) Voraussetzungen für die Inanspruchnahme der Fondsmittel für die Mitgliedstaaten

Eine Inanspruchnahme des Hilfsmechanismus ist grundsätzlich nur dann denkbar, wenn ein Mitgliedstaat der Währungsunion die hierfür vorgesehenen Voraussetzungen erfüllt. Eine solche Voraussetzung stellt nach Art. XIX Abs.3 IWFA das Vorliegen einer Bedarfssituation dar, die insbesondere an die Zahlungsbilanz des Mitglieds anknüpft.[1702] Es stellt sich daher die Frage, ob auf Seiten der Mitgliedstaaten der Währungsunion ein Zahlungsbilanzproblem entstehen kann. Dies hängt letztendlich vom Verständnis eines Zahlungsbilanzdefizits im Fall von Mitgliedern einer Währungsunion ab.[1703]

Teilweise wird darauf verwiesen, dass ein Zahlungsbilanzdefizit schlicht eine Situation beschreibt, in der die Ausgaben die Einnahmen übersteigen. Dabei kann dieses Szenario bei unterschiedlichen politischen oder geographischen Einheiten auftreten, unabhängig davon, ob es sich um Nationalstaaten oder aber Regionen handelt. Der Kapitalverlust hat dabei auch ähnliche Konsequenzen, egal ob sich dieser in Devisen oder der heimischen Währung berechnet.[1704]

Ob dieses Verständnis des Zahlungsbilanzdefizits auch im Zusammenhang mit der Inanspruchnahme der Fondsmittel Geltung beanspruchen kann, ist vor dem Hintergrund der Konzeption des Hilfsmechanismus zu beurteilen. Dieser

---

1700 Maystadt in Masson/ Krueger/ Turtelboom, 146, 151.

1701 Auf die geringe Wahrscheinlichkeit der Inanspruchnahme der Fondsmittel verweisen Mahieu/ Ooms/ Rottier, FSR 2008, 173, 178 f.; Polak in Masson/ Krueger/ Turtelboom, 491, 505 f., verweist darauf, dass die fehlende Inanspruchnahme der Fondsmittel darauf zurückzuführen ist, dass in der Rechtsvorgängerin der Union, der Gemeinschaft, Mitgliedstaaten bis zum Eintritt in die Währungsunion ebenfalls ein Hilfsmechanismus bei Zahlungsbilanzschwierigkeiten zur Verfügung stand.

1702 Möglich ist auch, dass ein Mitglied aufgrund seiner Reserveposition oder aber der Entwicklung seiner Reserven auf den Hilfsmechanismus zurückgreift. Wie Polak in Masson/ Krueger/ Turtelboom, 491, 509 Fn.13, zu Recht ausführt, sind diese Tatbestandsvoraussetzungen für Mitglieder der Währungsunion dann nicht mehr relevant, wenn diese ihre Reserven zusammengelegt haben.

1703 Maystadt in Masson/ Krueger/ Turtelboom, 146, 151.

1704 Polak in Masson/ Krueger/ Turtelboom, 491, 507 f., zu diesem Verständnis eines Zahlungsbilanzdefizits.

zielt darauf ab, zeitlich befristete Zahlungsbilanzungleichgewichte auszugleichen und so wettbewerbsbedingten Abwertungen und damit der Instabilität der Währungsbeziehungen vorzubeugen. Im Fall des IWF steht somit das Verhältnis von Währungen in Frage. Dies zeigt, dass der Hilfsmechanismus an Ungleichgewichte in der Devisenbilanz anknüpft und demnach an eine Situation, in der ein Staat mehr Fremdwährungen benötigt als er einnimmt.[1705] Andere Ursachen für Zahlungsbilanzungleichgewichte wie Budgetdefizite sind nicht Gegenstand des Wirkungskreises des Fonds. Hieraus folgt, dass ein Zahlungsbilanzdefizit im Sinne des IWF-Abkommens gerade das Vorliegen verschiedener Währungen voraussetzt, die im Fall der Mitgliedstaaten der WWU nicht gegeben sind. Da diese einem einheitlichen Währungsraum angehören, können bei diesen Ländern nur realwirtschaftlich verursachte Ungleichgewichte auftreten, die sich wiederum in entsprechenden Zinssätzen niederschlagen, wenn sich die Länder durch Staatsanleihen refinanzieren wollen.[1706] Es ist daher kein Zahlungsbilanzproblem auf Ebene der Mitgliedstaaten denkbar, das zu einer Inanspruchnahme der Fondsmittel berechtigen könnte.[1707] Eine gesonderte Ziehung der Mitgliedstaaten für ihre Länder ist daher abzulehnen.

cc) Erweiterung des Hilfsmodells

Vor dem Hintergrund, dass zunächst kein Stabilisierungsmechanismus auf Unionsebene vorgesehen war, mit dem realwirtschaftlich verursachte Ungleichgewichte hätten ausgeglichen werden können, wurde eine Ausweitung der Zahlungsbilanzhilfe des IWF auf diese Fälle angedacht.[1708] Ansatzpunkte für die Umsetzung eines solchen Vorgehens finden sich nun in der europäischen Schuldenkrise. Hier beteiligt sich der IWF in maßgeblicher Weise an den zur Stützung der Mitgliedstaaten etablierten Hilfsmechanismen.[1709] Es handelte sich dabei zunächst um den auf Art. 122 Abs.2 AEUV gestützten Europäischen

1705 Gaitanides, NVwZ 2011, 848, 850.

1706 Gaitanides, NVwZ 2011, 848, 850.

1707 Louis in FS Hahn, 201, 204, verweist darauf, dass Zahlungsbilanzprobleme der Mitgliedstaaten der WWU als interregionale Probleme zu verstehen sind; Eichengreen/ Ghironi, Politique Étrangère 1997, 137, 147; Gaitanides, NVwZ 2011, 848, 850; Seidel, ZEI Working Paper B 01/2010, 1, 7 f.; Bedenken meldet ebenfalls Herrmann, EuZW 2010, 413, 416 Fn.41 an.

1708 Polak in Masson/ Krueger/ Turtelboom, 491, 509.

1709 Inwieweit diese Mechanismen mit gemeinschaftlichen Regelungen wie dem Bail-out-Verbot vereinbar sind, wird vorliegend nicht untersucht. Zu dieser Fragestellung vgl. etwa Seidel, ZEI Working Paper B 01/2010, 1, 4ff; Herrmann, EuZW 2010, 413, 414 ff.

Finanzstabilisierungsmechanismus (European Financial Stability Mechanism, EFSM), der es der Kommission ermöglichte, im Fall außergewöhnlicher Ereignisse, die mit schwerwiegenden wirtschaftlichen und finanziellen Störungen einhergehen, Finanzmittel in Höhe von 60 Mrd. Euro an den Kapitalmärkten oder bei Finanzinstituten für Kredite an die Mitgliedstaaten aufzunehmen.[1710] Des Weiteren wurde auf Grundlage einer zwischenstaatlichen Vereinbarung[1711] eine Zweckgesellschaft gegründet, die ebenfalls am Kapitalmarkt Geld aufnehmen und dieses in Form von Krediten zur Stabilitätshilfe an die Euroländer weitergeben konnte. Die zugrunde liegenden Finanzinstrumente waren dabei anteilig durch die Mitglieder der Eurozone abzusichern. Es handelt sich bei dieser Gesellschaft um die Europäische Finanzstabilitätsfazilität (European Financial Stability Facility EFSF)[1712], mit der die Mittel des ESFM um 440 Mrd. EUR aufgestockt wurden. Die durch ESFM und EFSF zur Verfügung gestellten Mittel wurden wiederum durch Garantien des IWF um 250 Mrd. Euro erhöht.[1713]

Die dargestellten Instrumente, die auch als sog. Rettungsschirm bezeichnet werden, waren zeitlich befristet ausgestaltet und wurden im Jahr 2013 auf Grundlage des neu geschaffenen Art. 136 Abs.3 AEUV durch den sog. Europäischen Stabilisierungsmechanismus (ESM) ersetzt.[1714] Es handelt sich hierbei um eine dauerhafte Einrichtung, die zum Zweck der Wahrung der Stabilität des Euro-Währungsgebietes Finanzmittel mobilisieren und diese Mitgliedstaaten mit akuten oder drohenden schwerwiegenden Finanzproblemen unter angemessenen Auflagen zur Verfügung stellen kann.[1715] In diesem Zusammenhang ist vorgesehen, den Mechanismus mit einem Stammkapital von rund 700 Mrd. EUR auszustatten.

1710 Vgl. Art.1 f. VO (EU) Nr.407/2010 des Rates vom 11. Mai 2010 zur Einführung eines europäischen Finanzstabilisierungsmechanismus. Zu Inhalt und Rechtsnatur dieses Mechanismus vgl. zudem Bandilla in Grabitz/ Hilf/ Nettesheim, EU, Art.122 Rdn.23 ff.

1711 Es handelt sich dabei um den sog. ESFS-Rahmenvertrag vom 7. Juni 2010.

1712 Vgl. zu diesem Mechanismus Bandilla in Grabitz/ Hilf/ Nettesheim, EU, Art.122 Rdn.29 ff.

1713 Vgl. zur Beteiligung des IWF an den einzelnen Hilsmaßnahmen, EZB Monatsbericht Dezember 2010, 89 ff., sowie folgend Gaitanides, NVwZ 2011, 848, 849, die darlegt, dass der Anteil der EU und des IWF an den Hilfspaketen für Griechenland und Irland im Verhältnis zwei zu eins zueinander standen.

1714 Vgl. Vertrag zur Einrichtung des Europäischen Stabilitätsmechanismus vom 2. Februar 2012.

1715 Siehe Art.3 ESM-Vertrag. Weitere Ausführungen zur Funktionsweise des ESM finden sich bei Bark/ Gilles, EuZW 2013, 367 ff.

Wie im Fall des ursprünglichen Rettungsschirms[1716] wird auch im Rahmen der ESM eine enge Zusammenarbeit mit dem IWF angestrebt. Insbesondere wird von einem hilfesuchenden Mitglied erwartet, dass dieses nicht nur an den ESM heranstritt, sondern ein ähnliches Ersuchen an den IWF richtet.[1717]

Dementsprechend werden sich vorgesehene Restrukturierungsmaßnahmen auch nach den üblichen IWF-Praktiken richten.[1718]

Aus den vorangegangenen Ausführungen folgt, dass sich der Fonds prophylaktisch an Hilfsmechanismen beteiligt, die im Fall von Budgetdefiziten und zur Bankenrekapitalisierung herangezogen werden, ohne dass dabei auf den Eintritt einer Währungskrise des Euro abgestellt worden wäre.[1719] Es erscheint jedoch sehr fraglich, ob eine solche Ausweitung des Hilfsmechanismus für Zahlungsbilanzungleichgewichte stillschweigend erfolgen kann. Hiergegen spricht, dass mit diesem Handeln letztendlich eine Neuausrichtung des Fonds auf Ziele der Finanz- und Haushaltspolitik einhergeht[1720], die nicht durch eine teleologische Auslegung, sondern nur durch eine Änderung des Abkommens erfolgen kann.

dd) Ergebnis

Vor dem Hintergrund der jetzigen Mandatskonzeption ist eine Beschränkung der Hilfeleistung des Fonds auf temporäre Zahlungsbilanzungleichgewichte anzunehmen. Wie die Ausführungen zum Poolmodell verdeutlichen, wurde mit der Währungsunion die Zielsetzung des IWF in Bezug auf den Geltungsbereich der Union verwirklicht. Zahlungsbilanzschwierigkeiten, die ein Eingreifen des Fonds rechtfertigen, können zwar für die Union als Ganze, nicht jedoch für den einzelnen Mitgliedstaat angenommen werden. Für den Fall einer gemischten Mitgliedschaft im IWF obliegt es intern daher der Union, die notwendigen Regelungen zu ergreifen. Eine Inanspruchnahme des Hilfsmechanismus durch die Mitgliedstaaten der Währungsunion müsste dagegen ausscheiden.

1716 Beispielsweise sieht die EFSF-VO nicht nur in Erwägungsgrund (5) vor, dass eine Aktivierung des EFSF im Kontext einer gemeinsamen EU/ Internationaler Währungsfonds (IWF)-Unterstützung erfolgen soll, sondern regelt in Art.3 Abs.8 EFSF-VO auch das Prozedere für den Fall, dass ein Mitgliedstaat eine mit wirtschaftpolitischen Bedingungen verknüpfte Finanzierung von Seiten des IWF anstrebt. Auch aus Ziffer 2 Abs.1 a) des ESFS-Rahmenvertrages folgt, dass die Gewährung von Finanzhilfe in Abstimmung mit dem IWF erfolgt.

1717 Siehe Erwägungsgrund 8 ESM-Vertrag.

1718 Gaitanides, NVwZ 2011, 848, 849.

1719 Gaintanides, NVwZ 2011, 848, 850, 852.

1720 Gaintanides, NVwZ 2011, 848, 850, 851.

d) *Inanspruchnahme der Fondsmittel für Überseegebiete*

Die Notwendigkeit einer gemischten Mitgliedschaft im IWF ergibt sich auch aus den Kompetenzen einiger Mitgliedstaaten in Bezug auf Überseegebiete. Zu Gunsten dieser Territorien ist die Inanspruchnahme des Hilfsmechanismus bisher möglich, wenn der Zahlungsbilanz, die sich auf alle Gebiete des Staates erstreckt, ein entsprechender Bedarf entnommen werden kann.[1721] Dabei ist ohne Relevanz, ob das abhängige Gebiet über eine eigene Währung und eine eigene Zahlungsbilanz verfügt.[1722]

Dieses Vorgehen wird im Fall eines Beitritts der Union für an der Währungsunion teilnehmende Mitgliedstaaten, die gleichzeitig für ein Überseegebiet auftreten, nicht länger möglich sein. Dies ist darauf zurückzuführen, dass auf Seiten der an der Währungsunion teilnehmenden Mitgliedstaaten nicht länger ein Zahlungsbilanzbedarf im Sinne des IWF-Abkommens entstehen kann. Gleichzeitig stehen diese Länder der Union bezüglich ihrer Territorien wie Drittländer gegenüber. Vor diesem Hintergrund stellt sich die Frage, welche Kriterien für die Inanspruchnahme des Hilfsmechanismus herangezogen werden können.

Vorgeschlagen wird, die Operationen des Fonds nur anhand der betreffenden Überseegebiete zu beurteilen oder aber diesen Territorien eine Mitgliedschaft im IWF zu eröffnen.[1723] Letzteres wäre durch einseitiges Handeln des IWF nur möglich, indem der Fonds Ländern eine Mitgliedschaft ermöglicht, die nicht frei über ihre externen Beziehungen bestimmen können. Inwiefern eine solche Mitgliedschaft im Hinblick auf die Erfüllung der Zielvorgaben des Fonds sinnvoll erscheint, ist fraglich.[1724] Dementsprechend ist es vorzugswürdig, auf das vertretene Territorium und dessen Zahlungsbilanz als Bezugsgröße für den Zugang zu den Fondsressourcen abzustellen. Tatsächliche Probleme, die sich bei der Aufstellung der Zahlungsbilanz etwa dadurch ergeben, dass diese sich maßgeblich aus Transaktionen zum Mutterland zusammensetzen[1725], können nicht entscheidend sein.

1721 Martha, CMLRev.1993, 749, 783.

1722 Gold, Membership and Nonmembership in the IMF, 228, 232, der diese Feststellung darauf zurückführt, dass Art.XXXI Abs.2 (g) IWFA diese Frage nicht thematisiert.

1723 Martha CMLRev.1993, 749, 783 f., der diese Thematik auch im Zusammenhang mit der Zustimmung zu Devisenbeschränkungen behandelt. Diesem folgend Bognar, Europäische Wirtschaftsintegration und Außenwirtschaftsbeziehungen, 396 f.

1724 In diesem Sinn auch Bognar, Europäische Wirtschaftsintegration und Außenwirtschaftsbeziehungen, 397.

1725 Auf diese Problematik weist Bognar, Europäische Wirtschaftsintegration und Außenwirtschaftsbeziehungen, 396 hin.

Im Fall eines solchen Vorgehens wird auf mögliche Folgefragestellungen verwiesen, die etwa die Größe der Quote betreffen.[1726] Für die Beantwortung derartiger Fragen muss unterschieden werden zwischen den tatbestandlichen Voraussetzungen für die Geltendmachung von Rechten, die sich auf einen bestimmten Währungsraum beziehen, und den Aspekten der Rechtswahrnehmung, die das Abkommen von der Stellung des jeweiligen Mitglieds im IWF abhängig macht. Je nach Anknüpfung ist dann auf das Territorium oder aber die Stellung des Mitglieds abzustellen, das für dieses Territorium auftritt.

3. Auswirkungen auf die Sonderziehungsrechte

Die Schaffung der Währungsunion und die Einführung des Euro warfen zunächst Fragen hinsichtlich der Zusammensetzung des Währungskorbes auf, der zur Bestimmung der SZR herangezogen wird.[1727] Das Entfallen der Deutschen Mark und des Französischen Francs machte es hier, unabhängig von einem Beitritt der Union zum IWF, erforderlich, Anpassungsmaßnahmen vorzunehmen. Dabei wurden zunächst die Landesbeträge, die zuvor in nationalen Währungen ausgedrückt wurden, in Euro umgerechnet. Später wurde zur Wertermittlung nicht länger auf Landesbeträge, sondern direkt auf Währungen abgestellt.[1728] Durch diese Anpassungsmaßnahmen wurde die Veränderung des Fonds von einer landes- zu einer währungsbasierten Organisation vorweggenommen. Dementsprechend wird der Beitritt der Union zum IWF keine Auswirkungen auf die Wertbestimmung der SZR haben.

Gleiches gilt nicht für die Zuteilung der SZR. Die Union wird infolge des Beitritts zum IWF auch als Mitglied an der SZR-Abteilung teilnehmen und SZR in Abhängigkeit zur zugeteilten Quote erhalten können.[1729]

Die Mitgliedstaaten, die an der Währungsunion teilnehmen, werden diese Stellung zumindest teilweise aufgeben müssen. Dies folgt zunächst aus der Überlegung, dass SZR geschaffen wurden, um die offiziellen Währungsreserven der Mitgliedstaaten zu ergänzen. Da diese bzw. Aktionen mit diesen weitgehend

---

1726 Martha CMLRev.1993, 749, 784. Es ist zu berücksichtigen, dass Martha die gemischte Mitgliedschaft im IWF mit der territorialen und nicht mit der funktionalen Beschränkung der Kompetenzzuteilung begründet. Dementsprechend stellen sich nach dieser Ansicht die mit einer gemischten Mitgliedschaft verbundenen rechtlichen Fragen erst in diesem Zusammenhang.

1727 Vgl. 4. Kapitel Abs.III.2 m.w.N.

1728 Vgl. 4. Kapitel Abs.VII.2 m.w.N.

1729 Bereits zum jetzigen Zeitpunkt ist die EZB als sonstiger Halter von SZR anerkannt, vgl. 4. Kapitel Abs.VII.2 m.w.N.

in die Zuständigkeit der Union fallen, wird auch die Ergänzung über die Union abgewickelt werden können. Zudem setzt die Inanspruchnahme von SZR zur Intervention am Devisenmarkt in bestimmten Fällen das Vorliegen einer Bedarfssituation voraus. Eine solche, die wie im Fall des Hilfsmechanismus bestimmt wird, kann bei den Mitgliedstaaten jedoch per se nicht auftreten.

IV. Ergebnis

Mit dem Beitritt der Union wird ein grundlegender Strukturwandel des IWF von einer landes- zu einer währungsbasierten Organisation einhergehen. Hierauf beschränken sich die Auswirkungen des Beitritts jedoch nicht. Aufgrund der herausgehobenen Stellung der Union in der Weltwirtschaft und der hiermit korrespondierenden Bedeutung der Währungsunion wird sich auch das Kräfteverhältnis im Fonds verschieben. Bisher kann von einem unipolaren Weltwährungssystem gesprochen werden, das auf den US-Dollar ausgerichtet ist und in dem den USA als dem Währungsemittenten eine zentrale Stellung eingeräumt wurde. Dies zeigen auch die Strukturen des IWF. Mit der Einbindung der Währungsunion in diese Strukturen wird ein Wandel hin zu einem bipolaren System einsetzen, der sich im Fall des Bedeutungsgewinns weiterer Währungsblöcke zu einem multilateralen System fortentwickeln können wird. Dies zeigt, dass erst der Beitritt der Union es ermöglichen wird, die Ziele umzusetzen, die die Union durch die Währungsunion im internationalen Bereich erzielen wollte.

8. Kapitel: Feststellungen

1. Kapitel: Währungsrechtliche Souveränität

Nach klassischem Verständnis ist die Währungssouveränität im staatlichen Bereich zu verorten. Dabei wird sie aufgrund ihrer Bedeutung für die Wirtschaftsordnung und das Gemeinwesen als Kernelement des modernen Staates verstanden. Im Völkerrecht korrespondiert mit diesem Verständnis eine gewohnheitsrechtliche Verpflichtung zur Anerkennung der staatlichen Währungssouveränität durch andere Staaten. Diese Verpflichtung kann, trotz der Auswirkungen im internationalen Bereich auf andere Staaten, allenfalls in Extremfällen unter Rückgriff auf den allgemeinen Rechtsgrundsatz des völkerrechtlichen Rechtsmissbrauchsverbots beschränkt werden. Einschränkungen für die staatliche Hoheitsausübung ergeben sich damit im Wesentlichen aus völkerrechtlichen Verträgen. Von zentraler Bedeutung ist hier auf globaler Ebene das IWF-Abkommen. Auf regionaler Ebene kommt dem AEU-Vertrag eine herausgehobene Stellung zu, da mit diesem die klassische Vorstellung von der Verortung der Währungssouveränität in der staatlichen Rechtsordnung in Frage gestellt wird.

2. Kapitel: Der Internationale Währungsfonds

Vor dem Hintergrund der Weltwirtschaftskrise in den zwanziger und dreißiger Jahren wurde der IWF mit dem Ziel der Aufgabe der bisherigen Handhabung monetärer Hoheitsrechte gegründet. Mit dem IWF-Abkommen wurde erstmals ein Normenkatalog geschaffen, der dazu dient, die Ausübung der staatlichen Hoheitsrechte im Rahmen eines internationalen Währungssystems zu beschränken. Im Zentrum steht dabei der sog. *code of conduct* mit seinen Verpflichtungen im Bereich der Wechselkurs- und Finanzangelegenheiten. Weitere Beschränkungen für die Ausübung der Währungssouveränität ergeben sich aus den Regeln des Hilfsmechanismus und der institutionellen Struktur des Fonds. Ziel und Ausgestaltung des IWF-Abkommens machen deutlich, dass dieses Währungssouveränität bei seinen Mitgliedern voraussetzt.

3. Kapitel: Die Europäische Wirtschafts- und Währungsunion

Vor dem Hintergrund der Instabilität des Bretton-Woods-Systems entwickelte sich in der EG zunächst eine Phase der währungsrechtlichen Kooperation, die mit der Schaffung der Währungsunion durch die währungsrechtliche Integration abgelöst wurde. Kennzeichnend für diese Entwicklung ist, dass hier nicht nur eine Beschränkung nationaler Hoheitsrechte stattfindet, sondern diese von den Mitgliedstaaten auf die supranationale Ebene übertragen werden.

Mit Eintritt in die Endstufe der Währungsunion wurden der Union die wesentlichen Kompetenzen im Bereich der inneren und äußeren Währungssouveränität übertragen. Die Union ist demnach zuständig, wenn Vereinbarungen über Wechselkurssysteme und im Zusammenhang mit Währungsfragen oder Devisenregelungen getroffen werden, für allgemeine Orientierungen für die Wechselkurspolitik sowie den Standpunkt und die Vertretung der Union auf internationaler Ebene. Darüber hinaus besitzt die Union die wesentlichen Kompetenzen im Bereich des Zahlungs- und Kapitalverkehrs, die den Binnenmarktaspekt der Wirtschafts- und Währungsunion betreffen.

4. Kapitel: Folgen der Endstufe der Wirtschafts- und Währungsunion für den IWF

a) Die Wirtschafts- und Währungsunion wirkt sich in jedem Tätigkeitsbereich des IWF aus. Sowohl bezüglich des Verhaltenskodexes in Wechselkurs- und Finanzangelegenheiten, als auch mit Blick auf den Überwachungs- und Hilfsmechanismus sowie die institutionelle Struktur sind Zuständigkeiten der Union festzustellen, die gleichzeitig mit dem Verlust von Handlungskompetenzen auf Seiten der Mitgliedstaaten einhergehen. Hieraus folgt, dass die Mitgliedstaaten die Vorgaben des IWF-Abkommens nicht länger erfüllen können. Gleiches gilt für die Union als zuständiger Kompetenzträgerin, da diese kein Mitglied im Fonds ist. Diese Situation ist sowohl für die Unionsgruppe als auch den IWF problematisch. Schließlich ist einer der wichtigsten Währungsräume der Welt nicht in die institutionellen Strukturen des internationalen Währungssystems eingebunden.

b) Die Problematik kann nicht durch die Anwendung unionsrechtlicher bzw. völkerrechtlicher Kollisionsregelungen gelöst werden, da sich aus diesen keine direkten Konsequenzen für die Rechte und Pflichten der Mitgliedstaaten ergeben. Die Staaten sind lediglich gehalten, alle Unvereinbarkeiten ihrer Altverträge, und damit auch die des IWF-Abkommens, mit dem AEU-Vertrag zu beheben. Zur Behebung der Problematik ist somit eine Beziehung der Union zum IWF erforderlich.

c) Die bisher auf Seiten der Union und des IWF getroffenen Anpassungsmaßnahmen, die sich durch ihre pragmatische Herangehensweise auszeichnen, sind nicht geeignet, die vorgenannte Problematik zu lösen. Auf Seiten der Union ermöglicht das praktizierte Koordinierungsmodell weder die Festsetzung noch die Umsetzung gemeinsamer verbindlicher Positionen. Es überwiegen nationale Divergenzen. Dies ist auch darauf zurückzuführen, dass die institutionellen Strukturen eine Vertretung der Interessen der Union erschweren. Die Anpassungsmaßnahmen auf Seiten des IWF ermöglichen es gerade nicht, dass Vertreter der WWU vollständig an den Aktivitäten des Fonds teilnehmen.

5. Kapitel: Die internationale Vertretung des Euro

a) Eine Vertretung des Euro im IWF kann nicht durch ein gemeinsames Vorgehen der Mitgliedstaaten der Union im IWF und damit die Aufrechterhaltung des Status quo bewirkt werden. Ein alleiniges Auftreten der Mitgliedstaaten widerspricht der Kompetenzzuordnung nach dem AEU-Vertrag und beeinträchtigt dementsprechend die Kompetenzen der Union, die nur durch ein der Kompetenzlage entsprechendes Vorgehen bestmöglich verwirklicht werden können

b) Die Union ist, da sie nicht die konstituierenden Merkmale von Staatlichkeit aufweist, als internationale Organisation zu verstehen und besitzt als solche nur eine abgeleitete und funktional beschränkte Völkerrechtssubjektivität. Hieraus folgt, dass die Rechtsgrundlage für einen Beitritt zum IWF die der Union eingeräumten Sachkompetenzen im Währungsbereich liefern. Diese bestimmen damit gleichzeitig ihre Völkerrechtssubjektivität und Vertragsschlussfähigkeit.

c) Eine Vertretung der WWU im IWF durch die EZB scheidet aus. Bei dieser handelt es sich, trotz der Besonderheiten ihrer Stellung im Unionsrecht, um ein Organ der EU. Als solches ist die EZB nicht Träger der Währungssouveränität, sondern übt lediglich einzelne Facetten derselben für die Union aus. Auch die Anerkennung der Rechtspersönlichkeit der EZB im völkerrechtlichen Verkehr erstreckt sich nur auf den Bereich der Bankoperationen. Dies macht auch die Praxis des IWF deutlich.

d) Aufgrund der fehlenden Drittwirkung völkerrechtlicher Verträge ist die Union als Nichtmitglied des Fonds nicht an das IWF-Abkommen gebunden. Gegenteiliges ergibt sich weder aus dem Unionsrecht noch aus dem IWF-Abkommen. Insbesondere sind die Regeln des IWF-Abkommens weder Bestandteil des Völkergewohnheitsrechts noch kommt diesen Erga-Omnes- Wirkung zu. Die Union ist daher nur zur Respektierung der Rechte Dritter verpflichtet.

Eine Bindung der Union im Wege der De-Facto-Substitution ist ebenfalls abzulehnen. Zunächst scheidet eine Übertragung der Grundsätze der Staatensukzession aufgrund der fehlenden Staatlichkeit der Union aus. Der Zusammenschluss der Mitgliedstaaten in der Währungsunion rechtfertigt keine andere Wertung. Die Währungssouveränität gehört weder zu den unverzichtbaren Elementen der

Staatsgewalt, noch führt sie zu einer automatischen Übertragung derartiger Kompetenzen im Rahmen einer politischen Union. Die Möglichkeit zum einseitigen Verlassen der Währungsunion macht zudem deutlich, dass sich die Hoheitsgewalt der Union nach wie vor von den Mitgliedstaaten als den „Herren der Verträge" ableitet.

Eine automatische Zusammenlegung der Mitgliedschaft derselben im IWF folgt auch nicht aus einer gewohnheitsrechtlichen oder analogen Anwendung der Regeln der Staatensukzession. Hierfür fehlt es an einer vergleichbaren Interessenlage, da das Weiterbestehen der Mitgliedstaaten bereits die Kontinuität der vertraglichen Verpflichtungen sicherstellt.

Auch die Voraussetzungen einer Funktionsnachfolge nach der Rechtsprechung des EuGH sind nicht gegeben. Insbesondere haben die Mitgliedstaaten die Kompetenzübertragung weder konkretisiert noch im IWF offensichtlich gemacht.

Mangels einer De-Facto-Substitution kann eine Bindung der Union an das IWF-Abkommen nur erreicht werden, indem diese dem Abkommen formell als Mitglied beitritt.

6. Kapitel: Erfüllung der Mitgliedschaftskriterien durch die Union

a) Eine Mitgliedschaft der Union im IWF ist nur denkbar, wenn diese die **Mitgliedschaftskriterien** in Art. II Abs.2 IWFA erfüllt. Es handelt sich um das Landeskriterium, die Kontrolle der auswärtigen Beziehungen und die Bereitschaft sowie Fähigkeit die sich aus der Mitgliedschaft ergebenden Verpflichtungen zu erfüllen. Da der IWF keine währungs-, sondern eine landesbasierte Organisation darstellt, ist das Vorhandensein einer eigenen Währung keine Mitgliedschaftsvoraussetzung. Maßgeblich ist vielmehr die Fähigkeit, die Verpflichtungen, die sich aus dem IWF-Abkommen ergeben, erfüllen zu können, insbesondere in Form der Ausübung der Währungssouveränität.

b) Die Union erfüllt als internationale Organisation nicht das **Landeskriterium**. Wie eine Auslegung des Wortlautes und eine systematische Interpretation des Abkommens deutlich machen, ist hierfür das Vorliegen von Staatlichkeit zu fordern. Eine Zulassung der Union als Mitglied des Fonds erfordert daher eine Abkehr von dieser Voraussetzung und damit die Aufgabe der landesbasierten Konzeption des Fonds, die nur durch eine Vertragsänderung herbeigeführt werden kann. Um hier weitreichende Änderungen des Abkommens zu vermeiden, erscheint es am praktikabelsten, eine allgemeine Öffnungsklausel für regionale Integrationsgemeinschaften in das IWF-Abkommen aufzunehmen.

Da sich der Beitritt der Mitgliedstaaten zur Währungsunion nicht auf deren Staatlichkeit auswirkte, erfüllen diese nach wie vor das Landeskriterium als Voraussetzung für eine Mitgliedschaft im IWF.

c) Die Union erfüllt ferner nicht das **Kriterium der Kontrolle der auswärtigen Beziehungen**. Da der Union in den Tätigkeitsfeldern des IWF nicht alle Kompetenzen zur ausschließlichen Ausübung übertragen wurden, ist diese nicht in der Lage, alle sich aus dem Abkommen ergebenden Verpflichtungen alleine zu erfüllen. Die Beschränkungen ergeben sich dabei unter funktionalen, territorialen und zeitlichen Gesichtspunkten.

aa) Eine **funktionale Betrachtung** der Kompetenzzuordnung unter Betrachtung der Tätigkeitsfelder des IWF ergibt, dass der Union im Bereich der Währungs- und Wechselkurspolitik eine ausschließliche Kompetenz übertragen wurde. Gleiches gilt jedoch nicht für andere Teilbereiche der Währungssouveränität wie den Bereich der Währungsreserven, der Finanz- und Bankaufsicht sowie des Zahlungs- und Kapitalverkehrs. Hier bestehen neben den Kompetenzen der Union auch solche der Mitgliedstaaten. Gleiches gilt für die Wirtschafts- und die Entwicklungspolitik, auf die sich die Tätigkeit des IWF ebenfalls erstreckt.

bb) Auch unter **territorialen Gesichtspunkten** kann die Union nicht, wie in Art. XXXI Abs. 2 (g) IWFA vorgesehen, die Erfüllung der Verpflichtungen aus dem IWF-Abkommen in den Hoheitsgebieten ihrer Mitgliedstaaten sicherstellen. Ursache hierfür ist der begrenzte territoriale Anwendungsbereich des AEU-Vertrages, der sich nicht auf alle abhängigen Hoheitsgebiete der Mitgliedstaaten erstreckt. Dementsprechend sind die Währungskompetenzen für diese Gebiete bei den jeweiligen Mitgliedstaaten verblieben. Bei diesen handelt es sich um Frankreich und die Niederlande. Im Fall eines Beitritts zur Währungsunion würde diese Feststellung auch für Dänemark und das Vereinigte Königreich gelten.

cc) Schließlich kann die Union auch unter **temporären Gesichtspunkten** nicht die Verpflichtungen aus dem IWF-Abkommen erfüllen. Zurückzuführen ist dies auf die differenzierte Integration im Währungsbereich, nach der Mitgliedstaaten, die aus wirtschaftlichen bzw. politischen Motiven nicht an der Währungsunion teilnehmen, einer Ausnahmeregelung bzw. einem Opt-Out-Regime unterstellt werden. Diese Sonderregelungen sehen einen Verbleib der Währungssouveränität bei den betroffenen Mitgliedstaaten vor und schränken diese nur durch die Vorgabe in Art.142 AEUV ein, nach der die Wechselkurspolitik als Angelegenheit von allgemeinem Interesse zu behandeln ist.

Infolge der differenzierten Integration wachsen der Union nur Währungskompetenzen von Seiten der an der Währungsunion teilnehmenden Mitgliedstaaten zu. Eine Erstreckung dieser Kompetenzen auf die übrigen Mitgliedstaaten im Wege der Bindungswirkung geschlossener Abkommen bzw. des Schutzes der gemeinsamen Rechtsvorschriften nach der AETR-Rechtsprechung bzw. Art.216 Abs.1 AEUV scheidet aus. Ein Auftreten der Union für alle Mitgliedstaaten käme hier der Verletzung der Kompetenzordnung der Union und damit des Grundsatzes der begrenzten Einzelermächtigung gleich.

dd) Die funktionale, territoriale und temporäre Begrenzung der Unionskompetenzen bewirkt, dass die Union international nicht vollumfassend handlungsfähig ist. Schließlich bestehen die Rechtspersönlichkeit der Union und ihre Vertragsschlussfähigkeit nur insoweit, als die Union von den Mitgliedstaaten mit Kompetenzen ausgestattet wurde. Aufgrund der Kompetenzübertragung besteht auch auf Seiten der an der Währungsintegration teilnehmenden Mitgliedstaaten ein entsprechendes Handlungsdefizit. Sowohl die Union als auch diese Mitgliedstaaten sind damit nicht allein zur Erfüllung der sich aus dem IWF-Abkommen ergebenden Verpflichtungen in der Lage.

Gegenteiliges kann lediglich für die nicht an der Währungsintegration teilnehmenden Mitgliedstaaten festgestellt werden. Mangels Kompetenzübertragung in der dritten Stufe der Währungsunion erfüllen diese nicht nur das Landeskriterium, sondern insofern auch das Mitgliedschaftskriterium der Kontrolle der auswärtigen Beziehungen und können bereits aufgrund dieser Feststellungen ihre Mitgliedschaft im IWF fortsetzen.

d) Die bestehenden Defizite in der formalen Kontrolle der auswärtigen Beziehungen können die Union und die Mitgliedschaft durch eine **gemeinsame Erfüllung der Verbindlichkeiten aus dem IWF-Abkommen** ausgleichen.

aa) Handlungsdefizite, die sich infolge der funktionalen und territorialen Kompetenzverteilung zwischen der Union und den Mitgliedstaaten ergeben, können durch eine gemischte Mitgliedschaft im IWF ausgeglichen werden. Eine solche ermöglicht es, die externe Handlungsfähigkeit der Akteure unter gleichzeitiger Beachtung der internen Kompetenzzuweisung sicherzustellen. Für die Unionsgruppe folgt aus diesem Vorgehen die Verpflichtung zur loyalen Zusammenarbeit sowie zur alternativen Wahrnehmung der Rechte und Pflichten aus dem IWF-Abkommen.

bb) Eine Übertragung dieses Vorgehens auf die differenzierte Integration durch die Schaffung einer neuen Art gemischter Abkommen scheidet aus. Es besteht weder ein territorial bedingtes Handlungsdefizit der Union noch eine Vergleichbarkeit mit Fällen konkurrierender Unionszuständigkeiten, bzw. die Notwendigkeit einer einheitlichen, alle Mitgliedstaaten der Union umfassenden Außenvertretung.

Dennoch ist der durch die differenzierte Währungsintegration eingetretene Integrationsfortschritt zu schützen, indem die externe Handlungsfähigkeit der Union sichergestellt wird. Unter Berücksichtigung der vergleichbaren Zielsetzung von Union und IWF und der hieraus resultierenden unionsinternen Bindung an das IWF-Abkommen ist in diesem Zusammenhang auch eine Mitgliedschaft der Union im Fonds zu fordern. Das Verständnis des AEU-Vertrages als Poolvertrag ermöglicht dabei das selbständige Auftreten der Union mit verringerter Mitgliederzahl neben den Mitgliedstaaten, auf die eine Ausnahmeregelung bzw. ein Opt-Out-Regime Anwendung findet.

Das selbständige Nebeneinander der verschiedenen Kompetenzträger wird aus Sicht des Unionsrechtes durch den allgemeinen Loyalitätsgrundsatz beschränkt. Dabei haben die Kompetenzträger aufgrund des Übergangscharakters der differenzierten Integration auch im Rahmen ihrer internationalen Verpflichtungen sicherzustellen, dass die Rückkehr zur vollständigen Integration im Währungsbereich nicht ausgeschlossen wird. Auf der völkerrechtlichen Ebene ergeben sich dagegen keine Besonderheiten für die Wahrnehmung der Rechte und Pflichten aus dem IWF-Abkommen. Hier stehen sich die Kompetenzträger als selbständige Fondsmitglieder gegenüber.

7. Kapitel: Auswirkungen einer Mitgliedschaft der EU im IWF

a) Mit einem Beitritt der Union zum IWF wird sich dieser von einer grundsätzlich landesbasierten zu einer währungsbasierten Organisation fortentwickeln. Dementsprechend ist der Union eine Mitgliedsquote zuzuteilen, die nicht ausgehend von der Quote der Mitgliedstaaten berechnet werden kann. Bei der Berechnung ist vielmehr auf die Stellung der Union in der Weltwirtschaft abzustellen, wobei rein innergemeinschaftliche Kapital- und Handelsflüsse nicht zu berücksichtigen sind. Gegebenenfalls ist die so berechnete Quote aus politischen Erwägungen an die der USA anzupassen.

Die Quoten der an der WWU teilnehmenden Mitgliedstaaten sind im Rahmen der gemischten Mitgliedschaft ausgehend von der Quote der Union zu berechnen. Für die nicht an der WWU teilnehmenden Mitgliedstaaten gelten keine Besonderheiten bei der Quotenberechnung. Vielmehr ist für diese Staaten wie für jedes andere Mitglied die Quote anhand der Stellung des Mitglieds in der Weltwirtschaft zu berechnen.

b) Der Beitritt der Union wirkt sich insofern auf die institutionelle Organisation des Fonds aus, als die Union in die Organe des Fonds eingebunden werden muss. Dementsprechend wird die Union ebenso wie ihre Mitgliedstaaten im Gouverneursrat als dem Vollversammlungsorgan des Fonds einen Sitz erhalten. Im Exekutivrat wird die Union aufgrund ihrer Quotenhöhe einen Direktor ernennen können, während Deutschland und Frankreich dieses Privileg verlieren werden. Dies hat wiederum Auswirkungen auf die zur Wahl eines Direktors eingerichteten Stimmgemeinschaften, in die diese Mitglieder eingegliedert werden müssen. Zum Zweck der Sicherstellung einer gemeinsamen Disziplin und der alternativen Ausübung der Mitgliedschaftsrechte ist die Einrichtung einer europäischen Stimmgemeinschaft anzuraten, an der zumindest die Mitglieder der Währungsunion teilnehmen sollten. Auch dies würde eine Umgruppierung der bestehenden Stimmgemeinschaften nach sich ziehen.

c) Die Union wird infolge eines Beitritts Stimmrechte in Relation zu ihrem Quotenanteil erhalten. Dass hiermit erhebliche Einflussmöglichkeiten in den Abstimmungsprozessen des IWF einhergehen, macht der Umstand deutlich, dass die Union das einzige Mitglied neben den USA wäre, dem ein Vetorecht zusteht. Infolgedessen wird sich das bisherige Kräfteverhältnis im IWF verschieben. Zudem wird die Unionsgruppe die Anzahl der Basisstimmen eines Mitglieds erhalten.

Sollte der Union die höchste Quote im Fonds zugeteilt werden, müsste der Sitz des Fonds von den USA nach Europa verlegt werden.

d) In finanzieller Hinsicht wirkt sich der Beitritt der Union zunächst auf die Zusammensetzung der Fondsressourcen aus. Zudem wird die Union als Mitglied berechtigt sein, den Hilfsmechanismus bei Zahlungsbilanzschwierigkeiten für die Eurozone in Anspruch zu nehmen. Gleiches gilt nicht für die an der Währungsunion teilnehmenden Mitgliedstaaten mit Blick auf ihre Staaten, da hier mit Eintritt in die Währungsunion kein Zahlungsbilanzbedarf im Sinne des Abkommens mehr entstehen kann. Im Fall der Mitgliedstaaten, die Überseegebiete vertreten, hat dies zur Folge, dass nicht länger auf die Zahlungsbilanz des Mutterlandes abgestellt werden kann, sondern an die Zahlungsbilanz des vertretenen Territoriums angeknüpft werden muss.

e) Im Zusammenhang mit der Zusammensetzung des zur Wertbestimmung der SZR eingesetzten Währungskorbes wurde der Übergang von einer landes- zu einer währungsbasierten Organisation bereits vollzogen.

Mit ihrem Beitritt wird die Union als Fondsmitglied an der SZR-Abteilung teilnehmen, SZR in Abhängigkeit zur zugeteilten Quote erhalten und verwenden können. Gleiches gilt nicht für die Mitgliedstaaten, die an der Währungsunion teilnehmen, da die Inanspruchnahme von SZR wie der Hilfsmechanismus allgemein vom Vorliegen einer Bedarfssituation abhängig gemacht wird. Eine solche kann bei diesen Mitgliedstaaten aufgrund der Teilnahme an der Währungsunion nicht vorliegen.

8. Endbemerkung

Mit dem Beitritt der Union zur bedeutendsten Währungsorganisation der Welt wird sich eine der wesentlichen Zielsetzungen, die die Union mit der Schaffung der Währungsunion intendiert hat, umsetzen lassen. Das internationale Währungssystem wird nicht länger vom US-Dollar dominiert, sondern sich in ein multilaterales System mit verschiedenen bedeutenden Währungsblöcken verwandeln, zu denen auch die europäische Währungsunion zählt.

Öffentliches und Internationales Recht

Herausgegeben von Udo Fink, Dieter Dörr und Rolf Schwartmann

Band 1 Tim Schönborn: Die Causa Austria. Zur Zulässigkeit bilateraler Sanktionen zwischen den Mitgliedstaaten der Europäischen Union. 2005.

Band 2 Marc Torsten Hausmann: Das Cotonou-Handelsregime und das Recht der WTO. 2006.

Band 3 Hortense Ute Demme: Hegemonialstellungen im Völkerrecht: Der ständige Sitz im Sicherheitsrat der Vereinten Nationen. 2006.

Band 4 Theofaneia Rizou: Zugang zu Gerichten im Umweltrecht. Eine vergleichende Studie des deutschen und griechischen Rechts. 2006.

Band 5 Matthias Meyer: Die Bewertung parafiskalischer Abgaben aus der Sicht des europäischen Beihilferechts. 2007.

Band 6 Moritz Maus: Der grundrechtliche Schutz des Privaten im europäischen Recht. 2007.

Band 7 Roman Ringwald: Daseinsvorsorge als Rechtsbegriff. Forsthoff, Grundgesetz und Grundversorgung. 2008.

Band 8 Christine Heer-Reißmann: Die Letztentscheidungskompetenz des Europäischen Gerichtshofes für Menschenrechte in Europa. Eine Untersuchung zum Verhältnis von EGMR und EuGH in Menschenrechtsfragen unter Berücksichtigung des Verhältnisses des BVerfG zum EuGH. 2008.

Band 9 Caroline Volkmann: Die Strafverfolgung des Völkermordes nach dem Weltrechtsprinzip im internationalen Strafrecht und im Völkerstrafrecht. Untersucht am Beispiel der deutschen Rechtsordnung. 2009.

Band 10 Tobias O. Keber: Der Begriff des Terrorismus im Völkerrecht. Entwicklungslinien im Vertrags- und Gewohnheitsrecht unter besonderer Berücksichtigung der Arbeiten zu einem „Umfassenden Übereinkommen zur Bekämpfung des Terrorismus“. 2009.

Band 11 Michael Kühn: Unilaterale präventive Gewaltanwendung. Eine Untersuchung zur „präventiven Selbstverteidigung" im Völkerrecht. 2009.

Band 12 Axel Groth: Die Dienstleistungskonzession im europäischen Vergabe- und Beihilfenrecht. 2010.

Band 13 Jürgen Bröhmer (ed.): The German Constitution Turns 60. Basic Law and Commonwealth Constitution. German and Australian Perspectives. 2011.

Band 14 Christine Kulwicki: Verfassungswandel. Die Wechselwirkung zwischen Grundrechten und informationstechnischen Ermittlungsmethoden. 2011.

Band 15 Dieter Dörr / Udo Fink / Russel Weaver / Tobias Keber (eds.): Brandeis meets Gutenberg. German-American Conversations on Law, 1991-2011. 2012.

Band 16 Daniel Eckstein: Die Vereinbarkeit der De-Facto-Annexion mit dem Völkerrecht. Dargestellt am Beispiel der israelischen Sperranlage. Zugleich eine Analyse des IGH-Gutachtens vom 9. Juli 2004. 2012.

Band 17 Tobias Wagner: Regionale wirtschaftliche Integration und die Europäische Union. Eine Untersuchung unter besonderer Berücksichtigung der Stabilisierungs- und Assoziierungsabkommen mit den Staaten des westlichen Balkans. 2013.

Band 18 Ines-Erika Gillich: Konsens und evolutive Vertragsauslegung. Am Beispiel der Rechtsbindung der Mitgliedstaaten der Organisation Amerikanischer Staaten (OAS) an die Amerikanische Deklaration der Rechte und Pflichten des Menschen. 2014.

Band 19 Steffen Janich: Verfassungsrechtliche Aspekte des Ersten Glücksspieländerungsstaatsvertrags. 2015.

Band 20 Hanna Lena Schweiss: Die Wirtschafts- und Währungsunion und der Internationale Währungsfonds. 2016.

www.peterlang.com

www.ingramcontent.com/pod-product-compliance
Ingram Content Group UK Ltd.
Pitfield, Milton Keynes, MK11 3LW, UK
UKHW021829290926
8980IPUK00004B/333

9 783631 675199